Die Eigenart der Kinderzeichnung

Erkennen – Verstehen – Fördern

Von

Walter Schrader

Schneider Verlag Hohengehren GmbH

Umschlagentwurf: Walter Schrader

Gedruckt auf umweltfreundlichem Papier (chlor- und säurefrei hergestellt).

Paderborn, Universität, Dissertation 2003

Bibliografische Information Der Deutschen Bibliothek

Die Deutsche Bibliothek verzeichnet diese Publikation in der Deutschen Nationalbibliografie; detaillierte bibliografische Daten sind im Internet über ›http://dnb.ddb.de‹ abrufbar.

ISBN 3-89676-769-0

Schneider Verlag Hohengehren, D-73666 Baltmannsweiler

Printed in Germany. Druck: Hofmann, Schorndorf

Die frühen Menschendarstellungen – in Beispielen

Die weitere Entwicklung der Menschendarstellung

Von der Sach-Herstellung zur bildhaften Darstellung

Körper undRaum

Die körperhafte Darstellung von Gegenständen

Der Raum – Raum-Nutzung / Raum-Darstellung

Darstellung des Raumes und der Raum-Tiefe

Die Bedeutung der typischen Formen bildnerischer Äußerungen auf Kinderzeichnungen in der pädagogischen Praxis

DIE EIGENART DER KINDERZEICHNUNG
– Erkennen – Verstehen – Fördern –

Gemäß dem Titel behandelt und erklärt diese Schrift die typischen *Formen* bildnerischer Äußerungen auf Kinderzeichnungen, die beim häuslichen Zeichnen, im Kindergarten und in der Schule auftreten, wenn den Kindern *keine Form*vorschriften für ihre Bilder gemacht wurden. Die zu klärende Frage ist, ob die an unbeinflussten Zeichnungen auftretenden generellen Merkmale der *Form*bildungen in der kunstpädagogischen Praxis als korrekturbedürftig anzusehen sind, oder ob sie als zu begrüßende Äußerungen selbstständiger konstruktiver kindlicher Weltzuwendung zu verstehen sind.

Die Erfahrung zeigt, dass Eltern von Kindergarten-Kindern, die demnächst in die Schule eintreten sollen (ermutigt durch die Erzieherinnen), vorwiegend unter diesen Umständen – oft – *erstmals* stärkeres Interesse an den Zeichnungen ihrer Kinder zeigen, um zu erfahren, ob ihre Kinder auch auf diesem Gebiet „schulreif" seien oder wie sie noch „schulreif gemacht" werden könnten. „Schulreife" auf diesem Gebiet meint in *diesem* Fall, das Kind dazu anzuleiten, eine mehr oder weniger genormte Mensch-Zeichnung nachmachen zu können, die eine gewisse Anzahl von Merkmalen aufweist. Dabei wird das Kind einem Anpassungsvorgang unterworfen, der die Fehlerhaftigkeit der bisherigen Äußerung unterstellt. Das Kind wird auf eine formale Gestalt-Norm verpflichtet, ohne dass gefragt würde, ob das nachgeahmte Zeichen sich mit der eigenen Welt- und Lebenserfahrung des Kindes deckt. In diesem Geschehen kann sich das Kind auch in solchen Angelegenheiten als anpassungsfähig erweisen, die es nicht unbedingt verstehen können muss, was es aber in bestimmten Lernformen ein angenehmer Schüler für die Schule sein lassen wird. Wenn es sich so verhält, dass das Kind ein noch nicht verstandenes Zeichen bedienen muss, dann wird damit die Ablösung des Zeichens von der Welterfahrung betrieben. In diesem Bezug muss bedacht werden, dass, wie die späteren Ausführungen zeigen werden, die Zeichnungen der Kinder *in formaler Hinsicht zeichnerische Protokolle analog ihrer* (wie oft und gern gesagt wird: „ganzheitlichen") *Welt-Erfahrung* sind, im umfassenden Sinn des Wortes *„Begreifen"*. Genau deswegen nämlich stellen Kinderzeichnungen keine Zeichen dar, selbst wenn sie von Erwachsenen (irrtümlich) als solche aufgefasst werden. Was die Erwachsenen in der Tradition der abendländischen Kultur für Zeichen halten, ist für das jüngere Vorschulkind vorerst noch die Herstellung der Sachen selbst, nützlich für die Zwecke, für die sie „erschaffen" wurden. Denn: bei ihrer zeichnerischen Herstellung werden die Gegenstände von den Kindern genau so mit den Händen begriffen wie die Gegenstände, mit denen sie sonst spielen. Dies gilt es in verständlicher Form aufzuklären, wenn die Ansicht besteht, dass zwischen Zeichen und dem, was sie bezeichnen, ein *in den Gegenständen* begründeter Zusammenhang bestehen sollte.

Die Kinderzeichnung hat viele Aspekte und wurde in vielen wissenschaftlichen Disziplinen untersucht oder zu Untersuchungen herangezogen.
In dieser Abhandlung werden ausschließlich diejenigen Aspekte der Kinderzeichnung bearbeitet, die sich auf die bisher nicht befriedigend *erklärte* ungewöhnliche *Andersartigkeit des bildnerischen Formenkanons der Kinder* gegenüber den in der Erwachsenenwelt gebräuchlichen Bild-Normen beziehen. Denn diese Andersartigkeit wird zwar als das normal Vorkommende, aber doch nicht als das eigenlich Richtige angesehen und verleitet dazu, Kinder in (wohl*gemeinten*) („kunst")-pädagogischen Maßnahmen zu reglementieren.
Deshalb beziehen sich die vorzutragenden Überlegungen vorzüglich auf erforderliche (aber fehlende) Kenntnisse von Erziehenden und deren Handeln und nicht speziell auf diagnostische Tätigkeiten.

Die Kinderzeichnung ist ein Gebiet, das bisher noch nicht in derselben Weise beschrieben wurde, wie es hier geschieht. Den Lehrmeinungen und Deutungsvorschlägen der im Literatur-Verzeichnis aufgeführten Veröffentlichungen gehen oftmals wissenschaftlich formulierte Theorien voraus, die unabhängig von Kinderzeichnungen entwickelt wurden.
Die solchen Untersuchungen zugrundeliegenden Theorien sind weitgehend bekannt und vermitteln den Lesern, die bereits auf diesen Wissensgebieten gearbeitet haben, sozusagen eine geistige Heimat, in der sie sich zu Hause fühlen können.

Psychologisch orientierte Erkenntnisse aus und über die Kinderzeichnung, welche vor allem Bildmotive und graphologische Sachverhalte im Hinblick auf das Befinden des Kindes *deuten*, die aber *nicht eigentlich* am *Typus* „Kinderzeichnung" interessiert sind, fallen nicht in die Thematik dieser Abhandlung. Eine Auseinandersetzung mit ihnen würde den Rahmen dieser Schrift sprengen und führte zu dem Ergebnis, dass sie zu den hier vorgelegten Ausführungen nicht widersprüchlich sind. Im Gegenteil konnte beispielsweise an den Abbildungen 124, 134, 135/136 gezeigt werden, wie zutreffend aus den hier aufgewiesenen Erklärungsmöglichkeiten eine Übereinstimmung mit den Resultaten psychologischer Deutungen erreicht und diese sogar vertieft werden können.

„Tiefenpsychologisch" orientierte Theorien, die (fast poetisch und nicht immer falsch) Formen auf Bildern als *seelischen Ausdruck* behaupten, ohne deren Einfluss auf die *formale Typik* der Kategorie „Kinderzeichnung" zu erklären (und erklären zu müssen), gehören aus einsehbaren Gründen ebenfalls nicht zum Programm dieser Schrift.

„Entwicklungspsychologische" Fragestellungen im Zusammenhang mit den *typischen Formen* auf Kinderzeichnungen zu diskutieren könnte die Arbeit mit allgemein bekannten Befunden überfrachten und brächte keinen Gewinn im Hinblick auf die Themenstellung. Entwicklungspsychologische Aspekte durchwalten natürlich alle Äußerungen des Kindes; die hier vorgelegten Aussagen erklären die Phänomene und sind „kompatibel" mit Ergebnissen entwicklungspsychologischer Forschung.

Es gibt aufschlussreiche Untersuchungen hinsichtlich der *Motiv-Wahl* und auftretender „*Stil-Bildungen*" auf den verschiedenen Altersstufen, in verschiedenen geschichtlichen Epochen und innerhalb gesellschaftlicher Gruppierungen und unter dem Einfluss von Medien, die den „Typus Kinderzeichnung" insofern betreffen, als in ihnen Einwirkungen offengelegt werden, dass und wie sich Kinder konform zu *vorgegebenen* Trends und Normen verhalten. In den meisten Fällen werden Kinder und Jugendliche auf *mediale* Äußerungsweisen verpflichtet, als welche diese Trends und Normen vermittelt werden; welche Beziehung des Zeichens zu seinem Gegenwert in der Realität besteht, wird oft nicht dem deutenden Urteil des *Betroffenen* überlassen (wofür das Werbungswesen Beispiele gibt). Die unbewältigten Konflikte zwischen „medialer Stimmigkeit" und dem (unbewussten) Streben des Schülers, doch noch an seine Realerfahrungen anzuknüpfen, offenbaren sich in den Störungen der Formbildungen, die dann den Charakter von Teil-Regressionen annehmen.

Hier indessen geht es darum, über die *selbst-erfahrene Verbindung der Zeichenwelt mit der realen Welt* an den Stellen, wo sie in der Kinderzeichnung sichtbar wird, aufzuklären, und – falls dieser Verbindung *Wert* beigemessen wird – dazu zu disponieren, diese im pädagogischen Handeln zu fördern. Denn der Zusammenhang von Zeichen und Sache ist in der typischen Form bilderischer Äußerungen auf den Kinderzeichnungen gegeben und zu finden.

Auch wurden gelegentlich Wechselbeziehungen zwischen bildnerischem Verhalten und *Intelligenz* vermutet und deshalb untersucht. Meine sporadischen Erfahrungen lassen es wahrscheinlich sein, dass Kinder mit geringerer Intelligenz, je nachdem, auf welchem Gebiet die Ausfälle liegen, länger bei den frühen ursprünglichen Formen ihrer zeichnerischen Äußerungen bleiben und dann entweder gegen mediale Einflüsse immun bleiben oder ihnen – gegebenenfalls total – ausgeliefert sind. Auch von Reflexionen in dieser Richtung ist kein Aufschluss über das Arbeitsthema zu erwarten.

Die Betrachtung der *Zeichnungen von Erblindeten und Geburtsblinden* führt zu dem Ergebnis, dass folgender Schluss erlaubt ist: Wenn Blinde mit etwa 10 Jahren mit sehr ähnlichen Formen wie 5-jährige Kinder zeichnen, dann können die „Anschauungsbegriffe", die sich in den „Darstellungsbegriffen" äußern (R. Arnheim), bei Sehenden und Blinden *nicht allein durch visuelle Wahrnehmungen* erzeugt worden sein; vielmehr muss im Gegenteil angenommen werden, dass bestimmte grundlegende „Anschauungsbegriffe" für Kinder und Blinde gerade nicht visuell bestimmt sind. Das leuchtet ein: Kinder brauchen lange Zeit, etwa bis zum 12. Lebensjahr oder länger, um die volle Sehfähigkeit zu erwerben. Bis dahin müssen sie sich, ähnlich wie Blinde, in beträchtlichem Ausmaß mit Hilfe der anderen Sinne in der Welt orientieren – mehr noch, der Gesichtssinn entwickelt sich überhaupt erst im Zusammenwirken mit den anderen Sinnen. Wie aber orientieren sich Blinde, wenn sie einen Gegenstand begreifen wollen? – Sie erfassen ihn nicht nur mit den Händen, sondern registrieren auch die Wege und Bewegungen der Arme, die die Hände an den Gegenstand führen, und die Wiederholung der notwendigen Bewegungen zum Begreifen eines Gegenstandes führt im Laufe der Zeit zu einer konstanten Abfolge, die den Charakter einer Gebärde bekommt. Führt die Gebärde (bei Blinden) ohne Störung zum Wieder-Erkennen der Form, ist in diesem Bereich der Wahrnehmung die Feststellung der Identität des „begiffenen" Gegenstandes so gut wie sicher. Bei einer Reproduktion der Gebärde mit einem Stift auf einer Folie, die dort den Verlauf der Gebärde *eingeprägt* bekommt, wird dann eine tastbare Zeichnung geformt (s. Löwenfeld/Münz und Spitzer/Lange).
Die entwicklungsbedingte Ungleichheit von 10-Jährigen (Blinden) und 5-Jährigen sowie jüngeren Kindern zeigt sich – wie später ausgeführt wird – in der Unterscheidungsfähigkeit der Älteren für die *Nicht-Identität* von Zeichen und Bezeichnetem. Die Blinden erkennen altersstufengemäß leichter, dass die Spuren, die sie auf der Folie hinterlassen, *Zeichen* für die gemeinten Sachen sind. Für Kinder aber sind die Gebärden, im Gegensatz zu den Jugendlichen, aufs Innigste mit dem *Wahrnehmungsvorgang durch ihr eigenes Tun* verbunden; dadurch kommt ihnen in der Wiederholung der Gebärde der Gegenstand so nahe, dass sie ihn in der Fantasie für eine körperlich anwesende Sache halten können, zumal die Zeichnung auf Papier eine Materialisierung bewirkt, die es *in den Bewusstseins-Daten* zuvor noch nicht geben konnte – und deshalb ist für Kinder die *Zeichnung als eine durch Zeichnen hergestellte Sache* näher an der erfahrenen materiellen Wirklichkeit als ein Zeichen.

Bei den vielen Übereinstimmungen mit der *Gestaltpsychologie* und deren Relevanz für diese Arbeit, wie sie etwa von einem ihrer bedeutenden Vertreter – Rudolf Arnheim – namentlich für die Kunst vorgebracht wurde, ist die folgende Erörterung geboten:

Die „Zeichnungen", die die Kinder erzeugen, beziehen sich auf die Kinder selbst und auf Dinge ihrer Umwelt. Diese Welt-Gegenstände haben allerdings das unterschiedlichste Aussehen, je nach dem, von welcher Stelle aus und unter welchen Umständen sie erblickt werden. Wenn sich die Kinder beim Zeichnen nach der – meist zufälligen – *visuellen* Erscheinung der Gestalten richten würden, so würde, um nur ein Beispiel zu nennen, die Darstellung des Menschen von Anfang an auf jedem Entwicklungsstand mit Ansichten von vorn, von hinten und von den Seiten hervorgebracht werden müssen. Solche Ansichtsvariationen werden aber nicht beobachtet. Geht man dennoch von der Annahme aus, die *visuelle* Erscheinung der Dinge sei die vorrangige und maßgebliche Wahrnehmungsweise für die bildnerische Gestaltung der Vor- und Grundschulkinder, so müssten die Kinder das Problem lösen, die dauernd wechselnden *optischen* Erscheinungen in eine konstante Darstellungsform zu ordnen. Dann aber erhebt sich die Frage, an welcher *visuellen* Erscheinungsform die konstante Darstellungsform orientiert werden sollte und weshalb sich die tatsächlich gefundenen – nicht als visuelle zu begründenden – Formen bei Kindern in aller Welt so sehr gleichen, als ob Kinder keine Wahl hätten. Weil jedoch in die Fragestellung, unter welchen Bedingungen Kinderzeichnungen entstehen, noch nicht alle zur Beantwortung eingegangen sind, wird in der Tradition der Forschung immer wieder mit unbefriedigendem Resultat darüber nachgesonnen, wieso die *visuelle* Abbildlichkeit der Kinderzeichnung so gering ist.

Die hauptsächliche Ursache dafür liegt in dem Umstand, dass die Kinderzeichnung von ihren erwachsenen Erforschern als ein Gebilde angesehen wurde und wird, auf dem Gegenstände und Sachverhalte *als zeichenhafte Abbilder* dargestellt werden. Zeichnungen werden als zur Welt des Geistes bzw. des Bewusstseins gehörig verstanden, was typisch für Zeichengebilde ist, und damit unterscheiden sich Zeichen – abgegrenzt von der *materiellen* Wirklichkeit – von den Sachen, die in der materiellen Welt gehandhabt werden können. Zeichen vertreten (und deuten) *für das und im Bewusstsein* die abwesenden Gegenstände. Dazu gehört notwendig die Unterscheidungsfähigkeit des erkennenden Menschen für die *Nicht-Identität* von Zeichen und Bezeichnetem, wenn Zeichen eine Bedeutung für die Lebenswirklichkeit haben sollen.

Die Beobachtungen an jüngeren Kindern zeigen, dass diese das Zeichenblatt nicht als „mediale" Welt nutzen, sondern wie ihre Spielecke oder den Sandkasten. Sie bauen sich aus Zeichenstift und Papier die Welt und ihre Gegenstände *analog* zu ihrem Umgang mit Bauklötzen, Puppen und anderen Materialien nach ihren *Vorstellungen* auf oder zurecht.

Der entscheidende Ausdruck „*Vorstellung*" korreliert im Hinblick auf Kinderzeichnungen mit dem von Rudolf Arnheim gebrauchten Terminus „*Anschauungsbegriff*".

Von Arnheim wird als Lösung des Problems für die auffallend geringe visuelle Abbildhaftigkeit der frühen Kinderzeichnungen folgende Überlegung angeboten:
„Jede Art der Bildherstellung erfordert die Verwendung von Darstellungsbegriffen. Darstellungsbegriffe liefern in einem bestimmten Medium die Entsprechung der Anschauungsbegriffe, die man darstellen will, und sie werden nach außen hin in der Tätigkeit von Bleistift, Pinsel und Meißel sichtbar.“ (Rudolf Arnheim, Kunst und Sehen, S.165).

Arnheim geht – wie die meisten Forscher – davon aus, dass Kinder (den Künstlern gleich) bereits auf relativ frühen Entwicklungsstufen *Bilder* herstellen, wobei er den vorausgehenden *handhabenden* Umgang der Kinder mit den Dingen der Welt in dessen Bedeutung für das Zeichnen nicht erwähnt. Um Bilder machen zu können, müssen die Kinder *„Darstellungsbegriffe“ verwenden,* die anscheinend als *vorher schon vorhandene* angenommen werden – woraus und wie aber werden sie gebildet? Erzeugen sie die Kinder doch *erst bei der Tätigkeit* mit dem Zeichenstift auf dem Papier als Entsprechungen zu den *„Anschauungsbegriffen“?.* Die „Anschauungsbegriffe“ ihrerseits werden nach dieser Doktrin als allgemeine Vorstellungen gewonnen, die nicht auf Einzelfälle bezogen sind, weil *„die Wahrnehmung bei Allgemeinheiten beginnt“.* Solche Allgemeinheiten wären im *formalen* Bereich etwa „Dreieckigkeit“ oder „Kreisrundheit“ oder – im *gegenständlichen* Bereich – die „Hundeartigkeit“ (a.a.O. S.163).
Nun haben tatsächlich tachiskopische Versuche bei kurzfristigen Darbietungen von optischen Reizen ergeben, dass es in der Gehirnstruktur des Menschen Dispositionen gibt, bestimmte visuelle Figuren (einfache = „gute Gestalten“) bevorzugt zu bemerken, wobei sich deren Formen vor allem durch geometrische Regelmäßigkeit ihrer Struktur auszeichnen; unregelmäßige Figuren werden bei kürzester Darbietung als die einfachere, dafür jedoch regelmäßigere Form wahrgenommen. Offenbar durchlaufen kompliziertere Reizkonstellationen im Gehirn (in kürzester Zeit) aufeinander aufbauende Nervenschaltungen, die die Reizfigurationen von einfacheren Formen bis zum höchsten Grad ihrer Abweichung von der „Grundfigur“ differenzieren. Nach diesem Muster der anfänglichen Einfachheit von Grundfiguren und deren weiterer Differenzierung wird die Auswahl und Differenzierung beurteilt, welche Kinder bei ihren Zeichnungen als „Darstellungsbegriffe“ in Abhängigkeit von den „Anschauungsbegriffen“ verwenden – dort freilich über einen längeren Entwicklungszeitraum hinweg. Derselbe Effekt eingebahnter Nervenschaltungen (Synapsen-Bildung) durch häufiges Beantworten oftmals auftretender Sinnesreizkombinationen – wie beispielsweise bei der mühelosen Entzifferung von Schriften durch kundige Leser – kann auch bei der Routine, die die Kinder beim Zeichnen erwerben, beobachtet werden.

Die Bevorzugung der Erfahrungen mit optisch bestimmten Wahrnehmungen berücksichtigt bei der Konstruktion des Weltbildes durch das

Kind nicht genügend jene *leibnahen* Sinnes-Wahrnehmungen, die zwingend mit den visuellen Reizen nervös verschaltet sind. Zwar heißt es unter Bezugnahme auf die Bedeutung der Verknüpfungen der Sinneswahrnehmungen bei Arnheim: *„Im Bewußtsein des Kindes sind die Dinge so, wie sie aussehen, sich bewegen oder riechen.“* (a.a.O. S. 160). Die Gestaltpsychologie, welche die *Gestalt der Dinge* und ihrer Merkmale und deren Wahrnehmung thematisiert, lässt leicht übersehen, dass die Gestalt ihre *Bedeutung* in der *dienenden Funktion* für die *Wahrnehmung des Gegenstandes hat,* auch wenn sie es vermag, den Gegenstand für den Wahrnehmenden *bedeutend erscheinen* zu lassen. Das vitale Interesse des Menschen ist „von klein auf“ der *Wahrnehmung von Sachen und Sachzusammenhängen* zugewandt, so sehr, dass die Wahr*nehmung* der Sachen das Wahr*nehmen selbst* vergessen lässt. Die Form interessiert erst in zweiter Linie, wenn z.B. ein Mantel angeschafft und dann auch darauf geachtet wird, ob er dem Träger steht. Natürlich kann auch die *Gestalt* im Vordergrund stehen, wenn ein Kleid gekauft wird, um die Trägerin in bestimmter Bedeutung erscheinen zu lassen, etwa als Braut – in dem *Gegenstand* „Brautkleid“. Wenn die Wahrnehmung der Form für das Erkennen des Gegenstandes so bedeutend ist, dann ist es sinnvoll, „Anschauungsbegriffe“ auch im Zusammenhang mit den *konstruierenden Tätigkeiten* begründet zu sehen, die das Kind selbst *zur Erlangung bestimmter Sinneswahrnehmungen* vollbringen musste. So wäre folgende Ansicht Arnheims zu erwägen: *„Wenn man zum Beispiel den Kopf eines Menschen sieht, sieht man möglicherweise seine Rundheit. Offensichtlich ist aber diese Rundheit kein greifbarer Gegenstand. Sie ist nicht in einem bestimmten Kopf und auch nicht in einer Reihe von Köpfen verwirklicht.(*.es folgen Bemerkungen über Kugel und Kreis....*) Mit anderen Worten, wenn ich die Rundheit eines Objektes, etwa des Kopfes, darstellen will, kann ich nicht auf eine tatsächlich in ihm vorhandene Form zurückgreifen, sondern muss eine Form suchen oder erfinden, die das anschauliche Allgemeinprinzip „Rundheit“ in der Welt der materiellen Dinge zufriedenstellend verkörpert. Wenn ein Kind einen Kopf mit einem Kreis wiedergibt, dann ist ihm dieser Kreis nicht als Objekt vorgegeben. Er ist eine echte Erfindung, eine eindrucksvolle Leistung, zu der das Kind erst nach mühsamen Experimenten gekommen ist.“* (a.a.O S.164) *„Es handelt sich (...) hier nicht um eine Nachahmung, sondern um eine Erfindung; das Kind hat eine Entsprechung entdeckt, die die wesentlichen Merkmale des Modells mit den Mitteln eines bestimmten Mediums darstellt.“* (a.a.O. s. 165).

In diese Überlegungen Arnheims wären jene *Gebärden des Wahrnehmens mit körperlichen Bewegungen* zu integrieren, in denen diese Rundheit so selbstverständlich in der Lebenserfahrung vorgegeben ist, dass sie eigentlich gar nicht erfunden werden muss.

Arnheim erklärt die später als *Form* auf dem Bild auftretende Rundheit, die man dem Gegenstand nicht ablesen kann, mit einem Konstrukt, das den Untersuchungen über optische Wahrnehmungen, zu denen die oben erwähnten tachiskopischen Experimente gehören, zugeordnet werden kann.

„Es ist mehrfach behauptet worden, das Kind werde von verschiedenen in seiner Umwelt zu beobachtenden runden Objekten zu seinen frühesten Formen angeregt. Der Freudianer leitet sie von den Brüsten der Mutter ab, der Anhänger Jungs vom Mandala; andere verweisen auf die Sonne und den Mond. Diese Überlegungen beruhen auf der Überzeugung, dass jede im Bild erscheinende Formeigenschaft irgendwie von Beobachtungen in der physischen Welt abzuleiten sei. Tatsächlich aber reicht die grundsätzliche Tendenz zur Einfachheit im motorischen und visuellen Verhalten vollkommen aus, um die Vorrangstellung der kreisrunden Formen zu erklären. Der Kreis ist die einfachste Form, die dem Ausdrucksmittel Bild zur Verfügung steht, da er in allen Richtungen zentrisch symmetrisch ist.“ (a.a.O., S.173). – Die auf ihrer *geometrischen Definition* beruhende tatsächliche Einfachheit der Kreisform und eine grundsätzliche Tendenz zur Einfachheit im motorischen und visuellen Verhalten reichen nach dieser Theorie zwar aus, um die Vorrangstellung kreisrunder Formen zu erklären, aber die Frage bleibt offen, *ob sich die bevorzugte „kreisrunde“ Form auf Kinderzeichnungen gerade und allein diesen Tendenzen verdankt.* Denn die frühen bildnerischen Äußerungen sind als wiederholende Handlungen zur Vergegenwärtigung von Gegenständen unter denselben Bedingungen, unter denen die Kinder mit den Gegenständen handgreiflich umgehen, schlüssiger zu verstehen.

Sehr einflussreich wurde die „Theorie der Bildenden Kunst“ (Ratingen 1926/1952) des Kunstwissenschaftlers Gustaf Britsch, hrsg. von Egon Kornmann. Britsch hatte – verdienstvoll und von Arnheim positiv gewürdigt – versucht, unabhängig von Vorgaben aus dem Bereich des Motivs und der sprachlich vermittelbaren Auskünfte über Bilder eine *autonome Syntax der Bildform* aufzustellen, die von den einfachsten Bild-Elementen (Fleck, umgrenzte Fläche, gerichtete Linien, Richtungsbezüge von Figuren usw.) und deren Fügungen auf der Bildfläche ausging, sodann die darauf aufbauenden „Entwicklungsstufen“ durch Differenzierung der Ausgangsgestalten erklärte, und schließlich in der „Einheitlichkeit“ ihrer Anwendungen zugleich eine Art Bestimmung der Bildqualität ermöglichen sollte. – Diese systematische Strukturierung der formalen Bildelemente und deren Fügungen, die von Einfachem ausgeht und immer komplexer wird, eignet sich zur *Beschreibung* der Formbestände von Kinderzeichnungen, so dass auf E. Kornmanns Schrift „Über die Gesetzmäßigkeiten und den Wert der Kinderzeichnung“ eine „Lehre“ begründet wurde, die so verstanden werden konnte, „kunstpädagogisch“ sei die Einhaltung solcher „Gesetzmäßigkeiten“ zu fordern, was die Kinder allerdings an (angebliche) „*Bild*gesetzlichkeiten“ bindet und sie gegenüber ihren eigenen Welterfahrungen entfremdet.

Die in der *Kunst* erarbeiteten *Wertungs-* und *Beschreibungs*kategorien wurden auch zum *Erklärungs*modell der Kinderzeichnung, das freilich keine weiterführenden Aussagen zu machen wusste, als dass die Zeichnungen so, wie sie von den Kindern gemacht werden, unter Bild-ästhetischen Gesichtspunkten beschrieben und auf ihre Einheitlichkeit hin beurteilt und bewertet werden können. Ein solche *„fachwissenschaftliche Theorie"* ist nicht geeignet, zur *„Basistheorie für die Kunstpädagogik erhoben zu werden"* (Günter H. Blecks, Kunstpädagogische Literatur der siebziger Jahre, Bonn, 1981).

In seinem von der Kunstpädagogik z.T. reserviert aufgenommenen Buch (Kinder kritzeln, zeichnen, malen, München, 1952, S. 44 - 52) hat Wolfgang Grözinger das organisch geregelte obligatorische Zusammenwirken von „Auge und Hand" sehr verdienstvoll und wegweisend ausgeführt, jedoch nicht im Zusammenhang mit Lernprozessen und „Erschaffungshandeln".

Bei Hans Meyers (Stilkunde der naiven Kunst, Frankfurt a.M., 1960/1962, insbes. S.168-174) finden sich Beispiele für den motorischen Anteil der Eigenbewegung des Kindes für das zeichnerische Ergebnis, die parallel zu den Erklärungen vieler der ersten 120 Abbildungen dieser Abhandlung verstanden werden könnten. Die Gebärde wird von Meyers allerdings der „motorischen *Symbolik*" zugeordnet; dabei lässt der *Ausdruck* des Gebärdenvollzugs ggf. lesbare Aussagen über Persönlichkeitsmerkmale der Zeichner (wohl im Sinn graphologischer Analysen) zu, was die Thematik der hier vorgelegten Arbeit nicht berührt. Primär wird von H. Meyers die Motorik als *„reines Mittel der Darstellungstechnik"* zur Ausführung der *Zeichnung* verstanden. Dabei werde *„zwangsläufig in die motorischen Mittel des Zeichnens* (bei der Formung der zu zeichnenden Gegenstände, W.S.) *eine Symbolisierung von Fremdmotorik hineingebunden".* Die Beeinflussung der zeichnerischen Motorik durch die *Form* eines fremden Gegenstandes, dem sich die Zeichnung ggf. anpasst, ist bei (jüngeren) Kindern allenfalls dann gegeben, wenn sie *Bildformen aus medialen Vorgaben* in ihre Zeichnungen übernehmen (müssen). Sonst aber dient bei den frühen Zeichnungen die ausführende Motorik *nicht vorrangig der Symbolisierung* im Sinne einer *Zeichen*setzung, weshalb aus dem Symbolisierungsgeschehen heraus die besondere Eigenart der Kinderzeichnung nicht verstanden werden kann. Vielmehr ist es die Vergegenwärtigung erwünschter oder erlebter Sachverhalte, die hauptsächlich *in und durch die Eigenmotorik aus dem tätigen leiblichen Umgang mit Gegenständen lebt und aktiviert* wird.
Das Kind gibt dem Gegenstand die Form, in der es ihn mit den ihm eigenen Möglichkeiten erleben konnte und kann – und nicht unbedingt in der Form, die dem Gegenstand eignet.
Wenn eine sich symbolisch auswirkende Motorik von einer Zeichnung abgelesen werden kann, so ist damit *nicht entschieden*, ob das Kind die Zeichenbewegung zur *Veranschaulichung eines Vorgangs* auf seinem Bild ausgeführt hat, *oder* ob eine *vergegenwärtigende Hand-*

lung ihre Spuren hinterlassen hat – was dem Unterschied entspricht, ob das Kind mit seiner Zeichnung symbolisch auf das (Ab)*Bild* zielte oder das *Objekt*. Darin wäre der Unterschied zwischen *Dar*stellungs- und *Her*stellungs-Gebärden zu fassen.

Die *Darstellungs*gebärde *entlässt* den Gegenstand ins Bild, wohingegen die erschaffende *Herstellungs*gebärde, welche in dieser Arbeit erwiesen werden soll, den Gegenstand in der Form einer Zeichnung *gewinnt*.

Das Kind ist, während seiner Zeichentätigkeit, mit der Herstellung des Objektes befasst und nicht mit dessen Abbild. Es ist seinem Gegenstand nie näher als zu der Zeit, in der es ihn – konstruierend – sich zeichnerisch vergegenwärtigt, wobei in seinen Vorstellungen und Gebärden alle diejenigen eigenen Gefühle des Ergreifens und des Habens aktiviert sind, die ihm im „wirklichen Leben" die Wirklichkeit des Objektes anzeigten. Darum sind Kinder nur selten nach Fertigstellung ihrer Zeichnung an dieser interessiert, weil Zeichnungen meistens *eigens* für den Moment des Zeichnens gemacht werden und nicht auf Dauer angelegt sind (es sei denn, wichtige Bezugspersonen machen den Kindern den Besitz der Zeichnungen als eine Art „Hab und Gut" wertvoll).

Das Loslassen des Gegenstandes nach Beendigung der Zeichnung (bei den jüngeren Kindern) ist ein völlig anderer Akt als das *später* bei ihnen einsetzende Zeichnen, bei dem die Gegenstände nicht mehr allein im eigenen Tun des Kindes anwesend sind, sondern – infolge der Entwicklung des distanzierenden Sehvermögens – als ein eigenständiges „Gegenüber" gezeichnet werden. Die Entwicklung vom Herstellen zum Darstellen vollzieht sich langsam und in vielen Schritten an vielen Stellen. Erwachsene, die diesem Unterschied nicht gerecht werden können, sehen *alle* Zeichnungen *nach* der Kritzelphase als mehr oder weniger gelungene *Darstellungen* unterschiedslos an und bewerten sie dementsprechend.

Nach dem *Abschluss des Gefüges und der Elemente der hier vorgelegten Theorie* wurde ich (auf Anregung von Prof. Franz Billmayer) bekannt mit Schriften der Vertreter des „Radikalen Konstruktivismus" (Ernst von Glasersfeld, Humberto R. Maturana und Francisco J. Varela), in denen meine Arbeit in ihren Grundzügen wohltuende Bestätigung findet, wobei es im Rahmen dieser Thematik nicht nötig ist, „bis zu den Einzellern" zurückzugehen.

Wolfgang Grözinger (in: Kinder kritzeln zeichnen malen, München 1952, S. 44 - 52) führt das organisch vorgegebene obligatorische Zusammenwirken von Auge und Hand sehr verdienstvoll und wegweisend aus, jedoch nicht im Zusammenhang mit Lernprozessen und „Erschaffungshandeln".

Mit dieser Abhandlung wird eine neue Theorie vorgelegt – brauchbar für die pädagogische Praxis – zur Erklärung der *typischen Formen* bildnerischer Äußerungen auf Kinderzeichnungen, welche zwischen dem allgemeinen Verhalten des Kindes in seiner Lebenswelt, seinem Handeln in der Spielwelt und seinem zeichnerischen Verhalten mehr Übereinstimmungen als Differenzen zunächst unterstellt. Die genannten Entsprechungen machen es leicht, Kenntnisse zu gewinnen, die Erziehern und Erzieherinnen durch eigene Beobachtungen an Kindern einleuchten und pädagogische Konsequenzen aus eigener Erfahrung und Einsicht begründen.

Die aufgestellte Theorie bewährt sich in ihrer Geschlossenheit bei allen problematischen Formen, die für Kinderfehler gehalten oder dem kindlichen Unvermögen zugeschrieben werden, indem sie diese typischen Formen als sinnvoll und nicht nur als vorkommend erklären kann.

Eine große Last bedeutete die Schwierigkeit, frei zu werden von weit verbreiteten und maßgeblich gewordenen Vorgaben aus der Literatur, welche viele interessante Probleme der Kinderzeichnung in ihrer Art richtig beantworten. Für die Erziehungsarbeit ist es jedoch nicht vorrangig, die Vorkommnisse auf Kinderzeichnungen in Wörter fassen und einer Terminologie einordnen zu können, deren Grundlagen sich auf eine der verschiedenen Theorien stützt, die von den ErzieherInnen *als Lehre* übernommen werden muss. – Den zahlreich veröffentlichten Abbildungen von Kinderzeichnungen der im Literaturverzeichnis aufgeführten Autoren verdanke ich viel, weil sie meine Übersicht über die seit Jahrzehnten bekannten und relevanten Erscheinungen – neben der eigenen Sammlung – vermehren und bestärken. Jedoch erscheinen viele Deutungen eigentlich nur als Bestätigungen zugrunde gelegter theoretischer Systeme, die zuvor *fern von der Kinderzeichnung* entwickelt worden waren.

Allen ist zudem gemeinsam, dass zwischen dem Spielfeld auf dem Blatt und dem Boden in der Wirklichkeit ein wesenhafter Unterschied vorausgesetzt wird, der als eine „Zwei-Welten-Differenz" auszusprechen wäre: Es gäbe die „richtige Welt" und die „uneigentliche Welt des Zeichenblattes", als ob das Kind beim Zeichnen seine Welt verließe. Dies lässt sich nur annehmen, wenn man unterstellt, das Kind würde *Zeichen* machen, womit ein (ich-bezogenes) Erwachsenen-Verständnis von Zeichnungen als Maßstab an die Kinderzeichnungen gelegt wird. Dies wirkt sich verhängnisvoll bei frühen Zeichnungen aus, die den Grund dafür legen sollten, dass später die Welt der Zeichen in ihrer Verbindung mit der Realität verstanden werden kann. Die Abweichungen von visuell „richtigen" Darstellungen in der Kinderzeichnung beruhen auf diesen *verbindenden* Erfahrungen und erhalten sich so lange, bis durch die gereifte Sehfähigkeit der erblickte Sachverhalt in den Gesichtswahrnehmungen in seiner Fülle gegenwärtig und artikuliert werden kann.

Die hier aufgegriffenen Fragen sind wegen der Ignorierung durch die Fachliteratur nicht müßig, weil *genau in ihnen* diejenigen Erscheinungen auf Kinderzeichnungen angesprochen werden, die im gewöhnlichen *Erziehungs-Alltag* zur Kritik am kindlichen Zeichnen führen und die Kinder durch das Ansinnen von Korrekturen ins Unrecht setzen, weil die Erzieher die wirklichen Grundlagen der typischen Formen zeichnerischer Äußerungen nicht kennen.

Die Kritik an den Kindern wird – verdeckt und als „pädagogisches" Prinzip gehandhabt – schon durch Mal-Aufgaben vorweggenommen; diese verpflichten sie oft schon auf das *Bilder*-Machen *mit bestimmten Bildformen* und lassen damit die Vergegenwärtigungen *eigenen* Zugriffs auf die Welt, so wie Kinder diese erleben, nur eingeschränkt zu.

Im Folgenden wird eine Auswahl von bisher nicht erklärten bzw. nicht beachteten Erscheinungen aufgezählt, die aus dem hier konsequent verfolgten Ansatz heraus *erklärt* werden konnten, zum Beispiel:

- mit welcher Begründung *erklärt* werden kann, wieso der sog. „Kopffüßler" einen *„ganzen Menschen"* bedeutet, wie dies in der Ganzheitstheorie *behauptet* wird;
- weshalb die sog. „Beine des Kopffüßlers" meistens *parallel* verlaufen;
- warum anfangs die „Arme" sinnvoll waagerecht von der Figur ausgehen;
- wieso die Umwandlung der *drei*dimensionalen Wirklichkeit in die *Zwei*-dimensionalität der Bildfläche den Kindern keine Schwierigkeiten bietet;
- dass die „Beinlinien" zugleich die Seiten der Figur meinen können;
- was es bedeutet, wenn Kinder ihre Figuren aus dem Blatt herausschneiden und sie alsdann auf ein neues Papier kleben;
- warum Querstriche „über den Beinen" keine „Leiterfiguren" erzeugen, auch wenn sie irreführend so genannt werden;
- auf welche Weise das Kind auf dem Blatt die Luft zwischen Himmel und Erde erzeugt;
- wieso radiale Linien am konkreten Objekt keine Sonnen(strahlen) sind, wenn es sich nicht um den Gegenstand „Sonne" handelt;
- was es mit den Endformen am unteren Ende der „Beinlinien" auf sich hat;
- weshalb Kleidungsstücke mit *geraden Linien begrenzt* werden;
- warum weibliche Personen überwiegend in Röcken gezeichnet werden, obwohl die Kinder heutzutage ihre Mütter meistens Hosen tragen sehen;
- weshalb jüngere Kinder allenfalls „abstrakte" Muster auf Kleidungsstücke zeichnen und umgrenzte Flächen als Muster vermeiden;
- wieso Kinder keine Arme aus dem Hals herauskommen lassen, obwohl es so aussieht;
- was es bedeutet, wenn im „Gesicht des Kopffüßlers" ein Kreuz gezeichnet erscheint.

Hinsichtlich der Raumdarstellung werden weitere neue Erkenntnisse dargelegt, die nicht geeignet sind, *Stichwort-artig* angeführt zu werden.

Die hier vorgelegte Arbeit ist vor allem auf Unterstützung pädagogischen Handelns durch Einsicht in die Strukturen kindlichen Zeichnens angelegt.

Es galt und gilt Menschen – vor allem *in ihrer Kindheit* – das *Begreifen* des Zusammenhangs *von Lebenserfahrungen* mit der Welt der Zeichen zu ermöglichen.
So sehr diese Forderung richtig ist, wurde bisher nicht deutlich genug herausgestellt, dass Kinder von sich aus genau diesen Zusammenhang suchen, wenn ihnen pädagogische Maßnahmen dies gewähren. Dass Kinder in ihren zeichnerischen Äußerungen nicht behindert werden, dazu sollen die Gründe in dieser Abhandlung vorgelegt werden.

Die hier vorgelegte Zusammenfassung
beruht auf folgenden Erkenntnissen:

1. Der Gesichtssinn entwickelt sich erst mit Hilfe der anderen Sinne, was die Kinderzeichnungen ausgezeichnet belegen.
2. Die frühen Zeichnungen erzeugen die Kinder nicht als Zeichen zur Kommunikation, sondern als *Sachen,* mit denen sie ernsthaft spielen.
3. Beim anfänglichen Zeichnen der Sachen werden die körperlichen *Gebärden aus dem Umgang mit den Dingen der Welt* lustvoll wiederholt und sind als Spuren von „Erschaffungsgebärden" „lesbar".
4. Die Wortsprache der Erwachsenen, die die Kinder erst noch lernen müssen, ist zudem anders strukturiert als das frühe kindliche Denken und Handeln. Erwachsene äußern sich aufgrund inkarnierter abendländischer Tradition in der benennbar machenden (objektivierenden) Vergegen*ständlichung* aller Dinge und Sachverhalte, wohingegen Kinder die Dinge und Sachverhalte denkend, sprechend und handelnd (sich selbst subjektiv einbeziehend) ver*gegenwärtigen*
   (unter Bezugnahme auf : Whorf, Benjamin Lee, Sprache – Denken – Wirklichkeit, Reinbek bei Hamburg, 1988).
5. Die Kinderzeichnung *wandelt* sich
   von der vergegenwärtigenden Sach-Herstellung zur Bild-Herstellung.

Als Hochschullehrer für die Ausbildung von Kunstpädagogen verantwortlich, war der Verfasser mehr als drei Jahrzehnte lang mit dem Thema der *Kinderzeichnung* befasst. Die vorliegende Literatur gab Erklärungsmodelle vor, die der Verfasser anfangs selbst, wenn auch oftmals modifiziert, referiert hatte.
Aus unbeantworteten Fragen an die Literatur ergab sich die Suche nach einem nachvollziehbaren Ansatz, *hautnah* überprüft in der Beobachtung und Teilhabe am Leben vier eigener Kinder und von neun Enkeln – sowie in 30 Jahren kunstpraktischen Unterrichts, vor allem in der Grundschule und im Schulkindergarten.

Bei Hunderten von Vortrags-Veranstaltungen vor Eltern und Erzieherinnen in Kindergärten sowie in Diskussionen bei Fortbildungsveranstaltungen für Lehrer aller Schulformen konnte das Konzept an den vorgefundenen Belegen geprüft werden.

An der hier vorzutragenden *neuen Sicht auf die Kinderzeichnung* wurde nicht zuletzt deswegen über einen jahrzehntelangen Zeitraum gearbeitet, um ohne Zeitdruck zu einer Gesamtdarstellung zu gelangen, die nicht unkritisch nach „Autoritäten" zu referieren braucht, was der Autor nicht selbst erarbeitet oder geprüft hat.
Die Schrift deutet die Kinderzeichnungen *nicht* im Hinblick auf das *Befinden* der Kinder, sondern erklärt *das charakteristische Zustandekommen der Eigenart der Kinderzeichnungen* aus nachvollziehbaren Beobachtungen in der kindlichen Lebenswelt.

In der hier vorgelegten besonderen Bearbeitung des Problems „Kinderzeichnung" spielt der sonst wichtige Sozialisationsfaktor eine betont untergeordnete Rolle, weil zuerst und vor allem die Bedingungen herausgearbeitet werden sollten, unter denen die Welt den Kindern als reale (dinghaft fassbare) Tatsache und nicht als nur „virtuelle" oder vermittelte gegenübersteht. Aus den in den Medien hervorgehenden Erscheinungsweisen der Welt (und den Unwelten) erwachsen Probleme, die nicht in den Zusammenhang dieser Arbeit gehören. Denn als *typische Formen bildnerischer Äußerungen auf der Kinderzeichnung* sollen diejenigen Formen gelten, die nicht aus medialen Vorgaben übernommen wurden, auch wenn die Normalität des Auftretens von solchen Übernahmen (zwar mit Ab-Sicht, jedoch mit mangelnder Einsicht) heute als typisch bezeichnet werden muss.

Es wurde – unter großen Anstrengungen – versucht, verständlich zu schreiben und eine lediglich wissenschaftlich *anmutende* Sprache zu vermeiden, weil viele Ausdrücke aus gängigen Terminologien Mehrdeutigkeiten enthalten oder das Unwissen des Autors verbergen können. Die einfache Sprache soll eindeutig machen, dass das, was geschrieben wurde, genau wie es dasteht, auch gemeint ist.

In die vorliegende Abhandlung sind die unentbehrlichen Forschungsergebnisse eingearbeitet worden, die z.T. vom Verfasser in früheren Arbeiten veröffentlicht wurden. Diese Forschungsergebnisse sind unter denselben Bedingungen gewonnen worden, unter die sich auch diese Untersuchung stellt.

Die Arbeit besteht aus zwei Teilen, von denen *jeder Teil für den anderen grundlegend* ist:

der eine Teil – Die Verständnis-bildenden Grundlagen zur Erkenntnis von Kinderzeichnungen –

Seiten 17 bis 77

dieser Teil ist der Theorie gewidmet, der das Verständnis einschließlich pädagogischer Folgerungen für die Praxis zu vermehren sucht.

der andere Teil – Darstellung und Erklärung der typischen Gestaltformen von Kinderzeichnungen –

Seiten 79 bis 371

dieser Teil bezieht sich auf die Praxis, aus der die Erkenntnisse stammen, die berichtet werden.

Die Erkenntnisse, die aus wachsendem Verständnis heraus gefunden wurden, bildeten wiederum Grundlagen zu vertiefterem Verständnis der Kinderzeichnung – worauf diese Arbeit letztlich zielt.

Die Erkenntnisse werden beispielhaft dargelegt an den Motivgruppen der Menschen- und der Raum-Darstellung. Die erläuterten Beispiele sind keine Einzelfälle, sondern stehen immer für große Gruppen regelmäßig vorkommender Erscheinungen auf Kinderzeichnungen und decken deren Vielfalt weitgehend ab.

Die Erweiterung um weitere Motivgruppen wie Bäume, Tiere, Häuser, Fahrzeuge wäre möglich, ergäbe aber keine prinzipiell anderen Erkenntnisse hinsichtlich der gewählten Thematik dieser Abhandlung.

Vorbemerkungen zur Illustration des Textes

Die **Abbildungen** und die **Figuren** sind zugunsten einer leichteren Orientierung in derselben Zahlenfolge **durchgehend nummeriert**.

Die Bezeichnung **Abbildung** bei den Bildreproduktionen bedeutet, dass es sich um **Original-Kinderzeichnungen** handelt, die in der Regel lediglich verkleinert und bisweilen für die Wiedergabe im Schwarz-Weiß-Druck aufbereitet wurden.

Die Bezeichnung **Figur** besagt, dass das **Schema oder die Nachzeichnung einer Kinderzeichnung** oder eine **sonstige** Illustration wiedergegeben wird.

Fett gedruckte Zahlen für **Abbildungen** oder **Figuren** im **laufenden Text** ermöglichen das schnelle Auffinden der **Kommentare im näheren Umfeld** der jeweiligen Darstellung.

Bis auf die wenigen – als solche gekennzeichneten – Illustrationsbeispiele, die aus der Literatur übernommen wurden, stammen alle anderen aus der Sammlung des Verfassers.

Die **Anmerkungen** wurden in den laufenden Text eingefügt.

DER EINE TEIL

Einführender Überblick in die Verständnis-bildenden Grundlagen

mit klärenden Beispielen

1. Warum zeichnen Kinder **anders** als Erwachsene?
2. Warum zeichnen Kinder **überhaupt**?
3. Kann und soll man Kinder und Jugendliche im Zeichnen **fördern**?
4. Was hat die Kinderzeichnung mit **Kunst** zu tun?

Die Anworten auf diese vier Fragen sollen vorab gegeben werden. Sie stützen sich auf die Erkenntnisse über Kinderzeichnungen, die im Hauptteil dieser Abhandlung dargelegt werden. Zugleich werden auch die begründenden Strukturen, in denen die neuen Antworten gefunden wurden, durch ihre Anwendung eingeführt.

Die „klärenden Beispiele" sollen von vornherein Missverständnisse durch Anschauung ausschließen, weil der sprachliche Wortlaut dieser Studie auf einen Kontext bezogen ist, der vornehmlich durch Augenschein zu gewinnen ist. So werden manche Ausdrücke mit längst bekannten Wörtern gleichartig und dennoch nicht gleichbedeutend sein.

Die nachfolgenden Ausführungen werden erweisen, dass die Antworten, die in dieser Einführung als Behauptungen vorgetragen werden, die tatsächlichen Gründe für die schon immer beobachteten Erscheinungen auf Kinderzeichnungen offenlegen, die damit Argumente liefern, die pädagogisches Handeln begründen können. Wenn nämlich die eigentlichen Ursachen für die besondere Gestalt der zeichnerischen Äußerungen des Kindes bekannt sind, und wenn erkannt wird, dass es sich nicht um zu korrigierende „Kinderfehler" handelt, sondern um die richtige Antwort des Kindes auf die Bedingungen, unter denen es ein urteilsfähiger Mensch wird, dann gibt es gute Gründe für Erzieher, das kindliche Zeichnen nicht durch vermeintliche Förderung zu stören sondern zu achten.

Warum zeichnen Kinder **anders** als Erwachsene?

Kinder zeichnen am Anfang anders als Erwachsene, weil für sie und ihre Augen die Welt noch nicht in der selben Weise geordnet ist wie für die Erwachsenen. Das Sehen wird nur unter Beteiligung anderer Sinne gelernt

Für Erwachsene ist das Sehen derart selbstverständlich geworden, dass ihnen so gut wie keine Erinnerung daran möglich ist und sie sich kaum Vorstellungen davon machen können, wie sie selbst einmal sehen **gelernt** haben. Weil man sich Vorstellungen immer unter den Möglichkeiten macht, über die man zum Zeitpunkt der Vorstellung verfügt, kann die andersartige frühere Vorstellungsweise in der Regel nicht als dieselbe, die sie einmal war, wieder hergestellt werden. Darum gibt es kaum Erinnerungen daran, **dass das Sehen hat gelernt werden müssen**, zumal diese Frage im Allgemeinen nur in Bezug auf kindliches Sehen aufkommt.

Manchmal kann sich ein Erwachsener doch an eine Gelegenheit erinnern, in der sich seine kindliche Seh-Erfahrung nicht mit der von großen Leuten gedeckt hat. Diese Situation wurde aber nur deswegen im Gedächtnis behalten, weil sie einerseits mit einer schweren Beleidigung des Kindes verbunden war und andererseits sprachlichen Ausdruck gefunden hatte. Aus der Erinnerung an die sprachlich formulierte Kränkung werden die Umstände des äußeren Sachverhalts, der die Seh-Fähigkeit des Kindes betrifft, rekonstruierbar. Das Kind kommt nach Hause und erzählt, es habe einen Hund gesehen, der größer als ein Haus gewesen wäre. Erst heißt es, der etwa fünfjährige Junge „erzählt Märchen". Dennoch aber behauptet er weiter, er habe diesen Hund wirklich gesehen, größer als das Haus. Die Reaktion: Der Junge „lügt – wie immer". Er kommt knapp an einer Bestrafung vorbei für diese immer wieder verstockt vorgetragene ungeheuer dumme Lüge. Wie konnte das passieren? - Die Erwachsenen **hörten heraus**, das Kind **hätte behauptet**, da sei ein Hund **größer** als ein Haus **gewesen**. Das Kind aber musste **nach seiner** Meinung davon berichten, ihm sei ein Hund **erschienen**, den es größer als ein Haus gesehen hätte. Das Kind hatte den **Kopf des Hundes über den First** des entfernt stehenden Hauses **hinausragen gesehen**. Die nachstehende Zeichnung zeigt, wie das Kind, das vor einer kalbsgroßen Dänischen Dogge steht, **tatsächlich** deren Kopf oberhalb der Firsthöhe des Daches erblickt. Das Kind kann aber noch nicht **in derselben Weise** wie die Erwachsenen das **Sehen der Dinge** von dem **Sein der Dinge** unterscheiden und erst recht nicht diese Unterscheidung aussprechen. Bei einer geringfügig anderen Zuordnung hätte sich der Kopf des Hundes für das Kind nicht so deutlich über die Dachgrenze hinaus gegen den klaren Himmel abgehoben.

Figur 1

Zum Sehen-Lernen gehört: abschätzen zu lernen, wie die Dinge in verschiedenen Entfernungen größer oder kleiner **erscheinen. Nur** durch **Erfahrungen,** die beim **Anfassen** oder beim **Laufen** usw. gewonnen werden, wird die **wirkliche Größe** der Dinge und Abstände **erschlossen**; sie müssen zuvor **am** oder **mit** dem **eigenen Körper gemessen** worden sein. (So waren früher die Längenmaße „Elle", „Spanne", „Meile" usw. am menschlichen Körper orientiert.) Die Wahrnehmungen des Gesichtssinnes bedürfen – wie immer wieder zu beobachten sein wird – der Abstimmung mit den Erfahrungen aus den anderen Sinnen.

Kinderzeichnungen sind auch Urkunden des Sehen-Lernens

Da freiwillige Kinderzeichnungen Zeugnisse (meist freudiger) Begegnungen mit der Welt sind, werden sie auch zu **Urkunden** des Sehen-**Lernens**, das sich aus dem **Zusammenwirken verschiedener Sinne** ergibt: Zuerst natürlich durch die Wahrnehmungen des **Gesichtssinnes**, soweit er schon ausgebildet ist; insbesondere sodann durch die Zuordnung der Empfindungen der **Eigenkörper-Wahrnehmung** bei der Bewegung von Armen, Händen und Fingern, ferner durch die Daten des **Tastsinns** sowie die des **Gleichgewichtssinnes**. Wenn ein Kind – bei der Erschließung der Welt und ihrer Dinge – **eigenständig zeichnen** will und soll, dann müssen sich **auch** diejenigen seiner Wahrnehmungen in der Zeichnung niederschlagen, die nicht über die **Augen**, sondern mit den **anderen beteiligten Sinnen** aufgenommen wurden.

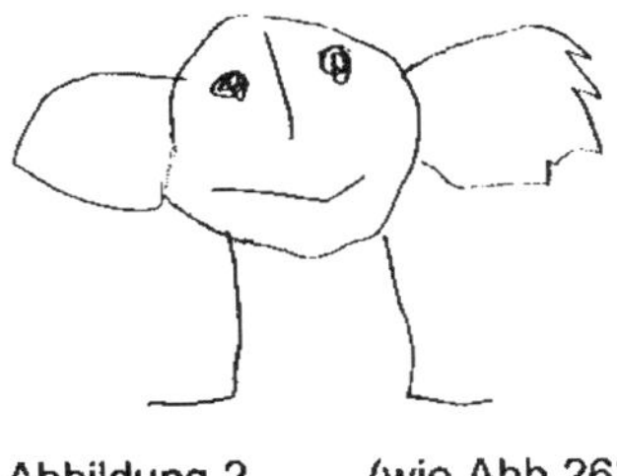

Abbildung 2 (wie Abb.263)

Das nebenstehende Beispiel eines „Kopffüßlers" zeigt keinen Vogel und somit **keine** „Flügelarme", sondern den **Weg**, den die **Hand macht**, vom Menschen ausgehend und zu ihm zurückkehrend, wenn die Hand in der Welt dieses und jenes berührt. Das Kind, eine vierjährige Rechtshänderin, bringt beim Zeichnen **die Erfahrungen des Eigenkörper-Sinns** mit den von ihm gewöhnlich gemachten **eigenen Handbewegungen** ein.

Das Kind spielt mit dem Stift seine eigenen Tätigkeiten nach

Da dem Kind die raumüberwindenden Bewegungen der Hand zum Ergreifen der erwünschten Dinge wichtig sind und **von ihm an sich selbst verspürt** werden, **spielt** es diese Bewegungen mit dem Stift **nach.** Bei den Bewegungen beim Zeichnen erlebt das Kind **in der Vorstellung** dieselben Empfindungen **seines** Körpers, die dieser hervorbringt, wenn mit Hilfe seiner Arme die Hände in die Welt greifen. Bei diesen Linien handelt es sich demnach weder um Sachgrenzen noch um die Darstellung umgrenzter Gliedmaßen. Das Kind wiederholt **im Spiel des Zeichnens** seine Tätigkeiten, die in den Empfindungen seines Körpers genossen werden können. So kommen ganz **andere** – nämlich **unsichtbare** Erscheinungen – im Zusammenhang mit der Menschengestalt in die Kinderzeichnung.
Die **Bewegungen beim Zeichnen** haben oft **kleinere Abmessungen** als bei den Tätigkeiten in der Wirklichkeit. Das bereitet Kindern dennoch keine besonderen Schwierigkeiten, weil die Ausrichtung auf das jeweilige Ziel der Bewegung **im Großen wie im Kleinen gleich** ist, und weil die **Spielzeuge** der Kinder vielfach **Miniaturen** der Gegenstände **aus der Erwachsenenwelt** sind, mit denen sie übertragbare Erfahrungen gemacht haben.
Der offensichtlich falsche Ausdruck „Flügelarm" ist demzufolge ein Begriff, den eine Erwachsene (Rhoda Kellogg) möglicherweise aus Verlegenheit wegen der irreführenden Ähnlichkeit geprägt hat, und weil nach den Auffassungen der Erwachsenen Linien, die **sich schließen**, unbesehen als die **Grenz**linien einer **benennbaren** Sache aufgefasst werden, auch dort, wo das Kind – wie hier im Ziehen von **Linien** – erfolgreiche **Tätigkeiten** offenbar mit Freude und Genuss zeichnerisch „nachempfindet".
Obwohl der **Weg** der **Hand gemeint** ist, wird diese doch durch die grobmotorische **Bewegung** des **Armes** vom Schulter- bis zum Handgelenk gesteuert. Diese Vorgänge sind weitgehend unbewusst, auch wenn sie die nützliche Wirkung von „mentalem Training" haben.

Die anfänglichen Kinderzeichnungen entstehen nicht als Abbildungen der sichtbaren Oberfläche der Gegenstände, sondern als Spuren von jenen Eigenbewegungen, in denen die Kinder an sich selbst spüren, wie sie den realen Gegenstand im Umarmen oder Festhalten als Besitz haben.

Darüber hinaus vollziehen die Kinder selbst – stellvertretend – die Tätigkeiten für die Geschöpfe, die aus den „Erschaffungsgebärden" hervorgegangen sind.

Die (gegenstandsbezogenen) „**erwachsenen**“ Zeichnungen unterscheiden sich von Kinderzeichnungen hauptsächlich dadurch, dass sie fast immer das **äußerlich Sichtbare** der Gegenstände darzustellen suchen. Dies ist dem Kind entwicklungsgemäß noch verwehrt. Anders gesagt: die „Zeichnungen“ der Erwachsenen leiten ihre Gültigkeit hauptsächlich daraus her, fast ausschießlich **Protokolle des Gesichtssinnes** zu sein, wohingegen die Kinderzeichnung auch die Erfahrungen mit den **anderen Sinnen heranziehen muss** und somit dokumentiert. Die **Hinführung der Hand** durch den Raum zu den erwünschten Zielen vermittels der Armbewegungen kann das Kind auch deswegen unbefangener zeichnen, weil der **Arm als Gestalt** noch keine feste Größe geworden ist – er **dient** ja nur der **Hand** und sieht bewegt immer wieder anders aus.
Der landläufig von der bevorzugten **Erwachsenenzeichnung** abgeleitete **Begriff** von **„Zeichnung als Darstellung“** ist somit nicht in jeder Hinsicht auf die Kinderzeichnung anwendbar.

Zusammengefasst kann gesagt werden:
Das kleine Kind erschließt die Wirklichkeit der Welt am Anfang **nicht allein durch den Gesichtssinn**, sondern **vorwiegend** durch **hinzukommende** Empfindungen und Erfahrungen in und mit **anderen** Sinnesorganen. Denn schon die im kindlichen „Auge“ wechselnde Erscheinung der **Größe** von Gegenständen bei verschiedener Entfernung bedingt Verunsicherungen, die nur dadurch überwunden werden, dass **zuerst fast nur im tastenden Umarmen der Gegenstände** deren **bleibende Gestalt** (Form- und Größenkonstanz) **begriffen** wird.

Bei der Begegnung mit der Welt
spürt das Kind am Anfang
seinen eigenen Körper und dessen Bewegungen
mehr als die Sachen, die es berührt oder umarmt.
Aus den erfolgreichen Bewegungs-Wiederholungen
bilden sich feste Bewegungs-Gestalten:
die Gebärden.

Zunächst spürt **sich** das Kind in den umarmenden Bewegungen **selbst**. Diese körperlichen Regsamkeiten werden durch Wiederholung immer sicherer und dadurch zu **Gebärden**. Die Gebärden sind diejenigen Bewegungen, die das Kind **selbst machen** muss, um den Gegenstand in dessen realer Existenz zu erfassen bzw. zu „haben“. Die Wiederholung der Gebärde **erzeugt** (auch **ohne** den umarmten oder erfassten Gegenstand), **was den Bewegungsanteil des Kindes angeht,** dennoch dieselben Gefühle, als wenn der Gegenstand tatsächlich vorhanden wäre. So kann das Kind – in seiner **Fantasie** – die Anwesenheit von Gegenständen durch Empfindungen der Eigenkörperwahrnehmung hervorrufen.

Mittels ihrer Fantasie können Kinder in der Wiederholung der Gebärden real erlebte oder erwünschte Erlebnisse vergegenwärtigen

Ähnlich, wie Kinder in ihrer Fantasie mit der linken Hand eine imaginäre Violine halten und mit der rechten einen imaginären Bogen darüber führen und sich dabei ganz „als Geiger" fühlen können, so können Kinder mit dem Stift auf dem Papier diejenigen notwendigen Gebärden vollführen, die ihnen in der Fantasie das Gefühl verleihen, den geliebten Gegenstand zu **haben**. Die absichtlich geschlossenen **Grenzen-bildenden Linienzüge** sind charakteristisch für die **erschaffende Vergegenwärtigung** von „**Gegenständen aus Papier und Zeichenstift**".

In der Literatur werden die Ausdrücke „Gesten" und „Gebärden" von einigen Autoren als mitbestimmend für Kinderzeichnungen angeführt, doch sind diese Wendungen mehr im Sinne graphologischen oder pantomimischen Ausdrucks zu verstehen, denn sie beziehen sich dort mehr auf die Stimmung oder den Charakter des Zeichners oder dessen subjekt-gefärbte Interessen und sind nicht als typische **Erschaffungs- oder Vergegenwärtigungs-Gebärden** ausgewiesen.

Der so entstandene **Gegenstand** in den umarmenden bzw. umfassenden Grenzen ist **vom Kind selbst** (als „Erschaffung aus dem Nichts") **verursacht** und zwar in genau der **Meinung**, in der er erschaffen wurde (etwa als geliebte Person oder erwünschtes Spielzeug oder erinnerte Situation), auch wenn das Kind den „in der gezeichneten Umarmung gespürten Inhalt" nicht immer schon mit einem Wort nennen könnte.

Bevor die Frage erörtert wird, wie man das Zeichnen der Kinder fördert, muss gefragt werden, wie man **vermeidet**, das richtige Zeichnen der Kinder **zu verhindern**.

„Punkt"-„Punkt"-„Komma"-„Strich"-„fertig ..." *ist die Abschaffung der Kinderzeichnung*

Denn an die Stelle kindlicher Sichtbarmachung eines Welt-Erlebnisses tritt die Produktion zeichenhafter Floskeln, die mit den Erlebnismöglichkeiten des Kindes nichts zu tun haben. Kinder wenden sich **mit allen betroffenen** und **geeigneten Sinnen** der Welt zu, und begründen damit das **innigste** ihnen mögliche **Verhältnis zur Welt**. Wenn sie dieses ihr Verhältnis in ihren Zeichnungen ausbreiten, dann enthält das Blatt **mehr und anderes** als nur das, was mit den Augen wahrgenommen wurde. Zwischen der Zeichnung einerseits und dem von ihr gemeinten Gegenstand andererseits spielen sich die **tatsächlichen Empfindungen** des Kindes in ihrer (jeweils aktuellen) Gesamtheit ab. Genau diese Fülle, welche die Zeichnung mit dem Gegenstand verbindet, geht verloren, wenn das Kind angeregt wird, sich **nur an die sichtbaren** Daten des Gegenstandes zu halten. Der Spruch „Schau doch 'mal genau hin!" darf den Blick des kleineren Kindes **nur auf die Sache** lenken, **nicht jedoch auf eine Form**, die anschließend **als Form reproduziert** werden soll.

Vor allem die Form, die in **künstlerischen** Zusammenhängen erscheinen soll, kann dem **Anblick** des Gegenstandes allein nicht unreflektiert entnommen werden. Um dies später als Heranwachsender zu können, muss das Kind seine Welt zuerst von seinen **eigenen** Möglichkeiten aus geordnet haben – und dazu ist es auch bereit.

Werden jedoch obendrein **Formeln zum Nachzeichnen vorgegeben**, so weden die konkret gemachten Erfahrungen des Kindes für überflüssig erachtet und **entwertet**. Das Kind wird auf das Zeichen-Programm der Erwachsenen verwiesen, welches mit der von ihm selbst gemachten Gegenstands-Erfahrung nur wenig gemeinsam hat. Freilich werden Kinder – nicht zu ihren Gunsten – **belohnt**, wenn sie sich den Erwachsenen-Wünschen **anpassen**; deshalb können sie den für sie unbemerkbaren Verlust an Kontakt zur Wirklichkeit leicht verschmerzen. Die Folgen allerdings müssen sie später unverschuldet selber tragen. Der korrigierende Eingriff seitens der Erwachsenen redet ihnen ein, ihr Zeichnen sei falsch und es wäre gut, diesen Fehler wieder gut zu machen. Bei diesen „lieb" und „hilfreich" angebotenen Korrekturen wird aber tatsächlich **nicht die Zeichnung korrigiert**, sondern dem Kind eine **Fehl-Einstellung zur Weltwahrnehmung suggeriert**.

Kinder brauchen Bestätigung, besonders bei der selbstständigen Welt-Erforschung

Kinder brauchen bei ihrer Welt-Erforschung die Bestätigung durch die Erwachsenen allerdings deshalb so sehr, weil sie mit jedem weiteren Schritt ins Leben zunächst unbekanntes Land betreten. Die Zustimmung der Erwachsenen versichert sie der „Richtigkeit" ihres Lebensweges – leider auch dann, wenn die Erwachsenen die Richtung selbst nicht kennen und deshalb falsche Wege weisen. Was die Kinder wirklich brauchen, ist die Bestätigung, **dass es gut ist, dass sie zeichnen**. Weil sie aber **selbst** gelobt werden wollen, ist eine Korrektur ihrer Zeichnung immer auch ein Tadel an ihnen, der sie verunsichert, zumal die Korrektur dem Kind meistens unverständlich ist. Die gehorsame Befolgung der Korrektur erbringt jedoch meistens schnell erreichbare soziale Vorteile.

Die Ursache für die allgemein **übliche Erziehung zur Formel-Anwendung** im Dienst eines „gebräuchlichen Zeichnens" liegt darin, dass die Kinderzeichnung **seit den Anfängen ihrer Erforschung** (aus Unverständnis) **an der Kunst gemessen** wurde. Zwar wurde sie zuvor immer schon und ebenfalls mit professionell erzeugten Bildern verglichen; allerdings hielt man gerade **deswegen** überhaupt **nichts** von der Kinderzeichnung – und das war, nach heutigen Erkenntnissen, ebenfalls nicht angebracht.

Welterfahrung – selbst erfahren – ist die Bedingung für sinn-erfüllte Kinderzeichnungen

In den weiteren Ausführungen dieser Abhandlung werden viele Erscheinungen auf Zeichnungen von Kindern und Jugendlichen z.T. erstmalig unter dem Aspekt ihres **eigentlichen Sinngehalts** dargestellt; es wird an allen Stellen belegt, wie sinnvoll Kinder ihre „Welterfahrung mit allen Sinnen“ in ihre Zeichnungen einbringen. Dieses Verhalten schafft die Grundlagen für verantwortliches und gültiges Verhalten zu den Medien und zu Bildern in der Zukunft.

Natürlich muss die Entwicklung des Kindes dahin gehen, Bilder und Kunstwerke der menschlichen Kultur begreifen, beurteilen und schätzen zu lernen sowie in seinen eigenen Zeichnungen die Entwicklungshöhe von reifen Erwachsenen zu erreichen. Aber auch diese Entwicklung (die maßgeblich in der Bewältigung von drei bedeutsamen Aufgabenfeldern verläuft) ist darauf angewiesen, dass die Heranwachsenden ihre Zeichnungen auf **eigene** Lebenserfahrungen gründen können.

Die zweite Frage:
Warum zeichnen Kinder überhaupt?

kann zunächst aus dem **allgemein menschlichen Bedürfnis** heraus mit der Neigung beantwortet werden, immer wieder etwas Erlebtes oder Erwünschtes – aus der Erinnerung oder in der Fantasie – **im gerade gegenwärtigen Augenblick** ins Bewusstsein zu holen. Dann **existiert** das Erlebte oder das Gewünschte **nicht nur außerhalb** des **aktuellen Bewusstseins** – **verborgen** in erlebter Vergangenheit oder erwarteter Zukunft – sondern es **erfüllt** sein **gegenwärtiges** Bewusstsein bei der Verfertigung seiner Zeichnung.

Zeichnen ist tätige Vergegenwärtigung von Welt im Bewusstsein des Menschen

Vergegenwärtigungen gehören zu den wichtigsten Aktionen des Bewusstseins.
Sehr oft kann beobachtet werden, wie Menschen anderen Menschen etwas erzählen, und sie können nicht aufhören zu erzählen und sie erzählen es jedem, den sie erreichen können, ob er es hören will oder nicht. Und man gewinnt den Eindruck, der Erzähler erzählt es eigentlich gar nicht dem andern, sondern er erfreut sich selber am meisten an seiner Erzählung. Woher aber kommt diese Freude? – Die Antwort: Im Erzählen wird ihm das Erzählte **gegenwärtig**, und **im Erzählen ist er selbst** mit seinen Gefühlen auf positive, ihm Lust verschaffende Weise **anwesend**, sei er nun der Held einer Sieges- oder Leidensgeschichte, sei er der Richter, sei er ein ausplaudernder Geheimnisträger oder Autor in irgend einer anderer Hinsicht.
Ganz offensichtlich dienen Erzählungen dieser Art **nicht ausschließlich der Mitteilung an andere**, sondern gründen vornehmlich in der Erzeugung starker Gefühle des Erzählers selbst. Indem der Erzähler seine Erlebnisse oder Anliegen in die Sprachform bringt, **formuliert** er sie auch für sich selbst.
Durch die **Sprache besitzt der Erzähler das Erlebnis** nun nicht mehr **nur in seinen Gefühlen, durchlebten Bewusstseinszuständen und Situationen bedeutsamer Empfindungen**, die er mit seinen verschiedenen **Sinnen** gewonnen und in der Erinnerung verwahrt hatte, sondern er besitzt es nun zusätzlich auch noch in der einheitlichen und **vereinigenden Formulierung der Sprache.** Durch die Leistung der sprachlichen Formulierung kann das **subjektiv** erlebte Ereignis **objektiv** zu einem Sprachgebilde geordnet und persönlich bewusst werden, und zugleich wird es dadurch von der erzählenden Person **ablösbar**. Anders gesagt: Die sprachliche Formulierung ermöglicht es dem Sprecher, sich den Inhalt der Rede selbst zu erzählen, fast so, als würde ihm dieser von jemand anderem erzählt.

Die Gleichsetzung von „Wortsprache“ und „Bildsprache“ ist problematisch

Die Parallele, welche die „**Wortsprache**“ und die „**Bildsprache**“ auf **einen Nenner** zu bringen versucht, ist **nicht** sachgerecht. Aus der **Ähnlichkeit** der **Begriffsformulierungen** darf vor allem **nicht** darauf geschlossen werden, dass ähnliche **pädagogische Methoden** hinsichtlich der Förderung nahelägen oder gar geboten wären.

Durch den Ausdruck „**Bildsprache**“ in **Analogie** zur „**Wortsprache**“ wird die Zeichnung des Kindes als ein Medium zur Mitteilung von **Inhalten** betrachtet: die Zeichnung soll etwas „erzählen“. Sprachliche Mitteilungen erfolgen in der Regel in der Sprache, die in einer bestimmten Kultur gesprochen wird. Dann meint „Sprache“: Deutsch, Englisch, Spanisch usw., **unabhängig von dem Inhalt**, der in der jeweiligen Wortsprache ausgedrückt wird. Die Muttersprache, die von anderen **übernommen** und **gelernt** werden muss, liegt **fertig** formuliert vor, wohingegen die Kinderzeichnung **von** dem gerade erreichten Stadium **zum** nächsten **mit der Entwicklung des Kindes** in dauerndem **Werden** ist.
Auf der Kinderzeichnung werden **durch** die zeichnerische **Vergegenwärtigung** des Gegenstandes der **Inhalt** und die **Form** der Zeichnung erst **erzeugt**, durch welche dann die spezifische „Bildsprache“ gemeinsam hervorgebracht wird; deswegen kann sie als **inneres** System des **kindlichen Verständnisses** noch **nicht** vorliegen. Erwachsene Fachleute allerdings können „Bildsprache“ bei Kinderzeichnungen aufgrund ihrer **eigenen Deutungen** feststellen, nachdem sie zahlreiche Vergleiche bei Kinderzeichnungen angestellt und regelmäßig vorkommende Merkmale katalogisiert haben. Damit werden aber eher „**Stilformen** der Kinderzeichnung“ beschrieben und gefunden als deren Bildsprache.

Um die „Sprachen“ der Künste zu verstehen müssen sie erlernt werden

Von der „Wortsprache“ und der „Bildsprache“ müssen die „Sprachen der Künste“ unterschieden werden.
Kunstwerke sind Geschenke an die Menschheit.
Wie bei Kinderzeichnungen entsteht ihre „Sprache“ in der gleichzeitigen wechselseitigen Erzeugung von **Inhalt durch Form** und von **Form durch Inhalt**. Im **Unterschied** zur Kinderzeichnung, die das egozentrische Kind legitim nur für sich macht, muss sich das Werk des sozial verantwortlichen Künstlers als Kunstwerk für andere Menschen bewähren können. Das will heißen, dass ein Kunstwerk eine **beispielhafte Deutung** des dargestellten **Inhalts** verkörpert und zwar bezogen auf ein – auch für andere Menschen annehmbares – geschichtswirksames **Weltbild**. – Das gilt für alle Künste.
Kunstwerke (im obigen Sinn) müssen als Endpunkte künstlerischer Entwicklungen angesehen werden – auch wenn die Entwicklung der Kunst

und des Künstlers weitergeht – indessen die Kinderzeichnung Zeugnis eines Durchgangsstadiums ist – obwohl sie auf ihre Art höchst ansprechende Ergebnisse hervorzubringen vermag.
Zum Verständnis der Kunst und der Künste gehört ein „erwachsenes" Weltverständnis, das seinerseits auf Weltbildern aufbaut, die bereits in den Künsten und Wissenschaften formuliert und tradiert worden sind.
Das **Kunstverständnis** wird weniger durch die Kinderzeichnung als **im Umgang mit Kunst** erworben.

Kinder erlernen die Wortsprache anders als das Zeichnen

Die **Wortsprache** als Mitteilungs-System **von** und **über** Gegenstände und Sachverhalte muss das Kind als **vorgegebene Verhaltensweise zu übernehmen lernen.** Dagegen baut die **zeichnerische** Vergegenwärtigung – als Verwandlung von Erlebnis-Vorstellungen in ein selbstgeschaffenes bildnerisches Formsystem – auf den **eigenen Sinneserfahrungen** auf und **bezieht sich somit unmittelbar auf die Begegnung mit der Realität der Welt**.
Bei der Sprache wird das Kind durch die Erziehung daraufhin kontrolliert, dass es die **formalen** (syntaktischen) Regeln des Sprachausdrucks lernt und anwendet. Dem Kind wird (zu Recht) untersagt „blöde Mutti" zu äußern, weil mit diesem Ausdruck die Mutter mit einer Eigenschaft belegt wird, die „falsch" ist. Nach der Auffassung des Kindes hatte die **inhaltliche** (semantische) **Aussage** wahrscheinlich gemeint, die Erlebnisse, die durch die Mutter herbeigeführt wurden, seien ihm unangenehm. Das Kind jedoch konnte beim ersten Mal nicht genau wissen, dass seine Wortwahl unangemessen war. Denn die **Wörter** sind einerseits **vieldeutig** und andererseits kennt das Kind noch nicht genügend Wörter, um (Kontext-adäquat) ein passendes Wort für die jeweilige Lebenslage aussuchen zu können. So lernt das Kind den richtigen Gebrauch der Sprache einerseits durch die **Korrektur falscher Ausdrücke** und andererseits (und hauptsächlich) durch **Vorgaben** für die **richtige formale Gestalt seiner Redeweise.**

In vielen Fällen lernen die Kinder die Wörter im Zusammenhang mit Angelegenheiten, deren Hintergründe und Gesamtzusammenhänge sie dennoch nicht einmal erahnen können. Wenn ein Erwachsener „gleich" im Sinne von „warte einen Moment" sagt, muss er sich nicht wundern, wenn ihn das Kind bei der nächsten Gelegenheit, wo dieses etwas „sogleich" erledigen soll, ebenfalls länger warten lässt. In dieser Hinsicht zeigt sich das Kind durchaus „sachverständig". Allerdings muss es noch etwas weiteres lernen: „Gleich" ist nicht gleich – je nach dem, **wer** es sagt und **wer** es zu hören bekommt.
Die Kinder sprechen aus Mangel an Spracherfahrung den Erwachsenen die noch nicht genau begriffenen, und sogar die unzutreffenden Wörter nach. Erst im Laufe ihres Lebens lernen sie, dass fast jedes Wort ganz viele verschiedene Bedeutungen haben kann und nicht immer nur der **Name** des Gegenstandes ist. Das Kind nämlich kennt noch nicht die **Möglichkeiten der Wörter**, einerseits **Namen**, andererseits aber **Deutungen** von Gegenständen und Sachverhalten sein zu können.
Am Anfang benutzen Kinder die „Wörter", um gewünschte Sachen oder Personen herbeizurufen oder diese zu Handlungen zu ihren Gunsten zu veranlassen. Eine Sprache, die herbeiruft und veranlasst, ist als „**Machtwort-Sprache**" nachdrücklich von der „**Sprache der Kommunikation**" zu **unterscheiden**. Die Parallelen zwischen dem

Gebrauch der Machtwort-Sprache und den zeichnerischen Handlungen auf dem Papier werden sich im Laufe unserer Darlegungen immer deutlicher zeigen.
Die Erwachsenen können trotz aller Sprachkompetenz nicht wissen, was sich die Kinder unter den von ihnen gebrauchten Wörtern vorstellen, und darüber hinaus nehmen sie im Allgemeinen überhaupt nicht zur Kenntnis, dass Kinder die Wörter, die sie hören, auf ihre eigene Weise verstehen – oder nicht verstehen, jedenfalls aber völlig andere Vorstellungen damit verbinden können. Für die Sprache sind diese ihre vielseitigen Unwägbarkeiten gleichwohl typisch und wesentlich.
Die sinnlichen Erfahrungen geben dem Kind größere Sicherheit als die in Worte gefassten „Begriffe" von den Dingen der Welt. Der Erwachsene jedoch begreift im Wort mehr als das Kind und ist deshalb „gutmeinend" geneigt, das Kind dazu anzuhalten, den Umfang seiner **erwachsenen** Begriffswelt **auf die Zeichnung anzuwenden**, obwohl das Kind, wenn es ihm folgt, seine Erfahrungs**möglichkeiten** überschreiten muss.
Es gibt kein größeres Unrecht im Zusammenhang mit der Einwirkung auf Bilder überhaupt, als die Autoren dazu anzuhalten, etwas zu bilden oder zu zeigen, das sie nicht selbst mit eigener Lebenserfahrung verantworten können. Das gilt gleichermaßen für Kinder wie für Künstler. Den Kindern **geschieht Unrecht**, wenn man sie dazu veranlasst; die Künstler **begehen Unrecht**, wenn sie sich so verhalten, und sie bringen sich dadurch um ihr Künstlertum.
Mit den Anregungen zur Verbesserung der Kinderzeichnungen kann die Hoffnung verbunden sein, das Kind möge die dazugehörenden Wirklichkeitserfahrungen machen. Der Fortschritt in der Wirklichkeitserfahrung kann aber nicht in den Vorgang der **Zeichen-Anwendung** verlegt werden.

Bei der **zeichnerischen Vergegenwärtigung** soll das Kind nun gerade **nicht die Normen von vorgegebenen Formulierungs-Systemen** erfüllen, wie sie etwa in (historischen) Kunststilen bestehen könnten – oder in den Ansichten von Aufgaben-stellenden Erwachsenen.
In den bildnerischen Äußerungen des Kindes drückt sich dessen **eigener** und „wahrer" Bezug zur Realität aus. Jede Korrektur der gebärden-geleiteten Form-Bildung bedeutet die In-Frage-Stellung seiner Empfindungen und Erfahrungen im Umgang mit der Realität der Welt. Das Kind muss seinen existentiellen Bezug zur Welt **selbst** formulieren, und dies geht nur über die „**Wahr**nehmung" seiner eigenen Empfindungen und den **daraus** folgenden Formen-Bildungen. Die **Fremd-Normierung** seiner **Form-Bildung** richtet sich indessen **gegen** die Entwicklung des Kindes zu einer autonomen Persönlichkeit – jedenfalls hinsichtlich der Welt der Bilder.
(Als Persönlichkeit mit der Fähigkeit zur Autonomie soll ein Mensch gelten, der Urteilsvermögen auch in seinem Verhältnis zur Realität erlangt hat.)

Beispiel einer zeichnerischen Vergegenwärtigung

Der siebenjährige Junge hatte ein schönes Erlebnis, das er nun erneut genießen will, indem er sich dieses durch Vergegenwärtigung in sein Bewusstsein holt. Er zeichnet sich selbst, wie er zum Fenster seines Kinderzimmers hinausschaut. Es ist von innen her zur Straße hin geordnet, wohingegen sich das andere Fenster an der abgewandten Hauswand befindet, worauf die Beule in der Hausbegrenzung (grundrissartig

Abbildung 3

„boden-orientiert") hinweist. Damit **er** zum Fenster überhaupt herausschauen kann, muss er zuerst das Haus mit seinem Dach und mit dessen Schornstein zeichnen, wobei **er** dann auch noch für das Herausquirlen des Qualms verantwortlich ist. Bilder dieser Art werden (fälschlich) „Röntgenbilder" genannt, weil es scheint, man könne **durch die Wand** hindurch in das Innere **sehen**. Bei einer Fassaden-Darstellung wie bei Abb. 375 hätten weitere Fenster gezeichnet werden müssen.

Kinder sind indessen nicht so unrealistisch, die Undurchdringbarkeit von Mauern zu übersehen. Davon zeugen die gezeichneten Türen und die Türklinken, an denen diese zum Öffnen angefasst werden. Kinder zeichnen Häuser so, wie sie diese **erleben**, nämlich als bergende **Gehäuse**, **in** denen sich ein Teil ihres Lebens abspielt. Genau genommen besteht für Kinder **Raum** erstens als **Fußboden**, die wichtigste und ständig spürbare Raum-**Grenze**, auf der sie stehend und gehend den Kontakt zur Welt behalten. Zweitens besteht der Raum für Kinder als **Leere**, in der sie herumlaufen können; das ist im Wesentlichen die **Luftschicht über dem Boden**, die in geringerem Maße körperlich erlebt wird. So hat **Raum** für Kinder in erster Linie die Qualität, ihnen als widerstandskräftige Gestalt flach zu Füßen **zu liegen** – ganz so, wie das vor ihnen **liegende Blatt**, auf das sie zeichnen. Deshalb liegt es dem Kind nahe, durch die Ziehung von **Grenzlinien** die **Geräumigkeit** des Hauses zu erzeugen, wenn das Haus als **begehbarer Raum** gemeint ist.

Das Kind zeichnet das **Haus weder durchsichtig noch liegend**, sondern bezieht sich auf die **selbst erlebte Raum-Qualität**.

(Wenn Kinder das **Haus von außen** meinen, ist das leicht an der **körperhaften** Darstellung zu erkennen – s. Abb.375.)

Somit befindet sich das **Fenster auf** diesem Bild auch **nicht** in der **Ansicht** der Frontseite; es ist **im Haus**, weil sich der Junge vergegenwärtigt, **von innen** nach draußen zu schauen und dabei den Freund zu erblicken. – Der Freund kommt von außerhalb des Bildes die Straße entlang und wechselt die Straßenseite, wodurch ihn der Zeichner **erblickt** und zeichnet. Den Wechsel der Straßenseite vergegenwärtigt sich der Zeichner durch eine Hakenlinie, deren Pfeilspitze am unteren Ende ihren Anweisungs-Charakter besonders deutlich macht. Dass der Freund den Zeichner sieht, wird an der (kurzen) Nasenlinie erkennbar, die von ihrem oberen Ansatz schräg nach unten in Richtung des Hauses weist – übrigens (später) beantwortet durch die Symmetrie der Nasenrichtung im Gesicht des Torschützen.
Die Straße **liegt** in ihren Grenzen (wie in der Wirklichkeit der Landschaft) breit **auf dem Blatt**, das selbst ebenfalls auf der Tischplatte oder auf dem Boden in der Horizontalen liegt.
Es könnte nun ein Widerspruch vermutet werden, der zwischen der auf dem Blatt „**liegenden** Darstellung einer Straße" und der ebenfalls auf dem Blatt „liegenden Darstellung eines als **stehend** angenommenen Hauses" vorliegen könnte. Bei einer von kindlicher Sinngebung ausgehenden Betrachtung kann der scheinbare Widerspruch jedoch ausgeschlossen werden. Wenn nämlich das Kind die „Geräumigkeit des Hauses" durch die Grenzlinien erzeugt hat, so ist, wie oben ausgeführt, diese vorzüglich **zum Herumlaufen geeignete Örtlichkeit** für das Kind, wegen der sinnlichen Erfahrungen aus seinen Bewegungen und Tasterlebnissen mit Beinen und Füßen, hauptsächlich mit „Fußboden" verbunden – genau wie die Straße.
Nun eilt der Zeichner die **Treppe** hinunter – zur Haustür.

Abb. 4 (wie Abb. 374)

Gewöhnlich werden Treppen in Häusern wie auf der nebenstehenden Zeichnung als **Wege** dargestellt, die gestuft von Stockwerk zu Stockwerk führen. Auf diese Weise wird die **Treppe** zu einem Teil der **Einrichtung** des Hauses. Der Junge jedoch, der zu seinem Freund flitzen möchte, muss eine **Wendel**treppe herunter eilen, mit all den Schwierigkeiten, die deren ungleiche Stufenbreiten mit sich bringen. Er muss Stufe für Stufe auf die **Form** der **Trittbretter** achten; und so zeichnet er nicht die Treppe selbst, sondern vergegenwärtigt sich das **Anschauen** der Stufenbilder, die er beim Herab-Eilen beachten muss. So bedeutet der Pfeil unterhalb des Fensters und oberhalb der obersten Stufe genau wie der seitliche Pfeil auch eine **Anweisung zum Sehen**; denn das Se-
Sehen auf die Stufen ist bei einer Wendeltreppe ein besonders zu beachtender Vorgang, demgegenüber das automatisierte Hinunterlaufen weniger Aufmerksamkeit erfordert. Von **oben** her hat er die Türklinke

schon erwartend im Blick, weshalb sie ihm im oberen Bereich der Tür-Fläche erscheint, während er selbst den **Weg „unten** zur Tür heraus" mit dem Pfeil angibt. Vor der Tür sind zwei Stufen zu beachten; dann drückt ein Haken die Wendung zu seinem Freund hin aus.
Danach gibt ein Pfeil die einzuschlagende Richtung auf der Straße an.
Der Fußball wird kräftig getreten und fliegt – Meter um Meter – dem Freund entgegen; der kann ihn (natürlich!) nicht halten, und so landet er im „Tor", als dessen Umrahmung sich der ursprünglich Weg-weisende Strich nun vorzüglich eignet.

Der Weg des Fußballs macht die Vergegenwärtigung als einen Vorgang zwischen Vergangenheit und Zukunft in besonderem Maße deutlich. Es ist, als würde das Kind von einer Stelle des Balles zur anderen „vergessen", dass es soeben den Ball schon gezeichnet hat. In der jeweiligen Gegenwart (immer wenige Sekunden lang) wandert der Ball seinem Ziel zu. Am Schluss ergibt sich eine Zeit-übergreifende Gestalt: die Flugbahn. Im Zeichnen begreift der Junge **sich selbst als der Verursacher** des Ball-Fluges.

Auf der Zeichnung entsteht ein (neuer) Gegenstand für den Zeichner, der vor dem Zeichnen nicht in derselben Weise in seinem Bewusstsein war

Der Gegenstand der Zeichnung ist, **bevor** er gezeichnet wurde, nicht in derselben Weise im Bewusstsein, wie er in der **später** erscheinenden gezeichneten Form auf dem Blatt sein wird. Der **Gegenstand entsteht im Zeichnen**; seine **Vergegenwärtigung** ist auf die Zeichnung förmlich **angewiesen.**.

Durch die Zeichnung **besitzt** der Junge das Erlebnis nun nicht **nur in der Form der Bewusstseins-Zustände**, die er mit seinen verschiedenen **Sinnen** und seelischen Gestimmtheiten gewonnen hatte, sondern er **erwirbt** das Erlebnis **auf neue Weise** in der einheitlichen und **alles vereinigenden Formulierung der Zeichnung.** Indem durch das Zeichnen die inneren Vorstellungen des Kindes in Elemente des Bildes umgewandelt werden, wird das Erlebte neu geordnet und – zusammengefasst in der Form eines Bildes – bewusst. **Bewusst wird** das Erlebnis in der besonderen Form **dieses** Bildes. Aber das Bild lässt sich auch erzählen, so wie es soeben erzählt wurde, weil es selbst die Zusammenhänge klärt, in die seine Einzelheiten eingebunden sind und verstanden werden können. Damit liegt das Erlebnis in einer **durch Bewusstseins-Tätigkeit geordneten Form** als Zeichnung vor.
Das heißt allerdings nicht unbedingt, dass das Kind das Erlebnis in derselben Weise mündlich erzählen könnte oder erzählen können müsste, wie es hier vorgetragen wurde.
Worin besteht nun das Besondere der Form – und der „Lebens-Gewinn" dieses Bildes?

Das Zeichnen ordnet Erlebnisse in der (Stil)-Form von Zeichnungen

Auf diesem Bild wird ein zeitlicher Vorgang aus **vielen Einzelschritten** in ebenfalls vielen zeitlichen Handlungen nacherlebt, und als Ergebnis kommt bildhaft die **Einheit des Geschehens** zum Vorschein: sozusagen als **versammelnde Vergegenwärtigung** von **Vergegenwärtigungen**. Das auf diese Weise entstandene Bild ist die unerwartete **Belohnung** für die Umwandlung von erfreulichen Erinnerungen in die Ausdrucksweise des Bild-Mediums. Die Spuren der zeichnerisch vergegenwärtigenden Tätigkeiten verleihen dem Erlebnis **Dauer**.
Die **Einverleibung** des Erlebnisses **in die Bildform** bewirkt – wie schon angedeutet – eine Verdopplung des Erlebnisses, das zuerst **in „inneren Bildern" des Bewusstseins** vorgelegen hat und danach **in der „äußeren" Bildform auf dem Papier** geordnet wurde. Indem die „inneren" und die „äußeren" Bildformen angesichts des selben Sachverhalts ihrerseits in Übereinstimmung sein wollen, kommt es zu **gegenseitiger** Überprüfung, wobei die gezeichnete Bildform durch die inneren Bilder und diese durch die gezeichnete Bildform bestätigt sein wollen. In diesem Vorgang entwickelt sich Bewusstsein.

Die Frage dieses Abschnittes lautet immer noch:
„Warum zeichnen Kinder überhaupt?"

Kinder zeichnen, weil sie in eine Kultur hineinwachsen, in der sie unablässig der Welt der Zeichen begegnen und weil sie gerne dasselbe „spielen", was die Erwachsenen tun

Unsere Kultur schließt mit der allgegenwärtigen Darbietung einer schier unendlichen Zeichen-Fülle (in den Medien aller Art) die Aufforderung und die Aufgabe ein, sich diesem Aspekt des Lebens zuzuwenden. Außerdem sind die Materialien und Verfahren zur Zeichenbildung im Überfluss im Angebot. Jedoch: **eigenhändig ist nicht** (immer) **eigenständig**.
Kinder sehen Erwachsene schreiben und gelegentlich auch zeichnen, und sie wollen es ihnen, wie sonst auch, gleichtun, wenn sie nicht ohnehin bei Kindern ihres Alters sehen, dass diese zeichnen, oder dass sie von Erwachsenen zum Zeichnen angehalten werden. Sofern Kinder Zeichen und Symbole aus der Medienwelt ihren Zeichnungen zufügen, tun sie dies völlig arglos in der unreflektierten Annahme, ihre Zeichnung durch den Bezug auf das vorgegebene Vorbild zu verbessern.

Mit seinem Stift auf dem Blatt ist das Kind der unumschränkte Herrscher über seine Geschöpfe

Schließlich haben Kinder bald das Vergnügen herausgefunden, auf dem Papier „**herrschen**" zu können, **da der Stift ihnen gehorchen muss**.

Zunächst können sie sich **in der Fantasie** Sachen und Situationen aus ihrer Welt vergegenwärtigen, und diese auf dem Papier nach den Möglichkeiten ihres jeweiligen **eigenen** Weltverständnisses ordnen. Dieses Ordnung-Schaffen, das sich durch das „Ausmalen" der Situationen von selbst ergibt, ist deshalb notwendig, weil **für Kinder** die Welt in allen Bereichen, die sie noch nicht **selbst** geordnet haben, **chaotisch** erscheinen muss. Die „Herrschergewalt" über die **selbstgeschaffene Welt auf dem Blatt** ermöglicht dem Kind ein **störungsfreies Ordnungsspiel.**

Durch die **Struktur des Mediums „Bild"** entsteht die Einheits-stiftende **höhere** Ordnung, die das **Kind** als **sein Werk** erlebt und daraus erwünschte und notwendige **Selbst-Bestätigung** bezieht.

Das Blatt, auf das die Kinder malen, ist jener Teil der Welt, in dem sie ganz zu Hause sind (wenn man sie lässt), und in dem sie alles **selbst** zu bestimmen haben. Dort können sie, gegen die vielen äußeren Zwänge, denen sie sich sonst unterordnen müssen, eine Welt der Vorstellungen aus ihren Erinnerungen erzeugen und darin befehlen, und sie können sich in ihrer Fantasie auch Wünsche erfüllen.

Abbildung 5

Das Verfahren dazu ist die **Vergegenwärtigung der Sinnesempfindungen**, die bei ihren realen Erlebnissen aufgetreten sind oder die erneut als Erlebnisse auftreten sollen – vielleicht sogar, um dabei überwunden zu werden; wie bei dem Bild eines vierjährigen Jungen, der gerade vom Friseur kommt und nun auf dem Bild **Herr** über das unangenehme Geschehen zu werden versucht. Denn indem er zeichnet, wie der Frisiermantel seine Bewegungsfreiheit einengt, **ist er**, der darunter gelitten hat, **es selbst**, der dies dem Geschöpf auf der Zeichnung **antut.**

Haare werden von Kindern als Sachen angesehen, die **auf** der Haut wachsen. Hier aber gehen die rieselnden Haare **durch** die Haut **hindurch** und zeigen solchermaßen an, dass sie das Wohlbefinden des Jungen beeinträchtigen (s. Abb. 77). Er fügt seinem Geschöpf dasselbe zu, das man ihm angetan hat – vielleicht deshalb, weil man ihm beigebracht hat, dass es richtig sei, Haare abzuschneiden, auch wenn es einem widerwärtig ist. So könnte die Zeichnung im Akt der Annahme eines Sozialisationsgeschehens eine (positive) Rolle spielen.

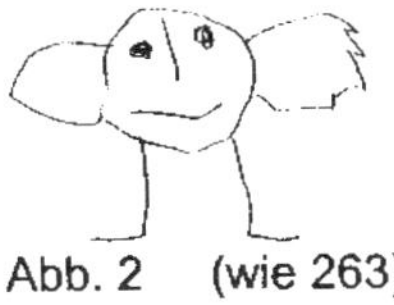

Abb. 2 (wie 263)

Auf dieser schon angeführten Zeichnung wiederholt das Kind die Bewegung seiner rechten Hand, die in die Welt ausgreift und hier und dort Berührungs- oder Greif-Empfindungen hat. Im Zeichnen vergegenwärtigt es („en miniature") die Bewegungen, die es in der Wirklichkeit zum selben Zweck macht. Das Zeichnen wird besonders dadurch verlockend, dass sich in der Wiederholung die Empfindungen von Eigenkörperbewegungen und andere sinnliche Erfahrungen einstellen. In den Empfindungen, die mit Kontakten zur Wirklichkeit verbunden sind, spüren die Kinder (und die Menschen), **dass sie da sind**, dass sie leben, dass sie sich ihrer Existenz gewiss sein können.

Die Befolgung der mit dem Stift gegebenen Befehle gibt dem Kind das Gefühl von Kraft und Wirkmächtigkeit

Außer in der Vergegenwärtigung eigener Empfindungen fühlen sich Kinder stark, wenn sie bei **anderen** etwas bewirken können, vor allem, wenn die Befehle, die sie geben, auch befolgt werden müssen - etwa auf dem Zeichenblatt. – Die Erwachsenen berücksichtigen meistens nicht die in der Kinderforschung gewonnene Erkenntnis, dass Kinder im frühen Kindesalter nicht immer zwischen wirklichen Tatsachen und Fantasie-Gebilden unterscheiden können – und auch nicht zu unterscheiden brauchen.

aus Abbildung 3

Hier schaut der Junge **aus dem Innern** des Hauses zum Fenster hinaus. Es handelt sich nicht um die **Ansicht** des **Herausschauens** aus dem Fenster der Hausfront. Der Junge **spielt** das „Schauen-**Tun**". Schauen **tut** man geradeaus. Der Pfeil (ein Hinweis- und Befehls-Symbol aus dem kulturellen Umfeld, das sich der Zeichner zu eigen macht) **gebietet**, den **Kopf** zu wenden, zuerst aus dem Fenster zur Seite, zum Freund, und sodann auf die Stufen. Diesen Anweisungen wurde gehorcht, denn sonst wären die Stufen verfehlt und könnte der Freund nicht erblickt worden sein. Die strikte Befolgung der Befehle wird beim Zeichnen vorausgesetzt. Die gezeichneten Geschöpfe leisten keinen Widerstand – im Unterschied zu den Kindern, von denen die Erwachsenen (allerdings nicht immer erfolgreich) Gehorsam fordern. Umgekehrt können jedoch die Kinder – freilich nur auf dem Blatt – auch den gezeichneten „erwachsenen" Personen „vorschreiben", was diese tun sollen, und diese müssen dann gehorchen. Die „Befehle", die mit dem Zeichenstift gegeben werden, sind jedoch meistens an der erlebten Welt orientiert und führen somit zur Identifikation mit der für richtig gehaltenen vorgegebenen Weltordnung. Insofern ist die Zeichenfläche ein ebenso fiktives wie „ideales Weltgelände" für den Nachwuchs, wobei zu beachten ist, dass Symbole und Zeichensysteme **nicht** immer die **Wirklichkeit** dessen zu **garantieren** brauchen, wofür sie stehen.
Mit solchen „idealen" Ordnungsgestalten in den Vorstellungen des Bewusstseins geht das Kind sodann in die Wirklichkeit zurück und kann, an diesen gemessen, die Erfahrung machen, dass die Wirklichkeit **anders, komplizierter** und forthin **differenzierbar** ist.

Die Brauchbarkeit der gezeichneten Figuren ist ein wesentlicher Grund für das Kind, die Vergegenwärtigung nicht nur in seinen Empfindungen bei ihrer Herstellung zu schätzen, sondern auch als Ergebnis des Zeichnens

Wie gesehen werden konnte, spielt das Kind weiter mit seinem Gegenstand, den es zuerst zusammen mit seinen Empfindungen im Zeichnen hergestellt hatte. Die **Zeichnung bewahrt die Gegenwart des Gezeichneten** in einer neuen Weise, die man gern als „Zeichen" bezeichnen möchte. Als „Zeichen" aber würde die gezeichnete Figur auf einen Gegenstand hinweisen, der **nicht** anwesend wäre. Das Zeichen ist meistens Stellvertreter für einen abwesenden Gegenstand. Denn gewöhnlich soll das Zeichen einen Gegenstand in der Weise eines Ersatzes **geistig vergegenwärtigen**. Für das Kind aber ist die gezeichnete Figur (wegen ihrer Anwesenheit in den Sinnes-Erinnerungen) eher in der Weise des **anwesenden Stellvertreters** für den gemeinten Gegenstand da, und da dieser **als Gegenstand gemeint** wurde – und **nicht als Zeichen** – kann er in der (noch magisch geprägten) Spielwelt des Kindes von diesem als **Sache** behandelt werden.
Wenn ein Kind in einem Spielzeug-Katalog blättert, sieht es dabei die **Zeichen für die Spielsachen**, die ihm als Wunschgebilde erscheinen, ohne dass es sie vielleicht schon hätte. Anders verhält es sich mit den Figuren, die es **selbst** gezeichnet hat. Diese hatte es nicht nur – wie im Katalog – **gesehen**, sondern mit seinen Erschaffungsgebärden im wörtlichen Sinn „**leibhaftig gehabt**". So haben sie einen größeren **Sach-Charakter** als die von außen kommenden Zeichen. Mit den von ihm selbst gezeichneten Figuren kann es besser **weiter-spielen**.

Wurde die Erzeugung der gewünschten Gegenstände durch Gebärden oft genug erfolgreich zustande gebracht, genügt die Anwendung der Gebärden

Um mit solchen selbstgezeichneten Figuren spielen zu können, müssen sie zuvor gezeichnet worden sein. Und wenn dem Kind der Herstellungsablauf für seine Figuren geläufig geworden ist, dann stellt es diese her, ohne dabei immer alle Tast- und Bewegungs-Empfindungen voll vergegenwärtigen zu müssen.

Es war ja dem Kind immer schon auch um die Sache gegangen, die sich in der Vergegenwärtigung einstellt und sodann auf der Zeichnung dauerhaft bestehen bleibt. So wird – auf dem Weg über die **Lust** am und beim **Produktionsprozess** – in der vergegenwärtigenden Schaffensfreude ein **Produkt erzeugt**, das sich von seinem Herstellungsvorgang **ablösen** kann und damit den **Übergang von der Sach-Herstellung** (mit Zeichenstift **und** Papier) **zu späterer Zeichen-Bildung** (mit den Zeichenstift **auf** Papier) ankündigt und diese grundlegt.

Mittels seiner Zeichnungen schafft das Kind für sich Weltordnungs-Gefüge, die es als Netz von Mutmaßungen zur Erprobung über die Wirklichkeit legen kann

Der Erkenntnisprozess geht dann mit immer höherem Anspruch weiter. Damit ist einer der Wege zur menschlichen Bewusstseinsbildung beschrieben und zugleich die Frage beantwortet, ob und wozu **es gut ist**, dass Kinder zeichnen.

Zusammenfassend kann gesagt werden:

Kinder zeichnen, um den Zusammenhang zwischen der **Welt als Erlebnis** und ihrem eigenen **Weltverständnis** herzustellen. Da das Leben der Kinder (und des Menschen) **auf Sinn hin angelegt** ist, zeichnen sie auf Dauer nur dann **gern**, wenn sie **selbstbestimmt** zeichnen **dürfen**. Weil das Kind zunächst in vielen Bereichen noch „keine Wahl hat", muss „selbstbestimmt" verstanden werden als ein teilweise von seinem Willen unabhängiges Bestimmtsein durch die erworbenen Fähigkeiten, die ihm zu Gebot stehen. Kinder können Sinn nur insoweit erfahren, als er mit den **ihnen eigenen Möglichkeiten** als Sinn in Erscheinung treten kann.
Einer der sinngebenden Gründe für das Zeichnen ist die **Brauchbarkeit** der gezeichneten Figuren als Stellvertreter innerhalb von Ordnungs-Handlungen, die auf Welt-Zusammenhänge bezogen werden können.

Die Fremdbestimmung seiner zeichnerischen Äußerungsformen durch die mannigfachen Erzieher zwingt dem Kind meistens die Sinnstrukturen der Zivilisation auf, deren Bedeutung es noch nicht gewachsen ist. (Zudem machen die Medien den Kindern (zu) viele Unsinns-Angebote.)

Bereits in den „**Kritzelgebilden**" des Anfangs **erleben** die Kinder **sich selbst** als die **Verursacher** von Spuren, die zuvor noch nicht vorhanden waren: Das sind **SPUREN ihrer Anwesenheit** in der Welt, lustvoll **gespürt in der Zeit**, in der sie erzeugt wurden.

Sowie Kinder durch umgrenzende Linien Gebilde zeichnen, die einen Gegenstand bedeuten sollen (was eingehend in den Kapiteln über den sog. „Kopffüßer" ausgeführt wird), ergibt sich eine weitere Motivation zum Zeichnen, nämlich die **Vergegenwärtigung von Sachen und Sachverhalten.**

So könnte man sagen: Im Kritzeln vergegenwärtigen die Kinder **sich** in ihrer augenblicklichen **Tätigkeit**, in der nachfolgenden Entwicklung gehen sie immer mehr dazu über, **Sachen** zu vergegenwärtigen.
Die Vergegenwärtigung im Bewusstsein und deren Materialisierung mittels der Zeichnung verleiht den gezeichneten Gebilden „**Sach-Charakter**". Die gezeichneten Gegenstände können zu **Spielzeugen** werden, indem sie das Kind aus ihrem bildnerischen Zusammenhang (z. B. mit der Schere) herauslöst, um sie **in seine reale Spielwelt einzubringen.**

Parallel zum Heraustreten von Geschöpfen aus der Kinderzeichnung in die reale Spiel-Welt der Kinder besorgt der Kommerz das Geschäft, Wesen – etwa aus den Kinderfilmen – als Spielfiguren aus ihrer medialen Bildwelt hervorkommen zu lassen und sich in die reale Lebenswelt der Kinder **stilwidrig** einzunisten. Stilwidrig sind die meisten Figuren (aus Plüsch und Plastik) dieser Art deshalb, weil sie nicht – wie die Gestalten aus der Kinderzeichnung – für Differenzierungen offen sind, sondern, auf niedrigem Niveau in die Starrheit ihres „Designs" eingekapselt, geistigen Stillstand perfektionieren.

Die Fähigkeit, erfolgreich **brauchbare Sachen** aus den Gebärden des Umarmens und Erfassens zu erschaffen, ist ein mächtiger Beweggrund zum kindlichen Zeichnen. Diese Gebärden sind mit den Gefühlen des Habens und Besitzens der Sachen verbunden. Im **HABEN** ist die Welt dem Kind und ist das Kind der Welt besonders nahe.

Mit dem HABEN ergibt sich die Verfügungsgewalt über die selbstgeschaffenen Kreaturen und Sachen: das **HERRSCHEN**.

Auf dem Bild ordnet sich das Kind die Welt so, wie es sie empfindet oder wünscht – natürlich im Rahmen seines eigenen Verständnisses und seiner Darstellungsmöglichkeiten, die beide an seinen Entwicklungsstand gebunden sind.

Entwicklung kann nicht dadurch gefördert werden, dass dem Kind Ausdrucksformen einer höheren Entwicklungsstufe zur Nachahmung empfohlen oder gar befohlen werden; vielmehr müssen dem Zögling **Problemhaltige Situationen und Umstände angeboten** werden, auf welche dann unter günstigen Bedingungen ein **Entwicklungs-Schub** die Antwort sein kann.

Die sich **im Spiel** leicht einstellende **Gleichsetzung von Wirklichkeit und Fantasie** ist deswegen möglich, weil die sinnlichen Empfindungen bei der Erzeugung **gezeichneter** Gegenstände ebenso wie beim Umgang mit **wirklichen** Gegenständen von ihrem gebärdenhaften Ursprung her ähnlich oder gleichartig sind. Es ist im Folgenden **zu beachten**, dass die **Gleichartigkeit der Empfindungen** strikt **an die zeichnerische Vergegenwärtigung gebunden** ist und hauptsächlich in dieser Zeitspanne auftritt. Darum **mögen** Kinder, wie immer wieder zu beobachten ist, die Tätigkeit des Zeichnens fast **lieber** als die „fertigen Bilder", von denen sie sich meist sehr leicht trennen können.
Die freudigen Empfindungen beim Erzeugen von SPUREN, beim HABEN in Gebärden und beim HERRSCHEN durch Gesten sind die vorherrschenden Gründe, die das frühe Zeichnen für Kinder begehrenswert machen.

Worin besteht – beim Zeichnen des Kindes – der Unterschied von Zeichen und Sachen?

Das jüngere Kind macht **beim Zeichnen** keinen deutlichen Unterschied zwischen „Zeichen" und Sachen. Seinem **Bewusstsein** kommen in den Gebärden die **„Zeichen" wie die Sachen** vor, weil ihm umgekehrt auch die **Sachen** ähnlich wie die **„Zeichen"** in Gebärden erscheinen.

Selbstredend kann das Kind die von seiner Hand gezeichneten Gegenstände von realen Dingen unterscheiden; sie **sehen** ja tatsächlich **anders aus** als ihre „Vorbilder" in der Wirklichkeit, auch wenn sie dieselben Namen tragen. Die Unterscheidung von **gezeichneten** und **realen** Sachen bekommt aber erst **nach Abschluss** der Vergegenwärtigung im Zeichnen **Bedeutung.** Dann aber unterscheidet das Kind **beide als Sachen**. Bei der Unterscheidung wird das Gezeichnete nämlich – vorerst – zu einer auf Dauer festgelegten **„Seh-Sache"**, während das reale Ding als **„Spiel-Sache"** weiterhin beweglich bleibt.

Das Ziel der Zeichnung ist, durch Vergegenwärtigung Sachen und Tatbestände zu schaffen.
Eine Herstellung von Zeichen ist nicht beabsichtigt.

Die durch Zeichnen entstandenen **„Seh-Sachen"** werden jedoch vom Kind **insofern** noch **nicht als Zeichen angenommen**, weil es diese **immer noch** am allerliebsten **wie Spielsachen** behandelt, beispielsweise durch das **Herausschneiden** der Figuren aus dem Blatt, auf das sie gezeichnet wurden. Als wollten sie die in den Gebärden des Zeichnens gespürte **Anfassbarkeit** der Figuren, die mit dem Abschluss der Zeichnung verlorengegangen war, **wieder herstellen**, lieben es die Kinder, manche ihrer Geschöpfe mit der Schere aus dem Blatt auszuschneiden und sie unmittelbar danach eine zeitlang wie Spiel**sachen** zu verwenden. **Zum Spielen** muss der Zusammenhang mit der Herstellung der Zeichnung den Kindern „noch in den Fingern sein". Dass Kinder **tatsächlich** mit den gezeichneten und aus dem Blatt isolierten Figuren **spielen** (können – und es auch tun, wenn sie dürfen), ist vielen Pädagogen eine unbekannte Tatsache, die allerdings leicht erklärbar ist. **Sie wird nicht zugelassen.** Wenn unter pädagogischen Aufwand im Kindergarten oder in der Grundschule endlich die aufgegebenen Bilder zur Zufriedenheit des Erziehers entstanden sind, also Ergebnisse von Aufgaben, die ggf. als behördlich verordnete Lernziele zu erreichen waren, dann ist es doch undenkbar, dass sie anschließend in kindlichem Spiel verbraucht werden könnten. Die zensierbare Produkt-orientierte Leistung der Zöglinge, die auch als Leistung des Erziehers aufgefasst wird, einem Spiel zu opfern, scheint nicht schulgemäß zu sein.

Figur 6 (wie Figur 55)

Die Kinderzeichnung : (k)ein Mittel zur Kommunikation

In allem bisher Gesagten war noch nicht die Rede von einer **Kommunikations-Funktion**, der oft eine besonders wichtige Rolle bei der Kinderzeichnung **zugewiesen** wird. Die Überschrift dieses Abschnittes deutet indessen schon die **Zwiespältigkeit** an, wenn die **wirklich gewichtigen** Auswirkungen des Zeichnens für die Entwicklung des Kindes herausgestellt werden. Die meisten Kinderzeichnungen entstehen **ohne Rücksicht** darauf, ob sie von anderen als deutbare **Zeichen aufgefasst** werden. Ihre **Interpretation** als Zeichen besagt nicht, dass sie dadurch **richtig verstanden** werden. Zwar können Kinderzeichnungen tatsächlich als Zeichengebilde angesehen und „gelesen" werden, doch bedeutet dies nicht, dass sie – in der Regel – **als solche** gemacht wurden.
Bei der freien Kinderzeichnung, die ohne Anstoß von außen entsteht, spielt das Kind das „Vergegenwärtigungs-Spiel" mit hoher Konzentration, die dem Bild anzusehen ist. Bilder dagegen, die „im Auftrag" oder „auf Befehl" für andere oder gar „für den Lehrer" (und sei es „wohlwollend") gezeichnet werden, Bilder, die irgend etwas demonstrieren sollen, sind im Vergleich häufig ärmer an „bildnerischer Kraft". Bei ihnen wird ein Pensum abgewickelt, dem jener „Zauber" abgeht, der „allem Anfang innewohnt" (Hermann Hesse).

Jedes Bild, das ein Kind für sich selbst malt, ist ja doch der Schritt in Richtung eines neuen Verhältnisses zur Welt, anders als ein Bild, in dem ein Kind so etwas wie eine Mitteilung über einen Sachverhalt aufs Papier bringt, der ihm selbst nichts Neues bedeutet.

Was der Zeichnung in der psychologischen Untersuchung und in der therapeutischen Praxis **zur Deutung des Kindes** entnommen werden kann, ist für Diagnose, Prognose und Heilung oft von großem Wert, gerade nur und deswegen, weil **keine** Mitteilung **beabsichtigt** wurde; denn auf dem Bild soll **das Kind „selbst"** erscheinen – **wie es ist**, und nicht das, was es vielleicht preisgeben möchte. Bei solcher Gelegenheit werden die Kinder vielfach zum Malen aufgefordert. Dann geben die **inhaltlichen** Aspekte auf den entstandenen Bildern bei zutreffender Deutung in manchen Hinsichten recht zuverlässige Einblicke in solche Bereiche, die dem Zeichner selbst nicht bewusst sind. Auch bestimmtes Ausdrucks-Verhalten, das sich in Rhythmus und Strichstärke usw. zu erkennen gibt, kann über die Grundstimmung oder augenblickliche Stimmungslage **des Kindes** Auskunft geben. Diese Aspekte sind jedoch für die hier vorliegende Abhandlung über die Sinnhaftigkeit **der Kinderzeichnung** nicht ausschlaggebend.

Aus den bisher vorgetragenen Überlegungen geht hervor, dass die zu Kommunikationzwecken oder „auf Befehl" hergestellten Zeichnungen nicht unbedingt zu denen gehören dürften, die für das Kind am förderlichsten sind.

Zeichen und Sachen unterscheiden sich in der Realität

Im Unterschied zur gewöhnlichen Verwendung von Zeichen entstehen auf Kinderzeichnungen die „Zeichen“ durch **Spuren von Handlungen**, die eigentlich Sachen und Sachverhalte erzeugen sollten. Es ist **der Bereich der Realität**, in dem sich die **Zeichen** von den **Sachen unterscheiden.** Die aus den Gebärden des Habens und Erfassens geschaffenen Gebilde sind, nachdem sie auf die Zeichenfläche „entlassen“ wurden, für die Augen und die Hände des Kindes **nicht mehr die selbigen**, die sie **während** der Vergegenwärtigung waren. Denn sie haben – **nach** der zeichnerischen Vergegenwärtigung – nicht mehr den bleibenden Überschuss an Spielqualität, den die **realen Sachen** auch **außerhalb der Bildfläche** haben.
Gleichwohl bleiben die **gezeichneten** Gestalten **als Spielgeschöpfe** weiterhin verlockend, weil sie **auf der Bildfläche** mit dem „befehlenden“ Stift des Kindes **in weitere Zusammenhänge** gestellt werden können. Das Kind kann **auf dem Blatt** selbst bestimmen und die Befehle tatsächlich – durch eigenes Tun – befolgen (lassen).
Der wesentliche Unterschied zwischen gezeichneten und realen Gegenständen besteht darin, dass auf den **Zeichnungen** hauptsächlich die **subjektiven** Aspekte zu **sehen** sind, die **auf das Bewusstsein des Kindes bezogen** sind: nämlich solche, die es tatsächlich **verstehen** konnte und zum Spielen **brauchen** wollte (was vor allem gilt, wenn das Kind keine Vorlage kopierte). Die **realen Objekte** gehen jedoch **von der Beschaffenheit des Gegenstandes** aus und sind aufgrund ihrer **objektiven** Eigenschaften für eine größere Zahl ausführbarer **Brauchbarkeiten** geeignet, auch für solche, die das Kind noch gar nicht kennen kann.

Im Vergleich – wenn er denn stattfindet – erscheint **auch dem Kind** die Zeichnung gegenüber dem realen Objekt als „Mängelwesen“. Der Gegenstand auf der Zeichnung sieht anders aus als das Objekt. Zum Spielen gibt er nicht mehr her, als der **gezeichnete** Bestand hergeben kann.
Sollte das Kind diesen Mangel beseitigen wollen, indem es das **Aussehen der Zeichnung** dem **Aussehen des realen Gegenstandes anpasste**, so wäre dies ein unbewusster („magischer“) Vorgang. Er wäre sicher **nicht die alleinige** Ursache für die zusätzliche Ausstattung der Figuren mit Einzelheiten.

Das Sehen des Kindes und die Ansprüche daraus entwickeln sich weiter

Einen weiteren wichtigen Anstoß für die Hinzufügung von Einzelheiten gibt die **Entwicklung des Sehens**. Die Sachen werden von diesem Zeitpunkt an nicht mehr **nur** durch die verbindliche **Mit**wirkung der Körpergefühle beim Anfassen erkannt. Sie werden überhaupt **mehr und differenzierter als bisher mit den Augen wahrgenommen**, nicht zuletzt durch **Benennungen**, die den Blick lenken. Die Kinder eignen sich einen größeren Wortschatz an und können mehr Einzelheiten benennen, was zur vermehrten Herauslösung von Gestalten aus ihrem noch immer nicht völlig geordneten Gesichtsfeld führt.

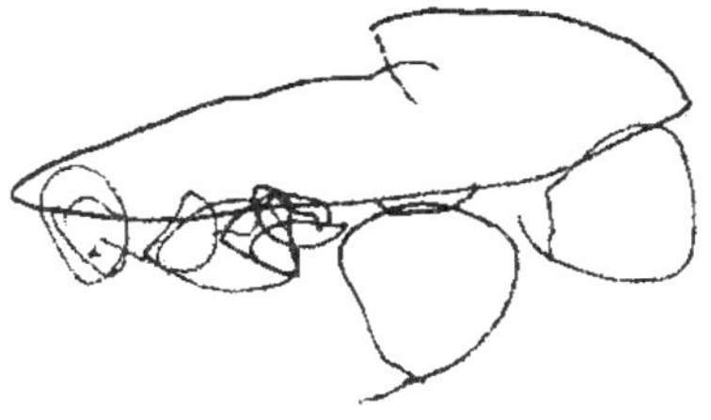

Abb. 7 Junge 3 J 2 M „Auto"

Das Auto des jüngeren Knaben auf der nebenstehenden Abbildung ist ein raumhaltiges Gehäuse, welches auf Rädern, die gedreht werden müssen, fahren kann. Die langgestreckte Form zu schließen macht dem Jungen offensichtlich Schwierigkeiten; er trifft mit dem Ende der Kurve nicht den Anfang, weshalb durch eine grenzbildende „Hakenbildung" (ungewollt) eine Umriss-Form entsteht, die fälschlich als „Rennwagen" gedeutet werden könnte.

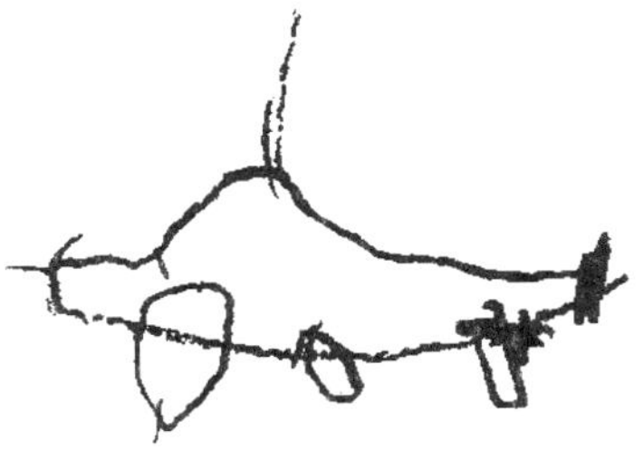

Abb. 8 Mädchen 4 J 6 M „Feuerwehr"

Die „Feuerwehr" des Mädchens hat ein unverkennbar sachtypisches Merkmal. Man sieht den geradlinig begrenzten Anschluss-Stutzen für den Löschwasser-Schlauch und den Drehkranz für das Wasserventil. Diese beiden Einzelheiten sind **visuell** orientiert, ob an der Wirklichkeit oder an einer Vorlage (etwa aus einem „Wimmelbuch"), ist nicht mehr auszumachen. Interessant ist die nach hinten abfallende Dachlinie, wodurch die Stelle, an der das Blaulicht blinkt, die Bewegung des Blicks nach oben zieht, was möglicherweise durch die beiden „senkrechten Striche" betont werden sollte, wenn diese Linien nicht „den Weg der Leiter nach oben hinauf" spielen sollen. Der Bogen der Unterkante sucht offenbar den Anschluss an das Ende des Fahrzeugs. Dort wird deutlich mit den entschiedenen Spuren von „Gebärden des **Verschließens**" der Wagen zugemacht. Dieses Fahrzeug ist durch seine Darstellung typisiert und kann z.B. nicht mehr als „Krankenwagen" oder „Omnibus" „mitspielen".

Immer mehr Einzelheiten werden dem Kind bekannt und erscheinen als Merkmale der Sache auf der Zeichnung

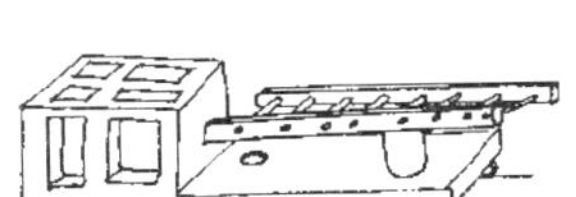

Figur 9

Das nebenstehende Holzspielzeug, mit dem mehrere Kinder im Haushalt spielten, wurde zum Anlass der nachstehenden Zeichnung, in der das „Feuerwehrauto" mit mehr Erkennungszeichen ausgerüstet und schließlich um eine Spiel-Szene erweitert wurde. Die mit vier Fenstern ausgestattete Fahrer- und Mannschaftskabine wird als „Gehäuse" aufgefasst, wobei jedem Fenster eine Kammer entspricht. Nach demselben Schema werden auch Häuser gezeichnet, wo in der Regel ebenfalls jedem Zimmer ein Fenster entspricht bzw. auf jedes Fenster ein Zimmer kommt. Das lichterloh brennende Haus – „der Schornstein ist schon ab" – ist spielerisch motiviert; beim **Weiterspielen** mit dem gezeichneten Gegenstand wird die **Ausübung der Spielhandlung vorrangig** gegenüber der **Darstellung** des Hauses, aus dem die Flammen schlagen.

Abbildung 10

„Feuerwehr löscht brennendes Haus – Schornstein ist schon ab"

Mädchen 6 J 5 M

Die Kinder wenden sich, nachdem sie zuerst mit anfassenden Gebärden die Wirklichkeit der Gegenstände zu erfassen versuchten, immer erfolgreicher mit den Augen dem sichtbaren Äußeren der Gegenstände zu; damit nähern sie sich allmählich der visuell geprägten Auffassungsweise von Erwachsenen

Das Kind beginnt, die realen Gegenstände genauer mit den Augen zu betrachten, und es muss auch **nicht** mehr alle Gegenstände **angefasst** haben, um den Eindruck des Gesichtssinnes durch seine Leiblichkeit bestätigt zu bekommen. Es hat durch zutreffende Ergebnisse – aus neuen und weiteren Erfahrungen mit seinen Augen – erfolgreich Mutmaßungen über die wirkliche Beschaffenheit der Dinge anzustellen gelernt. Freilich erkennt es diese immer noch einschließlich seiner **bisherigen** Erfahrungen. Indem nicht mehr alle Sachen mit der Hand berührt oder leiblich gespürt werden müssen, werden für das Kind die Dinge der realen Welt auch durch die **Entfernung** zu den gesehenen Gegenständen ebenfalls **zu „Seh-Sachen"** – **wie** die **Zeichnungen**, die es **selbst** gemacht hatte. Zwar hatte das Sehen schon immer beim Zeichnen eine **bedeutende** Rolle gespielt; dennoch waren für die **Gestalt** der **Zeichengebilde** hauptsächlich die **im Willen des Kindes** und die im **Bewegungsapparat** beheimateten ergreifenden Gebärden maßgebend.

Nun vollzieht sich der Wandel, der im gleitenden Übergang zur **visuell geleiteten Welt-Auffassung und -Darstellung** besteht. Mit zunehmendem Alter und aufgrund zuverlässiger werdender visueller Wahrnehmung interessieren sich Kinder und Jugendliche **über** das tatsächliche Dasein und So**sein** der Dinge **hinaus** für deren **visuelle Erscheinung**, die sie nachzuahmen suchen. Die Gebilde auf der Zeichnung werden immer mehr mit dem Aussehen der Gegenstände verglichen und vergleichbar.

Beispiel für ein zeichnerisches Welt-Ordnungs-Spiel

Mit dem nachfolgenden Bild **erklärt** sich ein Mädchen selbst einen Bus, indem es beim Zeichnen die Namen der für wichtig-genommenen Einzelheiten dem Vater **erzählt**. Unabhängig davon protokolliert die Zeichnung die Art, wie das Kind den Bus **erlebt**.

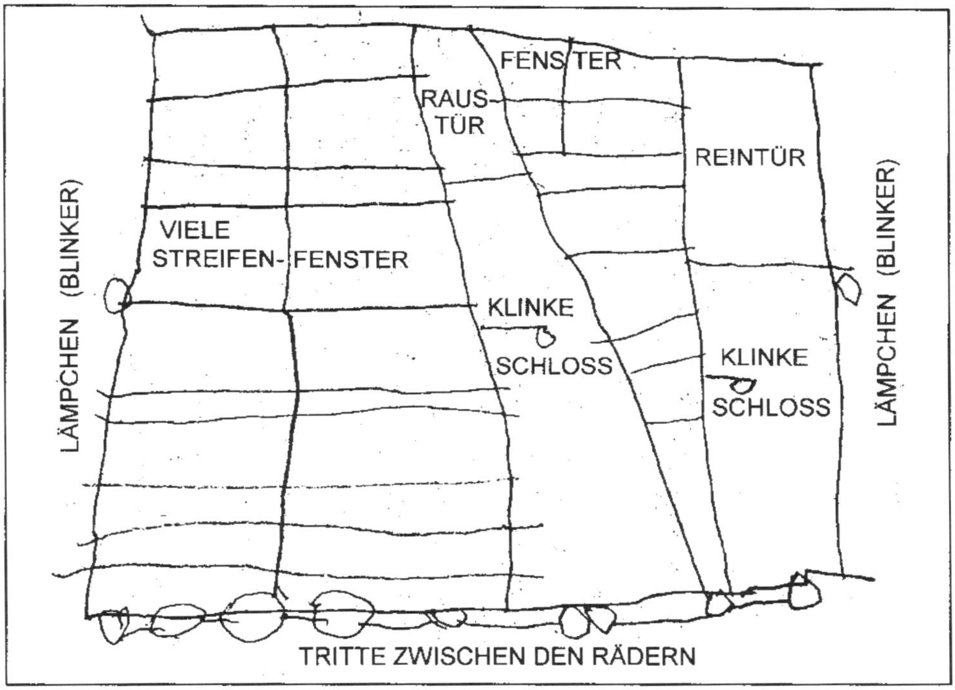

Abb. 11 Mädchen 4 J 9 M, Omnibus mit „Lämpchen", „Reintür" und „Raustür" (mit Fenster, Klinke, Schloss), weiterem Fenster und „vielen Streifenfenstern", und „Tritten"

Das Lämpchen vorn ist der Blinker, und der ist dazu da, dass das Kind das Halten des Fahrzeugs **bemerken** kann. Das Heranfahren des Wagens lässt kurz unter der Augenhöhe des Kindes die **Räder wandern**, wodurch sie an immer neue Stellen rollen, was das **Kind** selbst nach derselben Art **besorgt**, mit der der kleine Fußballspieler den Ball ins Tor sausen lässt (s.Abb. 3, S. 22). Für das Mädchen ist der Bus ein **hohes Gehäuse auf Rädern**, zu dem es mit einem „**langen** Blick" **auf**schauen muss, wenn er erst zum Stillstand gekommen ist. Im Moment der Vergegenwärtigung auf dem Blatt spielt seine Länge dann keine Rolle mehr. Mit den Benennungen **schreibt** das Kind den gezeichneten Gegenständen **vor**, was sie zu **sein** haben, und tut dies **gleichsinnig**

mit den Gegebenheiten in der Wirklichkeit. Als „herrschender Bestimmer“ auf dem Blatt **setzt** das Mädchen auf seiner Zeichnung **selbst fest**, was dort zu geschehen hat, und macht sich auf diese Weise zur **Ordnungsstifterin**, die damit zugleich die in der Welt vorgegebene Ordnung zu ihrer eigenen macht.
Die Ernsthaftigkeit dieses Vorgangs überschreitet bei weitem eine bloß wiedergebende Darstellung eines Omnibusses.
Besonders beeindruckend sind die klaren Unterscheidungen von Eingangs- und Ausgangstür, wobei, wie bei Bussen üblich, das Fenster an der Fahrertür weiter herunter gezogen ist.

Die Dinge der Welt können vermehrt allein über ihre visuelle Erscheinungen wahrgenommen werden

Die Beantwortung der Frage, warum Kinder und Jugendliche **auch in dieser Zeitspanne** überhaupt (und gegebenenfalls gerne) zeichnen, ist nicht schwer: Zu dem Nah-Raum, dessen Dinge in den Gebärden erfasst werden konnten, kommen nun **weitere Räume** und **größere Gegenstände** hinzu, die als Spielzeug nicht mehr mit den Händen begriffen oder am eigenen Körper gemessen werden könnten. Der **gesehene** große Gegenstand fügt sich jedoch beim Zeichnen dem Bildformat ein und kann solchermaßen **auch für das Bewusstsein passend** gemacht werden.
Wenn man die Zeichnungen der Kinder und Jugendlichen als „**Weltordnungs-Spiele**“ auffasst, erarbeiten sie dort **im Vorgriff** aufgrund bisheriger eigener Erfahrungen „ideale“ Ordnungsgestalten als Vorstellungen des Bewusstseins, mit denen sie anschließend die zunächst für sie noch chaotische Wirklichkeit ringsumher für ihr eigenes Verständnis zubereiten können. In den Zeichnungen wird die Welt auf jenen Maßstab reduziert, in welchem sie für den Geist und die Sinne des Kindes und Jugendlichen handhabbar wird – ähnlich ihrem Umgang mit sonstigen Spielzeugen, die ebenfalls viele Weltdinge **verkleinert** darstellen.
Die Kinder und Jugendlichen versuchen zunehmend, die visuellen, sich dem Sehen darbietenden Gegenstände der Welt erscheinungsgetreu darzustellen – möglichst so getreu wie auf Fotografien oder in den Medien. Der Grund dafür ist einsichtig: Der **gemeinte** Gegenstand, der sich **früher – auf der Zeichnung unsichtbar, aber „erfasst“ – innerhalb der Grenzen** befand, welche die zeichnende Gebärde **umriss**, **verbirgt** sich nun **hinter** seiner **sichtbaren Oberfläche**. Diese **Hülle** (des nun nicht mehr angefassten) Gegenstandes ist das einzige, was das **Auge** wahrnehmen kann. So, wie zuvor die Identität des Gegenstandes mit seiner Erzeugung auf dem Papier vor allem durch die **Übereinstimmung der Gebärden** den Gegenstand in die vergegenwärtigende Anwesenheit brachte, soll nun die **visuelle Übereinstimmung** die Identität zwischen der sichtbaren Ding-Erscheinung und der Zeichnung auf dem Papier besorgen.

Damit wird die **Neigung** der Jugendlichen zur realistischen oder „naturgetreuen“ Darstellung aus ihrem **Sinn** heraus erklärbar, nämlich Weltgegenstände möglichst nahe an ihrer visuellen Erscheinung **auf dem Bild bearbeiten** zu können.

Die technischen Mittel und Werkzeuge, mit denen gezeichnet wird, beeinflussen die visuelle Erscheinung der Gegenstände auf der Zeichnung

Die Überführungen der visuellen Erscheinungen der Gegenstände in Erscheinungen des Bildes, so genau sie auch erstrebt und verwirklicht sein mögen, erzeugen zwangsläufig Abhängigkeiten von den gewählten oder zur Verfügung stehenden **Werkmitteln**. Eine Bleistiftzeichnung stellt den Gegenstand anders dar als ein mit Farbe gefüllter Pinsel, ein harter Stift gibt ein anderes Bild als ein weicher, eine große Bildfläche fordert zu anderer Füllung als ein Mini-Format auf, usw. Auf diese Weise **führen sich anfängliche Ausdrucksformen von Kunst ein**, die darin bestehen, dass bestimmte oder gewählte „Techniken“ **sachgemäß** anzuwenden sind. In solchen Vorgängen tritt das **Bild selbst mit Ansprüchen** auf, die über den bloßen Anspruch der treuen Erscheinungswiedergabe des darzustellenden Gegenstandes **hinausgehen**.

Damit klingt das Problem an, das den **Jugendlichen** zur **Aufgabe** wird, nämlich: Die Thematisierung der Sache und deren Erscheinung deutlich vom **Bilden des Bildes her zu gestalten.** Dies zu fördern ist eine wesentliche Aufgabe für den eigentlichen Kunstunterricht (auf dem Weg von der „Mittelstufe“ zur „Oberstufe“). Allerdings liegt dieses Gebiet jenseits der „**Kinder**zeichnung“.

Die Kinderzeichnung und die Welt in den Medien

Dem Kind begegnet – **nach seinem Wahrnehmungsvermögen – Sichtbares** in **dreierlei** Bereichen, und zwar:

– erstens in der **Realität**, unmittelbar

– zweitens in den **Medien** aller Art, in medienspezifischen Formen

– drittens auf den von ihm **selbst gezeichneten Bildern.**

Spätestens auf dem Weg des **Wandels** von der „Herstellung“ der **Sache** zu ihrer **visuellen Erscheinung** kommt es zum unvermeidbaren Einfluss der **Medien-**Erzeugnisse auf das Kind. In den Medien ist die **„Übersetzung“ des Aussehens** der Sachen **in eine Bildform bereits geleistet**. Veröffentlicht von den Erwachsenen und von diesen „für gut und richtig gehalten“, wird die **Lösung**, ein dreidimensionales Welt-Gebilde auf einer zweidimensionalen Fläche unterzubringen, **mit Autorität zur Nachahmung angeboten** (was den Weg zu späterer Kommunikation über das Belanglose erleichtert).

Vom Umgang des Kindes mit Vorlagen

Im Allgemeinen übernehmen Kinder nicht grundlos fremde Vorlagen. Es gibt zwei vorteilbringende Gründe, Vorlagen nachzumachen: Gelegentlich **übernimmt** das Kind eine **Form** oder eine zusätzliche **Einzelheit**, die es sowieso in Kürze **selbst** hätte (er-)finden können, deren Aneignung also keinen Bruch in seiner Entwicklung darstellt. Man könnte auch sagen, das Kind hätte in der Vorlage die passende Lösung für sein eigenes Bild gerade **nicht übersehen** – es wäre ein Zeichen seiner Kompetenz, das Vorgefundene als das Richtige für sein eigenes Bild **im Voraus** erkannt zu haben.

Oft aber übernimmt das Kind bloß eine **äußerliche** Gegenstands-Gestalt, die es nicht völlig „begriffen" hat, die eine unpassende Lösung für sein Bild bedeutet, die aber sozial durch Lob belohnt wird. Das Lob gilt vor allem solchen Gestalten, welche den Vorstellungen der Erwachsenen entsprechen. Es ist leicht einsehbar, dass die erste Art der Übernahme eine positive Wirkung hat, weil sie sowohl auf Freiheit als auch auf Einsicht beruht, wohingegen die zweite unter dem sach- und bild**fremden** Druck nach sozialer Anerkennung steht und das Kind dazu verleitet, unverstandene Zeichen in seinen Bildzusammenhang einzubringen.

Abbildung 12 (wie Abb.332)

Dem nebenstehenden Bild ist aufgrund der völlig verschiedenartigen Ausdrucksmittel unmittelbar anzusehen, dass das feuerspeiende Ungeheuer, das in einem **einzigen Umriss** zusammen**gefasst** ist, aus einer Vorlage **übernommen** worden sein **muss**, da gleichzeitig die Menschengestalt entwicklungstypisch aus **einzelnen Elementen** Stück für Stück hergestellt wurde. Zwar konnte der etwa siebenjährige Junge die Form des Drachens „auswendig" zeichnen – gerade deshalb aber konnte er kein eigenes persönliches „Drachenbild" mehr erzeugen. Übrigens: Das Kind trägt keine Schuld an seinem Schicksal, dass ihm die Vorlage so viel vorenthielt.

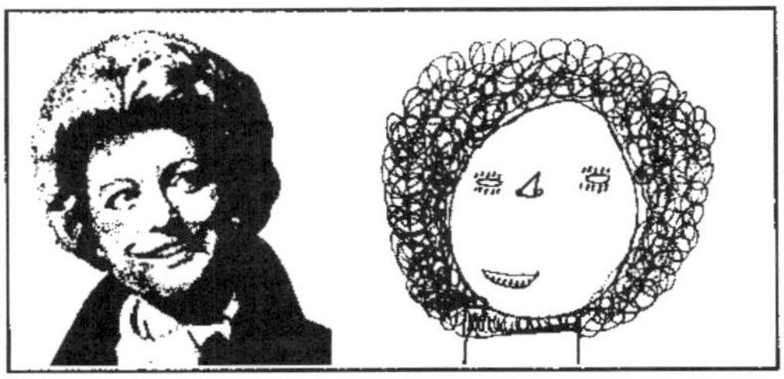

Figur und Abbildung 13 (wie 209 a+b)

Völlig anders sieht die Zeichnung eines siebenjährigen Mädchens aus, das nach der Vorlage eines fotografierten Frauenkopfes **nicht die Form, sondern die Sachverhalte** so zeichnet, wie sein **eigenes wirkliches Verständnis** die Sachen in eine Bildform bringt

Wenn der **Sachverhalt** (und nicht dessen Form) zeichnerisch **vergegenwärtigt** wird, kommt er in denjenigen **kind-eigenen Formen** zum Vorschein, über welche das Bewusstseins-gesteuerte Können des Kindes **hinsichtlich der Sache** tatsächlich verfügt. Beim Nach- oder **Abzeichnen** wird dagegen **nur die Vorlage**, die gemeinte Sache aber höchstens beiläufig **vergegenwärtigt**.

Abbildungen 14 und 15 (wie Abb. 367 und 368)

Ein begabtes und gefördertes Mädchen von 11 Jahren kommt zu fast professionellen Ergebnissen, die allerdings ihre Herkunft aus intensiver Beschäftigung mit Modezeichnungen und Sagen-Illustrationen nicht verleugnen können. Die Gestalt ist nicht direkt abgezeichnet; sie konnte **übernommen** werden, weil sie **verstanden** wurde. Die Kraft, die Zügigkeit und die Bestimmtheit der Linien wird ersichtlich auf der vergrößerten Abbildung der „auswendig" und flüssig gezeichneten Hand, deren Daumen im Gürtel steckt. Das Kind wird nicht von der Vorlage beherrscht, sondern es beherrscht virtuos die bildnerische Thematik irgendwann wahrgenommener Bilder, weil es diese mit eigenen – visuell orientierten – Erfahrungen füllen kann.

Die beiden letzten Beispiele sind insofern beachtenswert, als in beiden Fällen das Kind **von sich aus auf die Vorlage zugriff** und sich jeweils dasjenige davon annahm, was es innerhalb seiner eigenen Möglichkeiten begreifen und **selbst verantworten** konnte.

Ganz anders verhält es sich mit **Vorlagen** (und seien sie noch so künstlerisch!), deren bildnerische Lösung und Verwendung durch die **Autorität** anderer Personen oder von Medien **verantwortet** wird. Deren Übernahme ist nicht vom Verständnis des Kindes getragen; sie hat keinen triftigen Bezug zu dessen Welt-Auffassung, tritt auf dem Bild stilbrüchig auf, entwertet ein wie immer geartetes Verhältnis zur Kunst und beeinträchtigt das sich entwickelnde Kind.

Oft spielen sich ältere Kinder gegenüber jüngeren ebenfalls als „Autoritäten" auf, indem sie sich mit den Allüren der Erwachsenen identifizieren und den Kleinen etwas vormachen. Erzieher sollten solche Situationen zu verhindern trachten. Solange es bei Kinderzeichnungen nicht um ästhetische **Produkte**, die vom Kinde ablösbar wären, sondern um Prozesse kindlichen **Verhaltens** geht, tritt das Kind als **Autorität** (im wörtlichen Sinne) **für sich selbst** auf.

Darstellungsprobleme beim Wandel zur visuellen Welt-Auffassung auf der Zeichnung

Der **Wandel von der Sache zur Erscheinung der Sache** vollzieht sich in mehreren Sparten, die sich teils nacheinander, teils nebeneinander entwickeln.

Einige Aspekte, die **Gegenstände** betreffend:

– Differenzierung der Gegenstände (z.B. Abb.408 ff.)
(Mann, Frau, Kind, Obstbaum, Weihnachtsbaum, Haus, Kirche, Renn-Auto und Limousine, Pferd und Zebra, Katze und Maus)
– Vermehrung von kennzeichnenden Merkmalen (z.B. Abb.193)
(Hupe am Auto, Qualm aus dem Kamin, Hufe an Tierbeinen)
– Differenzierung der Kennzeichen (z.B. Reihen 200-204)
(Damen- oder Herrenfrisur, Berufs- oder Feiertagskleidung)
– Ausschmückung der Gestalten (z.B. Abb. 335)
(Knöpfe an Kleidung, Blumen im Haar, Stoffmuster)

Einige Aspekte, gezeichnete **Szenen** betreffend:

– Figuren auf dem Boden (z.B. Abb. 300,309)
– Figuren in der „Gegend" (z.B. Abb. 385)
– Figuren im Innenraum (z.B. Abb. 376)
– Figuren, mit anderen zusammen (z.B. Abb. 293)

Aspekte, betreffend die **Körperhaftigkeit** der Figuren (z.B. Abb. 364.)

Aspekte, betreffend die **Bewegung** der Figuren (z.B. Abb. 324,328)

Aspekte, betreffend Figuren auf **Raum** bezogen (z.B. Abb. 315,413,416)

Aspekte, betreffend Figuren in **Licht** und **Schatten** (z.B. Abb.365)

Bei diesen und anderen Aspekten gibt es Darstellungsprobleme, um deren Lösungen Kinder und Jugendliche „ringen", wenn sie die Wiedergabe der visuell vorgegebenen Erscheinungen der Welt auf dem Bild erreichen wollen; – denn sie wollen es können.

Es sei dringend angemerkt, dass damit „Kunst" noch nicht erreicht ist.
Diese kommt – jenseits der „**Kinder**zeichnung" – als **Aufgabe** erst auf die **Jugendlichen** zu. Sie besteht in der Thematisierung der Sache und deren Erscheinung, die dann deutlich vom **Bilden des Bildes her zu gestalten** ist.

„Technische Probleme" beim Wandel zur visuell bestimmten Darstellung auf der Zeichnung

Beispielhaft seien folgende Situationen geschildert: Auf einer Bleistiftzeichnung soll aus guten Gründen ein bestimmte Fläche gleichmäßig in tiefem Schwarz sein. Der Schüler legt Strichlage auf Strichlage übereinander, und da sich das Schwarz nicht einstellen will, drückt er umso fester mit dem Erfolg am Ende, dass er eine unregelmäßig lichtspiegelnde Fläche erzeugt hat, die das Gegenteil seiner Absicht darstellt.
Oder ein Schüler zeichnet mit Tusche und Feder, und er müsste, ebenfalls aus gutem Grund, um eine eine Fläche körperhaft zu modellieren, einen gleichmäßigen Übergang vom ganz Dunklen zum ganz Hellen mit der Feder herstellen.
In solchen Fällen sollten Schüler mit Techniken vertraut gemacht werden, die die gewünschten Ergebnisse erbringen. Die Jugendlichen müssen dabei die Erfahrung machen, dass es nicht immer ausschließlich („kleinkindhaft" – was man ihnen aber nicht sagen darf!) auf **ihre** eigene Betätigung ankommt, sondern dass im Eingehen auf bestimmte Werk- und Bildmittel, wenn sich der Zeichner auf ihre Besonderheiten einlassen kann, die gewollte Bildwirkung erreicht werden kann.
Auch kann sehr wohl der Blick auf die Bilder von Meistern geworfen werden um sich zu informieren, mit welchen Verfahren solche Probleme gelöst worden sind. Wenn dann nach einer für gut befundenen Methode anschließend das eigene Bild bearbeitet wird, dann muss Schritt für Schritt immer wieder neu beurteilt werden, ob der erwünschte Bildausdruck erzeugt wurde, was eine differenzierte Sehfähigkeit im Hinblick auf „lebendige Oberfläche" fördert – übrigens viel intensiver als durch den Mausklick im Computerprogramm.
Mehr an dieser Stelle zu sagen würde Antworten aus dem Bereich der dritten Frage vorwegnehmen.

Kann und soll man Kinder und Jugendliche im Zeichnen **fördern**?

Auf diese **dritte** Frage muss unter der Voraussetzung, dass eine Förderung **möglich** ist, mit **Ja** geantwortet werden, da die Auskunft über die beiden ersten Fragen den **Wert** des Zeichnens für die Kinder und Jugendlichen bereits erwiesen hat.
Das Zeichnen vermag ein relevantes Verhältnis des kindlichen Bewusstseins zur Wirklichkeit zu stiften, wenn dem Kind gestattet wird, seine **eigenen** Erfahrungen **authentisch** einzubringen: **nur damit wird das Zeichnen im eigentlichen Sinne wertvoll.**
Dieser Grundsatz wird nun in vielen Variationen immer wieder vorgetragen und an Beispielen erläutert werden.

Erwachsenen sind die Erfahrungen des Kindes fremd; es gibt den Zugang zu ihnen nur durch Modellbildung

Wie anfangs angedeutet, haben sich die **Erfahrungen der Erwachsenen** im Laufe ihres Lebens derart gewandelt, dass die **Erfahrungswelt des Kindes** in der **eigenen** reifen **Erfahrungswelt** geradezu **unerfahrbar** geworden ist. Nur mit der Bildung von plausiblen theoretischen **Modellen** ist es möglich, den Bedingungen des **werdenden Bewusstseins** auf die Spur zu kommen. Die bekannteste und am weitesten verbreitete „Theorie" wird zwar **nicht ausgesprochen**, doch ihr entsprechend wird **gehandelt:** „Das Kind **kann es noch nicht**, und deshalb muss ihm **gezeigt** werden, wie es geht", d.h. ihm muss das (gewünschte) Resultat zum Imitieren vorgelegt werden.
Nach welchem theoretischen Modell dieser **falsche** Weg einer vermeintlichen „Förderung" so oft und so wirkungsvoll begangen wird, ergibt sich aus der Einschätzung menschlicher Tätigkeiten und Künste schon in den Anfängen der abendländischen Kultur (man denke nur an den **Vorrang des Wortes in der Philosophie** und daran, dass es in der frühen Tradition **für die Bildende Kunst keine Muse** gab). Die Missverständnisse daraus führten letzten Endes unterschwellig dazu, dass – als wolle man das Zeichnen aufwerten – die Schulfächer **Kunst und Musik** als **„musische Fächer"** zusammengefasst wurden und man in der Folge ohne Bedenken eine gewisse **Gleichartigkeit** auch bei den pädagogischen Methoden **unterstellte**, – was aber die Sachlage total verfehlt.

Die Kinderzeichnung ist nicht Teil eines Gewöhnungsprozesses an die Bildende Kunst

Der Unterschied der beiden Kunst-Bereiche wird an vielen Stellen erkennbar, wenn man etwa danach fragt, **was** jeweils gestaltet wird, und **wie** eine darauf bezogene pädagogische Förderung abgestimmt sein muss. Auf der Kinderzeichnung kann der werdende Mensch seine Welt-Vorstellungen „**ich**-bezogen" **ordnen**, d.h. auf **seinen** Erfahrungen aufbauend und **für ihn persönlich** nutzbringend. Die auf der Zeichnung formulierten Gestalten stehen nicht unter dem Zwang oder der Pflicht, Repräsentationen einer **von außen** vorgegebenen medialen Ausdrucksform sein zu müssen (es sei denn, den Kindern wird das „Punkt, Punkt, Komma, Strich" als angeblicher „Kinderzeichnungs-Stil" aufgebürdet). Zwar haben die Kinderzeichnungen eine ihnen eigentümliche Charakteristik, doch entsteht diese **nicht** aus einem Gestaltungswillen, welcher die **Form** meint, sondern den **Gegenstand**.
Bildende Kunst tritt dagegen erst auf, wenn der Gegenstand in der Weise gestaltet wird, dass er **durch seine Gestaltung als Verkörperung seines Mediums** erscheint.
Bei der Erziehung zur Musik verhält es sich anders.

Der Weg zur Musik führt von Anfang an über die Musik

Die **Musik gestaltet**, auf verschiedenem Niveau, **Stimmungen, Befindlichkeiten und Gefühle** des Menschen, die sich **in ihm selbst vorfinden** und eine wertende Auseinandersetzung **mit sich selbst** bedeuten. Dies zielt gewöhnlich auf den Erfolg, die Befindlichkeit durch musikalische Strukturen **überhaupt zu ordnen,** diese (meist unbewusst) an bereits verinnerlichten Musik-Erlebnissen zu messen und festzumachen – und sie schließlich der seelischen **Gesamtverfassung einzupassen**.
Dies würde ohne eine prinzipielle Begabung des Menschen selbstredend erfolglos bleiben. Die musikalische Erziehung baut, völlig richtig in der Art, wie sie begründet und betrieben wird, auf die natürliche Musikalität des Menschen und des Kindes.
In pädagogischen Veranstaltungen wird die Richtigkeit von musikalischen Äußerungen danach beurteilt, wie angemessen sie sich zu herkömmlichen oder eingeführten musikalischen Strukturen verhalten. Auch da, wo musikalische Gestalten aus Sprach- oder Sprechfiguren abgeleitet werden, verhalten sie sich **nicht in derselben Weise analog zur außermenschlichen materiellen Wirklichkeit,** wie dies die Kinder in ihren frühen Zeichnungen tun müssen: Denn sie ordnen damit die Welt, in der sie leben. Die Welt der Töne ist nicht in derselben Weise zu **greifen** wie die Welt, in die sich die Menschen auch leibhaftig einleben müssen.
Musikalische Strukturen sind **Setzungen** des Menschen, die von ihm selbst in die Welt eingeführt wurden und **ohne ihn nicht** existieren würden – anders als beim **Zeichnen,** bei dem sich das Kind (der Mensch) mit der **Welt** auseinandersetzt, die **außer ihm** exisitiert und **ihm vorgegeben** ist.

Deshalb geht das **Ordnen von Geräuschen zu Musik** in pädagogischen Veranstaltungen **schon im Elementarbereich** nicht ohne **Vorgaben** aus den **Gestalt-Qualitäten** der **Musik**. Auf diese Vorgaben haben sich die Schüler geistig und mit den einschlägigen körpergebundenen Sinnen einzustellen und schließlich ihnen anzupassen, was in vielen Hinsichten für ihre Entwicklung förderlich ist. Die **Auswahl** von altersstufengerechter „wertvoller“ Musik ist dabei ein entscheidender Faktor, der allerdings ausschließlich in der **Verantwortung des Lehrers** (oder der vorschreibenden Institution) liegt.
Die **gelungene Zustimmung** zur **musikalischen Kunstgestalt** in der **für Musik spezifischen musikalischen Übereinstimmung** ist von Anfang an gebunden an **die selbst vorgenommene Bewertung des musizierenden Kindes** (wie eines jeden Menschen) – es muss die **ihm von außen zugemutete** Musik „**mögen**“. Diese Bewertung geht auch unbewusst vor sich, ist aber dennoch Voraussetzung für eine „identifizierende Einstimmung“.
Die Kontrolle musikalischen Verhaltens innerhalb pädagogischer oder Musikausübender Veranstaltungen erfolgt gemäß dem Grad der Übereinstimmung der **Leistung des Einzelnen** mit der jeweiligen **Gruppe**. Der Erfolg – als Übereinstimmung mit der Gruppe – ist auch in der Selbstkontrolle relativ leicht feststellbar. **Auch die kindliche Musik ist abgeleitet aus der Musik des jeweiligen Kulturkreises**.

In den Umkreis zu den Überlegungen über „Musisches“ gehört auch die Unterscheidung von Malen und Zeichnen.

Über den Unterschied von Zeichnen und Malen

Diese Unterscheidung wird vor allem **im Hinblick auf die Kinderzeichnung** getroffen. Es gibt zwischen beiden natürlich auch Übergänge, z.B. „malerische Zeichnungen“ und zeichnerisch wirkende Malereien.
Die Ausdrücke „Zeichnen“ und „Malen“ werden meistens ohne Unterschied gebraucht; aber häufiger wird beim **Umgang mit Kindern** vom **Malen** als vom Zeichnen gesprochen. Trotzdem wird der Unterschied sofort deutlich, wenn die Kinderzeichnung, wie sie bisher dargestellt wurde, aus dem **Begreifen**, aus dem **Anfassen** und aus der **körperlichen Begegnung** des Kindes mit der **materiellen** Welt verstanden wird: Weil sich die Kinder**zeichnung** auf **anfassbare** Sachen bezieht.

Der Unterschied:

Die Figur muss mit Leibesgebärden erfasst werden –
Die Farben werden erblickt und werden genommen.

Oder:

Nicht nur am Anfang ist die Figur und die Zeichnung
den Gebärden der „Hand“ verpflichtet –
wohingegen Farbe, Licht und Schatten
ausschließlich vom Sehen her geregelt werden.

Die Erscheinungen des Lichtes und der Farbe, mit denen das Malen verbunden wird, können **nur** mit den Augen wahrgenommen werden; und die Farben, die an den Gegenständen auftreten, können wechseln und bei fehlender Lichtquelle völlig verschwinden, während die mit der Hand anfassbaren Gegenstände auch im Dunkeln bleiben, was sie sind.

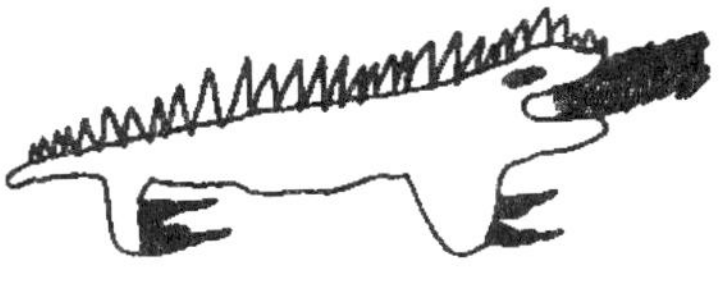

Abbildung 16 (aus Abb. 332)

Die **Farbe des Gegenstands** ist etwas **anderes** als die **farbige Erscheinung** des Gegenstandes. Wenn ein Kind die **zuvor** zeichnerisch eingegrenzten Feuerflammen aus dem Rachen des Ungeheuers mit roter Farbe **an**- oder **ausmalt**, dann wird damit die **schon bestehende** Sache „Feuer" lediglich mit ihrem Rot charakteristisch **gekennzeichnet**. Farben dieser Art werden „Lokalfarbe" genannt. Anders gesagt: dieses Rot **erzeugt** nicht das Feuer und auch nicht ein „Bild von Feuer", sondern **bezeichnet** es nur.

Abbildung 17 (aus Abb. 428)

Nicht alles, was mit Stiften oder mit der Feder gezeichnet ist und in der Gruppe der „**Grafik**" geführt wird, muss eine Zeichnung sein, die auf die **grenzziehende Gestaltung** zurückgeht. Das Pferd auf dem nebenstehenden Ausschnitt aus der Zeichnung eines zwölfjährigen Mädchens, und insbesondere dessen Schatten auf dem Boden, sind **nicht** durch Grenzen markiert, die **von außen** her die Gestalten „abtasten". Die Striche erzeugen durch die Dichte ihrer Lage auf dem Papier die Gestalt, die das Auge („unkontrolliert" durch den Tastsinn) als ein Pferd mit seinem Schatten wahrnimmt. Die Striche bringen „**aus dem Inneren der künftigen Gestalt**" eine mehr oder weniger „dunkle Fläche" hervor, die **von innen** an ihre äußeren Grenzen stößt. Die Zeichnung entsteht, indem **das Bild** des Gegenstandes **hin-gesehen** wird, wobei die Hand dem **Blick** folgt, im Unterschied zur typischen frühen Kinderzeichnung, wo der Gegenstand Gebärden-konform hergestellt wird. (Der Schatten ist keine Sache, die anfassbar wäre; kunstgeschichtlich „erscheint" der Schatten als Figur erst sehr spät in der abendländischen Malerei.)

Im Vergleich zum weißen Blatt kommt ein „**ein**-farbiges" Bild zustande, das immerhin viel näher an der „**malerischen**" Farb-Erscheinung eines Bildes ist als das rote Feuer aus dem Rachen des Ungeheuers, wo das Rot nicht dem Bild, sondern nur dem Flammenbündel zugeordnet ist.

Eine solche „malerische" Gestaltungsweise ist untypisch für die Kinder**zeichnung** und kommt bei jüngeren Kindern so gut wie nicht vor.

In der Unterscheidung von Zeichnen und Malen geht es um die grundlegenden Unterschiede von körperlich greifbarem Erfassen eines Gegenstandes in seinen Grenzen und seiner un„fass“baren visuellen Erscheinung

Eine Stellung zwischen Zeichnung und Malerei nehmen die **Muster** ein, die auf die Oberfläche eines Gegenstandes aufgebracht wurden. Jüngere Kinder **vermeiden eine Musterung** mit geschlossenen („Kreise“ bildenden) Linien, weil sie als Sachgrenzen von Gegenständen wirken, die im Innern der Figur eigentlich **nicht zu sehen** sind. Wer ein Wesen wie die Giraffe (Fig.**A**) nicht kennt und keine Erfahrung im Lesen von Bildern hat, kann durch eine **Zeichnung** wie Figur **B** irritiert werden.

Figur 18 **A**

Figur 18 **B**

Figur 18 **C**

Figur 18 **D**

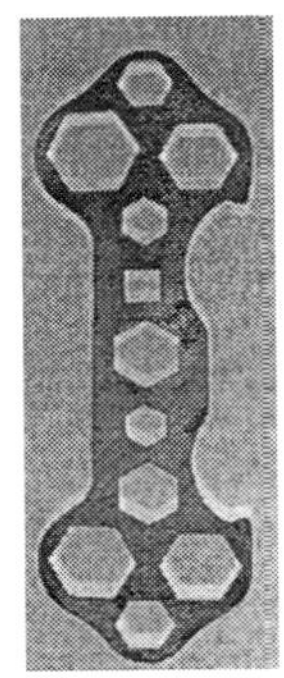
Figur 18 **E**

Der Forscher Kennedy berichtet, Angehörige des Songe-Stammes auf Neuguinea könnten den Sinn der geschlossenen Linien auf der Silhouette einer Giraffe nicht verstehen. (I. Rock, in „Wahrnehmung – vom visuellen Reiz zum Sehen und Erkennen“, Spektr. der Wissenschaft, Heidelberg, 1985, S. 84).

Für die Menschen **unserer** Medienkultur ist das fast unbegreiflich. Aber: Wenn es dort keine Tradition und auch keine Übung darin gibt, muster- oder zeichenhafte Flächen, die durch lineare Grenzen gebildet werden, von ihrem Grund zu unterscheiden, dann fassen sie möglicherweise **alle Linien**grenzen als **Gegenstands**grenzen auf. Für ausgebildete Menschen in **unserer** Kultur ist die Figur **B** einwandfrei zu verstehen: die kleinen Flächen, die durch ihre Grenzlinien angegeben sind, bedeuten die Umrahmung dunkler **Flecken** auf dem Fell der Netzgiraffe. Wenn man jedoch die „Giraffe **B**“ gemäß Figur **C** als die Wiedergabe einer Gestalt aus lauter **Grenz**linien verstehen müsste, dann könnte sie wie ein Mutternschlüssel aus Blech gestanzt (Fig.**E**) erscheinen: ein durchlöchertes Tier? – Wiederum sinnfremd wäre eine Auffassung der Giraffe nach Figur **D**, wenn man die eingegrenzten Flächen als Teilstücke einer **Füllung** verstehen müsste; es wären beispielsweise die Kokosnüsse, die sich die Giraffe einverleibt haben könnte. Für Kinder **unserer** Kultur schließt die äußere Gestaltgrenze das **unsichtbare Innere** ein, das man auch in der Wirklichkeit weder sehen noch er„fassen" kann. Wenn Kinder etwas in diesen Bereich hinein zeichnen, dann sind es Innereien, also Sachen, die als **im Innern** befindlich **gezeigt** werden sollen.

Die Musterung von Kleidungsstücken ist ein Thema, das von Kindern erst mit dem Schuleintritt angegangen wird, wenn nämlich die Gegenstände nicht mehr aus dem Ursprung ihrer Gebärden **in ihren Grenzen** erfasst werden, sondern visuell **hinter** oder **in** ihrer **Oberfläche** wahrgenommen werden.

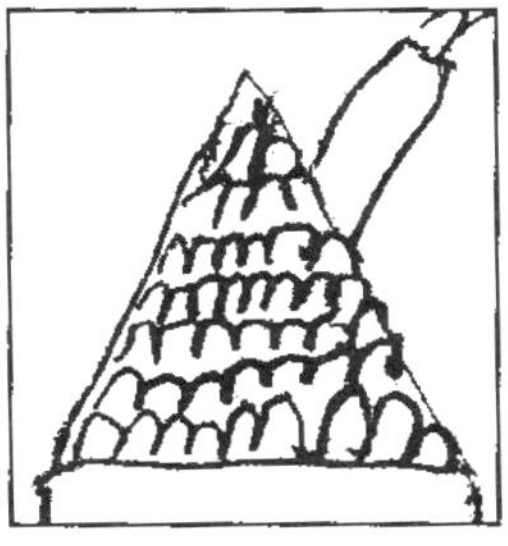

Nebenstehend ist das Dach aus der Zeichnung des kleinen Fußballspielers (Abb. 3) abgebildet. Abgesehen von den Fußbällen, die durch die eingezeichneten Linien als aus Lederstücken zusammengenäht gekennzeichnet werden (unter Vermeidung einer Kreuzbildung, die auf ein „Rad" hinweisen könnte), ist auf diesem Bild nur das Dach mit einer Musterung versehen. Das Dach bedeckt das Haus und bietet deshalb keine Geräumigkeit. Diese Deutung wird dadurch bestätigt, dass Kinder, wenn sie ihre Hausdarstellungen mit Farben weiter ausmalen, in der Regel zuerst das Dach (zum Verschließen/ Unbetretbar-Machen) „zumalen", sodann wird die Haustür, die kein Spielort ist, mit Farbe bedeckt, und schließlich die Fenstergardinen, mit denen das Haus ebenfalls nach außen verschlossen wird. Das Muster, das der Reihung von Dachpfannen nachempfunden wurde, dient als Bedeckung. Da die Dachpfannen von dem Jungen selbst „hergestellt" werden, gehen die Bögen „folgerichtig" jeweils **von ihm** aus, was dem „richtigen" Anblick eines gedeckten Daches widerspricht.

Kinder spielen mit Farben

Unabhängig vom Zeichnen können Kinder mit Farben spielen.

Weil das **Malen nicht Thema** dieser Abhandlung ist, braucht es nur kurz angesprochen zu werden.

Technisch gesehen bedeutet Malen, die Oberfläche eines Gegenstandes mit einem Überzug zu versehen, der im Hinblick auf Helligkeit oder Farbe anders als der Malgrund aussieht. Dies geschieht am wirkungsvollsten, wenn die Kinder mit breitflächigen Geräten oder auch mit den Händen die Farbsubstanz auftragen können. Lässt man ihnen freien Lauf, so werden sie am Anfang so verfahren; sie werden sich selbst, ihre Mitspieler und alle möglichen anderen Sachen mit Farbe bedecken. Das ist ein schönes Spiel, bei dem die Kinder mit geringem Aufwand viel bewirken und sich selbst als Urheber mächtig fühlen können. Das setzt sich später dann als infantiles Gehabe in der Graffiti-Unkultur leicht fort.

Um die ungesteuerte farbige Verwandlung der Umwelt zu lenken, werden den Kindern besondere Flächen zur Bemalung angeboten, z.B. Papiere, auch solche Flächen, die sich bei der Verwendung bestimmter Farben hinterher leicht reinigen lassen – etwa Fensterscheiben. Kinder bleiben nicht bei **einer** Farbe, wenn ihnen ein Sortiment zur Verfügung steht. Die Farben werden gemischt oder mischen sich, was einerseits zu einer **Erweiterung der Palette** führen kann, andererseits aber regelmäßig zu den – von den Erwachsenen – meistens unerwünschten **getrübten Farben** führt. „Getrübte Farben" gleichen sich in Grau- oder Brauntönen immer mehr einander an, so dass der besondere Charakter, den jede Farbe hat, verloren geht. Dagegen bewahrt das Ausmalen von Flächen mit Buntstiften o.ä. in den „Malbüchern" oder auch auf den eigenen Zeichnungen des Kindes die Farben gewöhnlich davor, durch Mischen getrübt zu werden. Was die Farbstifte unterbinden, das begünstigen die Wasserfarben. Hier setzt erzieherisches Handeln ein, das die **Farben** davor **schützen** soll, zu getrübten oder schmutzigen „**Unfarben**" zu werden, oder, anders ausgedrückt, das den **Kindern** helfen soll, beim Malen die Farben in ihrer **Pracht** zu **erhalten**. Das muss erklärt, beigebracht und geübt werden. – So, wie die Kinder in der musikalischen Früh-Erziehung „reine Töne" zu singen lernen, so geht es hier darum, bei den Mischfarben möglichst die reinen Farben, die den Farb-Charakter einer Farbe besonders gut verkörpern, zu bewahren. – Es kann also über die Farbe – unter Absehung von Welterfahrung – isoliert einiges gelernt werden, das außer Kontrolle durch die Realität existiert.

Der gewöhnliche Gebrauch der Farbe beim Zeichnen

Da die Stifte zum Zeichnen mit Minen aller möglichen Farben versehen sein können, kommen Linien und Striche in unterschiedlichen Farben aufs Papier. Zunächst interessiert sich das Kind **vom Auge her** wohl nur für die Spur, die entsteht, gleich, in welcher Farbe sie auftritt – nur **sichtbar** sollte sie sein.

Dann dürfte Kinder interessieren ob ein rot aussehender Stift tatsächlich eine rote Linie erzeugt oder nicht. Viele Bleistifte sind farbig lackiert und geben dennoch eine „schwarze" Spur ab. Das könnte – beim Ausprobieren – erklären, weshalb Kinder bei anfänglichen Menschendarstellungen die „Beinlinien" mit je einem anderen Buntstift ziehen können und danach die „Armlinien" ebenfalls in anderen Farben als zuvor den „Kopf" oder den „Bauch" - weil ihnen vor allem die eigene Tätigkeit wichtig ist.

Die Flächen von Kleidungsstücken werden mit Farbe ausgemalt; der Rock anders als die Hose oder das Hemd, um sie **für das Auge** durch Farbe ausdrücklich zu **unterscheiden**. Zugleich **bedeckt** die Farbe die Gestalt in (hinter) der Kleidung, wodurch sich die Farbe so **bedeckend** verhält, wie dies ihrem **materiellen** Wesen entspricht. Da die Gesichter

von Personen nicht bedeckt sind, werden sie in den frühen Stadien in der Regel nicht farbig ausgemalt. Gelegentlich malen Mädchen bei der Darstellung ihrer Mutter die Lippen rot, wenn die Mütter selbst ihre Lippen hinter der Farbe des Lippenstifts bedeckt halten.
Nach der **Unterscheidung** und der **Bedeckung** einer Gestalt durch Farbe dient danach die farbige Ausgestaltung auch zur **Kennzeichnung** der Figuren in gebräuchlicher Weise, wie sie etwa durch Mal- und Bilderbücher angeregt wird. Danach sind Dächer „rot", Sonnen „gelb", Wasser „blau" und Holz „braun" usw.
Nach der Kindheit streben die Jugendlichen danach, bei der Darstellung von Gegenständen **Farbtreue** zu erreichen, wenn sie nicht absichtlich davon abweichende Farbkonstellationen wählen, um gewisse Stimmungen auszudrücken.
Farbengestaltungen, die über die genannten hinausgehen, sind heutzutage ohne Erfahrungen, die in und mit der Fotografie gewonnen wurden, kaum anzutreffen.

Der Weg in die Bildende Kunst führt über die Welt-Erfahrung

Fragt man nach dem Gegenstand, welcher dem Zeichnen in der menschlichen Kindheits-Zeit zu Grunde liegt, so sind es **vorerst** noch **nicht das Bild** oder die **von Bildern abgeleiteten Elemente** (im Unterschied zur anfänglichen Musik-ausübung).
Beispielsweise sind die Liniengebilde auf Kinderzeichnungen bei aller äußeren Ähnlichkeit **keine von Kunstwerken abgeleitete** Elemente; vielmehr sind sie, wie bereits ausgeführt, **Spuren** von Tätigkeiten, in denen die gewünschten **Gegenstände,** geleitet in den **Empfindungen der Gebärden, vergegenwärtigt** werden. Die meisten Gegenstände und Sachverhalte, die die Kinder begehren und auf dem Blatt vergegenwärtigen, müssen sie **in der Auseinandersetzung mit der künstlerisch ungeformten Welt** dabei **selbst** in eine Form auf seiner Zeichnung bringen.
(Ziel aller musikalischen Äußerungen ist die **Verwirklichung der Formen von Musik**; diese könnten ebenfalls unter dem Begriff von „**musikalischen Gebärden**" verstanden werden. Der Unterschied zur Bildenden Kunst besteht aber darin, dass bei der Musik in der Regel **Gebärden zum Mitmachen** vorgegeben werden, in die sich die Musizierenden einstimmen sollen. Die Lehrenden treten in der Gestalt des Dirigenten auf.)

Die zeichnerische Tätigkeit des Menschen ist **nicht** von Anfang an und auch **nicht in jeder Absicht** auf die **Schaffung von Bildern** ausgerichtet, sondern kann sich auf unterschiedliche Art, je nach Vorhaben, äußern. Um sie gleich zu nennen: Es gibt **Vergegenwärtigungs-Spiele mit dem Stift auf dem Papier**, es gibt **die zeichnerische Herstellung von Sachen oder Sachverhalten**, es gibt **die Darstellung der visuel-**

len Erscheinung von Gegenständen, es gibt Zeichnungen, auf denen der Autor etwas **für sich selbst klärt oder entwirft** (Skizze und Studie); weiter gibt es **Zeichnungen zur Information anderer Menschen,** es gibt **Konstruktionszeichnungen** und schließlich, was für die Bildende Kunst wesentlich ist, die **Zeichnungen, in denen eine bewertende Deutung des dargestellten Gegenstandes unter historischen Bedingungen artikuliert** wird. Die Art des Zeichnens hängt eng mit dem Gegenstand zusammen, auf den sie sich bezieht.
Kinder machen anfangs noch keine Bilder. Zu einem „Bild" gehört die Bezogenheit der Figuren auf das Format. Trotzdem drängen Pädagogen darauf, dass Kinder das Format des Blattes „mit großen Figuren ausfüllen". Sie müssten nicht drängen, wenn Kinder von sich aus diese „Regel" immer einhalten würden. Kinder tun es nicht, aus dem guten Grund, weil es ihnen nicht um das Bild, sondern um die Sachen geht. Die Sachen sind ihnen wichtiger als Bilder.

Ästhetische Qualitäten früher Kinderzeichnungen

Man kann aber feststellen, dass **nach denselben ästhetischen Regeln**, mit denen die Stimmigkeit der Einordnung von **Figuren ins Bild-Format an Kunstwerken** veranschaulicht wird (v. Lorck, Bense, Brög), bei Kinderzeichnungen die **einzelnen Figuren** sehr wohl einen hohen Grad ästhetischer Stimmigkeit aufweisen können (Schrader - unveröffentlicht) – das wird leider selten bemerkt und deshalb nicht beachtet.
Dieser Aspekt wird deshalb besonders herausgestellt, weil auch daran der **Vorrang der „Sach-Gestaltung"** vor der „Bild-Gestaltung" bei der frühen Kinderzeichnung deutlich werden kann.

Die nachstehende Figur bildet **durch sich selbst ein Umfeld**, in welches sie nach **formalen** Kriterien stimmig und harmonisch hineinpasst. Zum Nachweis kann man nämlich um die äußersten Punkte der Figur ein Rechteck bilden und dann **ausschließlich aus den Maßlinien des so gebildeten Formats** (Höhe, Breite, Diagonalen) ein Netz bilden – mit der darin eingebundenen Figur.

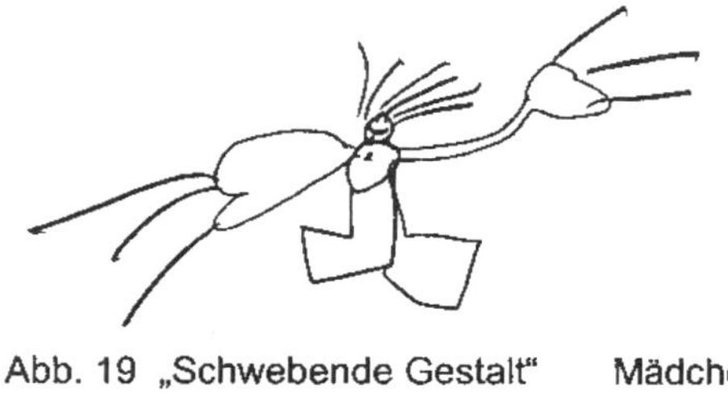

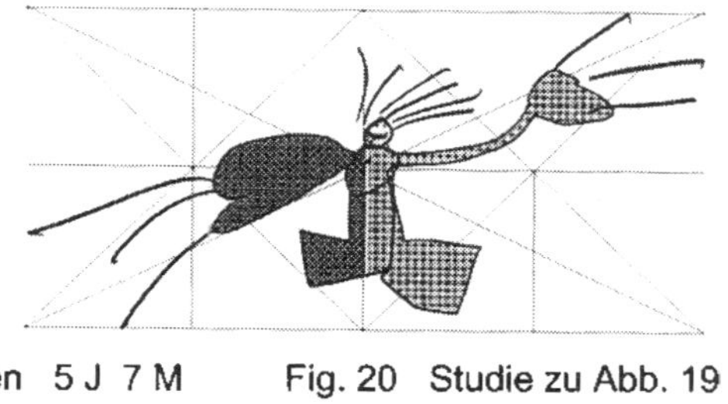

Abb. 19 „Schwebende Gestalt" Mädchen 5 J 7 M Fig. 20 Studie zu Abb. 19

Dann wird unmittelbar einleuchtend, wie sie sich mit ihren Grenzen und Richtungen einer definierten Fläche einfügt, obwohl jene Fläche erst **durch das Zeichnen der Figur**, völlig unbewusst, **mit**-erzeugt wurde. In dem (zu Studienzwecken) nachträglich gezeichneten, **zuvor unsicht-**

baren Netz erscheint die Figur mit einer Richtigkeit, die dem Satzbau in der Sprache vergleichbar wäre, sogar mit einem Vers. Die nachfolgende Figur zeigt, wie die Gestalt auf der Gesamtfläche des Papiers (DIN A4) schwebt und auf dieser Fläche ihr eigenes Areal begründet. Solche Gebilde entstehen, wenn sich das Kind auf die Vorgaben von Blatt und Stift **ungezwungen** einlässt und der augenblicklichen Eingebung (auch der seiner Gebärden) folgt. Man sieht, wie der Schwung des erhobenen „Flügel-Arms" (bei einer Rechtshänderin **zuerst** gezeichnet) **seine** Kurve an den anderen weitergibt. Die unterhalb des rundlichen „Bauches" (mit Nabelpunkt) gezeichneten Ge-wänder sind von geraden Linien begrenzt.

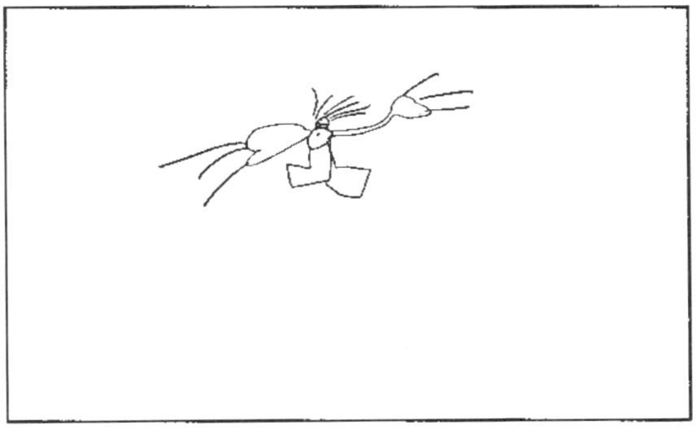

Figur 21

Ihre Herkunft aus eindimensionalen „Beinstrichen mit Fuß-Linien" ist nicht zu übersehen. Die erzeugte Flächigkeit aber führt zum Ausgleich der Figur unterhalb der querverlaufenden Mittellinie mit den oberhalb gelegenen Flächen. Graffiti zeigen gelegentlich eine ähnliche „gebärdenhafte Ästhetik" – indessen erweisen sie sich dadurch noch nicht als „Kunst".

So, wie das Unbewusste zum Menschen gehört, gehört auch der **Ausdruck des Unbewussten** zur Zeichnung und zu ihrer ästhetischen Qualität. Der Ausdruck des Unbewussten, welcher **zusammen** mit dem absichtlich (bewusst) gesetzten Bildbestand eine **Einheit** bildet, findet – unter glücklichen Umständen – Anklang im Betrachter, und zwar dort ebenfalls in der Verbindung von Unbewusstem mit Bewusstem.

Proportions-Netze, über Figuren und Bilder gelegt, können als **rationales** Verfahren den guten Eindruck des Bildes **nachträglich bestätigen**. Die (künstlerisch außerordentlich schwierige) Einordnung von Figuren, die lebendig wirken sollen, in **vorgeplante** Gitter würde auch nichts nützen, wenn sie sich nicht als **Bild-Qualität** bemerken ließe. **Diese** muss allemal **gesehen** werden - sie wird **nicht gemessen**.

An der Studie wird ersichtlich, dass das Format, in welches die Figur passt, doppelt so breit wie hoch ist und dass die Achse der Figur in der Mitte angesiedelt ist; die Senkrechte durch den Nabel ergibt eine Teilung der Figur in zwei Hälften (in verschiedenen Helligkeitsstufen dargestellt) mit jeweils genau demselben Flächeninhalt. Dadurch wird die Figur mit ihren dynamischen Richtungs-Spannungen in die Fläche, die sie durch sich erzeugt hat, auf unübertreffliche Weise „gleichgewichtig" eingebunden. Das ist von jenem hohen ästhetischen Reiz, der

sonst in der Komposition eines ganzen Bildes gesucht wird, hier aber schon an der selbstgemachten Einzelgestalt bemerkt wird.
Bereits an frühkindlichen Kritzelfiguren können immer wieder solche erstaunlichen ästhetischen Qualitäten beobachtet werden, die nicht aus dem Formenkanon der Kunst **herangezogen** werden, sondern in der gebärdenhaften Zuwendung zu dem beabsichtigten Gegenstand des Zeichnens **entstehen;** sie entziehen sich jedweder Aufgabenstellung. Die rhythmische Stimmigkeit, die hier erzeugt wurde, lässt sich – nachträglich – zwar als Verwirklichung von Formen der Bildenden Kunst **erweisen**, aber gerade **nicht** aus dem Ausfüllen **von Vorgaben erklären**. Am ehesten ist sie aus den gekonnten Gebärden zu verstehen, die sich **ohne** äußere **Hemmnisse** durch gestalterische **Vorgaben** frei entfalten konnten – wie der Charme kindlicher Bewegungsvollzüge sonst auch.

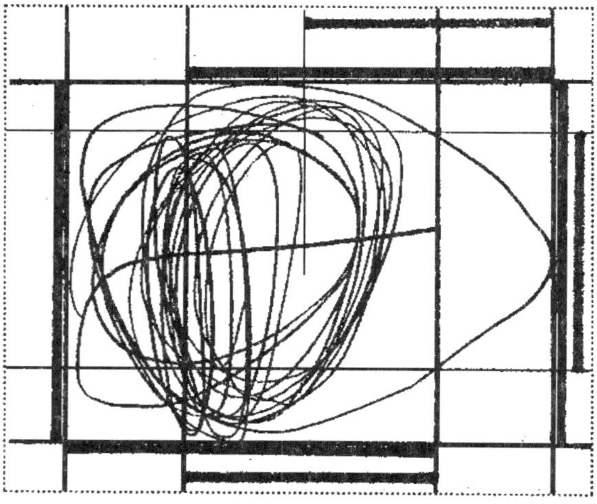

Figur 22 gleiche Linien bedeuten gleiche Strecken

Der oft und gern zitierte „**Urknäuel**" eines Kindes im 2. Lebensjahr (u.a. von W. Grözinger und H.-G. Richter) verdankt seine Beliebtheit wohl auch seinen ansprechenden Proportionen, die nebenstehend nach dem selben Verfahren wie bei der „Schwebenden Gestalt" ermittelt wurden. –
Offenbar wird, dass die Möglichkeiten, Kinder im anfänglichen Zeichnen zu fördern, nicht dahin gehen, sie zum Nachahmen von Form-Vorgaben zu ermuntern. Vielmehr führt eine gut beherrschte körperliche Beweglichkeit **durch ihre unbewussten Auswirkungen** wesentliche formale Aspekte künftigen Bildschaffens in das Zeichnen ein, vor allem, wenn sie sich in der Begegnung mit der Welt sowie bei den Zeichen-Gebärden ungehemmt geben durfte. Kinder werden im Zeichnen gefördert, indem man ihnen passendes Zeichenmaterial zur Verfügung stellt, sie zu Geschicklichkeitsspielen aller Art anregt und sie auf vielfache Weise die **Welt erkunden** lässt, und zwar möglichst **im Original** und **nicht in den Medien**. Welt erkunden heißt, sich **in ihr zu bewegen** und Sachen zu **sehen** und zu **fühlen** und **alles**, was geht, zu **benennen**.

Das Sprechen über die Welt und die Benennung der Dinge lenken den Blick und fördern dadurch sowohl das Sehen als auch das Zeichnen

Indem die Erwachsenen mit den Kindern über die Gegenstände **sprechen** und mit ihnen alles Benennbare klären, lenken sie die Aufmerksamkeit auf mehr Einzelheiten und auf diejenigen Aspekte, die die feineren Unterscheidungen **an der Sache** hervorrufen.
Im Alltagsleben nehmen die Menschen vor allem die **Sachen** wahr, weil sie entscheiden müssen, ob sie nützlich oder unbrauchbar für sie sind. Obwohl die Sachen durch ihre Formen wahrgenommen werden, **beachtet man diese** mehr oder weniger **unbewusst**, wenn es **nicht** direkt auf die **Formen** ankommt. (Bei der Mode, als einer Institution, die im Gegensatz dazu besonders von der Form und vom Formwechsel profitiert, verhält es sich anders.)

Die Namen nennen die Sachen und verbinden sich mit der Bedeutung der Sachen – die Form der Sache ist nicht im Namen enthalten, sondern in den Vorstellungen des Hörers

Wenn bei einem Gespräch mit einem **zeichnenden** Kind Namen für Sachen genannt werden, so rufen sie die **Gegenstände** aus der Erinnerung in die Vergegenwärtigung, und zwar – weil gerade **Zeichnen aktuell** ist – in der Weise, wie sie vom Kind **selbst sinnlich empfunden** wurden. Das Kind rekonstruiert dann – wenn es darauf eingeht – den zeichnerischen Gegenwert seiner **eigenen Tätigkeiten beim Wahrnehmen** der Gegenstände und **erzeugt damit** die **passenden Formen**, die aus den **Bedeutungen** der Gegenstände **motiviert** sind.
Ein Beispiel: In einem Gespräch über den Hund, den das Kind vielleicht zeichnen will, **werden** aus der Erinnerung heraus **Vorstellungen**, die das Kind sich gebildet hatte, **über die Wörter** aufgerufen und vergegenwärtigt. In einem früheren Gespräch war bereits anschaulich geklärt, ob der Hund runde oder spitze Ohren hatte, ob es Steh- oder Schlappohren waren, ob er mit stumpfer Schnauze bellte oder mit einer langen kleffte, ob ihn ein glattes oder struppiges Fell einhüllte usw. Man kann, so lange die kindliche Aufmerksamkeit reicht, gar nicht ausführlich und differenziert genug mit dem Kind gesprochen **haben**. Beim Zeichnen wird es dann alles so gut wie möglich aufs Papier bringen wollen, d.h. **so,** wie es den **Gegenstand verstehen** konnte – hat es verstanden, dass das Wort „spitze" eine Aussage über die Form des Ohres ist und nicht vielleicht die geklöppelte Borte eines Taschentuchs meint ?

Kinder fördert man im Zeichnen, indem man sie die Welt kennen lernen lässt und ihnen die Wörter dazu gibt.

Auch wenn Geschichten erzählt und im Anschluss daran Bilder gemalt werden sollen, dürfen die Buch-Illustrationen nicht als Vorlagen verwendet werden. Es geht darum, dass das Kind die **eigenen** Vorstellungen, die sich **in ihm** beim **Hören** gebildet haben, vergegenwärtigt. Auf diese Weise wird der Inhalt der Geschichte in ihm gefestigt. Deshalb **muss anschaulich erzählt** werden und über das Erzählte **gesprochen** werden.

Kinder werden auch durch Lob gefördert

Vor dem Hintergrund der Frage, ob Kinder lernen sollen, „ordentliche Zeichnungen" als Leistungs-Produkt abzuliefern (wozu?), deren „Richtigkeit" an „gelungener" oder „verfehlter" Angepasstheit gemessen wird, oder ob sie vermittels ihres eigenen Zeichnens über ihre Sinne zu einer sinnvollen Weltvorstellung kommen sollen, muss der Unterschied erörtert werden, ob man das **Kind** oder die **Zeichnung lobt**. Es leuchtet ein: Wenn eine Zeichnung gelobt wird, dann wird sie wegen des **richtigen Ergebnisses** zum „Vorbild" befördert. Das hat – in einer Gruppe – sogar eine Wirkung auf andere Kinder. Außerdem kann es sein, dass die gelobte Zeichnung für längere Zeit ein Dauer-Vorbild bleibt, obwohl das Kind in der Zwischenzeit weitere Entwicklungsschritte machen könnte oder würde.
Es wird leicht übersehen, dass (auch noch so schöne) Kinderzeichnungen Übergangs-Ereignissse sind, die **keine endgültige Richtigkeit haben können**. Wenn ein Kind fragt, ob seine Zeichnung gut sei, will es meistens wissen, ob es **selbst** gut gewesen ist. Denn die **gebotenen** Vergleichsgestalten, an denen es seine Zeichnung misst bzw. messen **sollte**, können ja nur die **eigenen Voraussetzungen** und **Einsichten** sein, die in der Vergegenwärtigung Gestalt bekamen. (Ggf. wäre **hier Förderung** anzusetzen!) **Das Kind war gut** und seine Zeichnung ist gut, wenn sie **diesen genannten** Kriterien entspricht. Lob bedeutet, das Kind zu ermutigen.
Auch Kinder machen Fehler. Aber:Alles, was Kinder auf dem **vor sich selbst zu verantwortenden** zeichnerischen Gebiet noch nicht können können, kann kein Fehler sein. Alles, was Kinder schon können, ist eine erfreuliche Leistung. Kinder machen in der Regel beim Zeichnen keinen Unfug, weil das Zeichnen ihnen hilft, ihr Verhältnis zur Welt zu festigen. Sie werden allenfalls dann zu Faxen verführt, wenn ihre Tätigkeit von den Bezugspersonen abgewertet wird.
Der Hauptfehler, der gemacht wird, kommt von den Erwachsenen, indem sie eine **für das Kind sinnvolle** zeichnerische Figur **disqualifizieren**, nur weil sie selbst deren Sinn nicht erkennen können.
Um diese Fehlerquelle weitgehend einzudämmen, werden im Hauptteil dieser Abhandlung die typischen Erscheinungen auf Kinderzeichnungen dargestellt und sodann ihr Sinn begründet und erwiesen – eine längst überfällige Aufklärungsarbeit.

Die Scheinproblematisierung künstlerischer Verfahren ist ein didaktischer Fehler

Den älteren Kindern und Jugendlichen, die sich mit Recht in der Welt intensiver **visuell** orientieren, kann und muss – freilich auf andere Weise als den jüngeren Kindern – ebenfalls geholfen werden, und zwar fachmännisch, allerdings **nicht im Nachahmen von „Kunst"-Attitüden**.

Leider muss auch dieser Punkt angesprochen werden und es muss geklärt werden, welches Missverständnis einer Unterweisungsform zu Grunde liegt, in der Schülern das Bild eines bedeutenden Malers gezeigt wird und diese dann angeregt werden, in dessen Art/Stil selbst ein Bild zu malen. Das Missverständnis liegt schon da, wo das künstlerische Stilphänomen **mehr mit der Person des Malers** verbunden wird **als mit dem Problem oder Sachverhalt**, mit dem sich der Künstler selbst bildnerisch auseinandergesetzt hat. „Stil" ist die in sich geschlossene Lösung einer solchen Auseinandersetzung, die dem Künstler von der Wirklichkeit seines Lebens und der Welt zugemutet und von ihm als Aufgabe angenommen wurde. Aus diesem Grund **verfehlt** die bloße Nachahmung der Stilformen die **Begegnung mit der problematisierten Thematik**, auf die sich eine bestimmte Kunstrichtung bezieht.

Natürlich können in der **Anwendung** von Stilformen – beispielsweise in impressionistischer **Manier** – interessante Bildwerke entstehen, wie etwa bei Berthe Morisot oder Mary Cassatt. Diese Künstlerinnen setzten sich aber nicht mit den **Problemen der neuen Weltsicht** auseinander, sondern gestalteten eher familiär orientierte Motive, wohingegen der **Impressionismus** damit befasst war, die **Kriterien des Bildes aus einer angenommenen „objektiven Sachrichtigkeit"** heraus **in die Subjektivität des menschlichen Sehens** zu verlegen. Das heißt: Das Bild zeigt die Sachen und Sachverhalte **als Protokolle** der sinnlichen **Wahrnehmung ihrer Form-Erscheinung** durch einen Menschen. Der Impressionismus zeigt die Sachen, wie sie **gesehen** wurden und gibt keine (Schein-)Garantie dafür, wie sie „objektiv **sind**". Deshalb kann mit dem bloßen Malen in impressionistischer **Manier** gerade **nicht begriffen** werden, wieso und wodurch der Impressionismus zur **Grundlage der Modernen Kunst** wurde.

Mit einer Scheinproblematisierung durch die Nachahmung von Stilformen werden Schüler weniger gefördert, als wenn der Lehrplan die **wahren Bedürfnisse der Schüler** aufnimmt, sie wirklich problematisiert, und sie nicht ignoriert oder spannungslos befriedigt. Die wahren Bedürfnisse der Schüler liegen in der Ausmalung ihrer persönlichen Wünsche und Zukunftsvorstellungen, und zwar so, dass sie **reale Anschaulichkeit** erhalten – in einer Art fotografischem Realismus, oft mit surrealistischem Einschlag.

Die Aufgabe für ältere Kinder: Darstellen können und Techniken beherrschen

Um dem Schüler bei der Verwirklichung zu helfen, sollten die bereits (auf Seite 48) genannten **darstellerischen** und **technischen** Probleme beim Wandel von der Sach-**Herstellung** zur visuell bestimmten Welt-Auffassung und Sach-**Darstellung** auf der Zeichnung in unterrichtlichen Veranstaltungen zur Bewältigung aufgegeben werden. Es dient den Jugendlichen, selbst urteilen zu können und sich in dieser Hinsicht ausdrücken zu können, (**auch**: damit sie sich nicht auf das gerade vorhandene Angebot von computergesteuerten Hilfsmitteln stützen müssen). – Beim Erlernen darstellungstechnischer Verfahren kommt es darauf an, keine Tricks zu lehren, welche Resultate ohne die Kontrolle durch das beurteilende Auge erbringen.

Die seelische Befindlichkeit der Jugendlichen ist ebenso empfindlich wie empfindsam und ist über Bestärkung leichter zu beraten als über die Zurechtweisung. In dieser Zeit brauchen sie persönliche Hilfe, die darin besteht, dass ihnen bestätigt wird, was an ihren Zeichnungen **gut** ist – und evtl. ermittelt wird, was und weshalb einiges nicht zu dem Guten passt – und schließlich gemeinsam beraten wird, wie es passend gemacht werden kann. In diesen Beratungen kann auch auf Kunstwerke verwiesen werden. Als zweckmäßig hat sich erwiesen, dem Schüler eine reich illustrierte Kunstgeschichte an die Hand zu geben und ihn darin stöbern zu lassen, ob er etwas Geeignetes fände, das sich von **seinem Bild her** integrieren ließe. In solchen Übungen kommen Aspekte von Kunst zum Vorschein, die sich mit der Zeichnung des Schülers verbinden. Die abwägende und urteilende Suche kann Zeit kosten, aber gerade sie verläuft mit einem Gewinn, der sich zwar nicht in Zensuren, vielleicht aber im späteren Leben auszahlt – worauf es ankäme!

Über Motive und Themen, die zu Auseinandersetzungen mit der Welt der Realität (Sach- und Naturstudien usw.) und der Welt menschlicher Lebensentwürfe (in Sagen, in der Geschichte usw.) herausfordern, können Schüler die Möglichkeiten ihrer Persönlichkeit durch Engagement und Identifizierung einschätzen, entwerfen oder festigen (was sich auch in unbewussten Vorgängen abspielt). Aufgaben dieser Art motivieren dazu, die notwendigen darstellerischen und technischen Probleme zu bearbeiten, weil sie in den Dienst eigener Interessen gestellt werden können.

Groß sind die **Unterschiede** zwischen Bildern, die von Schülern im **Unterrricht** gemalt wurden und solchen, die in der **Freizeit** entstanden sind. Die im **Unterricht** entstandenen Bilder machen den Eindruck, als hätte unter allen Umständen das Risiko des Scheiterns vermieden werden sollen. Sie beruhen auf „gesicherten Verfahren“, die in der

Analyse von Kunstwerken ermittelt und zur Grundlage von Aufgaben gemacht wurden.

Das gemiedene Risiko „künstlerischen" Scheiterns bezieht sich auf den Erwerb von genau jenen darstellerischen und technischen Befähigungen, die die Schüler besonders interessieren – nämlich auf alle die Qualitäten, die die **Freizeit-Zeichnungen** der Schüler vermissen lassen.

Zusammenfassungen

Wie in dem **ersten** Aufgabenfeld die vergegenwärtigende **Herstellung** von Sachen bearbeitet und gelöst wird,
so muss in dem **zweiten** vor allem die **vom Auge geleitete Darstellung der visuellen Erscheinung der Sachen** erarbeitet werden.

Damit kommt diese letztere Darstellungsweise immer mehr in den Bereich eines absichtsvollen Kommunikationsgeschehens.

Im dritten Aufgabenfeld wird den **Jugendlichen** die **Aufgabe** gestellt, die Thematisierung der Sache und deren Erscheinung deutlich vom **Bilden des Bildes her zu gestalten** – worin eine wesentliche Aufgabe für den **eigentlichen Kunstunterricht** besteht.
Dieses Gebiet liegt jedoch jenseits der „**Kinder**zeichnung".

Die vierte Frage „Was hat die Kinderzeichnung mit **Kunst** zu tun?"

ist in der Geschichte der Kunsterziehung überwiegend **bejahend** beantwortet worden, weil die Kinderzeichnung von Anfang an **von der Kunst her** und **nicht von den Kindern her** begriffen wurde. Weil jedoch unter „Kunst" immer die Kunst der Erwachsenen und zudem immer „etablierte Kunst" verstanden wurde, kann in dieser Abhandlung der Vereinnahmung der Kinderzeichnung in die Kategorie „Kunst" in solch vorbehaltloser Allgemeinheit **nicht** zugestimmt werden.

Zugespitzt kann man sagen: Das **erste Wort**, das über die Kinderzeichnung geschrieben wurde, führte zu folgenschwerer **Fehleinschätzung**; es stammt von dem italienischen Kunstgelehrten Corrado Ricci und ist der Titel seines Buches „L'Arte dei Bambini" (1887), zu Deutsch: die Kunst der Kinder. Trotz aller seiner Verdienste um das von ihm ausgelöste Interesse an den Zeichnungen der Kinder war das Wort „Kunst" irreführend, denn damit wurde die Kinderzeichnung in den „Salon" geholt und seitdem – im Zusammenhang mit kunstpädagogischen Bemühungen – generell in den Bezugsrahmen von Kunststilen gestellt.

Manche Erscheinungen auf Kinderzeichnungen mögen manchem unerklärlich, widersinnig oder ästhetisch unbefriedigend vorkommen, doch haben sie, wie schon dargelegt wurde, ihren Sinn bei der Herstellung der Welt auf jenem Spielfeld, das die Erwachsenen mit einem „Bild" oder gar mit „Kunst" gleichsetzen, wohingegen das Kind dort die notwendigen Bewältigungsformen konzipiert, um sich zunächst in der Lebenswirklichkeit zurechtzufinden. Schließlich verlangt man ja auch nicht, dass Kinder von Anfang an perfekt mit Messer und Gabel zu essen vermögen – „Kinderstube zu haben" bedeutete in früheren Zeiten, dass die Kinder nicht im Salon hatten aufwachsen müssen.

Bemerkungen zur bisherigen Kinderzeichnungsforschung

Zwar konnte im Lauf der letzten 120 Jahre ermittelt werden, welche Motive und welche Formen auf den Zeichnungen von Kindern auf der ganzen Welt mehr oder weniger regelmäßig vorgefunden werden. Ebenfalls konnte festgestellt werden, dass die von Kindern gezeichneten Gegenstände jeweils aus dem zivilisatorischen Umfeld ihrer Zeit gewählt werden – heute werden Motorfahrzeuge gezeichnet, wo es vor hundert Jahren Pferde-Fuhrwerke waren.

Sofern sich Kunst-Interessierte und Kunsterzieher mit der Kinderzeichnung **wertend** befassten, wurde diese mit der jeweils aktuellen Kunstströmung in Verbindung gebracht und umso mehr geschätzt, je mehr Konkordanzen man zwischen den Äußerungen der Kinder und der bevorzugten Stilrichtung erkennen wollte. Die Expressionisten bejubelten bisweilen die Übereinstimmung ihrer eigenen Vorstellungen von bildlicher Wiedergabe der äußeren („Die Brücke") oder inneren Welt („Blauer Reiter") mit den Bildern der Kinder, weil sich diese ebenfalls über die bloße Wie-

dergabe rein visueller Daten aus der Lebenswelt hinwegzusetzen **schienen**. So, wie in der Kunst des Expressionismus das Ursprüngliche, das nicht durch vorgegebene Klassifizierung Verfälschte, das Ausdrucksstarke in Form und Farbe gesucht wurde, so wurde es auch bei den Kindern gesucht, ohne dass man es, außer im subjektiven Urteil des konkreten Anblicks, hätte bestimmen können. Unter diesen Umständen konnte die bewertende Erklärung von Kinderzeichnungen nur postulierend mit sehr offenen, zu Schlagwörtern gewordenen Begriffen wie „Ursprünglichkeit“, „Expressivität“ u.ä. erfolgen – und letztendlich nicht vermittelt werden.
Eine etwas „objektivere“ Betrachtungsweise wurde in Anlehnung an die „Theorie der Bildenden Kunst“ von Gustaf Britsch versucht, die den **Formbestand** auf Bildern unter dem Gesichtspunkt fortschreitender („gesetzmäßig“ genannter) Differenzierung beschrieb und diese nach dem Grad der Einheitlichkeit auf der jeweils erreichten Stufe wertete. – In der Zeit des Nationalsozialismus wurde eine Parallelität mit der „Volkskunst“ unterstellt.
Alle diese Verfahren disponieren dazu, die „Qualität“ von Kinderzeichnungen an den jeweilig geltenden kunst-theoretischen bzw gerade „modernen“ Voraussetzungen zu normieren.
In der zweiten Hälfte des 20. Jahrhunderts war es anrüchig geworden, den Versuch zu machen, die Kinderzeichnung aus anthropologischen Fakten heraus zu erklären, weil die Nationalsozialisten gerade diesen Bereich mit dummen und unzutreffenden rassistischen Vorstellungen entwertet hatten. Demzufolge wurden die Forschungen zur Kinderzeichnung in anderen Disziplinen betrieben, z.B. in der Psychologie. Diese wandte sich jedoch – abgesehen von der Gestalt- und Ganzheitspsychologie – weniger den Zeichnungen der Kinder als vielmehr deren kognitiver Entwicklung oder der Diagnostik zu, insgesamt also einem Feld, das die Kinderzeichnung instrumentalisiert, um etwas **über die Kinder** zu erfahren.
Die in individueller und subjektiver Personalität liegenden Möglichkeiten und Bedingungen der Kinderzeichnung mussten hinter den wissenschaftlich leichter zu ermittelnden Faktoren des Kunstgeschehens zurückstehen: so beispielsweise hinter der Erkenntnis der Bildmittel-Systematik in der abstrakten Kunst, hinter der Zeichentheorie, hinter dem Kommunikationsaspekt, hinter der Medienkritik und -nutzung, usw.

Die Ermittlungen der bisherigen Kinderzeichnungsfoschung

Aus den vorgenannten Gründen hat die bisherige Erforschung der Kinderzeichnung für die pädagogisch bedeutsamste Frage, weshalb Kinder so zeichnen, wie sie es tun, noch keine schlüssige Erklärung hervorgebracht, sondern allenfalls Kataloge von Erscheinungen auf Kinderzeichnungen aufgestellt, denen man entnehmen kann, was oft und was seltener, was in diesem oder jenem Entwicklungsabschnitt vorkommt, was zu dieser oder zu jener Kultur-Epoche und -Region

passt, und was die Kinder (an kunstpädagogischen Vorstellungen gemessen) gewöhnlich **noch nicht** können oder **schon** können oder **eigentlich** können sollten.
Zur Beschreibung der Vorkommnisse auf Kinderzeichnungen wurden sprachliche Ausdrücke erfunden, welche auf Anmutungen der Beschreiber zurückzuführen sind, die aber das Tun des Kindes nicht richtig erfassen und deswegen irreführen. Das bekannteste Beispiel ist der Ausdruck „Kopffüßler", der heute kaum noch jemand in die Irre führt; es ist Allgemeingut geworden, dass mit dieser Gestalt ein **ganzer** Mensch (ein ganzes Lebewesen) **gemeint** sei – was auch richtig ist. Für dieses Phänomen scheint es aber in der tradierenden Literatur keine andere Rechtfertigung zu geben als die von einem Autor zum andern übernommene **Behauptung**, es handele sich bei dieser Kombination aus einem „Allrund" mit parallelen abstehenden Linien um die Herstellung oder Erfindung einer Figur, die einen ganzen Menschen meint – ohne dass unter den vielen wissenschaftlichen Begründungen ein einleuchtender Grund dafür genannt würde, weshalb bei Kindern in der ganzen Welt diese Figur überhaupt auftritt. Die Ursache dafür, weshalb eine Erklärung nicht gefunden wurde, liegt darin, dass der „Kopffüßler" als eine **zeichenhafte** Menschen-**Darstellung zur Mitteilung** aufgefasst wurde und nicht als eine gebärdenhafte **Vergegenwärtigung** zur eigenen Freude des Kindes. Der wirkliche Grund hätte, was in dieser Abhandlung geschehen soll, in der Lebenswirklichkeit des Kindes gesucht werden müssen und könnte schon seit langem bekannt sein.
Andere Ausdrücke, die lediglich der katalogisierenden Beschreibung von Bildphänomenen dienen müssen, heißen „Leiterfigur" oder „Sonnenprinzip", werden „Röntgenbild" genannt, sollen „Flügel-Arme" oder „Armstümpfe" sein, oder schildern eine menschliche Gestalt unter dem „Fach"-Terminus eines „Hausschemakörpers".
Diffiziler wird es bei formalen Erscheinungen, die sich auf den Raum beziehen. Wenn ein parallel zum Bildrand verlaufender Strich oder der **Blatt-Rand selbst**, der dem zeichnenden Kind am nächsten **liegt**, dennoch „**Stand**linie" genannt wird, werden damit Ordnungsvorstellungen eines Raumschemas begründet, die zwar auf **Bild**vorstellungen aus abendländischer Tradition zurückgehen, aber mit den eigenen Erfahrungen aus der Lebenswelt Kindes nicht in jedem Fall etwas gemein haben. Für das **Kind** nämlich **liegt** das Blatt beim Zeichen in derselben Ebene wie ein **Boden**, wohingegen die Bezeichnung „**unterer** Bildrand" darauf hinweist, dass der **Erwachsene** die Blattfläche als senkrecht an der Wand **hängendes Bild** auffasst.
Die vorgenannten Ausdrücke geben durch die gelehrt klingende Benennung nur ein **angebliches Wissen** über den Sachverhalt vor, was ein weiteres Forschen nach den wirklichen kindlichen Absichten unterbindet und in der Tat unterbunden hat.

Kinderzeichnung und Kunstbegriff

Im Zusammenhang mit kunstpädagogischen Überlegungen kann die Hauptfrage dieses vierten Abschnittes angemessen nur unter der Bedingung beantwortet werden, dass an gegebenen Stellen der vorausgesetzte oder angewandte „Kunst-Begriff", zu dem die Kinderzeichnung in Beziehung gesetzt werden soll, ersichtlich wird. Jedenfalls kann „Kunst" in diesem Zusammenhang nicht in der Form von Vorschriften definiert werden, dergestalt, dass unter Erfüllung bestimmter Regeln „Kunst" vorläge. Zudem unterliegt die Abwägung, ob Kunst-Kriterien überhaupt **erfüllt** sind, immer dem **persönlichen** Urteil eines jeden Menschen, auch dem Erzieher, der seinem Zögling nichts anderes als seinen eigenen (möglichst ausgebildeten) Kunstverstand als Wertungsmaßstab zu bieten hat.

Das Verhältnis des Kindes und der Kinderzeichnung zur Kunst zeigt sich in den aufeinander folgenden Schwerpunkten der kindlichen Weltaneignung jeweils verschieden (ohne dadurch bleibende Gültigkeiten zu verlieren)

Die Entwicklung der Kinderzeichnung ist von jeher in aufeinander folgende Abschnitte eingeteilt worden, mit denen sich die anschließende Gliederung weitgehend deckt.

Gemäß dem **hier** vorgetragenen Verständnis der Kinderzeichnung werden die **Schwerpunkte** der Entwicklung unter den Aspekt der **Sinnhaftigkeit** des kindlichen und jugendlichen Zeichnens gestellt.

Es sind **eine Vorphase** und **drei Haupt-Aufgabenfelder** zu unterscheiden, die jeweils von ihrem Höhe- und Schwerpunkt her benannt werden; sie gehen allmählich in einander über.

Die **Vorphase des Zeichnens** ist der Zeitraum, der auch „Kritzelstadium" genannt wird

In dieser Zeit spielt das Kind mit den Stiften und erzeugt Spuren. Dabei lernt es den Zusammenhang zwischen seiner eigenen Tätigkeit und den Folgen auf dem Papier kennen und übt sich in der Handhabung der Werkzeuge. Weil damit eine der Grundlagen zu späterem Zeichnen geschaffen wird, sollte dem Kind diese Tätigkeit durch die Gabe von geeigneten Materialien, durch wohlwollendes Teilnehmen und Ermunterung zu seinem Tun ermöglicht werden, ohne es zum „richtigen Bildermachen" zu drängeln. Ein Bezug zur Kunst ist klar in technischer Hinsicht zu erkennen.
Weitere Bezüge werden von einigen Autoren (meist unter Berufung auf Rhoda Kellogg) dahingehend vermutet, dass Kritzelformen als **Elemente** zur Bildung komplexer Zeichen-Gebilde genommen werden werden

könnten, indem sie diese in der **Zusammenfügung** entstehen ließen. Dabei wird indessen **nicht** genau geklärt, auf welchem Weg eine durch ihre Ausübung entstandene Kritzelfigur zum Element eines sinnhaften Zeichens werden kann.
An diesem Anfang der Kinderzeichnung scheint die „Kunst“ in weiter Ferne zu liegen; dennoch werden schon dort wichtige Strukturen der Bildenden Kunst grundgelegt. Um solche zu nennen: Bereits in den ersten Kritzeln ist das Kind an seiner Tätigkeit intensiv engagiert und bringt Formen hervor, die mit seiner eigenen sinnlichen, seelischen, geistigen und körperlichen Verfassung auf's Innigste verbunden sind. Dieselbe Nähe zu seinem Werk wird auch vom Künstler erwartet und bringt erst dessen Glaubwürdigkeit hervor. – Das ist natürlich nicht alles, was Kunst ausmacht; denn was beim Kind zwar unbeabsichtigt, aber wirksam vor sich geht, ist in der künstlerischen Tätigkeit weitgehend bewusst und mit einem größeren Horizont an Lebenserfahrung und Reflexion verbunden.

Das **erste Haupt-Aufgabenfeld** sinnhafter zeichnerischer Tätigkeit ist die **Vergegenwärtigung von Sachen** in jenen Gebärden,
in denen der Bezug zur dinghaften Realität bestätigt wird

Die aus dem „Kritzelstadium“ stammende Dichte der kindlichen Erlebnisweisen gilt es bei den zeichnerischen Tätigkeiten zu erhalten, wenn das „Sachen machen“ oder das „Situationen zu vergegenwärtigen“ beabsichtigt ist, oder wenn – danach – die Identität der Zeichnungen mit den visuellen Erscheinungen der Lebenswirklichkeit angestrebt wird. So lernen Kinder und Jugendliche – wenn man sie lässt(!) – die Welt mit **allen Sinnen** kennen und **mit allem** (zugänglichen) **Sinn** zu vollziehen. So werden sie „Sachverständige für Kunst“ von **Grund** auf.

Einfluss der Medien

Es ist nicht zu vermeiden, dass die Medien dem Kind begegnen. So konnte auch ein zivilisationsabhängiger Wandel in den Darstellungs-Äußerungen der Kinder nicht ausbleiben. Hier sollte gelten können, was über den Umgang des Kindes mit Vorlagen ausgeführt wurde (S. 46 f.).

Bis zu dem Zeitpunkt, an dem sich die Moderne Kunst weitgehend durchgesetzt hatte, zeichneten die Kinder auf „typische“ Weise „kindgemäß“. Bis dahin nämlich war die *geltende* Kunst innerhalb sämtlicher Stilausprägungen an eine bestimmte Grundlage abbildhafter Erscheinungstreue gebunden, die für Kinder unerreichbar blieb und somit nicht „vorbildlich“ werden konnte. Deshalb konnte sich damals, wenn dies nicht behindert oder unterbunden wurde, eine ebenso eigenständige wie von den Erwachsenen unverstandene (und meist abgelehnte) zeichnerische Äußerungsweise von Kindern ausbilden: die von der Kunsterziehungsbewegung am Ende des 19. Jahrhunderts mit Recht begrüßte **„typische Kinderzeichnung“.**

Mit dem Aufkommen der Massenmedien, insbesondere mit den Trickfilmen und den Comics, änderten sich sowohl die Bild-Angebote an die Kinder als in der Folge auch deren Zeichnungen. Bei Trickfilmen und Comics müssen die vorkommenden Figuren immer wieder und auch von verschiedenen Mitarbeitern gezeichnet werden können, weshalb sie von vornherein mit flüssig zu übernehmenden sowie gut wiederzuerkennenden Gestalt-Formeln ausgestattet werden, die schließlich auch von Kindern in einer Art „Mini-Playback" leicht nachgemacht werden können. Auf Kinderzeichnungen verdienen Imitationen dieser Art kein Lob.

Die technische Fertigkeit, die das Nachmachen von solchen Vorlagen wie dem Dinosaurier (S.30) ermöglicht, entspricht eher der „sportlichen" Fertigkeit, gut exerzierte „Finger-Tanzschritte" zu vollführen, als einen Bezug zur Kunst aufzunehmen. Die Zeichnung des Ungeheuers legt die Befürchtung nahe, ebenso in der Seele des Kindes wie auf dem Papier **nur als Floskel** zu existieren, weil die Vorlage selbst schon auf einen zeichnerischen Algorithmus zurückgeht und keinen direkten Bezug zu erlebter Wirklichkeit aufweist.

In der Gegenwartskunst gibt es viele Beispiele, in denen bereits formulierte Gestalten **zitiert** werden. Dann aber werden diese (legitim) dergestalt angeführt, dass ihre mediale Herkunft offensichtlich wird, weil **an ihnen** etwas anderes gezeigt werden soll als das, was **auf ihnen** ist.

Kurz gesagt, der Bezug der Kinderzeichnung zur Kunst zeigt sich nicht in den äußeren Formen, sondern schon beim Kind in der selbstverantworteten Bemühung um eine aus seiner Persönlichkeit heraus formulierte Zeichnung.

Wenn die „volle Kindheit" erreicht und erfüllt ist, wird den Kindern zugesprochen, in der Phase der „Bildermächtigkeit" zu sein. Es scheint so, als ob die Kinder „alles" zeichnen könnten, auch wohlgefällig für den Blick der Erwachsenen, wie etwa die Fußballspieler (s.S.12)

Eingeschoben: ein kunstpädagogisches(?) Beispiel aus der Praxis

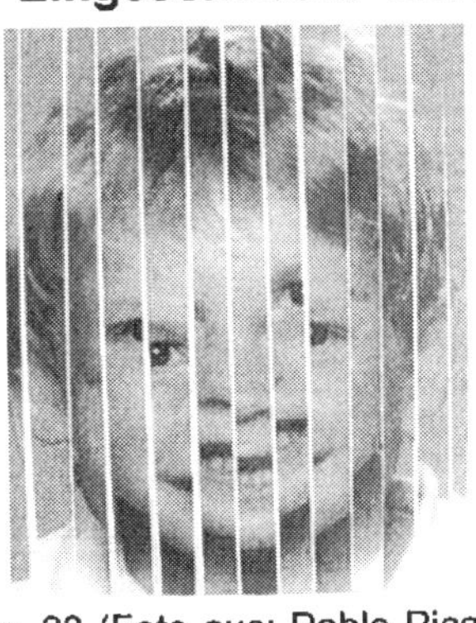

Fig. 23 (Foto aus: Pablo Picasso – Eine Botschaft an die Kinder, Graphikmuseum, Münster, 2000)

Auf der documenta 4 (1968) war der Künstler Jiri Kolár mit Bildern und Objekten vertreten, deren Oberflächen durch die Art aufgeklebter Papierstreifen den dargestellten Gegenstand systematisch verunklärten. Reproduktionen von Bildern oder Fotografien wurden in Streifen geschnitten und planmäßig „falsch" zusammengesetzt. Nebenstehendes Bild ist nach diesem Verfahren der „Rollage" entstanden. Die „Verfremdung" des Gegenstandes soll den Betrachter dazu anregen, sich selbst ein richtiges Bild zu machen bzw. das „richtige Bild" zu finden. Dieses Verfahren (aus

der Analyse von Kunstwerken gewonnen) „nach allen Regeln der Kunst" Bildmotive zu zerstören, wird in einem Heft zur kunstpädagogischen Förderung von **Grundschulkindern** empfohlen – angesichts der Tatsache, dass Kinder in diesem Alter damit beschäftigt sind, die noch längst nicht ausgereifte Sehfähigkeit mit der Formkonstanz der Dinge in Übereinstimmung zu bringen.
Bilder solcher Art werden - nach der Intention des Autors – **für Betrachter** gemacht, aber nicht als „Verfahren zum Bildernachmachen" angeboten. Dieses Beispiel zeigt besonders deutlich, wie bedenklich es kunstpädagogisch ist, Kindern und Jugendlichen solche Verfahren beizubringen – und sollten sie noch so viel Spaß an Verwirrspielen haben.

Ein Abschnitt über kunstpädagogische Probleme bzw. problematische „Kunst"pädagogik

Der Ausdruck „Bildermächtigkeit" wird auch in der Verbindung **„Versiegen der Bildermächtigkeit"** gebraucht, wenn sich die Kinder dem **nächsten Aufgabenfeld** der (möglichst korrekten) Darstellung der visuellen Erscheinung der Gegenstände zuwenden (möchten). Genau genommen handelt es sich bei diesem „Versiegen" um ein Missverständnis; denn was die Erwachsenen als **„Bild"** bezeichnen, sind in Wirklichkeit die (ästhetisch oft sogar ansprechend organisierten) Spuren von Vergegenwärtigungen von Situationen, über die die Kinder zugleich **herrschen** konnten, worin ihre eigentliche „Mächtigkeit" besteht. Nun aber wenden sie sich einer grundlegend neuen Darstellungsweise zu, die so **viele** und **große** Probleme mit sich bringt, dass sie nicht alle auf einmal bewältigt werden können. Die dadurch entstehende **Unausgeglichenheit**, die auch „Unbeholfenheit" (als Anspruch auf Hilfe durch Lehre) genannt werden könnte, trägt den irreführenden Namen: „Versiegen der Bildermächtigkeit". Sie kann aber deswegen nicht „versiegen", weil Kinder von sich aus noch gar keine Bilder im eigentlichen Sinn gemacht hatten.
Um diesem für Erwachsene unangenehmen Zustand abzuhelfen und sich weiterhin an ästhetischem Genuss erfreuen zu können, kommt es zu unterrichtlichen Situationen, in denen Schülern das Bild eines bedeutenden Malers gezeigt wird und dann die Anregung erfolgt, in dessen Art/Stil selbst ein Bild zu malen (s. S. 63). Auch wenn dies nicht immer ganz so krass durchgeführt wird, so werden doch häufig Aufgaben gestellt, bei denen die Schüler ein Bild malen sollen, das unter eine bestimmte bildnerisch-gestalterische Thematik gestellt wurde, die von einem Künstler bereits gelöst wurde und deshalb überhaupt erst als eine solche hervorgebracht wurde (etwa Picassos Kubismus, Legers Art der Körpermodellierung, Seurats Pointillismus, Mackes Farbigkeit usw.).
Mit derartigen „kunstpädagogischen" Methoden scheint sich stillschweigend so etwas wie die Hoffnung zu verbinden, dass die im Unterricht entstehenden Bilder nicht ähnlich „ungenießbar" werden wie das „normale" Verhalten Jugendlicher in den sog. „Flegeljahren".

Es ist klar, dass Schüler auf diese Weise lernen können, **Bilder herzustellen**, und man kann sie sogar auf Zensuren hin beurteilen. Doch selbst wenn die Schüler die Malweise ihrer Vorbilder als Verfahren für **eigene** Bilder trefflich anwenden, verstehen sie allenfalls das bildnerische **Verfahren** ihres Vorbildes, nicht jedoch den **Grund für die Auseinandersetzung des Künstlers mit der Welt**, auf die sich **dieser** einlassen musste, um zu **seiner** Form der Darstellung zu gelangen.
Vor allem scheint geflissentlich übersehen zu werden, dass so gut wie alle Künstler, in deren künstlerische Auffassung eingeführt werden soll, selber im Sinne naturgetreuer Darstellung sehr leistungsfähig waren, was alsdann zum Fundament der Überzeugungskraft ihrer Gestalten im Gewand der von ihnen kreierten Stil-Richtung wurde (s. Picassos „Übergabe des Faunkindes", Abb. 333).
Die Schüler streben die Schaffung von **Grundlagen** für die „korrekte" Wiedergabe der **visuellen Erscheinungen** der Welt als anthropologisch begründbares Ziel an – eingeschlossen die Selbstverständlichkeit und scheinbar leichte Mühelosigkeit, mit der sich Kunstwerke präsentieren. Der **Ziel**-orientierte Schüler kann noch nicht wissen, dass er sein **Mensch-Sein** in der **Zeichen-Welt der Bildenden Kunst** nur auf einem **Weg** gewinnen kann, der mit Mühen – und auch mit Freuden – **gegangen** worden sein muss. Das muss er lernen – andernfalls er den Zugang zur Bildenden Kunst über seine eigene kunstpraktische Tätigkeit verfehlen wird, was er freilich nicht bemerken kann.

Die **unterrichtlich verordnete Verfügung** über die Weltsicht besteht in der Bevorzugung eines **kulturell bestimmten Aspekts** der Welt, wodurch die Blickweise des Schülers beeinflusst werden soll. Demgegenüber müssen andere Betrachtungsweisen zurückstehen. Da hat der Schüler keine Wahl; – ihm bleibt aber ggf. die außerschulische Wirklichkeit.
Das geschilderte Unterrichtsverfahren gehört in didaktisch verantworteter Form zum eigentlichen **Pensum des dritten Aufgabenfeldes und** würde in diesem **zweiten** Haupt-Aufgabenfeld **viel zu früh** eingeführt.
Vielmehr sollte den Schülern geholfen werden, die (auf Seite 48) genannten **darstellerischen** und **technischen** Probleme beim Wandel von der Sach-**Her**stellung zur visuell bestimmten Welt-Auffassung und Sach-**Dar**stellung zu bewältigen. Dabei wäre es wichtig, die vielen selbstständigen, **scheinbar** „falschen Ergebnisse" ihrer Versuche in den Grundlagen ihrer **wirklichkeitsverhafteten** Lebenserfahrungen zu finden, diese ernst zu nehmen und zu klären. Darin wird den Schülern aufgehen können, dass und worin die wesentlichen Unterschiede zwischen der visuellen Erscheinung eines Gegenstandes in der Wirklichkeit und auf dem Bild bestehen. Die Bildform gewinnt der Schüler in diesem Aufgabenfeld als **seine Erkenntnis der Differenz** – und nicht als Rezept aus dem Kunstbetrieb.

Das **zweite Haupt-Aufgabenfeld** sinnhafter zeichnerischer Tätigkeit ist demnach die **Wiederholung des Erscheinungsbildes** von Sachen und Sachverhalten **auf der Zeichnung**

Die Interessen des Schülers sind immer noch auf Gegenstände und Sachverhalte gerichtet, die nun aber **erscheinungsgetreu dargestellt** werden sollen. In diesen Entwicklungsabschnitt fällt nämlich immer noch die Entwicklung der Sehfähigkeit des Menschen, die allerdings ihrer vollen Reife entgegensieht. Es geht immer noch darum, die visuellen Reize und Wahrnehmungen im Hinblick auf ihre Bedeutung für die sich zeigenden Gegenstände und Sachverhalte zu prüfen und kennen zu lernen – nicht zuletzt auf dem Weg über die Zeichnung. Insofern handelt es sich um einen Aspekt eines allgemeinen Reifungsvorgangs, der auch außerhalb von Bildender Kunst bedeutend ist.
Bedeutend für das verständige Umgehen mit Kunst ist folgendes: Der Schüler lernt – um es zunächst poetisch auszudrücken – das **„Gesicht der Gegenstände“** kennen: als jenen **Bild-Inhalt**, der in der künstlerischen Gestaltung **mit Bedeutung** zum Vorschein kommen soll.
In dieser Zeit, in dem der Schüler die Versuche zur Darstellung der visuellen Erscheinung der Dinge beginnt, kommt **das Bildhafte** nach und nach in **charakteristischer** Weise zur Geltung. Auf dem **Bild** wird nun die **Herkunft der Zeichnung** aus **Ding-bezogenen körperlichen Gesten ausgetauscht** gegen die **un„fass“bare** visuelle **Erscheinung** im Fern-Sinn des Sehens. Die **Erscheinung** des Gegenstandes wird zum **gesehenen Bild** des Gegenstandes, das auf dem Blatt **wiederhergestellt** werden soll. Indem das körperlich-gebärdenhafte **Begreifen** in **geistiges Begriffen-Haben** überführt wird, entsteht ein mediales visuelles Gebilde, das mit anderen vergleichbar ist – und deswegen auch verglichen wird.

Weitere Schritte auf dem Weg zur Bildenden Kunst nach der Kindheit in der Jugend

Die Leistung der Kunst zeigt sich, wenn auch nicht allein, so doch **wesentlich**, in der **Differenz** zwischen dem **Bild** einerseits und den **Sachverhalten** der **Wirklichkeit** andererseits. Die Wirklichkeit ist vorgegeben, das Bild hingegen ist eine persönlich verantwortete Manifestation eines (bearbeiteten) Aspekts der Wirklichkeit.

Der Begriff „Wirklichkeit“ geht zunächst von einem naiven Weltverständnis aus, dem die Wirklichkeit in der eigenen leiblichen und sinnlichen Erfahrung selbstverständlich gegenüber steht; der Begriff ist im Zusammenhang mit dem Bild darüber hinaus weit zu fassen; zu ihm zählt eben nicht nur die materielle Wirklichkeit, sondern das, was dem Menschen als eine **ihm begegnende** Wirklichkeit **vor** ihm und **außer** ihm oder **in** ihm **erscheint**, so zum Beipiel auch die Inhalte und Gestalten aus seinen Träumen, von erzählten und damit in inneren Vorstellungen (Fantasien) existierenden Wesen usw. Das Bild ist die Manifestation einer „Welt"-Konstruktion – ein Konstrukt menschlicher Geistigkeit, und beschließt damit den Bogen zu den frühesten zeichnerischen Äußerungen des Menschen.

Die **Differenz** von Sach-Erscheinung und Bild-Gestalt wird, wie früher schon beim **Unterschied von Zeichen und Sachen** ausgeführt wurde (S. 40 f), mittels der **Realitäts**-Erfahrungen bemerkbar. Damit wirft sich die Frage auf, ob die den unterrichtlich „durchgenommenen" Kunstwerken **zu Grunde liegenden** Realitäts-Verhältnisse durch sprachliche Aufarbeitung so ersetzt werden könnten, dass die Differenz deutlich wird.
An dieser Stelle muss hingenommen werden, dass ein Weg eröffnet und angetreten werden muss, der in der Schulzeit nicht abgeschlossen werden kann, der auf lebenslanges Lernen angewiesen ist und somit immer neue, der wachsenden Lebenserfahrung entsprechende Annäherungen an die Wirklichkeit erbringen kann. Es wird immer darum gehen, wie die analoge „Eindeutigkeit" von visuellen Gestalten mit der „Vieldeutigkeit" sprachlicher Texte außer über ihre Prüfung an der Wirklichkeit hergestellt werden kann. Die **Form** der **Wortsprache** hat ja keine Gemeinsamkeiten mit der **Form** der gemeinten **Sachverhalte**, wohingegen die **Zeichnung** auf **denselben Sinneserfahrungen aufbaut,** welche die **Begegnung mit der Realität** der Welt **ermöglichten**.

Die Gleichartigkeit sinnlicher Erfahrungen sowohl in der Wirklichkeit als auch auf der Zeichnung bewirkt – unbewusst und unreflektiert – eine innige und überzeugende Verbundenheit von beiden im Bewusstsein – „mit Wahrheits-Charakter"

Der Aspekt der **Analogie** besteht im **ersten** Aufgabenfeld wesentlich in der **Identität der Gebärden**, und in dem nächsten, **zweiten** Haupt-Aufgabenfeld, in der **erwünschten Identität der Blick-Erlebnisse** angesichts von Gegenständen/Sachverhalten in der Realität wie auf der Zeichnung. Vorerst bleibt dem Bewusstsein verborgen, dass seine Auffassungen von Wahrheit und Wirklichkeit **Konstrukte seiner eigenen Beschaffenheit** und Bedingungen sind – allerdings weder zufällig noch willkürlich.

Kunst als symbolisches System stellt die naive und vertrauensselige Auffassung von „Wahrheit durch Form-Analogie“ in Frage

Ein Blick in die Kunstgeschichte zeigt, dass die **Formulierungen auf den Bildern** längst **nicht** in allen Fällen mit den **Erscheinungen der Gegenstände** identisch sind – noch Identität anstreben; denn in der **beabsichtigten** Herstellung einer **Differenz** zwischen der bloßen **Erscheinungstreue** und der tatsächlichen **Bildgestaltung** kann **Bedeutung produziert** werden – im besten Falle **Kunst**. Abweichungen von **erstrebter** Erscheinungstreue, die aus Unfähigkeit entstanden sind, produzieren **keine** (Kunst-)Bedeutung.

Die Differenz, die **Bedeutung** erzeugt, beruht auf der **Schaffung von Regeln**, welche in dem Wandlungsvorgang von der realen Erscheinung zur Bildgestalt mitgeschaffen wurden, seien diese Regeln ihrem Urheber bewusst oder unbewusst. Es sind Regeln, die das **Bild** mit seiner Hervorbringung **selbst aufstellt** und die von seinem Zeichner beachtet und **eingehalten** wurden.

Die mit den **Bildern von Kunstrang** erzeugten Regeln beanspruchen, als allgemeine Regeln auf alle darstellbaren Sachverhalte angewandt werden zu können.

Als **Bedeutungs-tragende** Abweichungen vom gewöhnlichen Anblick der Dinge können indessen die Differenzen auf den Bildern nur **bewusst** werden, wenn ausgemacht werden kann, **wovon** sie sich **unterscheiden**.

Bedeutung hätte keine Bedeutung, wenn sie keine Ausrichtung auf **Wahrheit** hätte.

Das **dritte Haupt-Aufgabenfeld** sinnhafter zeichnerischer Tätigkeit ist die ein **Bild begründende Reflexion** von Sachen und Sachverhalten mittels der spezifischen Mittel des Bildes.

Damit ist das Feld der Kinderzeichnung verlassen.

Nachbemerkung zum Verhältnis des Kindes zur Kunst

Aus allen bisherigen Überlegungen geht hervor, dass es keinen direkten Weg von der Kinderzeichnung zur Bildenden Kunst gibt (wenn man von „wirklich naiver Kunst" absieht). Gleichzeitig wurde deutlich, dass vor allem die eigenen, von den Kindern selbst verantworteten Erfahrungen im Zeichnen für spätere künstlerische Praxis grundlegend sein können.

Der Weg zur Kunst führt nur über die verständige Begegnung mit Kunstwerken in einem lebenslangen Prozess. Dazu bedarf es kundiger Einführung durch Mitmenschen, die selbst über Kunstverständnis verfügen. Die größte Verantwortung ergibt sich bei der Auswahl des Bildangebots an die Kinder; es sollte nicht schlechter sein als das, das die Erwachsenen gut für sich selber halten .

Die Pflege des Kunstverständnisses von Kindern beginnt im Kleinstkindalter – nach einer schon oft vorgetragenen Meinung, dass eine kunstfreundliche Umgebung mit „guten Bildern" förderlich ist.
Die gemeinsame Betrachtung von Kunstwerken kann früh beginnen und sollte sich an den alterstufengemäßen Interessen des Kindes ausrichten, die sich in den Kinderzeichnungen andeuten. Die Gestalten auf den Kunstwerken werden durch ihren bloßen Anblick zu „Bekannten" des Kindes und prägen dauerhaft seine Vorstellungen. Dabei ist es nicht nötig, Bildformen zu erklären; es genügt, den dargestellten Sachverhalt, so weit er kindlichem Interesse und Fassungsvermögen zugänglich ist, anzuschauen und evtl. in Worte zu bringen. Der Blick auf das Bild sollte anfangs wie ein Blick in die Welt sein.

Die Begegnung mit der Kunst und die Freude an ihr wird durch Leistungszwang beeinträchtigt und schadet dem Kind. Die selbstverständliche entwicklungsgemäße Teilhabe des Kindes an der Anschauung der Kunstwelt der Erwachsenen ist das entscheidende Mittel der Förderung.

Später – mit dem Eintritt in die Grundschule – kann die Aufmerksamkeit zusätzlich auf die Beschreibung der Bildmittel (Linien, Flächen, Farben usw.) gerichtet werden, ohne dass daraus gleich Aufgaben für die bildnerische Praxis der Schüler formuliert werden sollten.

Das Kunstverständnis wird in der verständigen Betrachtung von Kunstwerken gewonnen. Kunstverständnis ist ein wichtiger Aspekt kultureller Bildung, weil in der Kunst durch die Kreativität von Mitmenschen gültige Angebote gemacht werden, wie die Welt gesehen und gedeutet werden kann; dies schafft Anschluss an die geschichtliche Tradition und erzeugt Solidarität mit Menschen anderer und früherer Kulturen und führt in die Zukunft der Kunst.

DER ANDERE TEIL

Die Menschengestalt
am Beispiel des „Kopffüßlers"

Die grundlegenden Erkenntnisse über die Kinderzeichnung sollen an der Entstehung der Menschengestalt gewonnen werden.
Die erste Form, in der sich die Menschengestalt zwar merkwürdig, aber deutlich und eindeutig zeigt, ist der sogenannte „Kopffüßler".

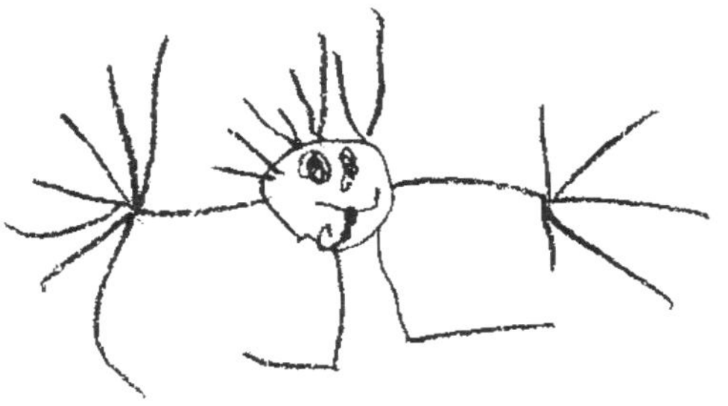

Abbildung 24 Junge ca 4 J

Diese Figur ist inzwischen allgemein als ein normales Stadium der Zeichnungen von normalen Kindern anerkannt.
Am Beispiel der Entwicklung des „Kopffüßlers" soll gezeigt werden, welche **bekannten Erscheinungen** regelmäßig auftreten, und es sollen die **unbekannten Ursachen** aufgedeckt werden, aus denen heraus die Kinder ihre Menschendarstellungen so völlig anders gestalten, als Erwachsene dies erwarten. Wer die Ursachen versteht, wird die Kinderzeichnung **von Grund auf neu beurteilen.**
Natürlich zeichnen alle Kinder wegen innerer Bedingungen und äußerer Einflüsse, denen sie ausgesetzt sind, jeweils auf einzigartige Weise. Dennoch lassen sich viele Eigenschaften herausfinden, die **allen** Kinderzeichnungen gemeinsam sind. Diese werden zuerst dargelegt. Später wird dann an konkreten Beispielen gezeigt, dass allen Zeichnungen dieselben Erfahrungen und Handlungen zugrundeliegen, wenn die Kinder nicht hemmenden äußeren Einwirkungen ausgesetzt werden.
Die hier auffallend großen Handformen sind „realistische" Darstellungen der großen Bedeutung, die die Tast- und Greif-Gefühle mit Fingern und Händen für das Ergreifen und Begreifen der Welt in der frühen Kindheit haben, bis das Kind die Welt nicht mehr hauptsächlich „im Griff", sondern vorwiegend im „Blick" hat.

Die Vorgestalten

Auf dem Weg zum „Kopffüßler"

Das Wort „Kopffüßler" wird in Anführungszeichen geschrieben, weil diese Menschendarstellung gewiss **keinen wirklichen Kopffüßler** meint, also kein Wesen, dem die Füße – oder die Beine — an den Kopf gewachsen wären.
Die „Kopffüßler" fast aller Kinder in fast allen Kulturen der Welt ähneln einander so sehr, als würden die Kinder voneinander abzeichnen. Aber gerade das tun sie im Allgemeinen nicht. Selbst wenn sie noch nie einen „Kopffüßler" gesehen haben und wenn sie schon oft ganz viele Kinder und Menschen in ihren Bilderbüchern abgedruckt gesehen haben, machen sie dennoch diese eigenartigen Gebilde offenbar **aus sich selbst** heraus. Das Zeichnen von „Kopffüßlern" muss also **innere Gründe** haben – aber welche?
Um diese Frage zu beantworten, werden wir die „Einzelteile" des „Kopffüßlers" und deren Herkunft untersuchen. Von vielen Autoren wird die Ansicht nahegelegt, der „Kopffüßler" würde durch eine Kombination von **sich schließenden runden** sowie **geraden** Linien entstehen, die ihrerseits in der Kritzelphase erarbeitet worden seien (z.B. Rhoda Kellogg). Es geht um den **Begrenzungs-Kreis**, um die **„Augen"-Markierungen**, um die Striche, die als **„Arme und Beine"** gedeutet werden; erklärt werden die Linien, die **„Mund und Nase"** darstellen sollen und um die Striche, die für **„Haare"** gehalten werden. Dennoch wird mit der äußerlichen Beschreibung, die Figur entstünde aus der „Kombination von runden und geraden Linien", nicht erklärt, wieso der „Kopffüßler" eine **sinnvolle** Figur darstellt, zumal auch eine visuelle Ähnlichkeit mit der realen Menschengestalt nicht gegeben ist. Zur Klärung muss der Ursprung aufgesucht werden, wo die Wahrnehmung der Welt beginnt – der Mutterleib.

Das „Bild" des Menschen, das zum „Kopffüßler" führt, beginnt schon in der vorgeburtlichen Entwicklung der Sinne

Wenn der Mensch geboren wird, kommt er bereits mit „Lebenserfahrung" auf die Welt. Schon im Ungeborenen entwickeln sich verschiedene Organe, die tätig werden, sobald sie dafür reif geworden sind. Bekanntlich beginnt das Herz des Fötus schon früh zu schlagen, erkennbar an den Herztönen. Bei bitteren Flüssigkeiten, die in das Fruchtwasser eingespritzt werden, verzieht das Ungeborene den Mund, wie es Menschen tun, die etwas nicht essen mögen. Die Ungeborenen können von einem bestimmten Zeitpunkt an im Mutterleib „hören"; sie reagieren, wie man weiß, auf Geräusche und Rhythmen. Ebenfalls im Ohr befindet sich das Gleichgewichtsorgan des Menschen, welches längst vor der Geburt Reize aufnimmt, die die räumliche Lage des Körpers zur Erdoberfläche und zum Erdmittelpunkt spürbar werden lassen.

Allen bekannt sind die Kindsbewegungen im Mutterleib; diese Bewegungen macht das Kind, um die Spannungen in den Muskeln (den Muskeltonus) seines kleinen Körpers zu verändern. Genauso verhalten sich Erwachsene, die auf einem harten Stuhl sitzen: sie wechseln ebenfalls hin und wieder die Stellung, um sich wohlzufühlen und Verkrampfungen zu vermeiden. So liegen den Bewegungen des ungeborenen Kindes Empfindungen zugrunde, die es von seinem eigenen Körper hat, Empfindungen, in denen **es sich selbst spürt**.

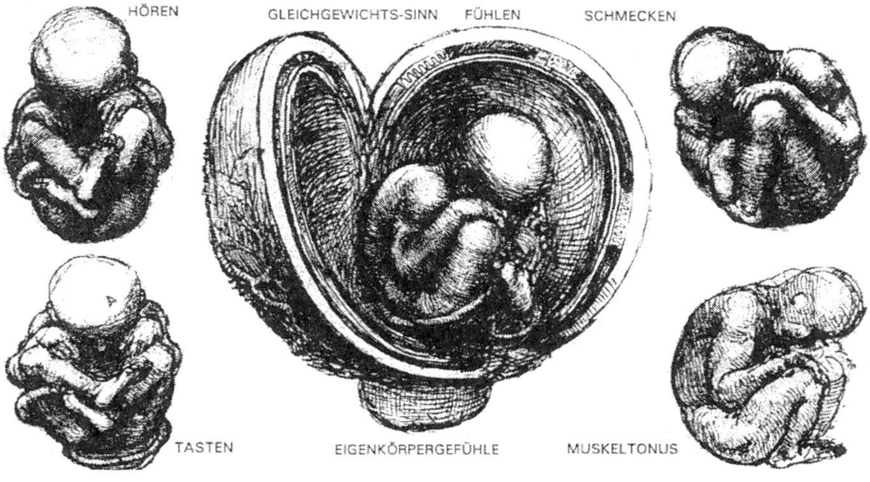

Figur 25 nach einer anatomischen Zeichnung von Leonardo da Vinci

Schließlich vermittelt dem Fötus die Haut als größtes Organ seines Körpers, die ihn rundum umschließt, vielfältige Berührungs- und Tastgefühle, die ihm vor allem die angenehmen Empfindungen bescheren: gleichmäßige Wärme, sanfte Glätte und „gepolsterte" Nachgiebigkeit bei der Begegnung mit der Umgebung.

Wie Erwachsene beim Anfahren eines (älteren) Fahrstuhls den vermehrten Druck auf die Fußsohle mit der (unangenehmen) Abwärtsbewegung des Magens auf denselben Vorgang beziehen, so werden auch beim Ungeborenen manche Sinneseindrücke, wenn sie **gleichzeitig** auftreten, in Zusammenhang gebracht, besonders die Empfindungen des Gleichgewichtssinnes im Ohr mit den Druck- und Tast-Erlebnissen am eigenen Körper, je nachdem, in welcher Lage sich der Fötus, etwa wegen der Bewegungen der Mutter, zur Schwerkraft verhält.

„Hebbsche Regel" – wenn zwei Neuronen gleichzeitig „feuern", so entsteht der Eindruck der Zusammengehörigkeit der beiden Vorgänge, von denen die Reize ausgingen.

Die angemessene Einschätzung dieser Schwerkraft-Empfindungen ist für die spätere Orientierung in der Welt außerordentlich wichtig und wird zudem großen Einfluss auf die späteren Zeichnungen haben, nämlich dann, wenn das Kind seine Figuren auf die **liegende** Blattfläche zeichnet und **„aufrecht"** erlebt. – So kommt der Mensch mit einer gewissen Ausstattung an Sinnes-„Erfahrungen" zur Welt: mit dem Gehörssinn, dem

Gleichgewichtssinn, dem Geschmacksvermögen, dem Tastsinn, und den Eigenkörperempfindungen; nur **eine Sinnesfunktion fehlt**: das **Sehen.**

Der Mensch kommt auf die Welt und **kann nicht sehen** - was nicht heißt, dass er blind wäre ; aber er bringt keinerlei „Seh-Erfahrung" mit. Ein neugeborenes Kind hat nur wenige Hundertstel des Sehvermögens von Erwachsenen. Zum Schuleintritt ist die Sehfähigkeit noch nicht voll ausgebildet, was bis zum zwölften Lebensjahr (mindestens) dauert.

Um die Eigentümlichkeiten von Kinderzeichnungen zu verstehen, ist es nötig, sich die Anfangsbedingungen des Sehen-Lernens, an die sich die Erwachsenen **nicht mehr erinnern können,** modellhaft zu vergegenwärtigen; denn alles Sehen ist **für sie** selbstverständlich geworden.

Dem neugeborenen Menschen „fällt vieles in die Augen" – doch kann er beim anfänglichen Umher-Blicken fast noch nichts sehend erkennen

Am besten stellt man sich vor, das Neugeborene würde auf ein flaches abstraktes Gemälde schauen, auf dem **alles, was an sichtbaren Figuren** vorkommen kann, verschwommen erscheint: Linien; Liniengewirre; Farbflächen, die sich trennen und solche, die ineinander übergehen; Helles und Dunkles in den unterschiedlichsten Farbtönen; große und kleine Flächen; Flecken wie Spritzer usw.
Genau das sind die Formen, die der Kunstfreund auf manchen Bildern der abstrakten Kunst (vielleicht bei Kandinsky) zu sehen bekommt; sie können ihm nur dann etwas bedeuten, wenn sie in ihren Zusammenhängen gesehen werden. Dann wirken sie – je nach dem – harmonisch oder gewaltig, oder erhebend oder heiter.

Figur 26

Das neugeborene Kind aber kann die Zusammenhänge noch nicht erkennen, wobei hinzukommt, dass es am Anfang das meiste zusätzlich hin und her **schwankend** sieht, weil sich alles zu **bewegen scheint**. Was auf der Retina (auf der Netzhaut) erscheint, ist zwar dasselbe Angebot, das auch den Erwachsenen gegenübersteht; aber für das Neugeborene ist es **das visuelle Chaos**, ein Arsenal zunächst undeutbarer optischer Erscheinungen, ein „Formen-Getöse" ohne Sinn und Gestalt – von großer Faszination. Ein Gemälde würde stillstehen.
Was sich bei dem Kind auf der Netzhaut abspielt, ist stets in Bewegung, sei es, dass sich in der Wirklichkeit Veränderungen ereignen, indem z. B. die Mutter an das Bettchen herantritt, sei es, dass das Kind seinen eigenen Kopf bewegt und dadurch dauernd wechselnde Anblicke aufnimmt, sofern es nicht bestimmte Formen zu fixieren versucht, diese also „im Auge behalten" möchte. So sieht es eigentlich „nichts" außer ungedeuteten „Form-Nebeln", weil kaum etwas von dem Geflimmer vor den Augen für das Kind eine gegenständlich „begreifbare" Bedeutung hat.
Offenbar aber fesseln die optischen Sensationen das Kind ganz außerordentlich, sonst würde es nicht den **wachen Eindruck** machen, mit dem es allem folgt, was sich in seiner Nähe bewegt und ereignet. Für das Kind könnte sein Schauen in die Welt zunächst einen Reiz wie der Blick in ein Kaleidoskop mit immer neuen Muster-Zusammenstellungen haben, aus denen sich nach und nach sogar lebensbedeutsame Gestalten herausbilden können. Jedenfalls kommen diese optisch/visuellen Erscheinungen **auf das Kind von außen zu** und sind nicht ausschließlich von seinen eigenen Wünschen gesteuert.

Die neue Empfindung – „Leere" als Raum

Aus den allerersten visuellen Daten, die die Augen dem Kind vermitteln, kann es höchstens Empfindungen haben: manchmal ist es **hell**, manchmal **dunkel**. Manchmal bewegt sich etwas in der Umgebung, manchmal ist alles in Ruhe; manchmal ist alles gleichförmig – im Hellen „sieht" man mehr als im Dunkeln. Hell und Dunkel gliedern in ihrer abwechselnden Folge eher die Zeit als den Raum, denn **wo** sich das Kind befindet, kann es dem Wechsel der Helligkeiten nicht entnehmen. Es empfindet jedoch, den Unterschied seiner jetzigen räumlichen Situation zu der vorgeburtlichen. Vor der Geburt war der Ort, an dem es sich befand, eine angenehme Hülle. Wie der Fötus sich auch wendete, immer „spürte" **er sich selbst** an der Innenhaut der Fruchtblase. Sich selbst zu spüren und dabei das eigene Da-Sein zu bemerken, gehört zu den größten und lebensnotwendigen Erfahrungen aller Menschen für ein glückliches Leben. Wenn sich nun, nach der Geburt, das Neugeborene bewegt, dann erlebt es, „noch schwebend in der Hand der Hebamme", eine neue, prägende Raumsituation, die sich mit Worten so ausdrücken ließe: „**Ich bin im Leeren**!" Um mich herum ist **nichts**. Dieses Nichts, in das ich hineingeboren wurde, das ist der **Raum**! Das Baby greift mit seinen Händchen in die Leere, als würde es das schützende Zelt im Schoß der Mutter suchen. So wird die „Sehnsucht nach der Mutter" zum Antrieb, Raum und Welt zu erobern. – Die Struktur des Raums, nämlich in Nähe und Ferne gegliedert zu sein, vermittelt das Auge dem Neugeborenen **noch nicht**: Für das Auge ist alles **gleich nah** und **fern** wie ein gemaltes Bild.

Der Raum hat Grenzen

Die Leere um sich herum, die das Kind nach der Geburt erfährt, ist **nicht bodenlos**. In den Eigenkörpergefühlen beim Liegen in seiner Wiege oder im Arm der Eltern **spürt es sich gehalten**; es spürt dies auch mit den Tastgefühlen seiner Haut, wobei sich die vorgeburtlichen Ur-Erfahrungen als **verlässlich** bestätigen. Damit gewinnt der Raum – neben der neu-erfahrenen Leere – seine zweite Eigenschaft, nämlich **Grenzen** zu haben, **zurück**. Besonders stark werden die Raumgrenzen in den **Empfindungen der tastnervenreichen Fingerspitzen** (die hier beispielhaft angeführt werden sollen) erfahren.

Am Anfang und in Anfangs-Situationen spürt der Mensch vor allem sich selbst und weniger die Gegebenheiten der Umwelt

Was spürt das Kind, wenn es mit seinen Fingern an die Grenzen von Dingen oder Räumen stößt? Es spürt **sich selbst** an seinen Fingerspitzen, die besonders empfindlich für Tasterfahrungen sind. Es spürt an sich selbst, dass es an dieser Stelle nicht weiterkommt. Ältere Kinder mit Erfahrung und Erwachsene können mit den Fingern fühlen, ob die Oberfläche eines Gegenstandes rauh oder hart oder kalt ist; sie fühlen **das Ding**. Erst wenn sie sich verletzen, beispielsweise am Bügeleisen verbrennen, dann spüren sie wieder vorrangig sich selbst. Kleinstkinder jedoch **spüren anfänglich immer nur sich selbst**, und erst dann, wenn sie **sich so oft** gespürt haben, dass sie nicht mehr **nur sich** selbst spüren, nehmen sie die Beschaffenheit des ertasteten Gegenstandes wahr.

Das Tasterlebnis kann auch wie folgt erklärt werden: Das Kleinstkind spürt anfänglich die Grenzen von Räumen und von Dingen, indem es **seine eigenen Grenzen** spürt. So gehen den **Ding**-erfahrungen im wörtlichen Sinne **Grenz**erfahrungen voraus. Diese Erkenntnis ist deswegen wichtig, weil es diese Grenzerfahrungen **mit seinem eigenen Körper macht**, also nicht mit dem noch trügenden Gesichtssinn: Es ist gewohnt, Erkundungen der umgebenden Wirklichkeit **mit seinem Körper zu machen**. Die Körpergefühle geben ihm Sicherheit, wohingegen es den Gesichtssinn als Informationsquelle zu erobern im Begriff ist.

In den Greifbewegungen und in den Tast-Gefühlen der Finger erscheint der Raum anfangs kreisförmig

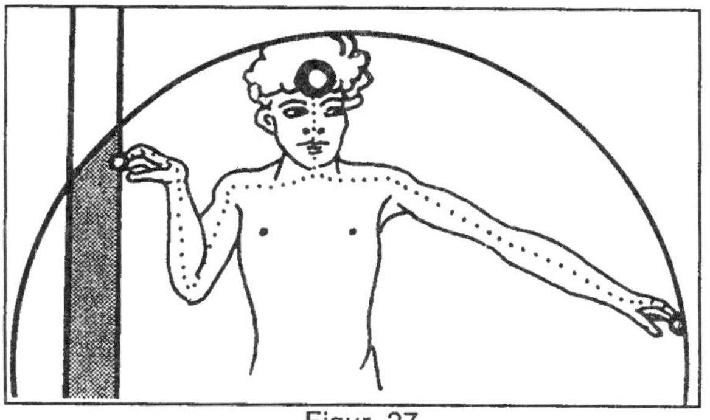

Figur 27

Für die **Tastgefühle**, die das Kind **in den Fingerspitzen** spürt, ist es belanglos, ob die Hand nahe bei seinem Körper oder – bei ausgestrecktem Arm – weiter davon entfernt ist. Vorerst handelt es sich bei den Fingerspitzen immer um **die äußersten Tastgrenzen** seines Körpers, die infolgedessen immer **gleich weit** von **„seiner Erlebensmitte"** entfernt sind. In den **ertasteten** Grenzen der nach allen Richtungen ausgestreckten Hände könnte dem Kind möglicherweise die Welt auch in der Gestalt einer Hohlkugel erscheinen, in welcher das Kind der Mittelpunkt wäre. Da es aber zunächst vor allem sich selbst spürt, dürfte es sich eher selbst als runden Körper empfinden. Die Kugel, in die das Kind vom Tasten her eingeschlossen ist, ist die Kugel, die sich durch den Radius des Arms bis zu den Fingerspitzen bildet.

Die Gebärden der tastenden Hand und Armbewegungen sind jedoch als körperliche Aktionen in der räumlichen Wirklichkeit **„von Natur aus"** vorwiegend **„zweidimensional gesteuert"**. Vom Körpergefühl her werden die meisten **Bewegungen zur Grenzerfassung** in einer Weise **empfunden**, als wären sie **in einer zweidimensionalen Ebene** vollzogen worden. Daher ist der **Kreis** die angemessene Form der zeichnerischen Wiedergabe dieser Erfahrungen.

Diese Beschreibungen stellen auch hier die subjektiven **erlebnismäßigen Seiten des Geschehens** dar, die in der Kinderzeichnung ihren Niederschlag finden. Sie widersprechen natürlich nicht den wissenschaftlich erforschten sinnesphysiologischen, neuronalen und hirnorganischen Gegebenheiten und Vorgängen von hoher Komplexität.

Das **Erlebnis** der **Tastgefühle** der Finger und die dazugehörigen **Empfindungen** der **großmotorigen Armbewegungen** schreibt schließlich dem **Raum** die **Eigenschaft zu, rundum begrenzt zu sein.**

Die Tastgefühle der Finger (wie sie hier verstanden werden) sind in höchstem Maße auf die egozentrische Erlebnis-Mitte **im Innern** des Kindes bezogen.

Im Unterschied dazu unterliegt das Kind der **Schwerkraft**, wodurch es auf ein **außenliegendes Zentrum**, den Erdmittelpunkt, bezogen ist. Auch damit ist eine Auseinandersetzung nötig, was im folgenden klar werden wird.

Denn wir wissen alle, die wir in Häusern wohnen, dass die Räume im allgemeinen keine Hohlkugeln sind, sondern einen **ebenen** Boden und senkrechte Wände haben, die meistens im rechten Winkel zueinander stehen. Dennoch bildet sich unsere rechtwinklig organisierte Welt vom **ursprünglichen Tastgefühl der Finger** her **„rund“** ab. Das wird dazu führen, dass (manche) Kinder später ihre ersten Häuser oder Zimmerdecken wie ein Gewölbe mit runden Bogenlinien begrenzen (s.Abb.374). Die mit den Händen und den Armbewegungen **subjektiv** erlebte „hohle **Rundheit des Raumes**“ steht somit im **Gegensatz** zur Wirklichkeit, die dem Kind **objektiv entgegensteht.** Vom **Gesichtsinn** her erfährt das Kind zudem den **Boden**, als befinde es sich **oben auf einer Kugel,** von der es herabstürzen könnte. Erst die **Eigenkörpergefühle** durch eigene Bewegungen im Raum belehren das Kind über die waagerechte **Ebenheit des Bodens in der Wirklichkeit.**
Der entscheidende Anlass zu dieser „objektiveren“ Weltsicht ist die Auseinandersetzung mit den Einwirkungen der Schwerkraft, die das Kind besonders beim Kriechen und später beim Laufen(lernen) zu spüren bekommt (s. Abbildungen 33-36).

Zuvor jedoch sollen zwei weitere Ursachen, die das **subjektive Erleben von Rundheit** verstärken, erwähnt werden.

Für das Tastgefühl allein sind anfangs alle Dinge „rundum rund“

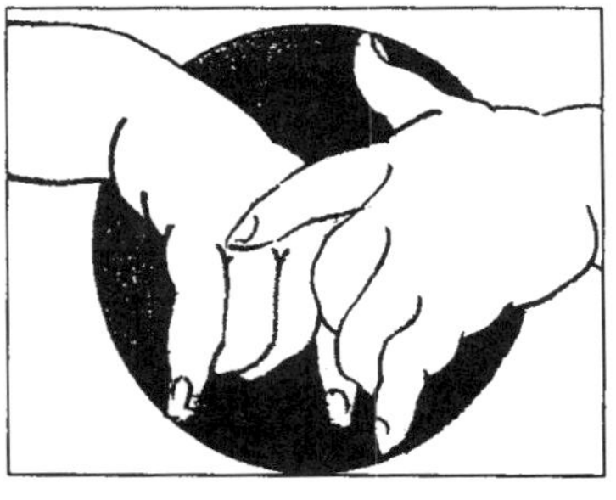

Figur 28

Wir betrachten weiterhin die Welt des Säuglings **mit dem Tastgefühl der Hände** und somit **noch nicht mit den Augen**. In den Händen des Kindes werden die **Gegenstände**, mit denen es spielt, festgehalten, gedreht und gewendet, von allen Seiten erfasst, losgelassen und wieder ergriffen. Natürlich wird das Kind dabei bestimmte Beschaffenheiten des Spielzeugs bemerken und im Gedächtnis behalten, etwa das Gewicht, die rauhe oder glatte Oberfläche, die Elastizität, die einfache oder mehrteilige Gliederung, usw. Darin unterscheiden sich die Gegenstände manchmal sehr. In einem Punkt aber sind alle Gegenstände gleich: Sie besitzen eine **geschlossene** Oberfläche, sie sind **rundum „zu"**. Wie immer sie gedreht oder gewendet werden, bleiben die Finger an der Oberfläche. Vom Tastgefühl her ist der Gegenstand rundum von dessen „Haut“ umgeben. Diese Empfindung wird durch die kreisende Bewegung des Spielzeugs, in der dies ermittelt wird, verstärkt. – Ein Weiteres kommt bekräftigend hinzu: Alle Bewegungen, die das Kind mit den Armen, Händen und Fingern macht, sind Dreh-Bewegungen, indem sich die Knochen der Gliedmaßen in den Gelenken wie um eine Achse drehen. Wie oben erwähnt, **spürt sich** das Kind in Anfangs-Situationen vor allem zuerst **selbst**, und so werden die völlig **normalen „runden" Bewegungen** im Umgang mit den Spielsachen mit dem **Begreifen von Gegenständen** in eine grundlegende Verbindung gebracht.

Das Zusammenwirken der Augen mit den Tast- und Greifhandlungen

Mit dem Ausdruck „Tasthandlungen" sollen alle damit verbundenen Geschehnisse angesprochen werden: Die Greif- und Tastbewegungen mit Fingern, Händen und Armen, die Zielausrichtung nach außen zu den Dingen und die zurückkommenden Gefühle von den Hautgrenzen nach innen. In der Benennung „**Tasten**" kommt das **Spüren**, im Begriff „**Greifen**" kommt das **Nehmen** und **Haben** stärker zum Ausdruck.
Die Neugeborenen verschließen die Augen nicht vor der Welt. Auf jenem „abstrakten Gemälde", dem die „Ansicht" der Welt anfänglich zu gleichen scheint und von dem bei Figur 26 die Rede war, **bewegen** sich regelmäßig bestimmte Figurenbereiche, während andere – ohne sich zu rühren – „stehen bleiben". Was stehen bleibt, ist **für uns**, die wir sehen gelernt haben, der „**Hintergrund**". Für das Kind gibt es noch keinen Hintergrund – nur ein Chaos, das unverstanden bleibt. Das aber, **was sich bewegt**, **sind die Gestalten**, die von uns, und auch **vom Kind, bevorzugt wahrgenommen** werden. Sie sind es, die hauptsächlich in Erscheinung treten. Es sind auch immer wieder dieselben sich bewegenden Formen oder Formkomplexe, die das Kind bemerkt und als zusammenhängende Gestalten wiedererkennt, beispielsweise die **Mutter.** Für das **Bemerken** solch einer **immer wiederkehrenden gleichförmigen Gestalt** gibt es Belohnungen: soziale und „materiale" – nämlich angenehme Situationen, die durch die Mutter und ihre erfreuliche Zuwendung gekennzeichnet sind. – Natürlich greift das Kind auch mit seinen Händchen in die Richtung der herausgehobenen optischen Gestalt, und bald vereinigen sich **bestimmte** regelmäßig auftretende Tast- und Eigenkörper-Empfindungen aus Tast**handlungen** mit **bestimmten** optischen Erscheinungen. Durch die mit dem Tasten verbundenen Gefühle wird dem Kind z. B. die **Nähe** der optisch erkannten Figur bestätigt. Auch die Größe der Gestalt wird durch das Abtasten in ihrer „wahren" Ausdehnung ermittelt, denn das Kind muss größere Bewegungen machen, wenn der Gegenstand größer ist. Genau so begegnen dem Kind optisch die kleinen Gegenstände, mit denen es spielt. Ihr Anblick taucht immer wieder auf. Die Linse des Auges stellt sich auf die Entfernung scharf ein und die Empfindungen bei der Tasthandlung **bestätigen** die Nähe des Gegenstandes und **überhaupt dessen Existenz**. Erst in diesem Zusammenspiel des Blickens mit dem greifenden und fühlenden Tasten wird das Sehvermögen erzeugt, als

„biologischer Mechanismus einer Umwelt-abhängigen Formung und Festlegung zentral-nervöser Verhaltenskompetenz“ (Prof. Dr. Johannes Dichgans, 1992). Indem die Gaukelspiele optischer Eindrücke mit Sensationen **handgreiflicher** Art verbunden werden können, verwandeln sich diese und bekommen dadurch den **Charakter von Wirklichkeitswahrnehmung** (nach der „Hebbschen Regel“ – wenn zwei Neuronen gleichzeitig „feuern“, so entsteht der Eindruck der Zusammengehörigkeit der beiden Vorgänge, von denen die Reize ausgingen).

Nicht nur dem Tastsinn, sondern auch „dem Auge“ erscheinen die Dinge „rund“

Ähnlich wie in einer Fotokamera stehen die Bilder der Welt auf der Netzhaut des menschlichen Auges „auf dem Kopf“. Trotzdem werden die Füße von Menschen „unten“ – und „oben“ deren Köpfe „gesehen“. Offenbar kann das menschliche Gehirn diese „Umkehrung“ durch die Auswertung von körperlichen, sinnlichen und „**handgreiflichen**“ Erfahrungen leicht bewerkstelligen.

Figur 29 Gebäude-Reinigung Foto: Büscher/dpa (Nov.’97)

Die Bilder stehen auf der Retina allerdings nicht nur auf dem Kopf, sondern wir müssen uns vorstellen, dass sie einen ähnlichen Eindruck machen wie ein Foto, das durch eine Lupe aufgenommen wurde, etwa wie Figur **29.** Auf einem solchen Foto erscheinen nahe Gegenstände sehr groß, nur wenig entferntere wesentlich kleiner, und alle geraden Linien und Kanten krümmen sich um den Mittelpunkt der Ansicht herum, so dass der Eindruck entsteht, auch alle „geraden“ Gegenstände und der ganze Raum seien gekrümmt und die Gegenstände würden zu den Seiten hin entschwinden. Bei diesem subjektiven Eindruck, an den sich Erwachsene nicht mehr erinnern können, würde es vielleicht zeitlebens bleiben, wenn die Menschen nicht mittels ihres Gleichgewichtssinnes, des Tastsinnes und der Eigenkörpergefühle das „richtige Sehen" **lernen** würden. Die Verteilung der Sinneszellen auf der Netzhaut konzentriert sich in ihrem mittleren Bereich, so dass sich dort ebenfalls die Wirkung einer Lupe ergibt.

(In Wirklichkeit gibt es auf der Retina keine „bildhafte" Abbildung der Welt wie in der Camera obscura, sondern nur komplizierte Reizkonstellationen von Millionen betroffener Sinneszellen und Nerven. Die Ursache der runden Erscheinung der Gegenstände liegt vor allem in dem Umstand, dass im Zentrum der Netzhaut die Rezeptoren viel dichter als zum Rande hin zusammenstehen, so wie bei einer Lupe die Mitte am dicksten ist. Deshalb kommt dort auch eine größere Zahl von Reizen an. **Im Mittelbereich** des Sehfeldes sehen die Dinge auf Kosten der Umgebung deutlich und groß aus. So ist es nahezu unmöglich, etwas in der linken Spalte einer Zeitung zu lesen, wenn man gerade die rechte Spalte liest. Im Auge werden die Lichtstrahlen, die eine runde, an den Rändern entfliehende Welt vortäuschen würden, in verwickelten „Schaltungsvorgängen" von den Gehirnzellen mit den Erfahrungen des Tast- und Gleichgewichtssinnes „verrechnet", so dass ein zutreffendes Bild der Wirklichkeit entsteht. Das Gehirn kann aber nur solche der benötigten Erfahrungen in die „Berechnungen" einbeziehen, die der kindliche Mensch schon gemacht hat. Insofern geht das Zusammenspiel des Gesichtssinnes mit den anderen Sinnen aus einem notwendigen Lernvorgang hervor.)

Es leuchtet ein, dass schon bei der Erkundung der kleinen Objekte, die das Kind in den Händen dreht (Figur 28) und nahe an die Augen hält, der visuelle Eindruck der **Rundheit** der **Dinge** verstärkt wird.

Die regelmäßige „Umarmung des Gegenstandes" wird in einer kreisförmigen Bewegung zur Gebärde

Figur 30

Die Figurengruppe wird aus symbolischen Gründen unbekleidet dargestellt, um zu zeigen, dass das Kind die **Mutter als solche** meint, also als diejenige Person, die **in** der Bekleidung ist und nicht als diejenige, die durch weiblich akzentuierte Bekleidung in ihrer Mutterrolle dargestellt werden soll. Näheres beim Kapitel über Bekleidung.

Die **runden Formen** oder **die Kreise**, die die Kinder im Alter von vielleicht zwei bis vier Jahren **zunächst für fast alle Gegenstände** zeichnen, erklären sich aus den frühen und grundlegenden Welterfahrungen heraus. Der „Kopffüßler" ist für Kinder ja nicht „ein rundes Gesicht mit Beinen", sondern **ein ganzer Mensch** mit allen Organen und Gliedmaßen nach der Art, wie sie sich selbst erleben. Zu der Zeit, zu der die Kinder „Kopffüßler" malen, können sie die meisten äußerlich sichtbaren Körperteile benennen, das heißt, sie kennen sie auch. Und wenn man ihnen die Körperteile nennt, dann können sie diese selbstverständlich bei sich und anderen zeigen. Warum aber stellen sie dann Menschen in „Kreis"-Form dar – oder besser: **her**?

Das Kind **umfasst** in der **Gebärde der Umarmung** den Gegenstand und fühlt mit seinen leiblichen Sinnen, dass es den Gegenstand **hat**. Die **Ausführung** der **Gebärde** ist das, **was es selbst tun muss**, um den Gegenstand zu **haben**.

Beim Zeichnen werden die Umarmungs-Gesten wiederholt.
Durch die gebärdenhafte Tätigkeit verschafft sich das Kind ähnliche Gefühle, die ihm zuvor das wirkliche Dasein der gemeinten Gegenstände anzeigte.
So entsteht mit Fantasie der Gegenstand auf dem Papier.

Die Ganzheit der Gegenstände und Personen drückt sich dem Kind im **„Körpergefühl des Habens“** aus. Wenn es die Mama oder den Teddy eng in die Arme schließt, dann schließt es bisweilen auch seine Augen ganz fest. Ihm sind Mutter und Spielzeug **im Arm** offenbar **sicherer gegeben** als in ihrem bloßen Anblick. Mit ihrem Körper, also mit ihren Armen **kreisen sie den Gegenstand ein** und **„haben“** ihn auf diese Weise. Das Kind **fühlt** sich selbst **körperlich** als Besitzer. **Was in diesem Kreis umschlossen ist,** das ist **das gemeinte Objekt**.

Figur 31

Die Figur **31** zeigt, was der Kreis meint: Nicht den Anblick des Gesichtes, sondern den umarmenden „Kreis“, mit dem das Kind das Objekt an dessen „Äquator“ umfängt, wenn es den erwünschten Gegenstand (oft) bei geschlossenen Augen mit seinem eigenen Leib in Besitz nimmt. Deshalb kann jeder Gegenstand, den das Kind an sich nimmt, eine Kreisform haben; er bildet sich ja **in der Form der Bewegung des Kindes** ab, und (noch) nicht in **seiner eigenen** Form. In der Umarmung spürt das Kind natürlich den **Kontakt** mit dem leibhaftig anwesen den Gegenstand. Aber dieses **passive** Kontakt-Erlebnis wird **zeichnerisch nicht artikuliert**, weil das Kind vorerst vor allem in seiner **eigenen aktiven** Tätigkeit den Grund für die Hervorbringung des Gegenstandes auf dem Papier erkennt.Ohne Frage sind die kreisenden Arm- und Handbewegungen auf dem Papier meistens kleiner als die Armbewegungen, mit denen Kinder sonst in der Realität die Gegenstände an sich ziehen. Die Befähigung zur „Miniaturisierung“ der Gesten kommt aus der frühen Erfahrung des Kindes mit der Kleinheit seiner Spielsachen, bei denen es ebenfalls die **Arm**bewegungen in Greif-Gesten der **Hand** umwandelt, weil das Spiel-Ziel in beiden Fällen dasselbe ist. Die nebenstehende Abb. **32**, von einem siebenjährigen Mädchen gezeichnet, zeigt, wie lange das umarmende Verhalten bestehen bleiben und gelegentlich noch nach Jahren einen so deutlichen Ausdruck finden kann. Auf dem Bild umarmt das Mädchen in der Fantasie (s)ein Hündchen, das es vielleicht gar nicht hat. Auf dem Bild kann es sich zeichnend seinen Wunsch erfüllen.

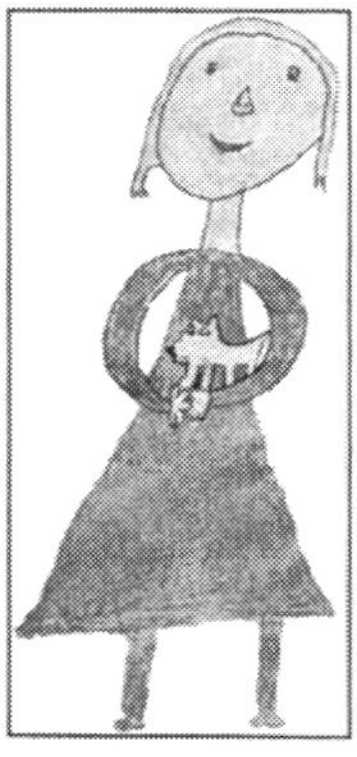

Abbildung 32

Auch die „begehbare“ Welt erscheint erlebnismäßig „rund“ – bis das Sehen erlernt ist

Weil das „**unerfahrene Sehen**“ die Welt „wie durch eine Lupe“ wahrnimmt, wird die waagerecht und senkrecht geordnete Struktur des normalen begehbaren Raumes von einem kriechenden Kind über das Netzhautbild **gekrümmt erlebt**; der Boden scheint sich – mit wachsender Entfernung mehr und mehr – vor dem Kind nach hinten und nach unten zurückzuziehen (Figur **33**). Aber: **Anders als mit den Augen** bietet sich dem Kind in seinen Eigenkörper- und Tast-Empfindungen sowie mit seinem Gleichgewichtssinn der Boden **so eben dar, wie er wirklich** ist. Dieser Unterschied zwischen der visuellen Erscheinung einerseits und den Tastgefühlen des eigenen Körpers andererseits kann durch Übung und Erfahrung vermöge der Arbeit des Gehirns ausgeglichen werden. Das ist einer der wesentlichen Vorgänge beim Sehen-Lernen. Dabei traut das Gehirn der bewährten körperlich **ertasteten** Begegnung mit der Wirklichkeit **mehr** als dem (vorläufigen) Gaukelspiel des Augensinnes.

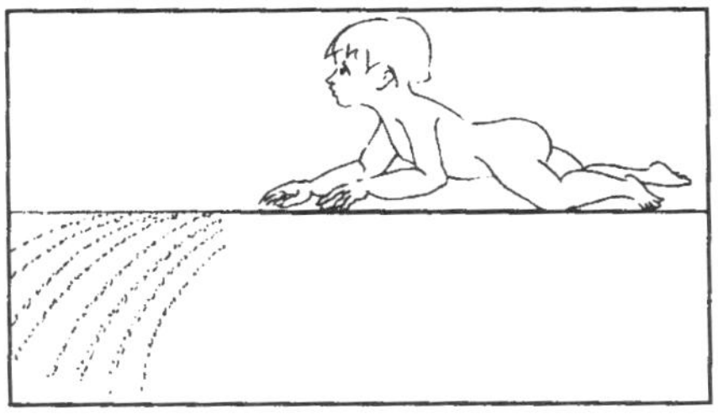

Figur 33

Indem das Kind nun in der Koordination **aller am Kriechen beteiligten Körperteile** den Boden „erforscht“, der sich jedoch **seinen Augen zu entziehen** scheint, lernt es (unbewusst), die visuellen Daten auf (und hinter) der Retina im Hinblick auf Entfernung und Lage richtig einzuschätzen. So ergibt sich schließlich eine er-erfolgreiche Anpassung der Wahrnehmungen durch das Auge an die Greif- und Fortbewegungshandlungen. Durch das Anfassen von Gegenständen und die gerichtete Fortbewegung auf der „Raumgrenze des Bodens“ **korrigiert** das Kind **im körperlichen Kontakt mit der Wirklichkeit** die **optischen Erscheinungen** „auf der Netzhaut“ zur nützlichen und verlässlichen Wahrnehmung der Welt: es **lernt** sehen.

Sehen-Lernen – als Orientierung im Raum – ist demnach eine Deutung des Netzhaut„bildes“ mit Hilfe der Wahrnehmungen aus dem Tast- und Gleichgewichtssinn.

Besonders beim frühen Raumerleben wird die waagerecht gelagerte Grenze des Bodens, die ja flächig ist, intensiver erfahren als die „wandhaften“ Seitengrenzen. Von daher kommt dem Boden, weil seine Ebene so gut wie immer spürbar ist, die größte Bedeutung zu. Die ersten Raumdarstellungen beginnen mit der Artikulation des Bodens.
Das ausgebildete Sehen des Menschen ist – um keine Missverständnisse aufkommen zu lassen – eine sehr **komplexe** Leistung, die keines-

falls allein aus den Erfahrungen des Tastsinnes heraus erklärt werden kann. Zum Sehen gehören **auch** die ertasteten und visuellen Daten, die als eingeübte und sich ständig neubildende Nervenbahnungen und als Erinnerungen im Gedächtnis gespeichert sind

Hier interessieren zweierlei Tasterfahrungen, die mit den optischen Daten zu **einem** Wirklichkeitseindruck verschmelzen: Das sind erstens die **aktiven** Tasthandlungen, die vom Kinde ausgehen, und es sind zweitens die **passiven** Berührungskontakte mit der Wirklichkeit, die sich zwangsläufig durch den Aufenthalt in der Welt und – von außen beabsichtigt – aus Pflegehandlungen am Kleinkind ergeben. Diese Wahrnehmungen sind an die jeweils gegebenen konkreten Situationen gebunden und gehen in der Gleichzeitigkeit des erfolgreichen Geschehens selbstverständlich als **unbewusste** Vorgänge zusammen; es bilden sich – parallel zu den Erlebnissen – Nervenvernetzungen durch angeborene und eingeübte Gehirnstrukturen aus. Nur in solchen späteren Situationen, die mit der durchlebten **vergleichbar** sind, kann das Erlernte erfolgreich angewandt werden. Dies geschieht so intensiv, dass am Schluß der Tastsinn für das Sehen entbehrlich wird, was jeder im Kino oder vor dem Fernseher bestätigen kann: An der Mattscheibe gibt es bekanntlich nichts zu tasten – und trotzdem einen Blick (wie) in die Welt.

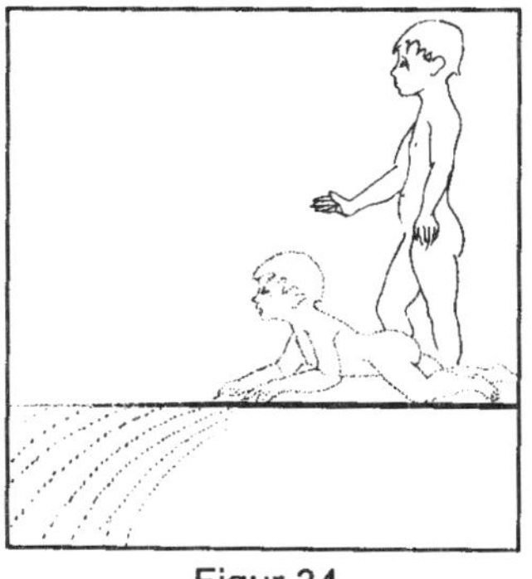

Figur 34

Am Schluss werden **direkte** Wahrnehmungen des Tastsinns für das Sehen weitgehend **entbehrlich**. Einige Monate später richtet sich das Kind auf (Figur **34**). Wenn es nun aber zu laufen beginnt, dann muss es sich neu im Raum orientiieren, dessen Boden ihm jetzt, **aus der Perspektive des höheren Horizontes, wiederum gerundet** vorkommt. Die taumelnden und torkelnden Bewegungen, die ein Kind beim Laufen-Lernen macht, beruhen weitgehend auf **visueller Desorientierung**. Den „Augen" erscheint der Boden, als würde das Kind oben auf einem großen Ball stehen, wohingegen das Körpergefühl einen stabilen, ebenen Boden signalisiert. Aus dieser neuen Perspektive muss das Sehen, genau so wie Monate zuvor beim Kriechen, gelernt werden. Man kann regelmäßig beobachten, dass Kinder, die laufen lernen, ihre holprige Unsicherheit schlagartig verlieren, wenn sie ihre Augen auf ein Ziel, beispielsweise auf das Gesicht einer Person, richten. Weil sie dann nicht auf den Boden schauen, wird ihr Raumgefühl nicht durch den Anschein rotierender Wölbung irritiert, und indem sie sich nur auf ihr Körpergefühl verlassen, wird der Lauf stabilisiert.

Die Bewältigung dieser Situation stärkt die Verlässlichkeit auf das Körpergefühl, welches seinerseits den visuellen Anteil der Raumauffassung fördernd reguliert. Danach wächst das Kind weiter, bis es die Größe eines Erwachsenen haben wird; und mit ihm wächst der eigene Horizont unbemerkt in die Höhe (Figur **35**).

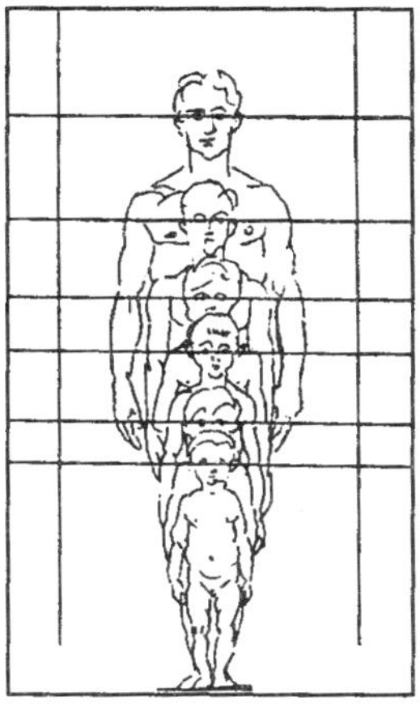

Figur 35

Aber dann steigt der Erwachsene auf einen hohen Turm (Figur **35**), sieht herab, und ihm wird schwindlig. Er unterliegt nun derselben Irritation, die ihm in längst vergessenen Kindertagen begegnet war.

(Es gibt Menschen, die keinen Höhenschwindel kennen – doch sind sie eher die Ausnahme.) Viele Menschen haben beim Höhenschwindel Gefühle, als würde sich die Welt unter ihnen drehen oder sie würden selbst rotieren. – Erwachsene haben gelernt, mit den **erworbenen Horizonten** zu sehen. Der Horizont auf dem Turm ist aber noch nicht „im Programm" und so stellen sich auch die Bedingungen des nicht erlernten Sehens (wie in frühen Kindertagen) wieder ein.

Die Figur **36** sucht das Unmögliche zu verdeutlichen: Obwohl der Aussichtsturm in ebener Landschaft steht, scheint sich für den Blick von oben die Erdoberfläche in der Nähe vorzuwölben und nach hinten (unten) zu entziehen. Wo immer der Mensch von oben aus hinblickt, wird ihm das, was im Mittelfeld seiner Netzhaut liegt, dort auf Kosten der außen liegenden Reize vergrößert, was der angrenzenden Umgebung entweichenden Charakter verleiht. So kann nachvollzogen werden, dass das Sehen auf die Erfahrungen anderer Sinne angewiesen ist, was sich bis in die Ergebnisse des Zeichnens bemerken lässt. Insgesamt erweist sich so der **Schein der Welt** als trügerisch, wenn er nicht im korrigierenden Vergleich mit konkreten **Leibes**-Erfahrungen richtig gedeutet werden kann.

Figur 36

Der Schwindel besteht im Konflikt der getrennt auftretenden Wahrnehmungen des Gleichgewichts- und des Sehsinnes, die in normalen Situationen aus Erfahrung koordiniert sind. Von der Höhe aus gelingt es nicht so leicht wie in den **durchlebten Horizonten**, die Lage der jeweiligen Objekte zum Erdmittelpunkt mit dem eigenen ebenfalls darauf bezogenen Gleichgewichtsgefühl koordiniert zu erleben. So steht der Mensch selbst als Erwachsener immer wieder, vor allem in neuartigen Situationen, unter denselben Bedingungen, unter denen er das räumliche Sehen gelernt hat. Immer wieder kann er der früh-erlebten **„Rundheit** der subjektiven Gestalt-Erscheinungen" begegnen. So deutet die Erscheinung des Höhenschwindels auf die Bedingungen und die Lernbedürftigkeit der visuellen Weltwahrnehmung hin.

Auf dem Weg zum „Kopffüßler“ – Das BLATT

Der **Kreis** des sog. „Kopffüßlers“ hat **zwei Vorgeschichten**: eine **im Lebensraum** des Kindes, in dem es sich mit seinem Körper bewegt. Dort erscheinen die Gegenstände anfänglich sowohl beim Tasten („haptisch“) als auch im Sehen („visuell“) **rundlich**, selbst wenn sie es in Wirklichkeit nicht sind.
Die zweite Vorgeschichte ergibt sich **auf dem Papier** beim **Zeichnen**, wenn die Kinder zu **„zeichnen“** beginnen.

Wenn dem Kind Papier und Stifte gegeben werden, kann und darf es Spuren machen, die nicht sofort fortgewischt werden, sondern auch zum Anschauen bleiben.
Diese frühen Spuren werden „Kritzel“ genannt. Sie sind für die Entwicklung der Kinder in verschiedenen Hinsichten nützlich. Da sie keine gegenständliche Gestaltungsabsicht erkennen lassen, unterliegen sie im Allgemeinen nicht der Korrektur durch Erwachsene. Kritzel sind Einzelgebilde, die nach typisch erscheinenden Formen gruppiert werden können.
In den Kritzelspuren können sich die Temperamente und die augenblicklichen Stimmungen der Kinder abzeichnen, genau so, wie dies später bei der persönlichen Handschrift möglich ist. In unseren Überlegungen stehen die **individuellen** Besonderheiten der Kritzeltätigkeit **weniger** zur Diskussion als die Ursachen für eine Reihe **fast regelmäßig auftretender Kritzelformen**, die für die Bildung der späteren Gestalten **schon im Entstehen** mit **erkennbarem Sinn** ausgestattet sein könnten.

Für das Kind sind seine „Kritzel“spuren außerordentlich anziehend. Es kann ja nun mit dem Stift „Sachen“ hervorbringen, die bisher noch gar nicht da waren – wie mit einem Zauberstab. Es ist wie eine **Erschaffung** von Sachen **aus dem Nichts**. Dass die „Kritzel“spuren durch Abrieb des Stiftes auf dem Papier zustande kommen, nimmt es nicht wahr – wohl aber seine eigene Betätigung und **sich selbst** als **Urheber** dessen, was dort geschaffen wurde; die von ihm **in bleibenden Spuren** sichtbar ausgeübte Macht breitet ihm Freude.

Auch Erwachsene können sich an den Spuren, die sie selbst verursacht haben, sehr erfreuen, wenn sie beispielsweise nach winterlichem Schneefall früh aus dem Haus gehen und bemerken, dass sonst noch niemand die Gegend betreten hat. Es kommt ihnen für einen Augenblick lang vor, als würde ihnen der ganze Bezirk zu Füßen liegen, bis sie schließlich enttäuscht die Spuren eines anderen im Revier bemerken müssen; noch an der gemäßigten Enttäuschung läßt sich die vorhergehende Freude erkennen, die darin besteht, die eigene Wirkung auf die Umwelt zu erfahren. So geht es wohl den Kindern in den Grenzen ihrer Erlebnismöglichkeiten auch.

Die hergestellten Kritzel werden für das Kind nach dem Abschluss seines Spiels mit dem Stift zu „Anschau-Sachen“, die aus Linien und fleckhaften Gebilden auf dem Papier bestehen. Das Kind lernt - sozusagen „nebenbei“ - den Zusammenhang seiner Maltätigkeit mit den entstehen-

den Spuren zu erfassen, einzuüben und alsbald selbstverständlich zu beherrschen.
Für das Kind ist der Stift nicht nur ein bloßes Werkzeug. Es **befiehlt** dem Stift, auf dem Papier zu laufen oder zu gehen, und der Stift gehorcht. Der Stift ist – auch – eine Art „Demiurg", ein **„Schöpfer im Auftrag des Kindes"**.

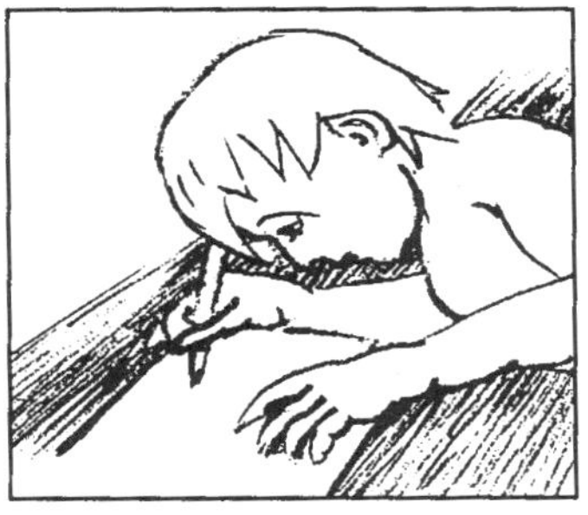

Figur 37

Im Kritzel-Geschehen ist im Übrigen ein Aspekt von **Macht** zu bemerken: **Der Stift muss** in der Einheit mit der Handbewegung **tun, was das Kind** auf dem Blatt **bewirken will.** Dann jedoch, nachdem den Kindern der Zusammenhang zwischen ihren Stift-führenden Bewegungen mit den Spuren auf dem Papier zur Selbstverständlichkeit geworden ist, kommen sie auf neue Möglichkeiten des „Kritzelns", indem sie absichtsvoller mit dem Stift über das Papier fahren. Eine der Spielmöglichkeiten (von anderen soll später berichtet werden) besteht darin, mit dem Stift über das ganze Papier zu **wandern**.
Man beobachtet häufig, wie sich die Kinder ganz dicht über ihr Papier beugen (Figur **37**). In diesem Fall werden die Kinder meistens aufgefordert, sich aufrecht zu setzen, nicht zu nahe an die Zeichenfläche heranzugehen – fast immer mit dem Hinweis, sie würden sich die Augen verderben, was übrigens ein Ammenmärchen ist. Für die erziehenden Erwachsenen ist dieses Verhalten des Kindes in gewisser Weise unverständlich. Sie meinen, das Kind solle Abstand vom Papier halten, damit es in der Übersicht alles auf einmal überblicken kann, wie man das mit einer Zeichnung – angeblich – tun soll.
Dahinter steht nicht zuletzt eine lange vertretene kunsttheoretische Fiktion. Danach sollen sich Sprache und Musik in einem **zeitlichen** Ablauf abspielen. **Bilder** hingegen würden **in einem einzigen Augenblick alles** zeigen, was natürlich beansprucht, dass das Ganze **gleichzeitig** im Überblick gesehen werden **muss**.
Warum jedoch kann man bei fast allen Kindern beobachten, dass sie mit ihrem Gesicht ganz nahe an die Zeichenfläche herangehen? – weil sie gerade **nicht** den **Überblick** haben wollen, sondern weil sie sich sozusagen **in die Fläche hineinbegeben** wollen. Bei der Nähe, die sie zu ihrem Blatt einnehmen, sehen sie **nichts anderes als diese Fläche**, auf die sie zeichnen; in diesem Augenblick existiert die **ganze Welt nur auf diesem Blatt**, weil sie nichts anderes zu sehen bekommen.

Im Unterschied zu dem optischen Durcheinander, das sie sonst zu sehen bekommen, ist nämlich alles das, was sie auf dem Blatt vor Augen haben, ausschließlich von ihnen selbst hergestellt und kontrolliert. Das leere Blatt ist eine ausgegrenzte, beruhigte „chaos-freie" Welt, in der sich nur ereignet, was das Kind selbst verursacht hat.

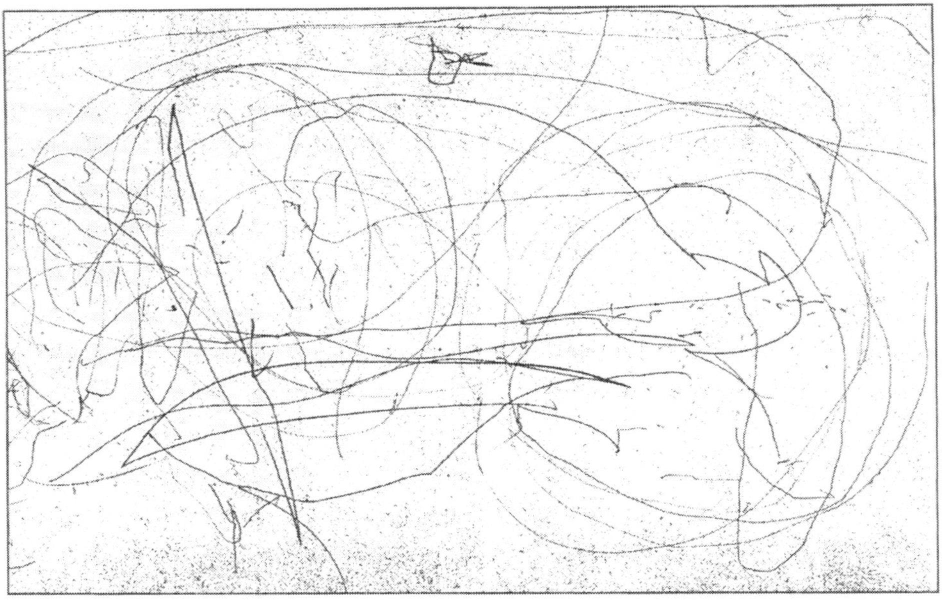

Abbildung 38 Junge 2 J 4 M

Der **Stift** ist bei dem Fantasie-Spiel des Kindes **nicht** mehr nur **auf dem Blatt**, sondern direkt **in der Welt**. Damit verhält es sich wie bei dem kleinen Jungen, der mit der Nachahmung von Motorgeräuschen sein Spielzeugauto um die Ecke sausen lässt und **gleichzeitig in** seinem Spielzeug **mitfährt**.

Ähnlich, wie es mit dem Auto spielt, **lässt** das Kind den Stift nicht nur über das Papier fahren, sondern **es ist selbst der Stift**, der in diesem Spiel über die ganze Welt **läuft**. Man sieht auf solchen Blättern (der Ausdruck „Bild" soll hier absichtlich vermieden werden) häufig lange, nicht unterbrochene Linienzüge, die sich über das Blatt schlängeln und frühere Linien kreuzen, bis alles beinahe gleichmäßig mit Linien belegt ist. Das sind keine ausschließlich motorischen Übungen, wie es in der Fachliteratur häufig heißt, sondern Spuren eines Spiels, in dem das Kind die „ganze Welt", die ihm auf seinem Blatt vor Augen liegt, „begangen" haben möchte. Die entstehenden Spuren dieses Spiels haben in ihrer reinen Form ein sehr charakteristisches Aussehen; sie kommen nicht mit dem sonst üblichen Schwung „aus der Mitte des kindlichen Ichs"; man verspürt an ihrer etwas größeren Gleichmäßigkeit im Druck, dass das Kind die „Mitte seiner Bewegung" in den Stift zu verlegen sucht (Abb. **38**).

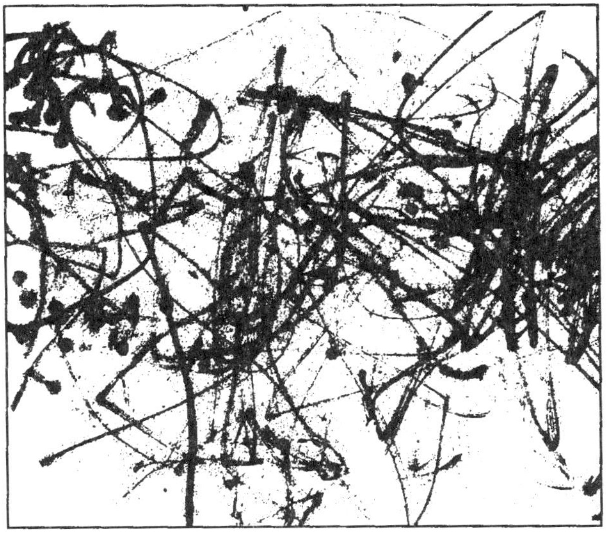

Abbildung 39 Mädchen 1 J 10 M

Auf Abb. **39** kommt eine neue Richtung der Beobachtung hinzu: Die kleinen, auf die Fläche zwischen die Wegespuren gestreuten aufgestupften Fleckchen wollen nicht nur daraufhin betrachtet werden, wie sie **auf** das Papier gekommen sind, sondern auch, wie sich der Stift jeweils vom Papier **entfernt** hat. Die Linien oder Kritzel wurden von der kleinen Zeichnerin auf das Papier gebracht, um sich Wünsche erfüllen zu können, die ihr durch die eigene Körper-Entwicklung (mit nicht ganz zwei Jahren) noch verwehrt waren: nämlich so „auf **einem** Bein" **hüpfen** zu können, wie die älteren Kinder – für den Bruchteil einer Sekunde zu schweben und sich im Aufprall auf den Boden der eigenen Gewichtigkeit gewiss zu werden.

Bei fast jedem Kind macht der Beobachter dieselbe Erfahrung: Kaum ist es „überall auf der Welt" (des Blattes) gewesen, die eben noch als freies Gebiet vorgelegen hat, nimmt es den nächsten unberührten Bogen und stellt fest: **hier war ich noch nicht !**

Als Zeichnungen – im Sinn von Bildern – sind die Wegspuren, die das Kind bzw. der Stift hinterlassen haben, natürlich „sinn-los", es sei denn, das Kind benutzt sie um zu überprüfen, ob es „überall" gewesen sei. Aber es ist eine **sinnlose Interpretation** dieser Vergegenwärtigungen von Weltbegehungen, wenn man sie überhaupt **für Zeichnungen hält**! Sie haben ihren tiefen Sinn als **Spielzeuge während der Zeit, in der sie entstehen**.

Eltern und Erzieher wissen aus Erfahrung, dass Kinder in dieser Situation immer wieder neue Blätter mit Stiften „überwandern" und deshalb immer neue Blätter nachfordern; jedes Blatt ist eine neue Welt, die durchschritten, mit Spuren bedeckt, als „Besitz" markiert sein will – bis das Kind (am besten von selbst) entdeckt, dass sich mit jedem neuen Blatt eine neue Welt bis ins Unendliche auftut.

Es gibt jedoch noch mehr Spielmöglichkeiten, indem das Kind **keine neue Welt** betritt, sondern die bereits betretene in einer **neuen oder anderen Hinsicht ordnet**.

Abbildung 40 Junge 3 J 4 M

Kinder können sich bei den Wegespielen mit anderen Personen oder Gegenständen, die irgendetwas mit Wegen oder Wagen zu tun haben, identifizieren. So spielt Stephan (Abb. **40**) einen Briefträger. Mit diesem Briefträgerspiel macht sich das Kind klar, dass Wege von Haus zu Haus führen; es werden aber keine Häuser dargestellt oder gar abgebildet, sondern nur die Spuren von Wegen erzeugt, die der Stift gegangen ist. Es handelt sich also um das, **was das Kind** (schaffend wie ein Briefträger) **selbst tut**. Es erobert und gliedert seine Welt durch eigene Handlungen, in denen es den Lauf in der Welt wiederholt. In **seiner** Welt gibt es natürlich nur **einen** Briefträger.
Die hakenartigen Ausbuchtungen der Wegelinien werden als die Bewegungen der Arme und Hände beim Einstecken des Postguts in die Briefkästen unmittelbar einsichtig.

Abbildung 41 Junge 4 J 3 M

Etwa ein Jahr später spielt der Junge auf einem Blatt (Abbildung **41**) ein Spiel, zu dem die Mutter eine verärgerte Bemerkung des Kindes notiert. Einige der kleinen Kreise, die jeweils von einem etwas größeren Kreisring umschlossen sind, dürften Ritter in ihren Burgen sein, in denen sie hausen und von wo aus sie ihre Wege nehmen, um sich gegenseitig zu besuchen. Die Wegelinien sind mit einem Filzschreiber gezeichnet und ergeben anfangs klare und deutliche Spuren; bald aber gibt der Stift die Farbe nicht mehr leichtflüssig ab, was dazu führt, dass das Kind mit heftigen kreiselnden Bewegungen reagiert, die indessen aber keine deutlichen Linien bewirken. So kommt ungewollt eine verwirrte Situation auf dem Blatt zustande, die den Jungen zu der oben zitierten Bemerkung veranlasst. Er ist deswegen verärgert, weil diese Wegelinien in derselben Weise „weltordnend" gemeint waren, in der er auch seine Heimatwelt durch Straßen und Wege geordnet vorfindet. Durch die Bemerkung entlastet er sich zugleich, indem er den nun ungeordneten Linien einen **realen Spielsinn** gibt.

Zugleich kommen bei diesem Spiel typische kindliche Verhaltensweisen zum Vorschein, die nun das Aussehen des Blattes bestimmen.
Wie später noch ausgeführt wird, rührt ein drei- oder vierjähriges Kind mit einem Holzlöffel in einem leeren Blechtöpfchen herum und „kocht Suppe". Je heftiger es rührt, „desto garer wird die Suppe", denn alles hängt (scheinbar) von der Intensität **seines** Handelns ab. So verhält sich auch der „Selbstverursacher" der Wegelinien. Als könne er die Linien in ihrer Deutlichkeit durch die **Heftigkeit** seiner eigenen Tätigkeit verstärken, rührt er auf dem Papier herum, was zu einem Ergebnis führt, das den ursprünglich ordnenden Zielen entgegengesetzt ist. Das Verwirrspiel mit seinen „Rittern" geht also erst aus aus dem Wandel der Spiel-Absicht hervor.

Abbildung 42 Mädchen 4 J 3 M

Zur Abb. **42** vermerkt die Mutter den Ausspruch des Kindes *„Der Trecker ist im Matsch stecken geblieben"*, woran man, wie bei den anderen Blättern ebenfalls, erkennen kann, dass diese Kritzeleien einen Sinnhintergrund haben können, der über die bloße motorische Funktionslust weit hinausgeht. Oft stellt sich der „Spiel-Sinn" erst während des Zeichnens ein. Die Blattfläche ist eindeutig als Erdboden gemeint, auf dem sich das Hin und Her des Traktors im Matsch, aus dem er sich befreien will, abspielt. Die länglichen geraden bzw. leicht geschwungenen **Einzel**linien meinen (oder machen) den Regen, der den Matsch verursacht.
Wie und was Kinder „zeichnend spielen", ist nicht immer so deutlich wie bei den hier angeführten Beispielen, weil dazu die Fähigkeit des Kindes gehören würde, **sagen zu können**, was gespielt wurde. Daraus aber, dass das Kind seinem Spiel keinen Namen geben kann, darf nicht gefolgert werden, die Kritzelei sei ohne Sinn.

Abb. 43 Mädchen 1 J 10 M

Gelegentlich gehen aus der reinen, scheinbar absichtslosen Führung des Stiftes ohne gegenständlich erkennbare Gestalten schwungvolle Linienflüsse hervor, die ästhetische Kraft entfalten, wie es die Abbildung **43** zeigt. Diese schöne, in einer einzigen Linie gezogenene Kurvenfolge orientiert sich anfangs an einer waagerechten Hauptachse und führt am Ende in die Senkrechte; anders gesagt, wird zuerst die „Welt-Horizontale“ im Einklang mit dem liegenden Papier beachtet und schließlich die eigene, senkrecht dazu geordnete „Ich-Richtung“ eingebracht (s. Abb. 68 u. 70.).

Aus Begehungs-Spuren werden Sach-Grenzen

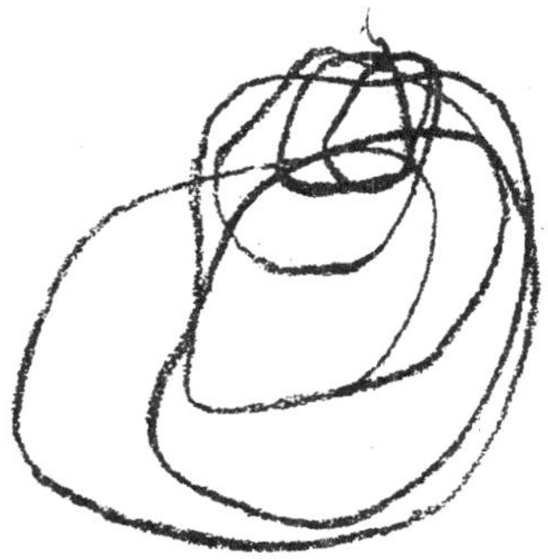

Abbildung 44 Mädchen 3 J 3 M
„Kreisende Spirale“ ca 7 cm hoch
„feinmotorisch“

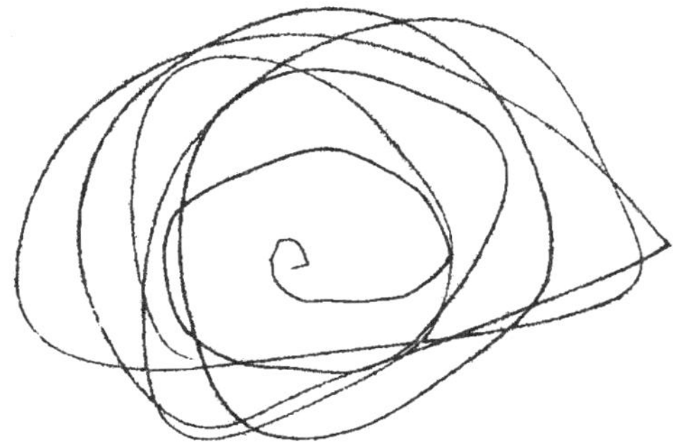

Abbildung 45 Mädchen 3 J 4 M
„Kreisende Spirale“ ca DIN A4
„grobmotorisch“

Die Sorgfalt, mit der das Kind am Anfang in seinen „Welten“ auf dem Blatt herumspaziert, weicht nach und nach der Routine und einem Können, das sich in der Form „regelmäßiger“ Spiralen zeigen kann. Das Kind will nun **nicht** mehr nur **überall auf** dem **vorliegenen** Blatt, sondern **auf möglichst vielen**, sogar auf **allen** Blättern gewesen sein. Dafür spricht das (gelegentlich „besitzgierig“ wirkende) Verlangen des Kindes, immer mehr Blätter zur Verfügung gestellt zu bekommen.
Der Bereich des querliegenden Papiers wird mit mehr oder weniger großen und dichten kreisenden Kritzel-Linien schnell überfahren und damit zur „eroberten Welt“ gemacht. Die kreisenden Linien passen sich gegebenenfalls sogar als Ovale dem Papierformat an. Dabei entsteht irgendwann eine Figur, in der sich einige wenige der Wege-Kreise wie eng laufende Spiralen parallel umschlingen. Das Kind könnte bei diesem Tun bemerken, dass es sich immer wieder mehr oder weniger in denselben Spuren bewegt, in denen es zuvor schon war und die es anfänglich sogar selbst gesetzt hatte.

Wie Wege in der Wirklichkeit natürlicherweise durch wiederholtes Begehen entstehen, könnte sich hier der **Wandel** von Begehungs**spuren** in „Wege als **Sachen“** ereignen.

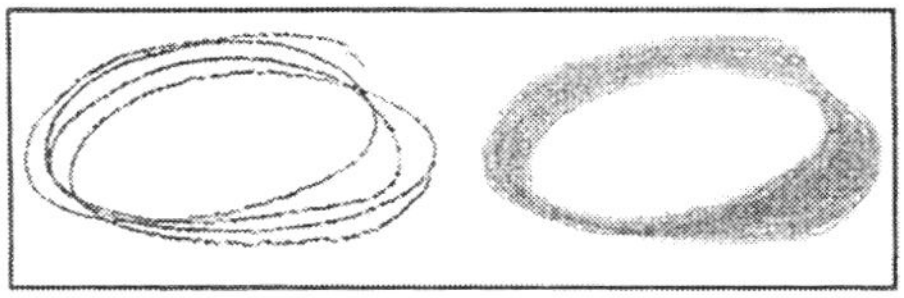

Figur 46
Das Kind sieht den entstandenen Ring und nutzt ihn als Rundweg zum Lauf-Spiel

Die Wege-Linien, die bisher nur als Spuren des Begehens entstanden, können so zu einem gegenständlich gemeinten Weg werden, was bedeutet, dass sie sogar eigens gemacht werden, um das Gehen auf ihm zu ordnen oder anzuordnen – im Sinn von „befehlen". Ein Weg hat den Charakter einer Vorschrift, wie man sich im Gelände zu verhalten hat; nach seinem Verlauf hat sich derjenige zu richten, der ihn begeht – sonst weicht er ab.

Damit könnte dieser aus den spiraligen Linien gewonnene und als solcher anerkannte Weg als ein **erster Gegenstand auf der „Weltfläche" des Papierbogens** gelten; weil die in ihm bestehenden Spielmöglichkeiten sehr begrenzt sind, wie bei Abb. **47**, kommt er nicht sehr häufig vor und ist auch nicht lange im Gebrauch.

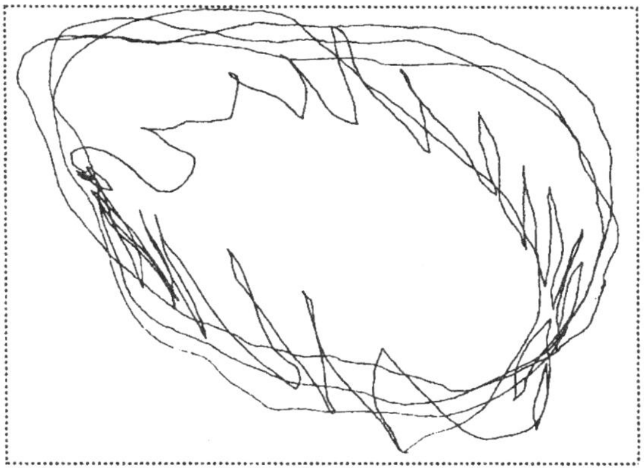

Abbildung 47 Junge 3 J 8 M
„Weg rund um den Kirmesberg" (1966) ca DIN A4

Die **gegenständlich** als Weg gedeutete Spiral-Figur ist **mehr als** nur die **Spur** eines **gegangenen** Weges. Das Kind nimmt die Spuren des Umkreisens der Kirmes als einen auf dem Blatt vorhandenen und **zum Begehen bestimmten Weg** wahr. Damit ist ein neues Spielzeug entstanden, ein Rundweg auf dem Papier. Der schönste und aktuelle Rundweg ist der Weg rund um den Kirmesberg, und so wiederholt das Kind in seiner Fantasie mit den Zickzack-Linien das Gehen mit den Beinen auf dem Rundgang (sinngemäß: „Bein hoch, Fuß ab, nach vorn" – Abb. 118. So jedenfalls würden die Zickzack-Linien herkömmlich (und sicherlich nicht falsch) gedeutet werden. Die starken spitzen Abweichungen vom Weg könnten jedoch auch und wahrscheinlich mit noch größerer Nähe zum kindlichen Erleben das Laufen von einer Bude zur anderen und von Karussell zu Karussell **zu beiden Seiten des Weges** nachspielen, weil sich in der Wirklichkeit dort die Kirmes-Verlockungen befinden. Das Kind zeichnet aber dennoch nur seinen **eigenen Anteil** am Geschehen, nämlich, dass es auf dem Kirmesweg hin und her läuft, während es die Buden und die sonstigen Anziehungspunkte deswegen nicht zeichnet, **weil es diese voraussetzt**; denn ohne diese hätte es ja keinen Anlass, hin und her zu laufen.

Verhaltensformen, bei denen das Kind lediglich seine eigenen Tätigkeiten (nach)spielt und die Gegebenheiten in der Umwelt **voraussetzt oder** – ohne sie weiter zu erklären oder zu kennzeichnen – **als entstanden annimmt**, beruhen auf Grundlagen, die auf den Seiten 116 f ausführlicher behandelt werden.

So macht es Sinn, wenn sich das Kind zuerst einen Weg auf dem Papier herstellt, um danach umso deutlicher das Vergnügen zu haben, auf diesem von der einen Seite zur anderen wechseln zu können.

Das Bild ist aber nicht von Anfang an aus einem solchen Plan entstanden; vielmehr dürfte der Junge zuerst das Umkreisen der Kirmes mit Schwung auf dem Papier nachgespielt und dann das Ergebnis als Weg zugleich erkannt und gedeutet haben (s. Fig. **46**), woraufhin er diesen nun erneut – hin und her laufend – begehen konnte.

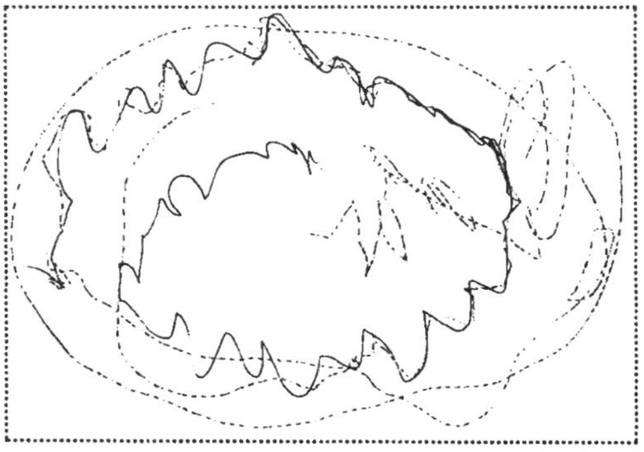

Abbildung 48 Junge 3 J 10 M (1998) „Wege rund um den Kirmesberg“ ca DIN A4

1998 malt auch der **Sohn** des Jungen, der 32 Jahre zuvor die Wege rund um den Kirmesberg gemalt hatte (Abb. **47**), spontan – und ohne eine Ahnung von der Zeichnung seines **Vaters** haben zu können – ein fast gleiches Bild aus demselben Anlass (Abb. **48**). Es scheint, er sei den Weg sogar zweimal gegangen. Der Vergleich solcher spiraligen Ovale mit den Aschenbahnen um die Rasenfläche eines Sportplatzes ist naheliegend. Dort bilden die Bahnen einen **Rahmen** um das Spielfeld. Solange die **Aschenbahn gemeint** ist, erscheint sie gegenständlich als rundum führende lang-gezogene Wegfläche, die **um** einen Spielplatz angeordnet ist.

Versteht man die Aschenbahnen **nicht als Rahmen** sondern **als Rand**, so bilden sie die **Grenzen des Spielfeldes**. In diesem Fall meint die Umgrenzung nicht den herumführenden Weg, sondern die **Fläche**, die von ihr **eingeschlossen** ist (Figur **49**).

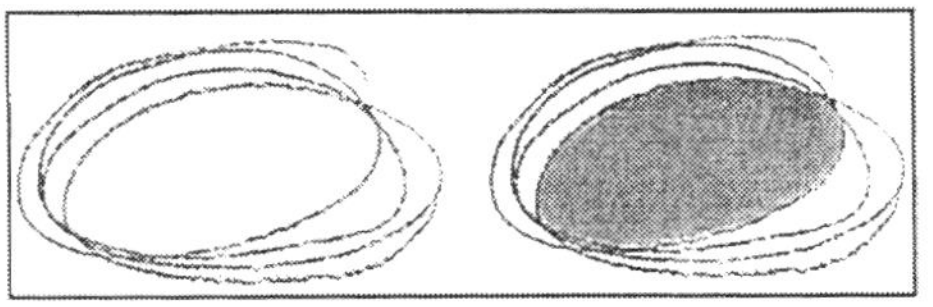

Figur 49
Das Kind sieht die entstandene Fläche und meint den eingeschlossenen Inhalt

Sowie das Kind reif ist, über die Spiral-Linien hinaus die davon eingeschlossene Gestalt zu bemerken, nämlich **die Fläche,** die von den umschließenden Linien **eingerahmt** ist, bekommt der „Kreis" die neue und wichtige Bedeutung einer **Kontur. Bisher** waren die Kreislinien als Wegspuren entstanden und sahen aus wie die **Wege**, die der Stift gegangen war. Als „gingen dem Kind die Augen auf", bilden **dieselben** Linien nun **Grenzen**. Dem Kind begegnet ein neuer Anblick. Es sieht nun etwas, was es eigentlich **nicht gemacht** hatte. Es hatte Wege gemacht, und nun sieht es eine neue Gestalt: **Grenz-bildende Kreise**, die **auf dem Papier** eine **Fläche** erzeugen und noch viel mehr **bedeuten**.

Abb. 50 Mädchen 3 J 2 M
„Kreis mit Blick"

Das Kind kommt in eine ähnliche Situation wie früher schon einmal, als es sich selbst als einem Erschaffer von Spuren „aus dem Nichts" begegnete; nun entstehen unter seiner Hand ebenfalls ganz neuartige Gestalten, die sich ihm **in ihren Grenzen** zeigen. Und das Verfahren, solche Gestalten zu erzeugen, hat es „im Handgelenk".

Die Bedeutung der umgrenzenden „Kreislinie" für den Blick des Menschen

Wir sagen bei Kinderzeichnungen „Kreis" für eine mehr oder weniger einheitlich gekrümmte Linie, die eine **Kontur** um eine Fläche bildet. Allerdings beachtet das Kind **nicht** die **(Kreis-)Form** dieser **Fläche** auf dem Papier, sondern es **bemerkt** eher eine **Sache**, die auf dem Blatt innerhalb ihrer Grenzlinien „entstanden" sein könnte; denn auch in seinen Bilderbüchern bedeuten Konturen auf Bildern **her**- oder **hin**gestellte Gegenstände.

Die Formen der Konturen auf der Zeichnung kommen aus den Bewegungen, die das Kind **selbst** machen muss, um die Grenzen der Gestalt zu umfahren. Dabei richtet sich das Kind **nicht** nach den Grenzen, in denen die Gestalt seinen **Augen** visuell erscheint, sondern nach den Grenzen, die das Kind bei seinen **Bewegungen erspürt**, wenn es den Gegenstand umarmend umfasst. So ergibt sich beim Zeichnen die analoge Beziehung der gebärdenhaft erzeugten Grenzlinien zum Umgang des Kindes mit handfesten Welt-Dingen. Die Kreisgebärde auf Abbildung **51** beginnt (bei einer Rechtshänderin) links, nähert sich dann dem zeichnenden Mädchen, geht um den „Rücken" des gemeinten Gegenstandes herum und wird dann noch einmal, und dabei noch näher an sich, wiederholt, (wobei nicht auszuschließen ist, dass bei dieser Bewegung die zeichnende Hand den Anfang der Zeichnung verdeckt, der somit nicht zugleich auch der Ort der Schließung wird. Es kommt aber das doppelte Vergnügen „ergreifenden Gefühls" zustande.

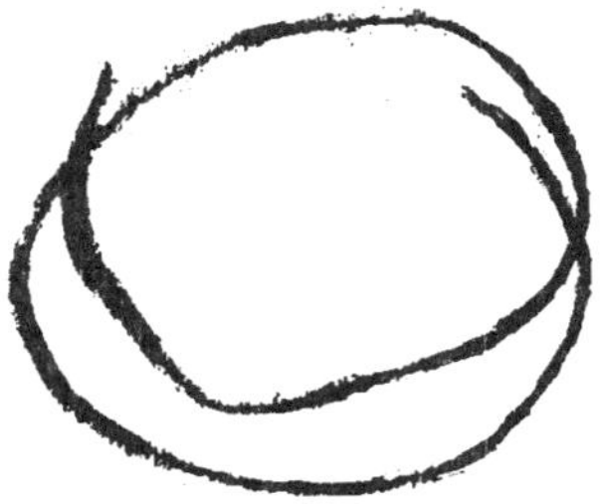

Abb. 51 Mädchen 3 J 4 M

Bedeutsam ist folgendes: Der Mensch ist von Natur aus zu allererst ein „Sachen-Seher" und wird erst durch Ausbildung kultureller Fähigkeiten zu einem „Formen-Seher". Das leuchtet ein; denn, um sich in der Welt zu orientieren, muss der Mensch die **Gegenstände** sehen können, die er braucht oder meiden muss. Zwar sieht der Mensch **ohne** deren Formen die Dinge **nicht**, doch er **achtet** hauptsächlich auf die **Gegenstände**, weil diese seinem Leben dienen. Die Neigung des Menschen, **Gegenstände** leichter als deren **Formen** wahrzunehmen, ist lebenserhaltend und in der Gehirnstruktur angelegt. Der Sehvorgang ist („gestaltpsychologisch") von der Anatomie her so eingerichtet, dass Konturen, die das Auge aufnimmt, die **eingeschlossenen** Formen deutlich von der Umgebung **abheben**. Ganz „automatisch" **unterscheidet** „das Auge" das umrandete **Innere** von der **äußeren Umgebung**. Die eingeschlossene **Figur** erscheint als **Gegenstand**, wohingegen das Umfeld im Allgemeinen als gestaltlos und unbedeutend empfunden und deswegen „übersehen" wird.

So geht es den Kindern ebenfalls, wenn sie den „einfachen Rundgang mit dem Stift“ auf dem Papier beendet haben und plötzlich ein „kreis“-förmiges bzw. umrandetes **Gebilde erblicken** (Figur **51**). Das Papier **innerhalb** der Grenze **wirkt qualitativ anders** als das Papier **außerhalb** des Kreises. Durchgehend kann gelten: Flächen, selbst wenn sie durch eine offene Kontur gegeben werden, wirken bevorzugt als **Figuren** von **Sachen**, erst recht, wenn sie an Bekanntes erinnern. So sieht keiner, der unbefangen schaut, in der Figur **52** lediglich den Verlauf einer Kurvenfolge.

Figur 52

Figur 53

Stattdessen sieht man zuallererst das Profil eines weiblichen Kopfes, d.h. eine Person. Die **Gegenstands-Qualität der eingeschlossenen Figur** wird sofort nachvollziehbar, wenn sie, wie in der folgenden Figur **53**, mit den Ringen einer Schießscheibe überlagert wird. Die Gefühle bei diesem Anblick gehen von „peinlich berührt“ bis „empörend“. Die Schießscheibe wird als **beinahe tätlicher Angriff auf Frauen** empfunden und **nicht** als „ein Formenspiel von durchkreuzten konzentrischen Kreisen innerhalb einer von Kurven begrenzten Fläche“.

Figur 54 die Sache erzeugt die Grenze – nicht der Zeichner

Die Umrisse um die Figuren brauchen für Menschen, welche die Dinge kennen, nicht einmal vollständig zu sein, wie die Schattenkonturen des Wortes „KIND“ zeigen (Figur **54**). Die Striche werden sofort als die Grenzen von breitlinigen Buchstaben aufgefasst, und das Wort wird auf Anhieb gelesen. Die „fehlenden“ Grenzen müssen nicht einmal im Kopf ergänzt werden, denn die Buchstaben werden durch ihre **Andersartigkeit** gegenüber ihrer Umgebung lesbar. Das bandförmige „Papierweiß“ des Buchstabens **„K“** sieht anders aus als das umgebende Papier, als hätte es eine andere Farbe oder als würde es dem Betrachter im Raum näher stehen. – Selbstverständlich kann jeder die Gegenprobe machen und feststellen, dass das Papier innerhalb und außerhalb der Buchstabenfiguren völlig gleich aussieht – aber: Dann kann der Text nicht gelesen werden und die Figur hätte keinen Sinn! Die normal anzutreffende Erfahrung von Menschen, die lesen können, ist, dass ihnen der Schriftzug KIND vom Papiergrund abgehoben **wie ein Ding** erscheint.

Die Buchstaben heben sich gerade auch an denjenigen Stellen deutlich hervor, wo keine Schattengrenzen vorgegeben sind. Dort bilden sich die Grenzen gegen alle Erwartung sogar besonders auffällig ab. Es schiebt sich die weiße Fläche des Buchstabens von der Schattenkante aus so weit vor, bis die „unsichtbare“ bzw. **nicht** gezeichnete Grenze des Buchstabens erreicht ist. Der Buchstabe wird demnach nicht vom Umfeld eingegrenzt, sondern er bringt die Grenzen seiner Form selbst mit sich. Anders gesagt: Die **Grenzen gehören zur Figur** bzw. **zum gemeinten Objekt,** weil schon in früheren Kindertagen die Objekte hauptsächlich durch ihre tastbaren Grenzen erkannt und mit den Wahrnehmungen des Gesichtssinnes verbunden werden konnten.

Was die „Kreis“-Kontur als Grenze und als Sinngestalt dem Kind bedeutet

Dem Kind geht der Blick für die neue Figur auf, wenn die vom umrundenden Stift verursachte Umrandung auf dem Papier einigermaßen klar entstanden ist und wenn es selbst für diesen Blick reif geworden ist. Da trennt sich ein „Etwas“, **das etwas ist**, von seiner ohnehin nicht beachteten und nur genutzten Umgebung. Für Erwachsene mag ein ungefähres Kreisgebilde nichts Bestimmtes sein; für das Kind jedoch kann es eine Sache sein, vielleicht sogar eine Sache, die es noch nicht kennt, wie ihm viele Dinge, die in der Welt vorkommen, noch fremd sind. Weiter aber ist das Kreisgebilde genau dadurch bestimmt, **wodurch alle Dinge bestimmt** sind, die es mit seinen Händen und seinem Körpergefühl **erfasst** hat: **durch die geschlossene Rundheit seiner materiellen Formgestalt**, die das Kind in vielfachen Hinsichten erprobt hat. Es hat ja noch das Gefühl seiner kreisenden Bewegungen in Armen und Händen, wenn es die **soeben gezeichnete** Figur erblickt!

Die Grenze bedeutet dem Kind etwas anderes und **mehr** als **lediglich** ein „Zeichen“ auf dem Papier zu sein. Weil aber Kinderzeichnungen **wie Zeichnungen aussehen**, sind sie immer von allen, von Eltern, Wissenschaftlern und Erziehern, **für Zeichnungen gehalten** worden. Als **für die Augen** bestimmte **Zeichen** können sie eben leichter von den **Erwachsenen** verstanden werden; als solche lassen sie sich dann auch gut in den großen Zusammenhang menschlicher Zeichenbildungen einordnen, speziell in den der Bildenden Kunst. Diese Interpretation der Erwachsenen berücksichtigt freilich nicht die in der Kinder-Forschung gewonnene Erkenntnis, dass Kinder im frühen Kindesalter nicht immer zwischen wirklichen Tatsachen und Phantasie-Gebilden, zwischen der Welt der Zeichen und der Welt der Realität, unterscheiden können. Denn schon die Herstellung der von ihnen gemeinten Gegenstände auf dem Papier ruft in ihnen in vieler Hinsicht dieselben Gefühle und Vorstellungen hervor wie die realen Dinge, mit denen sie sonst umgehen – genau aus diesem Grunde werden sie ja von ihnen erschaffen!

Kinder sehen und behandeln die mit Zeichenmaterial gewonnenen Produkte nicht einheitlich und nicht ausschließlich als Zeichen, sondern, am Anfang sogar bevorzugt, als Sachen und Spielzeuge, die sie selbst erschaffen.

Der Kreis wirkt, im Vergleich mit den **Spuren**, die das Kind **gemacht** hatte, viel **intensiver**. Er wirkt so stark **wie ein Ding**, das **sich von dem Untergrund** des Papiers dermaßen **löst**, als könnte man es **wie einen Gegenstand** wegnehmen. Viele Eltern und Erzieher können bestätigen, dass ihre Kinder die Figuren, die sie aus Papier und Zeichenstift gemacht haben, häufig mit der Schere auszuschneiden wünschen. Kindern liegt offenbar nicht so viel an einem „Bild" oder an einer „Zeichnung" wie am Entstehen oder am entstandenen **Gegenstand** (Figur **55**, Abbildung **56**). Oft spielen und sprechen die Kinder mit den selbstgeschaffenen Figuren. Würden sie mit bloßen Zeichen sprechen, wenn sie diese nicht für Sachen hielten ?

Figur 55

Abb. 56 Mädchen 4 J 2 M ausgeschnittener „Kopffüßler" (zur Verdeutlichung wurde die ausgeschnittene Figur auf einer getönten Fläche abgebildet)

Was von der **äußerlichen** Betrachtung aus vielleicht mit Recht als „Symbolbildung" erscheinen mag, wird für das Kind in der Fantasie zu **erlebbarer** Wirklichkeit. Die Sachen, die dem Kind auf dem Papier erscheinen, werden von ihm **als einzelne** erkannt und können leicht **herausgelöst** werden weil sie als einzelne erschaffen wurden. Außerdem hat der mit den Händen gemachte „Kreis" dieselbe Struktur, die anfänglich alle Dinge hatten, die das Kind begriff und erfasste. Deshalb fällt es dem Kind nicht schwer, mit dem gezeichneten Kreis **alle** möglichen Sachen zu verbinden. Selbst das eckige Ding war dem Kind in der rundförmigen Umarmung oder in dem sich rundend schließenden Handgriff immer schon sicherer als in der bloß visuellen Wahrnehmung.

An der Stelle der gezeichneten Figur wird das Papier durch und durch in den gemeinten Gegenstand verwandelt.

Abb. 57 „Elefant" Junge ca 5 J

Ein Junge zeichnet einen Elefanten. Auf die Frage, wie viele Beine der Elefant habe, antwortet er: „vier". Auf die Frage, wo denn die beiden anderen Beine seien, dreht er das Blatt um und sagt, die müsse er auf die andere Seite malen, denn sie seien ja auf der anderen Seite des Elefanten. Das ist nicht nur ein Ausrede-Trick, sondern bedeutet, dass das realistische Kind das **Blatt** an der bezeichneten Stelle **durch und durch in den gemeinten Gegenstand verwandelt meint**; denn nur so kann es die **beid**seitige Kontinuität und Identität, die **wohl in der Sache, nicht aber in der bloßen „ein**seitigen" **Zeichnung** gegeben ist, voraussetzen und in Anspruch nehmen.

(Weiteres dazu bei der Besprechung der Abbildungen 73 und 74.)

Wie im Kapitel über die „Beine" (bei Abb. 82 ff.) ausgeführt wird, treten diese anfangs nicht als „Gliedmaßen" auf; denn dann müssten sie als **anfassbare** Gestalten **rundum** – wie Körper und Kopf – **begrenzt** dargestellt worden sein. Als einfache Striche sind sie „Anweisungslinien" und haben deswegen keine das Papier durchdringende „verwandelnde Kraft". Das ist der Grund für ihren Platz auf der Rückseite des Blattes.

Die absichtliche Herstellung geschlossener Linien und ihre nachträgliche Deutung durch das Kind

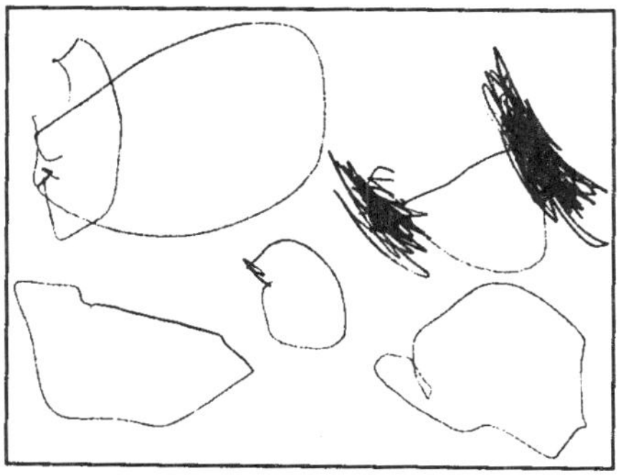

Abbildung 58 Mädchen 3 J 3 M

Es gibt die Herstellung umgrenzter Areale **auch** durch **mehrere** Linien als eigenes „Motiv". Eine besonders häufig vorzufindende Art besteht in einer großen „Bogen"-Linie, die durch eine „Sehne" oder auf ähnliche Weise geschlossen wird (Abbildung **58**). Oft fallen die Stellen des Verschlusses durch Spuren intensiver Tätigkeit des Kindes auf; (noch bei Perlenketten für die Dame findet sich dieses Motiv des Verschließens in einer markanten Gestaltung des Schlösschens – meistens durch einen farbigen Stein).

Ein „Kopf", der aus „Bogen" und „Sehne" gebildet wurde, findet sich in Figur 124, wo das Verschluss-Problem deutlich eine inhaltliche Rolle spielt.

Abbildung 59
Mädchen 3 J 6 M

Wie bei Abbildung 44 entwickelt dasselbe Mädchen den Umriss für Abbildung **59** aus einer kleinen Rundung und schließt diese dort auch ab. So ziehen sich eingeübte (oder einzuübende) Gebärdenformen für dieselben Handlungsabläufe über eine gewisse Zeit hin, was nun auch bei der Abb. **60** zu beobachten ist. Dort wird ebenfalls und noch deutlicher versucht, die **Anfangsstelle** zum **Endpunkt** zu machen. Deshalb sind hier die Linien eher gehemmt als beschwingt. Man sieht, wie das Kind den Weg vom Ausgangspunkt der Linie zunächst weg führt und dann, in mehrere Teilstrecken gegliedert, diesen Punkt als Ende der Grenzziehung wieder aufsucht. Dazu ist jetzt auch eine stärkere Beobachtung der Linienführung erforderlich. Die **suchende** Handhabung des Stiftes ist unübersehbar.

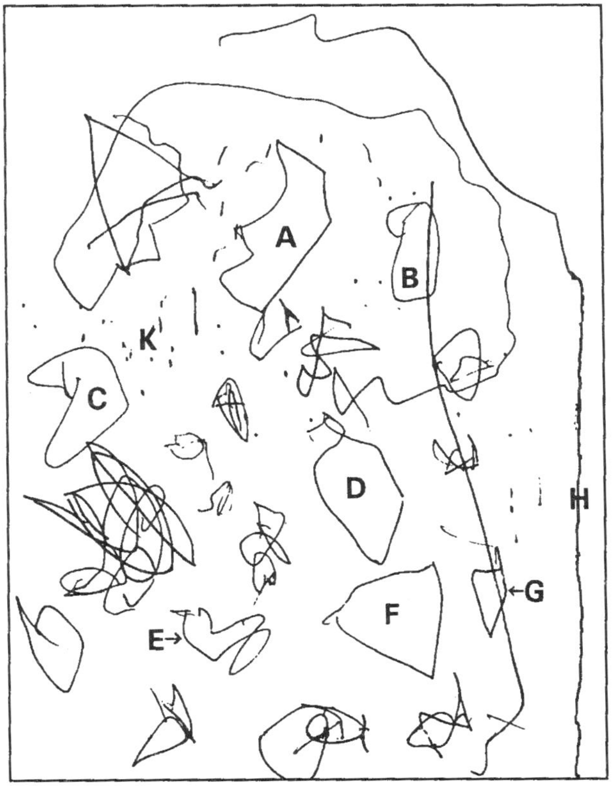

Abbildung 60 Junge 3 J 1 M

A= Mantel
B= Gipsfuß
C= „Tüte“ (gemeint ist der Windsack des Dudelsacks)
D= Maus
E= Maulwurf
F= Glocke
G= Kleine Maus
H= Linie parallel zur Blattkante
K= „Ich mache Punkte“

Denn: den Feldern **A, B, D, F, G** liegt, bei unterschiedlicher „technischer“ Ausführung, als gemeinsames Schema die Handbewegung für das Schreiben der Ziffer **„8“** zugrunde, wobei einer der beiden „Kreise“, gemessen am jeweils anderen, extrem groß, der andere extrem klein ist. Anfang und Ende der Grenzziehungen liegen im Bereich des jeweils kleineren „Kreises“. Die stärkere Kontrolle der Zeichnung durch den Blick des Auges macht sich auch in der parallelen Linie **H** zum Blattrand bemerkbar - sie folgt dessen Lauf und versucht, einen gleichmäßigen Abstand zu halten. Die Bemerkung des Kindes „ich mache Punkte“ klingt zwar banal, verdient jedoch unsere Aufmerksamkeit. **Während** das Kind (gegen Ende des Zeichnens auf diesem Blatt) die Punkte setzte, machte es die zitierte Aussage. Aufgrund seiner Betätigung mit dem Stift kam ein Punkt zustande, den es sah und **benannte** und dann wiederholte, so dass die Benennung **in die Zeit der Tätigkeit** hineinfallen konnte.

Die „Felder“ **A** bis **G** wurden allerdings **nach der Fertigstellung** der Grenzlinien zunächst betrachtet und **erst dann**, ohne Befragung durch Erwachsene oder Gleichaltrige, mit einem Namen versehen. Die Bedeutung der genannten Gegenstände im Lebensumfeld des Kindes wird weiter unten erläutert.

In unserer Kultur wachsen Kinder mit Abbildungen, mit Bilderbüchern und dem Fernsehen auf. Die gegenständlichen Angebote in den Bilderbüchern haben die vorteilhafte Eigenschaft, stillstehend und **benennbar** zu sein. Da gibt es keinen gutmeinenden Erwachsenen, der dem Kind nicht die Namen der abgebildeten Dinge nennt oder diese abfragt und die richtige Antwort lobend bestätigt. Anders gesagt: eine bildhafte Form gilt den meisten Erwachsenen in der Regel nichts, wenn sie nicht mit einem **benennbaren** Gegenstand verbunden werden kann, um damit gerechtfertigt zu sein. (Diese zutiefst prägende Verhaltensweise zum Wohl des Kindes wird im Allgemeinen nicht eigens bedacht.) Beim Betrachten von Figuren in den Bilderbüchern wird den Kindern gesagt: „das **ist** eine Ente“, „das **ist** ein Lämmchen“, „das **ist** ein Auto“. In Wirklichkeit sehen die Kinder aber **keine** Ente, **kein** Lamm und **kein** Auto, sondern lediglich Abbildungen von ihnen, d. h. gezeichnete Formen, die bestimmte **ausgewählte Ansichten** der Dinge wiedergeben. Der Zusammenschluss der Bilder mit den ihnen zugehörigen Dingen wird **wesentlich durch den üblichen Sprachgebrauch** mit-bewirkt, welcher zwischen einem **Spielzeugauto** in der Hand des Kindes, einem **Auto im Katalog** und einem **Auto auf der Straße** (in der Regel) **keinen** Unterschied macht. Auf den Abbildungen **sehen** die Betrachter nicht nur die Dinge **nicht**, sie **haben** sie auch **nicht.** Allenfalls erblicken sie **Form-Angebote**, die mit bestimmten Form-Aspekten der Gegenstände Gemeinsamkeiten haben. Die **in der Sprache erfolgende Gleichsetzung der Gegenstände mit ihren Abbildungen** ist ein wesentlicher Grund, der alsbald die Vergegen**ständ**lichung der Vergegen**wärt**igungen fördern wird.

So erblickt das Kind, nachdem es die Grenzen des Feldes **A** (Abb. **60**) nach einigen Mühen und Verbesserungen geschlossen hat, eine umrandete Form, die an einen Anorak erinnert – natürlich nicht, wie ein solcher am Körper getragen wird, sondern wie er aussieht, wenn er, hingeworfen, einem geknautschten Lappen gleich, ausgebreitet auf dem

Zimmerboden liegt – ein Anblick, der Kindern (und geplagten Eltern) geläufig ist. Diese Flächenfigur erhält nachträglich den Namen „Mantel". Einige Wochen vor dem Zeichnen hatte der Junge wegen einer Verletzung sein Bein im Gipsverband tragen müssen. Die Fläche **B** erkennt er nun als den Anblick seines eigenen Gipsfußes wieder, und zwar so, wie dieser von seinem „Ich-Zentrum" aus erscheint, wobei der Fuß weiter von ihm entfernt ist als der ihm nähere Unterschenkel. Insofern steht dieser Fuß nicht „auf dem Kopf". Das Kind stellte beim Zeichnen dieses Blattes weder Gegenstände her, noch hatte es die Absicht, deren **Ansichten** darzustellen. Bei seinem Spiel, durch Grenzziehung auf der Fläche **geschlossene Gebilde** herzustellen, legt ihm der **Anblick der Ergebnisse** Deutungen nahe, die sich auf zuvor gesehene und stark erlebte Gegenstände beziehen. Während des Zeichnens aber konzentriert sich der Junge darauf, eine Fläche zu umranden und endlich zum Ausgangspunkt zurückzufinden, um damit eine „Sache überhaupt" zu umschließen. Dabei hat er nicht immer gleichzeitig die **ganze** Figur im Auge, sondern verfolgt vor allem die Grenzlinie. Erst nach dem Abschluss der Linienziehung überschaut er das Ergebnis und benennt es nach der Ähnlichkeit mit einer anderen, **ihm** im Augenblick der Benennung naheliegenden realen Erscheinung.

Diese nachträglichen Benennungen könnten zwar in verschiedenen Befragungen (die man aber besser unterlässt!) wechseln; sie sind jedoch viel weniger „willkürlich", als man meinen könnte. Das Kind findet oder sucht nur aus seiner **gegenwärtig aktuellen** Situation heraus den passenden Sinn. „Willkürlich" werden die Deutungen der Kinder erst dann, wenn sie sich auf Befragung für jene Figuren rechtfertigen müssen, die ihnen deshalb nicht „ins Auge gefallen" sind, weil sie **keine** sinnvollen Gegenstands-Beziehungen in ihnen erblicken können. Sollen die Kinder jedoch gerade zu diesen Formgebilden eine Aussage machen, dann vielleicht „lassen sie sich etwas einfallen", um aus der unangenehmen Situation herauszukommen.

Die Benennungen für diese Gestalten können wechseln, wenn die Kinder zu verschiedenen Zeiten nach ihnen gefragt werden. **Weil** sie die Figuren im Hinblick auf eine spätere gegenständlich benennbare Deutung **nicht** absichtlich gestaltet haben, müssen sie deren Sinn **immer neu** zum Zeitpunkt der Antwort **finden**. Und dieser Sinn wird gefunden in der Übereinstimmung der erblickten Form mit einem Seh-Erlebnis, das im Augenblick der Frage in ihrer Erinnerung aktuell wird.

Die Erlebnisnähe wird auf Abb. **60** bei den anderen Gegenständen deutlich, die sich auf eine „*Sendung mit der Maus*" im Fernsehen beziehen (im Kinderfernsehen der ARD – Sommer 1997).

In der Figur **C** sieht das Kind den Windsack eines Dudelsacks, dessen Funktion durch die Verwendung einer Plastiktüte in der Sendung erklärt wurde. Die beiden spitzen Enden erinnern das Kind an die „Melodiepfeife" einerseits und den „Stimmer" (für die ständigen Töne) anderer-

seits. In derselben Sendung wurde vom Leben des Maulwurfs berichtet, und so wird die Gestalt **E** als Maulwurf mitsamt dem von ihm aus dem Boden herausgehobenen Erdhäufchen gedeutet.
Die „Maus"-Formen **D** und **G** weisen bei der Deutung vom Umriss her gewisse charakteristische Ähnlichkeiten mit der gezeichneten Silhouette der Fernseh-Maus auf und haben ihren Schwanz ebenso wie der Maulwurf genau an der Stelle, an der die Grenzen von innen und außen geschlossen werden. Die Linien, die **nachträglich** als Schwänze gedeutet werden, sind **ursprünglich** Markierungen für das ausdrückliche Schließen der Grenze an der betreffenden Stelle, sie sind Spuren der besonderen Tätigkeit des „Zumachens". – Die Form der „Glocke" **F** entspricht einem Glöckchen, das im Hause vorhanden ist.

Die Analyse von solcherart Bildern lehrt, dass Kinder **form**hafte Gegebenheiten ihrer **eigenen Zeichnungen** ebenso auf ihren Sinn hin „**lesen**" können wie die Erscheinungen, die in den gedruckten oder elektronischen Medien vermittelt werden. Sinnvolles Lesen meint hier den verständigen und erfolgreichen Vergleich der Figuren mit charakteristischen Merkmalen beim **Anblick** von Dingen in der realen Umwelt.
Obwohl sich die Kinder als Verursacher ihrer „Zeichnungen" wissen können, „lesen" sie diese gegebenenfalls wie einen neuen „fremden" Text, als ob ihn ein anderer verfasst hätte; denn als sie zeichneten, hatten sie etwas ganz anderes im (Spiel)-Sinn, z.B. das dichte Verschließen von Flächen. Die Deutung der Ergebnisse ist dann ein anderes Spiel und erfolgt im Rahmen des gerade aktiven Erinnerungsschatzes.

Die Fähigkeit der Kinder zur angemessenen visuellen Wahrnehmung ist zur Bewältigung ihres normalen Lebens unerlässlich. Dabei geht es ihnen jedoch immer **um die Verhältnisse in der Realität** und nicht um die virtuellen Zeichen, die sich ihr Aussehen von der „Haut" der wirklichen Dinge „leihen".
Deshalb werden die nachfolgenden Kapitel zeigen, dass Kinder, wenn sie „aus Papier und Zeichenstift" ihre figürlichen Geschöpfe herstellen, **nicht** deren **visuelle Gestalt** zur Grundlage machen, **sondern** die **Anfassbarkeit der Dinge,** die sie am und mit dem eigenen Leib spüren.

Die Schauspielerin Constanze Engelbrecht bereitete sich durch Gespräche mit einer geburtsblinden Frau auf die Rolle vor, eine Erblindete in dem Fernsehfilm „Der Eindringling" zu spielen. In einem Interview (ZDF, 16.12.1990) berichtete sie von der Verwunderung der blinden Frau, dass die Sehenden **nie die ganze** Person, sondern **nur einen Teil** von den Personen, die sie erblicken, **sehen** können; dass das Sehen aspekthaft an eine Ansichtsseite gebunden sei – dass man nicht dasselbe Ganze rundherum **auf einmal** sehen könne, was der Blinde mit einer einzigen Umarmung dinghaft „erfasst".

Der „Inhalt" innerhalb der selbstgemachten Grenze bedeutet dem Kind die ganze Sache

Erfahrungen mit Grenzen sind dem Kind geläufig. Im tastenden Umgang mit der Welt spürte es **sich selbst** zuerst an den Grenzen seines eigenen Körpers, und dann, nachdem die Eigenkörperwahrnehmung in der betreffenden Hinsicht selbstverständlich geworden war, fühlte es die Grenzen der Dinge. In der Umarmung von Puppen oder geliebten Personen und im Anfassen von Gegenständen schmiegen sich immer die eigenen Körpergrenzen an die Grenzen der Weltdinge. Und wie das Kind **in den Grenzen seiner Haut darin ist**, so birgt sich **der Inhalt der Dinge**, also **das ganze Ding**, in und hinter dessen anfassbarer Oberfläche. Das **Innere** ist **unsichtbar;** das **Ding** aber ist sichtbar und fühlbar durch seine äußere Grenze. Genauso stellt die mit dem Stift gemachte „Kreisfigur" die anfassbare und sichtbare **Grenze** der **Sache** dar, wohingegen das Innere unsichtbar bleibt. Der vorstehende Satz ist **wörtlich** zu nehmen. Die Grenze ist der einzige Teil des „Kreises", der **sichtbar** hergestellt wurde. Das Innere hat die ihm eigene Seins-Qualität ausschließlich durch die **Grenze** des **Gegenstandes**, den das Kind bei seiner zeichnerischen Umkreisung **gemeint** hat. **Das Innere des Kreises ist in der Fantasie das „wirkliche" reale Innere der Sachen.** Weil dieses unsichtbar ist, wird es vorläufig von weiteren gegenständlichen Bestimmungen freigehalten und nicht gezeigt.

Die Unsichtbarkeit des Inneren birgt ebenso für den kindlichen Autor wie für den erwachsenen Betrachter „Geheimnisse", **die zu respektieren sind**. Das Kind kennt seinen Gegenstand von seinen Grenzen her – der Erwachsene möchte gerne wissen, **wofür** das in der Grenze Eingeschlossene ein **Zeichen** ist. Wenn man aber das vom Kind zeichnerisch erzeugte **Ding** als ein **Zeichen für etwas** hält, dann muss es (für Erwachsene) in der Sprache einen **Namen** – und auf dem Papier eine ihm eigene charakteristische (visuelle) **Gestalt** haben. Das Kind geht jedoch vom Herstellen und Haben von Gegenständen aus, die ihm immer in seinen eigenen Bewegungsgefühlen begegnet sind. Aus diesen Gründen ist der Grenzkreis **als Form** dafür **offen**, jeglicher Gegenstand sein zu können.

Ein weiterer Gesichtspunkt ist – auf dem Hintergrund, dass die Dinge **körperhaft**, die Zeichnungen jedoch **flächig** sind – höchst bemerkenswert: In der gebärdenhaften Vergegenwärtigung des „Gegenstandes in den gezeichneten Grenzen" hat das Kind eine Art kindgemäßer Gewissheit von allen drei Dimensionen (Höhe, Breite und Dicke/Tiefe), in denen deren Körperlichkeit erscheint.

Figur 61

Das Kind braucht aus dieser „Gewissheit" heraus die jeweils dritte Dimension weder auf dem Papier visuell illusionistisch herzustellen noch könnte es dies. Damit hat die „dritte Dimension" im Zusammenhang mit dem **gemeinten Inneren** einer Gestalt einen anderen Charakter als bloßes geometrisches „Hohlmaß" zu sein.
Am Beispiel eines schematisierten Modells (Figur **61**) wird ersichtlich, dass das Kind mit (s)einem Kreis **alle** Bewegungen auf der abtastbaren Oberfläche meinen kann, wobei zwei Kreisbahnen besonders auffallend sind: Erstens die in der **senkrechten** Ebene stehende **Silhouetten-Grenze** (die dem Sehen näher steht) und zweitens die **waagerechte Umfangs-Grenze** nach Art eines „Äquatorkreises" (die dem Umfassen zuzuordnen ist).
Die Sehgewohnheiten in unserer Kultur bevorzugen den vertikalen „Silhouetten-Kreis" auch dort, wo aus dem kindlichen Herstellungsvorgang der in der horizontalen Ebene liegende Umfangskreis vorliegt.
Dass der „Kreis" beim Zeichnen oft nur mit der Bewegung von **einem** der beiden Arme (und der dazugehörigen Hand) gezeichnet wird, dürfte auf die schon früh entstehende **Bevorzugung einer Hand** in der **Rechts- oder Linkshändigkeit** zurückzuführen sein. Die bevorzugte Hand bildet das Gefühl des Umgreifens im Bewusstsein stark und gültig ab.
Kinder bis zu drei Jahren (die dem „Umarmungs-Gestus" noch näher stehen und noch keine zeichnerische Routine haben), **kopieren** Kreisformen vornehmlich mit Bewegungen **gegen** den Uhrzeigersinn, im Unterschied zu den über 3 $^{1}/2$ jährigen, die mehrheitlich den Kreis **im** Uhrzeigersinn zeichnen. Nach Heidi Schoenmackers, Die Menschzeichnung dreijähriger Kinder, Köln; Univ., Habil.-Schr.,1996, S. 86, dort zitiert nach Gesell/Ames.
Diese Beobachtungen sprechen für die in dieser Abhandlung angenommene **Wiederholung von Gebärden**, die sich einleuchtend erklären lassen. Offenbar fassen die jüngeren Kinder den ihnen als **Form** angebotenen Kreis dennoch als eine **Sache** auf, die sie reproduzieren sollten. – Sieht man einem Kind beim Zeichnen des Kreises über die Schulter, dann wird klar, warum die jüngeren (rechtshändigen) Kinder ge-

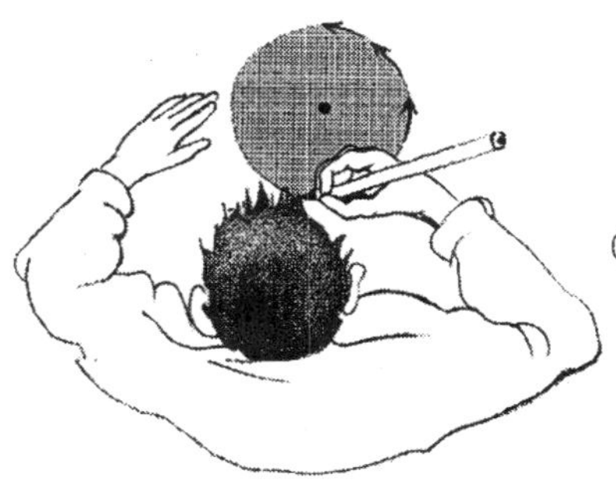

Figur 62

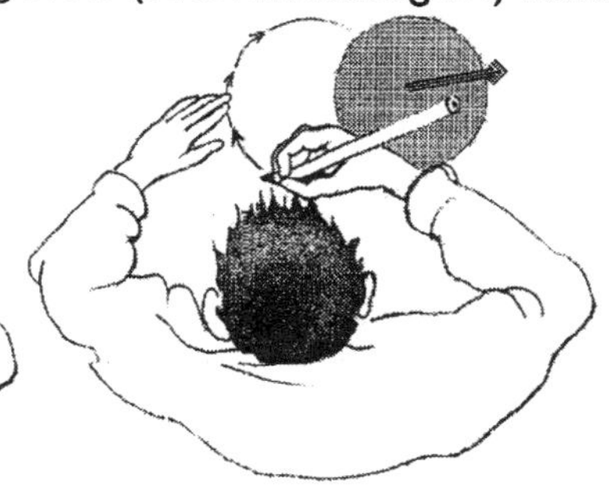

Figur 63

gen den Uhrzeigersinn zeichnen (Figur **62**). Mit ihren Hand- und Armbewegungen vollziehen sie auf dem Papier die Umarmungsgebärde, welche den gemeinten „Gegenstand" umarmend **umrahmt**. Der Bewegungsanfang liegt in der Regel deutlich im Nahbereich des Kindes oder führt zunächst zu diesem hin. Wenn die **etwas älteren** Kinder dann „den Bogen 'raushaben" und wissen, dass die Richtung der Strichführung **für das Ergebnis** belanglos ist, dann können sie diese als Rechtshänder im Uhrzeigersinn zeichnen. Wie die Figur **63** zeigt, würde jedoch bei dieser Bewegung der einzukreisende Gegenstand mit dem Handrücken weggestoßen.

Das **Wesen** der Gestalt, ihr unsichtbarer **Inhalt,** ist durch die „Füllung" bestimmt, die in den Grenzen **gemeint** ist. Die Füllung eines umgrenzten **Körpers** ist „**voll Ding**" – das Innere eines umgrenzten **Raumes** ist „**voll Raum**". Wenn ein Kreis für ein Kind eine „Maus" ist, dann ist das eingeschlossene Innere **„voll Maus"**. Meint der Kreis jedoch ein Haus, dann ist das eingeschlossene Innere „voll Haus", voll Spielraum, er ist also **ausgefüllt mit Geräumigkeit**, worin sich dann auch Sachen befinden und Lebewesen bewegen können. – Von **außen**, als Körper betrachtet, ist die Grenze eines solchen „Kreis"-Areals eine **„Hülle"**, von **innen**, als Innenraum, eine **„Höhle"** (s. Haus-Abbildungen 374 und 375).

Die Grenze bedeutet dem Kind: Die Scheidung und die Unterscheidung von Innerem und Äußerem

Indem das Kind mit der Grenze die ganze eingeschlossene Sache **meint**, braucht der Kreis eigentlich keine weiteren Auszeichnungen, um zu **sein**, **was** in der Grenze enthalten ist. Denn da das Kind für sich selber zeichnet, „weiß" es ja, was darin sein soll, was aber nicht heißen muss, dass es immer schon dessen Namen **sagen** könnte. Würde das Kind in den Kreis weitere Sachen zur Kennzeichnung hineinmalen, so würde es Gegenstände aus dem **unsichtbaren** Inneren darstellen, es würde also **„Innereien"** zeigen (z. B. wie die „Kokosnüsse in der Netzgiraffe" – Figur 18 D).

Was das Kind nachfolgend zeichnerisch macht, sind vorwiegend Spuren von „befehlenden" Einwirkungen auf den hergestellten Gegenstand

Der **Gegenstand** ist durch den Spielwillen des Kindes gegeben. Sämtliche über das Faktum der Kreisgrenze hinausgehenden weiteren zeichnerischen Spuren berichten von dem, was das Kind **mit** der Sache **macht**. Es **markiert** den Kreis, was heißen soll: „dich **meine** ich; du gehörst mir!" Das Kind gibt dem im Kreis geschaffenen Wesen Anweisungen, Winke und Befehle für *„tu das!" – „komm!" – „geh!" – „greif zu!" – „blick mich an!" –* usw., was sich (bis auf den „Blick") dem Betrachter hauptsächlich **in geraden Linien** darstellt.

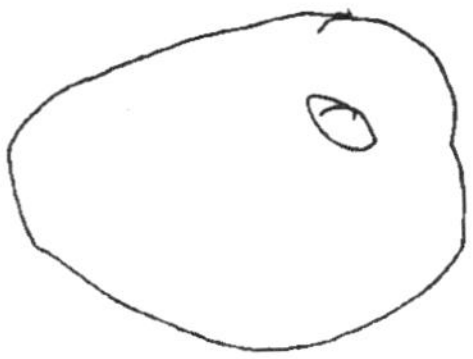

Abbildung 64

Da gibt es zunächst die **„bedeutungsanzeigenden"** Markierungen. Auf vielen „Kreisen" oder ähnlich eingerahmten Flächen findet sich ein von den Kindern eingezeichneter größerer oder kleinerer „Kritzelfleck". Diese Beobachtung scheint der aufgestellten Behauptung zu widersprechen, Kinder würden das **Nicht-Sichtbare des Inneren** respektieren.

Es wurde ja dargelegt, dass die Kinder **keine** grenzbildenden **Zeichen für weitere Gegenstände in** den Kreis hineinsetzen, weil das Innere der gemeinte Gegenstand selbst schon ist, **weil der Inhalt dadurch bereits vorausgesetzt ist.** Deshalb wäre es meistens unzutreffend, den „Kritzelfleck" als Zeichen für eine irgendwie **gegenständlich** gemeinte Sache aufzufassen; er ist vielmehr eine **Markierung**, durch die das Kind im wörtlichen Sinn mit seinem Stift darauf hin**deutet**, dass ihm der Inhalt des Kreises das **bedeutet, was er ist.** Die hineingesetzte kleine Kreisform dürfte eigens **„beglaubigen"** sollen, dass das, was durch den äußeren Kreis eingegrenzt ist, sich im Innern befindet.

Überdies könnte der kleine Kreis bestätigen, dass diese „Sache", und nicht etwa das Umfeld, gemeint ist, und so versieht das Kind den Kreis mit einer Markierung – mit dem Prädikat: *„du bist gemeint".*

Das „umkreiste Wesen" ist das Gemeinte, das beim Spiel vorausgesetzt wird

Das von Lew S. Wygotsky ermittelte Verhältnis des **Denkens zum Sprechen** spielt sich nicht wesentlich anders ab als das Verhältnis des **Denkens zu sach-erzeugenden Handlungen**. Deshalb seien Gedanken aus dem Umkreis der Überlegungen von Wygotsky etwas ausführlicher ausgebreitet.

(Lew Semjonowitsch Wygotsky, Denken und Sprechen, [Moskau 1934] Frankfurt a.M. 1986/93) :

Die Anpassung eines Kindes an die Muttersprache erfolgt über das Erlernen derjenigen Sprache, die die Erwachsenen sprechen. Das ist eine völlig andere Sprache als die, die es bisher selbst angewandt hat – sie ist viel differenzierter, schon in der Sprachmelodie, dann in den Lautkombinationen. Die „Machtwortsprache" der allerersten Kindheit (das Schreien der Kleinstkinder, das zum Gestillt-Werden führt) ist nach außen eine fordernde Sprache, nach innen ist sie eine „Innen-Wort-Sprache", die das Kind deshalb selbst so gut versteht, weil sie äußerst wirkungsvoll ist. Schließlich nimmt das Kind einzelne Wörter der „Außen-Wort-Sprache" der Erwachsenen wahr und kann mit ihnen zweckmäßig/sinnvoll umgehen. Die Sprache wird zum sozialen Kommunikationsinstrument, in dem, neben der Intonation, die Wörter eine große Rolle spielen. Die Sprache ist – außer dass sie etwas bewirken soll und mitteilen kann – mit dem Denken verbunden. Lange Zeit hat man fälschlicherweise das Denken für ein „inneres, tonloses Sprechen von Kultur-Sprache" gehalten, worin sich zugleich (abendländisch-philosophisch-theologischer Denktraditon entsprechend) der übliche Dominanz-Anspruch des **vorgegebenen Wortes** über subjektives Denken bekundet.

Es wurden mit Erfolg Versuche angestellt, mit feinsten Methoden Messungen an den beim Sprechen beteiligten Muskeln durchzuführen; es konnte aber ermittelt werden, dass sich die lautlosen inneren Sprechbewegungen nur auf die **sprachliche Formulierung** der Gedanken beziehen, **nicht aber auf das Denken selbst**.

Das **Denken** vollzieht sich jedoch nicht nach den Regeln der Satzbildung, sondern anders, wie es Wygotsky an einem Beispiel erläutert. Der Satz „Die Uhr ist heruntergefallen“ hat ein **grammatisches** Subjekt („die Uhr“) und ein **grammatisches** Prädikat („ist heruntergefallen“). Die **innere** Sprache des Menschen ist aber hauptsächlich **prädikativ**, d.h. sie will wissen, auf welchen Wirklichkeitsverhalt sich ein solcher Satz bezieht. Auf die Frage, **was** ist heruntergefallen, ist das **Prädikat**, also die Satzaussage: **die Uhr**. Auf die andere Frage, **wieso** die Uhr **nicht funktioniere**, ist das **Prädikat**: sie **ist heruntergefallen**

Wygotsky wörtlich (in der veröffentlichten Übersetzung): *Das Prädikative ist die einzige Grundform der inneren Sprache. Dabei haben wir es nicht mit einer relativen Beibehaltung des Prädikats auf Kosten der Auslassung des Subjekts zu tun, sondern mit einem absolut prädikativen Charakter. Die geschriebene Sprache besteht gesetzmäßig aus entwickelten Subjekten und Prädikaten, aber die innere Sprache läßt ebenso das Subjekt aus und besteht nur aus Prädikaten,* (S.338.) Das **Subjekt** des Bedenkens spielt nach Wygotsky in diesen Denkvorgängen deshalb **keine** besondere Rolle, weil es darüber eine **vorgängige Übereinkunft** gibt bzw. geben muß.

Die *„innere Sprache“ ist nach ihrer eigentlichen Funktion nicht zur kommunikativen Mitteilung bestimmt; sie ist als „Denk-Medium“ eine „Sprache“ für den Sprechenden, die unter völlig anderen inneren Bedingungen verläuft als die äußere Sprache. Daher dürfte nicht verwundern, dass sie* nach den Regeln der äußeren Sprache *dem Außenstehenden unverständlich ist* (a.a.O. S.348).

Schon in den Satz-bildenden Begriffen „Subjekt“ und „Prädikat“ kommt das von Wygotsky angesprochene Verhältnis der beiden zueinander zum Ausdruck, wenn man sie von ihrem Ursprung in der lateinischen Sprache her versteht. „Subjekt“ ist das Untergelegte oder Unter-worfene, welchem vom „Prädikat“ als Vor-Gesagtem (im heutigen Sinne:) „vorgeschrieben“ wird, was von ihm oder mit ihm zu geschehen hat. Anders gesagt: In der Redewendung von Subjekt und Prädikat kann ein Geschehen einerseits als Anweisung zum **Vollzug** (in der Regel bei Kindern) und andererseits als registrierende **Abbildung** eines Geschehens (in der Regel bei Erwachsenen) verstanden werden.

Beim Zeichnen **vollziehen** die Kinder auf ihrem Blatt das **Geschehen**, indem sie das im „Kreis“ bereits „erschaffene“ und damit vorausgesetzte „Subjekt“ ihren vorschreibenden Befehlen unterwerfen. Die „namenlosen Subjekte“ im Kreis werden eigens erschaffen, um die „prädikativen“ Anweisungen an ihnen vollziehen zu können oder von ihnen vollziehen zu lassen.

In der Sprache der Erwachsenen ist das Subjekt nur ein **Satz**-Teil, wohingegen für das Kind das Subjekt ein vor ihm liegender, **leibhaftiger Gegenstand** ist, der deswegen „leibhaftig“ ist, weil ihn das Kind bei dessen Entstehen in den erschaffenden Gebärden mit seinem eigenen Leib gespürt hat und er durch die zeichnerische Verwandlung im Papier materialisiert wurde. Ebenso ist das Prädikat für den Erwachsenen nur ein **Satz**-Teil, wo beim Kind in **leiblichen Gesten** zeichnerisch vollzogen wird, was mit dem Subjekt geschehen soll.

Ein blickendes Wesen entsteht

Abbildung 65

Die „Beglaubigung“ der entstandenen und erkannten Kreisfläche „als eine gemeinte Sache“ durch markierende „Kritzel“formen enthält auch einen Aspekt von Machtausübung. Mit der Markierung **bestimmt das Kind** den Kreis **als das**, als was er **sein** soll, und scheidet dieses so von dem Nichtgemeinten, das „nicht mitspielen darf“. Und im Eifer kommt es gelegentlich aus Machtausübender Funktionslust sogar zur vermehrten oder **verdoppelten** Markierung, die zu zwei „Kritzelflecken“ führt. Manchmal stellt sich diese Doppelfigur auch zufällig ein.

Manche Kinder zeichnen schon in frühen Zeiten ihrer Entwicklung in die Grenzen eines größeren Areals mehrere oder viele kleine Kreise, als wollten sie damit andeuten, der gemeinte Gegenstand **enthalte viel von dem**, was in ihm ist. Grözinger, der besonders die kindlichen Leibgefühle herausstellt, verbindet mit solchen „Kringelreihen“ den Puls-Schlag des Blutes, den die Kinder in sich spüren *(W. Grözinger, Kinder kritzeln zeichnen malen, S 26)*. Ob es sich so verhält, kann unentschieden bleiben – jedenfalls widerspricht die Deutung nicht dem hier vorgetragenen Befund.

Zwei Punkte nebeneinander: Das ist eine höchst **bedeutsame Figur** für ein soziales Wesen wie den Menschen. Sie spielt in der zwischenmenschlichen Kommunikation eine wichtige Rolle und wird deshalb besonders leicht wahrgenommen, auch von den jüngsten Kindern. Die beiden Flecke **scheinen** ein **Augenpaar** zu bilden, welches ein **Gesicht** und damit personale Kontaktmöglichkeit **ankündigt**.

Nun wurde oben ausführlich dargestellt, dass der Kreis ein zwar nicht sichtbares, dennoch ein randvoll gefülltes „Innen“ bedeutet, in welches weitere gegenständliche Bestimmungen nicht sinnvoll hineingezeichnet werden können. Dazu muss geklärt werden: Die aufgebrachte **Markierung** ist kein Eingriff in die Binnengestalt des Kreises, weil gerade sie **das gesamte Innen** als das Gemeinte ausdrückt; sie ist ein stempelartiger „Bedeutung verleihender Verwaltungsakt“ des Kindes, der der **Sache** selbst **nichts hinzufügt** – sondern diese **erläutert**.

Als Augenpaar bekommen die Markierungen freilich eine **einzigartige** Wirkung. Wahrscheinlich ist es falsch zu meinen, das Kind deute die beiden „Kritzelflecke“ als „Augen“ (auch wenn es so sprechen sollte). **Augen** wären **Dinge, auf die** man wie auf Nase, Mund und Stirn sehen könnte. Aber man sieht **nicht auf** die Augen eines anderen Menschen, sondern sieht ihm **in die** Augen. Der **Blick-Kontakt** führt vom Inneren des einen Menschen in das Innere eines anderen – ein bekannter Vorgang, der jene tiefreichende Kommunikation ermöglicht, die besonders für Kinder lebensnotwendig ist. – Wie dem Kind der Kreis zuerst als ein von der Umgebung abgehobener Gegenstand erschien, so erscheint er ihm nun, mit den beiden „Kritzelflecken“, als **„blickendes Wesen“**. Es sind nicht zwei Augen oder ein Augenpaar, **die das Kind sieht**, sondern

es fühlt *sich* erblickt – wie auch sonst, wenn sich ihm eine Person aus der Entfernung nähert. Insofern hat das Erblicktwerden nichts Außergewöhnliches oder gar Bedrohliches an sich. Im Gegenteil: Kinder lieben es, erblickt zu werden. Auf dem Spielplatz rufen sie: „guck 'mal! guck 'mal!" und gelegentlich ein sehr enttäuschtes: „du guckst ja gar nicht!"

Das Gesicht in der „Sonne", mit der die Kinder später ihre Bilder ausstatten, dürfte mit diesem Wunsch zusammenhängen, immer unter dem liebenden Blick behütender Mächte im Leben zu stehen, sogar wenn dieser Blick erst noch hergestellt werden muss.

Weil die Figur aus dem Spiel seiner eigenen Hände entstand und von ihm selbst entdeckt wurde, kann das Kind nun auch zukünftig „blickende Wesen" aus Papier und Zeichenstift erschaffen. Diese **müssen** dann den **Zeichner anblicken – eigens dazu werden sie erschaffen**.

Wären die Augen lediglich **Sachen**, hätten sie als Abbilder oder Zeichen von Gegenständen nichts im Innern der Kreisfläche zu suchen, denn sie würden für das Kind „Innereien" bedeuten, so wie Kinder Babies in die Umrandung des „Bauches" zeichnen, wenn sie sich in Erwartung eines Geschwisterkindes den Zustand ihrer schwangeren Mutter vergegenwärtigen. Aber der Blick ist **keine Sache, sondern die Herstellung einer Beziehung zwischen kommunizierenden Wesen**, unabhängig davon, ob sich dieses Geschehen nun **in der Wirklichkeit oder in der spielerischen Phantasie** ereignet (siehe Abbildung **66**).

Die **Signatur des lebendigen Blickens stellt die „Beseelung" jenes Wesens her,** das in seiner Kontur auf dem Papier anwesend ist. Der Blick führt **ins** un**sicht**bare **Innere des Wesens** und kommt aus diesem. Das Wesen wird als solches nicht bloß markiert, sondern gleichsam magisch „zum Lebendig-Sein berufen". Die Markierungen sind **keine Zeichen** für Blick, wie sie ein **„Mal"** darstellen würde, denn **sie sind der Blick selbst.** Und es sind **nicht die Augen, die blicken**, sondern es ist das **Wesen**, das blickt. Ein Blick kann nicht gesehen werden, sondern man wird von ihm „getroffen".

Kinder unterscheiden bei ihrem Spielzeug deutlich zwischen **Sachen** einerseits und blickenden **Wesen** andererseits. Sie können Bauklötze oder andere einfachere Gestalten, die sonst vielleicht zum Bauen gebraucht werden, zu „lebendigen Wesen erheben"; beispielsweise können solche Klötze „die Kinder von Puppen" spielen, wohingegen Puppen oder Tierfiguren niemals als Fahrzeuge oder Betten oder Häuser, kurzum: als **Sachen**, dienen könnten. *Nach René A. Spitz, Vom Dialog, DTV Stuttgart 1988, S.22,76,88 muss solchen Spielen der soziale Kontakt mit Menschen auf verbaler und nonverbaler Ebene vorausgegangen sein.*

Die hier vorgetragene Besinnung sollte als **nüchterne** Beschreibung einer ungemein fesselnden Erscheinung gewertet werden, die auch die über hundertjährige Anziehungskraft des Phänomens Kinderzeichnung als ästhetisches Ereignis zu erklären vermag.

An dieser Stelle könnte danach gefragt werden, ob sich hier ein Umbruch von der Sachherstellung zur Zeichenbildung anbahnen könnte.

Wahrscheinlich wird das beseelende Blick-Phänomen durch den Eingriff Erwachsener auf den Stand einer Sachdarstellung für „Augen“ **reduziert**. Schon der Name „Kopffüßler“ deutet darauf hin, dass die Erwachsenenwelt in dem Kreisgebilde, das für das **ganze** Wesen steht, aufgrund der Blick-Verleihung durch das Kind **nur ein Gesicht** sehen will, dem alsbald Mund und Nase hinzuzufügen sind (nach dem Motto *„Punkt, Punkt, Komma, Strich...“* ein Spruch, der **die Abschaffung der Kinderzeichnung** ausspricht). So werden aus den Blick-Markierungen Zeichen für Augen, wie aus einem senkrechten Strich im Gesicht ein Zeichen für die Nase und aus einem waagerechten Strich ein Zeichen für den Mund wird (s. Abbildungen 98 und 99), obwohl das Kind wesentlich bedeutendere Aspekte des von ihm geschaffenen Wesens damit gemeint haben könnte.

Die Abbildung **66** (in Originalgröße) dürfte die erste Menschendarstellung sein, die dieses Mädchen gemacht oder als solche benannt hat (soweit solche Feststellungen überhaupt möglich sind). Das Bild soll die Mutter darstellen.

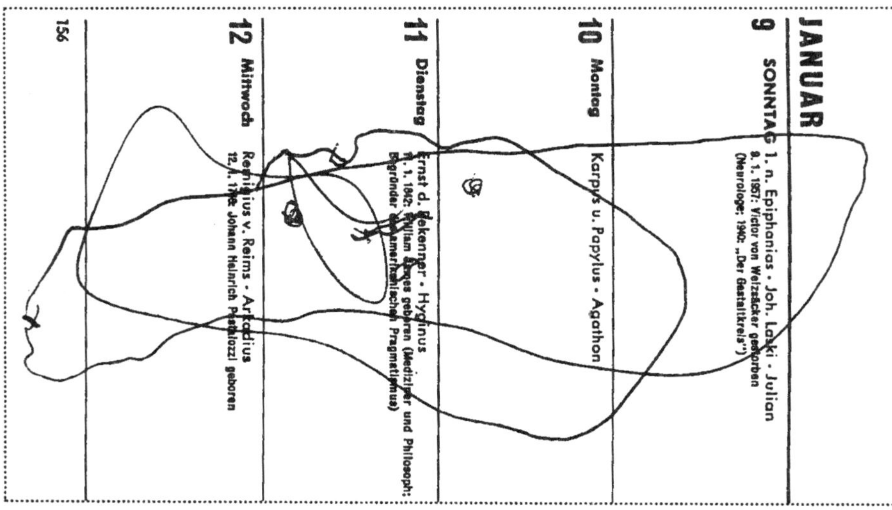

Abbildung 66 Mädchen 3 J 10 M

Die Zeichnung, die sich quer über alle Störungen eines Kalenderformulars hinzieht, fasziniert durch zwei spiralförmige „Punkte“, die einen ebenso beobachtenden wie behütenden Blick auf den Betrachter zu werfen scheinen.

Die beiden „Kreis“-Kritzel, die irgendwann einmal ahnungslos als „bedeutungsanzeigende“ Markierungen gesetzt wurden, schenken dem Kind den **Anblick** und den **Blick** eines lebenden Wesens zurück, das, wie könnte es anders sein, die geliebte Mutter verkörpert.

Die Mutter hat natürlich nicht solch ein „breites“ Gesicht; es ist die **Verlebendigung** der umgrenzten Flächengestalt, die dem Kind imponiert hat und auch den erwachsenen Betrachter fast magisch in Bann ziehen kann.

Den doppelten Querstrich benannte das Kind mit „Mund“, was leicht nachzuvollziehen ist. Die „darunter“ gezeichnete kleine umrandete Figur wurde als „Nase“ bezeichnet, was allerdings ebenfalls seine Logik hat, nämlich die folgende: Wenn sich die Mutter dem Kind körperlich zuwendet, so ist ihre „Nase“ die vorderste Gestalt des Gesichts, die, **dem Kinde zugewandt, ihm auch am nächsten kommt.** Genau das arrangiert das Kind auf seinem beim Zeichnen **liegenden** Blatt – wie bereits in Abbildung 24, wo nicht etwa eine „Zunge“ dargestellt wird, und später noch einmal bei Abbildung 119. Diese Erscheinung ist – allerdings *unerklärt* – in der Literatur vielfach belegbar, wenn man einmal auf sie aufmerksam geworden ist.

Die Geraden Linien als Anweisungsgesten

Abbildung 67 Mädchen 2 J 7 M

Neben kreisenden Linien kommen Linien vor, die zweifelsfrei **in Richtungen** verlaufen sollen; diese Linien werden als **„gerade Linien“** angesprochen, selbst wenn sie in der Ausführung manchmal leichte Krümmungen aufweisen. Auch sie haben ihre Vorläufer in der „Kritzelphase“. Auf vielen Blättern kreuzen sich diese Linien und können eine Art Gitter-Charakter bekommen.

Bei den folgenden Überlegungen werden die „waagerecht“ und „senkrecht“ verlaufenden Linien jeweils für sich betrachtet.

Die „geraden“ Linien – waagerecht liegend in der Richtung der Welt – quer vor dem Kind

Abbildung 68 Mädchen 2 J 7 M

Wenn von „waagerechten“ Linien gesprochen wird, dann sind eigentlich die **quer vor** dem Kind schon liegenden oder noch entstehenden Linien gemeint.
„Waagerecht“ ist ein Begriff, der an objektiven äußeren Erscheinungen gemessen wird und nicht die subjektive Erlebnisweise des Kindes berücksichtigt. Diese Linien entstehen nicht (nur) als Wegspuren, sondern **deuten** die Blattfläche als „Bodenfläche“ bzw. als „Weltfläche“.

Diese **Deutung** ist **mehr** als das bloße **Hinnehmen** der Papierfläche als Wandergebiet für den Stift. Es ist für uns Erwachsene naturgemäß schwierig, uns in die Lage des Kindes zu versetzen, und doch ist dies zum Verständnis der grundlegenden Tatsachen der Kinderzeichnung unerlässlich. Deshalb müssen wir eine **uns** verständliche Handlung aus unserem Leben zum Vergleich heranziehen: Ein Tisch wird gedeckt, das Tischtuch wird aufgelegt. Schon das Auflegen des Tischtuchs bewirkt, dass der Tisch, der sonst auch anderen Zwecken dient, **umgewidmet** und als Esstisch **gedeutet** wird. Danach **streicht die Hand** die Falten des Tuches glatt, damit die ebene Fläche, die gebraucht wird und **gemeint** ist, entsteht. Sogar dann, wenn beim Auflegen des Tischtuchs keine Falten entstanden sein sollten, streicht die Hand darüber, als wolle sie sich existentiell vergewissern und beglaubigen, dass der gewünschte Zustand erreicht wurde. Das alles geschieht unbewusst und trägt doch einen Sinn in sich, der über bloße Zweckhaftigkeit hinausgeht. Das glattgestrichene Tischtuch **verwandelt** den Tisch aus einem beliebigen Tisch, an dem man **auch** hätte essen können, in einen **wirklichen** Esstisch, der zugleich **anzeigt**, dass er speziell für das Mahl hergerichtet ist (s. auch Abb. 377).

Figur 69

Eine ähnliche Verwandlung widerfährt dem Blatt Papier, wenn das Kind, vorerst nicht unbedingt parallel zu den Kanten, mit seinem Stift auf dem Blatt hin und her streicht. Das Hin und Her der Linien bedeutet von der Handbewegung her eine **großflächige Besetzung**, und von den Spuren her bedeutet es eine **Markierung** des Blattes.

Die Striche gehen häufig ohne abzusetzen auf dem Blatt, das meistens **quer** vor dem Kind liegt, **hin und her**. Oft liegt das Kind selbst beim Zeichnen auf dem Boden oder mit dem Kopf fast auf der Bildebene, als würde es gleich danach mit seinem Körper über oder auf das Papier kriechen. **Wie die Welt** liegt das Blatt vor dem Kind **quer**, weil die beiden Augen **nebeneinander** angeordnet sind und somit das Sehfeld mehr breit als hoch ist. Der orientierende Blick in einer fremden Umgebung geht auch beim Erwachsenen im Allgemeinen zuerst hin und her und allenfalls danach „auf und ab".

So wird **„der Gestus des Hin und Her"** mit dem Stift in der Hand zu jener Tätigkeit, in der das Kind **das Blatt Papier samt dessen Eigenschaften** in eine **von ihm angenommene Welt verwandelt**.

Weil sich das Kind mit seinen Zeichen-Gesten **körperlich** in „seine“ Welt begibt, vollzieht sich die **Verwandlung.** Indem es sachgerecht auf die Gegebenheiten der Papierfläche eingeht, erkennt es die Strukturen, nach denen der Raum – am Boden – geordnet ist. Der Boden ist eine vorrangige Ordnungsgestalt, weil dort die Welt an ihrer Grenze **angefasst** und erspürt werden kann.
Durch diesen Vorgang der „Begehung des Blattes mit dem Stift“ auf eine Weise, in der die formale Gestalt der Fläche **berücksichtigt** und nicht nur **benutzt** wird, erfolgt aber **keine formale Bezeichnung,** denn das Kind selbst geht ja nicht („als bloßes Zeichen“) nur symbolisch, sondern mit seiner leiblichen Wirklichkeit auf das konkrete Spielfeld aus Papier. Solcherart muss diese Strichsetzung **vom Kind aus** als Schaffung einer grundlegenden, **selbstgesetzten Ordnung** seiner **subjektiven** Welt verstanden werden, welche diese **aus der noch chaotischen Umgebung** heraushebt. Für das Kind, das Fantasie und Wirklichkeit noch nicht immer auseinanderzuhalten vermag, sind solche Einwirkungen auf **seine** Erlebenswelt normal und offenbar notwendig.
Leider kann man mit Kindern über die hier interessierenden Sachverhalte nicht gut reden, weil sich diese zum größten Teil im **vorsprachlichen** Raum ereignen. Kinder könnten die Sätze, die dafür notwendig wären, weder bilden noch verstehen. Ein Kind kann zu dem, was es in der Wirklichkeit **tut**, **nicht sagen**: *„Ich habe mir mittels Papier und Bleistift meine Welt geordnet, die deswegen die Querlinien meiner Signatur trägt, weil* ***ich*** *ihr mit welt-gestaltenden Gesten* ***vormachte,*** *dass sie* ***auch von mir aus so sein soll, wie sie ist.***“ Der hinter diesem Satz stehende Gedanke ist schon für Erwachsene unserer Kultur schwer zu verstehen; denn er bedeutet den Einstieg in die Einsicht, dass die frühen Kinderzeichnungen offenbar völlig **falsch** eingeschätzt und unterschätzt werden, wenn diese kindlichen Tätigkeitsfelder für abbildende oder zur Kommunikation bestimmte **Zeichen** oder für „sinn-frei“gehalten werden.

Die „geraden“ Linien – „aufrecht“ senkrecht zur Welt – wie die Körperachse des Kindes

Meist kommen Querlinien nicht allein vor, denn sie werden fast regelmäßig von einer Gruppe anderer, ebenfalls „geradlinig“ gemeinter Striche durchkreuzt. Oft kann man an diesen Linien aufgrund ihrer kräftigeren Druckspuren die größere Heftigkeit beobachten, mit der sie auf das Papier gebracht wurden. Mit diesen Linien dürfte das Kind **sich selbst** meinen, allerdings nicht abbildhaft, sondern als dynamische, einwirkende Kraft, mit der es sich selbst in die von ihm geordnete Welt einbringen will.

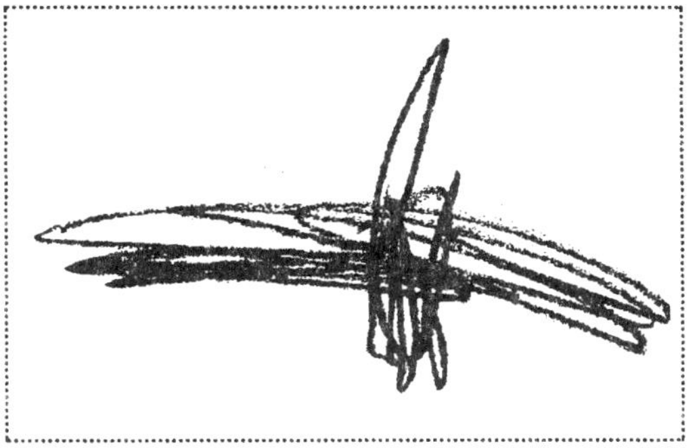

Abbildung 70 Mädchen

Es schiebt sich in der Richtung seiner eigenen Körperachse selbst ins Bild hinein als ein ichbezogenes, handlungsfreudiges und machtausübendes Eingreifen in die Welt, das für die Tatkraft von Kindern bezeichnend ist. Man könnte bei den eindringenden „aufrechten" Strichen von **„Ich-Linien"** sprechen, wie man die querliegenden Striche **„Welt-Linien"** nennen könnte. Mit seiner Körperachse überschneidet das Kind die quer vor ihm liegende, von ihm geordnete Welt„bühne"; es geht in sie hinein und prägt sich ihr auf.

Figur 71

Das Kind kreuzt mit der Zuwendung seines ganzen körperlichen Ichs die Weltlinien. Es braucht nur in der Richtung seiner eigenen Körperachse Striche zu machen, um sogar das Gefühl der Aufrichtung im Verhältnis zum Boden zu übertragen. Denn wenn sich der Mensch unbefangen eine Vorstellung von sich selbst macht, kommt er sich als Aufrechtstehender vor, unabhängig davon, ob er gerade sitzt oder liegt oder geht. Das Kind **meint** sich demzufolge nicht als ein quer zur Welt Liegender, sondern als ein **Aufrecht-Stehender**, ohne dass es ihm **bewusst** sein muss.

Die „Ich-Figur" aus aufrechten Linien

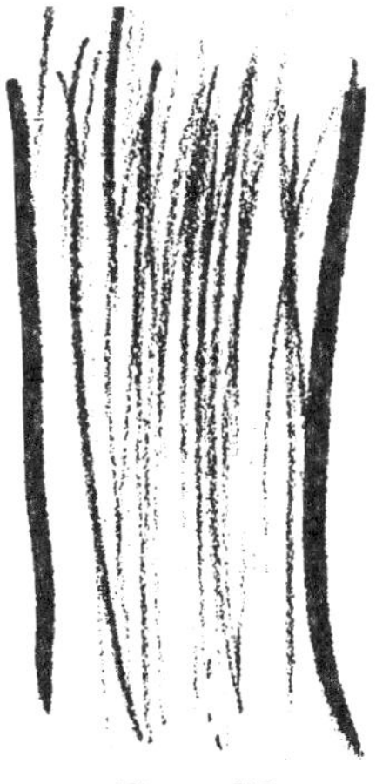

Figur 72

Die aufrechten Linienbündel der Figur **72** können direkt zur Ausgangsfigur einer „Ich-Gestalt" werden, welcher anschließend ein kleinerer oder größerer „Kopf-Kreis" aufgesetzt wird wie bei Abbildung **73**, womit dieses aufrechte Wesen als ein Mensch gekennzeichnet und „zum Blicken befähigt" wird.
Solche Figuren werden öfter bei Kindern beobachtet, die auf Blätter an der **senkrecht** stehenden Zimmerwand bzw. Staffelei malen, wodurch allerdings eine Identifikation der Bildfläche mit der waagerechten Welt- oder Raum-Ebene weitgehend entfällt. Dagegen ist eine unmittelbare Identifikation der stehenden Körperachse mit den Linien auf dem senkrecht hängenden Papier leichter möglich.

Deshalb finden sich auf „Wandbildern“ häufiger solche „Ich-Figuren“ in Form relativ schmaler Bahnen von kraftvoll auf und ab gemalten Strichen. Diese Gebilde haben oft keine Querlinien, die mit den „Armen“ in Zusammenhang stehen könnten, weil sich die Ich-Figur betont **selbst** in die Welt **einbringt** und nicht vorrangig in sie hinein**greift**. Insofern „**fehlen**“ die Arme **nicht.** Linien, die den Fuß-Kontakt mit der Welt ausdrücken, erscheinen dagegen sinnvoll, da sie den Kontrast verstärken. – Auch eigens formulierte „Bein-“ oder „Komm-Linien“ (s. Figur 73/74) brauchen diese Gestalten nicht eigentlich (weshalb man sie öfter nicht vorfindet), da das „Ich“ (oder wer immer es sein soll) bereits in unmittelbare Anwesenheit gebracht wurde und nicht erst „herbeibefohlen“ werden muss, **zumal auf der senkrecht hängenden Fläche kein Boden ist, auf dem sie dem Zeichner näher kommen könnten**. Auf der Abbildung **73** ist das „Innere“ zwischen den beiden aufrecht verlaufenden Grenzen mittels vieler Stiftbewegungen **mit „Ich“ vollgemacht**. Damit erweist sich diese Liniengestalt als eine Herauslösung des aufrechten Linienbündels aus der Abbildung 70.

Das Kind hat nach dem Zeichnen die Figur mit der Schere ausgeschnitten. Um dies hier sichtbar zu machen, wird die Figur vor einem getönten Hintergrund abgebildet. Durch das Ausschneiden löst das Kind objektiv – Objekt-erzeugend und bewahrend – die Figur aus dem Spielfeld eines möglichen Zeichensystems heraus und besitzt sie so als eine handhabbare „Sache“, wie eine selbstgemachte Puppe.

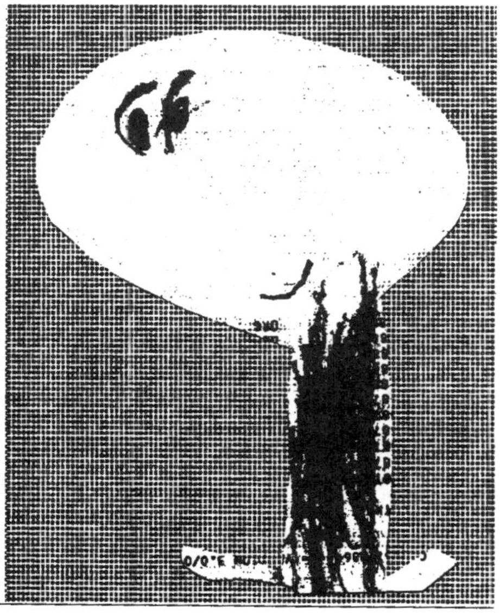

Abbildung 73 (Vorderseite) Mädchen 4 J 5 M (Rückseite) Abbildung 74

Auf Abbildung **73** wird die Vorderseite der ausgeschnittenen Figur gezeigt, auf welcher der umgrenzende Kreis als Anweisung zum Ausschneiden zu sehen ist. Die Rückseite der Figur (Abb. **74**) weist keine Grenzlinien auf, weil durch das Ausschneiden die gemeinte Sache

schon hergestellt ist. Die Bemalung der **Vorderseite** des Blattes genügt, dieses innerhalb des gemeinten (und markierten) Areals **durch und durch** in die „Ich-Figur" zu **verwandeln**. Weil die heftigen aufrechten Linien die wichtigsten sind, werden sie auf der Rückseite wiederholt, wo sie zudem Bruchstücke maschinengeschriebener Zeilen „auslöschen".
Das „Ich", als die durch und durch selbige Person von vorne und von hinten, wird durch die **beiderseits** aufgemalten „**Gesichts**züge" erläutert. Auf der Rückseite werden diese als Kennzeichnung der Identität zwar flüchtig wiederholt, doch wird dadurch klar, dass **keine Ansichten** von vorn oder von hinten gemeint sein können, weil Kinder dieser Altersstufe keine Ansichten zeichnen. Ein Kind in diesem Alter malt **sich selbst** sowieso von vorn und hinten identisch, weil es das Anders-Sein seiner Rückseite nicht kennt. Dazu passt grundsätzlich die allgemein zu beobachtende Tatsache, dass Kinder sich oft weigern, die **Rückseiten** der Blätter, die sie auf der Vorderseite **selbst** bemalt haben, für ein weiteres Bild zu benutzen: Denn wenn die gezeichnete Figur als eine bestimmte Sache gemeint ist, dann geht dasselbe Objekt bis auf die Rückseite des Blattes durch, auf die deswegen keine andere Gestalt gezeichnet werden kann. Deshalb sollte man die Weigerung eines Kindes, die Rückseite **seines** Blattes zusätzlich bemalen zu sollen, als begründet hinnehmen. Es geht dem Kind offenbar um mehr als nur darum, die **Seite** eines Blattes mit „Zeichen" zu füllen. In einem viel späteren Entwicklungsstadium kann das Kind auf der Rückseite des Blattes die Figur mit ihrer Rücken-Ansicht darstellen.
Bei frühen „Kopffüßlern" wird oft nur ein „nach unten" weisendes Linienpaar gezeichnet, das gemeinhin mit „Beinen" gleichgesetzt wird. Wie später an Beispielen gezeigt werden kann, sind diese Linien **weit mehr als nur** „Beine"; sie vertreten u. a. **auch** die **Seiten** des menschlichen Rumpfes und ganz ursprünglich das Aufgerichtet-Sein – wie die „Ich-Figur" als senkrechtes Linienbündel.
Am Ende dieses Abschnittes wird klar, dass es zwei verschiedene Ansätze zur Menschendarstellung gibt: Erstens das Modell, das zum „Kopffüßler" führt, indem das zeichnende Kind den Menschen wie einen **Partner**, der zu umarmen ist, erschafft, oder aber, zweitens, das Modell der „Ich-Figur", indem es **sich selbst** mit seiner eigenen Richtung in die Welt einbringt (s. auch Figur 153).

„Strahlenfiguren" (allenfalls) – schon gar nicht „Sonnen"

Sogar das Wort „Strahlenfiguren" steht in Anführungszeichen, weil diese Figuren nicht immer etwas mit Strahlen zu tun haben. Solche Not- oder Verlegenheits-Namen für vermeintliche Elementargebilde, die sich lediglich an Äußerlichkeiten orientieren, führen auf Irrwege, weil sie unzutreffende Assoziationen hervorrufen.

Mit dem Wort „Strahlen" verbindet sich das Ausstrahlen von Energien oder Helligkeiten, welche von einer Mittelpunkts-Zone ausgehen. Das Kind indessen erzeugt diese Linien als Spuren von Befehlsgesten.
Für diese „Strahlenfiguren" wird **leider** selbst von einflussreichen AutorInnen (Rhoda Kellogg) und von all denen, die sich auf sie beziehen, das Wort „Sonnen" gebraucht. Mit dieser **Falsch**bezeichnung wird die Erkenntnis, was das Kind denn **wirklich** mit diesen Figuren gemeint hat, geradezu verhindert, sogar wenn es selbst das Wort „Sonnen" den Erwachsenen nachspricht.
Jeder Laie kann leicht sehen, dass **„Beinlinien"** **nicht wie Strahlen** auf die **Mitte** der Gestalt bezogen sind, sondern einen eigenen Charakter haben. Der Grund dafür wird bei den Abbildungen 82 bis 85 erörtert.
Der Grund Mosimanns, diese Linien unter dem Begriff „Strahlen" zu verstehen, kommt aus der Annahme eines angeblichen „Sonnenprinzips", und dieses macht für Tatsachen blind.

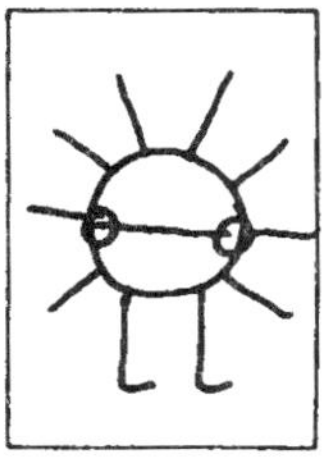

Figur 75 (aus Mosimann) Figuren 76

W. Mosimann beschreibt in „Kinder zeichnen" (Bern, Stuttgart, 1979, S. 23 u. S. 14) unter dem Aspekt *„Sonnenprinzip"* die Entstehung der nebenstehenden Figuren **75/76** folgendermaßen: *„Das Kind zeichnet Beine an das Rund des Kopffüsslers, kann dann den Vorgang des Strahlensetzens nicht mehr unterbrechen, bis der Kreis rundum mit Strahlen versehen ist".*
Aufgrund solcher Missverständnisse werden frühe Menschendarstellungen mit angeblicher „Sonnen"-Zeichnung in Verbindung gebracht; sogar von „Sonnenmenschen" (so Meike Aissen-Crewett) wird geredet – was blühender Sprachkitsch ist. Dann liegt es auch nahe, unter „Sonnenmenschen" und unter „Sonnenkindern" **Personen-bezogene Inhalte** zu verstehen und diese entsprechend zu bewerten, wo eigentlich nur eine unkritisch gebrauchte **formale Assoziation** vorliegt. Das angebliche „Sonnenprinzip" **verhindert** in diesem Fall die Beobachtung, dass die Beinlinien ganz offensichtlich **keine** Strahlenlinien sind, die folglich auch nicht als „Strahlen" fortgesetzt werden können. Deshalb können die „Beinlinien" unter dem Aspekt sinnvollen Handelns auch nicht originär aus den Strahlen hervorgehen.

Dass die Sonnen, die die Kinder auf ihre Bilder **eigens als Sonnen** (und **nicht als Menschen**) zeichnen, einen gewissen diagnostischen Wert in der psychologischen Praxis hinsichtlich der persönlichen Befindlichkeit des zeichnenden Kindes haben können, soll unbestritten sein, hat jedoch nichts mit der Menschendarstellung in der Form des „Kopffüßlers" selbst zu tun. (Iten, Andreas, Die Sonne in der Kinderzeichnung und ihre psychologische Bedeutung, Zug, 1974)

Die beiden Arten von „Kreisen" mit radial angeordneten Linien

Abbildung 77 Junge

Figur 78

Es gibt **zwei** verschiedene Erscheinungsformen dieser Kreise mit radialen Linien, die aus der Mitte zu kommen oder auf die Mitte hin zu zielen scheinen. Die Bezogenheit dieser Linien auf die Mitte des Kreises ist unübersehbar.

Zu unterscheiden sind:

Abbildung **77 :** Kreise, bei denen die geraden Linien die Kreisgrenze **von innen nach außen** sowie **von außen nach innen überschreiten,** und Figur **78 :** Kreise, bei denen die Linien **von der Kreisgrenze aus** in die Umgebung gerichtet sind.

Mit diesen beiden Typen meint das Kind ganz unterschiedliche Sachverhalte und spielt mit ihnen zwei völlig verschiedene Spiele.

Diejenigen Kreise, deren Grenzen durch die Linien **überschnitten** werden (Abb. **77**), sind so etwas wie örtlich eingegrenzte „Bezirke" – gehäuseartige oder gefäßhafte Phantasie-Gegenstände, die **sich selbst nicht bewegen**.

Die grenzüberschreitenden Linien zeigen das Spiel eines **Austausches an, der zwischen dem Innen und dem Außen** stattfindet.

Ein interessantes Beispiel bietet Abbildung 129.

Ein Kreis dagegegen, bei dem die Linien radial von der umfassenden Grenzlinie **ausgehen** (Figur **78**), zeigt an, dass sich der in der Grenze umfasste (Phantasie)-Gegenstand in jede der angezeigten Richtungen bewegen kann oder soll. Die Striche sind **gezeichnete Anweisungen** für die Richtungen, in die der Spielgegenstand **sich zu bewegen hat.**

Ein interessantes Beispiel zeigt Figur 138.

Kinder können zeichnend mit gemalten Figuren spielen

Wenn ein Kind eine (Kreis)-Fläche durch Umrandung zu einer Sache machen kann, dann kann es diese auch wie eine Sache behandeln – jedenfalls in der Phantasie; es kann damit spielen.

Naturgemäß sind Kinder mehr am Erlebnis als am Ergebnis interessiert, weil es der Vorgang ist, in den sie handelnd eingeschlossen sind, in dem sie sich selbst spüren und wahrnehmen. **Womit** das Kind spielt, ist durch den Inhalt des Kreises bereits **vorausgesetzt**, und **was** es spielt, wird **durchgeführt**.

Das Kind spielt also mit dem Kreisgebilde wie mit seinen sonstigen Spielzeugen: es nützt **dessen Möglichkeiten** zu **seinen Gunsten**. Da dieses ein Spielzeug aus Papier und Zeichenstift ist, **spielt es auf dem Papier mit dem Stift** weiter. Seine Einwirkung auf das Spielobjekt **aus** (bzw. **auf** dem) Papier besteht darin, dass es mit dem Stift in der Hand diejenigen Gesten ausführt, die es sonst auch als reale Bewegungen machen würde, beispielsweise wenn es in das Innere einer Schachtel irgendwelche Dinge hineinpacken oder aus ihr herausholen würde. Dabei sind dem Kind die großen Armbewegungen bemerkenswerter als die kleineren Greifbewegungen seiner Hände.

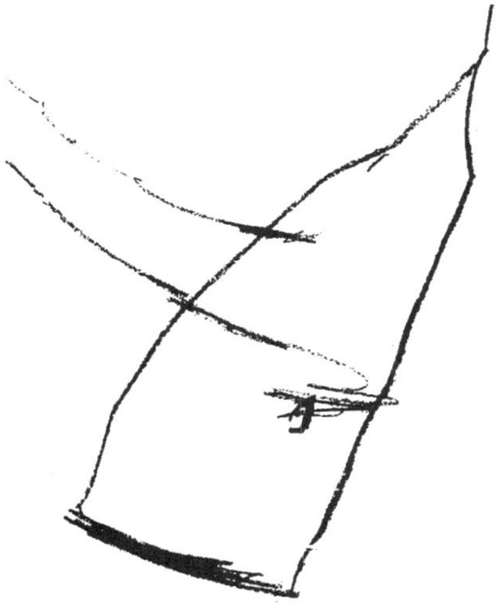

Abbildung 79 Mädchen 3 J 6 M

Für Kinder bedeutet es eine große Errungenschaft, wenn sie bemerken, dass die Grenzlinien, die das Innere vom Äußeren radikal scheiden, dennoch durchbrochen oder überwunden werden können, jedenfalls auf dem Papier. Auf der Abbildung **79** hat ein Mädchen ein umgrenztes Areal aus zwei schenkelartigen Linien zu zeichnen begonnen und dann den Bezirk mit „bemühten" Strichen „unten" geschlossen. Neben dem „Kreis" gibt es (s.Abb.58/60) auch andere Formen der Eingrenzung von Gestalten, auf oder mit denen Kinder spielen möchten. Die Abbildung **79** hält den Augenblick fest, in dem die Entdeckung der Überwindung von Grenzen gemacht wurde. Nachdem die Figur geschlossen war, fühlte sich das Kind durch eine schon vorhandene hakenförmige Markierung von fremder Hand gestört. Diese beginnt es durch Hin- und Herführen seines Stiftes durchzustreichen; denn fremde Markierungen duldet es nicht in seinem eigenen Revier. In der Heftigkeit der Ausführung gerät das Kind etwas **über den rechten Rand hinaus**, bemerkt dieses, und wiederholt die erfolgversprechende Handlung (Hin-und-Her-Bewegen des Stiftes) ohne abzusetzen am linken Rand und schließlich noch einmal ein Stück weiter hinten (auf dem liegenden Blatt), wo sich keine fremde Markierung findet. Was bei der betastenden Wahrnehmung von körperhaften Gegenständen in der Wirklichkeit nicht gelingt, nämlich ihre Grenzen zu durchdringen, lässt sich auf dem Papier leicht (!) bewerkstelligen.

Kinder spielen konkret mit „Kreisen" und „Linien"

Beim Austausch-Spiel, bei dem Sachen von außen nach innen und von innen nach außen transportiert werden, entstehen grenzüberschreitende Bewegungen; deren Spuren zeigen sich als radiale grenzenüberschneidende Linien (Figur **80**).

Das Innere des „Kreises" meint in diesem Fall keine „körperliche Dichte", sondern einen **Raum**; er bietet „Geräumigkeit" und ist dadurch im Sinne des Spiels verfügbar.

Die Linien sind die Spuren der **Gebärden** des **Hinein** und **Hinaus. Was** da von außen nach innen, und umgekehrt, geschoben und gebracht wird, ist (vom Kind) **vorausgesetzt** und braucht deshalb nicht zeichnerisch beschrieben zu werden. In Erinnerung daran, dass in den frühen Zeichnungen der Stift selbst ein Spielzeug ist, mit dem sich das Kind identifizieren kann, wird klar: Das Kind bringt **wiederum hauptsächlich sich selbst** als Verursacher und Vollstrecker des Austauschs zwischen innen und außen ein. Deshalb vermisst es nicht die „Darstellung" der Sachen; denn im Spielgeschehen waren diese für das Kind in den Gebärden und in den Tastgefühlen der Hände und der Armbewegungen fast so wie die wirklichen Dinge anwesend.

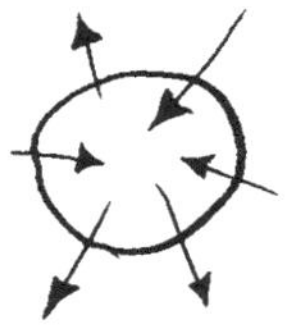
Figur 80

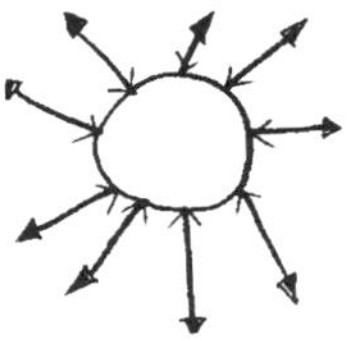
Figur 81

Die strahlenförmigen Linien, die **vom Rand** der Kreisgrenze **nach außen gehen** (Figur **81**), werden mit anderer Bedeutung verständlich: Sie sind Spuren des **Vollzugs von Befehlen**, mit welchen das Kind die **eingegrenzte Sache** auf der Bildfläche in alle möglichen Richtungen schickt. Jede Linie ist eine Anweisung, die gebärdenhaft vorgibt, wohin sich der Spielgegenstand bewegen soll: hierhin, dahin, dorthin. Darum ist es eine Fehleinschätzung, Figuren dieser Art (wie „Sonnen") als „schwebend" anzusehen, was nur dann naheliegt, wenn die Bilder an der Wand hängend gemalt oder als dort hängend beurteilt werden. Näherliegend wäre (weil die Kinder ihre Bilder meist in der horizontalen Ebene malen), diese Figuren mit der Bezogenheit auf „Gegend" in Verbindung zu bringen und damit alle Orte, vorn und hinten, rechts und links, oben und unten, einzuschließen, womit dann nicht nur das „Schweben", sondern auch das Laufen, das Gehen und das Kommen umfasst wären. Aus diesen Linien, die in die Welt außerhalb der im Kreis eingeschlossenen Kreatur weisen, gehen jene Striche hervor, die später „Arme" und „Haare" genannt werden .

Gelegentlich könnte es sich auch um Linien handeln, die Einwirkungen von außen auf den gezeichneten Spielgegenstand anzeigen. Falls sich das Kind mit der im Kreis eingeschlossenen Figur identifiziert, könnten die Linien Einwirkungen seelischer oder körperlicher Einflüsse ausdrücken. Da der abgegrenzte Kreisinhalt jedoch für vieles offen ist, ist eine „psychologische Deutung" ohne weitere Erhebungsmaßnahmen immer riskant.

Die Überschrift „Kinder spielen konkret mit Kreisen und Linien" würde völlig missverstanden, wenn man daraus ableiten wollte, dass die Kinder mit den „**Formen** von Kreisen" und den „**Formen** der geraden Linien" spielen. Es ist zwar weitverbreitete Auffassung, Kinder würden aus den Formen des Kreises und den Formen der geraden bzw. senkrechten Linien die Figur des Menschen (wie mit Legosteinen) **zusammensetzen** – genau so aber spielen die Kinder **nicht**. Sie **nehmen nicht (vorhandene) Formen**, sondern sie spielen runde **umfassende Gebärden** und **gerichtete Gesten**, als deren Spuren dann die Formen auf dem Blatt entstehen.

Die „senkrechten“ Linien am Kreis
– Aufrichtung – Seiten – Geh-Befehle – „Beine“ –

Abbildung 82

Die (in der Regel) „nach unten“, d.h. in Richtung des zeichnenden Kindes weisenden Linien, die von der Umrandung des „Kreises“ ausgehen, nehmen zugleich **mehrere Funktionen** wahr. Indem sie „nach unten“ weisen, stehen sie für die **Aufrichtung** des Menschen und für den **Abstand**, den „die Mitte des Menschen“ von der Bodenfläche hat. Meistens sind zwei Striche in deutlichem Abstand **parallel** gezogen (wenn auch nicht immer korrekt in der Ausführung), welche durch den Umstand, **fast** wie Tangenten dem Kreis zugeordnet zu sein, zugleich die beiden **Seiten** der Menschengestalt darstellen können. Die beiden Seiten und deren Parallelität erfährt das Kind in jener **Symmetrie**,die es am eigenen Körper spürt, wenn es mit seinen beiden Händen seitlich an seinem Leib herauf- und herunterfährt, z.B. beim An- und Auskleiden. Im wörtlichen Sinne „fühlt“ sich das Kind selbst „zwischen“ diesen „Seiten“-Linien „befindlich“, so dass es diesen Tast-Gestus mit dem Stift nur zu wiederholen braucht, um ein menschliches Wesen zwischen diesen Linien „zu haben“. Zudem ist zwischen diesen beiden Seiten die Richtung der „Ich-Figur“ aus den senkrechten Strichbündeln eingeschlossen.

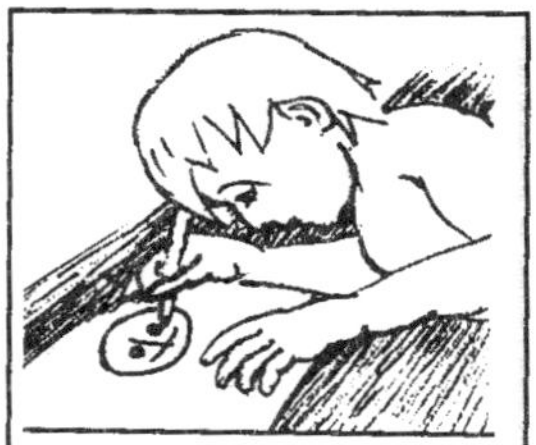

Die auf dem liegenden Blatt entfernt gezeichnete Figur holt das Kind näher an sich heran

Vor allem aber kann das Kind mit diesen Linien seinem Gebilde „Beine machen“, was in der Umgangssprache bekanntlich bedeutet, jemanden mit Nachdruck zum Gehen oder Kommen zu veranlassen. So sind diese Linien in dieser Hinsicht wieder **zwei in einem: befehlsgebende und befehlsausführende Linien**, die angeben, dass und zu wem das geschaffene Geschöpf gehen bzw. kommen soll.

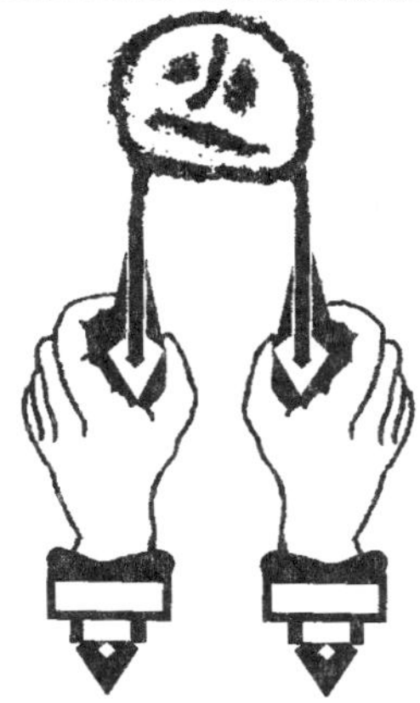

Figur 83

Diese beiden „**Zug**- oder **Komm**“-Linien haben mit Beinen zunächst nichts zu tun. Sie führen **die Tätigkeit des Kindes** beim ziehenden Heranholen der blickenden Gestalt aus und sind **Spuren dieser Tätigkeit.** Das Kind verfährt genauso wie in der Wirklichkeit, wo es den Bruder oder die Mutter mit beiden Händen anfasst und auf sich zu zieht (Figur **84**).

Die einzigartige **Parallelität** dieser Linien, die im Hinblick auf den „Kopffüßler" gebärdenhafte **„Zieh"-Linien** sind, **verwirklichen die Be-„ziehung"**, die das Kind zu der gezeichneten Gestalt aufnehmen will.

Figur 84

Figur 85

So zieht es sein Geschöpf aus Bleistift und Papier auf sich zu. Die Beidhändigkeit seiner Aktion wird durch zwei parallele Striche verwirklicht. Ebenfalls werden in diesen Strichen die Seiten der herangezogenen Person erzeugt, die aus den früheren Berührungen anderer Menschen bekannt sind. Figur **85** zeigt das Geschehen **aus der Sicht des Kindes**. Das Gesicht der Mutter wurde auf dem Foto etwas vergrößert, so wie es dem Kind erscheint, wenn es die Mutter anschaut. In dieser Gebärde – und aus dieser Sicht – ergibt sich eine Perspektive, bei der sich das **Körpergefühl aus den Armen** des Kindes im **Anblick der Arme** der Mutter als **deren Seiten** fortzusetzen **scheint**; jedenfalls treten diese stärker in Erscheinung als Beine.
Zwischen den Seiten spürt und sieht das Kind den **Körper** der Person, eine Wahrnehmung mit langer Nachwirkung (s. Abb. 112,113,116,117).
Von diesen parallel geführten Strichen bekommt das Kind aus der Sprache der Erwachsenen gesagt, das seien „Beine", und so wird es selbst auch „Beine" zu diesen Linien **sagen**, obwohl seine subjektive Körper-Erfahrung zunächst mit Beinen weniger zu tun hat als mit seinem **Heranholungswillen** und den **Gefühlen in den eigenen Armen.**
Weil das Kind die unterschiedlichen Bedeutungen des Wortes „Bein" noch nicht kennen kann (es gibt viele homonyme Bedeutungen), übernimmt es diesen Ausdruck ohne Schwierigkeiten, wie jedes neue Wort, dessen Bedeutung sich erst noch an Tatsachen bewähren muss.
Darüber hinaus kommt in dem Ausdruck „Beine" die **Funktion dieser Linien als Seiten der Gestalt** überhaupt nicht zu Wort. Nur so kann das Missverständnis (bei Abbildung 146) aufkommen, dort würde der Bauch „zwischen den Beinen hängen".
Das zeichnerische Vorgehen auf dem Blatt – analog zum komplexen Erleben und Verhalten in der Wirklichkeit – erklärt zusätzlich die **Parallelität** der „Beinlinien", die **nicht** strahlenförmig auf die Mitte des Kreises bezogen sind, weil sie keine Aktivität der gezeichneten Gestalt darstellen, sondern die eines zeichnenden Kindes.

Figur 86

Figur **86** veranschaulicht ein **Gegenbeispiel,** das auf die unverstandene Verwendung einer Vorlage hinweist. Gespreizte Beine beim „Kopffüßler" gehören nicht in die Spielwelt dieser Altersstufe. Beim Spreizen bilden die Beine einen Winkel, als würde die Gestalt **zwei verschiedene** Wege auf einmal einschlagen sollen. Mit der Orientierung an einer **gehenden** Gestalt würde eine von der gemalten Figur ausgeübte Tätigkeit abgebildet, was Kinder dieser Altersstufe noch nicht vermögen (s. Abbildungen 103 ff.). Die scheinbar naheliegende Assoziation, die auseinanderlaufenden Endstriche an den Beinen könnten ein zusätzlicher Hinweis auf „festen Stand" sein, setzt eine Bezugnahme des Kindes auf **„Gleichgewicht"** voraus, wo jedoch festes Stehen für das Kind mit der **Richtung** auf den Erdboden verbunden ist. Welchen Grund aber sollte ein Kind für solche Differenzierungen der Beinbewegungen haben, wenn es noch nicht einmal den visuellen Gegenwert eines Rumpfes für die Gesamtgestalt einbringt?

In üblicher, jedoch unzutreffender Weise wird gesagt, Kinder würden die „Beine" (oder die „Nase") „von oben nach unten" zeichnen. Dies beruht auf mangelnder Beobachtung des kindlichen Tuns. Registriert wird nur das Resultat, gewissermaßen das an die Wand geheftete Blatt. In den meisten Fällen jedoch lag das Papier waagerecht auf seiner Unterlage, so dass das Kind die Linien **nicht** „von oben nach unten", sondern **auf sich zu** zog – entsprechend dem allgemeinen Verhalten von Kindern dieses Alters.

Erst später – unter kulturellem Einfluss – erweisen sich diese Linien als frühe Vorläufer der Gliedmaßen-Darstellung. Der oberflächliche **Eindruck** von „Beinen", die vom Kopf/Körper-Kreis aus **nach unten**, zum Boden hin zu gehen scheinen, ist zwar richtig, bedeutet im Hinblick auf die Bodenfläche aber mehr. Auf dem zu bezeichnenden Blatt liegt die Kreisfigur ähnlich wie ein Damestein auf dem Schachbrett; sie kann mit den beiden geraden Linien, die vom Rand der Figur ausgehen, eine Beziehung zu allen Stellen der Blattfläche aufnehmen, zu der sie „hinbefohlen" werden kann: „Beinlinien" als „Weglinien".

Figur 87

Gelegentlich zeichnen Kinder ihren „Kopffüßler" (und manchmal sogar eine weiterentwickelte Menschengestalt) **„auf dem Kopf"** (Figur **87**). In diesem Fall geben sie ihrem Geschöpf **nicht** den Befehl **„komm zu mir!"**, sondern die Handlungsanweisung **„Geh zu Georg!"** Dann freilich muss das Kind den Spielkameraden „Georg" (wie immer er heißen mag) schon sehr gern haben, wenn diesem gegönnt wird, dass sein Geschöpf zu **ihm** gehen soll.

Einer fertig gezeichneten Menschengestalt ist nicht mehr anzusehen, ob sie „auf dem Kopf" gezeichnet wurde, weil sich nur durch weitere Figuren die „kopfstehende" Beziehung zum Raum ausdrückt.

Figur 88 nach Abb. 376
Mädchen 3 J 10 M

Figur **88** zeigt eine Raumsituation, in der sich das Kind **von der Seite** her seiner großen Mutter nähert, um ihr zum Geburtstag zu gratulieren. Figuren dieser Art sind als Ausdruck eines „rotierenden Raumgefühls" angesehen worden, wobei die Gestalten irreführend für „schwebend" ausgegeben wurden. (Grözinger, der solche Erscheinungen auf vorgeburtliche Erlebnisse bezieht.)

Zu solchen vom Boden abhebenden Deutungen kommt es leicht, wenn man die Bilder **senkrecht an der Wand hängend** ansieht und nicht so betrachtet, wie sie gezeichnet wurden, nämlich: **als liegende**, **auf den Boden** bezogene Spielfelder.

Die parallelen „Beinlinien" der Mutter zeigen, dass die Zeichnerin die Mutter auf **sich** zukommen lässt; deshalb bezieht sie die Mutter-Gestalt **nicht** auf das **gezeichnete** „Selbstbildnis". Die gespreizten Beine der gezeichneten Kinderfigur weisen darauf hin, dass die „ganze Mutter", die sich über die Größe des Blattes erstreckt, das Ziel des vergegenwärtigten Herbei-Eilens ist. Bei den Abbildungen 103 ff. werden die Querstriche, die „durch die Beine gehen", erklärt.

Offenbar wichtig scheint dem Kind zu sein, dass im Hause Pantoffeln, in die die Füße hineinschlüpfen, getragen werden (müssen).

Oft machen Kinder an die unteren Enden der „senkrechten" Linien einen oder mehrere Querstriche, die dann als „Füße" gedeutet werden. Da Kinder in diesem Alter ihren Geschöpfen **noch keine Gliedmaßen** zubilligen können, liegt es näher, in diesen Querstrichen Hinweise auf das Betreten des **Weltbodens** zu sehen, der sich nach rechts und links (in der Richtung der „Welt-Linien") erstreckt und den die Figur betreten soll.

Abb. 89 Junge 3 J 9 M

Die „Bein-Linien" werden in der Regel **vor** den „Arm"-Linien gezeichnet, nicht zuletzt deswegen, weil sie zugleich mit den „Seiten-Linien" entstehen. Als „Zuglinien", die der „**Ich-**Zuwendung" dienen, drücken sie die Gesten der eigenen Tätigkeit unmittelbar aus, wohingegen die „Armlinien" eine erst **danach** einsetzende **Welt-Zu**wendung vorschreiben. Die hin- und herfahrenden Striche an den Enden der „Seiten-Bein-Linien" auf der Abb. **89 bestimmen**, was die so entstandenen Beine **tun sollen**: Sie sollen in der durch Querlinien geordneten Welt als der vorgegebenen **Ort**schaft herumgehen.

Die parallel gesetzten „Beine" bekunden außerdem – wenn auch unbewusst – die Gleichrichtung des Gehens und machen aus ihnen ein **Paar**, das auf die senkrechte Mittelachse der Gestalt bezogen ist.

Natürlich steht das „Beinpaar" auch für Stabilität und ist Ausdruck einer gelungenen Balance.

Das Blatt bleibt liegen – aufrechte Figuren richten sich auf

Figur 91 Abbildung 90 (s. Abbildung 302) Figur 92 (s. Abb. 381)

Es müsste noch erklärt werden, wieso die auf das **liegende** Blatt gezeichneten Figuren als **aufrechte** Gestalten verstanden werden können. Wenn sich das Kind beim Zeichnen seiner Figur über das Blatt beugt, dann befindet sich seine eigene Körperachse, vor allem der Kopf mit den Augen, **parallel** zu der liegenden Fläche des Papierbogens (Figur **91** und **92**). Die Parallelität der Achsen der gezeichneten Gestalt mit der Körperhaltung des Zeichners bleibt in der Vorstellung des Kindes auch dann erhalten, wenn es sich selbst aufrichtet. Da sich das Kind in seiner gewöhnlichen Vorstellung auch bei der Beugung über das Blatt selbst als ein aufrechtes Wesen fühlt, **„steht“** ihm die gezeichnete Figur, die durch ihre Grenze vom Grund abgehoben ist, sozusagen „von innen her“ immer schon **gegenüber**. Daraus ergibt sich für das Kind – und ebenso für den erwachsenen Menschen – die selbstverständliche Leistung, **auf dem Papier liegende** Figuren auch als **stehende** Gestalten wahrzunehmen und noch dazu das an sich selbst gespürte „Oben“ und „Unten“ zu erleben.
Die Fußpunkte der aufgerichtet erscheinenden Gestalt lassen die Gestalt ersichtlich näher gekommen sein.

Die „waagerechten“ Linien, ausgehend vom Kreis – die Ausgerichtetheit des Menschen auf die Welt – – die Zuwendungs-Anweisungen – die „Arme“ –

Es sollte nicht verwundern, dass die „Bein“-Striche **vor** den „Arm“-Strichen gemacht werden : **Erstens**, weil für das Kind selbst die Möglichkeit zum Ortswechsel den höchsten Freiheitsgrad bedeutet, **zweitens**, weil es mit seinen Beinen vor dem Gefürchteten flüchten und das Beliebte aufsuchen kann, und **drittens**, weil das Laufen mit Eigenkörpergefühlen verbunden ist, die mehr als alle anderen Tätigkeiten den ganzen Körper einbeziehen.

Die „Arm-Linien“ vergegenwärtigen den **zielorientierten Weg** der **Hände** beim **Hineingreifen in die Welt**,

Abbildung 93 Junge ca 4 J

Die Striche, die seitlich aus der Grenze des „Kopffüßler-Wesens“ heraustreten, werden „Arme“ genannt. In diesen Linien zeigen sich die Gebärden für die **Zuwendung zur Welt**: Das Kind lässt **vermittels der Arme** die **Hände** ausstrecken, und die „Arm-Linien“, die auf dem Papier entstehen, sind eigentlich **die Wege der Hände**. Die Hand ist dem Kind wichtig, weil **sie** die Tätigkeiten ausübt. Das Kind zeichnet den **direkten Weg** der Hände zum Ziel. Darum sind diese Linien mehr oder weniger gerade und kennen keinen Ellbogen-Knick. Die Arme (als Gliedmaßen) sind für das Kind im Erleben seiner Tätigkeiten durchwegs unbeachtete Werkzeuge der Tat-Ausführung, weshalb schon früh eher auffällige Handformen an den äußeren Enden auftreten.

Für „Armlinien“ an „Kopffüßlern“ ist charakteristisch, dass sie an der Stelle, von der sie an der Gestaltgrenze ausgehen, nach innen auf das Zentrum weisen, so, als würden die Anweisungen für die Hand aus der Mitte der Figur hervorgehen. Bei späten „Kopffüßler“-Gestalten können „Arm-Linien“ weiter unterhalb auch in andere Richtungen als die „allgemeine Weltrichtung“ austreten, wenn die Hand nach einem **bestimmteten** Ziel greifen soll; auch dann weisen die Linien an der Gestalt-Grenze auf das Zentrum ihrer Herkunft zurück. Dieselbe Erscheinung zeigt sich auch noch nach langer Zeit an den später gezeichneten Körpern, aus denen die Armlinien austreten.

Die „Arm“-Linie entsteht auch als **Wegspur der Hand des Kindes**, die den Stift hält und über das Papier führt. Die **Figur** soll mit den Händen nach vorn oder nach hinten greifen, zu den Seiten oder nach oben oder nach unten, **überall** dahin, wo die durch den Papierbogen vorgegebene **Welt ist**. **Diesem Ordnungsprinzip** gleicht das Kind seine Gesten und damit auch die Führung des Stiftes beim Zeichnen an. Aus der Mitte seines Wesens zeichnet das Kind **sein eigenes Greifen** in die Welt hinein, und so haben die „Arm-Linien“ ihren Ausgangspunkt meist auf der mittleren Höhe der Gestalt und beziehen sich auf deren Mittelpunkt.

Das „Armpaar“ und das „Beinpaar“ stehen, aufgrund ihrer Herkunft aus den Gesten der **Welt**-Bereitung und den Gesten der **Ich**-Behauptung senkrecht – im Rechten Winkel – zueinander. Mit dem Rechten Winkel wird **äußerlich** „der größtmögliche Richtungsunterschied“ **gekennzeichnet.**

Die rechtwinklige Stellung der „Arme“ zur Körper-Achse und zu den „Beinen“ wird in der Literatur zur Kinderzeichnung (nicht zuletzt wegen der Einfachheit ihrer Geometrie) oft dem Anfang zugerechnet, wobei es späteren Entwicklungsschritten des Kindes vorbehalten sei, weitere Richtungen zu differenzieren. In der Tat verhält es sich so, wenn man die Entwicklung der Kinderzeichnung **von außen** betrachtet. **Von innen** betrachtet erweist sich die Bezugnahme des Kindes auf die **Ich-**

Richtung im Stehen und Gehen sowie auf die **Welt**-Richtung in der zugreifenden Hinwendung als **sinnvoller**. Dem Kind selbst aber geht es weder um die „Deutlichkeit der größtmöglichen Richtungsunterscheidung" noch überhaupt um einen Winkel, auch nicht um den rechten Winkel, sondern um die verschieden gerichteten Zuwendungs-Arten zur Welt, die mit Beinen und Armen bewerkstelligt werden.

In dem 1994 veröffentlichten Buch von M. Schuster steht: *„Der rechte Winkel ist oft die größte Richtungsunterscheidung und steht für jedes 'Abgehen von'. Wenn der Strich noch nicht so sicher geführt wird, könnte eine Schräge leicht zu schräg werden. So gehen die Arme sicherheitshalber im rechten Winkel vom Körper ab, obwohl man sie ja kaum ständig waagerecht hält."* Martin Schuster, Kinderzeichnungen - Wie sie entstehen, was sie bedeuten, Berlin Heidelberg 1994, S.50. –
Im Kontrast von „horizontal und vertikal" ist der rechte Winkel nicht oft, sondern immer und unvermeidlich der größtmögliche Richtungsunterschied. Um einen unerwünschten „zu schrägen" Unterschied „sicher" zu vermeiden, soll irgendetwas ablaufen, weswegen das Kind dann „sicherheitshalber" zum rechten Winkel greifen soll – ein absurder Gedanke, der in Bezug auf vierjährige Kinder nicht nachvollziehbar ist. Schließlich spielt und zeigt das Kind doch lieber, was man mit den „Armen" tut oder „wozu man sie hat", als eine möglicherweise visuell „falsche Darstellung" zu vermeiden. Solche angeblich „wissenschaftlich aufklärenden" Behauptungen können nur auf einem Deutungshintergrund entstehen, der einer – lediglich erwünschten – visuellen Abbildlichkeit den Vorrang vor kindgemäßem Verhalten gibt – oder seine Leser missachtet.

Die ausstrahlenden Linien *an* und *aus* der Oberseite des „Kopffüßlers" – „Haare" (?)

Abbildung 94
Mädchen 3 J 8M

An der Oberseite des „Kopffüßlers" findet man häufig einige markante Striche, die oft wie Strahlen – bezogen auf die Mitte des Kreises – von der Grenze nach außen gerichtet sind. Es fällt schwer anzunehmen, dass ein Kind, das seinem Geschöpf noch nicht einmal einen eigenen Körper geben konnte, den Haaren eine solche Bedeutung zumessen sollte. In Erinnerung an Figur 81 wäre eher daran zu denken, dass diese Linien eine allgemeine **Hinwendung** zur umgebenden Welt vergegenwärtigen könnten, namentlich zu einer Welt, die sich **oberhalb** der sonst zugänglichen oder ergreifbaren Welt des Kindes abspielt: die Welt der Erwachsenen. Dafür spricht das gelegentliche Weglassen der horizontalen „Arm-Linien". Wenn in diesem Kapitel von „Oberseite" gesprochen wird, also von „oben" und „unten" und nicht von „hinten" und „vorn" auf dem **liegenden** Blatt, so deshalb, weil das beim Zeichnen entstehende Wesen schon durch die „Beinlinien" so bestimmt ist, dass die Gegenseite dazu nur die Oberseite sein kann.

Für das Kind gibt es zwar noch **kein Bildformat-abhängiges Oben und Unten**, sondern ein (kind**nahes**) „Vorn" **vor sich** auf dem Blatt und ein (kind**fernes**) „Hinten". Das Kind selbst beurteilt vorrangig die Vorderseite des Papierbogens als ein **„oben" drauf** und die Rückseite als ein **„unten" drunter**. – Das Kind denkt nicht an eine künftige Verwendung des Bildes an der Wand, sondern bewegt sich **unmittelbar in der gegebenen Situation**, die zum Zeitpunkt seiner zeichnerischen Tätigkeit herrscht. Wenn also diese Strahlenlinien aus der Oberseite der Figur herauskommen, so gilt dieses „Oben“ **nicht** dem Papier**format**, sondern dem gezeichneten **Gegenstand** – entsprechend der Figur 92 .

Die Abbildung **94** stammt von einem Mädchen, und Mädchen tragen lange Haare und spüren sie oft leidvoll, wenn sie gekämmt und gebürstet werden. Darum werden von Mädchen die Haare als eindrucksvolle Ereignisse ihrer leiblichen Welterfahrung wesentlich stärker beachtet als von Jungen. Auf Mädchenbildern kann immer wieder beobachtet werden, dass sich um den Kopf herum die Haare in weitem Kreis wie ein Nimbus ausdehnen. Das hängt damit zusammen, dass die Mädchen ihre Haare ja nie ganz zu sehen bekommen, weil sie selbst im Spiegel nur zum Teil zu sehen sind. Wenn sie sie aber mit ihren Händen ergreifen, dann reichen die (langen) Haare immer bis zu ihren Fingerspitzen, **wo sie sie spüren (**nach demselben Prinzip von Figur 27) . Die Zeichnungen sind demnach Protokolle des Gefühls von Haaren in den Händen des Mädchens, und deshalb hat der Bogen um den Kopf herum meistens einen Radius, der der Armlänge entspricht (s. Abb. 146 und Fig. 173 b). Bei frühen Kinderzeichnungen sind die „Arm-Linien“ häufig ebenso lang wie die „Bein-Linien“. Geht man bei Abbildung **94** von der Beinlänge und der Länge der ersten Haarlinie aus, dann trifft diese Beobachtung auch hier zu. (Im Eifer wurden die Linien dann immer länger).

Was aber sind das für merkwürdige Linien, die **nicht auf** dem „Kopf“ „wachsen“, sondern offenbar **aus dem Innern** der Gestalten kommen“?

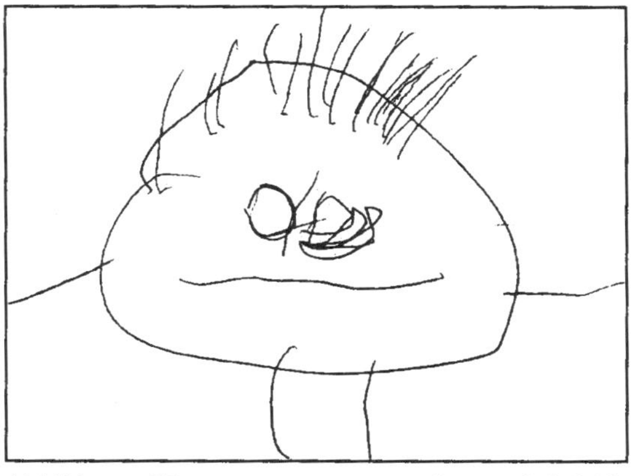

Abbildung 95 Junge 3 J 8 M

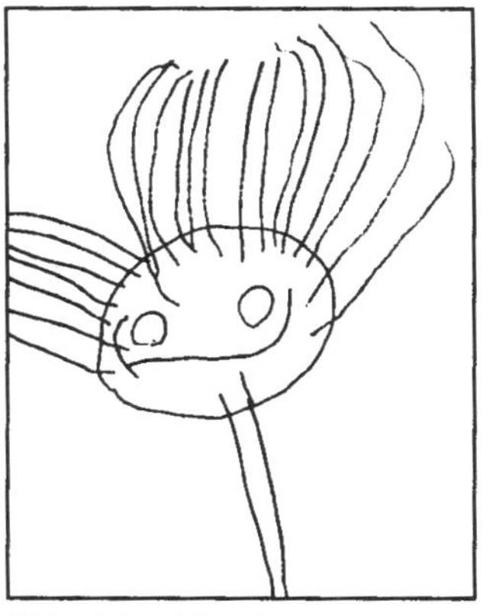

Abb. 96 Mädchen 3 J 4 M

Es wären dann doch eher Hinwendungen, die mit den Sinnen, mit Augen und Ohren und überhaupt mit **inneren Strebungen nach oben** zu tun haben. Dort oben nämlich sind die Erwachsenen, nach denen sich das Kind sehnt, denen es Kopf und Blick zuwendet und nach denen es die Arme und die Hände ausreckt, bis sich ein einziger Spannungsbogen von den Zehen durch den ganzen Körper bis zu den erhobenen Fingerspitzen erstreckt.

Der – wegen der **Benennungsmöglichkeit** – gegenstands- und abbildungs**süchtige** Erwachsene allerdings wird dem Kind einreden, es habe **zwar Haare** gezeichnet, **aber** doch zu wenige und viel zu lange, und so wird das Kind dazu kommen, zu diesen ursprünglichen **Zuwendungs**-Linien auch „Haare“ zu **sagen** und schließlich so etwas wie eine Frisur aus ihnen zu machen. Strichbündel beispielsweise, die sich mehr oder weniger parallel, **konturbegleitend** zur oberen Grenze des „Kopffüßlers“ bewegen, machen dann den Gestus des Haare-Kämmens oder den des leidvoll erlebten Gebürstetwerdens nach, und geben so dem Kind „als Ersatz“ einen einigermaßen nachvollziehbaren Sinn für die **eigentliche, jedoch unaussprechbare** Bedeutung (s. Abb. 129). Die linienhafte Beschaffenheit des Einzelhaars macht die Umwandlung natürlich leicht und verbirgt dem Erwachsenen wie dem Kind den ursprünglich gemeinten Sachverhalt.

Ohne Frage wird in diesem Vorgang eine wesentliche existentielle Weltzuwendung des Kindes zum bedeutungslosen Abbild eines frisurähnlichen Gebildes degradiert.

Die unsachgemäße Benennung dieser Linien führt in die falsche Denkrichtung, wenn man nach ihrer wirklichen Herkunft fragt. So naheliegend es unter dem Gesichtspunkt **visueller** Darstellung sein mag, „Haare“ in dieser Figur an der „Oberseite“ des Kreises zu sehen, so nebensächlich muss diese Einzelheit für das Kind sein, wenn man seine wirklichen Lebens-Probleme ernst nimmt. Aus den Bedürfnissen des Kindes heraus ist es viel sinnvoller, in diesen Linien den Ausdruck der kindlichen Sehnsucht „in die Höhe“ zur Welt der großen Erwachsenen zu sehen. Ein zu dieser Thematik gehörendes weiteres Beispiel bietet die Abbildung 125.

Die Richtung, in der die Füße den Boden berühren, weist nach unten. Wo sich die Welt zu den Erwachsenen hin erweitert, da ist oben. Die Gestalt, die im Kreis enthalten ist, steht in der Mitte zwischen den Linien, die das Gehen in die Welt markieren und jenen Linien, die die Zuwendung zu den erwachsenen Menschen verkörpern.

Abbildung 97
Mädchen 5 J 11 M

Auf der Abbildung **97** scheint das Mädchen (unbewusst) die Linien noch immer im Sinn einer „Richtung nach oben“ zu zeichnen, wohingegen es die eindeutigen Haar-Linien durch die Zopfspangen markiert.

Weitere Kennzeichnung der Menschenfigur – das „Gesicht“ oder das Kreuz im Kreis – oder der „Mund“ und die „Nase“

Abbildung 98 Abbildung 99

Bei den „Augen“ wurde bereits geklärt, dass der **Blick** ins Innere führt und schon **deshalb** die Markierungen keine „Innereien“ darstellen. Nun führen Mund und Nase zwar ebenfalls ins Innere, jedoch auf eine völlig andere Weise.

Systematisch betrachtet müssten die Mund- und Nasen-linien **Umrisslinien** sein, wenn sie (von ihren Grenzen her) anfassbare **gegenständliche** Teile bezeichnen sollten. Aber es sind **gerade Linien**, nämlich **Bewegungsspuren**, die auf die üblichen „Anweisungs-Gebärden“ zurückzuführen wären. So ist es in der Tat.

An vielen **frühen** „Kopffüßler“-Zeichnungen kann man bemerken, dass die Kinder **keinen** Mund und **keine** Nase gezeichnet haben, sondern dass sie **zwei sich kreuzende Linien** über das ganze oder fast das ganze eingegrenzte Areal ziehen – die indesssen **kein Kreuz** bedeuten. Denn die Figur hat **nur äußerlich** die Gestalt des Kreuzes; in Wirklichkeit hat das Kind **einen Strich in Richtung seiner Körperachse** und **einen Strich quer dazu** gemacht, wobei die beiden Strich-Richtungen bekanntlich **Unterschiedliches** bedeuten (Abb.**98**).

Als Handlungsanweisung hätte der „senkrechte“ Strich zu bedeuten, dass sich das „Kopffüßlerwesen“ nickend von oben nach unten bewegte, während der „waagerechte“ Strich eine kopfschüttelnde Bewegung von einer Seite zur anderen bedeuten würde. So erklärt sich die ursprüngliche Bedeutung von Mund- und Nasenstrich als die dem „eingekreisten“ Wesen zugesprochene Fähigkeit, mit **JA** und **NEIN** zur Welt Stellung zu beziehen. Wer je Körpersprache beobachtet hat, weiß, wie Kinder im Ernstfall mit der **ganzen** Fülle ihrer leiblichen Existenz hinter ihrem JA und hinter ihrem NEIN stehen.

„Das gezeichnete Ja“ hat dieselbe Richtung wie die Linien der „Ich-Figur“, die bereits angesprochen wurden. Das Kind (und der Erwachsene in unserer Kultur) ist dann zur Bejahung bereit, wenn etwas **mit ihm selbst** in Übereinstimmung steht. Es wird dasjenige **verneint**, das nicht akzeptiert, fordernd aus der Welt kommend, **quer** zur inneren Ich-Achse steht. In diesem Zusammenhang ist interessant, dass JA und NEIN in unterschiedlichen Kulturen verschieden ausgedrückt werden; so gibt es statt des ***bejahenden*** Kopf*nickens* (wie in den meisten Teilen der westlichen Kultur) **auch** ein ***verneinendes*** Kopf*nicken* in manchen östlichen Kulturen, wo im Westen für Verneinung in der Regel ein Kopf*schütteln* erwartet wird.

Bezogen auf grundlegende Deutungen seiner Existenz gilt den Menschen in abendländischer Tradition als letztgültiges Ziel ihres Lebens die Entfaltung ihrer individuellen Personalität (als Selbstverwirklichung) bis hin zur ewigen Anschauung eines gegebenfalls personhaft geglaubten Gottes nach dem Tode, wohingegen im buddhistisch beeinflussten Osten der Eingang ins Nirwana, das Eingehen der einzelnen Person ins kosmische All als das zu erstrebende Ziel gilt. Im ersten Fall ist das JA im Einvernehmen mit der senkrechten Achse der eigenen Person gegeben, im zweiten Fall beruht das „horizontale JA“ auf dem solidarischen Einverständnis mit dem Clan, der Sippe und dem Kosmos.

Solche Kreis-(Kreuz)-Quadrat-Figuren werden in der Literatur zu dieser Erscheinung oftmals mit einem Wort aus dem Sanskrit als **„Mandala“** angesprochen (Bei C.G. Jung, von M. Kläger, von G. Meili-Dworetzki, von Rh. Kellogg und in deren Gefolge von M. Aissen-Crewett. Den aus dem Lamaismus stammenden Ausdruck „Mandala“ verwende ich mit Absicht **nicht**, um den Eindruck zu vermeiden, als gehöre fremdartiges und kultisches Wissen um „geheimnisvolle kosmische Zusammenhänge“ zum Verstehen der Kinderzeichnung.)

Das Mandala dient als „kosmisches Diagramm“ bei Meditations-Übungen, die von östlichen Kulten inspiriert sind. Es soll bei der im Individuationsprozess angezielten Selbstwerdung behilflich sein. Solche Leistungen könnte das Mandala nicht vollbringen, wenn es nicht tatsächlich in der oben beschriebenen Weise **zuvor** schon tief in der frühmenschlichen Lebenserfahrung verankert wäre, weshalb es in der meditativen Selbstbesinnung aktiviert werden kann.

Die sich kreuzende Linienfigur muss nicht immer nach oben und unten in gleichlange Abschnitte gegliedert sein. Die Symmetrie in Bezug auf rechts und links wird fast immer eingehalten bzw. angestrebt.

Beim JA und beim NEIN geht es allerdings **nicht** um das Ja-und-Nein-**Sagen**-Können. Es geht um die ganzheitliche Stellungnahme des Kindes zu einem Sachverhalt, bei der das Vermögen zur Verweigerung oder zur Zuwendung nicht an die Verwendung von Wörtern gebunden sein muss. Zum Leidwesen vieler Erzieher nimmt das Kind gelegentlich mit seinen versammelten Lebenskräften Stellung, um etwas radikal abzulehnen, oder, was als erfreulicher gilt, um etwas bedingungslos anzunehmen. Bei kleineren Kindern gibt es bekanntlich noch keine Kompromisse.

Indem der „Nein“-Strich in unserer Kultur bei manchen Kindern gelegentlich zeitlich **vor** dem „Ja“-Strich vorkommt, lässt sich daran ein Schritt zu eigenwilligen Unabhängigkeitsbestrebungen des Kindes beobachten. Die Fähigkeit zum Nein-Sagen gilt für den aufgeklärten Erzieher zugleich als die Grundlage einer dann auch **absichtsvollen** Zustimmung im JA.

Erwachsene erwarten in einem „Gesicht“ des „Kopffüßlers“ die **Zeichen** für Mund und Nase. Dementsprechend werden sie (oder ältere Kinder) die jüngeren Kinder darüber aufklären, dass die Nase nicht von der Stirn bis zum Kinn und der Mund nicht „von einem Ohr zum andern“ reicht. Und so werden die im JA und NEIN enthaltenen elementaren gebärdenhaften Äußerungen der Selbstdeutung kindlicher Lebenssituationen auf das Format von „Näschen und Mündchen“ gebracht.

Es gibt gelegentlich Kinder, die statt der **einen** „Mundlinie" **zwei** Querstriche machen, einen oberhalb und einen unterhalb der „Nasenlinie". Vielleicht spüren diese Kinder ihr Kopfschütteln sehr heftig in der Stirnregion.
Bei den meisten Kinderzeichnungen steht mit **auffälliger Genauigkeit** die Nasenlinie **zwischen** den Augen; die obere Hälfte befindet sich oberhalb, die untere Hälfte unterhalb der „Augenhöhe". Auch **diese** Eigentümlichkeit ist erklärbar, denn sie beruht auf Erfahrungen, die bereits die Säuglinge gemacht haben. Schon wenn Kleinkinder noch im Arm ihres Vaters oder ihrer Mutter liegen und sich beide gegenseitig in die Augen blicken, nickt gewöhnlich der Erwachsene seinen Kopf bejahend dem Kind entgegen. Dabei fixieren sich die beiden Augenpaare gegenseitig. Jeder blickt dem andern ins Gesicht; und für das schauende Kleinkind **tanzt die Nasenspitze** als die ihm nächste und beweglichste Erscheinung **zwischen den Augen** auf und ab. Die von uns als Bewegungsspuren gedeuteten geraden Linien finden hier eine selbstverständliche Bestätigung. Ursprünglich liegt ja der Nasenlinie die Ja-sagende Kopf- und Körper**bewegung** zugrunde, die das Kind in seiner Nachahmungsbereitschaft wiederholt. Beim Nein-sagenden Kopfschütteln bleibt die hauptsächlich bewegte Nasenspitze in der untersten Position des sonst Ja-sagenden Kopfnickens .

Die von Kindern gezeichnete Nasenlinie zwischen den Augen wurde von mir schon lange als die auf und ab pendelnde Bewegung der Nasenspitze interpretiert: die Darstellung der „Nase" aufgrund der „bejahenden" Bewegungen des Kopfes. Folgt man Piaget, dann bedeutet wegen des kindlichen Nachahmungsgeschehens diese Linie nicht nur die Wiedergabe der Nasenbewegung, sondern gleichfalls auch die darauf antwortende Bewegung des Kindes, nämlich das Nicken des eigenen Kopfes bzw. die Vorstellung davon.

In der deutschen Sprache wird das Wort „Gesicht" vom Blicken der Augen her gebildet, was allerdings nicht in allen Sprachen der Fall ist.

Die Umwidmung der gekreuzten „Anweisungs-Linien" in Zeichen für Gesichtsmerkmale „bändigt" den Ausdruck willentlicher Äußerungen.

Wo zuvor mit den gekreuzten Linien die gesamte Gestalt als eine zur Stellungnahme befähigte ausgezeichnet wurde, wird nun der Zeichner und der Betrachter auf den Anblick einer Gesichts-Norm verpflichtet.

Der „Kopffüßler" – das grundlegende Beispiel für die Eigentümlichkeiten der frühen Kinderzeichnung

Das Kind bildet gesehene Gegenstände nicht in ihren optischen Erscheinungen ab, sondern es protokolliert seine Erfahrungen mit ihnen unter den Bedingungen ihrer Herstellung aus Papier und Stift in der direkten Wiederholung von geläufig gewordenen Gesten und Gebärden, wobei visuelle Erscheinungen, sofern sie wahrgenommen werden, natürlich einbezogen und sowohl in den tätigen Vorgang als auch in die „inneren Bilder" integriert werden. Das setzt die unmittelbar wahrgenommene Begegnung **mit den Gegenständen selbst** voraus und wird in alltäglichen Handhabungen geübt. Der gespeicherte Erfahrungsschatz befähigt das Kind, zwar unbewusst, jedoch mit größtmöglicher Sicherheit, die **Verbindung** seiner von ihm gezeichneten Erzeugnisse mit den Weltdingen herzustellen.
In dieser Verbindung tritt die **Realität selbst als „Autorität"** auf und begründet für das Kind den – Selbstsicherheit gebenden – subjektiv empfundenen „Wahrheits-Charakter" seiner Zeichnung.

Es war in den voranstehenden Kapiteln möglich, **jeder Figur**, die das Kind beim Spielen mit dem Stift und zur Herstellung von „Spiel-Sachen" auf dem Papier hervorbrachte, aus einem einzigen, in sich geschlossenen Ansatz heraus, einen plausiblen **Grund** zuzuordnen und ihr damit **Sinn** abzugewinnen. Kinder können diesen Sinn oft **noch nicht aussprechen.** Würden die Kinder im Malen aber keine **gegenwärtige** Sinnerfüllung finden, so würden sie freiwillig wohl nicht so gern zu den Stiften greifen.

Die am „Kopffüßler" erbrachten Erkenntnisse lassen sich auf die vergleichbaren anderen Einzel-Gegenstände – also auf Tiere, Pflanzen, Fahrzeuge – usw. übertragen. Sie werden auf dieselbe Weise erzeugt, und sodann wird ihnen „befohlen", was sie zu tun haben oder wodurch sie weiterhin gekennzeichnet werden sollen.

Der „Kopffüßler" ist nicht das Ende der Kinderzeichnung, wie die weiteren Kapitel dieses Buches zeigen.

Die frühen Menschendarstellungen – Beispiele

Allgemeines zur Vielfalt der vorkommenden Formen

Die frühen Menschendarstellungen, natürlich auch der „Kopffüßler", können im konkreten Fall das unterschiedlichste Aussehen haben. Das ist leicht einzusehen. Schon kleine Kinder besitzen unterschiedliches Temperament und eigenen Charakter, haben ihre besonderen Erfahrungen gemacht, wurden angeleitet oder behindert oder sonstwie beeinflusst. Die Beeinflussung bezieht sich nicht nur auf den Umgang mit Papier und Stiften, sondern auch auf die vorangegangenen frühen Welterfahrungen. Manches Kind durfte sich der Welt offen zuwenden; andere, oft die „Überbehüteten", wurden durch ihre Erziehung von der Begegnung mit der Welt abgehalten, denn sie hätten sich vielleicht verletzen oder schmutzig machen oder von der Bezugsperson in irgendeiner Hinsicht entfernen können.

Für ihre unterschiedliche Ausgangslage sind die Kinder, wenn sie mit Stift und Papier zu hantieren beginnen, nicht verantwortlich. Für den Fortbestand der Menschheit ist die Vielfalt (Pluralität) der individuellen Ausprägungen, die sich durch unterschiedliches Lern- und Begabungsschicksal bei den Menschenkindern ergibt, sogar von Vorteil. Allen Menschen sind durch Begabung, Erziehung und Umwelt je eigene Probleme aufgegeben, deren Bewältigung ihnen selbst und anderen zum Vorteil gereichen kann. Die großen kulturellen, politischen und künstlerischen Leistungen der Geschichte sind Ergebnisse von Problembewältigungen. – Diese Überlegungen müssen an dieser Stelle, wo sich vielleicht das Gewissen mancher ErzieherInnen melden dürfte, eingeflochten werden. Denn: Weder das problemfreie Kind noch das „Einheitskind" wären wünschenswert.

In den nachfolgenden Abschnitten werden nun konkrete Figuren vorgestellt und daraufhin untersucht, ob sich die am „Kopffüßler" erarbeiteten Erkenntnisse bewähren und allgemeine Gültigkeit haben.

Mögliche Formen im Umfeld des „Kopffüßlers"

Ähnliche Formen von der Art, wie sie in den Abbildungen **100**, **101** und **102** gezeigt werden, kommen auf frühen Kinderzeichnungen, die noch „Kritzeleien" genannt werden, gelegentlich vor. Oft lassen sich diese Figuren nur deshalb in dem Liniengewirr erkennen, weil die Betrachter nach Sinnzusammenhängen gesucht haben. Kinder dürften aber ebenfalls schon früh die Fähigkeit haben, Sinngestalten zu erkennen, wenn man bedenkt, aus welchem visuellen Chaos sie lernen mussten, überhaupt Gestalten herauszulösen.

Für den außenstehenden Betrachter ist es schwer zu sagen, ob es sich hierbei um (Vor-)Formen der Menschengestalt handelt oder einfach nur um „Wesen", die auf langen Wegen laufen (Abb. **100-101**) bzw. mit ihren Blicken Beziehungen zu ihrer Umwelt aufnehmen können (Abb. **102**).

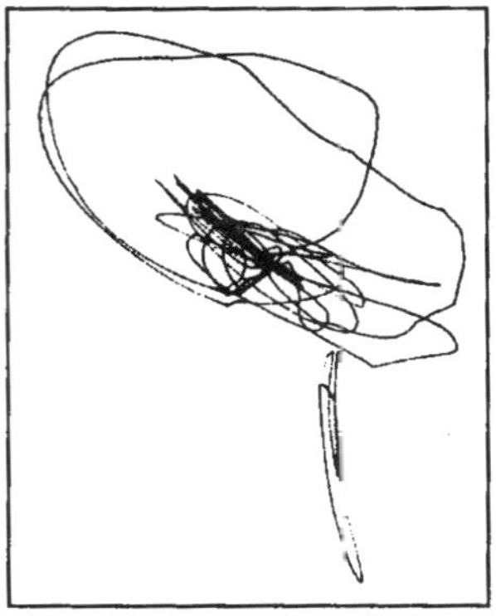

Abbildung 100
Mädchen 2 J 9 M

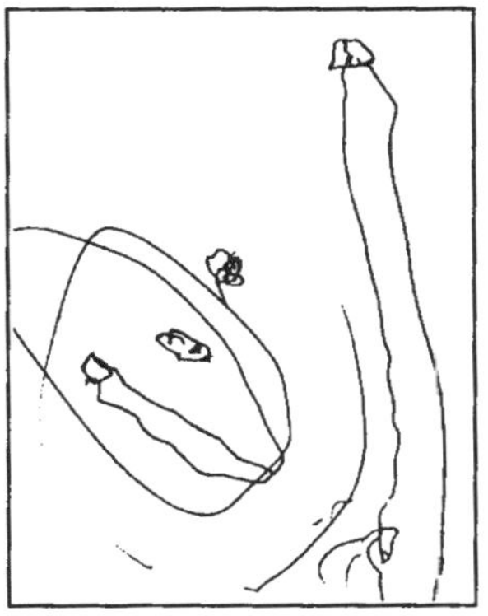

Abbildung 101
Mädchen 3 J 3 M

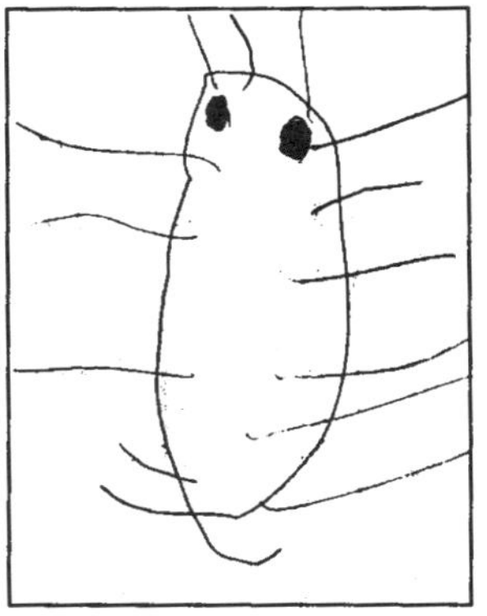

Abbildung 102
Mädchen 3 J 11 M

Die Menschenfigur kann sich auf unterschiedliche Weise begründen, indem sie am um„fassenden“ Kreis („Kopffüßler“) orientiert ist, oder ihren Ausgang von einem „aufrecht stehenden Linienbündel“ („Ich-Linie“) nimmt.

„Beine“ mit Querstrichen

Abbildung 103
Mädchen 4 J 2 M

Die **Bezeichnung „Leiter**“ für die Erscheinung der Querstriche, die so oder so ähnlich **durch** die „Beine“ – oder **von** ihnen **aus** – gehen (Abbild. **103-110**), wird trotz mangelhafter Aussagekraft und irreführender Assoziation von manchen Autoren gebraucht. Das (falsche) Bild einer Leiter ist visuell und gegenständlich bestimmt; es geht von Holmen mit dazwischen befindlichen Sprossen aus, wohingegen die Querlinien **in Wirklichkeit** die Spuren der **Vergegenwärtigung überwundener Wegstrecken-Abschnitte** auf dem „Weltboden aus Papier“ sind. Diese Linien sind **Raum-gliedernde „Weltlinien“**, welche anzeigen, in welchem Umfeld der Weg zum Ziel zurückgelegt wird. Die „Etappen“ in kleinen Abständen beziehen sich auf vergegenwärtigende Bewegungen des Kindes, als würde es eine Puppe, wie in der Puppenstube – „ruckweise hüpfend“ – auf sich zukommen lassen.

Abbildung und Figur 104

Die nebenstehende Figur zeigt, wie die Abbildung der Zeichnung eines Mädchens (3 J 3 M) zu verstehen ist. Die mehrfach umarmte Gestalt soll mit raschen Schritten der Zeichnerin näher kommen. Die Querstriche werden „wörtlich“ der **Boden unter den Beinen**, auch wenn die Bein-Linien zuvor gezeichnet wurden; denn erst sie erzeugen den Weg auf dem Blatt.

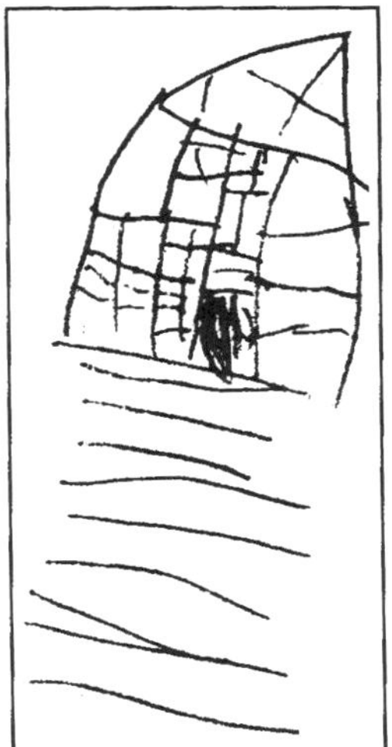

Abbildung 105
Mädchen 3 J 11 M

Abbildung **105** zeigt Intervall für Intervall den Weg auf dem Boden, der zu einem beliebten Ort führt, zu einem Fachwerkhaus, „wo der Nikolaus wohnt“. Diesen Weg überwindet das Kind mit dem Zeichenstift, mit dem es sich in seiner Fantasie identifiziert.

Meistens jedoch spielt das Kind mit den Querstrichen das **Näherkommen** seines Geschöpfes: Schritt für Schritt oder – bei Abb. **106** – „Flügelschlag für Flügelschlag“, was die wellenförmigen Querstriche erklärt. Wo auf Abbildg. **105** die zu überwindenden Abstände **auf dem Boden** ebenso erzeugt wie angezeigt werden, bedeuten bei Abb.**106** die gewellten Quer-Linien die **Flügelschläge**, durch die das **Kind** die **Luft erzeugt**, in der und damit das „Jesuskind“ zur Weihnacht hernieder-schweben kann.

„Jesuskind, vom Himmel herabschwebend“

Das sind **mehr** als nur **Symbole** dafür, **dass sich das Objekt bewegt**, sondern die Spuren eines Spiels, in dem **das Kind** die Figur bewegt und dadurch den Raum zeichnerisch definiert. Das **Kind selbst ist der Beweger,** welches das Papier **„in Luft verwandelt“**. Auch hier offenbart sich wieder die Mehrdeutigkeit der „Bein“-Linien, da z.B. der „Flügelschlag“ weniger zu den Beinen als zu dem Luft**weg** gehört, den das Jesuskind zurücklegt.

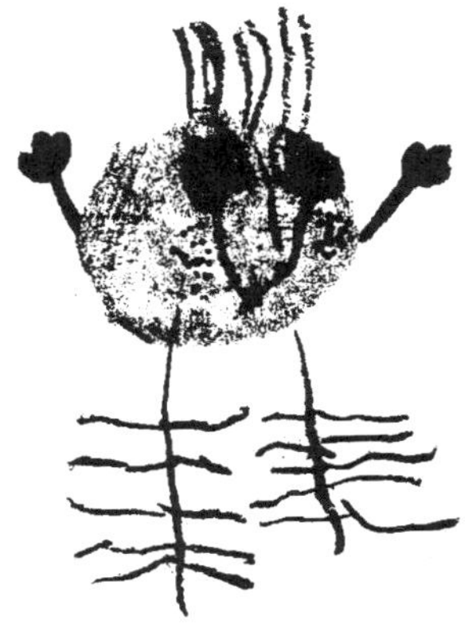

Abbildung 106
Mädchen 2 J 11 M

Figur 107
„freie Zeichnung“ 1. Schuljahr

Die nebenstehende Zeichnung zeigt eine bekannte (und zugleich ungeliebte) Erscheinung – nämlich „Vögel“ am Himmel, die auf derselben kindlichen Welterfahrung beruht: Dass der Wind, der durch **Bewegung** entsteht, die **Luft spürbar** werden lässt.

In der Wirklichkeit des kindlichen Tuns und seiner Fantasie handelt es sich nämlich überhaupt **nicht um Vögel,** denn als solche wären sie vorhandene Wesen **in** anfassbaren **Grenzen**. Gleichwohl übernehmen sie von den Erwachsenen für diese Gestalten das Wort „Vögel“, das ihnen beigebracht wird.

Ausführliche Besprechung bei Abbildung 400.

Die Abbildungen **108** und **109** entstammen der Abb. 308, die dort in anderem Zusammenhang erneut besprochen wird. „Vater (links) und Tochter auf einem gemeinsamen Spaziergang". Die **spiraligen** Enden der väterlichen „Beine" sind Anweisungen zum **Herum**-Laufen, denn der Vater bestimmt den Rundgang. Die Tochter geht in diesem vorbestimmten Rundgang mit, weshalb **bei ihr** Schritt-machende Querlinien **in** den **kreis**-förmigen Enden der „Beine" vorkommen. Die **Quer**linien an den „Beinen" von Vater und Tochter sind verschieden ausgeführt: Bei seinem Vater erlebt das Kind die Bewegung eines jeden der **großen** Beine **einzeln** und **getrennt**, bei ihm selbst bedeutet das Gehen einen **einheitlichen** Vorgang **beider** Beine – deshalb werden hier die „Schrittlinien" über beide „Beine" gezogen.

Abb. 108 Mädchen 3 J 9 M Abb. 109

Die Querstriche kommen auch schon bei jüngeren Kindern vor, wo sie gleichfalls auf die „Bewegungs-Verursachung" an der Gestalt und an deren Beinen bezogen sind. Mit den Linien der Figur **110** werden die „Beine" durch die Tätigkeit des Kindes zu Seitwärtsbewegungen veranlasst. Dieses Bild hat das Kind als „**Hampelmann**" bezeichnet. So zeigen diese außen ansetzenden Striche die seitwärts gerichteten Bewegungen der Beine an, die durch den Zug am Schnürchen erzeugt werden sollen. Zugleich „schaffen" diese Linien den „Raum", der für die Spreizung nötig ist. Bei so vielen Linien, die in die Welt hineinweisen, braucht man „Armlinien" nicht zu vermissen, zumal die Arme „nicht mitspielen".

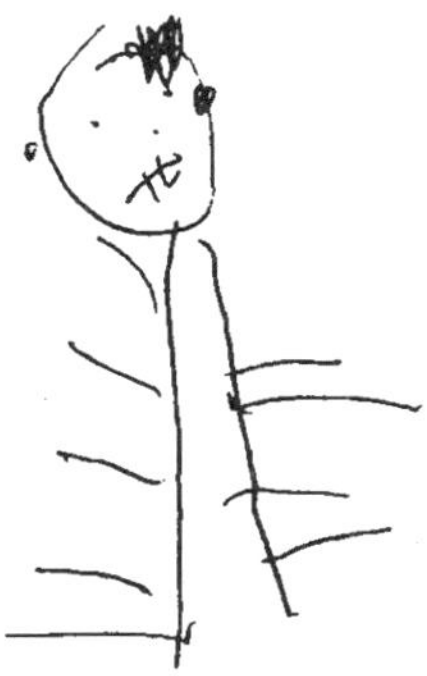

Abbildung 110
Mädchen 3 J 2 M

Auf der Abb. **111 liegt** der Papa; das Kind hat ihn **zugedeckt**, welche Tätigkeit **mit den Querstreifen vergegenwärtigt** wird. Der Vater hat Haare um den Kopf, hat Ohren und Backenbart, die beidseitig als angefasste Körperteile umgrenzt sind, und zwischen „Nasenkreis" und Mundlinie erstreckt sich der Schnurrbart.

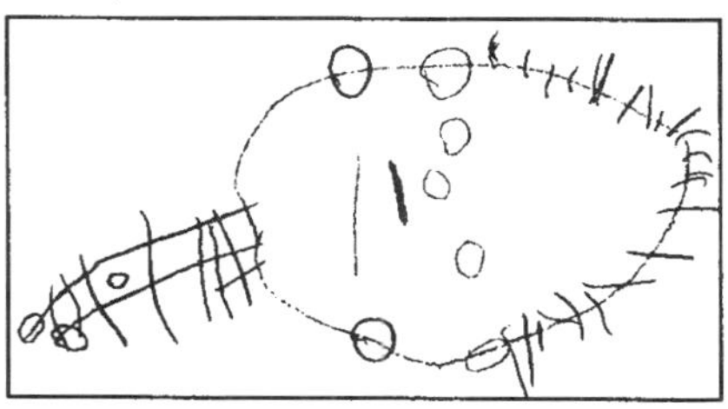

Abbildung 111 Mädchen 3 J 4 M

„Kopffüßler" mit „Knopfreihen" und mit „Reißverschlüssen"

Die Kreiskringel und Kreispunkte **zwischen den „Bein- und Seiten"**-Linien werden im Allgemeinen und doch **fälschlich** als „Knöpfe" aufgefasst.

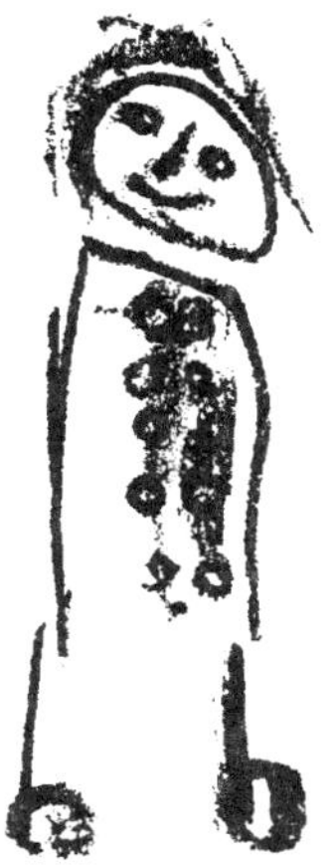
Abbildung 112
Mädchen 4 J

In Wirklichkeit meinen Kinder die **Stellen**, an denen sie **sich selber spüren** können, wenn ihnen von fremder Hand die Kleidung zugeknöpft wird oder wenn sie selbst mit den Knöpfen hantieren. Die Markierungen weisen somit darauf hin, dass der Raum zwischen den „nach unten" gezogenen Seitenlinien nicht leer ist, was auch hier als Zeugnis passiv gemachter Tasterfahrungen gesichert ist, worauf manchmal sogar das Weglassen von „Arm"-linien hindeutet.

Abbildung 113
Mädchen 3 J 9 M

Die Weiter-Entwicklung des „Kopffüßlers" mit diesem Motiv ist heutzutage (um 2002) selten geworden, weil in der Kinderkleidung die Knöpfe meistens durch Reiß- und Klett-Verschlüsse ersetzt wurden. Das Zu- und Aufknöpfen ist für kleinere Kinder eine eindrucksvolle Tätigkeit, oft mit unangenehmen Kitzelgefühlen verbunden, die immer wieder in diesem Bereich zwischen den Seiten ihrer Gestalt verspürt werden, vor allem, wenn sie von anderen Personen (auf)- oder (zu)-geknöpft werden. Bei dieser Art von Darstellungen kann es als geradezu **typisch** bezeichnet werden, dass sich die „Knöpfelreihen" an einem Ort befinden, der **nach unten offen** ist. Damit stellen diese Kringelreihen höchstens **indirekt** „Knöpfe" dar, weil sie **innerhalb eines umgrenzten** Areals als Sachen **„Innereien"** darstellen würden, was in den Kapiteln über die Darstellung bekleideter Menschenfiguren ausführlich angesprochen wird. Ein Kleidungsstück würde ebenfalls **nur innerhalb von Grenzen** zur Erscheinung kommen können. Demnach bedeuten hier die „Knöpfkringel" **keine Sachen**, sondern zum Spielalter passende Äußerungen von bemerkenswerten Empfindungen am eigenen Körper. Aber die Grenze, an der der Leib „endet", kann das Kind mit den Tastgefühlen nicht ermitteln, denn der Körper geht „durch den Schritt" nach hinten weiter – vielleicht den Rücken hinauf (?); jedenfalls kann eine **Grenze** nicht **ertastet** werden. Vermutlich *deshalb* bleibt der Raum zwischen den Seiten „unten offen", weil die nur visuell erkennbare Grenze keinen Gegenwert in den Tasterfahrungen hat.

Natürlich können diese Reihen, von den Erwachsenen dem Kind als Knöpfe gedeutet, dann auch für das Kind zur Darstellung von Knöpfen und damit zum Hinweis auf Kleidung werden, zu einem Zeitpunkt, an dem das Kind noch gar nicht an der Kleidung, sondern allenfalls am **zu vermeidenden** Umgang mit ihr interessiert ist. Es ist doch eine bekannte Tatsache, dass Kinder die Kleidung als Einengung empfinden und sie möglichst abzuschütteln trachten. – Indem das Kind die Figur sinnvollerweise „unten offen" lässt (was ihm häufig genug als Fehler angerechnet werden dürfte), werden unsere Überlegungen bestätigt. Das Kind zeichnet Berührungsstellen auf der **Oberfläche** seines Körpers und **markiert** damit zugleich die tastend erfahrene **Leiblichkeit zwischen** den Seiten.

Die Abbildung **112** weist eine weitere Besonderheit auf. Die Seitenlinien werden „nach unten" bzw. in Richtung auf das zeichnende Kind verlängert, wodurch sich im Anschluss an die Körperregion auf beiden Seiten je eigene Abschnitte ergeben, die unschwer als „gemeinte Beine" zu erkennen sind, zumal ihre kreisförmigen Enden „Befehle" zum **Herum**gehen sind. Sie sind somit keineswegs Grenzen von **sach**haften Füßen.

Neuerdings kommen Zeichnungen zum Vorschein, die sich statt auf Knöpfe auf Reißverschlüsse beziehen. Auch bei diesen neuen Figuren rangiert die **Darstellung der Tätigkeit** des Kindes deutlich vor der Schilderung von Kleiderverschlüssen, und offenbar ist deren Betätigung mit lustvolleren Gefühlen verbunden als das Knöpfen.

Abbildung 114 Junge 5 J.

Die Abbildung **114** zeigt zwei Kinder, deren Kleidungsstücke mit Reißverschlüssen geschlossen werden. Die **Figuren** wurden mit einem **roten** Stift gezeichnet. Anders dagegen die **Arme** samt den **Fingerlinien,** die beide mit **Blau** gezeichnet wurden wie die heftigen Auf- und Ab-**Bewegungen** auf den „Körpern". Der **durch die Farbe** gestiftete Zusammenhang zwischen den **tätigen** „Gliedmaßen" und den Reißverschlüssen ist unübersehbar. Das zeichnende Kind spielt selbst das Öffnen und Schließen mit dem Stift.

Die Abbildung **115** gehört zu den wirklich frühen Menschendarstellungen. „Arme", die mit mehreren Linien nebeneinander gezeichnet wurden, sind in diesem Entwicklungsstadium nur als Spuren vieler heftiger Bewegungen der **Hände** zu erklären – mit genau solchen Linien, welche das Benutzen eines Reißverschlusses spielen. Keinesfalls können die mehrfachen Striche „Zeichen für eine sich anbahnende Zweidimensionalität der Armdarstellung" sein.

Die Linien der **Armbewegungen gehen von der Gestalt aus**, kehren jedoch nicht zurück. Sie sind demnach ganz von der befehlenden Haltung des Kindes bestimmt, indem die Impulse jeweils **einzeln** und immer wieder neu „von seiner Mitte" ausgehen. Die schräge Richtung bei den Handbewegungen, welche eine Art Linienbündel erzeugen, liegt in der Mitte zwischen der waagerechten Weltzuwendung und der (eigenen) senkrechten Körperachse.

Abb. 115 Mädchen 3 J

Das Herauf- und Herabziehen des Reißverschlusses spielt sich im Körperbereich ab, wo auch die Wendespuren zu sehen sind. So stellen sich die „Befehlslinien“ (was die Arme und die Hände **tun sollen**) anders dar als die „Erfolgslinien“. Ohne die Linienbündel der „Arme“ könnte die Gestalt unterhalb des Kreises auch die früher erwähnte „Ich-Figur“ bedeuten, wobei sich diese ebenso wie die Bahn des Reißverschlusses an der eigenen Körper-Achse orientiert. Die Figur ist „unten offen“, also liegt keine (durch Grenzen) sachhaft gemachte Kleider-Gegenständlichkeit vor, sondern die Wiedergabe von **körperlichen** Empfindungen, die sich bei der Betätigung eines Reißverschlusses einstellen.

„Arme an“ den Seiten - „Arme von“ den Seiten

Abb. 116 Mädchen 4 J 4 M

Die Abb. **116** bringt die Mehrfach-Funktion der „Bein“-Linien zum Vorschein. Die „Arme“ wurden nicht den „Beinen“ angefügt, denn sie kommen **aus den Seiten** der Gestalt; wäre es nicht so, hätte das Kind etwas Unsinniges gemacht, was angesichts der vielen gleichartigen Zeichnungen, die in aller Welt von unterschiedlichsten Kindern gemacht wurden, unvorstellbar ist. Der Bereich zwischen den Bein/Seiten-Linien ist nicht „leer“, auch wenn für seine Erfülltheit keine Markierungen eigens gesetzt wurden, wie dies beispielsweise mit den „Knöpfelreihen“ (Abbildung 112/113) geschah.

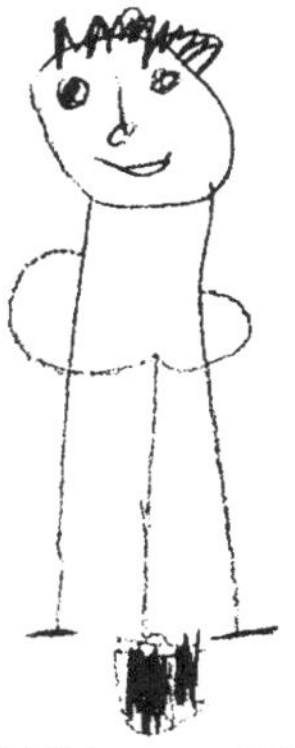

Abbildung 117
Junge ca 5 J

Bei der Abbildung **117** gehen die „Armlinien“ ebenfalls von den Seitenlinien zunächst nach außen, wenden sich aber, **vor** dem **„Inneren zwischen den Seiten“**, bogenförmig zusammen und halten dort das Ende eines Laternenstocks. Am anderen Ende des Stabes ist ein Lampion befestigt, der nur scheinbar auf dem Boden steht. Für das zeichnende Kind, dessen Blatt vor ihm **liegt**, geht nämlich der **Stock mit der Laterne** von den „Händen“ (von den Enden der durch die Arme bewirkten Handbewegungen) des Lampenträgers aus **nach vorn** (auf den Zeichner zu). Das Kind lässt die „Stock-Linie“ auf dem Papier **genau so waagerecht wie in der Wirklichkeit** auf sich zukommen. Die auf dem Papier **direkt vollzogene Spielhandlung** (und nicht deren Abbildung) ist typisch für die Kinderzeichnung.

„Kopffüßler" mit „Bauch"

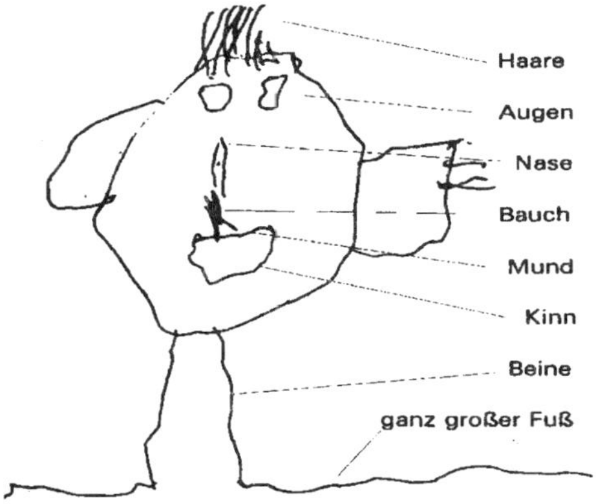

Abbildung 118 Mädchen 4 J 3 M

Aus der Beschriftung der Abbildung **118** geht hervor, wie das Kind die Einzelheiten selbst benannt hat, ohne dazu aufgefordert worden zu sein. Es stand nicht unter dem Zwang, den Körperteilen Namen geben zu **müssen**. Besonders auffällig ist die Deutung des Kritzelflecks zwischen Nase und Mund als „Bauch" – aber nur auf den ersten Blick; denn es leuchtet ein, dass der Bauch zum ganzen Menschen gehört und dessen Mitte bilden kann. Was von dem Kind „Bauch" genannt wurde, muss nicht das Organ oder der Körperteil sein, den die Erwachsenen unter dieser Benennung verstehen; es kann eine Körperstelle oder etwas „irgendwie den Bauch Betreffendes" gemeint sein. Die Linie, die das „Kinn" bedeuten soll, bildet den unteren – auch – tastbaren Bereich des Gesichts und grenzt so den „Kopf" innerhalb des ganzen Menschengebildes andeutungsweise ab. Die **Rundheit** der Kinnlinie weist auf ihre Funktion als Grenzsetzung hin. Eine ähnliche Beobachtung wird sich bei dem an späterer Stelle zu behandelnden „Lächelnden Mund" machen lassen.
Die wie „Ohren" oder angebliche „Flügel" ausgebildeten Ausbuchtungen wurden von dem Mädchen „Arme" genannt, was durch die an einer Seite angesetzten parallelen „Fingerstriche" begreiflich wird. In der Regel werden nämlich die **Bewegungen** des Ausstreckens und Einholens der Arme bzw. der **Hände** vergegenwärtigend nachgespielt.
Die Benennung „ganz großer Fuß" ist die sprachliche Formulierung dafür, dass das Kind das Gehen der Gestalt zeichnerisch gespielt hatte, wobei der Fuß den Boden an vielen Stellen berühren musste.

Die langen „Arme" und eine „Nase", die auf die Zeichnerin zeigt

Nicht der „Arm" ist lang, sondern der „Weg der Hände" zum Ziel. Die langen in die Welt weisenden Linien der Abbildung **119** würden verkannt, wenn man sie als „überlange" Arme ansehen würde. Zwar könnte es sein, dass Kinder selbst diese Linien so bezeichnen, aber dann würden sie nur den Sprachgebrauch der Erwachsenen aufnehmen, ohne **genau**

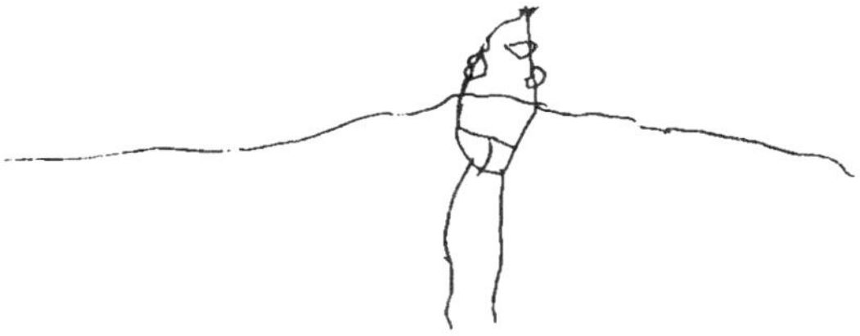

Abbildung 119 Mädchen 4 J 3 M

unterscheiden zu können, dass die Großen einen Körperteil meinen, wo sie selbst zeichnerisch eine Tätigkeit ausüben. Zwar haben diese Linien etwas mit den Armen zu tun, die Kinder jedoch beherrschen ihre Muttersprache noch nicht und sprechen alle Wörter lediglich auf den Verdacht hin aus, dass sie stimmen **könnten**. Die langen Linien, die ruckweise aus den Seiten der Gestalt herauskommen, bedeuten trotz entgegengesetzter Richtung den Weg **beider** Hände zum **selben** Ziel, da die Richtung der Armlinien nichts über den Ort des Ziels aussagt, sondern lediglich ausgesagt wird, dass sich die beiden Hände weit weg von der „Ich-Mitte" der Gestalt entfernen müssen. Zugleich damit wird die **Reichweite der Gestalt** angezeigt. Dass die Gesamtgestalt bei einem solchen langen Weg „mitgeht", bemerkt das Kind allerdings nicht, da seine Aufmerksamkeit auf die Erreichung des Zieles **mit den Händen** gerichtet ist.

Mit der hier „**unterhalb**" der „**Mund**linie" auftretenden „**Nasen**linie" könnte es, ähnlich wie bei dem „Laternen-Träger" (Abb. 117) folgende Bewandtnis haben: Bei einer horizontal **liegenden** Zeichnung kommt dem zeichnenden Kind die Linie für die Nase um so viel näher, wie ihm in der Wirklichkeit die Nase eines gegenüberstehenden Menschen näher kommt als dessen Mund. Mit der Nase **„zeigt"** das in der Zeichnung entstandene Geschöpf auf seine Autorin, so, wie es diese auch anblicken soll.

Dasselbe Mädchen zeichnet etwa ein Jahr später sich selbst mit Pullover und „langen, langen **Händen"**, wie es **selbst** dazu sagt. Offenbar meint das Kind mit dem Wort „Hände" mehr deren Weg und das, was es mit ihnen tut, als eine Benennung von Gliedmaßen. Die zick-zackförmige Linie zeigt nun nicht mehr nur die gewünschte eigene Reichweite, sondern zusätzlich so etwas wie tastende Handbewegungen, eine

Abbildung 120 Mädchen 5 J 4 M

Darstellungsform, die nicht nur in die Weite, sondern auch nach oben und unten gerichtet sein kann. Das gemusterte Kleidungsstück ist eine Musterung aus Strichen, die die ganze Fläche wie ein Gitter überziehen und damit keinen Hinweis auf irgendwelche in Grenzen eingeschlossene

Gegenstände geben könnten, die dann „Innereien" wären. So wird das Muster wie eine Farbfläche **nur zur Unterscheidung** von anderen Kleidungsstücken, etwa dem Rock, gemalt.

„Kopffüßler" mit „rotierenden Händen"

Figur 121
(aus DiLeo 106)

Diese Zeichnung stammt von „einem drei Jahre und fünf Monate alten Mädchen von besonderer Intelligenz". Hier ist ebenfalls die Bildung der „Arme" und die der „Hände" bemerkenswert. Es wäre falsch, in der offenen Linienführung etwa „schlecht gezeichnete Hände" oder Handteller zu sehen. Nach allen bisherigen Überlegungen ist die Deutung völlig klar: Es handelt sich um die Dokumentation „einholender" Gebärden, die Arm und Hand machen, wenn sie greifend und ordnend Orientierung in die Welt bringen oder sich Gegenstände aneignen. Damit widerspricht die ungewöhnliche Kurvenlinie des Armes sehr sinnvoll der unzutreffenden Auffassung, es könne sich um nachlässig gezeichnete Gliedmaßen handeln. Es gibt Ähnlichkeiten zur Abbildung 117, wobei hier die Bewegungslinien der Hände allerdings auf den „Kreis" eines „Kopffüßlers" (und nicht wie dort auf die Seitenlinien) bezogen sind.

„Kopffüßler" mit „Tastlinien"

Wolfgang Grözinger hat den Ausdruck „Tastfransen" eingeführt, womit im Hinblick auf diese und ähnliche Figuren Zutreffendes gemeint ist: Nämlich die Aufzeichnung von Bewegungen, die zu Tast-Empfindungen führen sollen und somit keine Darstellung von (abzählbaren) Fingern bedeuten. W. Grözinger, Kinder kritzeln zeichnen malen, München,1952, S. 68.

An den Enden der „Arm"-Linien oder über diese verteilt finden sich mehrere oder auch nur eine von kurzen quer dazu gezeichneten Linien ungefähr gleicher Länge und in gleichen Abständen, die die Waagerechte kreuzen. Es ist nicht sinnvoll, sie als Finger zu zählen oder aus der Abweichung von der Regelzahl der Finger auf Zurückgebliebenheit des Kindes zu schließen. Es wäre sinnvoller, sie mit den Zählstrichen auf einem Bierfilz zu vergleichen, weil die Zahl der Striche eher die (erwünschte oder erfahrene) Häufigkeit oder Intensität der zu ertastenden Weltbegegnungen dokumentiert. Diese Linien zeigen die Gefühle der Handflächen an, wenn sie auf ihrem Weg auf die Berührungsstellen mit den Weltdingen treffen.

In der Parallelität der Berührungslinien zur aufrechten Achse der stehenden Figur könnte man ausgedrückt sehen, dass das Kind die Gefühle **als die seinigen** empfindet.

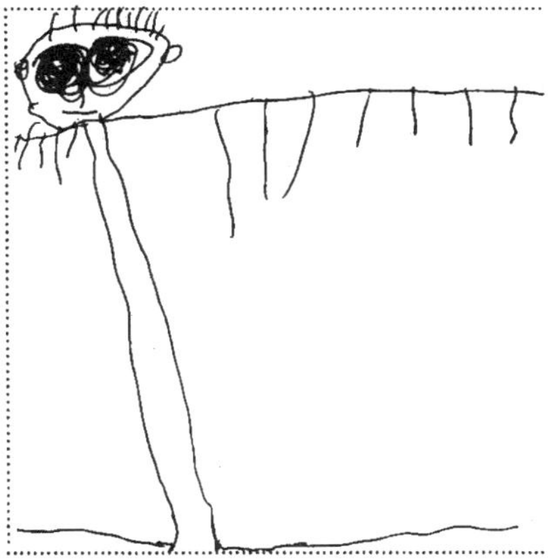

Abb. 122 Mädchen 4 J 7 M

Abb. 123 Mädchen 4 J 7 M

gepünktelte Linien bedeuten die Blattgrenze ohne eigens gezeichnete Grenzlinien

Strahlenförmig aus dem Endpunkt der Armlinien herausgehende Striche (wie bei Abb. 116) würden eher die Gebärde des nach außen zielenden **Zugreifens** machen, während hier die (sich heran)-tastende Begegnung zugrunde liegen dürfte. Das Zeichnen mit Bedeutung spielt sich oft unbewusst ab; es ist aber nicht schon deswegen falsch, weil es sprachlich nicht ermittelbar ist.

Zur Abbildung **123 :** Als Rechtshänderin zeichnet das Mädchen nur auf der – seiner eigenen rechten Seite entsprechenden – Stelle am Ende des „Armes" einen kurzen, senkrecht dazu verlaufenden Strich. Die andere „Hand" ist nicht „tätig", „sie spielt nicht mit" und kommt infolgedessen auf der Zeichnung auch nicht als Spur eines Tast-Erlebnisses vor. Denn es wäre gerade ihr Vorkommen auf der Zeichnung, wodurch sie mitspielen würde. Der „Arm" hat die Hand zur Berührung an die Oberfläche des zu erfassenden Gegenstandes gebracht und die „Hand" spürt nun **an sich**, dass sie den Gegenstand berührt.

„mit oder ohne Beine?"

Figur 124
(nach E. Koppitz)

Zu diesem Bild schreibt E. M. Koppitz: Es „zeigt die Zeichnung von Nick, einem siebenjährigen Jungen mit Muskelschwund. Gehen und Laufen waren für ihn schwierig. Seit Jahren galten Sorge und Aufmerksamkeit seinen Beinen. Es überrascht also nicht, dass Nick in seinem ZEM (**Z**eichne **E**inen **M**enschen-Test) die Beine gänzlich wegließ, womit er äußerste Angst wegen des Zustands seiner Beine ausdrückte." Elizabeth M. Koppitz, Die Menschendarstellung in Kinderzeichnungen und ihre psychologische Auswertung, Stuttgart,1972, 96,266,279

Nick ist sieben Jahre und fünf Monate alt, sein Intelligenz-Quotient ist niedrig, seine Schul-Leistungen sind schlecht und sein Problem ist die Muskeldystrophie.
Der unkundige Blick dürfte die Zeichnung für eine etwas unbeholfene Darstellung „eines Gespenst spielenden Kindes in einem langen Nachthemd" halten. Aber es fällt schwer zu unterstellen, das Kind könnte die Beine, **sein Problem, weggelassen** haben.
Das Lebensalter des Kindes könnte zwar dazu verführen, das Rechteck „unterhalb des Kopfes" als ein Kleidungsstück zu deuten; die übrigen Umstände legen allerdings eine „**kopffüßlerartige**" Version nahe. Dafür spricht auch die Art, wie der **Ansatz** der längeren „Arm"-Linie auf die Mitte der Kreisform bezogen ist. Die Umgrenzung des „Kopfes" (wenn denn nur der Kopf und nicht der ganze Mensch gemeint wird) ist aus zwei Kurven gebildet, von einem großen Bogen und einer leicht gekrümmten Sehne, die den Bogen schließt (s. auch Abbildung 58). Ganz ähnlich, so hat es den Anschein, wurden die „Seiten- und Beinlinien" durch **einen Querstrich** (wie mit einer Fessel) **geschlossen**, wo sonst zwei einzelne, oft nach außen weisende Striche an den „Beinen" die Wege in die Welt anzukündigen pflegen.
Im Unterschied zur Abbildung 163, wo die Schließung der Bein-Linien den „getricksten" Abschluss eines Kleides bedeuten soll, kommt hier der **Schließung** der Beinlinien als **Ausdruck des Leidens** ein hoher Aussage-Wert zu.
So führt eine Interpretation dieser Gestalt als **„Kopffüßler"** im Hinblick auf die psychologische Erkenntnis eines Leidensvorgangs zwar zu keinem anderen Ergebnis als bei Koppitz, jedoch zeigt sich in der **hier** vorgetragenen Analyse **die dem Kind eigentümliche** Darstellungsweise und nicht die Auslegung einer äußerlichen Anmutung.

„Haare" die „zu Berge stehen" ?

Unser besonderes Interesse sollen hier die „Haare" finden. Sie scheinen auf dem „Kopf" „zu Berge zu stehen". Setzt man diese „hoch"steigenden Linien in Beziehung zu den sonst querlaufenden „Weltlinien", dann wird der Antrieb des Kindes sehr deutlich, sich selbst **mit seiner eigenen Ausrichtung** in der **vor** ihm liegenden Welt **über sich selbst hinaus** durchzusetzen. Wenn das Blatt beim Zeichnen vor dem Kind **liegt**, dann entfernen sich die vom Kopf ausgehenden Linien in jene Weite und Höhe, die dem Kind als Weg, Ziel und Lohn bevorsteht. Es handelt sich um gezeichnete „Sehnsuchtsgesten", in der Richtung der erhobenen Arme des Kindes, mit denen es sich zu den Erwachsenen hochreckt. Zugleich liegen diese Linien in der Richtung der Körperachse des Kindes. Diese oft „überlangen" ausstrahlenden Linien an und aus der Oberseite des „Kopffüßlers" und der nachfolgenden Gestalten haben demnach einen tieferen Grund als lediglich die Frisur zu spielen...
(s. Abbildungen 95 und 96).

Abbildung 125

Gertrud Meili-Dworetzki berichtet von einer Zeichnung ihres fünfjährigen Sohnes, der seiner Menschengestalt solche „Steh-Haare“ angefügt hatte. Auf die Frage, bis wohin denn die Haare noch wachsen sollten, antwortet der Junge (sinngemäß) *„bis zur Zimmerdecke.“*

G. Meili-Dworetzki, in: Das Bild des Menschen in der Darstellung und Vorstellung des Kleinkindes, Bern/Stuttgart, 1957

Noch vor wenigen Jahrzehnten hätte man dies für eine „ungehörige“ freche Antwort eines Kindes gehalten: *„So spricht man nicht mit einer Respektsperson!“* – enthält die Frage doch selbst bereits einen Tadel.

Wenn das Kind auf diese Linien angesprochen wird, kann es jedoch kaum anders antworten. Denn schon das Wort „Haare“ muss in seinem Wortschatz nicht eindeutig gesichert sein. Im Zusammenhang mit dem Gekämmt-Werden bedeutet das Wort einen örtlich bestimmten Gegenstandsbereich an seinem Körper, verbunden mit „gemischten Gefühlen“ (u.a. beim Friseur, Abb.5); Haare im Mund sind außerordentlich unangenehm; die Haare im Fell des Teddybären lassen sich jedoch mit Behagen streicheln. Mit diesem Wort sind – wie bei homonymen Ausdrücken (landläufig „Teekesselchen“ genannt) üblich – viele sehr unterschiedliche Empfindungen und Bedeutungsinhalte verbunden. Von dem Wort „Ha(a)re“ in *„Hare Krischna“* kennen sogar die meisten Erwachsenen die Bedeutung nicht, werden aber aus den Gesten der Sänger die Vermutung ableiten, dass es sich um etwas handelt, das **„in der Höhe“** zu finden ist. „Hare Krischna“ heißt etwa *„Komm, Krischna!“*, womit der Sohn – bzw eine Inkarnation – des indischen Gottes Wischnu angerufen wird.

Weil das Wort nicht so festgelegt ist, wie es die Frage voraussetzt, kann das Kind mit diesen Linien etwas anderes als nur die in der „Mutter“-Sprache gemeinten kämmbaren Haare verbinden; es selbst drückt nämlich mit diesen Linien sein Streben nach jenem Groß-Sein aus, das die Erwachsenen bereits erreicht haben; nach ihnen reckt es seine Hände hoch. Denn immer, wenn das Kind zu den großen Leuten von seinem noch tiefliegenden Horizont aufschaut, erblickt es das Gesicht der Erwachsenen, umrahmt von deren Frisur vor dem Hintergrund der Zimmerdecke. Dorthin will es kommen – davon dürften diese Linien zeugen. Was noch vor einigen Jahrzehnten als „Ungehörigkeit“ eines Kindes getadelt werden konnte, erweist sich als eine von Sehnsucht geleitete Huldigung an die Großen.

So, wie den Kindern für ihre „Sehnsuchtsgesten“ das Wort „Haare“ eingeredet wird, das sie dann auch selbst gebrauchen und auf diese Linien übertragen, so reden auch die verschiedenen Autoren bezüglich der Kinderzeichnungen ihren Lesern Bezeichnungen für Bildphänomene ein, die nichts mit dem Grund der Bildäußerung zu tun haben: So etwa „Flügel- oder Stummel-Arme“ (Rhoda Kellogg), „Leiterfiguren“ (Hans Günther Richter), „Sonnenprinzip“ (Mosimann), „Mandala“ (Meike Aissen-Crewett), „Klappbild“ und „Raumschnitt“ (Martin Schuster), „Hausschemakörper“ für die Menschengestalt (Wolfgang Reiß) – um nur einige missverständliche „Fachausdrücke“ zu nennen, die in morphologischem Zusammenhang lediglich sinnvermeidende Beschreibungsmerkmale sind und oft nur als Zählkategorien der Erstellung von Statistiken dienen.

Die „Streichelfigur“

Abb. 126
Junge 5 J

Bei Gestalten wie auf der nebenstehenden Abb.**126** fällt bei entsprechender Beobachtung auf, dass sie fast ausschließlich „Vater“ oder „Mutter“ sein sollen. Bemerkenswert sind die **relativ** „langen Beine“ und die „fehlenden Arme“, wenn die Figur überhaupt als komplett gewertet werden soll. Der Schlüssel zu diesem Bild-Spielzeug ist die merkwürdige **Strich**führung der langen senkrechten Linien, die oft viele kurze, **ruckartig gezogene Abschnitte**, wie „genäht“, aneinanderreiht. „Befehlslinien“, wie wir sie gewöhnlich vorfinden, sind dem gebietenden Gestus entsprechend glatt und möglichst **in einem** Zug gezeichnet. Hier aber zeigt sich eine ganze Folge von immer wieder angehaltenen kleinen Einzelzügen, als könne das Spiel mit diesen Linien nicht lange genug dauern und jede Stelle an ihnen würde zum Verweilen einladen. Mit solchen Bildern dürfte das Kind das Streicheln (der Seiten) seiner Eltern nachspielen. Wenn es die Arme hochreckt, wird es etwas höher als bis zur Taille der Mutter reichen; es macht sich „g-aaa-nz“ groß und fährt genüsslich mit seinen Händen von oben bis unten an der geliebten Person herunter, und legt dabei zugleich seine eigene Größe als Maßstab an. Spiele dieser Art kann sich das Kind nur mit den allernächsten erwachsenen Personen aus dem Intimkreis der Familie vergegenwärtigen.

Die üblichen Einwände gegen eine solche Zeichnung verfehlen den **Sinn dieses Spiels**; denn gewöhnlich wird gesagt: **so** lange Beine hat die Mama doch nicht, und die Arme hast du **vergessen**! Dabei kommen in diesem Spiel die Arme der Mutter überhaupt nicht vor und ansonsten kann die Mama gar nicht lang genug sein, (zumal das Kind unbewusst auch noch den Wunsch nach eigener künftiger Größe artikuliert).

Bei **diesem** „Streichelspiel“ kommt der „Umarmungsgestus“ nicht notwendig vor, weshalb die geliebte Gestalt mit einem großen Bogen „eingefangen“ werden kann, ohne den „Kreis“ schließen zu müssen.

Abbildung 127 Mädchen 4 J 11 M

Abb. **127** zeigt ein Streichelspiel sowohl mit dem Umarmungsgestus als auch mit der Zeichnerin, die sich das Spiel vergegenwärtigt. Der Vater scheint „ein Auge zuzudrücken“. Die Beine der Mutter kommen offensichtlich nicht ins Spiel. Die Markierung des Bodens vor Mutter und Tochter lässt beide am selben Platz stehen. Die große Hakenlinie, die vom Rockbund der Zeichnerin ausgeht, dürfte der Versuch sein, die Umarmung mit denselben Mitteln wie den Arm des Vaters darzustellen.

Der „hoch-ovale Kopffüßler"

Abb. 128
Mädchen
3 J 1 M
„Papa"

Der sogenannte „Kopffüßler" kann als „stehendes Oval" auftreten, wobei, wie hier, die den Menschen kennzeichnenden Markierungen „nach oben" gesetzt werden. Offensichtlich ist damit gemeint, dass die das Gesicht charakterisierenden Merkmale beim Menschen „oben" sind. Der „Papa" ist Brillenträger.
Die Binnengliederung in „Oben" und „Unten" ist eine Eigentümlichkeit, die manche Kinder schon früh in ihre „Kopffüßler"-Gestalten einbringen können und damit quasi „beweisen", dass sie den **ganzen** Menschen im Kreis umfangen. Die Grundlage für diese Fähigkeit wurde bei den Figuren 91 und 92 erläutert.

„Füße wie Hände"

Abb. 129 Mädchen 3 J 4 M

Das Mädchen (Abb. **129**) durfte seine frühe Kindheit **barfuß** zubringen und konnte durch diesen Umstand viele und differenzierte Tasterfahrungen nicht nur mit den Händen, sondern auch mit den Füßen machen. Bekanntlich sind die Füße ähnlich reich mit Tastnerven ausgestattet wie die Hände, weshalb bei Neugeborenen der sog. Babinsky-Reflex dort geprüft wird. Allerdings werden in unserer „Schuh- und Pantoffel-Kultur" diese Möglichkeiten nur in Ausnahmefällen (etwa beim Fehlen der Hände wie bei den „Contergan-Kindern") trainiert.
Hände und Füße sind auf der Zeichnung durch ihre Umgrenzung als anfassbare Sachen angefügt. Hände und Füße können sich **gegenseitig** als Gegenstände ertasten. Die Füße befinden sich an den Enden der „Beinlinien"; diese kommen **hier aus der Mitte** des Körpers heraus, weil sie aktiv am **Tast**geschehen beteiligt sind. An ihnen überwiegt der Aspekt der **Kommunikation** zwischen Innen und Außen mehr, als dass „Bein- und Seiten-Linien" gemeint sein könnten.
Die kleinen kreisförmigen Grenzlinien (für „Hände" und „Füße") hängen noch mit den eigenen Bewegungserfahrungen beim Tasten aus früher Kindheit zusammen. Die Weltzuwendung und die Welterfahrung mittels dieser Organe werden konsequent mit den strahlenförmigen Strichen dokumentiert, die jeweils Grenzen nach innen und außen überschreiten, also auf bestimmte Gegenstände hinweisen und diese vereinnahmen können (s. Fig. 80).
Die „Beinlinien" treten in der Regel – wie auch hier – **vor** den „Armlinien" auf. Die Abbildung zeigt jedoch **im Unterschied** zur regelmäßigen

Parallelführung dieser Linien eindrucksvoll **aus dem Inneren der Gestalt** kommende Impulse zum Ertasten der Welt, anders als den **von außen** herangetragenen Charakter der „Komm-Linien" zum Gehen. Deshalb wird hier die Parallelität der Linien nicht ausdrücklich betont. Da der „Austausch" der Tast-Erlebnisse über das **Innere** der Person erfolgt, werden die „Hände" **nicht mit Armlinien** nach **außen** getragen. Die am oberen Rand verlaufenden Querstriche machen die oft heftigen Bewegungen des Kämmens nach und lassen mehr auf leid- als auf lustvoll empfundene Haarpflege schließen.

„Der Vater und die Schwester"

Abb. 130 Mädchen 3 J 11 M
DER VATER DIE SCHWESTER

Ein Mädchen malt seinen Vater und seine Schwester, die bei offensichtlicher Ähnlichkeit nach unterschiedlichem Schema gestaltet sind. Die Verschiedenheit ist aber nicht durch Zufall zu Stande gekommen. Beim **Vater** drückt sich in der kreisförmigen Umrandung die Gebärde der **Umarmung** aus, die bei der Schwester weniger geläufig ist.
Die ältere Schwester wird **nicht umarmt**, sondern beim Spiel oder beim geschwisterlichen Streit **angefasst**. – Die Punkt-Flecken deuten mit dem Hinweis auf den Nabel die „Füllung der Figur mit Leiblichkeit" zwischen den Seiten-Begrenzungen an; deren herzförmige Gestalt dürfte zufällig und nachträglich begrüßt worden sein.

„Strichmännchen"

Figur 131

Nach allen Überlegungen und Beobachtungen, die bisher angestellt wurden, ist das Auftreten des „Strichmännchens" als eine **originäre** früh**kindliche** Darstellungsform **nicht** zu erwarten. Denn ihm würde gerade das Kernstück aller kindlichen Sach-Darstellung fehlen: die **anfassbare Körperlichkeit**, die für das Kind sonst immer die selbstverständliche Ausgangsgestalt sein musste. So lässt sich behaupten dass Kinder **keine Strichmännchen von sich aus** machen.

In den von Arno Stern beeinflussten Malschulen, wo die Kinder an senkrecht stehenden Malgründen arbeiten müssen und nicht natürlich auf einer „Boden-Ebene" spielen dürfen, kommen solche Figuren vor; für sie wurden dort so abstoßende Namen wie „Stabmenschen" geprägt (Bettina Egger, Bilder verstehen, Wahrnehmung und Entwicklung der bildnerischen Sprache, Bern, 1984, S.135). Bei den Zeichnungen aus diesen Malschulen findet man aus denselben Gründen ebenfalls viele Menschendarstellungen, bei denen die „Beinlinien" im Winkel gespreizt vorkommen.

Unbeeinflusst von Erwachsenen, von Medieneinflüssen oder sonstigen „widrigen“ Umständen kommen Strichfiguren zur Sachdarstellung in den **frühen** Kinderzeichnungen tatsächlich **nicht** vor, weshalb auch die Interpretation der „Arm“- und „Bein“-**Linien** als „Gliedmaßen“ eine nur sehr eingeschränkte Richtigkeit haben kann. Denn die Kinder zeichnen entweder anfassbare Körpergrenzen oder „befehlende“ Anweisungs-Linien.

Grete und Wulf Schievenhövel berichten von Zeichnungen, die sie auf Neuguinea, bei dem Stamm der Eipo, von den dortigen Einwohnern haben zeichnen lassen. Dieser Papua-Stamm kennt in seiner Kultur keine Schrift und hat *„keine bildnerische Kunst hervorgebracht“*. Beteiligt waren ausschließlich Knaben und Männer im Alter von 10 bis 35 Jahren, die sich zum ersten Mal im Leben zeichnerisch betätigt haben sollen, wobei *„das Stadium des Kritzelns und des gegenständlichen Zeichnens fast gleichzeitig, mitunter innerhalb von Minuten, erreicht“* wurde. Wie die Zeichnungen von Eidechsen und ursprünglich gezeichneten Menschen belegen, werden keine grenzenbildenden Linien, die auf **Greif**- und **Tast**erfahrungen beruhen, verwendet, sondern **„Zeige-Linien“** (Figuren **132** und **133**).

Den Autoren fiel *„besonders auf, dass das Stadium des Kopffüßlers nicht beobachtet werden konnte.“* Allerdings wäre es unter den Umständen, unter denen die Eipo zu zeichnen anfangen, noch viel auffälliger, wenn sie tatsächlich „Kopffüßler“ gemacht hätten. Denn die eingeborenen Zeichner waren längst über das Alter hinausgewachsen, in dem sich Kinder aller Kulturen die anfassbaren Dinge mittels der **Gebärden des Umfassens** und des **Tastens** noch mit Stift und Papier selbst erschufen. Als die Eipo zu zeichnen **begannen**, wiederholten sie die ihrem Entwicklungsstand angemessenen **Gebärden des Zeigens**.

Figur 132

Figur 133

Sie zeichneten Linien, die den **Bewegungen der zeigenden Hand** folgen, wenn diese das Objekt „beschreibt“. Figur **132** zeigt Beispiele von Eidechsen. Figur **133** verfolgt von oben nach unten einige Entwickungsstadien der Zeichnungen des Knaben Banban von der linearen Zeigeform zur „zweidimensionalen“ Darstellung von Menschen, die sich unter dem Einfluss der westlichen Wissenschaftler ergab.

Somit bestätigt sich die These, dass Menschen in ihren anfänglichen Zeichnungen bei der bildhaften Erfassung der Weltdinge **gebärdenhaftes Verhalten** aufweisen. Kinder in abendländisch geprägter Kulturtradition bringen die Gesten **ihrer Umarmungs-, Tast- und Anweisungsbewegungen** ein, wohingegen die anfänglichen Zeichenbildungen, wenn die

distanzierenden visuellen Wahrnehmungsmöglichkeiten schon **ausgebildet** sind, mit den **Gebärden** des Zeigens geäußert werden können. Grete und Wulf Schievenhövel, Wie zeichnen unbeeinflusste Bewohner des Berglandes von Neuguinea? in: Hans Daucher (Hg.), Kinder denken in Bildern, München, Zürich, 1990, S.219-227. Da die beiden Autoren weder Kunstpädagogen noch Sachverständige für anfängliche bildnerische Äußerungen sind (was ihnen bei ihrer sehr verdienstvollen Arbeit nicht vorgeworfen werden soll), haben sie es nicht vermeiden können, dennoch Einfluss auf die Zeichnungen der Eipos zu nehmen, was aber unsere Überlegungen nicht beeinträchtigt. Die von ihnen vorgebrachten Deutungen sind weitgehend an Rhoda Kellogg orientiert und tradieren die auch sonst verbreiteten (meist unzutreffenden) Ansichten.

„ohne Grenzen“ 1

Auf den ersten Blick erscheint die Zeichnung Figur **134** wie zerfallen. Es wird dasjenige Moment vermisst, das die Einzelheiten zusammenhalten könnte, nämlich die äußere Begrenzungslinie des Lebewesens.

Figur 134
Aus: J. H. DiLeo, Die Deutung von Kinderzeichnungen, Karlsruhe, 1992, S. 196/197

Wenn man aber bedenkt, dass das zeichnende Kind hier genau so verfährt, wie ein anderer Junge, dessen Vater **Bildhauer** ist, dann verliert die Zeichnung den Charakter der Fehlerhaftigkeit. Der Junge nämlich brauchte nur das Verfahren seines Vaters nachzuspielen, um zu seinem eigenen Ergebnis zu kommen: Wie der Vater dem bereits **vorhandenen** und damit **vorausgesetzten** Holz- oder Steinblock mit den Werkzeugen Markierungen zufügt und ihn so in die gewollte Gestalt verwandelt, so nimmt der Sohn ebenfalls das **Blatt Papier** wie ein schon **vorausgesetztes Ding** und **verwandelt** es in seine „Menschenfigur“ durch kennzeichnende Vergenwärtigungsspuren. Wie bereits ausgeführt, **erscheint** dem Kind (und Menschen überhaupt) durch die geschlossen gezeichnete Grenzlinie eine gegenständliche, mehr oder weniger bestimmte Gestalt. Innerhalb der Grenzlinien hebt sich das Papier vom umgebenden Papier-Grund wie ein eigener Gegenstand ab, der daraufhin für das weitere Spiel **vorausgesetzt** werden kann. Diesem Vorgang vergleichbar wird in der zitierten Zeichnung (Figur **134**) das **ganze Blatt** Papier **von vornherein** als ein Spielgegenstand **vorausgesetzt** und dann durch Markierungen und Spielhandlungen in das beabsichtigte Wesen verwandelt, wovon die Spuren auf dem Blatt zu sehen sind. – So wird auch an diesem Beispiel deutlich, dass das Kind mehr an der Herstellung einer **Sache** als an einem zeichenhaften Gebilde interessiert ist.

DiLeo schreibt zu dieser Zeichnung des vier Jahre und acht Monate alten Mädchens: *„Die Beurteilung ihrer entwicklungsbedingten Reife bestätigt den ... Eindruck einer völlig normalen geistigen Aktivität. Die unverbundenen Körperteile deuten jedoch* (in der Regel - Zusatz W.S.) *auf eine mangelnde Integration der Persönlichkeit hin. Der aus der Zeichnung gewonnene Eindruck stimmt nicht mit ihrem Verhalten überein, das als das eines geselligen, sicheren, kommunikativen Kindes*

beschrieben wird. Die Zeichnung, nicht das Kind ist anormal".
Oder, wie wir es ausdrücken: Diese „anormale" Zeichnung ist bei **verstehender Betrachtung** das Ergebnis eines **sinnvollen** Verhalten**s**.

„ohne Grenzen" 2

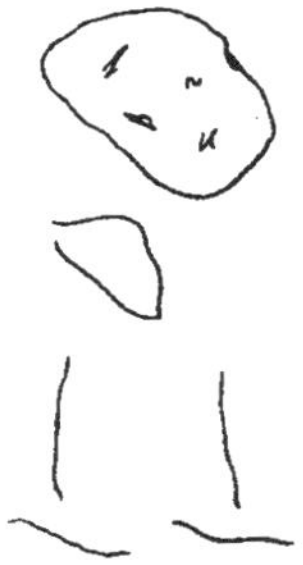

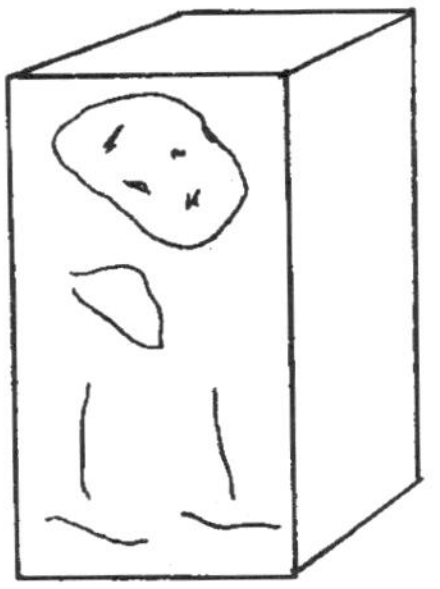

Figur 135 Figur 136 (Studie W.S.zu 135)
Aus: Joseph H. DiLeo, Die Deutung von Kinderzeichnungen, Karlsruhe,1992, S. 28/29

Auch bei Figur **135** würde in der psychologischen Diagnostik der Verdacht auf desintegrierte Persönlichkeit aufkommen, denn, so DiLeo: *„Charakteristischerweise wird eine Person von Anfang an als einheitliche Figur, als integriertes Ganzes gezeichnet, auch wenn sie zu Beginn alles andere als vollständig sein mag."* Diesem Satz kann man im Prinzip nur zustimmen; doch sollte die Figur **nicht** von Anfang an als Vorstellung von einem **gezeichneten Ganzen** vorliegen müssen, sondern sollte ebenso durch ein anderes, aus der Umwelt abgehobenes **Ding vorausgesetzt** werden können; denn **das Ganze ist die Voraussetzung**. Würde man sich diese Zeichnung von *„einem intelligenten, gut angepassten Kind im Alter von 3 Jahren und 9 Monaten"* (DiLeo) auf ein Holzklötzchen aufgemalt vorstellen (Studie **136** von W.S.), so würden die Striche auf ein **vorausgesetztes Ganzes** eine integrierte Gesamtgestalt ausweisen. Dann wäre dieser Holzklotz **durch die Zeichnung** leicht erkennbar **in die gemeinte Figur verwandelt** worden. Ist für die Figur aber „nur" ein Blatt Papier genommen worden, dann entsteht ein Missverständnis, weil aufgrund einer falschen Tradition auch bei Kindern Zeichnungen als erwünschte abbildhafte Zeichensetzungen erwartet werden, jedoch keine Sachen und Spielzeuge. Der Gedanke, dass das Kind in einem ganzheitlichen Vorgang von Beginn an **das ganze Blatt Papier** zur gemeinten Gestalt hat machen wollen und dies **durch die spätere** Zeichnung verdeutlicht und bestätigt, ist der eigentliche Schlüssel zur Deutung dieser Zeichnung. Mit der oben ausgeführten Interpretationsweise erfüllt die Zeichnung (Figur **135)** in besonders hohem Maß die Ansprüche an ganzheitliche Gestalt-Integration, weil sogar die Materialität der konkreten Ausführung einbezogen ist. Es heben sich damit nicht „Zeichen" desintegriert von einem Untergrund (der Papierfläche) ab, sondern im Gegenteil wird das, was man voreilig „Untergrund" nennen würde, in **Gänze** zur materialen Basis der Gestalt. Natürlich bleibt die psychologische Erkenntnis bestehen, dass ganz ähnlich aussehende Strichführungen auf eine gestörte Persönlichkeit hinweisen **können**, was dann aber schon lange vor einem solchen Zeichentest-Ergebnis hätte aufgefallen sein müssen.

„ohne Grenzen – Stephans Mama"

Das Bild (Abb. **137**) von einem normal entwickelten Jungen ist seiner Mutter als erste Menschendarstellung, die sie bei ihm beobachten konnte, als *„Mama, das **bist** du!"* bekannt geworden.
Er stattet das kleine Papierquadrat von 8 x 8 cm deutlich „mit Blick" aus. Zwischen den „Augen" wird ein senkrechter Strich eingefügt und schließlich ein „Beinpaar" gezeichnet, das zur ortsverändernden Beweglichkeit der Mutter gehört - damit soll sie zu ihm kommen können. Die „Blick-Augen-Gestalt" könnte (als individualisierender) Ausdruck auf die **Brille** hinweisen, die die Mutter trägt, wodurch eine Verstärkung des Blick-Ausdrucks erreicht wird. Der Strich zwischen den Kreisen könnte die Nase bedeuten, welcher die Brille aufliegt.

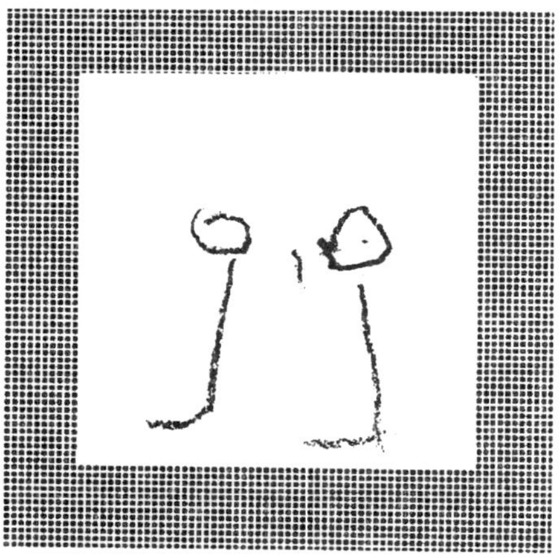

Abbildung 137 Junge 3 J 4 M

Die Abbildung zeigt die bezeichnete Fläche auf einer dunkleren Unterlage, damit man sehen kann, dass das ganze Blatt gemeint wurde und das Kind keine Außengrenze auf dem Papier gezogen hat.

Vielleicht war der kleine **Punkt**, der jetzt die Mitte der einen Kreisform bildet, als er noch allein auf dem Blatt stand, der ursprüngliche Anreiz für die Zeichnung. Mit diesem Punkt könnte dem Jungen (in seiner Fantasie) der **Blick der Mutter auf dem Papierquadrat** „erschienen" sein, so dass er diesen Eindruck nur durch den herumgezogenen Kreis zu verdeutlichen und zu verdoppeln brauchte. Nachdem sich der Junge von diesem vorgegebenen Ganzen, dem Papierquadrat, ausgestattet mit dem faszinierenden Punkt des „Blickes", selbst erblickt gefühlt hatte, konnte es dieses Blatt durch einige **bestimmende** Striche **ausdrücklich** in den naheliegenden Gegenstand seiner Liebe verwandeln, in eine „Person", von der er sich so gerne erblickt fühlte: in die Mama. Gerade an solch einfachen Spielen des Kindes kann erkannt werden, wie es mit seinen „Zeichnungen" seine Lebenserfahrungen nachvollzieht und sich die Objekte, die es liebt oder haben möchte, selbst erschaffend in seine jeweilige Gegenwart hineinholt.Wenn das Kind sagt **„Mama, das *bist* du"**, dann heißt das **nicht**: So *siehst* du aus! sondern einzig und allein: „Mama, das bist du **für mich**". Du bist da, wie ich dich spürte, als ich das Blatt in dich verwandelte; du siehst mich an, das kann ich sehen, weil ich deinen Blick erkenne; du kommst mit deinen Beinen zu mir, weil ich das gerne möchte. Das „Bild", das ich mir von dir mache, ist **mein Bild**, weil **ich** es **mir** gemacht habe. In meiner Tätigkeit beim Zeichnen kommst **du vor**, darin bist du ganz nahe bei **mir**, weil **ich** bei dir bin.

Das „Hänschen klein“

Figur 138 Aus: E. Röttger in Zusammenarbeit m. D. Klante, Das Spiel mit den Bildelementen, Punkt und Linie, Ravensb. 1963, Ausschnitt Abb. 36 S. 10/12

Dieses Bild ist in mehrfacher Hinsicht interessant. – Da es von einem Siebenjährigen stammt, wird man diesen Jungen als **der Altersstufe nicht typisch angepasst** einschätzen. Die meisten Kinder benutzen in diesem Alter ein zweigliedriges Mensch-Schema, bei dem Kopf und Körper in jeweils eigenen Grenzen erscheinen. Auffälig sind die vermeintlichen „Haare“ rund um das „Gesicht“, weshalb diese Zeichnung fast immer als „Opa“ gedeutet wird, nämlich wegen des „Bartes“ und des Spazierstocks, der außerdem mit sehr merkwürdigen „Händen“ gehalten wird. Unter dem Titel „Hänschen klein“ – nach einem bekannten Kinderlied – wird die Zeichnung als sinnvolle Aussage lesbar. „Stock und Hut“ erkennt nun jeder. Die von dem Kreis ausstrahlenden Linien erklären sich stimmig als die „Befehle“ „in die weite Welt hinein“ zu gehen (was bei Figur 81 geklärt wurde). Die Form der Kopfbedeckung muss auf den Richtungsverlauf der Striche Rücksicht nehmen, denn die Linien sind, auch der Reihenfolge des Liedtextes entsprechend, **vor** dem Hut gezeichnet. Die Kappe umhüllt (ein) Haar (?).

Die rechteckigen Figuren an den Enden der Beinlinien nehmen Bezug auf jenes Areal des Blattformats, in welchem dem Kind und seinem Geschöpf „die ganze weite Welt“ vorliegt.

Wer je einen Spazierstock in der Hand geführt hat, wird im Gespür haben, wie die Krümmung seines Griffes durch die Handfläche gleitet.

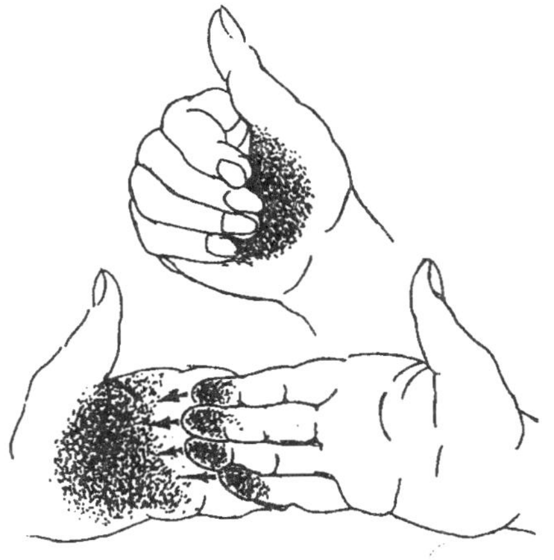

Figur 139

So bringt der Junge die Grenze des Spazierstocks einfühlsam mit der Handfläche in Verbindung. Die Hand **stützt** sich allerdings **nicht** auf die Krümme, sondern der Handteller hält den Stock. Das Kind kann noch nicht „vom Stock her“ denken; deshalb ist das Halten des Stockes an die Tätigkeit des Kindes gebunden. Es wird nicht die Funktion des Stockes dargestellt, sondern die Funktion der **Hand** beim Stöckchenschwingen.

Diese Art, die Hände zu zeichnen, kommt in dieser und ähnlicher Weise doch öfter vor, als man meint. Sie hat ebenfalls ihren Grund in der Feinfühligkeit der Kinder, die, wenn sie ihre Hand**teller** mit den Finger**spitzen** ertasten, diese **vor den Fingern** spüren, also weiter außen, weiter von ihrem Körper entfernt (Figur **139**). Es sei hier an die frühen Erfahrungen mit den Körpergrenzen erinnert, wo die Fingerspitzen als hochempfindliche Tastorgane die eigenen Grenzen von den Dingen zu unterscheiden hatten. Aus allem kann man (beinahe mit Ehrfurcht vor der kindlichen Logik) erkennen, welche Tradition an eigenen Erfahrungen diese Zeichnung mit sich führt. Das Kind, von dem diese Zeichnung stammt, ist vielleicht nicht den **gängigen** Erwartungen der Erwachsenen angepasst, aber es zeigt hier eine starke Bindung an seine Lebenserfahrungen, vor der die meisten seiner Erzieher es eher zu schützen beabsichtigten als diese zu schätzen wüssten. (Angesichts solcher Sensibilität scheinen Mund und Nase „von einem anderen Kind" zu stammen.) Die „lupenreine" Einheitlichkeit der Kinderzeichnung ist allerdings deswegen nicht anzustreben, weil Kinder immer „auf dem Wege sind"; man sollte sie dabei nicht festhalten.

Die Verwandlung des eingliedrigen „Kopffüßlers" in die zweigliedrige Menschengestalt

Der „Kopffüßler" ist eine **eingliedrige** Gestalt, weil sich der **ganze** Mensch **innerhalb der einen** Kreislinie „befindet". Fast alle weiteren, meist geraden, „richtungsweisenden Linien" schreiben dieser Gestalt **ursprünglich** und hauptsächlich vor, was sie tun kann oder tun soll.
Mit dem Kreis **hat sich das Kind** „in umarmender Gebärde" die Menschengestalt geschaffen, die blicken **soll**, die sich **bejahend** oder **verneinend** verhalten **kann**, die in die Welt hineingehen und Kontakt zu ihr aufnehmen **kann** oder **soll.** Diese Menschengestalt gehört dem Kind; das Kind **hat** sie (in Besitz). Der „Kopffüßler" selbst **hat** (besitzt) **nichts**. Demnach **hat** er **keine** Augen, sondern er soll/kann blicken; er **hat keine** Haare, denn die von den Erwachsenen als solche gedeuteten Linien sind ursprünglich Anweisungen des Kindes, die Figur solle sich der Welt seiner Zukunft zuwenden (s. Fig. 81); der „Kopffüßler" **hat** weder „Beine" noch „Füße", sondern er kann gehen bzw. soll kommen. Er ist – streng formuliert – nur geschaffen, um zu gehorchen. Wie an früherer Stelle ausgeführt, meinen alle geradlinigen Markierungen vorerst **keine Gliedmaßen**, also keine Sachen und damit keine möglichen „Besitztümer", die dem „Kopffüßler" selbst gehören könnten.

Mit der Zweigliedrigkeit ihrer Gestalt wird die aus Papier und mit dem Stift geschaffene Menschenfigur in Zukunft auch selbst etwas **haben** können: Ihr kann z. B. ein „Bauch" gehören. Ebenso kann das Kind nach und nach seinem Geschöpf eine reichere Ausstattung „gönnen", zumal es gelernt hat, nicht nur zwischen „Mein und Dein" zu unterscheiden, sondern auch anderen etwas abzugeben. Das hat natürlich noch nichts mit einer selbstlosen Hingabe an Mitmenschen und Umwelt

Abbildungen: 140 141 142
Mädchen 5 J 11 M Mädchen 5 J 3 M

zu tun, sondern ist im sozialen Bereich „unter Schmerzen“ als erfolgreiches Verhalten für den einen oder anderen Fall entwickelt worden. Auf dem Gebiet der selbsterzeugten Spielpartner, über die das Kind zu herrschen beliebt, werden Erfahrungen mit der eigenen Leiblichkeit und Lebenswirklichkeit bereichernd eingebracht. Denn seine eigenen Entwicklungsfortschritte überträgt es auch auf seine „Spielpartner“, indem es ihnen jene Spielfähigkeiten **als Besitz zugestehen** möchte, die es an sich selbst als vorteilhaft empfindet.

Den bisher **ein**gliedrigen „Kopffüßler“ stattet das Kind mit einem **Körper**, einem **Rumpf**, einem „**Bauch**“ als einer eigenen **weiteren** Gestalt aus. Mit dem eigens formulierten „Bauch“ wird die Menschengestalt im Unterschied zum „Kopffüßler“ nun **zwei**gliedrig. – Derselbe Kreis, der bisher den **ganzen** Menschen bedeutete, wird **mit der gesonderten Erstellung eines „Kreises“ für den Körper** endlich zu einem gemeinten **Kopf** bzw. Gesicht.

Die von sehr vielen Kindern hervorgebrachten Formen sind in den Abbildungen **140**, **141** und **142** abgebildet. Diese Gestalten entstehen allesamt aus einer **grundlegenden Verwandlung des „Kopffüßlers“** in ein **zwei**gliedriges Gebilde, auch wenn es zunächst nur so scheint, als ob unterhalb des „Kopfes“ lediglich eine Art „Bauch“ hinzugefügt worden wäre.

Die Figuren geben natürlich nur Grund-Typen wieder, die in vielfachen Abwandlungen bei Kindern (selbstverständlich auch bei demselben Kind) auftreten können.

Erstes Auftreten des „Zwischenstücks“

Abbildung 143

Die Abbildung **143** zeigt eine Gestalt, bei der ein „Kopf-Kreis“ über eine „Zwischenform“ mit einem „Bauch-Kreis“ verbunden ist. Von diesem „Zwischenstück“ gehen die „Armlinien“ aus. Formen dieser Art werden von den Kindern **vorerst** dann gemacht, wenn sie **keine** Veranlassung haben, die Gestalt in irgendeiner Weise mit **Kleidung** in Verbindung zu bringen. Die hier auftretende Zwischen-Figur, die nachfolgend immer „**Zwischenstück**“ genannt werden soll, wird in der geläufigen Literatur zur Kinderzeichnung meistens „**Hals**“ geheißen. Wie sich zeigen wird, ist diese Benennung vom Kind aus gesehen **irreführend;** so, wie Kinder keine Füße an den Kopf machen, so machen sie auch keine Arme an den Hals.

Abbildung 144

Die Abbildung **144** hat kein solches „Zwischenstück“, weshalb keine „Armlinien" von ihm ausgehen können. Ebenso können wir aber sagen, dass bei dieser Figur ein Hals **nicht fehlt**. Er kann deshalb nicht „fehlen“, weil er noch nicht selbstverständlich in diese Entwicklungsphase des kindlichen Zeichnens gehört. – Bilder in dieser Ausführung kommen häufig vor, und zwar vor allem dann, wenn das Kind mit seiner Zeichnung an einer **bekleideten** oder kostümierten Person interessiert ist, etwa an einem Clown. Dann ist das „Zwischenstück“ zwischen „Kopf“ und „Bauch“ möglicherweise in die Gesamtgestalt eines bekleidet erlebten Rumpfes einbezogen und braucht deshalb nicht mehr eigens eingefügt zu werden.

Bei Abb. **145** liegt kein „Zwischenstück“ und auch keine direkte Andeutung von Kleidung vor. Die „senkrechten“ Linien sind die tastbaren Seiten der Gestalt, welche zum äußeren Ende zu „Beinen“ werden.

Abbildung 145

Aus den Seiten kommen die „Armlinien“. Die Querlinie zwischen den Seiten bezeichnet eine **gemachte** Grenze zwischen „Rumpf“ und „Beinen“, die eher auf gesehene als auf ertastete unmittelbare Erfahrungen zurückgeht. Die Grenze liegt an der Stelle, wo die Seiten in die „Bein“linien übergehen. Im Vergleich mit anderen Ausformungen von Bauch oder Rumpf auf Kinderzeichnungen wirkt die untere Abgrenzung des Körpers gegen die Beinregion auf Abb. **145** fast wie ein Trick, aus einem „Kopffüßler“ eine Gestalt „mit Kopf und Bauch“ zu machen. Was nun die Abbildungen **143** und **144** verbindet und sie gemeinsam vom „Kopffüßler“ unterscheidet, ist eine grundlegende **Um-Organisation** der Gestalt des Menschen von einem **ein**gliedrigen zu einem **zwei**gliedrigen Gebilde.

Der eine ganze Mensch – in zwei „Umfassungsgebärden“

Wo im „Kopffüßler“ **der ganze Mensch in dem einem Kreis** vorhanden war, ist dieser **jetzt in zwei „Kreis“-Gebilden** zu **einem zusammengehörenden Wesen vereint**. Mit zunehmender Welt-Erfahrung erwerben Kinder die Fähigkeit, einen Gegenstand nicht nur als eine „**in ihrem Wesen bestehende Ganzheit**“ wahrzunehmen und zu schätzen. Sie können nach und nach Teile, die den **Charakter von Gliedern und Gliedmaßen** haben, an den Gegenständen unterscheiden und diese als Einzelteile aus dem Ganzen ebenso herauslösen, wie sie diese wieder zum Ganzen zusammenfügen können. Aus diesem Grund bedeutet der „obere“ Kreis nun den Kopf und der „untere“ den Bauch/Körper. Die **eine** Ganzheit „Mensch“ besteht nun wesentlich aus **zwei** einander zugeordneten Teilen.

Bei der zweigliedrigen Figur kommen **die beiden** Möglichkeiten der Wahrnehmung von Personen **zugleich** ins Bild: Erstens die **mit den Umarmungsgefühlen erspürte körperliche Gestalt,** und zweitens die immer mehr reifende **visuelle Welterfahrung**, also der **Anblick** des Menschen, insbesondere seines Gesichts – als einer vom **ganzen** Menschen abhebbaren **Einzelgestalt**.
Inzwischen sind die Kinder größer geworden und können die geliebte Person sowohl **umfassen** („Bauchkreis") als ihr auch **zugleich** ins Gesicht **sehen** („Kopfkreis"); sie drücken – freilich unbewusst – in der Zweigliedrigkeit das verdoppelte Erlebnis, die Person sowohl zu „**haben**" als auch zu **sehen**, aus.

Allgemeine Vorbemerkungen zur „Bauch"-Darstellung

Über die „Frage nach dem Bauch" werden die Kinder von Erwachsenen oder von älteren Kindern gedrängt, den Rumpf als Bestandteil der Menschendarstellung endlich einzuführen.
Wenn man ein Kind fragt: **wo** ist **dein** Bauch? dann wird seine Erwiderung in der Regel nicht mit Wörtern allein erfolgen, sondern mit Gesten. Es wird entweder mit einem Finger auf seinen Nabel zeigen oder mit einer Hand mehrmals auf der Bauchdecke um den Nabel herumkreisen, und allenfalls noch ein „**hier**!" hervorbringen. Aufgrund dieser Frage-Form wird der „Bauch" für das Kind mehr ein **Ort** denn ein **Organ**.

Dabei ist überhaupt auffallend, dass die Erwachsenen die Kinder meistens nach Orten fragen. **Wo** hast du dein Näschen, dein Mündchen, dein Knie? heißt es, wenn die eigenen Körperteile gemeint sind. **Wo** ist denn der Junge? **Wo** ist denn das Mädchen? **Wo** ist denn die Oma? So wird gefragt, wenn die ganze Person verlangt wird. **Wo** sind die Klötzchen, der Löffel, das Püppchen, die Eisenbahn? So lautet die Rede, wenn es um Gegenstände geht. Über diese Art des Fragens werden die benannten Dinge nachhaltig mit den Orten, an denen sie auftreten, zusammengebracht, so dass manche Dingbezeichnung für ein Kind mit einer Ortsbezeichnung in eins fällt.
Der Bauch als körperhaftes Organ ist ein völlig anderer Sachverhalt als seine darstellbare Form auf der Oberflächen-Gestalt des Menschen. Bei einem Vortrag vor Ärzten konnte selbst von diesen auf Nachfrage keiner den Bauch als äußere Gestalt abgrenzen, obwohl alle: die Internisten, Orthopäden, Gynäkologen, Proktologen, Chirurgen usw. ihren jeweiligen Zuständigkeitsbereich (glücklicherweise) genau kannten.

Ausgangsform: der Bauch als „Stelle" am Körper

Der Bauch wird, wenn nach ihm gefragt wird, **nicht als Organ verstanden**. Dem Kind ist der Bauch zunächst eine **Stelle** an seinem Körper, die ihm immer schon beim Waschen und Baden mit kreisenden Bewegungen des Badeschwammes vorgestellt wurde. Beim Zeichnen braucht es nur die Tätigkeit des Kreisens in der Körper-Region auf dem Papier zu wiederholen. Die Bauchwand ist dem Kind vom Anfassen her geläufig; sie ist diejenige Körperpartie, die es mit seinen Händen am leichtesten erreicht und deshalb öfter als andere angefasst hat; außerdem ist die Bauchdecke diejenige Zone des Rumpfes, die das Kind

Abbildung 146 Mädchen 4 J 4 M

am mühelosesten sehen kann. Und schließlich spielen sich hinter dieser Bauchwand die am häufigsten auftretenden Kinderbauchschmerzen ab, die ebenfalls meist nicht genau auf den Punkt und in abgezirkelte Grenzen zu bringen sind.
Nach allem, was nun über Bäuche vorgebracht wurde, wird die Abb. **146** („noch" „Kopffüßler"-artig) verständlich. Wir beziehen uns auf unsere früheren Beobachtungen, dass der Raum **zwischen** den „Beinen" **unter** dem „Kopf" des „Kopffüßlers" keinen Leerraum bedeutet, sondern durch die **Seiten**linien mit dem gemeinten Menschen „angefüllt" ist. Das erklärt in diesem Fall, weshalb die den „Bauch" umkreisende Figur so weit nach unten reicht; auf anderen oder späteren Darstellungen (z.B. bei den Abbildungen 147 -149) findet sich dann der **Abstand** zwischen „Kopf" und „Bauch" als das **„Zwischenstück"** wieder.
Der Bereich zwischen den „Bein/Seiten-Linien" kann, nach dem oben Gesagten, ohne gegen irgendwelche Logik zu verstoßen, mit Körper-Regionen besetzt sein. Diese kreisenden Bewegungs-Linien bilden demnach auch **keine Grenzlinien**; sie geben nicht die Grenzen eines körperhaften Organs an, sondern **die Stelle, wo und wie** der Bauch **gefühlt** wird, und zwar mit genau denselben Bewegungen auf dem Papier, die den Bewegungen am eigenen Körper entsprechen. Der häufig in der Mitte auftretende Punkt wiederholt das Zeigen eines Fingers auf den Nabel.
Das Umkreisen einer Fläche führt auch hier zur Grenzbildung und leitet damit natürlich zur Herstellung eines eigenen Gegenstandes über, als welcher der Bauch dann alsbald erscheinen wird.
Einer der häufigsten Einwürfe von „besserwissenden Unverständigen" lautet: „Der Bauch hängt ja in der Luft!" Eine solche Zurechtweisung wird das Kind einmal mehr veranlassen, seine eigenen Lebenserfahrungen beim Zeichnen **nicht** ins Spiel zu bringen.
Schlägt man mit der Länge des „Arms" **als Radius** (s. Kettenlinien) einen Kreisbogen um die Stelle, an der der Arm aus der Gestalt heraustritt, dann kommt er letztlich in der Mitte des „Bauchkreises" an. Ebenso endet an diesem Kreisbogen, also dort, **bis wohin die Hände reichen**, die vom Kopf herabhängende Frisur – auf der anderen Seite der Gestalt enden dann die Haare auf derselben Höhe.
Dass die Länge der gezeichneten Haare oder die Grenze der eigenen, den Kopf „kreisörmig" umrahmenden „Frisur" in ziemlich genauer Beziehung zur Länge der Arme stehen kann, lässt sich bei Mädchen (vor allem auf ihren „Selbstbildnissen") sehr oft beobachten, z. B. auch bei Figur 173 B.

Der Bauch als Teil der Menschengestalt

Die drei Gestalten **147 - 149** stammen von demselben Mädchen. Die Unterschiede der ersten beiden sind nicht besonders groß; die frühere Zeichnung weist „Handteller" auf, die spätere Zeichnung hat Doppellinien für das **„Zwischenstück"** zwischen „Kopf" und „Bauch".

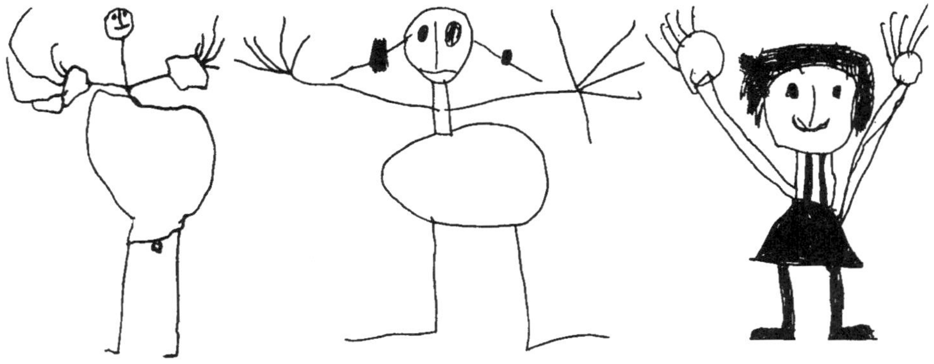

Abbildungen 147 148 149
Mädchen 5 J 6 M Mädchen 5 J 11 M Mädchen 6 J 9 M

Die dritte Figur (Abb. **149**) schließlich zeigt die Zeichnerin selbst als bekleidetes Mädchen im Trägerrock und mit Haarspange.

Wenn man ein durchgängiges Prinzip bei allen drei Bildern annimmt, dann kann das **„Zwischenstück" nicht den Hals allein** bedeuten. Es muss vielmehr als jene Körperregion angesehen werden, die unterhalb des Kopfes und oberhalb des Bauches angesiedelt ist. Es muss etwas wie ein **geahntes „Gesamt von Hals und Oberkörper"** sein – oder: Jener Bereich des Körpers, der zwar nicht genau der Bauch ist, von dem jedoch gefühlt wird, dass von ihm die Armbewegungen ausgehen. Es wäre sowieso unlogisch in der Erfahrungswelt des Kindes, wenn die Arme direkt vom Hals ausgingen. Der Hals hat bekanntermaßen eine ganz eigene Gefühlswelt für Kinder. Er ist der Ort, an dem sie ihre Halsschmerzen spüren und den sie sich so ungern mit Kragen und Knöpfen zuschnüren lassen. Der Hals wird hauptsächlich **vorn** gespürt. Die Träger des Rockes ziehen sich über die „Oberkörper-Hals-Form" hin, während der Rock als weibliches Kleidungsstück die Figur als Mädchen kennzeichnet.

Das Mädchen beginnt (Abb. **149**) geradezu unterschwellig, Hals, Oberkörper und Bauch zu unterscheiden. Das ist an der Unsicherheit zu erkennen, mit der es die Arme auf verschiedene Weise behandelt. Auf der einen Seite kommt der Arm aus dem unteren Teil des „Zwischenstücks", auf der anderen Seite aus dem oberen Teil des rockförmigen Bauchtrapezes. Indem das Kind den einen Arm dem „Körperbauch" zuordnet, wird das „Zwischenstück" auf dieser Seite überhaupt frei für eine künftige Halsform. Auf der anderen Seite wird die rocknahe Position des Armes zum Hinweis auf dessen Ansatz an der Schulter, wobei der obere Teil des „Zwischenstücks" ebenfalls für einen bevorstehenden Hals „freigeräumt" wird. In Übergangssituationen kommen solche Abweichungen von der Symmetrie vor, die deshalb keine Fehler oder Inkonsequenzen, sondern Fortschritt bedeuten.

Allen drei Figuren gemeinsam ist der „Bauch" als **eigenständiges Gebilde.** Er geht über eine bloße Stelle an der Gesamtfigur hinaus. Mit dieser Errungenschaft ist der eingliedrige „Kopffüßler", wie er sich noch in Abb. 146 zeigte, überwunden. Kinder können indessen auf ihre früheren „Kopffüßler" immer wieder einmal zurückkommen.

Der **Bauch** ist die **erste körperhafte Gestalt**, die sich für das Kind aus der selbsterfahrenen, als ganzheitlich **empfundenen Eingliedrigkeit seines eigenen Körpers** deutlich und **bewusst** heraushebt. Die Erfahrungen des Kindes mit seinem eigenen Körper waren bis dahin hauptsächlich durch die von ihm selbst ausgeübten **Bewegungs**aktionen bestimmt gewesen, was sich vorzugsweise in den geraden Linien der Zuwendung zur Welt ausdrückte (aber auch in den Mehrfachbewegungen rund um den Bauch).

Nunmehr wird eine **zweite** abtastbare, **mit Inhalt gefüllte** Kreisform (bzw. Rockform) eingeführt und mit der **ersten** Kreisform (die nunmehr der „Kopf" ist) **zu einem übergeordneten zweigliedrigen Ganzen vereinigt**.

Weiterhin ergibt sich, dass das Kind tatsächlich einen **Bauch** macht und dies in genau demselben „wörtlichen" Sinn, der durch die Fragen der Erwachsenen provoziert wurde. Genaugenommen war von den Erwachsenen ja nicht der Bauch gemeint, sondern der **ganze Körper**, dem sie aber, weil sie sich „kindertümlich" ausdrücken wollten, den Namen „Bauch" gaben. Dass sie sich dabei tatsächlich kindgemäß verhalten würden, war gegen ihre Absicht, denn sonst würden sie nicht den Bauch mit dem Körper und das „Zwischenstück" mit dem Hals gleichsetzen. Eigentlich müsste die ungewöhnliche **Länge** des „Zwischenstücks" schon längst nicht nur aufgefallen, sondern **sinnvoll** erklärt worden sein, weil es doch vom Aussehen eines normalen Halses weit entfernt ist.

Das „Zwischenstück" weist in Wirklichkeit erstens durch seine **Geradlinigkeit** an den Seiten darauf hin, **kein eigentlicher Körperteil** zu sein; zweitens hat es auch keine rundum durchgehende eigene Grenze, denn es wird nach oben durch die Kopflinie, nach unten durch die Bauchumrandung geschlossen. Das „Zwischenstück" dient demnach vor allem der **Distanz** zwischen Kopf und Bauch, in welcher Region die Armbewegungen entspringen.

Mit der sprachlichen Gleichsetzung von „Körper" und „Bauch" stellen sich die Erwachsenen selbst eine Verstehens-Falle, weil sie **deswegen** das „Zwischenstück" nur noch als „Hals" einzuordnen vermögen und infolgedessen den Ansatz der Arme an dieser Stelle für einen „Kinderfehler" halten müssen.

Abbildung 150

Ohne die bandförmigen Rockträger von Abb. **150** entsteht leicht der Eindruck, es läge ein Hals vor, besonders, wenn man irrtümlicherweise von visuell geleiteten Vorstellungen ausgeht. Ohne Deutungsalternative liegt es nämlich nahe, ein schmales Gebilde zwischen dem Kopf und dem Körper als Hals misszuverstehen. Für die zeichnenden Kinder gibt es aber eine Tradition, die bis in die Zeit ihrer waagerechten und senkrechten Strichbündel reicht. Die senkrechten Linien unter einem („Kopf")-Kreis können immer auch ihr „Ich" – im wahrsten Sinne des Wortes – **verkörpern**, wobei diese „Ich-Linien" aus einer, zwei oder mehreren auf- und abfahrenden Strichbewegungen bestehen können.
Seine äußerliche Ähnlichkeit mit einem Hals macht es leicht, dass dieser letztendlich das Zwischenstück ersatzlos ablöst.

Vom „Zwischenstück" zum Hals – und wie die Arme aus dem Körper kommen – eine schematische Übersicht

Figuren 151

Für die Überlegungen in Bezug auf die Figuren 151 spielt es keine Rolle, ob der „Bauch" als Kreisform oder als Frauenrock dargestellt wird; denn es geht um einen der möglichen Wege der Entwicklung des „Zwischenstücks" zum Hals. – Die Figuren **1** und **2** sind die Ausgangsformen, bei denen die „Arme" dem „Zwischenstück" entspringen. Bei Figur **3** rücken die Armlinien an die Grenze des „Zwischenstückes" zum Körper/Bauch. So nehmen sie Bezug zum Körper auf und geben das „Zwischenstück" als künftigen Hals frei. Die Figur **(4)** lässt offen, ob es sich um einen langen Hals, um den Oberkörper oder um ein übrig gebliebenes „Zwischenstück" handelt (siehe auch Abb. 152). Bei der Figur **5** ist der Hals endlich durch seine Kürze eindeutig geworden.

Ein Beispiel

Abb. 152 Junge 6 J 2 M

Vom Entwicklungsstand her ist die Abb. **152** gemäß dem Schritt von Abb. 147 zu Figur 151 (4)-(5) als Übergangsgestalt vom „Zwischenstück" zum „Hals" einzuordnen. Der entschiedene gerade Strich, der von der Mitte des Kopfkreises zum Körper führt, spricht für das „einlineare Zwischenstück", welches den Abstand von Kopf und Körper bewirkt; dieses wurde durch eine zusätzliche (vielleicht korrigierende) Linie in eine halsförmige Verbindung überführt.

Selbstwahrnehmung – Fremdwahrnehmung

Figur 153

Auf einem einzigen Bild (Figur **153**) kommt die Menschendarstellung auf unterschiedliche Weise vor. Dass Mike das Bild gemalt hat, welches ihn mit seinem Freund Daniel beim Fußballspiel zeigt, erkennt man nicht nur an der Nähe des Fußballes zu ihm. Wenn Mike „sich selbst mit Bauch" zeichnet, dann wiederholt er den herabsehenden Blick und bemerkt seinen **„Bauch" im Abstand** des „Zwischenstücks". Schaut er zu Daniel, dann sieht er diesen in der **Einheit** von Kopf und **Körper**, wobei der **Rumpf** zusätzlich durch die Kleidung formal zusammengehalten wird.

So also berichten diese Zeichnungen getreulich von den Unterschieden der Wahrnehmung, je nach dem, ob es sich um („Bauch-orientierte") Selbstwahrnehmung oder („Rumpf-orientierte") Wahrnehmung eines anderen handelt.

Figur 154

Ganz ähnlich steht es wahrscheinlich mit **Eva** und **Lisa**. Bei Eva jedoch könnte sich das „Zwischenstück" evtl. auch von einem Kleidungsstück für den Oberkörper herleiten. Über das Zeichnen von Kleidung werden häufig anatomische Sachverhalte für die Menschendarstellung geklärt.

Die (noch) eingliedrige Gestalt mit „Körperkreis"

Figur 155
Schema

Die Figur **155** stellt einen gewissen Sonderfall vor, der jedoch hin und wieder zu beobachten ist. Auf den ersten Blick freut man sich, dass das Kind nach der „Kopffüßler-Phase" nun „endlich" zu einer Figur mit Körper gelangt ist. Allerdings wird man auch einen angeblichen „Fehler" bedauern, weil die „Arme" aus dem „Kopfkreis" zu kommen scheinen. Da jedoch diese Einschätzung falsch ist, ist der kindgemäße logische Aspekt zu erläutern. In diesem Fall fasst das Kind eine Menschengestalt nämlich **noch** als eine **eingliedrige** auf. Somit bedeutet hier der „Kopfkreis" wie beim „Kopffüßler" den **ganzen** Menschen; die Greif-Linien („Arme") gehen wie bisher vom Hauptzentrum aus. Dieser (ganzen) Menschengestalt ist ein (**attributiver**) „Bauch" **hinzugefügt**. – Deshalb hat das Kind auf der Abbildung **156** ebenfalls **keinen** Fehler gemacht; denn zu seiner Darstellungs- und Auffassungsweise gehört noch nicht die Zweigliedrigkeit.

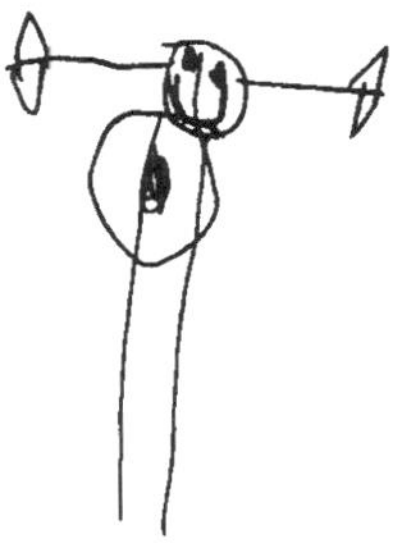

Abbildung 156
Mädchen 4 J 6 M

Als Erwachsener ist man leicht geneigt, in einem solchen Fall dem Kind zu raten, die „Arme“ vom oberen Kreis zu entfernen und sie „einfach“ an den unteren anzusetzen. Kinder werden diesem Rat gern und leicht folgen. Freilich werden sie auf diese Weise nur zu einer „mechanischen“ visuellen „Richtigkeit“ gelangen und gerade nicht den Sprung von der eingliedrigen zur mehrgliedrigen Gestaltauffassung **selbstständig** machen. In der meist schnell erfolgenden spontanen (aus dem Kind selbst kommenden) Korrektur solcher Zeichnungen ist der Grund für die relativ seltene Beobachtung ihres Vorkommens zu finden.

Zweigliedrigkeit als Ausdruck eines neuen (auch visuellen) Verhältnisses zu Personen und Weltgegenständen

Im Unterschied zur **ein**gliedrigen Gestaltung eines „Menschen mit Bauch“ besteht die Ganzheit des Menschen bei den **zwei**gliedrigen Menschengestalten **sowohl** aus einem Kopf- **als auch** aus einer Körper-Figur. Der Bauch **wird so sehr Teil des Ganzen, dass ohne ihn keine Menschen-Gestalt entsteht**. Die Bauch/Körper-Form tritt nun **„konstitutiv“** auf.

Die Zweigliedrigkeit ist gegenüber der Eingliedrigkeit ein Fortschritt. Dennoch ist zu fragen, worin denn der Fortschritt besteht, wenn man ihn **nicht** ausschließlich in der **zeichnerischen Bereicherung** der Menschengestalt erblickt, die nun von mehr Einzelheiten oder Merkmalen am Menschen berichten kann. Ohne Zweifel hat das Kind eine neue Fähigkeit im Zeichnen erworben; aber es muss gefragt werden, auf welche **neue Lebenserfahrung** sich dieses neue Können gründet. Dazu müssen die Figuren **157** und **158** noch einmal zum Vergleich herangezogen werden. Zur Verdeutlichung ist in Figur **157** die **Ein**gliedrigkeit durch die größere Strichstärke der „Kopfgrenze“ betont, in Figur **158** die **Zwei**gliedrigkeit durch die gleiche Strichstärke **beider** Kreise.

Figuren 157 und 158

Die eingliedrige Figur weist auf den Ursprung dieser Menschendarstellung durch die anfänglich vorherrschenden Greif-Erfahrungen und das Umarmen der Gestalt hin. In dieser **einen Hinsicht**, die vor allem von den Körpergefühlen bestimmt ist, wird in der **eingliedrigen** Gestalt die Menschenfigur hergestellt.

Auf dem Weg von der Eingliedrigkeit zur Zwei- (und Mehr-)gliedrigkeit vollzieht sich ein entscheidender **Wandel**, in dem sich nach der fast ausschließlichen Wiedergabe **anfassbarer Merkmale** oder Tätigkeitsimpulse nun die **visuelle Erscheinung** der Gegenstände und Personen als Gestaltungsfeld anbahnt. Bei der zweigliedrigen Figur kommen **zwei** Möglichkeiten der Wahrnehmung von Personen **zugleich** ins Bild: Erstens die **mit den**

Umarmungsgefühlen erspürte körperliche Gestalt und zweitens die immer mehr reifende **visuelle Welterfahrung**, also der **Anblick** des Menschen, insbesondere seines Gesichts.
Die Kinder können nun die geliebte Person sowohl **umfassen** („Bauchkreis") als ihr auch **zugleich** ins Gesicht **sehen** („Kopfkreis").

Beispiel: „Ohren" oder „Arme" - oder was sonst ?

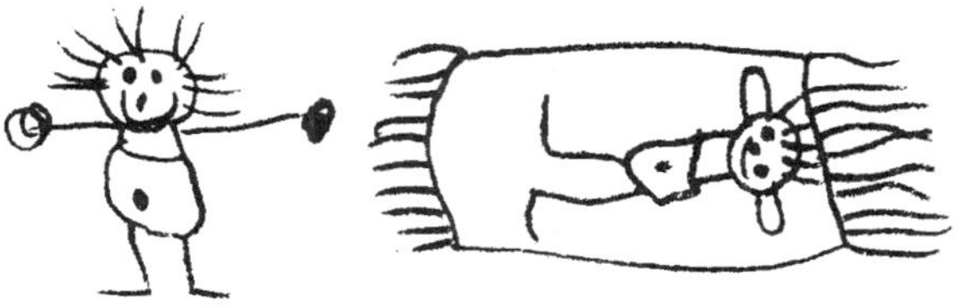

Abbildung 159 Mädchen 4 J 10 M

Die beiden nebenstehenden Gestalten stammen von demselben Mädchen und befinden sich auf demselben Blatt, allerdings nicht in der hier wiedergegebenen räumlichen Anordnung. Es handelt sich um eine Strandszene, bei der die eine Figur im Wasser ist und die andere auf dem Badetuch liegt. Die „stehende" (eigentlich schwimmende) Figur zeigt, wie die Arme vom Zwischenstück zwischen Kopf und Bauch ausgehen, was als richtig und „natürlich" empfunden werden kann. Der liegenden Figur scheinen die Arme zu fehlen; dafür scheint sie riesengroße Ohren zu haben.
Es dürfte aber unwahrscheinlich sein, dass das Kind die Arme weglässt und stattdessen solche grotesken Ohren zeichnet. Es ist eher glaubhaft, dass sich das Kind auf die „hinter dem Kopf verschränkten Arme" bezogen hat, indem es die Bewegungsimpulse aus der Menschengestalt hinaus und wieder zu ihr zurück notierte. Da die Eigenkörpergefühle ihren Ort näher am Kopf haben als an der „Zwischenform", gehen die Aktionslinien von diesem aus und auf diesen zu, nicht zuletzt deswegen, weil bis vor kurzer Zeit im jetzigen Kopfkreis noch „die Mitte des ganzen Menschen" enthalten war. Überdies sind der „schwimmenden" Figur ebenfalls keine Ohren angefügt.
Ein absolutes Missverständnis wäre es, diese länglichen Ausbuchtungen aus dem Kopf als „zweidimensionale" Arme anzusehen. Diese vor und zurücklaufenden Linien bilden keinesfalls die Umrandungen oder die Konturen von Armen (von „stub arms" – zu Deutsch Armstummel – nach Rhoda Kellogg, in Childrens's Drawings - Children's Minds, S. 80 – wobei sie richtig darauf hinweist, dass damit nicht die Kürze der Gliedmaßen angegeben würde). Die Zweidimensionalität, die auf die Dicke und Körperhaftigkeit von Gliedmaßen hinweisen könnte, würde zuerst an der „schwimmenden" Figur auftreten und nicht an einer solch komplizierten Haltung, wie es das Verschränken der Ame hinter dem Kopf ist.
Die Endformen an den „Armen" der schwimmenden Gestalt „gebieten" diesen förmlich, die beim Schwimmen erforderlichen kreisenden Bewegungen zu machen!

Beispiel „Hampelmann“

Statt einer rundlich begrenzten Gestalt wurde in Abb. **160** ein „Hampelmann“ von einem Mädchen mit **geradlinigen Grenzen** gezeichnet. Dasselbe Mädchen hat zur selben Zeit und auch noch lange danach **Rundformen** für sowohl für den Kopf als auch für den Körper/Bauch gezeichnet, was den Abbildungen 147 und 148 zu entnehmen ist.
Die einwärts gezeichneten „Fußlinien“ geben die Richtungen an, in denen sich die „Beine“ beim Loslassen des Zugfadens aufeinander zu bewegen (sollen); für die meisten Hampelmann-Figuren sind aber die **nach außen** weisenden Füße charakteristisch, weil diese die Silhouette bereichern. Jedoch wird von Kindern dieses Alters die Silhouette und ebenso die steigende Bewegung der Beine weniger beachtet, weil sie beim Spielen ihre Aufmerksamkeit auf das eigene Tun richten, nämlich auf das Ziehen an der Zugschnur.

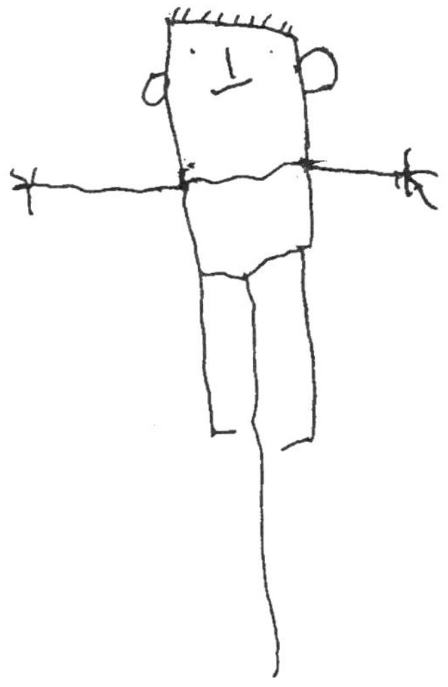

Abbildung 160
Mädchen 5 J 3 M

Das ist der Hampelmann (s. Abb.160), mit dem das Mädchen von seinen Kleinkind-Tagen an vertraut war

Von größerem Interesse für die Erforschung der Kinderzeichnung ist aber gewiss die **Geradlinigkeit** der Körperbegrenzungen. Figuren dieser Art werden in der Literatur zur Kinderzeichnung sehr häufig „Kastenmenschen“ oder „Kastenfiguren“ genannt, doch führen solche Ausdrücke in die Irre. Mit der Geradlinigkeit der Begrenzung formuliert das Kind in diesem Fall die **Flachheit** der Figur.
Bekanntlich sind Hampelmänner aus flachen Materialien, meist aus Sperrholz oder Pappe. Wenn das Kind den Hampelmann zwischen seine flachen („gefalteten“) Hände nimmt, dann verliert dieser seine visuelle silhouettenhafte Körperlichkeit (s. Fig. 176). Darin unterscheidet sich ein Hampelmann von anderen Menschenfiguren – von den Menschen selbst oder auch von Puppen, mit denen die Kinder spielen. Wenn man

den Körper (und nicht die konturbildenden Kanten) eines Hampelmannes in beide Hände nimmt, fühlt sich dieser flach an und lässt keine rundlichen Hand- und Armbewegungen zu. Die geraden Striche für die Begrenzung der Figur sind genau so gerade bzw. so flach wie die tastenden Hände und ebenso dünn wie der Spalt zwischen ihnen, in denen das Spielzeug gehalten wird.
So werden **die geraden Striche zur Wiedergabe des Tastgefühls eines angefassten Gegenstandes** (statt einer „umarmten" Sache.) In dieser **Gegensätzlichkeit** zu unseren bisherigen Erkenntnissen bestätigen sie, dass die **„runden"** Begrenzungen bei kindlichen Zeichnungen tatsächlich Ausdruck **umarmter** Körperhaftigkeit sind.
Hampelmänner haben keinen Bauch(-„Äquator" wie die Figuren 30 u. 31), der nach vorne kommen kann, wenn der Zeichenstift auf dem **liegenden** Papier nach hinten geht und wieder auf das Kind zukommt, wenn es nämlich, wie sonst, einen „umarmenden Kreis" für einen Gegenstand macht.
Die Erscheinung geradliniger Körperbegrenzung ist typisch für die Darstellung von Kleidung, weil sich die Kleidung ebenfalls flach und dünn anfühlt, wenn sie dem Körper anliegt. Damit regelt auch das Tastgefühl noch lange in entscheidendem Maße die Darstellung von Weltdingen und Personen.
Im Unterschied zur Zeichnung eines dreijährigen Mädchens (Abb. 110), das mit den Strichen, die von den Seiten/Bein-Linien ausgehen, ausschließlich seine **eigene** Tätigkeit als Veranlasserin und Durchführerin der **Bein**bewegungen des Hampelmanns auf dem Blatt durchspielt, kann das fünfjährige Kind seine eigene Tätigkeit an der **Strippe** von den **Folgen am Spielzeug** unterscheiden.

Die weitere Entwicklung der Menschendarstellung

Allgemeines zu den Beispielen

Jedes Kind entwickelt seine eigenen Darstellungsformen aufgrund der Figuren, von denen es ursprünglich ausgegangen ist. Alle neu entstehenden Bilder werden immer von den vorhergehenden beeinflusst und bauen gegebenenfalls unmittelbar auf diesen auf. – Da sich Kinder anfangs in vielen Verhaltensweisen ähneln, kommen erwartungsgemäß viele Ähnlichkeiten in ihren bildhaften Äußerungen vor. Ohne solche Übereinstimmungen ließe sich über Kinderzeichnungen nur wenig Allgemeingültiges aussagen.
Die nachfolgenden Zeichnungen sind Beispiele unzähliger Variationen der Herstellung und Darstellung menschlicher Figuren. Die Reihenfolge der angeführten Zeichnungen bedeutet **keine Entwicklungsreihe**. Es sind Beispiele aus der Fülle sinnvoller und gelegentlich sinnwidriger Möglichkeiten, auf deren störende Ursachen hingewiesen wird.
Jedes Kind bearbeitet, aufgrund der Beeinflussungen von außen und von seinen Interessen her, zu den unterschiedlichsten Zeiten gewisse Einzelheiten an seinen Figuren. Das ist normal! Bei dem einen Kind steht die Frisur früher im Mittelpunkt seiner Aufmerksamkeit, beim anderen sind es die Gliedmaßen oder Einzelheiten der Mund- und Nasengestaltung. Es gibt in der Vielfalt **keine normative Entwicklung**, an der sich das Kind im Sinne der Erfüllung von Forderungen notwendig auszurichten hätte. – So geht es in den folgenden Beispielen hauptsächlich darum, in den konkreten Äußerungen **die zugrundeliegenden Schemata ihrer sinnvollen Erzeugung** aufzuspüren.

Themen der Zeichnungen in der Grundschulzeit

In die Grundschulzeit fällt die Fortsetzung und die Erarbeitung verschiedener Themenbereiche, so die Menschendarstellung, Tiere, Häuser, Bäume, Fahrzeuge, Szenen, Innen- und Außenräume, das Wetter und vieles andere. Manche der vorkommenden Erscheinungen, die nicht grundsätzlich die Entwicklung betreffen, wie die Darstellung von Haaren, werden bei den Gelegenheiten, wo sie auftreten, erläutert.
In den nächsten Abschnitten wird fürs erste die Differenzierung der Menschengestalt weitergeführt, die sich hauptsächlich in den nachfolgend genannten Themenbereichen auswirkt:

Von „inneren Zuwendungsimpulsen nach außen“ – und ihren Spuren – bis zur Darstellung von Gliedmaßen – von „Armen“ und „Beinen“ –

Die Unterscheidung der Geschlechter nach ihren sozialen Rollen durch die „Formen von Kleidungsstücken“ –

Von der „Kleidung als Umhüllung“ zur „Kleidung als Bedeckung“ –

Charakteristische Einzelheiten wie das „Lächelnde Gesicht“ – usw.

Der „zugreifende“ Arm – genauer: die „zugreifende Hand“

Abbildung 161
Junge 4 J 7 M

Figur 162 Studie zur nebensteh. Abbildung
„Mama und ich – zur Osterzeit – als Hasen“

Das Kind, ein viel geübter Zeichner, stellt sich mit seiner Mutter dar. Beide Figuren wurden Stück für Stück routiniert gleich nebeneinander gezeichnet, also zwei Köpfe, zwei Bäuche, zwei Beinpaare, die Kennzeichen der Gesichter (Abb. **161**).
Aus dem Körper der Kinderfigur ragt in Richtung der Mutter eine Linie heraus, welche sodann von einer kreisenden Linie weitergespielt wird, die Streichelbewegungen ausdrückt. Die drei anderen seitlich angesetzten Bögen beziehen sich in ihren Rundungen bei beiden Figuren auf mögliche oder erwünschte Gesten der Umarmung, was aus dem Kontrast zu der geradlinigen Zuwendungsgeste des Jungen ablesbar ist.

Unübersehbar ist die **durch Tätigsein** bekundete Ich-Betontheit des Kindes, indem sich die Bewegung seiner berührenden Hand durch mehr Aufwand als an den sonstigen Stellen dokumentiert. Weil der Junge hier **Streicheln spielt**, kommt die graphische Struktur der kreisenden Linien zustande.
Die Figur **162** zeigt die Figurengruppe ohne die „Hasenohren“. Die endgültige Form der „Ohren“ sieht aus wie eine nachträgliche Korrektur der merkwürdigen Striche, die aus den Köpfen herausragen.
Der kleine Zeichner hat erkannt, nachdem die Richtungsstriche aus den Kopfkreisen gezeichnet waren, dass diese nicht deutlich genug ausdrücken, wie sehr das Mutter-Kind-Paar aufeinander bezogen ist. Darum hat er, um die ursprüngliche Absicht, sich und seine Mutter als Osterhasen zu zeichnen, die aus den Köpfen ragenden Zuwendungslinien als Teilkonturen für die „Hasenohren“ weiterverwendet. Wie aber ist es überhaupt zu diesen befremdlichen Strichen gekommen?
Das Kind nähert sich mit seinen Gesten nicht nur der Mutter, sondern es hat den Wunsch, die Mutter möge sich ebenfalls ihm zuwenden. So wird ihrem Gesicht ein „Zuwendungsstrich“ angefügt, den der Junge nun aber **noch nicht von der Mutter aus** zu erleben vermag, weil er, seinem Alter entsprechend, von seinem **eigenen** Zuwendungsverhalten

geleitet wird. Denn immer, wenn er **sich selbst** seiner Mutter zuwendet, geht sein Blick regelmäßig **nach oben**. So kommt die nach oben weisende Linie bei der Mutter als **Übertragung seiner eigenen Zuwendungsgebärde** zustande. Und genau, wie er die vorangegangenen Teilfiguren routinehaft parallel gezeichnet hat, stattet er, automatisch, und um die harmonische Eintracht der beiden zu erzeugen, die Kindfigur aus der gleichen Routine mit derselben Figur aus – und erkennt erst danach das **nicht** erwünschte Ergebnis: Die Figuren sind zwar „gleichsinnig" gerichtet, nicht aber einander zugewandt. Die Verankerung der Zuwendungslinien ist bei den beiden Personen verschieden; beim Kind kommt sie betont aus der „**inneren** Mitte"; darin sind noch Reste aus der „Kopffüßler"-Phase spürbar. (Aus diesen Linien werden später vielleicht „Nasen im Profil"). Die neu ansetzenden „Ohren"-Linien beginnen außen an den Zuwendungslinien. Die Kindfigur wird zuerst mit Ohren ausgestattet, denn die neue Linie zielt als Schenkel eines Winkels direkt auf den Kopf, von dem aus der Bogen im Neuansatz weitergeht. Am Kopf der Mutter wird der Vorgang lediglich und mechanisch wiederholt, wobei allerdings nur der anfängliche Handlungsimpuls, einen Winkel zu machen, im Gedächtnis bleibt. Mit dem am deutlichsten wegführenden rechten Winkel setzt der Knabe die Linie an, bis er bemerkt, mit dieser Richtung nicht an die Kopflinie gelangen zu können. Also ändert er die Richtung. Bemerkenswert: Die **nicht** mit dem Zuwendungsstrich verbundenen **Ohren**konturen sind mit derselben Gechmeidigkeit gezeichnet, die die übrige Linienführung der Figuren auszeichnet.
Das ausführlich besprochene Beispiel zeigt, wie dieser Junge seine eigene Lebenserfahrung, seine Wünsche und seine Kritikfähigkeit am selbstgemachten „Spielzeug" kompetent in seine Zeichnung einbringt.

Die getrickste Zweidimensionalität

Abbildung 163 „JUNGE" – „MÄDCHEN"
(Figuren ohne die Laternen in der Hand)

Hier zeichnet ein Mädchen am Ende seiner Kindergartenzeit sowohl sich selbst als auch einen Jungen. Die Kinder sind für den Karneval mit hohen Spitzhüten in „Wassermänner" verwandelt worden.
Beide Figuren sind im Prinzip **eingliedrig**, was vor allem das Ansetzen der „Armlinien" an den „Kopfgrenzen" offenbar macht. Bei der Mädchenfigur kommen die zuerst gezeichneten körpernahen „Armstriche" aktiv **aus der Richtung des Zentrums und zudem aus dem Innern des Kreises** heraus, genau so wie die langen seitlichen

Linien, die die Kleidform begrenzen, also Linien, die ursprünglich als „Beinlinien“ an einen „Kopffüßler“ gehören würden.
Sich selbst charakterisiert das Mädchen schon im Gesicht mit einem umgrenzten Mund aufwendiger als den Jungen; es muss nicht der geöffnete sein, sondern es kann auch derjenige sein, dessen Oberlippe und dessen Unterlippe je für sich geschminkt werden.
Sodann blicken kreisförmige Augen, die einen Pupillenpunkt tragen und von Wimpern umgeben sind, aus dem Gesicht heraus. Die Nase wird nicht gezeichnet, was nicht heißen soll, sie würde fehlen!. Sie ist für ein weibliches Gesicht „nicht wichtig“, was man daran erkennen kann, dass Mütter (ältere Schwestern oder Tanten) mit kosmetischen Mitteln ihre Augen und den Mund zu betonen pflegen, die Gestalt der Nase aber eher unterdrücken („wegpudern“). So macht es auch die Tochter, wenn sie sich auf dem Papier „herrichtet“. Viel kämmbares Haar, parallel zu den Armbewegungen, stattet – im Unterschied zu der Gestalt des Jungen – das Mädchen aus. Die radialen Striche um den Kopf des Jungen deuten „Haare“ eher „symbolisch“ an.
Die Kennzeichnung einer männlichen Gestalt ist für das Mädchen noch kein Thema. **Für sich selber** ist es jedoch zu einer Formel zur Markierung seiner Geschlechtszugehörigkeit gekommen oder – wahrscheinlich – **gebracht** worden.
Die auseinanderstrebenden Bein/Grenzlinien werden unten mit einer Verbindungslinie geschlossen, und so wird die nun dreieckige Fläche mechanisch in eine Kleidform gebracht. Die farbige Ausfüllung der eingegrenzten Fläche lässt ihre linearen Ursprünge vergessen. Die gespreizten „Beinlinien“ der Knabengestalt, die man eigentlich als ein Paar von Senkrechten erwarten würde, sind wohl unter dem Eindruck des „weiblichen Schemas“ zustande gekommen. Aus dem Kleid kommt unten ein angehängtes Beinpaar-Zeichen zum Vorschein, welches keinen Zusammenhang mit der sonstigen Gestalt hat.
Die verdickten Linien, die die „Beine“ darstellen, kommen durch mehrfaches Streichen des Stiftes über das Papier zustande und scheinen eine vorgegebene Fläche füllen zu sollen. Damit verlieren sie den anweisenden Charakter von „Befehls- und Bewegungslinien“, den sie bis dahin hatten. Sie weisen nun lediglich formelhaft auf Gliedmaßen hin, weil sie sonst keinen Zusammenhang mit der Körperlichkeit zu erkennen geben.
Nach dem Entwicklungsstand des Kindes, der in dieser Zeichnung zum Ausdruck kommt, ist die Ausstattung der Kleidform mit einem Punktmuster ungewöhnlich; dies wird im Kapitel über die Kleidung begründet. Betrachtet man die beiden Figuren auf die in ihnen ausgedrückten konkreten Welterfahrungen, dann haben beide als Grundfigur die in dem Jungen gegebene „Kopffüßler“-Gestalt gemeinsam. Das „Kleid“ des Mädchens entsteht durch den geschilderten **Trick.** Es handelt sich also mehr um eine zeichnerische Manipulation auf dem Papier als um die Bewältigung des Problems, **die Erfahrung des Bekleidetseins** zur Unterscheidung von Mädchen und Jungen ins Werk zu setzen. Somit ist

die Gestalt des Mädchens ein „Kopffüßler", der allerdings – leider auch für die Zeichnerin selbst – in einem **Zeichen** für ein Kleidungsstück verborgen wurde.
Solche Tricks werden den Kindern beigebracht – meistens von den sie erziehenden Erwachsenen. Kinder, die solche Tricks anwenden können, gelten als gut angepasst.

Abbildung 164

Bei einem „Kopffüßler" wird man keine zweidimensionalen (umrandeten) Arme erwarten, zumal **dann nicht**, wenn die Beine „noch" eindimensional gezeichnet wurden. So also wird es sich bei dieser Zeichnung **nicht** um **zweidimensionale** „Arme" handeln, die „schon" da sind, sondern es sind Formen, die auf denselben eindimensionalen Bewegungsspuren der Handtätigkeit aufruhen, die in den vorangegangenen Kapiteln nachgewiesen wurden. Die Handbewegung geht vom Kinde aus und zu ihm zurück, und in der Region der Reichweite wird **die Tätigkeit der Hände protokollartig notiert**. Beachtenswert ist, wie das Kind den tätigen „Zangen**griff**" der Hände zeichnet und es ihm nicht in den Sinn kommt, „Hände nach der Art von Fausthandschuhen" zu zeichnen – was den Kindern von Erwachsenen oftmals als „Erklärung" nahegelegt wird.
In diesem Fall halten die Kinder Laternen an Stangen in der Hand (Abb. **164**), und der zangenartige Hand**griff** kommt in Abb. **163** gut zu Anschauung.

Wie die „Arme" an die „Schulter" kommen – Vorbemerkungen

Auch bei dieser Thematik muss vorab **idealtypisch** anhand von schematischen Figuren vorgegangen werden.
Die Gestalten, von denen die Kinder für die Arm-Figur ausgehen, können sehr verschieden sein. Manche Kinder wenden sich der Thematik früher zu, also zu einer Zeit, die noch durch Eingliedrigkeit geprägt ist; anderen wird das Thema erst problematisch, wenn ihre Gestalten Kleidungsstücke tragen sollen. Wieder andere Kinder erarbeiten sich die Möglichkeiten der Anbringung der Arme am Körper noch im Stadium eindimensionaler Strichführung, wo Gleichaltrige mit zweidimensionalen Gliedmaßenformen zu Werke gehen.
Wie bei den Abbildungen 163,164 dargestellt, kann eine äußerlich zweidimensionale Erscheinungsweise dennoch in Wirklichkeit eindimensional sein. Durch die Deutung als zweidimensionales Gebilde kann das Kind zu dem Verfahren, zweidimensionale Gliedmaßen zu zeichnen, zu einem Zeitpunkt gebracht werden, auf dem ihm die dazu notwendige Reife tatsächlich zukommt oder wirklich noch fehlt.

Verfrühungen sind nie ganz auszuschließen und auch unschädlich, wenn sie **nicht regelmäßig** bei jeder sich bietenden Gelegenheit in Gang gesetzt werden.
So dienen die nachfolgenden idealtypischen Gestalten einer ersten Orientierung. Mit den konkreten Beispielen wird dann die Vielfalt der Möglichkeiten angedeutet.

Eindimensionale „Arme" an „kreisförmigen Körpern"

Figuren 165 **a** 165 **b** 165 **c** 165 **d** 165 **e** 165 **f**

Bei der Figur 165 **a** gehen die Linien, die die Armbewegungen vertreten, bezogen auf den Mittelpunkt des Körpers, von dessen Grenze aus.

Die nächstfolgende Figur 165 **b** lässt die „Arm"-Linien ebenfalls aus der mittleren Höhe des Körpers herauskommen, aber der Ursprung ihrer Richtung ist nicht mehr das Zentrum des Körpers. Die Linien enden oben meistens in Höhe der Grenze von Kopf und Körper, also dort, wo später die Schulter zu finden sein wird. Als hätten die Armbewegungen „Sehnsucht danach, von der Schulter auszugehen", scheinen sich die Enden der Linien in die Schulterhöhe vorzutasten,

bis sie, in Figur 165 **c**, tatsächlich **oben** aus dem Körper hervorgehen. Diese Linien kommen wieder – wenn man sie in das Innere des Kreises hinein verlängert – aus dem Mittelpunkt des Körpers, was u. a. anzeigt, wie sehr das Kind in dieser Zeichnung seine Körpergefühle richtig wiedergegeben findet. Es wäre falsch anzunehmen, das Kind würde hier „erhobene Arme" darstellen. Es sind vielmehr die in die Welt hinein reichenden Armbewegungen, die aus der Mitte des kindlichen Selbstgefühls herauskommen, die dann allerdings als aus der oberen Region des eigenen Körpers heraustretend gespürt werden.
In der (relativ selten auftretenden) Fig. 165 **d** drückt sich die folgende Erkenntnis des Kindes aus: Die Armbewegungen kommen zwar oben aus dem Körper heraus, dann aber bleiben sie in den meisten Fällen doch unterhalb der Kopfhöhe. Die Biegung hat nichts mit dem Ellbogen zu tun, denn dieser wäre ein eigens herzustellender Körperteil. Die eindimensionalen Linien sind in diesem Stadium der Entwicklung **immer** ein deutlicher Hinweis auf die **„Tätigkeiten" der ganzen** Gestalt, und nicht auf (bewegte) Gliedmaßen.

Die obenstehenden **Serie** der Figuren **165** erweckt leicht den Eindruck, es handele sich um eine Entwicklungsreihe, in der das Kind eine Stufe nach der anderen nimmt oder womöglich zu nehmen hätte. In den seltensten Fällen dürfte eine solche Reihe konkret durchlaufen werden. Dafür kommen zu viele weitere Veränderungen der Menschendarstellung ins Spiel. Wollte man diese alle gleichzeitig beachten, ließen sich indessen keine systematischen Aussagen mehr machen. Außerdem gelingen Kindern auch dann Fortschritte im Zeichnen, wenn sie nicht mit Stiften und Papier umgehen, sondern sich in der Welt umsehen. Was im Ergebnis so aussieht, als hätten sie eine „Stufe" übersprungen, ist in Wirklichkeit manchmal nichts anderes, als dass sie die Probleme der betreffenden Stufe „im Kopf" (und nicht „schriftlich" auf Papier) gelöst haben. Kinder können, je nach den Erfordernissen der aktuellen Spielsituation, mehrere Schemata nebeneinander gebrauchen; die zwischengeschobene Verwendung eines Schemas niederer Stufe bedeutet nicht immer einen Rückschritt, sondern eher auch einmal ein feinsinniges Eingehen auf eine bestimmte Sachlage.

Bei der Figur 165 **e** schließlich kommen die nach unten führenden Armbewegungen in direkter Weise aus dem oberen Bereich des Körpers. Wahrscheinlich deuten sich hier **nicht** mehr die eigentlichen Arm**bewegungen** an, sondern es liegt schon die Niederschrift von Körperempfindungen vor, die die Arme als **Gliedmaßen** hervorrufen und für die „Schulter" am Rumpf vorbereiten. Selbstredend nähert sich eine solche Gestalt auch der visuell wahrnehmbaren Erscheinung, die für Kinder dieser Altersstufe immer interessanter wird. Dennoch kommt diese Gestalt nicht sehr oft vor.

Häufiger findet man eine Figur wie 165 **f**, welche jedoch in die Gruppe der eingliedrigen Gestalten gehört; denn hier gehen die Linien von jenem Kreis aus, der den **ganzen** Menschen meint.

Obwohl sich 165 **e** und 165 **f** äußerlich sehr ähnlich sehen, liegen verständlicherweise große Entwicklungsschritte zwischen ihnen.

Gliedmaßen sind auf der Bildfläche zweidimensional

Gliedmaßen sind **anfassbare Körperteile**. Ihre zeichnerische **Darstellung** unterscheidet sie durch **Zwei**dimensionalität von den **ein**dimensionalen **Befehls- oder Tätigkeitslinien**, die zuvor bei den eingliedrigen „Kopffüßlern" und bei den frühen zweigliedrigen Menschengestalten z. B. als „Arm-" und „Bein-Linien " auftreten. **Auf dem Papier wird die gemeinte dreidimensionale Körperlichkeit problemlos durch Zweidimensionalität verwirklicht.** Denn: Von den Tastgefühlen und Greifbewegungen her wird die **Drei**dimensionalität der Dinge in Bewegungsvorgängen erspürt, welche jeweils für sich nur in **zwei** Dimensionen stattfinden.

Von der Eindimensionalität zur Zweidimensionalität bei der Darstellung dreidimensionaler Gegenstände

Viele Autoren vermuten ein besonderes **Problem** in der **zwei**dimensionalen **Nachahmung** des **drei**dimensional **wahrnehmbaren Objekts,** (weil nicht intensiv genug gefragt wird, **wie** das Kind die dreidimensionalen Objekte **außerhalb seiner visuellen Möglichkeiten** wahrnimmt).

In ihrer Studie *„Das Bild des Menschen in der Vorstellung und Darstellung des Kleinkindes"*, Bern und Stuttgart, 1957, S.130, setzt sich Gertrud Meili-Dworetzki mit Luquets folgenschwerem Satz: *„das Kind zeichnet von den Dingen nicht was es sieht, sondern was es weiß"*, auseinander. Sie schreibt: *„das 'innere Modell', das die Zeichnung leitet, ist...die verinnerlichte Nachahmung des wahrgenommenen Objekts. Die Gestalt- und Gestaltungsgesetze, die die aktuelle Wahrnehmung lenken, wirken auch bei der Wiedergabe dieser Wahrnehmungen. ...Das Kind...bringt die Vorstellungen zu Papier, aber doch nur in einem bestimmten Aspekt derselben: die zweidimensionale räumliche Struktur der Dinge."* – Indem sie fortfährt: *„Die Zeichnung gibt eben nur das von der Vorstellung wieder, was der visuellen zweidimensionalen Struktur entspricht – eine Art Abstraktion in rein visueller Hinsicht aus dem Gesamterleben des Objekts..." (S. 131)*, wird dann doch bei der verinnerlichten Nachahmung auf die visuelle Vorstellung abgehoben.

Der von uns hier vorgetragene Ansatz wendet sich ausdrücklich **gegen** die Ansicht, „es baue sich das vorwiegend visuell bestimmte Bild vom Menschen auf" (a.a.O. S. 128). Allenfalls dann, wenn das Kind zur Differenzierung und Ergänzung seiner „Grund"-gestalten (Mensch, Haus, Tier usw.) auf entsprechende Vorlagen aus Bilderbüchern (oder aus Zeichnungen anderer Kinder) zurückgreift, wird der „gewusste" Gegenstand aus dem **flächig vorformuliertem** Muster dem Schema hinzugefügt. Darin drückt sich sowohl ein Zeichen-Verstehen wie ein Nachmachen-Können aus.

An anderer Stelle (a.a.O. S.31) schreibt G. Meili-Dworetzki (in Übereinstimmung mit vielen Autoren): *„Das Wahrnehmungs- und das Vorstellungsbild der menschlichen Figur ist für das Kind durch seine einfachste Grundform bestimmt. Diese besteht in der Kombination von Kopf (bzw. Gesicht) und Vertikale."* Auch hier muss entgegnet werden, dass die **vorrangige** Bezugnahme auf die visuelle **Form** (selbst als „Grundform") gegenüber der Erfahrung mit der greifbaren und ergriffenen **Dinglichkeit** der Gegenstände **in die Irre führt** und infolge dessen viele Aspekte kindlicher Zeichnungen unvollkommen erscheinen lässt, die in ihren **eigentlichen** Zusammenhängen jedoch **sinnvoll** sind. Die fälschliche Deutung der frühen Kinderzeichnung als „visuelles Zeichengebilde" ist gerade **nicht** in der Lage, die regelmäßig vorkommenden „auffälligen" bzw. **typischen** Erscheinungen auf Kinderzeichnungen schlüssig zu erklären.

Die kindliche Tätigkeit besteht nicht in der visuell-aspekthaften Nachahmung des Objekts, sondern in der vergegenwärtigenden Herstellung eines neuen Objekts durch „Erschaffungsgebärden", die sich im direkten Umgang mit Objekten der gewünschten Art bewährt haben. Das Objekt wird nicht als visuelle, **zeichen**hafte Nachahmung der realen Gegenstände, sondern im Spiel bewirkt: In der Erschaffung einer neuen Sache mit Stiften auf und aus Papier, die dann, als **Folge der Zeichnung**, als flächenhaftes Gebilde – auch dem zeichnenden Kind – in visuell wahrnehmbarer Form erscheint.

So, wie das Kind die realen Gegenstände in seinen Gebärden körperlich fühlbar hat bzw. „besitzen tut", so wendet es dieselben Gebärden an, um in den „Besitz" der noch nicht anwesenden Sachen mit seiner Zeichnung zu kommen.

Die angebliche Problematik löst sich beim Blick in die Realität des kindlichen Zeichnens leicht auf: Denn die Gebärden auf dem Papier sind, wie die körperlichen Aktionen in der räumlichen Wirklichkeit, **„von Natur aus“** vorwiegend **„zweidimensional gesteuert“**. Vom Körpergefühl werden die meisten Bewegungen in einer Weise **empfunden**, als wären sie **in einer Ebene** vollzogen worden, das heißt: **auf einem zweidimensionalen Bezugsfeld.** Da ist kein spürbarer Unterschied zwischen der Bewegung im Raum und auf dem Papier.

(Man muss sich selbst als Erwachsener, der nun diese Aussage überprüfen will, große Mühe geben, überhaupt eine Bewegungsfigur für Arme und Hände zu finden, die so kompliziert ist, dass sie die Dreidimensionalität einschließt; eine Spiralbewegung mit der Hand, als würde man eine Wendeltreppe beschreiben, wäre eine solche Figur, die **als Handlungs**geschehen – ohne starken kritischen Aufwand – **im Körpergefühl** auf die Dreidimensionalität bezogen wäre: Sie kommt aber nur selten vor. Ihre relativ leichte Einprägsamkeit beruht auf der **Wiederholung** der sich versetzenden Spiralabschnitte, die ihrerseits als **Einzel**kreise wie auf **einer** schrägen **Ebene** empfunden werden.)

Beim Zeichnen setzt das Kind jeweils immer nur eine **einzelne** Bewegungsempfindung um, und zwar in derselben geschlossenen Einzelhaftigkeit, die dem Bewegungserlebnis in der Wirklichkeit entspricht. Anders als bei den Bildern mit den Wegespuren, wo das Kind über das **Laufen-Spielen** lange kontinuierliche Linien als Spuren hinterlässt, werden beim vergegenwärtigenden **Sachen-Machen** die Grenzen von Objekten erzeugt und tätigkeitsbestimmende Linien gezogen, die aus ebenso **eindeutigen** wie **ein**fachen **Handlungs**mustern kommen. Die meisten Kinder können bis zum Schuleintritt keine Figuren-Zusammenhänge in einheitlichen Zügen zeichnen, weshalb sie auch die Schreibschrift noch nicht schreiben können. Die großen Blockbuchstaben können sie „schreiben“ oder abzeichnen, weil sie diese in einzeln beobachtete kurze Tätigkeitsabschnitte mit eindeutigen Anweisungen für das erforderliche Bewegungsmuster (Gestus) gliedern können. (Da viele Comic-Figuren nach demselben Muster definierter zusammensetzbarer graphischer Einzelzüge – wie die Blockbuchstaben – figuriert sind, lassen sie sich auch von Kindern **zu** leicht nachmachen.)

So macht kindliches Verhalten beim Zeichnen folgendes offensichtlich:

Das angesprochene Problem der zweidimensionalen Nachahmung des dreidimensional wahrgenommenen Objekts gibt es für die frühe Kinderzeichnung überhaupt nicht, es sei denn, es würde den Kindern von den Erwachsenen aufgebürdet.

Die Empfindung der **Drei**dimensionalität von Gegenständen ergibt sich erst innerhalb einer **zeitlichen** Abfolge von mehreren zusammengehörenden Tast- und Greif-Vorgängen, die sich ihrerseits jeweils auf **zwei**dimensionalen Tätigkeitsebenen abspielen. Dabei ist jeder einzelne Vorgang gleich**artig** und, von der Tätigkeit des **Kindes** aus gesehen, gleich**rangig** und gleich**wertig**. Im Hinblick auf den ertasteten **Gegenstand** gibt es natürlich erfolgreichere und weniger erhellende Empfindungen; so dominiert bei Armen und Beinen deren Länge gegenüber ihrem Querschnitt (der Querschnitt kann aber auch (mit)gestaltet werden, wenn es z.B. auf die Darstellung von Bizeps-Kräften ankommt). Die Wahrnehmungs-Einheit, die den Gegenstand als körperhafte Ganzheit deutlich hervortreten lässt, bildet sich aus den zusammenwirkenden Tast- und Greifempfindungen, die in verschiedenen Richtungen und an verschiedenen Stellen des Objekts gewonnen wurden.

Beim Zeichnen wiederholt das Kind **einen** der prinzipiell gleich**artigen** Bewegungsvorgänge und zwar zumeist denjenigen, der in Bezug auf den Gegenstand als der **wichtigste gewertet** wird und verwirklicht so die gemeinte Körperhaftigkeit auf der Fläche.

Zweidimensionale Beine – Gliedmaßen

Wie an den vorangehenden Beispielen erläutert, können Linien, die das Kind eindimensional verwendete, bei bestimmten Anordnungen wie zweidimensionale Gebilde wirken und damit den Betrachter **täuschen**. Worauf bereits bei Figur 121 hingewiesen wurde, bedeuten die spiraligen Enden der „Arm"-Linien nicht unvollkommen gezeichnete Körperteile wie Hände oder Handteller, sondern sie vollziehen die raumbezogenen Gebärden der kreisenden und tastenden Hände auf dem Papier.

Bei den „Beinen" ist eine Täuschung hinsichtlich der Dimensionaltät nicht so häufig wie bei den „Armen". Weil die Armbewegungen von dem Menschenwesen ausgehen und wieder zu ihm zurückkommen, können die von diesem Bewegungsbogen „eingerahmten" Teile des Bildhintergrundes eine gemeinte Flächigkeit vortäuschen, was zu Fehldeutungen wie zu „Flügel"- oder „Stummel-Armen" führen kann. „Beine" hingegen machen zunächst keine Bewegungen, die von der Gestalt aus- und zu ihr zurückgehen, sondern sie **bewegen** das **ganze Wesen** auf seinem Umfeld. Deshalb fällt bei ihnen die Eindimensionalität stärker auf, bis sie zu der wirklichen, das Körperhafte meinenden Zweidimensionalität gelangen und damit für das Kind zu Gliedmaßen werden.

Die Darstellung von Gliedmaßen beruht wie gewöhnlich auf Erfahrungen mit dem eigenen Körper. So geht in die **zweigliedrige Figur** der „Bauch" auch als die handgreifliche Erfahrung ein, ein eigener, die Menschengestalt mitbestimmender Teil zu sein. Er wird als tastbarer Ort mit kreisenden Bewegungen aufgefunden und dargestellt.

Ganz ähnlich ist es mit den Beinen. Nach allgemeiner Beobachtung tritt die Zweidimensionalität der „Beine" **vor** jener der „Arme" auf, wie auch die eindimensionalen „Beine" meistens **vor** den „Armen" am „Kopffüßler" zu erscheinen pflegen. (Die „Komm-Linien" gehen nämlich ich-bezogen vom zeichnenden Kind aus, wohingegen die „Armlinien" stellvertretend die Tätigkeiten des Geschöpfes vollziehen sollen.)

Hinsichtlich der zweidimensionalen Ausführung der „Beine" ist die treffendste Erklärung dafür ganz einfach: Die Kinder können das einzelne **Bein mit zwei Händen zugleich anfassen**, z. B. dann, wenn sie ihre Strumpfhosen an- oder ausziehen. So protokollieren die doppelten Linien für die Beindarstellung den beidhändigen Umgang mit diesen

Körperteilen, wohingegen die Körperhaftigkeit der **Arme nicht mit beiden Händen zugleich** am eigenen Leibe erfahren werden kann. Vielmehr **dienen** bei der Entdeckung der Körperhaftigkeit der Gliedmaßen die Hände und Arme als **Werkzeuge**, die zwar selbstverständlich **benutzt**, nicht aber auf ihre eigene Wirkungsweise hin **beachtet** werden.

Gerade beim oft mühsamen An- und Auskleiden der Beine werden diese vom Kind fast wie Fremdkörper erfahren, die sich widersetzen und nicht dem Willen des Kindes gehorchen wollen. Meistens übrigens geht diese Störung auf die **engen** Kleidungsstücke zurück, was das Kind allerdings weniger wahrnimmt. Zusätzlich gelingt anfangs auch die Koordination der Hand- und Beinbewegungen nicht flüssig, was dazu führt, dass die Beine als **eigene Gegenstände** am Körper bewusster wahrgenommen werden. (Diese Umstände führen dazu, die Beine so sehr anders, nämlich als **beweglich gegenüber dem Körper** zu empfinden, dass bei der späteren Kleidungsdarstellung die Hose, die **sowohl den Unterleib als auch die Beine** umfasst, erst sehr spät als ein **einheitliches** Gebilde gezeichnet werden kann.)

Zweidimensionale Beine werden in der Regel **mit zwei eigens gesetzten Strichen** gezeichnet, die vom Körper oder vom unteren Rand eines Kleidungsstücks ausgehen. Damit wird auf die getrennten Tasterfahrungen der beiden zusammenhängenden Handbewegungen beim Bekleiden Bezug genommen. Wenn die Kinder genügend Routine erworben haben, können sie die zweidimensionalen Beine auch mit einer einzigen Linie, die vom Körper ausgeht und zu ihm zurückführt, zeichnen. Solche Beine sehen meistens unbefriedigend aus, weil die untere Kehre wenig Gelegenheit gibt, den Kontakt der Figur mit dem Boden herzustellen.

Die zweidimensionale Beindarstellung unterscheidet sich zweifelsfrei von den befehlenden Gebärden-Linien der „Arme".

Zweidimensionale Beine und ihre unteren Enden

Nicht immer ist bei frühen zweidimensionalen Beinen zu erkennen, ob es sich um die Beine des Körpers oder um Hosenbeine handelt. Es gibt in diesem Schema keine charakteristischen äußeren Unterschiede von weiblichen oder männlichen Beinen, weshalb sie hier einheitlich behandelt werden.

Um die Beine als **Gliedmaßen** zu kennzeichnen, müssen sie so gezeichnet werden, dass sie **rundum begrenzt erscheinen**. Am oberen Rand wird das Bein durch die Grenze des Körpers bzw. den unteren Rand eines Kleidungsstücks mitbegrenzt. Somit wären, wenn man das Bein zunächst grob als langgestrecktes stehendes Rechteck auffassen darf, drei Seiten zu zeichnen: seine Außen-, Innen- und Fuß-(Sohlen-) Seite.

In den meisten Fällen wird zuerst die „Außenseite" eines Beins gezeichnet, wodurch die von Anfang an in der „Ich-Figur" bestehende **Zusammengehörigkeit der Seitengrenze** der Menschengestalt **mit den Beinlinien** fortgeführt wird. Die Außenseite der Beine fällt mit der Außenseite

des Menschen zusammen. Die Innenseiten der Beine scheinen eine spätere Entdeckung zu sein; sie werden nicht so selbstverständlich ertastet und haben eine gewisse Nähe zur Intimität.
Beim Zeichnen der „Innenseite" des Beins nimmt das Kind auf die zuvor gezeichnete Außenlinie Rücksicht, was beim Betrachten leicht erkannt werden kann. Während die Linie der Außenseite anfangs mit derselben unveränderten Bestimmtheit wie bei der früheren eindimensionalen Ausführung gesetzt wird, trägt nun die Innenseiten-Linie in vielen Variationen die Verantwortung für die Zweidimensionalität.
Die „Fuß"-Bildung vermittelt, wie bei der früheren eindimensionalen Ausführung, die Beine und damit die ganze Menschengestalt an den „Weltboden", den das liegende Blatt dem Zeichner bedeutet.
Die nachfolgend abgebildeten Figuren stellen eine beispielhafte Auswahl aus den vielen Möglichkeiten dar, deren Sinn entschlüsselt werden kann, wenn man sie **nicht als „Sehprotokolle"**, sondern als Dokumente zu betrachten weiß, die jeweils den spielerischen Absichten des Kindes entsprechen und im Sinn ihrer altersgemäßen Welterfahrung erfasst wurden.

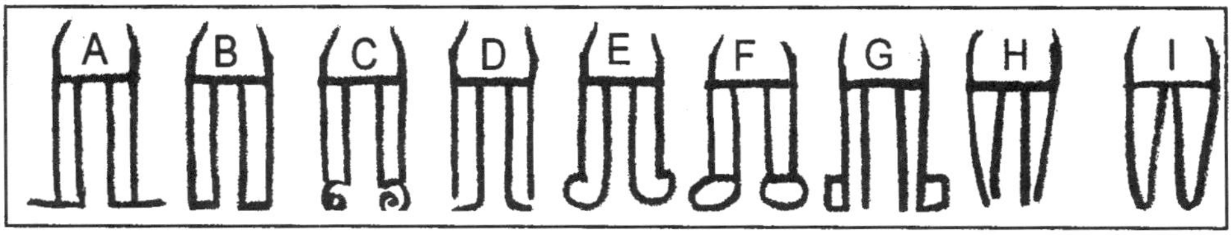

Figuren 166

Die Figur **166 A** dürfte sich ganz natürlich an die eindimensionalen „Bein"-Formen anschließen, von denen einige Beispiele im nachstehenden Kasten **167** zu sehen sind. Allen gemeinsam ist die querliegende „Fuß"-Linie, die zur Figur gehört, nicht als Körperteil, sondern das Verhältnis zum Boden regulierend.

Kasten 167 Abbildungen ZU 166 A

Bei der „Ich-Figur" in der Mitte der oberen Reihe des Kastens 167 ist die „Waagerechte" eine Weltbodenlinie, die vor allem das Erspüren des Fußbodens ausdrückt. Diese horizontalen Linien haben ähnlich vielfältige Bedeutung wie der Kreis, der den ganzen Mensch meint, oder wie die „Seitenlinien", die in die „Beine" übergehen. Mit diesen Linien drückt sich der körperlich empfundene natürliche Kontakt mit dem Weltboden aus, der durch die Schwerkraft und die eigene Schwere des Körpers bestimmt ist. Die meist nach außen weisenden Linien zeigen mit ihrer Richtung das Stehen-Können auf vielen Plätzen und das Gehen-Können in die quer zu Füßen liegende Welt an. Die Horizontale zu Füßen der Menschengestalt ist aber auch der kontrastierende Untergrund, auf dem sich die vertikale menschliche Gestalt erhaben fühlen darf.

Die Gebrauchsmöglichkeiten der Beine werden vom Kind – wie zu erwarten – völlig ichbezogen auf das Papier gebracht. So finden wir nirgends eine durchgehende Standlinie, die als objektive Gegebenheit – unabhängig von dem Erspürtwerden durch das Kind – auf dem Blatt stünde. Auch die Bodenlinien am Fuß der mittleren Figur in der oberen Reihe sind jeweils unten neu an den Seiten angesetzt und gehen eindeutig von der Menschenfigur aus.

Wie der „eckige“ Hampelmann demonstriert, kann mit den Linien auch die Bewegungsrichtung der Beine angegeben werden – bei dem Hampelmann (Abb. 160) ist dies die interessante Richtung der Beine nach innen, wohin sie fallen sollen, wenn die Zugschnur losgelassen wird. Jedenfalls zeichnet das Kind keine sogenannten „Ziegenfüße“.

In den auseinanderweisenden Strichen kommt die horizontale Richtung, weg von der Person und in die Welt hinein ebenso zum Ausdruck, so wie die Symmetrie der aufragenden menschlichen Gestalt als durchgängiges Prinzip gleichfalls am Boden durch den Gleichgewichtssinn begründet wird.

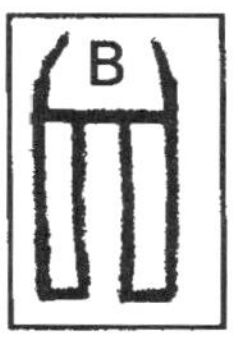

Die zweidimensionale Gestaltung der Beine nach Figur **166 B** findet ihren „Fuß-Abschluß“ durch eine kurze Verbindungslinie der Außen- und der Innenseite. Mehr als einen Abschluß scheint diese Form auch nicht zu bieten. Bei diesem Schema zeigt sich das Bein, vom Körper herkommend, auf den Boden gerichtet. Zur Verwendung der Beine in der zu Füßen liegenden Welt macht dieses Schema keine Angaben.

Bei **Tierdarstellungen** kommen solche Beine „ohne Bodenhaftung“ öfter vor. So wird in diesem Beinschema der **Kontakt zum Boden** als persönliche Erfahrung **nicht ausdrücklich artikuliert**, genausowenig wie bei den Tierdarstellungen, bei denen eine aktuelle Identifikation mit „Bodengefühlen“ nicht naheliegt. (Wenn sich Kinder mit Tieren spielend oder malend identifizieren, dann vor allem in jenen Merkmalen, die sie für typisch im Hinblick auf das nachzuahmende Tier halten.)

Kinder **müssen** diesen Bodenkontakt als Möglichkeit ihrer Welterfahrung **nicht** unbedingt zum Thema ihrer Gestaltung machen. Wenn etwas nicht gezeichnet wurde, heißt das nicht, es würde fehlen!

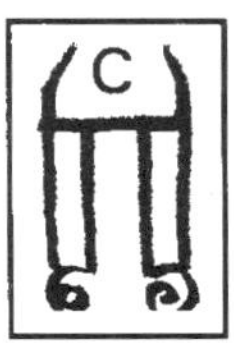

Die Figur **166 C** hat, wie fast alle diese Schemata, ihre Besonderheit in der „Fuß“-Bildung. Hier werden die Bein-Enden von einer Spirale gebildet, die auch kreisförmig geschlossen sein kann. Diese Linien sind Anweisungen zum „Herum“laufen in beliebiger Richtung auf einem Platz, wobei kein bestimmtes Ziel angestrebt wäre. Die Vorläufer dieser „Fuß“-Bildung finden sich schon bei den eindimensionalen Beinlinien der „Kopffüßler“. Mit den zweidimensionalen Beinen sind die **Füße** demnach **noch nicht** zugleich ebenfalls **als Körperteile** eingeführt. Das Bein wird offenbar immer noch vom Kontakt mit dem Boden her empfunden und dieser kann wegen verschiedenartig verspürter oder genutzter Weise auch formal unterschiedlich ins Bild kommen.

Kasten168 Abbildungen **ZU** 166 C

Eine interessante Anordnung von quer gezogenen Fuß-Strichen in einer runden Umrahmung findet sich bei der linken Figur im **Kasten 143**. Die Kontakt-Figuren mit dem Boden wiederholen Schritt-Folgen innerhalb eines Areals, in dem die Füße laufen (s. Abb. 308).
Die kreisende Linie am Ende der Beine des Jungen mit den Laternen sind die direkte, wenn auch sparsame, Übersetzung von tanzartigen Reigenspielen, welche neben dem Verspeisen von Süßigkeiten den Höhepunkt des Kinderfestes bildeten. Daran gemessen wirken die wie Glockenklöppel am Saum der Kleidung hängenden Beine auf Abb. 163 geradezu hilflos.
Die kreisförmigen Punkte am Ende der Beinlinien haben den Charakter von „Standpunkten", die in dem karierten Feld gefunden wurden – erspürt als Bodenkontakt an einer **bestimmten** Stelle, hier durch das Karo der Bodengestaltung nahegelegt.

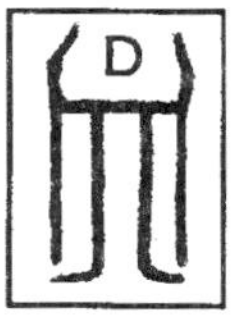

Figur **166 D** zeigt eine Kombination aus den Linien der „Außenseite" des Beins mit seiner „Innenseite". Die Innenseite bildet mit der „Fußsohle" eine grafische Einheit, die den flachen Bodenkontakt anzeigt. Diese „hakenförmige" Linie zeigt Geschick und weist darauf hin, wie sehr das Kind dieses Problem „im Griff" hat. Dieses abkürzende Verfahren der Rahmenbildung um das körperhafte Bein hält dennoch die Bedeutung aufrecht, dass die Beine dazu dienen, in die Welt hinaus zu gehen, indem die Fußlinien, anders als beim „Hampelmann", im Linienfluss von innen nach außen weisen. Die Unternehmungslust zu Gehen kommt aus dem Inneren.

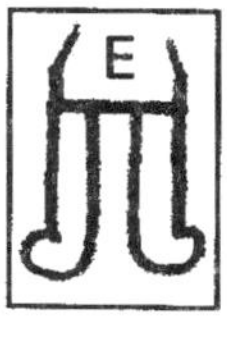

Bei der Figur **166 E** ist nicht genau zu ermitteln, ob in die „Sohlengestaltung" ein körperhafter Fuß eingeschlossen wurde (wie bei **166 F**) oder ob sie sich auf Erfahrungen bezieht, die den „herumgehenden" Figuren im **Kasten 168** entsprechen. Wie so oft bei Kinderzeichnungen, können beide Erfahrungen in derselben Geste integriert sein.

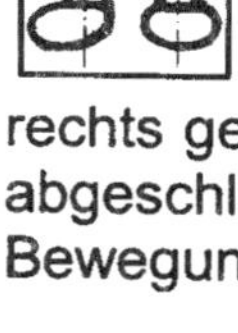

Im Schema **166 F** werden an den beiden Beinen zwei **verschiedene** Ausführungen „körperhafter" Füße deutlich gemacht. Beide Ausführungen könnten an **166 C** anschließen und, aus den Spuren kreisender Ortsbegehung, die geschlossene Gestalt eines anfassbaren Fußes gebildet haben. Das rechts gezeichnete Bein wird mit einem symmetrischen Fuß nach unten abgeschlossen, der andere Fuß könnte zusätzlich (wie ursprünglich) die Bewegung des Beines in die Welt-Richtung ausdrücken.

Wie die früher schon besprochene Figur (Abb. 129) zeigt, weist deren gerundete Umrandung der Füße (und Hände) mit ihren Tastlinien deutlich darauf hin, dass umgrenzbare Körper-Regionen gemeint sind. Die grenzüberschreitenden Striche bedeuten weder Zehen noch Finger, sondern bekunden Tastgefühle. Weil es sich hier um eine Art von Körperteilen handelt, bedeuten die Rundungen primär **keine Geh-Anweisungen** wie die Figuren im Kasten 168.

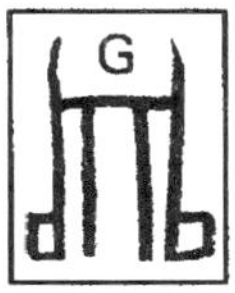

Bei der Figur **166 G** befinden sich die „Füße" „vorn" vor den Beinen. Damit schließt dieses Schema an frühere Gestalten an, die im **Kasten 167** zitiert werden. Hier könnten die früher erwähnten „Fußgefühle" vom Stehen und In-die-Welt-Gehen möglicherweise auch in eine einfache Form von Schuhwerk umgewandelt sein und dadurch Gegenstandscharakter bekommen haben. Die „Innenseiten" der Beine bilden mit den Außenseiten **keinen** geschlossenen Rahmen um das Bein. Das muss nicht fehlerhaft sein; denn die beiden Linien, die vom unteren Rand des Körpers bzw. der Kleidung ausgehen und sich nicht schließen, könnten auch auf unten offenen Hosenbeine bezogen sein. **Man kann die Antwort darauf nicht erfragen**. Fragt man das Kind, warum es die **Beine** unten nicht „zugemacht" habe, dann wird es, um den Tadel zu vermeiden, die Linien schließen. Fragt man, ob es die unten offenen **Hosen**beine meint, dann wird es freudig zustimmen. – In beiden Fällen lässt sich nicht ermitteln, ob das Kind die Hosen oder die Beine im Sinn hatte, weil die Frage selbst dem Kind die „entlastende" Anwort in den Mund legt. Das Kind antwortet in solchen Fällen, wenn es selbst keine Denk-Alternative **aussprechen** kann immer in der Denkrichtung, in der der Frager gefragt hat.

Die Füße des „kleinen Hänschens" (Figur 138) könnten eher – statt Schuhe zu sein – auf das im Blattformat vorgegebene „Weltviereck" hinweisen, das jene „weite Welt" auf der Papierfläche verkörpert, der sich das gezeichnete Hänschen **in seiner Ganzheit** zuwendet. Denn seine **Körperform** mit den rundum nach außen weisenden Linien ließe sich bildhaft leicht mit dem „Laufstil einer Kellerassel" vergleichen, die sich auf dem Papier mit ihren vielen Beinen nach allen Seiten hin bewegen könnte. Diese Parallele wäre besonders deswegen statthaft, weil das Kind ja auch auf ein vor ihm **liegendes** Blatt gezeichnet hat

Die quadratähnliche Fußform beim kleinen Hänschen wird beim „Schildkröten-Führer" deutlich zu einem **stehenden Rechteck**, womit auf die **„hochformatige" Bildfläche**, die das liegende Gartengrundstück repräsentiert, Bezug genommen wird. Innerhalb der **„Fuß"-Rechtecke** „wandern" **vertikale** Striche von links nach rechts in der Richtung des Spaziergangs – wie die horizontalen „Schrittlinien" der Gestalt im **Kasten 168**.

Die Striche liegen eng beieinander und könnten so auf die kleinen Trippel-Schritte hinweisen, die der „Geschwindigkeit" einer Schildkröte entsprächen (s. auch die „Füße des Anführers" auf Abb.383).

Beinformen nach der Art der Figur **166 H** kommen relativ selten vor. Weil die Beine beim Anziehen von modernen Strumpfhosen mit **beiden** Händen **gleichzeitig** angefasst werden, könnte das beigefügte Beispiel der (nachgezeichneten) Figur **169** eines vierjährigen Mädchens auf ein solches Erlebnis zurückgehen. Dann lägen Spuren beidhändiger Bein-Ertastungen vor, die mit der Offenheit der Hosenbeine eine Einheit bildeten.

Figur 169

Diese Beobachtung stimmt mit einem ähnlichen Verhalten der Kinder überein, wenn sie nämlich **Baumstämme** zeichnen und diese **nicht gegen den Boden abgrenzen**. Damit wird das „Weitergehen des Baumes in die Tiefe der Erde" offengehalten, so wie das Kind hier für das Weitergehen der Beine die Grenzen der Hosen-Röhren offenlässt. Die innere Linie, die vom Gürtelstrich ausgeht, dürfte sich entschieden auf eine gemeinte Hose beziehen.

Der untere Bein-Abschluss „ohne Füße" kann dann einen Sinn haben, wenn die Beine keine Berührung mit dem Boden aufnehmen. Dann erscheint das von einem Noch-Nichtschwimmer gezeichnete Bild eines Schwimmers in seiner Badehose folgerichtig, wenn über den Gefühlen des Strampelns im Wasser die eigenen Füße überhaupt nicht bemerkt wurden. Denn die Füße werden gewöhnlich vom Gefühl „gewichtigen" Bodenkontaktes her wahrgenommen – beim Schwimmen aber nicht; deswegen werden sie hier **nicht** aufs Papier gebracht.

Die Bedeutung des Übergangs von der Eindimensionalität zur Zweidimensionalität

Für das zeichnende Kind ist der Übergang von der Ein- zur Zweidimensionalität ein bedeutender Entwicklungsschritt. Die eindimensionalen Linien waren noch dazu bestimmt, dieses um**fasste** Wesen, das die ganze „umarmte" Menschengestalt in sich vereinigte, zu „befohlenen" Tätigkeiten zu veranlassen. Diese Linien bedeuteten die Niederschrift der Einflussnahme des Kindes auf sein Geschöpf.
Indem die von ihm geschaffenen Menschengestalten nunmehr Gliedmaßen zugewiesen bekommen, gewinnen die Figuren eine Art „objektiver Unabhängigkeit" von der Willkür des Kindes. Das Kind kann seinen Geschöpfen nach und nach eine bessere Ausstaffierung gewähren.

Die mit beiden Händen ertastete Körperhaftigkeit deckt sich mit den Umrisslinien, die nun immer deutlicher der **optischen** Erscheinung der Gliedmaßen entspricht. Mit der Beachtung visueller Erscheinungen bei den eigenen Zeichnungen bahnt sich allmählich eine Loslösung vom **Nah**-sinn des **Tastens** zum **Fern**sinn des **Sehens** an, welche zugleich zu einer doppelten Distanzierung führt. – Erstens schränkt das Kind durch zunehmende Visualisierung die Möglichkeiten der rigorosen Beherrschung seiner Kreaturen immer mehr ein, und zweitens entfernt es sich damit von den Protokollen seiner Tast- und Befehlserlebnisse. Parallel dazu schafft es sich differenziertere Spielzeuge, die seinem eigenen Entwicklungsstand „partnerschaftlich" zu genügen vermögen. Vor allem aber: Das Kind beginnt – über seine Zeichnungen – gewisse Aspekte der Weltdinge **als von ihm selbst unabhängige Gegebenheiten anzuerkennen**, womit seine eigene Stellung zur Welt **realistischer** wird.
Der Übergang von der Eindimensionalität zur Zweidimensionalität ist demnach nicht nur ein Fortschritt hinsichtlich reicherer zeichnerischer Darstellungsmöglichkeiten, sondern Ausdruck einer neuen Einstellung zur Welt, die – in ersten Ansätzen – an gewissen Stellen die egozentrischen Willkürakte an seinen Geschöpfen überwindet.
Insofern ist die Zweidimensionalität an eine allgemeine Kindesreife gebunden und sollte nicht als Erfüllung einer Forderung in unterrichtsähnlichen Situationen viel zu früh und damit als Formel dem Kind abverlangt werden.

Die Unterscheidung der Menschengestalt nach den Rollen der Geschlechter

Kinder können große Leute von kleinen Leuten durch die Größe der Gestalt auf ihren Zeichnungen unterscheiden. Es gibt auch die Erscheinung der **Bedeutungsgröße:** dann werden die in der Erlebniswelt des Kindes wichtigen Personen meistens zuerst und zudem größer als die anderen Figuren gezeichnet. Merkmale dieser Art sind bei psychologischen Untersuchungen der Kinder meistens aufschlussreich; darüber gibt es einschlägige Literatur, die aber nicht die Kinderzeichnungen erklärt, sondern sie diagnostisch auswertet, um Sachverhalte zu ermitteln, die **außerhalb** der Kinderzeichnung liegen.
Neben der Größen- und Bedeutungsunterscheidung bei der Menschendarstellung ist der **Unterschied der Geschlechter** für Kinder ein wichtiges Thema. Natürlich sind sie auch an den organischen Besonderheiten von Frauen und Männern, Mädchen und Jungen interessiert. Vorrangig aber sind die **sozialen Geschlechter-Rollen**, von deren Auswirkungen sie tagtäglich und intensiv betroffen sind.
Die **Genitalien** dienen der **Ausstattung** der Menschenfiguren –
die **Kleidung** dient der **Charakterisierung** der Personen.
Das anatomische „Drum und Dran" fügen die Kinder den Gestalten genau so zu, wie sie Ohren an den Kopf setzen.

Abbildung 170 5-6 jähriger Junge

Sie können dabei die Kenntnisse über ihren eigenen Körper und des jeweils anderen Geschlechts anbringen, und sie lernen (meist unter sich) in geselliger Umgebung ohne Reglementierung durch Erwachsene voneinander Formeln zur Darstellung von Geschlechtsmerkmalen. Die gegenseitige Belehrung über die Formeln ist, wie das Mitteilen von Geheimnissen, meist lustbetont. Schon die Ausstattung von Menschenfiguren mit Zeichen für Genitalien dient nicht so sehr der Unterscheidung der Geschlechter, sondern mehr der Charakterisierung der jeweiligen Gestalt und tritt als eigenständige Thematik in der Regel nur in einer kurzen Episode vor der Darstellung bekleideter Menschen auf.

Wie bei der Szene im Zusammenhang mit Badefreuden ersichtlich (Abbildung **170**), werden die Körper der Gestalten mit den umfassenden runden Grenzlinien gezeichnet, und die Gliedmaßen sind nicht nur als Bewegungslinien vorhanden. Auf diesem Verständnisgrund der menschlichen Gestalt können auch die weiteren Organe gezeichnet werden. Die Nasen werden durch wiederholte Strichführung zu Teilen des Gesichts gemacht, und lediglich zwei dünne Linien lassen erkennen, wozu die männlichen Organe nach dem Wissensstand des Jungen nützlich sein können. Die großen inneren Kreise in den Brüsten entsprechen wohl dem subjektiven Eindruck, den die Brustwarzenhöfe auf den Jungen im Vergleich zu seinen eigenen machten.

Für Kinder ist in Wirklichkeit aber etwas ganz anderes wichtig:

Die Unterscheidung der Menschen nach ihren sozialen Zuständigkeiten – gemäß ihren Geschlechter-Rollen

Die Andersartigkeit von Männern und Frauen erfahren sie am ursprünglichsten an ihren Eltern. Schon die um eine Oktav tiefere Stimme des Vaters bewirkt ein anderes Stimmungsklima in der Wohnung als die Stimme der Mutter. Vater und Mutter nehmen verschiedene Aufgaben wahr; Mädchen und Jungen werden – verbal und nonverbal, in allem meist völlig unbewusst – auf verschiedenartige Verhaltensformen in spezifischer Weise angesprochen, was Kinder besonders dann spüren können, wenn sie in einer Reihe mit Brüdern und Schwestern oder mit Kindern in der Nachbarschaft stehen.

Kinder durchleben ihre eigene Geschlechtszugehörigkeit als Schicksal, was sich in ihren Zeichnungen niederschlägt. Es gibt „Jungenthemen" und „Mädchenthemen", und bei der Darstellung von Menschen wird von Kindern das eigene Geschlecht naturgemäß bevorzugt, weil sie sich selbst am intensivsten erleben und – freilich unbewusst – daran interessiert sind, ihrer Identität immer näher zu kommen.

Später wird sich bei Jugendlichen, die sich heterosexuell entwickeln, naturgemäß das Interesse dem anderen Geschlecht zuwenden. Jugendliche, die zur Homosexualität neigen, werden sich auf dem Weg zur Findung ihrer Identität noch bewusster mit solchen Problemen auseinandersetzen müssen.

Die Geschlechter-Rollen zeigen sich dem Kind selbstverständlich am deutlichsten im **alltäglichen** Leben, in welchem die Leute **nicht nackt** herumlaufen. Für Kinder bilden die genitalen Besonderheiten der erwachsenen Männer und Frauen nicht die eigentlichen Grundlagen für deren unterschiedliches soziales Gebaren; denn es ist die **soziale Rolle**, die die entscheidenden Merkmale für das Verhalten der Erwachsenen gegenüber dem Kind zum Vorschein bringt: für die Art, wie Überlegenheit, Macht und Fürsorge ausgeübt, wie Freuden vermittelt, Aufgaben gestellt und welche Spiele gespielt werden.

Deshalb findet man zur Unterscheidung der Geschlechter auf Kinderzeichnungen nicht hauptsächlich die anatomischen Merkmale, sondern solche, in denen sich die Menschen vorzüglich und unterschiedlich zeigen: in der **Kleidung**. Die Kleidung bedeckt zudem in der Regel den größten Teil des Körpers.

Wenn man die Haar**tracht** vom Haar**wuchs** abgrenzt und die **Frisur**, wie die ebenfalls den **Moden** unterworfene **Kleidung**, zu den kulturellen Äußerungen des Habitus rechnet, die das Anatomische nur am Rande berühren, dann kann die Unterscheidung der Geschlechterrollen an der Erscheinung von „Kleidung“ und „Tracht“ festgemacht werden.

Die Unterscheidung der Geschlechter-Rollen durch die Formen von Kleidungsstücken

Auf den Kinderzeichnungen in unserer Kultur werden anfänglich die Frauen mit Formen für Röcke und die Männer mit Formen für Hosen gekennzeichnet.

Im Umfeld dieser kleidungsbezogenen Unterscheidung kann ebenfalls beobachtet werden, **dass im Zusammenhang mit Kleidung** die Beine der männlichen Figuren meistens wesentlich länger im Verhältnis zur Gesamterscheinung „gemacht“ werden als bei weiblichenFiguren.

Das Kind unterscheidet auf seiner Zeichnung männliche von weiblichen Wesen nicht, indem es diese geschlechtsspezifisch „anzieht“. Deshalb weist die Überschrift dieses Kapitels nicht auf Kleidungsstücke, sondern auf deren **Formen** hin.

Längst nämlich, bevor regelmäßig die Unterscheidung getroffen wird, ob ein Mensch bekleidet oder unbekleidet ist, sind die Auswirkungen der unterschiedlichen sozialen Rollen von Vater oder Mutter im alltäglichen Erleben ihrer Kinder zum schicksalhaften Ereignis geworden. Kinder sind **den ihnen nahe stehenden Menschen, von denen sie ja in fast allem abhängen, immer unmittelbar zugewandt**, weshalb für sie die Frage nach deren Bekleidung **zunächst** keine Rolle spielt.

Nach Freud befinden sich die Kinder in diesem Alter in der „Latenzphase“; in dieser Zeit treten sexuelle Interessen des Kindes an den unmittelbaren Familienmitgliedern, insbesondere am andersgeschlechtlichen Elternteil, zurück.

Für das Kind müssen die Gestalten **von Grund auf in bekleidete verwandelt** werden, weil sich in deren **Kleidungsformen** äußert, **ob Frauen oder Männer gezeichnet wurden**. Um hier Eindeutigkeit zu erzeugen, ignorieren die meisten heutigen Kinder (bisher) noch die Tatsache, dass ihre Mütter meistens Hosen tragen und zeichnen sie sozusagen **prinzipiell im Rock**.

Wie sich später zeigen wird, ist die Hose für Kinder als **einheitliches Kleidungsstück** wesentlich schwieriger zu begreifen, weil sich diese **zugleich** auf den (Unter)-**Körper und** auf die **Beine** bezieht, wobei der Körper einerseits und die Gliedmaßen andererseits immer schon völlig verschiedene Funktionen hatten und vom Kind noch immer genau in diesen Hinsichten unterschieden werden. Im Unterschied zur Hose, die auch „**Beinkleid**“ genannt wird, ist der Rock ein „**Bauchkleid**“.

Die von Kindern dargestellten Personen sind als Gegenstände der Herstellung immer noch dieselben Menschen, die sie bisher in ihren Zeichnungen vor sich hingestellt hatten, wenn sie früher auch noch nicht nach ihrem Geschlecht „markiert“ waren. Es gilt demnach, Menschengestalten, die ehedem weder als nackte noch als bekleidete beurteilt wurden, erstmalig als Mann oder Frau kenntlich zu machen. In diesem Zusammenhang ist die prinzipielle Andersartigkeit der Sachlage zu beachten, ob man nämlich einen Menschen ***mit Bekleidung*** darstellt oder ***durch Kleiderformen*** als ***Mann*** oder ***Frau***. Eine Person **mit** Bekleidung unterscheidet sich **durch das Kleidungsstück von einer nackten**, denn sie könnte gleichermaßen **sowohl nackt** als **auch bekleidet** auftreten. Eine **Person in männlicher oder weiblicher Kleidform** meint im Sinne unserer Überlegungen, dass **das Kleid als Auszeichnung des jeweiligen Geschlechts *nicht abgelegt*** werden kann, das Kleid aber im Hinblick auf die Frage, ob die Person nackt oder bekleidet ist, keine wesentliche Rolle spielt.

Beim Betrachten von Bilderbüchern können die Kinder sehen, dass Frauen und Mädchen meistens in Röcken dargestellt werden, Jungen aber nie, sondern diese haben, wie Männer, immer Hosen an.

Menschen, die eine Bekleidung tragen, tragen immer Kleidung mit einer besonderen Bestimmung, die sich auf Mode oder aktuelle Umstände bezogen äußert. Kinder erfahren dies am eigenen Leibe, wenn sie sich je nach Situation und Tageszeit, zum Spielen draußen oder drinnen, werktags oder feiertags, ebenso umziehen müssen wie dies ihre Mütter und Väter tun. Die **Wechselhaftigkeit** der Kleidung ist indessen genau **nicht** geeignet, die der Person als ständige Eigenschaft zustehende Geschlechtszugehörigkeit auszudrücken. Die Wechselhaftigkeit der Kleidung wird vor allem visuell erfahren, als das Aussehen einer Person. Das **Aussehen** von Gestalten hat aber von sich aus schon immer etwas Veränderliches an sich, bedingt durch Bewegungen des Objekts oder des Betrachters, durch Lichteinflüsse, Entfernungen, Standortbeziehungen untereinander usw. Deshalb ist das Aussehen allein nicht zum Ausdruck konstanter Merkmale dienlich, zumal die Kleidungsmerkmale soziale Kompetenz verkörpern, die aus dem Innern der Person kommt.

Figur 171

Die Figurengruppe **171** zeigt modellhaft die Grundmuster der nach ihren Geschlechtern unterschiedenen Menschengestalten, wie sie auf Kinderzeichnungen vorkommen. Durch die Haartracht wird bei dem Jungen der sonst nicht weiter markierte Kopf ebenso in einen männlichen Kopf verwandelt, wie er durch die entsprechende Frisur bei dem Mädchen in einen weiblichen Kopf verwandelt wird. Frauengestalten werden mit Frisuren aus langen oder lockigen Haaren ausgestattet, männliche Figuren mit kurzen oder schlichten Haaren, gegebenenfalls mit Bärten jeglicher Art. Das geschieht bei fast allen Kindern (in den westlichen Kulturen) mit großer Regelmäßigkeit.

Bei der Kleidung gehen allerdings nicht alle Kinder denselben Weg, der nun zunächst **idealtypisch** aufgewiesen werden soll.
So scheint die männliche Gestalt auf der Figur **171** Hosen anzuhaben, die weibliche scheint einen Rock zu tragen.

Die Verwandlung des weiblichen Leibes in die Form des Rockes.

Bei der weiblichen Figur kann der Abstand zwischen Kopf und Rock durch Erinnerungen das ehemalige **„Zwischenstück“** erklärt werden. Dann würde der Rock **anstelle** des Bauches stehen; dann wäre es der **in der Form eines Rockes gezeichnete Bauch.** Damit wäre dann jene **Verwandlung** eingetreten, auf die es dem Kind ankommt: **Es entsteht eine Menschengestalt, die unabhängig von der Zufälligkeit ihrer Kleidung eine weibliche ist, weil ihr Körper selbst die Form des Rockes angenommen hat.**
Mit den nachfolgenden Beispielen soll gezeigt werden, dass die Kinder bestimmte Körperteile des Menschen mit den Formen von typisch männlichen bzw. weiblichen Kleidungsstücken identifizieren. Die Menschengestalten werden, zwar **nicht mit Bekleidung**, aber sichtbar durch die gezeichneten **Kleidformen,** nach ihrer Geschlechtsrolle **als männlich oder weiblich gekennzeichnet** und nicht mehr, wie bisher, durch zeichnerisch vollzogene „Umarmung“ als ein **gemeintes** Wesen geschaffen, das ihre Fantasie „stillschweigend“ **vorausgesetzt** hatte.

Abbildung 172 Mädchen 6 J
„Papa sieht so aus" „Mama sieht so aus"

Abbildung **172** belegt, dass das Kind die männliche Person unverändert nach dem alten Menschen-Schema entwirft, während der Körper der Frau in der Gestalt einer rock-artigen Bekleidung deutlich im Hinblick auf ihre Geschlechtszugehörigkeit unterschieden wird. Dem Papa wachsen die Haare **auf** dem Kopf, bei der Mama **umrahmt** eine Frisur das Gesicht.

Figuren 173

A s. Abbildung 147

B aus: H. Daucher, Kinder denken in Bildern, S.168

C aus: Rh. Kellogg, Children's Drawings S.135

Die Verwandlung des Bauches **in die Form** eines Rockes wird bei der von Hans Daucher zitierten Gestalt (Figur **173 B**) deutlich. Die Markierung einer wie immer vom Kind empfundenen **Körper**stelle, angebracht am Saum einer typischen **Rockform**, entbehrt jeglicher Logik, auch der Vernunft eines Kindes, wenn sie sich **nicht auf den eigenen Körper** bezieht (wie bei Abb. **173 A**). Die Kombination eines Körperteils mit einem Kleidungsstück ist ungewöhnlich. Die Nimbus-artige Kreislinie um den Kopf ist ein bei Mädchen häufig zu beobachtendes Motiv, weshalb diese Zeichnung von einem Mädchen stammen dürfte. Die Figur am Rocksaum ist ebenso wie der „Haarkranz" kein Organ und kein Körperteil, sondern beruht auf den Erfahrungen tastender Bewegungen, die hier vergegenwärtigt werden. Die vom „Zwischenstück" ausgehenden „Armlinien" legen zudem nahe, dass es sich um eine nicht ungewöhnliche Selbstdarstellung handelt. Demzufolge dokumentiert diese Zeichnung eindrücklich „die Verwandlung des Bauches in die **Form** eines Rockes", wobei sich jedoch die Rockform immer noch mehr mit der Körperregion (mit dem „Ich") als mit dem Kleidungsstück identifiziert.

Zwischen der Abbildung **173 A** und der Figur **173 B** besteht folgender Unterschied: Auf der Abb. **A** zeichnet das **Kind** sich selbst und verweist mit der Markierung auf eine durch Berührung empfundene Stelle, wohingegen sich auf der Figur **B** die Zeichnerin **zusätzlich** und ausdrücklich **als weibliches Wesen** darstellt (entsprechend den Figuren 153/154). Ebenso ist der Nabel-Ort auf dem „Rock" der bei Rhoda Kellogg zu findenden Gestalt (Figur **173 C**) leichter verständlich, wenn man die ganze sich dem Trapez annähernde Form als (ursprünglichen) Bauch deutet, der die Form eines Rockes angenommen hat. (Die unterschiedliche Ausführung der „Arme" ist leicht zu erklären: die rechte Hand des zeichnenden Kindes tut etwas, die linke ist bloß da.)

Zweifellos handelt es sich bei dieser Art zu zeichnen um eine – nicht bei allen Kindern auftretende – **Übergangserscheinung**, die **„bauch-orientiert"** ist, neben der es bekanntlich auch noch die **„rumpf-orientierte"** Darstellungsweise gibt (entsprechend den Figuren 153 und 154).

Die (Körper von) Menschen-Gestalten in Kleidern werden meistens geradlinig begrenzt

Das Kind umgreift bei der Umarmung die Mutter bzw. den Vater und **nicht** den Rock oder die Hose. Auf den ersten Blick könnten diese Deutungen als zu kompliziert oder als zu weit hergeholt erscheinen. In Wirklichkeit jedoch stürzen und stützen sich Kinder direkt auf die angezielten und gemachten sinnlichen Erfahrungen, was in den Figuren **174** und **175** anschaulich wird: Sie **fassen** die **Personen an**.

Kleidungsstücke **begrenzen** die **eigentlich** gemeinten **Personen** an den **ertasteten** Körperstellen, und deshalb werden die **Körper** als **„Tastprotokolle"** in den **Grenzen** ihrer **Kleidungsstücke gezeichnet**.

Dies hat, schon an den Figuren **172** und **173** ablesbar, erstaunliche Folgen für die künftige Menschendarstellung. Denn nun werden die Körperformen der Menschengestalten in bisher **ungewohnter** Weise **mit geraden Linien** gezeichnet. In den vorangehenden Überlegungen hatten ja **gebogene Linien immer als Grenzen** von Innen und Außen gelten können, als Linien, die das Umfangen des Gegenstandes in bildnerischen Gebärden nachspielen, wohingegen die geraden Linien vorrangig auf „auszuführende" Tätigkeiten hinweisen sollten.
Bei den Figuren (**172** und **173**) haben die **geradlinigen „Arme"** und **„Beine"** ihren gewohnten **„anweisenden" Richtungscharakter** behalten. Da der **Kopf** nicht bekleidet, nicht in Textilien „verpackt" ist, **behält er** seine kreisförmige Begrenzung. Aber die „umgreifenden" Kreislinien für die nunmehr bekleideten Körper sind verschwunden und durch geradlinige Begrenzungen ersetzt worden.
Das ist **die auffälligste Erscheinung** beim Übergang der Darstellung von der **um**fassenden Erfahrung der **Körper**haftigkeit zur **an**fassenden Erfahrung der Körper**oberflächen**. Kleidung ist für das Anfassen vorzüglich eine Erscheinung der **Oberfläche** des **Körpers** (und nicht

seines Inhalts) und wird im **Tasten** mit der Hand als eine dünne flache Haut erspürt. – Bereits bei der Hampelmann-Figur (Abb.160) wurde darauf hingewiesen, wie Kinder das Dünne und das Flache als Geradlinigkeit der gemeinten Körpergrenzen zeichnen und sich dabei auf ihre **Tast**gefühle beziehen. Wie in Figur **176** dargestellt, fühlen sich textile Stoffbahnen, zwischen den beiden Händen gehalten, sowohl dünn als auch „eben" bzw. „gerade" an. Diese hautartige Flachheit der textilen Bekleidung fühlt das Kind mit seinen Händen, wenn es bekleidete Personen umfasst. Es ist ein Fortschritt, wenn es nicht mehr lediglich die Großbewegungen **seiner Arme** zur ergreifenden Umschließung des geliebten Objektes an sich selbst spürt und diese dann – nicht wie früher – zeichnerisch in einer Kreisform vergegenwärtigt, sondern nun die Tasterlebnisse seiner **Hände** registriert, die den **Kleiderstoff glatt (platt) auf dem Körper fühlen**.

Figur 174

Figur 175

Das Umarmen und Umgreifen als Ausdruck des Erwerbens und Habens weicht immer mehr zurück gegenüber den neuen Empfindungen, die Auskunft über die Beschaffenheit der Gegenstände geben. Dies zeigt sich in der Dingzugewandten „fühlenden **Tast**hand" (**178**) im Unterschied zur „hereinholenden **Greif**hand", die in vollem Gestus auf das Kind selbst zurück verweist (Figur **177**).

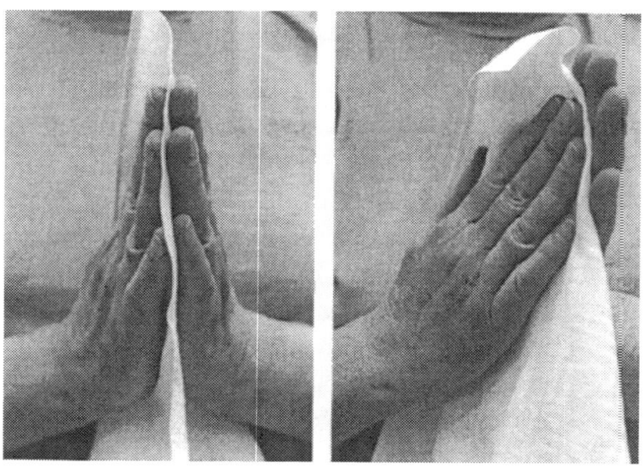

Figur 176

Die Tasthand streicht über die Oberfläche der Dinge und macht sich selbst dabei flach. Aus dem Zusammenspiel von gerichteter Bewegung beim Streicheln und den Gefühlen der gestreckten Hand geht die Geradheit der begrenzenden Linien für die Formen von Kleidungsstücken hervor, wenn man den Vorgang von den ausführenden Gesten her beurteilt.

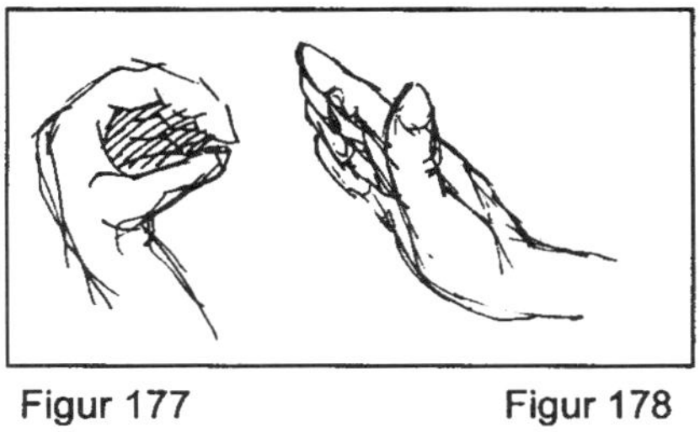

Figur 177 Figur 178

Unter dem Gesichtspunkt kindlicher Welt-Erfahrung erweist diese aktuelle Darstellungsart – ähnlich wie der Übergang von der Eindimensionalität zur Zweidimensionalität – die größer werdende Objektivität des Kindes, welche jetzt nicht mehr **nur eigenes Tun** bemerkt, sondern neuerdings auch **Sachverhalte außerhalb der eigenen Anstrengungen** als Merkmale zu würdigen vermag. –
Ein erneuter Blick auf die Figurengruppe 172 lässt die Frage aufkommen, wie es sich mit den Figuren für den Rumpf verhält. Bei der weiblichen Figur wurde der **in die Form eines Rockes verwandelte „Bauch"** (als eine Übergangserscheinung) angesprochen. Auf dieselbe Art kann auch **der ganze Körper** ((wie bei Figur 188 a) in die Form eines Kleides verwandelt werden.
Es hat zunächst wenig Wahrscheinlichkeit für sich, bei der männlichen Figur anzunehmen, der „Bauch" sei in den Formen der Hosenbeine aufgegangen. Wahrscheinlicher ist es dort, statt eines „Zwischenstücks" eine Körper/Rumpf-Gestalt anzunehmen, die sich aus der visuellen Erfahrung im Anblick eines anderen Menschen ergibt.

Wenn man als Erzieher den Kindern dieser Entwicklungsphase die Anregung gibt, beispielsweise den Rock einer Frau oder das Kleid eines Mädchens **mit Mustern** zu versehen, so wird man (falls man sensibel genug ist) einen Widerstand verspüren. Die Kinder sträuben sich – wenigstens anfänglich – gegen das Mustern, das man ihnen natürlich mit „pädagogischen" Kniffen und Tricks „beibringen" kann. Denn wenn sie Muster für Blumen oder Streifen oder sonst etwas in die Grenzen des Rockes hineinzeichnen sollen, dann ist es für die Kinder so, als sollten sie ein eigentlich **unsichtbares** Inneres, welches sich **in** den Grenzen befindet (nämlich Innereien), ans Tageslicht bringen. Das aber entspricht nicht ihrer Lebenserfahrung. Dieses Sträuben ist ein untrügliches Zeichen dafür, dass die Kinder auch die nun mit geraden Strichen gezogenen Grenzlinien **immer noch** als die ursprünglich ertasteten **angefassten** Grenzen von Innen und Außen begreifen. Sie verstehen die Kleidung **nicht als Bedeckung** oder Überdeckung des in seiner Geschlechtsrolle bestimmten Trägers, sondern meinen wirklich und eigentlich die Person in ihrer Rollen-bestimmten Ganzheit, fühlbar **umgeben** von flachen Textilien.

Häufig malen die Kinder die Kleiderformen, also Rock und Hose und Bluse oder Hemd von Fläche zu Fläche verschieden**farbig** aus, wobei sie ihren Fähigkeiten entsprechend sehr darauf achten, die Grenzen einzuhalten, um Musterbildung zu vermeiden. Auch wenn die Flächen sehr flüchtig ausgefüllt sind, soll jedenfalls keine gegenständlich gemeinte oder als solche zu deutende Gestalt entstehen, die dann auf „Inwendiges" hinweisen würde, wie dies bei dem Giraffen-Beispiel als gegenständliche Füllung gedeutet werden könnte (Figur 18).

Die gegenstandsfreie Farbausfüllung wird von den Kindern aus mehreren Gründen gerne vorgenommen: Erstens bildet sich durch solche Tätigkeiten ihre Feinmotorik weiter aus, was funktionale Freude bereitet; zweitens wird durch die Farbgebung ein größerer optischer Reiz erzeugt, der auf die wachsenden visuellen Bedürfnisse des Kindes eingeht, und drittens schließlich lassen sich durch die Farben die Kleidungsstücke besser voneinander abheben und tragen so zur Unterscheidung der Menschen nach ihren Geschlechterrollen bei.
Alles in allem gesagt, werden die in der Gesellschaft üblichen Formen der Kleider- und Haartracht damit ebenfalls für die Kinder zu Bedeutungsträgern, mit denen sie die Menschen in Männer und Frauen unterscheiden können.

Die beiden grundlegenden Arten der Darstellung bekleideter Menschen

So vielgestaltig die Darstellungen bekleideter Menschen auf den Zeichnungen der Kinder im ersten Augenblick erscheinen, so gering ist die Zahl der Grundmuster, zu denen sie die Varianten bilden.
Die im Kapitel zuvor aufgewiesene Deutung der Menschengestalt nach ihren Geschlechterrollen ist naturgemäß eine Übergangserscheinung, die nach einiger Zeit dem Verlangen weicht, Personen zu zeichnen, die bekleidet sind, **weil** sie **nicht nackt** sind. Wie immer, bauen auch hier die nachfolgenden Darstellungsformen auf den früheren auf – die Zusammenhänge sind unübersehbar.
Zwei prinzipielle Arten für die Darstellung von Bekleidung sind zu beobachten: Erstens die **Umhüllung** (als „Anzieh-Spiel" mit dem Stift) und zweitens die **Bedeckung**, die vorwiegend visuelle Erfahrungen umsetzt.
Die „Umhüllung" ist durch die **Tätigkeit** des Kindes bestimmt und wird seltener als die bedeckende Bekleidung beobachtet. Der Grund dürfte darin liegen, dass nackte Figuren, die „eigentlich" angezogen sein müssten, den Gepflogenheiten unserer Zivilisation gemäß seltener auftreten.
Umhüllung bedeutet: Menschen **„in"** der Kleidung.
Das Kind **spielt** beim Zeichnen das **Anziehen** der Menschenfigur. Dabei werden die handgreiflichen Gesten des Ziehens der Kleidungsstücke **rund um** den zu bekleidenden Menschenkörper **nachgespielt**. Bei der **umhüllenden** Darstellung werden beide, sowohl die Kleidung als auch der davon umgebene Körper, als Gegenstände mit den Mitteln der Zeichnung vergegenwärtigt.
Die Umhüllung ist dann eine wirkungsvolle Möglichkeit zu zeichnen, wenn es nicht zuerst auf die Unterscheidung von Männern und Frauen, sondern von Bekleideten und Nackten ankommt.
Bedeckung bedeutet: Menschen **„hinter"/„unter"/„in"** Bekleidung.
Dadurch finden verstärkt die **visuellen** Erfahrungen mit dem **Aussehen** der Dinge Eingang in die Darstellungsformen, weil beim Bedecken der **hinter der Kleidung versteckte Körper** nicht mehr **eigens** hergestellt wird. Diese Gestaltungsweise geht auf die optische Ansicht der Dinge zu.

Die Figur – bekleidet durch „Umhüllung"

Die reine Umhüllung kommt in ihrer möglichen Endform relativ selten vor, weil die Kinder die Unterscheidung von nackten und bekleideten Menschen in der Regel erst nach der Unterscheidung der Menschen nach ihren Geschlechterrollen machen; dann aber haben sie meist einen anderen Weg, das Bekleidungsproblem zu lösen, eingeschlagen. Dessenungeachtet ist die umhüllende Bekleidungsart sehr aufschlussreich, wie folgendes Beispiel (Figur **179**) zeigt. Vor allem ist hier der Körper noch nicht in die Form eines Kleidungsstücks gebracht, denn er wird noch gerundet gezeichnet. Die Gliedmaßen erscheinen zweidimensional. **Um** die Formen legen sich in geringem Abstand die Grenz-Linien, welche die Kleidungstücke nach außen bilden. Sogar die Schuhe werden als Umhüllung der Füße verstanden. Das Umhüllen ist eine **Tätigkeit**, die zeichnerisch vollzogen wird. Es bilden sich hier, wo es sinnvoll ist, die großmotorischen **runden Armbewegungen** als die Eigenkörpergefühle in der Zeichnung ab. Das ist der Unterschied zu den **geraden** Linien, in denen sich die Tastgefühle der **Handflächen** ausdrücken. Solche Zeichnungen mit umhüllender Bekleidung werden fast immer „transparent" (durchsichtig) **genannt** oder auch als „Röntgenbilder" bezeichnet. Diese Bezeichnungen sind aber irreführend. Denn das Kind **„spielt Anziehen"** und will in der Regel keineswegs zeigen, wie es im Innern der Kleidung **aussieht**.

Figur 179

Abbildung 180

Manchmal aber wollen sich die Kinder durch Zeichnungen mit **echten** Transparenzen über das Innere einer Gestalt klar werden, wie bei der nebenstehenden anatomischen Studie (Abbildung **180**) eines fünfjährigen Kindes, das die Rippen seitlich in einen Körper hineinkonstruiert. Oft zeichnen Kinder, deren Mutter ein Baby erwartet, in deren „Bauch" eine kleinere Menschenfigur – als eine echte „Innerei", die man **„natürlich" nicht sehen** kann! – aber sie **sind** darin.

Von Innereien kann bei der **umhüllenden** Bekleidung nicht die Rede sein. Für das Kind ist die Gestalt immer noch eine anfassbare Person, bei der durch ihre Grenzen das Äußere vom Inneren geschieden ist. Weil das Kind überhaupt nicht die Wiedergabe von „Sichtbarem" vorhat, sondern das „Machbare" **herstellt**, kommt „Durchsichtigkeit" nicht in Frage. Da man das Innere nicht sieht, gibt es auch nichts davon zu zeichnen. Kein Mensch mit noch so scharfen Augen könnte je **durch die Grenzen** der Kleidungsstücke ins Innere blicken, genau so wenig wie durch die Hautgrenzen von Kopf und Händen (Figur **181**) in deren Inneres.

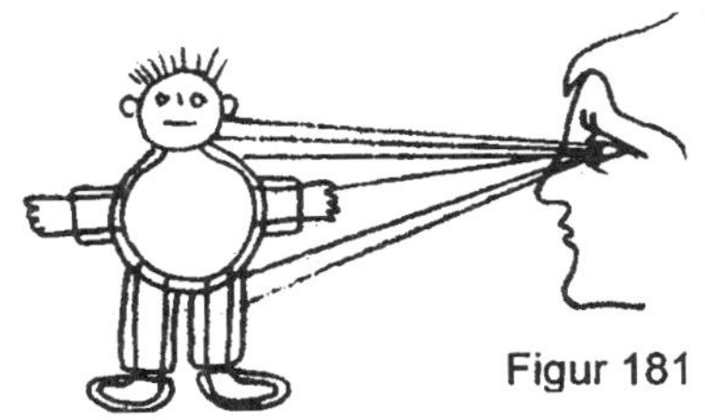
Figur 181

Bis die Stufe der bedeckenden Bekleidung erreicht ist, und danach erst recht, gilt für alle Figuren die Regel: **In das Innere der Dinge schaut man nicht hinein** - (außer es geht ausdrücklich um deren „Innereien").

Abb. 182 Junge ca 5 Jahre „Was Mama untendrunter und was sie innendrin hat"

Eine Überraschung bietet Abbildung **182**. Der Junge zeichnet seine Mutter, die er im Bad gesehen hatte: den Kopf, den Körper, die Gliedmaßen und schließlich die Brüste, die man sonst nicht sieht. Anschließend stattet er, schamhaft wie er ist, die Person mit „umhüllender Bekleidung" aus, um die Brüste wieder zu verbergen. Nach der Fertigstellung der Umhüllung (mit einer einzigen Linie um die ganze Figur) entgeht ihm **nicht** die weiterhin bestehende Sichtbarkeit jener Körperteile, die eigentlich wieder ins Verborgene hatten gegebracht werden sollen.

Das Kind bemerkt:

Die umhüllende Bekleidung ist **nicht bedeckend**; denn man kann immer noch sehen, was darunter **ist**.

Zwischen den beiden Zeichnungen (Figur 179 und Abbildung 182) bestehen große Unterschiede. Bei der kleinen Figur befindet sich innerhalb der Körpergrenzen nichts, was zu sehen oder zu verbergen wäre. Bei der großen Abbildung der Mutter aber werden **innerhalb der Körpergrenzen** die Brüste gezeichnet, die sich aber nicht **im** Rumpf befinden, sondern diesem **auf**liegen. Durch die Umhüllung scheint das Kind „irgendwie" zu erkennen, dass ein **Innenraum** durch die von ihm gezeichnete Kleidung entstanden ist, **in** dem sich die Menschengestalt befindet. Diese Erkenntnis wird nun auf die anderen **Körpergrenzen** übertragen, welche somit auch als **Grenzen von Innenräumen** aufgefasst werden.

Wie der Zeichnung **182** anzusehen ist, sind die Beingrenzen ursprünglich als „unten offene" Doppellinien gezogen worden. Danach erst wurden sie durch eine ergänzende Linie (mit einer einschnürenden Abgrenzung für die Füße) zu einem rundum umrandeten Körperteil vervollständigt. Auf diese Weise wurden neue „Innenräume" (die Beine) erzeugt, in die der Junge dann auch noch die **Knochen** hineinzeichnen konnte.

Im Ergebnis ist durch die verschiedenen zeichnerischen Aktionen des Kindes die **ganze Mama** der **gegenständliche Inhalt** ihrer Kleidung geworden, wohingegen die Knochen als **„Innereien"** in den Beinen auftreten. Das Kind vollführt hier ein intelligentes Spiel: Zwar werden die Brüste mit denselben bildnerischen Mitteln gezeichnet wie die Gebeine, und dennoch beziehen sie sich auf völlig verschiedene Sachverhalte. Die Brüste befinden sich **vor** dem Rumpf und **in** der Kleidung und können beim Entkleiden sichtbar werden. Die Knochen hingegen befinden sich **in** den Beinen und diese wiederum **in** der Kleidung, und man kann sie nicht ansehen, sondern höchstens sich vorstellen. So wird ein solches Bild zum Dokument einer selbstständigen Welterforschung sowohl hinsichtlich der Anatomie als auch hinsichtlich einer sehr merkwürdigen Mehrdeutigkeit von „Zeichen".

Damit kann vorläufig folgender Unterschied festgehalten werden:
Gegenstände sind als **Körper** gezeichnet worden, wenn ihre Grenzen von außen undurchdringbar sind und der Inhalt allein durch die Grenzziehung (durch Verwandlung des eingegrenzten Areals in das gemeinte Ding) bestimmt ist. Gegenstände sind als Innen-**Räume** entstanden oder zu solchen geworden, wenn sich **in ihrem Innern** irgendwelche **Teile** von ihnen oder **weitere Dinge** zeigen. Wenn es sich um Innen-**Räume** handelt, deren Inneres oder deren innere Bestandteile von der Sache her und vom kindlichen normalen Erleben her **nicht zur Sichtbarkeit bestimmt** sind, dann heißen diese „**Innereien**".

Im Übergang von der umhüllenden zur bedeckenden Kleidung

Abbildung 183 Junge 7 J
„Fußballspieler"

Die Abbildung **183** zeigt beispielhaft die umhüllende Bekleidung im Übergang zur bedeckenden Bekleidung. Der **Körper** des Fußballspielers wird im Hinblick auf Bekleidet-Sein mit geraden Linien begrenzt und sodann mit Hemd, Ärmeln und Hose geradezu „locker" umhüllt. Als Anhänger eines Fußball-Klubs verleiht der Junge der Kleidung seines Ballspielers die Vereinsfarben, was zur bedeckenden Kleidung führen wird. Der Bauchstreifen zwischen Hemd und Hose bleibt „nackt".

Über das „Innen" und „Außen" – die Gegenstandsgrenze und die Sichtgrenze – von der Sache zum Bild

Würde man fünfjährigen Kindern die Aufgabe stellen, einen haarigen Affen zu zeichnen, also ein Tier, das über und über mit Haarzotteln **bedeckt** ist, so dürfte die Erwartung des Aufgabenstellers vielleicht in die Richtung von Figur **184** gehen.

Figur 184

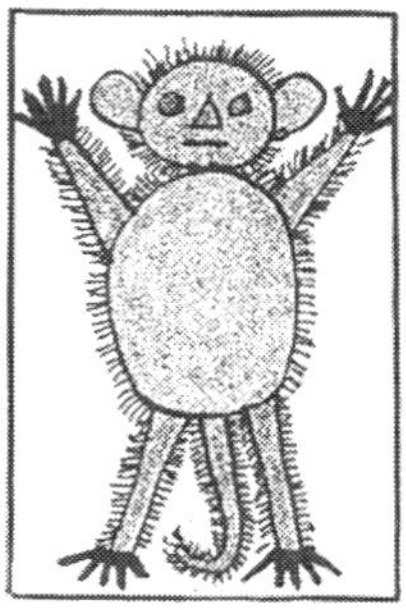

Figur 185

Es gibt sicherlich „geschickte" Pädagogen, die ein solches Ergebnis durchsetzen könnten. Lässt man jedoch Kinder dieser Altersstufe nach ihrem eigenen Verständnis vorgehen, so wird sich ein Resultat ergeben, das im Prinzip der Figur **185** entsprechen wird (wenn man von den Möglichkeiten unterschiedlicher Tierdarstellungsformen bei Kindern absieht). Auf die Frage „wie sieht ein Affe aus?" bekommt man von Kindern diesen Alters überwiegend die Antwort: „**braun**". Der Affe **ist** ein braunes Tier, sozusagen **durch und durch** braun (wie Schokoladen-Osterhasen). Er ist **wesenhaft braun**, und „**außen drauf**" hat er sein zottiges **Fell**. Kinder pflegen deshalb, wie in Figur **185,** die umgrenzten **Flächen** innen braun ausmalen, weil der Affe braun **ist** (**!**), und die Zotteln würden sie aus der umgrenzenden Haut hervorsprießen lassen.

Farbe überhaupt ist eine allgemeine Erscheinung, die unabhängig von der Kenntnis und dem Benennungs-Vermögen von Dingen zur Unterscheidung selbst unbekannter Gegenstände eingesetzt werden kann. Die Farb-Unterscheidungsfähigkeit gibt es schon vor der sicheren sprachlichen Verwendung der Farbnamen. Weil die **Farbe** aber **keinen anfassbaren „Ding-Charakter" hat,** kann sie, ohne „Innereien" darzustellen, zur Unterscheidung der gemeinten Affen-Figur vom nichtgemeinten weißen Papier-Grund eingesetzt werden.

So würde „Farbe überhaupt" zunächst und vor allem dazu dienen, die **Andersartigkeit der Papiermaterie innerhalb der umgrenzten Flächen** zu kennzeichnen, da das Papier innerhalb der gezeichneten Grenzen den Affen repräsentiert. Am Tier nimmt das Kind keine andere Farbe als die braune wahr, und so überträgt es das Braun „auf den Affen in seiner Ganzheit". So wird die Fellfarbe zur „Wesensfarbe" des Affen.

Das **Außen** mit seinen Haarzotteln wird bei Figur **185** an der anfassbaren Körpergrenze artikuliert. Solange sich die Kinder ihre Gestalten gebärdenhaft vergegenwärtigen, würden sie nach der Art der Figur **184** eher eine mit Holzwolle ausgestopfte Affenpuppe darstellen.

Erwachsene und reifere Kinder sehen in der **selbst**gezeichneten Gestalt (Figur 184) die **Oberfläche** des Affen. Für sie **bedeckt die Oberfläche das Innere**, was eine völlig andere Einstellung gegenüber dem Objekt bedeutet, als wenn der Zeichner das Papier durch die markierenden **Grenzlinien** in einen Affen verwandelt.
Für das jüngere Kind ist die Oberfläche des Affen seine **Haut,** die in ihren **Grenzlinien** um den Affen **herum** verläuft, während für die Erwachsenen der Affe **hinter** seiner **Oberfläche** ist. Der sichtbare **Schein** der pelzigen Oberfläche des Affen würde bei Dunkelheit verschwinden, während das in seinen tastbaren Grenzen bestehende **Sein** der Tierfigur unabhängig vom Sehen bestehen bliebe. Beide Arten der Darstellung haben natürlich jeweils zu ihrer Zeit ihre Richtigkeit, wobei die dem Anfassen nachempfundene „haptische" Gestaltungsgrundlage älter ist und erst nach und nach durch die bedeckende „visuelle" abgelöst wird.

Ähnlich wie bei dem Schritt von der eingliedrigen zur mehrgliedrigen Figur sollte sich auch hier das Kind selbst aus eigener Ein-Sicht heraus die neue Gestaltungsart erobern. **Es geht nämlich in diesem Bereich um nichts weniger als darum, aus der handgreiflichen Herstellung von *Sachen* nun zur Darstellung ihrer visuellen Erscheinungen – ZUM BILD – zu gelangen.**

Hier ist der eigentliche Übergang von der Erschaffung von Sachen zum Darstellen in Bildern.

Das Kind wird sich von der Darstellungweise der Figur **185** verabschieden, bei der es Papier durch Grenzziehungen in Sachen verwandelte, die ihm, als seine Geschöpfe, untertan zu sein hatten. Es wendet sich danach entschiedener dem **Anblick** der Sachen und den Dingen zu, die außerhalb seiner selbst und unabhängig von ihm existieren: so wie sie aussehen und wie sie sind. Inzwischen ist sein Sehen-Können mit den Augen so weit gereift, dass es nicht mehr jegliche visuell gegebene Weltgestalt in handgreiflichem Erfassen und Betasten kontrollieren muss; es kann sich innerhalb größerer Grenzen auf seinen Gesichtssinn verlassen – und kommt zu einer Darstellungsweise wie Figur **184**.
Für das Kind spielt sich in diesen Vorgängen eine Art **Revolution** ab, die nicht unterschätzt werden darf.

Dieselbe FLÄCHE, in deren Grenzen bisher das unsichtbare INNERE geborgen war, zeigt sich von nun an als das sichtbare ÄUSSERE.

Dieser Wandel vollzieht sich in allen thematischen Bereichen, denen sich das Kind im Zeichnen zuwendet – also nicht nur bei der Darstellung des Menschen, sondern auch bei den Motiven „Tier", „Haus", „Raum" „Fahrzeug" usw. Indem **die sichtbare Oberfläche der Gegenstände mit der Oberfläche des bezeichneten Papiers gleichgesetzt** wird, bahnt sich außerdem ein neues Verhältnis des Kindes zum Papier- und

damit zum Bildformat an. Das Papier wird immer mehr seinen Charakter als „Ackerboden“, **aus** dem die Gestalten erschaffen wurden, verlieren, und es wird zu einer **Bild**fläche werden, **auf** dem die Gestalten in ihrer visuellen Erscheinung dargestellt werden.
Indem die Kinder ihr Augenmerk allmählich intensiver auf die visuellen Gegebenheiten der Gegenstände richten, bahnt sich an, diese auch in ihrem jeweiligen Umfeld wahrzunehmen. Beim Sachen-Machen ging es ja, wie beim Sehen-Lernen überhaupt, zunächst darum, die einzelnen Gegenstände aus dem Chaos ihrer optischen Umgebung herauszulösen und sie in eine vom Kind selbst auf dem Papier errichtete Welt einzubringen und dort zu erproben und zu begreifen.
An dieser Stelle der Entwicklung wird sich für das Kind – als eine neue Möglichkeit der Zuwendung zur Welt – die **Alternative** zur **Sacherschaffung** ergeben, nämlich **die Bildherstellung**.

Die Figur – bekleidet durch „Bedeckung“

Die auf die optische Erscheinung zielende **bedeckende Bekleidung** entwickelt sich meistens aus jenen Gestalten, die das Kind zur Unterscheidung der Menschen nach ihren Geschlechterrollen gefunden hat. Dort orientieren sich die Kinder neben ihren haptischen Erfahrungen auch an den verbreiteten und **sichtbaren** Kleiderformen aus der Wirklichkeit und auf Abbildungen.

Die bedeckende Bekleidung ist dann als wirkliche Errungenschaft erreicht, wenn das Kind (möglichst von sich aus) die Kleiderformen **mit Mustern bedecken kann, ohne** die in den Kleidgrenzen gezeichneten Figuren **für Innereien** halten zu müssen (Abbildung **186**).

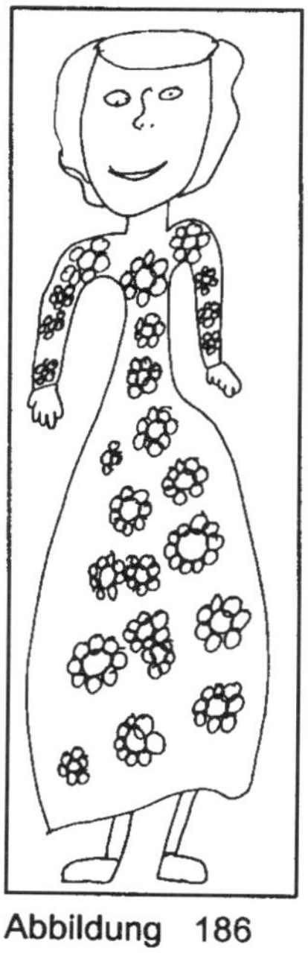

Abbildung 186

In den Spielen mit den Farbstiften bemerken die Kinder die **be**deckende und **ver**deckende Wirkung ihrer Tätigkeit. Sie spielen dann absichtlich „Bedecken der Gestalten“ durch das Ausmalen der Kleidungsstücke. Das Bedecken ist noch ganz gegenständlich gemeint: Mit den Farben wird ausschließlich **„Bedeckendes“ gemacht**, was man daran erkennen kann, dass nicht alles, was an der Zeichnung farbig sein könnte, tatsächlich farbig ausgeführt wird. In den meisten Fällen bleiben die Gesichter (und Körperteile) unbemalt, was dann so viel wie „unbedeckt“ meint (s. Abb. 163 u. 183). Gesichter sind im Allgemeinen nicht bedeckt. Natürlich wird in diesem Stadium der Entwicklung beispielsweise eine zum Karneval als Indianerprinzessin verkleidete Mädchengestalt ein braun angemaltes Gesicht bekommen, was logisch ist, denn auch in der Wirklichkeit würde das Gesicht mit Farbe bedeckt werden. Ebenso übermalen Mädchen, deren Mütter sich die Lippen schminken, auf ihren Bildern die gezeichneten

Lippen rot, was man immer wieder beobachten kann. Die Abb.**186** zeigt mit dem Blumenmuster auf dem Kleid deutlicher noch als mit farbiger Ausmalung, dass die Gestalt mit Kleidung bedeckt ist; die Gestalt ist **hinter der sichtbaren Oberfläche der Kleidung** und **nicht nur innerhalb der greif- und tastbaren Kleider-Grenzen**. Die Blumen des Musters bedeuten nun keine Innereien mehr, beispielsweise Plätzchen, die das Kind gegessen haben könnte.

Typen für weibliche Bekleidung auf Kinderzeichnungen

187 a Figuren 187 b

Wie bei weiblichen Personen in der Wirklichkeit gibt es auch auf den Kinderzeichnungen hauptsächlich zwei typische Bekleidungsmodelle: Erstens die Kombination Rock und Bluse/ Pullover (Fig. **187 a** u. **b**) und zweitens das einteilige Kleid (Fig. **188 a** u. **b**). Die Form des Rockes ist gewöhnlich ein Trapez, also ein querliegendes Viereck, das sich nach unten verbreitert. Diese Form ist weder zufällig noch vom Prinzip her von visuellen Vorgaben (etwa aus Bilderbüchern) abhängig. Auch hier brauchen die Kinder nur den Empfindungen bei ihren Tastbewegungen zu folgen, wenn sie an der Silhouette einer Person von der Taille aus nach unten streichen, was sie ja oft bei der Gelegenheit tun, wenn sie z. B. etwas aus der Hand der Mutter haben wollen. Dann spüren sie körperlich, wie ihre Arme auf dem Weg von der Gürtellinie bis zur Hüfte auseinandergehen. Die „Form des Rockes", wie sie die Kinder herstellen, kommt also von der Gestalt der Menschen her und nicht allein vom schneidergerechten Zuschnitt des textilen Stoffes. Deshalb findet man in großer Zahl Bilder, bei denen die äußeren Beinlinien die abfallenden Grenzen der Rockform fortsetzen; damit nehmen diese immer noch Bezug auf die ursprüngliche Einheit von Seiten- und Beinlinien.

Von diesen Tasterlebnissen aus betrachtet ist das **Kleid** mehr oder weniger ein sich weiter nach oben erstreckender Rock, der den ganzen Körper bedeckt und vor allem an **anderen** Personen als an sich selbst – ohne „Zwischenstück" – wahrgenommen werden kann.

Das Modell „Rock und Bluse" ergibt sich leicht in der Nachfolge des „Bauches, der in die Form eines Rockes" gebracht wurde, zusammen mit dem „Zwischenstück" . Die Bluse entwickelt sich naturgemäß leicht aus dem „Zwischenstück", vor allem, wenn die Arme bzw. die Ärmel zweidimensional gebildet werden (Fig. **187 b**). Interessanterweise werden bei dieser Arm/Ärmel-Gestaltung regelmäßig die Handteller-losen Hände dargestellt, als wären die Finger einzeln in Fingerlinge gesteckt, während sonst ausgreifende **lineare** Hand-/Finger-Formen überwiegen.

Es kann alltäglich beobachtet werden, dass die eindimensionalen „Armlinien" auf der mittleren Höhe des „Zwischenstücks" entspringen. Das Kind kann nun dadurch, dass es das „Zwischenstück" als Kleidungsstück auffasst, durch das Ansetzen von „Ärmeln“ mit einem Mal gleich auf zwei Gebieten Erfolge verzeichnen. Es kommt mit großer Regelmäßigkeit (wenn auch nicht bei allen Kindern) vor, dass sie die Armlinien nach oben verdoppeln, indem diese als Ärmel gedeutet werden; dadurch wird zum einen Zweidimensionalität erreicht, und gleichzeitig kommen zum andern die Oberseiten der Arme an die Schultern. So wird die Vervollständigung der Kleidungsformen zur Gelegenheit, die Darstellung der Anatomie des Menschen weiter zu klären. Darüber hinaus ist das Kind inzwischen so reif, dass es die subjektiv empfundenen Körpergefühle des Hinausgreifens in die Welt nun zurückstellen kann und den objektiven Sachverhalt der Gliederung von Kleidungsstücken zu gestalten vermag.

188 a Figuren 188 b

Die Figur **188 a** unterscheidet sich von **b** dadurch, keinen „Hals“ unter dem Kopf zu haben. Die Halsfigur von **b** lässt trotz ihrer geringen Höhe, jedoch wegen ihrer Breite, die Herkunft aus dem „Zwischenstück“ erahnen. Beide Gestalten jedoch dürften Frauen**kleider** tragen.

189 a Figuren 189 b

Die Figur **189 a** erinnert noch sehr an einen „Kopffüßler“: Die „Arme“ kommen „mitten-bezogen“ aus dem „Kopf“-Areal. Die Seitenbegrenzungen weisen auf die ehemaligen „Bein“-/„Seiten“-Linien hin. Besonders die wie Absätze wirkenden Verlängerungen der Beinlinien nach unten-vorn betonen mehr die Richtung der Beine und des Weges als den Zweck der Absätze. Mit der Gleichgerichtetheit der beiden Schuhformen wendet sich die Gestalt nicht der Welt schlechthin, sondern einer bestimmten Gegend zu. Was wie zwei kleine Ei-Formen an den Enden der Arme wirkt, ist in Wirklichkeit die aus der Außenseite des Arms kommende lineare Darstellung der sich krallenden Finger gegen den linear gezeichneten krallenden Daumen, der aus der Innenseite des Arms hervorkommt; beide zusammen bilden dann den „Zangengriff“ der Hand. Zwar sehen die Linien wie Rahmen um eine Fläche aus, ähnlich den Begrenzungslinien des Ärmels, dennoch meint das Kind **die Bewegung** der Finger, die sich im zupackenden **Griff** zusammenschließen. Deshalb werden solche eingeschlossenen Flächen logischerweise **nicht farbig ausgefüllt**, es sei denn, das Kind würde von Erwachsenen dazu angestiftet (was häufig vorkommt nach dem Motto: es muss alles ausgemalt werden, was eingerahmt aussieht! – daraus ergibt sich – sinnwidrig - das Bild eines Fausthandschuhs).
Dass die Figur weiblich ist, kann noch an zwei weiteren Merkmalen erkannt werden: Erstens ist die Frisur weiblich, und zweitens ist der Körper bzw. das „bekleidete“ Körperviereck wesentlich länger als die Beine. Ein sonst typisches Merkmal kommt hier nicht zum Vorschein: die schräge Verbreiterung der Seitengrenzen des Kleides nach unten

hin entfällt, womit wiederum die eingliedrige Gestalt eines (verkappten) „Kopffüßlers" gegenüber der Wiedergabe einer ertasteten Erkenntnis durchschlägt.

190 a Figuren 190 b

Die Figuren **190 a** und **b** demonstrieren die Bemühungen, die Arme mit den Schultern zusammenzubringen. Auf den ersten Blick scheint dieses Problem einfach zu lösen zu sein. Dennoch muss man bedenken, in welcher selbsterfundenen Tradition der Arm-Darstellung das Kind steht: Bis dahin waren die Linien für die Arme an die Wiedergabe von Eigenkörpergefühlen aus tätiger Gebärde gebunden, die den Impulsen aus dem Innern, sozusagen aus dem Zentrum der Gestalt, entsprangen. Nun muss von den Gefühlen innerer Antriebe abgesehen und ein **visuell richtiges Gefüge** für die Armdarstellung im Verhältnis zum Körper gefunden und angewandt werden, wozu die Kleidungsdarstellung nützliche Anregungen gibt.
Es entstehen wirklich neue Welten für das Kind, und es nimmt in der Tat radikale Umkehrungen bisher geltender Auffassungen vor.

An den Figuren **191 a** und **b** wird ersichtlich, wie vor allem die Kleidungsstücke zur Gliederung des menschlichen Körpers beitragen und dabei helfen, die Stellung der Arme aus dem tätigen „Zugriff in die Welt" zu lösen und sie zu Gliedmaßen zu machen, die auch dann eine Bedeutung haben, wenn sie gerade nicht in Aktion sind.

191 a Figuren 191 b

Mit den hier vorgestellten Typen von Kleidungsdarstellungen für Frauen und Mädchen sind vielleicht nicht alle vorkommenden Möglichkeiten erschöpfend behandelt worden. Es dürfte jedoch klar geworden sein, mit welch vielfachen Problemen die Kinder allein auf dem Gebiet der Kleidungsdarstellung befasst sind, und was sie alles – unbemerkt von uns Erwachsenen – selbsttätig leisten, wenn keine Lösungen zu bloßem Nachmachen serviert werden.

Abb. 192 „Mädchen auf dem Schulweg"

Es kann – beim großen weiblichen Interesse an der Mode – **die Hose als Kleidungsstück für Frauen** nicht ausbleiben. Auf der Abbildung **192** zeichnet sich ein achtjähriges Mädchen in Hosen auf dem Schulweg. Es ist mit Schultasche und Turnbeutel **ausgestattet**, d.h., die Taschen werden **nicht eigentlich getragen**; sie sind „**bei** den Händen". Auf dem Bild wird der „Bauchteil" der Hose **zwischen** den „Beinteilen", abgeteilt von dem bekleideten Körper, als eigenes Gebilde unten angefügt.

Probleme der Darstellung männlicher Bekleidung

Die Probleme der Hosen-Darstellung werden nun bei der männlichen Bekleidung erörtert. Zur Kennzeichnung von Männern und Jungen durch Kleidung werden „Hosen“ verwendet. Am Anfang wird die „gemeinte Hose“ sehr oft bloß durch **Formen** für die **Hosenbeine** dargestellt. Die Hosen werden gern auch als „Beinkleider“ bezeichnet (womit ursprünglich – wie bei der „Windhose“ – die **Röhren** der Hosen gemeint waren, wohingegen der den Unterleib bedeckende Teil des Kleidungsstücks aus prüder Schamhaftigkeit sogar sprachlich unterdrückt wird, so dass noch im 19. Jahrhundert die Unterhosen „die Unaussprechlichen“ genannt wurden.

Im Verständnis der Kinder werden mit Rock oder Kleid solche **weiblichen Körperregionen** ausgestattet, die **ausschließlich** mit dem **Rumpf** zusammenhängen. Im Unterschied dazu ist die Hose ein Kleidungsstück, das sich mit seinem „Bauchteil“ auf den (meist männlichen) **Körper**, mit den Beinteilen oder den Beinröhren auf die **Beine** bezieht. Eine Slip-ähnliche Badehose ist im eigentlichen Sinn keine Hose, sondern nur das Bauchteil einer Hose. **Im Bauchteil** der Hose werden **wie unter dem Rock**/Kleid jene Körperteile geborgen oder versteckt gehalten, die aus den verschiedensten Gründen nicht immer offen gezeigt werden sollen. So erfüllt der als einzelnes Kleidungsstück vorkommende Rock bei weiblichen Personen leicht diese bergende Funktion eines Bauchteils, wovon sich die Beine mit ihren anderen Funktionen sehr gut unterscheiden lassen.

Königskind (Prinz) Königin König

Abb. 193 Junge 2. Schuljahr Märchen-Illustration (um 1960)
„Die Königsfamilie bringt den Inhalt der drei Sparschweine auf die Sparbücher“

Anders hingegen die Hose männlicher Personen, die – abgesehen von der Badehose – in der Regel die Bereiche des Bauches und der Beine **in einem Kleidungsstück zusammenfasst**. Die ungleich schwierigere

Darstellung der Hose ist der Grund dafür, dass Kinder bei der Unterscheidung der Menschen nach ihren Geschlechterrollen **zuerst** die Form des Rockes für Frauen einführen, bevor sie Hosen für Männer zeichnen. Weil die Darstellung der Frauenkleidung (unserer Kultur) problemloser ist, wird sie in Kinderzeichnungen als Differenzierungs-Element des allgemeinen Menschen-Schemas **früher** verwendet. Wenn Menschen gezeichnet werden, von denen einige Röcke tragen, dann sind diejenigen männlich, die keine tragen.

Zunächst eine kleine Analyse des Beispiels der Abbildung **193,** wo viele typische Darstellungsformen dieser Altersstufe vereint sind. Die männlichen Gestalten – Prinz und König – sind mit Hosen bekleidet, welche jedoch ausschließlich aus den Beinteilen bestehen. Die Körper haben ihre Rundheit behalten und sind lediglich durch „Knopf-Zeichen" als bekleidet markiert.

Kindern wurde – vor Jahrzehnten noch mehr als heute – frühzeitig (gegen deren Verständnismöglichkeit) beigebracht, dass sie Punkte (als Knöpfe) auf die „Bäuche" ihrer Menschengestalten zu zeichnen haben, um damit das Zeichnen von „Nuditäten" zu vermeiden.

Die Unterscheidung einer weiblichen Person gelingt früher und leichter durch die einfache Verwandlung des Körpers in die Form eines Kleidungsstücks, was die geraden Grenzlinien anzeigen. Der Prinz hat Haare **um** dem Kopf, die Königin und der König tragen Kronen **auf** dem Kopf. Hätte die Zeichnung ein Mädchen gemacht, so würde der Königin die Haarpracht nicht fehlen, weil Mädchen mehr von der Mode langer Haartracht betroffen und auch deswegen damit be**fasst** sind.

Die Augenpaare sitzen hoch im Gesicht, überwölbt von den Augenbrauenbögen. Die früher fast regelmäßig zu beobachtende Darstellung eines Augenpaars in einem **seitlich** gewandten Kopf (als Übergang zur „Profildarstellung") ist unter dem Einfluss der Medien fast gänzlich verschwunden. Die Stirn, die unter den Teilen des Gesichts den geringsten mimischen Wert und die geringste Beweglichkeit hat (wenn man vom Stirnrunzeln absieht), bleibt unberücksichtigt.

Die Nasen sind in Richtung des Handlungszieles zur Seite gewandt. Die Ohren, die schon immer an den **Seiten** des Gesichts und im Spiegel **seitlich** von der Nase wahrgenommen wurden, werden nun auf neue Weise an die Seite gesetzt: sie haften nun an jener Seite des Gesichts, die der Nase gegenüberliegt; dessen Grenzlinie umrahmt jedoch **nicht den Hinterkopf**. Vielmehr wird der beibehaltene „Seiten-Charakter des **Gesichts**" (und nicht des **Kopfes**) durch die rote Wange der Königin, die an diese Linie grenzt, deutlich verstärkt. Der **Hinterkopf** ist noch **keine** visuell relevante Erfahrungstatsache und erfährt deshalb auch keine Gestaltung. Positiv ausgedrückt bedeutet dies, dass das Kind nur solche Formen in sein Bild hineinlässt, die selbst-erlebten Tatsachen entsprechen. Die gleichgerichteten Arme kommen aus den Körpern an jenen Stellen heraus, wo diese rechts und links an die Halspartien grenzen, die ihrerseits ihre Herkunft aus dem „Zwischenstück" nicht verleugnen können.

Typen männlicher Bekleidung auf Kinderzeichnungen

Die Zuordnung höchst **unterschiedlicher Körperteile** (einerseits der Rumpf, andererseits die Gliedmaßen) zu dem **einheitlichen Kleidungsstück** „Hose" ist schwierig. Denn der **Kleidungs**darstellung ist ja eine bewährte **Menschen**darstellung „an sich" vorausgegangen. Das Kind identifiziert sich selbst (und andere Personen) vorrangig **mit der Kopf-Rumpf-Einheit** und weniger mit den „Gliedmaßen"; denn die waren in die dienenden und bewegten Aktionen verstrickt, wohingegen die Kopf-Rumpf-Einheit eher als eine regierende und profitierende Region auftrat. Dieser Zusammenhang mit der früheren Deutungs- und Darstellungsart wird allein deswegen nicht so leicht aufgegeben, weil es auch jetzt wieder um die **Darstellung des Menschen** und nicht um eine vom Menschen losgelöste Schilderung von Kleidungsstücken geht. Die körperliche Unterscheidung von Rumpf und Beinen muss beim Zeichnen der Hose in einer einzigen Grenzziehung für das Kleidungsstück vereinigt werden.

Abb. 194
Junge 6 J.

Abb. 195
Junge 10 J

Die beiden Menschendarstellungen, die mit den Abbildungen **194** und **195** zitiert werden, sollen hauptsächlich auf ihre Bekleidung hin betrachtet werden. Sie verweisen noch deutlich auf die Grenzen zwischen einem (rund) umrahmten Rumpf und den unteren Gliedmaßen; sie sind also weitgehend an ihrem herkömmlichen Schema der Menschendarstellung orientiert. Ihre rundlichen Körperformen erinnern zudem noch an jenen Zustand der Menschendarstellung, bei der die Unterscheidung von Bekleidet- oder Nacktsein keine Rolle spielte. Das vorgestellte **Bein** in Abb. **195** lässt erkennen, dass es von einem **Hosenbein** überdeckt wurde.

Bei Abb. **194** liegt eindeutig eine Badehose vor – denn der Schwimmer trägt eine Badekappe. So lässt sich entscheiden, dass die unteren Extremitäten jedenfalls keine Hosenbeine sein sollen. Ihre Form scheint die Gestalt von Schwimmflossen angenommen zu haben; es könnte in dieser „Beinform" aber auch die **Schwimmbewegung nachgespielt** sein, bei der die Beine zuerst – vom Körper weg – in einem Bogen nach außen geführt und dann an den Fersen gerade zusammengeschlagen werden. So würden die „Innenseiten" dieser „Beine" ihrer früher üblichen „normalen" Anordnung im Verhältnis zu den Körpergrenzen entsprechen.

Eine Badehose ist so leicht zu zeichnen **wie ein weiblicher Rock**.

Eine Abwandlung des Badehosenträgers bietet Abbildung **196**, welche die Nichtzusammengehörigkeit von Bauch und Beinen durch Grenzbildungen verdeutlicht. – In der Figur **195** werden **die** Hosenbeine von einem immerhin 10-jährigen Gymnasiasten unübersehbar als **das** Kleidungsstück eingesetzt – allerdings wird die Hose nach Erwachsenen begriffen nicht „vollständig" dargestellt – ihr „fehlt" der Bauchteil.

Abbildung 196
„Im Schwimmbad""
Junge 8 J

Die Vorstellung vom „Kinderfehler" ist ein Fehler der Erwachsenen. Es ist **kein Fehler**, wenn sich die Kinder auch an denjenigen Schemata orientieren, die sie bis dahin aufgrund ihrer Erfahrungen angewandt haben. So bleibt der Zusammenhang der Sachen, die sie heute machen, mit denen, die sie gestern gemacht haben, erhalten. Sie brauchen Altes weder zu widerrufen noch zu verbessern, weil es **zu seiner Zeit nie falsch** war. Vielmehr dauert die aspekthaft-kindliche **Richtigkeit der älteren Auffassungen** fort und geht als versteckte, dem **Realitätserleben verbundene Qualität** in die neue Formulierung ein. Auch rein sachlich wird der Unterschied zwischen Rumpf und Gliedmaßen weiterbestehen, ob er nun in der Kleidung Ausdruck findet oder nicht. Der Fortschritt in der Kinderzeichnung besteht statt im Ablegen früherer selbst erarbeiteter Errungenschaften in den neuen Gestaltungsaufgaben die alten Erfahrungsbestände einzuschließen. Oft stellt sich die neue Gestaltung den Augen anders als gewohnt dar, aber sie behält in sich den Schatz an gesammelter Lebenserfahrung, die das Kind in seine früheren Zeichnungen einbringen konnte – sofern es nicht durch „gut-gemeinte Unterweisung" um seine Erfahrungen gebracht wurde.

Weil Röcke einen Teil der sichtbaren Frauenbeine verdecken, werden sie kürzer gezeichnet, Männerbeine oft sehr lang.
Die Beine führen, in Erinnerung an die Doppelfunktion dieser Linien als „Seiten" und „Beine", die Außenseite der geradlinig begrenzten Körperform nach unten fort und geben durch ihre Länge gegenüber dem Körper die Gestalt als Mann zu erkennen.

Figuren 197 a   197 b   197 c   197 d

Bei Figur **197 b** wird begonnen, die Trennung der Hosenbeine zu überwinden, indem ihre Innenseiten von der Mitte ausgehen. In dieser Anordnung kommt zum Ausdruck, dass die Hose in ihrer ganzen Breite an den oberen Teil der Kleidung – und an den Körper – anschließt.
Die Erzeugung einer Hose, die **in einer** Umrisslinie sowohl den Bauchteil als auch die Beinröhren einfasst (Figur **197 c**), führt zu einer vielfach zu beobachtenden Verkürzung der Bein(teil)e – zu einer Kürze wie meistens bei den Beinen der bekleideten Frauen. Der Bauchteil wird auf Kosten der Beinlänge in die Zeichnung eingeführt, was bestätigt, dass die Hose bis dahin im Wesentlichen von den Hosenbeinen her bestimmt wurde. Die Figur **197 d** vereinigt die Errungenschaften von **197 b** u. **c** .

198 a Figuren 198 b

Mit den Figuren **198 a** und **b** werden weitere Varianten vorgeführt, die sich unschwer mit den bisher besprochenen Möglichkeiten der bekleideten Menschengestalt in Verbindung bringen lassen. Vielleicht ist die Figur mit den gespreizten Beinen die Umwidmung einer ehemals weiblich bestimmten Figur, vielleicht hat das Kind seine Zeichnung unbewusst und routinemäßig an einer schon gezeichneten Gestalt orientiert.

Die weitere Differenzierung der Kleidungs-Darstellung ist nicht problematisch

Im Bereich der Kleidung gibt es vielfache Anregungen zum Zeichnen, teils durch die eigenen Bekleidungserfahrungen der Kinder, teils durch Einflussnahme von Erwachsenen oder die Vorlagen in den Bilderbüchern und aus den sonstigen Bildmedien; auch kindliche Wunschvorstellungen regen zum Zeichnen an: Prinzessin oder Tänzerin zu sein, Barbie ähnlich zu werden, oder wie Batman alles regeln zu können; als Polizist, Fußballer oder Raumfahrer aktiv zu werden. Mädchen sind oft mehr an den modischen Erscheinungen interessiert, Jungen mehr an den darstellbaren Einzelheiten von Berufskleidung.

So kommt bei den Kleidungsdarstellungen der Mädchen der den Körper umgebende runde Rock oder der schwingende oder der gefältelte vor, bei den Jungen vielleicht die kurze Sporthose der Fußballspieler, die, weil sie keinen eigentlichen Beinansatz hat, wie ein sehr kurzer Rock wirken kann. Alle diese Variationen bleiben aber im Rahmen der vorgelegten Grundmuster und schmücken diese aus, ohne dass das Kind eine neue Einstellung zu diesem Problem gewinnen müsste.

Die bisher angeführten Beispiele haben absichtlich auf diejenigen Zutaten der Kinderzeichnungen verzichtet, die sich mit der weiteren **Ausschmückung** von Kleidung beschäftigen. Nicht erwähnt wurden Gürtel, Schnallen, aufgesetzte Taschen, Knöpfe und Knopfreihen, vorgebundene Schürzen, Hüte, Mützen, Kappen, Kopftücher, Kronen bei gekrönten Häuptern wie Prinzessinnen, Schleier, Umhänge, Stiefel, Schuhe, Socken, Kragen- und Manschettenformen, Krawatten und was es sonst noch alles gibt. In den vielen gezeichneten Ausschmückungsgegenständen drücken sich die Kenntnisse über diese Dinge, das Motiv der Verdeutlichung der Kleidung, die Freude über eigenes Können und die Konzentrationsfähigkeit des Kindes bei der Ausführung aus und brauchen **hier** deswegen nicht eigens untersucht zu werden, weil sie nicht problematisch sind.

Deshalb sollen die vorkommenden Möglichkeiten jeweils dann mitbesprochen werden, wenn entsprechende Zeichnungen in den nachfolgenden Kapiteln zitiert werden.

Abbildung 199 Mädchen 10 J

Die Abbildung **199** von einem 10-jährigen Mädchen bestätigt noch einmal viele der bisher erkannten Eigentümlichkeiten der bildhaften Schilderung von bekleideten Menschen. Dabei bleibt die Hauptschwierigkeit bestehen, bei der Hosen-Darstellung den Bauchteil mit den Beinteilen in einer einzigen Gestalt zu vereinen. Die Zeichnerin wendet ein Verfahren an, welches das Problem durch Überspielen beseitigt, indem sie sowohl den weit geschnittenen Pullover des Jungen als auch das Top, das ärmellose Oberteil des Mädchens, den Gürtel überdecken lässt, um die Hosen nicht an der Gürtellinie, die den Körper überschneidet, beginnen lassen zu müssen. Die Schuhe in ihren modischen Ausführungen geben Hinweise auf den männlichen oder weiblichen Träger, vor allem aber in den Haartrachten werden die Geschlechter deutlich (und ansprechend) unterschieden. Die Armgestaltung richtet sich nach der Form der Ärmel.

Nachstehend einige der vielfältigen Möglichkeiten, mit denen Kinder ihre Figuren mit Kleidung ausstatten. Von besonderen Zutaten wird abgesehen, weil sie für den Entwicklungsgang der Kinder von beiläufiger Natur sind. An den Beispielen werden auch die Kombinationsmöglichkeiten der o.a. Typen untereinander deutlich.

Mädchen 2.Schuljahr ungewöhn liche Darstellung	Mädchen, 1.Schuljahr – die Rockform wurde dem runden Körper umhüllend hinzugefügt, ohne diesen zu bedecken	der Körper ist durch „Knöpfe“ als bekleidet markiert; Arme, Beine und Füße sind umhüllt	1.Schuljahr – Markierung der Geschlechter-Rolle durch Kleidung u. Haartracht

Reihe 200

 Mädchen 1. Schuljahr die Körper sind dem „Zwischenstück“ nahe, die Mitte der Person liegt noch im „Kopf“, aus dem Arme kommen können	 Mädchen im Kindergarten die ganze Familie Selbst - Vater - Mutter -Schwester - Brüderchen	 2.Schuljahr tapferes Schneiderlein mit „Hose“ und Schere

Reihe 201

 1.Schuljahr bekleidete männliche Person	 1.Schuljahr bekleidete männliche und weibliche Person; der Bauchteil der Hose teilt den Körper, die Beinteile bedecken die Beine vollständig	 Mädchen 5 Jahre Rotkäppchen mit Blumenstrauß und Wein im Korb

Reihe 202

1.Schuljahr – Darstellungen solcher Art erwartet man auf dieser Altersstufe nur in Abhängigkeit von sehr eingängigen Vorbildern	1.Schuljahr – die Schraffuren auf der Rock-Form machen den unteren Körperbereich „unsichtbar“	1.Schuljahr – die konzentrierte Silhouettenbildung widerspricht dem frühen Kopf-Schema

Reihe 203

Mädchen, ca 6 Jahre „Indianerin“ der Schmuck bestimmt die Form des „schildartigen“ Kopfes, Fransen an den „hohlen“ Ärmeln (diese bezogen auf die Kopfmitte) bei eindimensionalen Beinen	Mädchen, ca 8 Jahre, visuell begabt und gefördert (beginnt mit 16 Jahren akademisches Kunststudium) - bedeckende Bekleidung durch Musterung und Faltenbildung	Mädchen, 6 Jahre bedeckende Bekleidung; keine Darstellung einer Schwangeren, sondern Muster auf dem Pullover

Reihe 204

Die Darstellung des Gesichts – Vorbemerkungen

Wie die Gestalt des „Gesichts“ grundgelegt wird, wurde beim „Kopffüßler“ beschrieben. Anfänglich handelt es sich dabei nicht eigentlich um das Gesicht, sondern um die Auszeichnung des gemeinten **ganzen** (personhaften) Gegenübers „nach dem Bild des Kindes, ihm gleich“, welches in dem Kreis umfasst wurde: Dieses Wesen kann den Zeichner anblicken, es kann sich (in der Senkrechten) selbst meinen, es kann sich (in der Waagerechten) den Ansprüchen der Welt stellen, oder in seinem Kreis befangen bleiben. Den beiden sich im Kreis kreuzenden Linien werden durch die Sprache der Erwachsenen bald gegenstands-bezeichnende Namen gegeben, ebenso wie der Blick-Markierung die Benennung für Seh-Organe vorgegeben wird – und bei diesen Namen wird es bleiben. So werden die einstigen Spuren und Anzeichen für die Vergegenwärtigungen der **Obliegenheiten, Dienste und Funktionen** des geschaffenen Wesens zu **Gegenständen**, nämlich zu Augen, Nase und Mund in jenem „Kreis“, der unter dem irreführenden Namen „**Kopf**füßler“ bekannt ist.

Abb. 205 „Bildnis des Bruders“
Mädchen 10 J 11 M
die Punkte unter den Ohren sind die Enden der Brillenbügel;
am Scheitel wird „wörtlich“ ein (vorhandener) Wirbel hergestellt

Wie bei manchen Figuren zu bemerken war, gibt es im Gesicht nicht nur Körperteile, sondern auch **Orte**, wohin sie gehören, was freilich erst auffällig wird, wenn ein Kind (vermeintlich) dagegen verstoßen hat (Abb. 66,119). Augen, Mund und Nase sind deutliche Teile des Gesichts. Seitlich am Kopf bilden die Ohren greifbare Gebilde, unten am Gesicht wird allenfalls das Kinn als Grenze greifbar. Neben den soeben erwähnten organhaften Teilen des Gesichts gibt es „Partien“, „Orte“ oder „Stellen“ im Gesicht, die einen geringeren „Ding“charakter haben – vor allem die Wangen und die Stirn. Um die Wangen zu markieren gibt es das Vorbild der „roten Bäckchen“, welches von den Kindern gerne als Gebrauchsmuster übernommen wird. Für die Stirn gibt es allerdings kein eigenes Zeichen, was dazu führt, dass bis in die Pubertät hinein die Gesichtspartie über den Augenbrauen **beim Zeichnen ohne beobachtetes Modell** weitgehend ignoriert wird; die Augen werden sehr hoch im Gesicht, nahe bei der Haargrenze, platziert. (s. auch Abb. 335). Hinzu kommt freilich der visuelle Anblick, den die Erwachsenen den Kindern, die sie von unten her anschauen, immer schon geboten haben: eine Kinn-betonte Erscheinung, bei der der Haarkranz über der Stirn die Höhe des Schädels überhaupt verschwinden und die Stirn in der Verkürzung niedriger wirken lässt.

Wenn es aber zu dem landläufig akzeptierten „Gesicht" gekommen ist, wird in der Regel nachstehende Ordnung beachtet:
Es wird zwischen Unten und Oben unterschieden und die Symmetrie von Rechts und Links eingehalten – mit den üblichen Abweichungen bei „handschriftlicher" Ausführung.
Manche der weiteren Verfeinerungen der Gesichtsdarstellungen kommen oftmals nur als Zutaten vor, die keinen besonderen Entwicklungsschritt bedeuten. In anderen Veränderungen der Gesichtsdarstellung, wie der seitlichen Wendung des Kopfes und der Profilbildung, drücken sich jedoch gänzlich neue Sichtweisen des Kindes aus, die später erörtert werden.
Bevor die Kinder Menschen zeichnen, die sich zur Seite wenden, wird der Kopf ausschließlich als „Gesicht" mit seiner Umrandung aus Haaren (und Ohren) hergestellt.
Der Schädelteil des Kopfes selbst interessiert noch nicht, weil die wichtigen kommunikativen Informationen zur Interaktion von Mensch zu Mensch vom Gesicht und dessen Mienenspiel ausgehen. Kinder zeichnen zunächst aber nicht das Mienenspiel, sondern lediglich die Teile, von denen der Gesichtsausdruck ausgeht, vor allem die „Augenpartie" und erst danach die „Mund"- und „Nasenpartie".

Abb. 206 a + b

der porträtierte Großvater   Junge 8 J 1 M   die lesende Großmutter

Die beiden Großeltern wurden schnell hintereinander und in kurzer Zeit „nach der Natur" (mit beobachteter Stirn) gezeichnet, als würden sie „nach dem Diktat der Augen auf das Blatt geschrieben". Jede Einzelheit wird vor der „Nierderschrift" kurz – aber scharf – in den Blick genommen und hinsichtlich ihrer Besonderheit wahrgenommen. Zugrunde liegt jeweils das Rund der Gesichtsfläche, in welche Augen, Mund und Nase eingetragen wurden. Diese konzentrieren sich in der Mitte der Gesichtsachse. Um das „ganze Gesicht" in den Blick zu bekommen, lässt der Zeichner seine „Modelle" den Kopf wenden, um beispielsweise den genau registrierten Weg der Barthaare von der Umrahmung des Mundes bis zu den Ohren auf beiden Wangen zu verfolgen. Aber der Bart bleibt **im** Gesicht – im Unterschied zu den Frisuren, die eher „traditionsgemäß als Haare **auf** dem Kopf" diesen **umrahmen** – bis auf den ermittelten Pony, der von der Kopfgrenze ins Gesicht fällt. Bei der lesenden Oma ist wegen des gesenkten Kopfes der Hals nicht zu sehen.

Ausdrucksgestalten der Gesichtsdarstellung der Mund – das „Lächeln"

Die weitere Entwicklung der Gesichtsdarstellung verläuft naturgemäß unter denselben Bedingungen wie die künftigen Bemühungen um die übrigen Gegenstandsbereiche, denen sich das Kind zuwendet.
Die **Namens**gebung für die Markierungen, mit denen das Kind seinen „Kopffüßler" ausstattete, führt spätestens beim Übergang von der Eingliedrigkeit zur Zweigliedrigkeit zu einer **Formel**bildung für Kopf und Gesicht: zwei „Augen", vielleicht Augenbrauen, eine Nase mit oder ohne Spitze, Flügel, Löcher usw., ein Mund mit oder ohne Differenzierung der Lippen, usw.

Abbildung 207

Die Darstellung des Kopfes ist identisch mit der Darstellung eines „Gesichts", welches von Zeichen für „Haare" und (gegebenenfalls) für Ohren umrahmt ist. Die erworbene Grund-Formel ist sehr einfach: sie umfasst die blickenden Augen sowie Nase und Mund, die als etwa gleich lange gerade Striche senkrecht bzw. waagerecht symmetrisch ins „Gesichtsrund" gesetzt werden. Die Mitte des senkrechten Nasenstrichs befindet sich auf der Höhe der Augen, was auf den Ursprung dieser Linie als Nachahmung der Bewegung von JA-bedeutendem Kopfnicken verweist. Die Form einer an den Enden nach oben gegezogenen Kurve tritt recht früh als eine **Wandlung des geradlinigen Mundstriches** auf, die als **„lächelnder Mund"** („smily") gedeutet wird. Das Darstellen eines Lächelns würde bedeuten, dass das Kind nicht nur einen **Gegenstand** (den Mund) zeichnen würde, sondern dass es auch einer **seelischen Regung** Gestalt gäbe, die sich in der Schilderung von **Mimik** äußern könnte. Kindern im fünften und sechsten Lebensjahr wird in der Fachliteratur eine originäre Gestaltungsfähigkeit in dieser Richtung abgesprochen. Deshalb ist zu fragen, wie es zu diesem verbreiteten Auftreten eines „lächelnden Mundes" kommt.
Zweifellos werden die Kinder von allen Seiten darin bestärkt, Münder auf diese Weise zu zeichnen, weil in dieser Form so etwas wie Freude und Optimismus zum Vorschein kommt. Die Kinder **lernen**, dass Erwachsene diese **Formel** der Munddarstellung mit dem Lächeln identifizieren und sie deshalb mögen. Lob und Anerkennung fördern die Wieder-

holung der gefundenen Form(el) des „lächelnden Mundes“ – zumindest werden Kinder dafür nicht gerügt. Trotzdem beruht die Deutung dieser Form auf einem Missverständnis. Denn nicht immer muss der kurvige Strich einen „lächelnden Mund“ bedeuten – weil er regelmäßig auch bei Gelegenheiten auftritt, wo von freudiger Regung keine Rede sein kann. So weint auf Abbildung **208**ein fünfjähriges Kind über einen Hund, der seine unhygienischen Spuren im Sandkasten des Spielplatzes **hinterlässt**. Die Empörung des Kindes machtlosen drückt sich in der **Form von Sachen** aus, nämlich in **Tränen**, wohingegen der Mund, aufgrund seiner Linienführung, zu lachen **scheint**.

Der angeblich „lächelnde Mund“ tritt unabhängig davon auf, ob einer dargestellten Person zum Lachen oder zum Weinen zumute ist.

Abbildung 208

Wenn also der Widerspruch zwischen den Tränen einerseits und der „lächelnden“ Mundpartie andererseits aufgelöst werden soll, muss der Grund für die Krümmung der Mundlinie woanders gesucht werden. Eine von mehreren zu erörternden Ursachen, die alle zusammenwirken dürften, könnte mit folgender Überlegung erklärt werden:

Die **kurvigen** Linien waren für das Kind bisher fast immer solche Linien, die die **Abgrenzungen von Innerem zu Äußerem** zu bewirken hatten. Diese Eigenschaft, ge**rundet** zu sein, hat auch die Mundlinie, obwohl sie nicht in sich geschlossen sein muss. – Der Lippenspalt, der das Bild des Mundes im Gesicht erzeugt, bildet eine solche Grenze von Innen und Außen. Der Mund verschließt/öffnet den Zugang zum körperlichen Inneren des Menschen.

In der Gegenüberstellung der Abb. **209 a** und **b** findet man eines von vielen Beispielen dafür, wie mit der Rundung der Mundlinie „Bezug auf Inneres“ genommen wird. Der Kopf (Ausschnitt aus einer Zeichnung) stammt von einem etwa siebenjährigen Mädchen, „abgezeichnet“ aus einem Modekatalog von 1976. Das Kind entnimmt der Vorlage **nicht die Formen** des visuellen Aussehens der Person, sondern deren Gegenständlichkeit, also das Gesicht mit den **Sachen**, die dort vorfindbar sind: die Locken, die Augen mit ihren Wimpern, die Nase mit ihren Nasenlöchern bzw. Nasenflügeln. Die **sachhafte** Darstellung der Augen führt auf diesem Beispiel zu einer bemerkbaren **Blick-Losigkeit**.

Figur 209 a Abbildung 209 b

Die in einer Sachgrenze geformte „Nase auf Augenhöhe" schließt an alte Darstellungsweisen an. Die Ohrclips werden auf gleicher Höhe mit den Augen als „komplette Sachen" dargestellt, nämlich als tellerförmige Schmuckplatten mit je einer Perle darauf und sodann mit Stielen, an deren Enden sich die Gegendruckflächen befinden. Der Schal schließt das Gesicht nach unten ab. Der Mund wird durch seine Umrandung ebenfalls als eine Sache gezeichnet. Der „Oberlippenstrich" verläuft gerade, der „Unterlippenstrich" ist auf dieselbe Weise gekrümmt wie sonst die „lächelnden Münder". Die „Zähne" des Oberkiefers werden, entgegen dem Vorbild, **an die gekrümmte Unter**lippe gezeichnet. Dieser Umstand, der mit vielen anderen Kinderzeichnungen zu belegen ist, erklärt, dass die Zähne, die **zum Inneren** des Mundes gehören, jener (Unterlippen)-Linie zugeordnet werden, die ihrerseits durch ihre Bogenform auf die Unterscheidung von Innen und Außen besonders bezogen ist.
Die Kinder stützen sich auch auf aktuelle neuere Erfahrungen, die sie im Umgang mit ihrem **eigenen** Gesicht (und Gebiss) gewinnen, wodurch der gerundete Mundstrich zum Ausdruck einer neu entdeckten Erfahrung aufrückt. Denn noch immer erspüren die Kinder mit umgreifenden Gesten das Innere einer Gestalt an dessen äußerer Grenze durch die Bewegungen ihrer Arme, Hände und Finger. So ist es folgerichtig, auch die Rundung der Mundlinie als Protokoll eines greifend-umfahrenden Gestus der Hand zu deuten.

Figuren 210

Bei genauerem Beobachten der Formen, welche die Kinder den Mundlinien verleihen, fällt auf, dass ihr Verlauf sehr häufig und sehr genau an der unteren Kontur des Gesichtes (an der Kinnlinie) ausgerichtet ist – wie die Figuren **210**. Diese Erscheinung tritt vor allem **beim Übergang** von der geraden zur gebogenen Mundlinie auf, wenn das Kind die **neue Form** vor seiner bisherigen Darstellungsweise **noch rechtfertigen** muss. Später werden diese Linien dann formelhaft und routinemäßig ohne Rücksicht auf die untere Begrenzung des Gesichts „einfach rund" gezeichnet – sie gehören dann zum „Machen-Können".

Der „lächelnde Mund“ – der vom Ursprung her **keiner** ist – erscheint bei den Kindern in einem Alter, in dem sie mit ihren Händen im Mund ohne tadelnde Beeinträchtigung durch Erwachsene hantieren dürfen. Nachdem den kleineren Kindern mit Mühe abgewöhnt wurde, den Daumen oder die Finger in den Mund zu stecken, können sie sich zur Zeit des Zahnwechsels an ihren „Wackelzähnen“ ohne Behelligung zu schaffen machen, wobei sie nun mit ihren Handbewegungen und Handgefühlen die Parallelität der Kinnlinie mit der Mundlinie zu spüren bekommen.

Abbildung 211 Junge 7 J

Da in neuerer Zeit die Kinder schon im Kindergarten, also bereits zwei Jahre vor dem Beginn des Zahnwechsels, zu absichtsvoller Zahnpflege angehalten werden, tritt die Erscheinung des „lächelnden Mundes“ – fast erwartungsgemäß – entsprechend früher auf. So wird konkrete Tätigkeitserfahrung am eigenen Leibe (mit den Zahnbürsten-führenden Hand- und Armbewegungen) als zeichnerischer Gestus vergegenwärtigend protokolliert.

Eine durch den Religionsunterricht angeregte Zeichnung einer tödlichen Folterszene, nämlich der Kreuzigung Jesu, belegt – ebenso wie viele andere (unbeeinflusste) kindliche Darstellungen aus der Passionsgeschichte – dass die nach oben gebogene Mundlinie keinesfalls grundsätzlich als mimischer Ausdruck einer erfreulichen seelischen Regung aufzufassen ist, weil eine solche Darstellung völlig unpassend wäre. Die Ursache muss andere Gründe haben (Abbildung **211**).

Es gibt noch viele andere Mundgestaltungen, z. B. solche, bei denen die Lippen durch Umgrenzungen dargestellt werden; Zähne in mancherlei Formen können dem Mund-Inneren eingefügt werden; gelegentlich wird eine herausgestreckte Zunge gezeichnet. Derartige Differenzierungen bedeuten jedoch keine aufklärungsbedürftigen Fortschritte in der Entwicklung der Kinderzeichnung. Für die psychotherapeutische Diagnostik kann es interessant sein, ob und welche Gestalt mit Zähnen im Mund „bewehrt“ ist, und ob diese beim Lachen zum Vorschein kommen oder aber zu beißen drohen.

Figur 212

Bei einer Betrachtung der nebenstehenden Zeitungsanzeige mit lauter „glücklichen Bausparern“, deren „lächelnde Münder“ in roter Farbe gedruckt wurden, sagt ein fünfjähriges Mädchen über das Gesicht unterhalb des (eingefügten) schwarzen Pfeils: „der ist sauer, das sieht man an den Augen“ (bzw. an deren Umgebung im Gesicht). Abgesehen davon, dass Kindern die Stimmungslage der Umwelt vorrangig akustisch bekundet wird, hat die Augenpartie eine größere Beständigkeit in ihrem Ausdruck als die Mundpartie, weil diese sich durch das Sprechen dauernd ändert.

Das Gegenteil des „lächelnden Mundes“ ist das Gesicht des „Miesepeters“ mit herabhängenden Mundwinkeln. Diese „Leidensgestalt des Mundes“ ist ebenfalls eine Wendung, die als Gegensatz-Formel zum lächelnden Mund **leicht gelernt** werden kann. Auf Abb. **213** wird ein weinendes Kind von einem anderen getröstet. Sein Mund erscheint in der „Formel“ der Trauer, doch über die Formel hinaus drücken Tränenströme den Jammer aus.

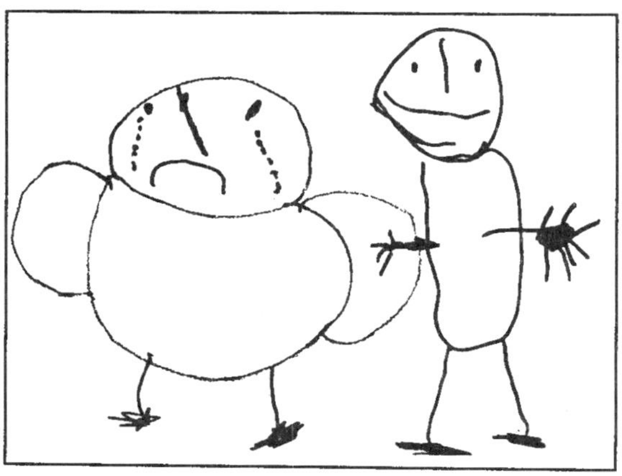

Abbildung 213 „Trösten“ Mädchen 5 J 2 M

Das tröstende Kind kommt ihm mit „mitfühlender“ Hand entgegen. Die eigentliche ver gegenwärtigende Leistung der Zeichnerin besteht in den beiden Linien, mit denen sie jedes der Gesichter **zusätzlich** ausstattet. Sie versieht das Gesicht der Trösterin mit einer **weiteren Mundlinie** am Rande des Gesichts, dem weinenden Kind zugewandt, und gibt so den tröstenden Worten eine zeichnerische Form: sie lässt den Mund in Richtung des Kindes tun, was er tun kann, nämlich sprechen. Diese Linie ist kein Zufall, denn ihr entspricht die **korrigierte Nasenlinie** des weinenden Kindes, die zuerst als kurze Markierung auf der Mittelachse zwischen den Augen verlief und sich nun besonders lang der Trösterin zuneigt; sie wendet sich, vom oberen An-satz aus nach unten, der Trösterin entgegen.

Ausdrucksgestalten der Gesichtsdarstellung – die Nase

In dem Zeitraum, in dem die Umwandlung eindimensionaler Bewegungslinien für Arm- und Bein**tätigkeit** in zweidimensionale, umgrenzte **Gliedmaßen** erfolgt, können auch die Kennzeichen des Gesichts schrittweise **in die Gestalt organhafter Körperlichkeit überführt** werden. Die Augen, die Nase und der Mund können nun nach und nach als anfassbare Dinge mit eigenen Grenzen auftreten, wie dies in Abb. 209 b schon ersichtlich wurde.

Die zeichnerische Bildung der Nase von vorn ist auf viele Arten möglich. Das bedeutet: es gibt keine Patentlösung. **Die „frontale Nase" ist überhaupt eine bildnerische Problemzone**. Demzufolge gibt es viele unterschiedliche Arten, in denen Kinder (und Künstler) Nasen zeichnen, wenn sie über den einfachen senkrechten Nasenstrich hinausgehen. Der einfache senkrechte Strich kann mindestens zwei Bedeutungen haben. Erstens könnte er die ursprüngliche ich-bejahende Bewegungslinie meinen, zweitens aber schlicht ein übernommenes, konventionelles Zeichen innerhalb eines kompletten Gesichts sein, bei dem eine Nase nicht vergessen werden darf.
Wenn den Kindern keine Formeln zur Nasengestaltung angeboten werden, haben sie die Chance, aufgrund eigener Erfahrungen und in stetiger Auseinandersetzung immer mehr Erkenntnisse und Fähigkeiten im Hinblick auf die Nase **und ganz allgemein in körperhafter Darstellung** zu erlangen. Auch die scheinbar groteskesten Nasenbildungen sind, **bei eigenständiger kindlicher Ausformung**, jeglicher Formel vorzuziehen. Denn eine zeichenhafte Formel würde die Problemfülle, der sich Kinder (und Künstler) gegenübersehen, vielleicht mit einem einzigen Strich beiseiteschieben. Damit würden die Chancen verpasst, die in den vielen Gestaltungsmöglichkeiten liegen, von denen die annähernd 40 Beispiele, die angeführt werden, eine Auswahl darstellen. Dies ist eine **Auswahl der Prinzipien**, unter denen Nasen gezeichnet werden können, **ohne** über die **konkrete Nase** selbst etwas mitzuteilen, nämlich, ob sie lang oder kurz, gerade oder hakenförmig, schief, dick, knollig oder sonstwie gewachsen ist.
Die Nase bringt sich einerseits gebieterisch als höchst eigenständige **körperhafte Gestalt im Gesicht** zur Geltung, andererseits sind einige ihrer **Grenzen,** namentlich **im Übergang** zu den seitlich liegenden Wangen, **nicht genau zu bestimmen**. Deshalb ist jede **visuell bestimmte** Nasendarstellung auf der Fläche durch die Kombination oder die Alternativen von grenzen**bildenden,** grenzen**verwischenden oder** grenzen**auslassenden** Gestaltungsarten gekennzeichnet.

Für Kinder – **wenn** sie visuell orientiert zeichnen sollen oder wollen – ergeben sich hier ähnliche Probleme wie bei der Darstellung der Hose als einem Bekleidungsstück für männliche Personen – dort sollten **zwei Sach-**Aspekte, der Bauchteil und die Beinteile, mit ihren unterschiedlichen Funktionen in **eine** Ganzheit gefügt werden, und hier sollen auf einen einzigen Gegenstand die **gegensätzlichen** Gestaltungsweisen der **Grenzziehung** sowie der **grenzvermeidenden** Sachherstellung angewandt werden.
Nachfolgend werden Nasenformen beispielhaft aufgeführt, wobei es zu erkennen gilt, dass jede von ihnen, wenn sie vom Kind selbst „erfunden" wurde, einen Aspekt von Richtigkeit an sich hat, auch wenn sie nicht einer von den Erwachsenen erwarteten (visuellen) Formulierung entspricht.
Dem Bedürfnis des Kindes nach Klärung entspricht **das Ziehen von Grenzen**, die entweder zu **tasten**, oder als Konturen zu **sehen**, oder – weil unsichtbar – zu **schaffen** sind. Die grenzlosen Übergänge werden entweder im Vorgang des Weglassens von Grenzlinien „**gestaltet**", oder aber sie werden durch Grenzlinien „**geschaffen**".
Für jede der hier zitierten Nasenformen soll **der vom Kind thematisierte richtige Aspekt** gezeigt werden, welcher gerade dann sichtbar wird, wenn sich das Kind nicht der konventionellen Formeln bedient.
Die Beispiele geben weder in ihrer Auswahl noch in ihrer Reihenfolge den Ablauf einer Entwicklung wieder. Der Reichtum des Nasen-Darstellungsproblems mit seinen unterschiedlichen Lösungsmöglichkeiten lässt viele Proben zu, die vom Interesse des Kindes geleitet sind.

Wie die Beispiele zeigen, gibt es viele Möglichkeiten, die Nase gültig dem Gesicht einzufügen. In den meisten Fällen hat sich das Kind „etwas dabei gedacht" und nicht einfach eine zeichenhafte Formel eingesetzt, die deshalb mit seiner „Nasenerfahrung" keinen Erlebniszusammenhang hat.
Die Figuren wurden so zahlreich und so eingehend behandelt, um zu zeigen, wie vernünftig die Kinder ihre Nasen machen und dass zu einer Kritik erst dann die Berechtigung gegeben ist, wenn der Erwachsene weiß, was das Kind wirklich an Richtigem gemeint hat. Jedes Kind erlebt Nasen auf andere Weise und geht von anderen Anlässen aus, je nach dem, mit welchem **echten** Problem es gerade befasst ist.

Figur NF 214

(NF = „NasenForm")

Der senkrechte Strich zwischen den Augen ist die bekannte und ausgiebig besprochene früheste Darstellungsform, die sich auf die „Ich"-Achse bezieht und aus der bejahenden Bewegung des Kopfes hervorgeht.

Figur NF 215

In dieser häufig anzutreffenden Gestalt scheint die Bewegung zum Stillstand gekommen zu sein; unübersehsehbar ist aber die Abhängigkeit der Lage von der Orientierung an den Augen.

Figur NF 216

Diese Form könnte von der Nasenfigur (NF 224) abhängig sein. Dort zeigt der untere waagerechte Schenkel des Nasenwinkels gebietend „immer der Nase nach" in die Richtung, in die sich das Gesicht – und damit der Mensch – drehen soll. Allerdings könnte auch die NF 225 mit dem isoliert erfahrenen Nasenprofil mit-ursächlich sein. Eine Schattenbildung unter der Nase wäre für Kinderzeichnungen untypisch, da der Schatten keine anfassbare Sache ist. Allerdings können immer viele verschiedene (sinnvolle und sinnferne) Faktoren in einer Zeichnung zusammenwirken.

Figur NF 217

Bei dieser Zeichnung wird durch die Kürze der senkrechten Nasenlinie zusätzlich auf den **Ort** der Nase „mitten" im Gesicht hingewiesen, worauf besonders die NF 228 und NF 257 spezialisiert sind. Ansonsten gelten die Bemerkungen zu NF 216.

Figur NF 218

Die Nasenlinie wird gezeichnet, als würde das Kind ihren Verlauf von oben nach unten protokollieren, indem es die Bewegungen seiner Hand beim Abtasten von der Nasenwurzel bis unter die Nasenspitze mit dem Zeichenstift wiederholt.

Figur NF 219

Der ursprüngliche einfache Nasenstrich wird am unteren Ende mit einer umgrenzenden Kreislinie ausgestattet, die ein **Ding** meint, nämlich die angefasste Nasenspitze; letztere ist ja auch jenes bewegte herausragende Element, das im bejahenden Kopfnicken den senkrechten Strich als Bewegungsspur erzeugte.

Figur NF 220

Der ursprüngliche einfache Nasenstrich wird am unteren Ende von zwei Bögen abgeschlossen, welche die Nasenflügel umschreiben dürften.

Figur NF 221

Rechts und links des durchgehenden senkrechten Nasenstrichs wird je ein Nasenloch gezeichnet; Nasenlöcher sind wichtigere Orte im Gesicht als die sie einrahmenden Nasenflügel.

Figur NF 222

Rechts und links des durchgehenden senkrechten Nasenstrichs wird je ein Bogen als Hinweis auf die Nasenflügel gezeichnet; damit wird nicht nur auf die Länge der Nase, sondern auch auf deren Breite hingewiesen.

Figur NF 223

Die Rundlinie gibt zu verstehen, dass die Nase ein eigener Gegenstand in der Mitte des Gesichts ist, der allerdings zur Stirn und zu den Seiten hin nicht scharf begrenzt ist. Diese Linie hat aber auch etwas Formelhaftes an sich, als wolle das Kind das Problem mit dieser Wendung erledigen und nicht die Ausführlichkeit walten lassen, wie sie in NF 236 vorliegt.

Figur NF 224

Die Nase erhält am unteren Ende einen zur Seite führenden Querstrich als Anweisung, dass sich dieses Gesicht und damit dieser „Mensch" zur Seite wenden soll. Mit solchen gebieterischen Gesten veranlassen manche Kinder ihre Gestalten, sich anderen Gegenständen oder Personen auf ihrem Bild zuzuwenden. Damit beginnen die Kinder das Stadium zu verlassen, in dem ausschließlich sie selbst von ihren Geschöpfen angeblickt sein wollen. Der waagerechte Schenkel des Winkels weist, wie dies schon bei den „Armlinien“ aufgezeigt wurde, in die Richtung, in der sich das Kind der Welt zuwendet. In der weiteren Verfolgung der Zuwendungsthematik wird die Profilzeichnung entstehen. – Auf Abb. 211 wendet sich der gekreuzigte Jesus dem „guten Schächer“ an seiner rechten Seite zu, was sich auch dort im geknickten Verlauf der Nasenlinie äußert.

Figur NF 225

Der aus der senkrechten Mittelachse nach der Seite weisende Winkelschenkel charakterisiert die Nase als profiliertes Gebilde, das aus dem wirklichen Gesicht hervorragt. Auch wenn es so aussieht, als wäre die Nase „zur Seite geklappt“, wird dem Kind kein so unsinniges Gebaren wie ein „Umklappen“ unterstellt; auch entspricht diese Darstellung nicht einem „Trick“ des Kindes. Vielmehr ragt dieser Winkel aus der imaginären „Ich-Linie“, die in der Mittelachse gegeben ist, heraus, und es kommt eine Hinwendung zur Welt zustande, zu jener Welt, die sich, im Gegensatz zur ich-betonten Senkrechten, in die waagerechte Breite entfaltet.

Figur NF 226

In dieser Figur treten die Merkmale, die bei der NF 225 besprochen wurden, in verstärktem Maß auf – vielleicht verbunden mit jenem „Schwung“, den das gegenwärtige Können und die Routine mit sich bringt.

Figur NF 227

Mit diesem langgezogenen „Oval“ wird die Nase eingegrenzt und damit als ein anfassbares **Ding** in das Gesicht hineingebracht. Mit der Erstreckung von oben nach unten nimmt die Figur Bezug auf ihren Vorgänger, der ein längerer Richtungsstrich gewesen war. Das Neue an dieser Ausführung ist die körperliche Sachhaftigkeit, welche die Nase nun **in dem Gesicht** erscheinen lässt. Offenbar meint aber das Kind mit der umgrenzten Nasengestalt keine „Innereien“. Zu einem Zeitpunkt, zu dem die Fähigkeit zur „Bedeckung“ der Menschengestalt von und mit Kleidungsstücken noch nicht vorhanden sein muss, kann sich das Kind beim Gesicht auf konkrete tastbare Gegenstands-Erfahrungen beziehen, wie dies beim „lächelnden Mund“ ausgeführt wurde. Die Umrandung der in die Tiefe führenden Mundöffnung als Grenzziehung vom Außen zum Innen macht es dem Kind leicht, die Nase als herauskommende Form ebenfalls abzugrenzen. – Nicht alle Kinder kommen (von selbst) zu dieser körperhaften Nasenform. Manche werden sie von Bildern anderer Kinder übernehmen, wenn sie darin Sinn erkennen. Sinn wird von den Kindern dann erspürt, wenn sich die neue Form an möglichst viele der schon vorhandenen eigenen Errungenschaften anschließen kann.

Figur NF 228

Hier gilt vieles von dem, was zur NF 227 ausgeführt wurde. Die spezielle Darstellung rückt die Nase vor allem mitten ins Gesicht. Die kreisrunde Begrenzung betont das körperhaft Anfassbare und lässt die Erinnerung an den Richtungsstrich vergessen.

Figur NF 229

Es gilt dasselbe wie für die vorangegangenen Figuren, nur dass hier die eigens markierte Nasenspitze mit der Gesichtsmitte ausdrücklich gleichgesetzt wird.

Figur NF 230

Bei dieser Figur wird die Nase um die Nasenlöcher bereichert. Zwar sieht sie wegen ihrer Ähnlichkeit mit der Formel für Schweineschnauzen grotesk aus – das Kind meint aber ganz ernsthaft die Nase und fragt nicht nach der optischen Erscheinung. Es wäre falsch, sich dieser Zeichnung gegenüber abschätzig oder gar ironisch zu verhalten, weil man dann die Ernsthaftigkeit des Kindes und seine Leistung infrage stellt und es auf diese Weise um die Motivation zu eigener Weltgestaltung bringt.

Figur NF 231

Auch hier wird die Körperhaftigkeit durch Grenzziehung bewirkt. Die Nase wird mit einem von oben kommenden Bogen eingerahmt und unten mit einer waagerechten Sehne abgeschlossen. Davon, dass die Umgrenzung von Gegenständen in früheren Entwicklungsphasen sehr häufig nach dem Muster der Verschließung einer Bogenlinie durch einen Sehnenstrich erfolgt, ist hier die Anwendung besonders sinnvoll: Die Nase ist nach oben hin mit einer Grenzgestalt geschlossen, wohingegen sie nach unten hin einerseits offen, andererseits aber dort „zu Ende“ ist. So nimmt die Endlinie Bezug auf den Mundstrich.

Figur NF 232

Hier wird das Motiv der NF 227 um die beiden seitlichen Nasenlöcher bereichert. Die geschlossenen Linien, die die Teile der Nase umgrenzen, bezeichnen sowohl den nach außen ragenden Nasenrücken als auch die nach innen weisenden Nasenlöcher.

Figur NF 233

Die Kombination von körperhafter Nasenspitze in der Mitte des Gesichts, von den Nasenlöchern umgeben, kommt trotz der Unähnlichkeit mit dem Anblick einer normalen Physiognomie nicht selten vor. Die Herkunft der Formen ergibt sich nicht aus der visuellen Erscheinung der Dinge, sondern aus dem handelnden Umgang mit ihnen. Der handelnde Umgang mit den Nasenlöchern liegt jedenfalls näher, als dass die Kinder den Ausdruck „Nasenflügel“ verstehen würden; denn die Logik des Kindes würde fragen: können Nasen fliegen?

Figur NF 234

Für das Kind hat diese Nase nicht das geringste mit einem Herzen zu tun. Die Form ist ernst gemeint und artikuliert Erlebnisse mit seiner Nase, welche nach oben mehr oder weniger spitz zuläuft und sich nach unten zu den Seiten hin doppelt entfaltet. Jedes Kind findet seinen eigenen Weg, Teilerkenntnisse über die Gegenstände der Welt nach und nach zu vervollständigen. Die vorläufige Unvollständigkeit des gezeichneten Protokolls über alle an der Nase zu beobachtenden Eigentümlichkeiten ist kein Fehler. Das Kind wird immer mehr Einzelheiten in ihrer Zuordnung zueinander bemerken, manche davon bevorzugen und ausdrücken. Diese Nasenform hat eine gewisse Ähnlichkeit mit der Erscheinung der Untersicht einer Nase, bei der man in die Nasenlöcher hineinschauen kann.

Figur 235

Rembrandt-Zeichnung Ausschnitt „Saskia“

Ein solcher visueller Anblick dürfte nicht die eigentliche Grundlage der NF 234 sein, könnte sie aber stützen, wenn man bedenkt, dass Kinder beim Aufschauen zu den Erwachsenen deren Nase meist in dieser Untersicht erblicken.

Figur NF 236

Die Nase ist langgestreckt und hat nach unten hin eine eindeutige Endform, wohingegen sie oben offen ist und grenzlos in die Stirnpartie übergeht.

Figur NF 237

Wo die seitlichen Nasengrenzen oben an ihr Ende kommen, beginnen die Bögen der Augenbrauen. Diese werden als markante Erscheinung im Gesicht schon früh von vielen Kindern gezeichnet, so dass sich hier Anknüpfungspunkte an die neue, zusammenfassende Form ergeben. Die einfache und wirkungsvolle Gestalt prägt sich dem Kind leicht ein und kann so auch als Formel übernommen werden.

Figur NF 238

Gegenüber der vorigen Figur wird der untere Teil der Nase differenziert, indem die Nasenlöcher als Ausbuchtungen in die Grenzlinie einbezogen werden.

Figur NF 239

Die Nase endet hier mit einer abrundenden Kurve, die deren Verdickung am unteren Ende eigens nachempfindet. Die Nasenlochpunkte führen in die Nase hinein.

Figur NF 240

In diesem Fall wird die Nasenspitze „wörtlich" genommen und von zwei Nasenlochpunkten beiseitig begleitet. Bei der Selbstbeobachtung – schielend am eigenen Gesicht herunterblickend – geht die Nase von den Augen weg und läuft auf die Spitze zu. Auf dem Blatt zeigt die Spitze auf den Zeichner.

Figur NF 241

Die Verbindung von Augenbraue und Nasenseite wird schwungvoll zu einer eigenständigen Liniengestalt gemacht. Die Unterseite der Nase wird ebenfalls schwungvoll dreiteilig gegliedert – wie die Oberkante der Oberlippe.

Figur NF 242

Auf den ersten Blick vermittelt diese Verbindung **einer** Augenbraue mit dem senkrechten Nasenstrich den Eindruck einer Schattenkante. Schatten treten im Zusammenhang mit Licht auf und sind insofern Ereignisse, die nur **gesehen** werden können. Der Schatten ist aber kein **Merkmal des Gegenstandes**. Mit dieser Darstellungsweise wird das eingangs geschilderte Problem umgangen, dass die Nase **als Gegenstand** unscharf zu den Seiten hin abgegrenzt ist. So erscheint die eine Seite als beschatteter Nasenrücken, indessen die andere Seite der Nase grenzlos in die Wange übergeht. Diese visuell bestimmte Formulierung nimmt möglicherweise ihren Ausgang von Erfahrungen, die zur NF 225 geführt haben. Sie ist eindrucksvoll, ist an vielen gegenständlichen Darstellungen (vor allem auch an Fotos) aufzufinden und als spätere Formel leicht zu übernehmen.

Figur NF 243

Die Dinghaftigkeit der Gegenstände wird durch ihre entschiedene Grenzgestaltung stark betont – hier mit einer Dreiecksform für die Nase, welche an ihrer Wurzel oben eng beginnt und sich nach unten hin verbreitert.

Figur NF 244

Wie NF 215 steht auch diese Nasengestalt nicht selten „zwischen" den Augen. Damit wird in etwa jener visuelle Eindruck wiedergegeben, den das Kind hat, wenn es nach innen schielend auf seine eigene Nase schaut.

Figur NF 245

Zur Unterscheidung vom Gesicht wird der Fläche, welche die Nase darstellt, eine eigene Farbe verliehen.

Figur NF 246

Nasenlöcher werden angefügt und sind als Anzeichen dafür zu nehmen, dass sie **von unten her** erreichbar sind.

Figur NF 247

Die Nasenlöcher befinden sich **in** der Nase bzw. sind sie Teile von ihr.

Figur NF 248

In diesem Nasendreieck kommt nicht nur die Verjüngung der Nasenbreite nach oben zur Erscheinung, sondern – nach unten – auch die Nasenspitze, flankiert von zwei Nasen**flügeln**. In der hier vorliegenden geometrisierenden Ausführung fehlt nämlich den kleinen Seitendreiecken „das Runde", welches „Löcher" charakterisieren würde.

Figur NF 249
Die Nase „geht nach oben zu und nach unten auf". Diese Art ist nicht sonderlich differenziert, jedoch nicht falsch.

Figur NF 250
Die Dinghaftigkeit wird durch ihre entschiedene Grenzgestaltung betont – hier mit einer Dreiecksform für die Nase (NF 240 ähnlich), deren Ort in der Mitte des Gesichts liegt. Eine denkbare Grundlage für diese Fasson könnte sein, dass das Kind die Nase zeichnet, wie es sie bei der Selbstbeobachtung (am eigenen Gesicht herunterschielend) nach vorn gerichtet – und beim Zeichnen auf dem Blatt auf sich selbst zukommend - sieht.

Figur NF 251
Die Kreisform weist auf die Nasenspitze als Mittelpunkt des Gesichts hin. Wie bei der NF249 wird die Nase nach unten breiter und ist dort zugleich „offen". Nach oben wird die Nase schmaler, geht aber am Ende grenzlos ins Gesicht (in die Stirn) über.

Figur NF 252
Die prinzipielle Ähnlichkeit mit der NF 251 ist unübersehbar, wenngleich mit zwei Nasenlöchern und mit mehr Schwung gezeichnet.

Figur NF 253
Die Erfahrungen, auf denen diese Gesichtsgestalt aufbauen könnte, scheinen eher in Bildvorlagen gefunden werden denn in der handgreiflichen Wirklichkeit des Kindes.

Figur NF 254
Die zweiflüglige Nase ist mit zwei Nasenlöchern nach unten offen.

Figur NF 255
Die Nase ist mitten im Gesicht und von unten her offen.

Figur NF 256
Wenn man der Bewegungslinie des Zeigefingers folgt, der zum Gesicht greift und dann von links und von der Oberlippenhöhe aus den Gestus vollzieht, wie die Nase aus dem Gesicht herausspringt und doch im Gesicht verankert bleibt, kann diese dynamische Gestalt als Wiedergabe einer Handlungsgebärde verstanden werden, die zwar nur wenig mit der optischen Erscheinung einer Nase zu tun hat, wohl aber auf einer gestischen Wirklichkeitserfahrung beruht.

Figur NF 257
Der Punkt in der Mitte des Gesichts deckt sich mit der Nasenspitze. Die Nase erscheint hier vor allem als **Ort**, an dem sich „ihr wichtigster Teil", die Spitze, zeigt. Wenn diese Erkenntnis für das Kind neu und wichtig ist, ist nichts gegen diese vorübergehende Nasenformulierung einzuwenden. Auf die Dauer ist der „Mittel**punkt** im Gesicht" eine ungeeignete Form für die Nase.

Figur NF 258
Der liegende Doppelpunkt zur Darstellung der Nase ist eine weitverbreitete Formel, welche die Erwachsenen gebrauchen, um eine „starke Form" im Gesicht zu vermeiden bzw. um dem Gesicht einen weichen weiblichen oder kindlichen Ausdruck zu verleihen. Schon bei der Abbildung 163 wurde darauf hingewiesen, dass das Mädchen bei seinem Selbstbildnis die Nase weglässt gemäß der Neigung, in weiblichen Gesichtern die Nase zu ignorieren; in der Wirklichkeit des täglichen Lebens wird sie gelegentlich „weggepudert".

Ausdrucksgestalten der Gesichtsdarstellung – die Augen und ihr Umfeld – der Blick –

Die **Augen** gehören zum **Gesicht** – der **Blick** gehört zum **Menschen**. Das Gesicht ist mit Augen ausgestattet – der Blick charakterisiert das Lebendig-Sein des (beim Zeichnen „erschaffenen") Lebewesens.

Zur aufwendigeren Darstellung der Augen werden der ursprünglichen punkt-, fleck- oder rahmenartigen Markierung weitere Merkmale hinzugefügt; diese können in ihrer Form immer mehr dem wachsenden kindlichen Verständnis bezüglich der Augenform angepasst werden. Schließlich wird die **Augenpartie** für sich in ihrem eigenen Bezugsrahmen beurteilt und dann der Gesichtsfläche insgesamt eingeordnet.

Am Ende der Kindheit, wenn die Kinderzeichnung „überwunden" ist, kann es sein, dass der Zeichner die Augen **nicht einfügt**, sondern ein Gesicht von der Augen**partie** her aufbaut.
Die Möglichkeiten, das Auge zu differenzieren, liegen in dessen „Bestandteilen" und in deren Formen. So kann die Pupille – unter „Mitwirkung" der Iris – als **der blickende Fleck** angesehen werden, der vom weißen Feld des (meist kreisförmigen) Augapfels umgeben ist. Die ausdrückliche Unterscheidung von Pupillen-Schwarz und Iris-Kranz erfolgt später. Der „Blick-Fleck" wird jedoch schon früh mit „Augenfarbe" versehen, häufig mit Blau. Das Weiß des Augapfels (der sichtbare Teil der Bindehaut) kann aus der Kreisform zur Mandelform zwischen Oberlid und Unterlid differenziert werden. Augenwimpern treten früh auf, besonders bei Mädchen, die ihre Mütter beim Make-up beobachten und imitieren. Mädchen haben oft Puppen mit sog. „Schlafaugen". Wenn diese Puppen aufrecht gestellt werden, „schlagen sie die Augen auf", d. h. es bewegen sich ihre wimpernbesetzten Oberlider, wohingegen die Unterlider unbeweglich sind. Daher mag es kommen, dass die so auffällig werdenden Wimpern der Oberlider (in der Regel) häufiger und früher gezeichnet werden und oft auch direkt an die „Blick-Punkte" gezeichnet werden, bevor noch das Weiß des Augapfels durch eine eigene Grenze von der Umgebung abgehoben wird. Dies hängt damit zusammen, **dass der Blick Vorrang vor der Anatomie des Auges hat**. Das Mädchen beobachtet beim Spielen mit seiner Puppe die **„Blick-Werdung der Augen"** im Aufschlag der Oberlider und spielt dieses Erlebnis auf dem Papier nach. Manche Kinder zeichnen Wimpern oberhalb und unterhalb des „Blick-Flecks" und markieren damit zugleich die mandelförmige Begrenzung der weißen Bindehaut zu den Augenlidern.
Die Augenlider werden selten gezeichnet. Allenfalls dann, wenn das Auge geschlossen sein soll, wird der Lidspalt als nach unten gebogener Strich ausgeführt, wobei er, zur Verdeutlichung der Geschlossenheit, mit Strichen für die Wimpern besetzt wird.

Diese Art der „Augen"darstellung dürfte auch von Vorbildern, etwa aus Bilderbüchern, beeinflusst sein, denn eigentlich sind **„geschlossene Augen" keine** Augen, das heißt: Sie haben **keinen Blick**.

Zum Umfeld der Augen gehören die Augenbrauen. Diese begleiten als Bögen die Kontur der Augen, zuerst als **Linien**, die die Augenbrauenbögen abtastend wiedergeben, gelegentlich aber auch gerade, wie auf Abbildung 130, wo sie schon sehr früh ein prägnantes Gesichtsmerkmal beschreiben. Später werden die Augenbrauen als eine **Haar**formation dargestellt, die sich an die Gestaltung der Wimpern anlehnt. Auch die Nasenwurzel gehört zur Augenpartie, vor allem, wenn sie, wegen der Gestaltung der Nase, im Augenbereich auftritt.

Der **Blick als Ausdrucksgestalt** ist nicht unbedingt von der Ausführlichkeit der Darstellung anatomischer Einzelheiten der Augen abhängig. So gibt es Bilder von Paul Klee (beispielsweise *Mumon als Braut*, Museum Mülheim a.d.Ruhr), bei dem zwei kleine, mehreckige dunkle Flächen im Zusammenhang mit der ganzen Gesichtsgestaltung mehr Ausdruck vermitteln als eine anatomische Augen-Darstellung in einem Fachbuch für Augenärzte. Deswegen müssen (anders als bei den „Nasen-Formen") auch nicht alle Darstellungsweisen der Augen aufgeführt werden, weil diejenigen Faktoren, die die eigentlich bedeutsame **Ausdrucksgestalt des Blickes** bestimmen, unabhängig vom Differenzierungsgrad der Einzelmerkmale entstanden sein können.

Um nur einige der Faktoren zu nennen, die meistens gemeinsam auftreten und damit die Vielzahl der Möglichkeiten vergrößern: Kleine oder große Augenflecke; hochangesetzte oder mittige Stellung des Augenpaares im Gesichtsfeld; enger oder weiterer Abstand der Augen voneinander; stehende oder liegende Ovale, wenn keine annähernd kreisrunden Formen erzeugt wurden. Oder: Augen, deren Achsen symmetrisch nach innen oder nach außen sinken usw.

Die tiefe Verankerung des Blick-Erlebnisses in den sozialen Beziehungen lässt das Kind schon sehr früh Blicke verstehen. Es unterscheidet gütige von strengen, scherzhafte von traurigen Blicken sehr wohl, weil sie ihm die Stimmungslage seiner Mitmenschen anzeigen und damit Hinweise geben, wie es sich verhalten könnte.

Zwischen dem Blick der Augen und ihrer Bedeutung gibt es unmittelbare Zusammenhänge, in denen man sich nicht verstellen kann und bei denen infolgedessen innerhalb der Kulturen eine unmissverständliche Übereinkunft waltet. Der Ausdruck dagegen, den ein von einem Kind gezeichnetes Augenpaar vermittelt, kann vom jeweiligen Betrachter völlig anders aufgefasst werden, als er vom kindlichen Urheber gemeint war. Vielleicht wollte das Kind nichts als nur **überhaupt** seinem Geschöpf einen „Blick eingeben", um dieses zu „beseelen". Jeder Betrachter sieht jedoch, von eigenen Stimmungen geleitet, was **ihn** bei einer solchen Form-Konstellation besonders anspricht – **er** sieht vielleicht den Ausdruck des Schalkhaften oder von Furcht oder der Abwendung usw.

Dass seine Gestalt „**Blick hat**" bedeutet für das Kind ebenfalls, „im Blickfeld dieser Person zu sein", evtl. sogar **Bezug zu einem Partner** zu haben. Jedenfalls werden durch ihren „Blick" diese gemalten Gefährten als lebendige Wesen bezeugt, und „Blick" meint immer zuerst jenen Blick, der dem Zeichner selbst gilt.

Was die Kinder **aus den Gesichtern** ihrer Mitmenschen und in deren Blicken lesen, lesen die Erwachsenen schon **aus Kinderzeichnungen**, **bevor** die Kinder selber ahnen, welchen **Ausdruck** sie ihren Geschöpfen angeblich mitgegeben haben. Oft aber sprechen die Erwachsenen die Kinder auf den entstandenen Gesichtsausdruck an, vor allem, wenn er ihnen missfällt. Das Kind hört die Erwachsenen zu der entstandenen Formkonstellation etwa sagen: „Der guckt aber (finster oder) böse!" Durch diese Bewertung einer vielleicht unabsichtlich entstandenen Formzusammenstellung erlernt das Kind eine Formel, mit der es den „normalen" (immer schon erwünschten) Blick von einem „bösen", „strengen" Blick global unterscheiden kann. In Zukunft kann oder wird das Kind, wenn es einen Menschen als unsympathische Person erzeugen will, diese Formel anzuwenden versuchen.
Hinter diesem Vorgang verbirgt sich folgendes Missverständnis zwischen Erwachsenen und Kindern: Wenn der Erwachsene sagt „der blickt aber böse", dann meint er damit, dass die Person „**böse blicken tut**", so, als ob das Kind ihn die „Tätigkeit des böse Blickens" ausüben ließe. Im Unterschied zur Deutung des Erwachsenen fasst aber das Kind, weil es „die ganze Gestalt mit dem Blick beseelt", dieselbe Gestalt als einen Jemand auf, der einen „**bösen Blick hat**", demnach böse **ist.**

Die Fähigkeit zu zeichnerischer Darstellung von seelischen Regungen durch mimischen Ausdruck wird Kindern allgemein abgesprochen. Deshalb werden, bei einem „traurigen Gesicht" die Augen mit Tränen (also mit Sachen) versehen, denn von einem Blick könnte der Ausdruck der Trauer noch nicht ausgehen (Abbildungen 208 u. 213).
Mit der einsetzenden Ausweitung der Augen-**Merkmale** können die Kinder beginnen, **das Blicken als Tätigkeit ihrer Geschöpfe zu gestalten**. Das „bloße Blicken" des Anfangs kann nach und nach in ein bestimmtes, auf eine Situation gerichtetes Blicken überführt werden, bei dem der Zeichner nicht mehr angesehen wird.
Die **anatomischen** Merkmale im Umfeld der Augen, die oben bereits aufgeführt wurden, haben den Charakter von gegenständlichen Körperteilen. Das Kind muss dann so weit entwickelt sein, dass es seinem Geschöpf eine „Ausstattung gönnen" kann, die diesem selbst „gehört".
Über diese Ausstattung hinaus muss das Kind seinem Geschöpf aber auch noch zubilligen können, diese seine Körperteile selbst zu nutzen, d. h. zu bewegen. Die eigenständige (nicht als Formel übernommene) Bewegungsdarstellung auf Bildern ist von diesem Entwicklungsschritt abhängig. Davon handeln eigene Kapitel.
Bewegungsdarstellung kommt jedoch schon bald bei den Augen vor, wenn etwa die Blickrichtung der Augen gekennzeichnet werden soll; dann werden die Pupillen in den Grenzen des weißen Lidspalts jeweils gleichsinnig in dieselben Ecken der Augenflächen gesetzt oder, wenn es grotesk zugehen soll, durch unkoordinierte Stellung zum Schielen gebracht.

Die Differenzierung der **Augendarstellung** durch das Zeichnen anatomischer Bestandteile des Gesichts hat bei der Kinderzeichnung eine weitaus **geringere mimische Kraft** (und wird auch weitaus weniger vom Betrachter registriert) als die bildnerischen Mittel, die dem „**Blick**" der Gestalt **im Zusammenhang mit dem Gesamt der Gesichtsfläche** Ausdruck geben.

Abbildung 259

„Kinder in den Fenstern des Schulbusses"

Mädchen 8 Jahre

Die Abbildung **259** gibt (hier übereinandergesetzt) die Fensterausschnitte aus einem Schulbus wieder, der in seiner ganzen Länge gezeichnet wurde. Die Schülerin hat versucht, jedem der herausschauenden Kinder ein eigenes Aussehen mitzugeben. Am auffälligsten ist die Mund-Linie, die teils Lächeln, teils Missmut signalisieren soll. Doch gibt es keine durch und durch bewusste Anwendung dieser Mienenspiel-Formeln, was an dem Mund des seitwärts gewandten Busfahrers deutlich wird. Dieser wendet sich mit tatkräftigen Händen und seinem Gesicht dem Steuerrad zu, so dass nur noch ein Auge zu sehen ist.

Gestaltungsformen von Händen und Fingern

So stellt man sich die „idealen Hände mit ihren Fingern" auf der Kinderzeichnung vor: *Kleine Kreise als Handflächen, von denen – abgezählt – jeweils fünf gerade Linien als Finger wie Speichen von der Nabe ausgehen, davon ein Strich am Anfang der Reihe etwas kürzer: für den Daumen* (siehe Figur 273).
Solche angelernte, zunächst kindfremde und Gliedmaßen-orientierte Abbildhaftigkeit, erbracht in braver Befolgung, gilt als Ausweis guter **Angepasstheit**, welche auch in dieser Hinsicht erwarten lässt, dass sich das Kind den späteren Forderungen der Schule willig unterwerfen wird.
Die Wirklichkeit dessen, was Kinder eigentlich tun, wenn ihnen keine Formeln vorgeschrieben werden, sieht anders aus. Kinder berichten von den eigenen Erfahrungen **mit** ihren Händen und ihren Handbewegungen, **denen die Arme dienen,** oft ohne selbst gliedmaßenhaft thematisiert zu werden. Die Kinder bezeugen ihre Fingertätigkeiten und Tastempfindungen, was folgerichtig zu vielen zeichnerischen Ausdrucksgestalten führt, welche insgesamt **aufgrund ihrer Verankerung in der Erlebniswelt** des Kindes **sinnvoll** sind.

Ähnlich wie die Nasen sind die Hände, wenn sie nach ihrem visuellen Aussehen dargestellt werden sollen, schwierige zeichnerische Bildgegenstände – besonders in bewegten Stellungen. Es ist deswegen nicht verwunderlich, wenn sich Kinder bei der Darstellung von Händen an Vorlagen orientieren. Das geschieht vor allem von jenem Zeitpunkt ab, wo sie **von außen veranlasst** werden, ihren Gestalten die Hände als Gliedmaßen zu machen, oder wo sie von sich aus beginnen, ihren Gestalten die Hände als Gliedmaßen in visueller Erscheinungstreue zuzubilligen.
Deswegen sind Handformulierungen vorzufinden, die (erstens) **eigenständig** von den Kindern **erfühlt und erfunden** sind, sowie (zweitens) solche, in denen die **Auseinandersetzung** mit der wirklichen Hand als auch mit den Vorlagen spürbar wird, und schließlich (drittens) die direkte – verständige oder missverstandene – **Übernahme** von Vorbildern.

Die Ausdrucksgestalten für Hände werden nachstehend als schematische Figuren wiedergegeben, weil sich an ihnen die zu verwirklichende Absicht des Kindes deutlicher ablesen lässt.
Die Beispiele geben weder in ihrer Auswahl noch in ihrer Reihenfolge den Ablauf von individuellen Entwicklungen wieder. Der Reichtum des Hand-Darstellungsproblems mit seinen unterschiedlichen Lösungsmöglichkeiten lässt viele Proben zu, die vom Interesse des Kindes geleitet sind.

Abbildung 260

Zuerst bilden (bei fast allen Kindern) **die Wege der „Hände“** jene Linien, die als „Arme“ bezeichnet werden und aus der umgrenzten Körpergestalt hinaus in jene Welt hineinragen, die dem Kind ebenso waagerecht vorliegt wie das ausgebreitete Blatt Papier. Deshalb kommen die „Hände“ sehr oft und schon früh und durch Größe oder Ausführlichkeit relativ bedeutsam vor.

Abbildung 261

Der **Weg der Hände** führt bis zum Ziel; infolgedessen kann diese Linienspur länger als ein „Arm“ sein, zumal die Linienspur den Arm selbst ohnehin nicht meint.

Figur 262

Die **„einholende“ Gebärde** der Hand bringt die „Arm-Hand-Kombination“ als Kurvenlinie hervor

Abbildung 263

Die Einbeziehung der kleineren Handbewegungen in den großen Weg des Armes ist an dieser Gestalt gut nachzuvollziehen.

<u>Die ausgestreckte Hand stößt auf einen Gegenstand</u>

Abbildung 264

Die „Arm-Hand“-Gestalt zeigt sowohl den Weg der Hand als auch die Empfindungen, die am ertasteten Ziel als Eigenkörpergefühle erspürt werden können: nämlich die „Tast-Hand“, die im frühen Stadium mehr sich selber fühlt als den Gegenstand, auf den sie stößt.

<u>Die tätige Hand – greift</u>

Abbildung 265

Bei dieser Gestalt ergibt sich ebenfalls eine Form der Hände-Darstellung, die zwar mit der Arm-Bewegung zusammenhängt, jedoch direkt die Tätigkeit der Hand meint. Der **„Zangengriff“** der Finger, die eine Stab-Laterne halten, ist in die Weg-Spur der Hände einbezogen.

<u>Die tätige Hand – streichelt</u>

Abb. 266

Auch bei dieser Figur ist die Armgestaltung von der Führung der „handelnden“ Hand abhängig und somit eigentlich eine Darstellung der Bewegung der Hand (s. Abbildung 161).

Die tätige Hand – befingert

Erinnert sei an den „ausholenden Arm“, mit seinen „Fingergefühlen“, der ja zugleich den Weg der Hand beschreibt.

Abbildung 267

Diese „rechen“artige Darstellung könnte die Hand zeigen, die an ihr Ziel gekommen ist, wo nun die Finger aktiv werden, indem sie sich in die Welt-Richtung stellen. Hier wird „versuchsweise“ die Fünfzahl eingehalten, was auf einen Lernvorgang schließen lässt, der aber nur wenig mit dieser Art der der Darstellung zu tun hat. Solche fransenartigen Liniengebilde kommen oft vor, die deswegen, weil sie vielleicht acht oder auch zwanzig Linien aneinander reihen, **nicht falsch** sind.

Abbildung 268

Die Bewegungsspuren der Hand können als Annäherung an das Objekt die nebenstehend abgebildete Form annehmen; sie entsprechen den fälschlich „Leiterfiguren“ genannten Erscheinungen.

Abbildung 269

Von den parallel gereihten fingerartigen Linien-Spuren zu jenen Handgestaltungen, bei denen die Fingerlinien aus einem Zentrum strahlenförmig herauskommen, scheint es Übergänge geben zu können, wie sie auf der nebenstehenden Figur zu sehen sind. Das zeichnende Kind, typisch für eine **Rechts**händerin, gibt der ihr entsprechenden spiegelgerecht zugewandten Hand die neue, ausstrahlende Anordnung, wohingegen die nicht so beachtete andere Hand in der gewohnten älteren Fassung begonnen und erst dann in der neuen Fasson beendet wird.

Abbildung 270

Die eindimensionalen Fingerlinien am Handteller

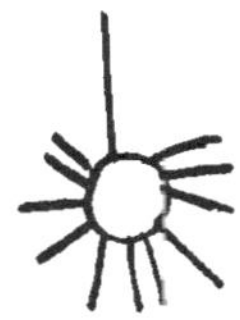

Figur 271

Bei dieser frühen, oft zu beobachtenden Darstellungsweise können mehrere Faktoren zusammenwirken. Die Zeichnung ähnelt der Wirklichkeit; sie ähnelt auch Vorbildern. Der Handteller kann von den Fingern her als eigener Gegenstand wahrgenommen werden, und die Zahl der Finger ist eine **Viel**zahl im Verhältnis zur **Ein**zahl des Handtellers — zu einem Zeitpunkt, an dem Kinder noch nicht unbedingt zählen zu können brauchen. Jedenfalls kann mit den Fingern viel mehr getan und gefühlt werden,als dass es sich mit der Zahl Fünf fassen ließe.

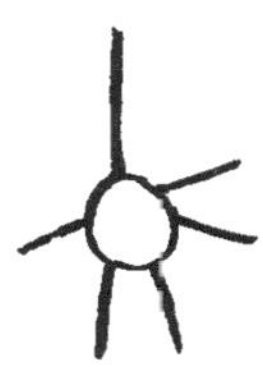

Figur 272

Die Fingerstriche kommen abgezählt aus dem Rand des Kreises für den Handteller heraus, was von den Erwachsenen als Fortschritt beurteilt wird, drückt sich darin doch die Befähigung eines Kindes aus (gegebenenfalls unabhängig von Erfahrungen aus eigenem Erleben), eine visuelle Richtigkeit durch eine von außen bestimmte mechanische Tätigkeit, also durch das Abzählen, erzeugen zu können. Bei Untersuchungen zur Schulreife kann das Erbringen gerade solcher Leistungen ausschlaggebend sein, was bedenklich ist. Die Bedeutung der Anpassungsfähigkeit für den Menschen soll durch diese Bemerkung nicht unterschätzt werden. Dennoch scheint es angebracht, an dieser entscheidenden Stelle **überhaupt zu wissen**, was den Kindern zugemutet wird: nämlich der Übersprung von der bildhaften Sachherstellung zur konventionellen Zeichensetzung, wobei die **soziale Kontrolle über** die Erfahrung der erlebten Wirklichkeit gestellt wird.

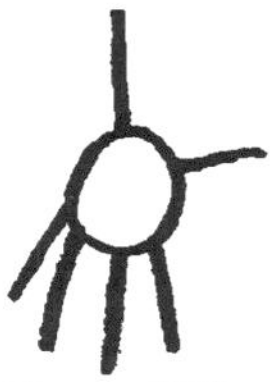
Figur 273

Später unterscheidet das Kind innerhalb der gewünschten Zahl von fünf Fingern zwischen dem Daumen einerseits und den vier Fingern andererseits, obwohl es die Finger noch nicht unbedingt als Gliedmaßen verstehen muss. Der Daumen steht den Fingern beim Greifen gegenüber. Die sich darin ausdrückende Möglichkeit der „Zangenbildung“ geht später in andere Formen der Hand-Darstellung ein.

Greifende Finger – eindimensional

Figur 274

Figur 275

Bevor die Hände als Körperteile erzeugt werden, können die Finger auf mancher Kinderzeichnung unmissverständlich als **Spuren** jener Handlungen vorkommen, die in der Wirklichkeit mit ihnen ausgeführt werden. Eine der wichtigsten Tätigkeiten ist das Greifen, wobei die Finger vom Rand des Handtellers ausgehen und zu ihm zurückkehren. Diesen Gestus wiederholen die Kinder beim Zeichnen. Dabei nehmen die sonst geradlinig nach außen strebenden Fingerstriche eine in sich zurückrollende, kreisartige Linienform an, was die Figur 276 mit Nachdruck zeigt.

Figur 276

Figur 277

Figur 278

Die Kinder Zeichnen die Linien jedoch gleichförmiger, so, wie in der Figur **277**, wo sie wie die Grenzen von Gegenständen **aussehen**. In Wirklichkeit aber handelt es sich um eindimensionale Bewegungslinien. Es sind die Spuren der sich zum Greifen krümmenden Finger, entsprechend den „Armlinien“ in Abb. 262 u. 263, die ebenfalls **keine Konturen** von Armen oder Ärmeln sind.

Die auf diese Weise gezeichneten Hände sehen aus wie „Blüten“, bei denen meistens fünf runde Blütenblätter von einem kreisförmigen „Blütenkörbchen“ ausstrahlen. Dieser Eindruck wird dadurch bestärkt, dass viele Kinder die „Blütenblätter“ farbig ausmalen, was Figur **278** darstellt. Interessanterweise bleibt der mittlere Kreis meistens unausgemalt, und oft sind die Kreise, die ihn kranzförmig umrahmen, gerade nicht mit „Fleischfarbe“ ausgemalt. Die Häufigkeit, mit der diese spezielle Art der Hand-Darstellung auftritt, lässt vermuten, dass es auch in diesem Fall eine Erklärung gibt, die sich auf konkrete Erlebnisse des Kindes bezieht. **Die Finger umgreifen die Sache**, die sie **gefasst** haben, und in gleicher Weise umrahmen die gezeichneten eindimensionalen Bewegungsspuren **den Inhalt**, der von den Fingern ergriffen worden ist. Die Farbflächen sind also **weder Darstellungen** „pratzenförmiger“ **Finger, noch** sind die Linien **Konturen** von gliedmaßenhaften Fingern. Die Farben kennzeichnen **die ergriffene Sache** bzw. die Tatsache, **dass** etwas ergriffen worden ist. Der Handteller bleibt deshalb oft, wie das unbedeckte Gesicht, ohne Farbmarkierungen. So entschlüsselt sich diese merkwürdige Handdarstellung, bei der die Finger wie „Teller“ aussehen, als eine sehr sinnvolle Wiedergabe von kindlich/menschlichen Erlebnissen mit Händen.

Figur 279

Auch Sonderformen, wie die nebenstehende Figur **279,** werden von ihrer Herkunft her verständlich, selbst wenn man diese Hand-Gestaltung für oberflächlich hält.

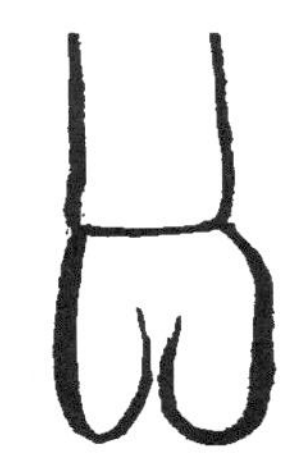
Figur 280

Diese Art der „Zangenbildung“, die sich wesentlich auf die Gegenüberstellung des Daumens zur Gruppe der Finger bezieht, wurde schon bei der Figur 189 a beobachtet. Die Bewegungen gehen hier nicht, wie bei Figur 276, vom Handteller aus, sondern von der „Handwurzel“.

Figur 281

Eine andere Art schematischer Greif-Hand-Darstellung findet sich in einer fast formelhaften Gestalt, die an Fausthandschuhe erinnert, wobei solche Vergleiche jedoch tunlichst vermieden werden sollten, weil sie leicht zu unzutreffenden Assoziationen führen.

„Hand“ ohne Handteller oder „nur Finger“

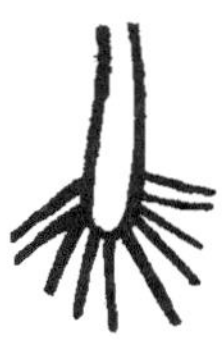

Figur 282

Weil die Finger die aktiveren Bestandteile der Hand sind, werden sie häufig der Darstellung des Handtellers so sehr vorgezogen, dass sie unmittelbar an den „Arm“ gefügt werden. Angesichts des Umstandes, dass die sogenannten Armlinien ursprünglich die Bewegungsspuren der Hand waren, schließen solche Finger-Formulierungen in gewisser Weise doch an die früher gemachten persönlichen Erfahrungen des Kindes an und sind somit keine wesentlichen Auslassungen oder Versäumnisse. Neben der eindimensionalen Darstellung der Finger kann auch die Erinnerung an die einstige eindimensionale Arm-Bewegungs-Linie nachwirken (wie z.B. an Abbildung 267).

Figur 283

Aus den Formen, die der „krallende Griff“ als Bewegungsspur auf dem Papier hinterlässt (Figuren 274 - 280), kann leicht eine gliedmaßenhafte Darstellung herausgelesen werden. Die Fingerfiguren werden als umgrenzte und zweidimensional gesehene Gestalten in die Darstellung von körperhaften Gliedmaßen verwandelt.

Figur 284

Die vorherige Figur wird in visueller Hinsicht insofern differenziert, als nun vor allem die Parallelität der Finger beachtet wird.

Die Hand als ungegliederter Körperteil

Das Zeichnen von Händen ist nicht leicht und vielfach lästig, wenn es nur darum geht, überhaupt den Gegenstand „Hand“ anzuführen. In einem solchen Fall genügt es, eine Sache dadurch zu erzeugen, dass man ihr die Grenzen zuweist, innerhalb derer sie anwesend zu sein hat.

Figur 285

Eine Hand-Darstellung wie diese (s. Figur 173 C) zeugt jedoch von geringem Interesse des Kindes an diesem Teil seines Bildes, weil es sich sehr einfacher Verfahren aus früheren Entwicklungsphasen zur Herstellung bedient, die nicht dem erreichten Entwicklungsstand entsprechen. Handformen wie diese treten nämlich spät auf und haben allenfalls in skizzenhaften Zeichnungen einen legitimen Platz. Treten sie indessen in frühen Phasen auf, wo noch die **Tätigkeit** der Hand **vor** ihrer gliedmaßenhaften Gegenständlichkeit thematisiert wird, handelt es sich um die Übernahme von Formeln, die nicht von eigener Erfahrung getragen sind.

Figur 286

Auf die nebenstehende Weise, die sehr formelhaft wirkt, kann die Hand in den Arm- oder Ärmel-Umriss schematisch einbezogen sein.

(Hand und) Finger in der Armkontur

Figur 287

Der relativ große Aufwand, den das Zeichnen von Händen erfordert, zumal, wenn diese nicht im Mittelpunkt der Handlung stehen, kann durch eine rhythmisch gegliederte Kurvenfolge in eine leicht anzuwendende Formel umgewandelt werden. In den Rundungen steckt immer noch die zum Krallengriff gerollte Bewegungsspur der Finger, so dass es sich nicht etwa um „Stummelfinger“ o.ä. handelt.

Figur 288

Dieser angewinkelte Arm mit deutlichem Gliedmaßen-Charakter ist von der Formel her leicht zu zeichnen. Die Finger nehmen die Richtung des Unterarms auf.

Handteller und Finger in einer Kontur

Figur 289

Die Hand mit ihren Finger-Ausbuchtungen sprießt aus der Grenzlinie heraus, wobei mehr der Charakter eines Ärmels als der eines Armes getroffen wird.

Figur 290

Hier setzt die Hand in voller Breite am Arm an. Die Grenzlinie gehört gleichermaßen zur Hand wie zum Arm – oder auch zu einem Ärmel. Die Gerichtetheit der Finger kommt in ihren spitzwinkligen Enden demonstrativ zum Ausdruck.

Figur 291

Hier kommt die Handwurzel aus dem Ärmel heraus; die Hand hat keinen gemeinsamen Umriss mit dem Arm. Die Finger werden nach Stellung und Länge sowie selbst als längliche Gebilde differenziert.

Fingernägel

Figur 292

Auch die Fingernägel können bei Kindern besondere Bedeutung erlangen, ähnlich wie die Fingerspitzen, die bekanntlich besonders tast-empfindlich sind.

Weitere Formen der Hand-Bildung

Neben den hier beispielhaft angeführten Formen der Hand- und Finger-Darstellung kommen noch viele weitere vor, die nicht alle vorgeführt zu werden brauchen. Erinnert sei an das „Hänschen klein" (Figur 138/139), wo eine sehr differenzierte Wahrnehmung des Kindes zu einer merkwürdigen und doch einleuchtenden Handgestaltung führte. So werden auch die hier nicht besprochenen Varianten ihre Ursachen in realen Erlebnissen der Kinder haben, selbst wenn sie nicht immer so klar aufgefunden werden können wie bei den vorgestellten Beispielen.
Während die Kinder im Allgemeinen bei ihren Zeichnungen diejenigen Stellen, auf die sie Wert legen, ausführlich behandeln, überschreiten sie bei der Hand-Darstellung oft nur ungern ein größeres Maß an Differenzierung und Aufwand.
Die Zehen kommen als gestaltete Gliedmaßen seltener vor.

Von der Sach-Herstellung zur bildhaften Darstellung – vom Spielzeug aus Papier und Stift zum gesehenen Bild des Menschen

So könnten Kinder denken: Sachen sind zum Spielen da
Bilder sind zum Sehen da

Die **frühe** Menschendarstellung auf Kinderzeichnungen zielt auf die vergegenwärtigende Produktion von vergegenständlichten **„Spielgefährten aus** Papier und Stift", die durch Spiel-, Wiederholungs- und Macht-**Wünsche** des Kindes veranlasst sind. In ihrer Form sind sie wesentlich von dem **„inneren** Menschen-Bild" bestimmt, welches das Kind **von sich selbst** aufgrund seiner Lebenserfahrungen in sich trägt.

Die „menschliche" Figur, die es – „von innen begriffen" – schuf, entstand als Geschöpf des Kindes „geschaffen nach seinem **Bilde**", also nach jenem **Bild**, das es durch und für sich selbst gewonnen hatte. Mit jenem **Wesen**, das ihm durch den Stift **auf** und **aus** dem Papier entgegentrat, spielte es, **als ob** es jenes wirkliche Ding wäre, das es zu machen bezweckte; denn **die Welt begegnet dem Kind hauptsächlich in den Tätigkeiten, die es selbst verrichtet, um die Weltdinge zu ergreifen und zu begreifen.** Indem es die Welt **spürt**, spürt es zugleich sich selbst, und das ist ihm angenehm. Darum richtet sich das Streben des Kindes vorzüglich auf den Vorgang des Erschaffens, welcher in der Regel im „Haben" dieser Wesen vollendet wird. Obendrein kommen ihm seine Geschöpfe **nie wieder so nahe** wie im anfertigenden Handeln.

Von außen betrachtet und auch im Innern begründet unterliegt die Kinderzeichnung **einem Wandel von der Sach-Erzeugung zur Bild-Erzeugung**, der sich ganz **allmählich** von vielen Ansatzstellen her vollzieht. Dieser Umschwung in der Orientierung, der **von den Sachen zu den Bildern** führt, soll nun verfolgt werden, wo immer er auftritt.

In Abwandlung ähnlicher Formulierungen sei daran erinnert: **Das Kind zeichnet nicht, was es sieht, sondern es führt** beim Zeichnen die interessanten oder angenehmen oder aufregenden **Situationen herbei, die es** – erneut – **erleben will.**

Mit zunehmender Erfahrung wird jedoch auch die von ihm selbst **nicht** zurechtgemachte Welt für seine Vergegenwärtigungen immer interessanter. Das Kind löst sich aus seiner egozentrischen Befangenheit und lässt sich zunehmend auf die Weltgegenstände ein, so, wie sie ihm begegnen.

In diesem Vorgang erweitert das Kind viele der früher erworbenen Erfahrungen durch neue. Aber die alten Erfahrungen werden nicht falsch dadurch; sie waren wertvoll und **bleiben wertvoll** gerade in den Hinsichten, in denen sie gemacht wurden; sie werden in die Grundlagen der neuen Erfahrungen integriert und sichern durch die bewirkte Perzept-**Erweiterung** den Zusammenhang aller Erfahrungen, wodurch das Vertrauen des Kindes zu sich selbst und zu seiner Wirklichkeit erhalten bleibt.

Von der Anwesenheit der Figur zu ihrer Ansicht

In der Literatur zur Kinderzeichnung wird vermerkt, dass die Kinder am Anfang und noch lange Zeit danach die Menschen in der **„Frontal-Ansicht“** und die Gesichter „en-face“ (von vorn) darstellen, was aber nur bei äußerlicher Betrachtung zutrifft. Denn die Kinder stellen zu dieser Zeit noch **keine Ansichten dar**, sondern schaffen sich die Menschenfiguren durch das Zeichnen **herbei.** Daraus ergibt sich **keine** Frontal-**Ansicht**, sondern die **Anwesenheit** des aus Papier und Stift geschaffenen Wesens.
Ist der Gegenstand ihres Tuns hervorgebracht, dann ist dieses Spiel oft schon abgeschlossen, und das Ergebnis kann freigiebig verschenkt werden – eine alltägliche Beobachtung. Auch dabei „imitieren“ die Kinder die Erwachsenen; denn von denen bekommen sie ja ebenfalls alle diejenigen Gegenstände zugeeignet, die diese – **aus der Sicht der Kinder** – leicht abgeben können.

Vom Blick zum Blick-Verzicht

Am Anfang war es vor allem **der Blick** der Gestalten, von dem sie sich ergriffen **fühlten** und von dem sie erblickt sein **wollten**. Und auf niemand anderen als ihren Urheber sollte dieser Blick gerichtet sein. Es waren gewissermaßen „dienstleistende Subjekte“, die sie zum Zweck eigenen Hochgefühls „ins Leben riefen“, Gefährten, in denen sie sich spiegeln und selbst begreifen konnten. Solange sie mit dem Stift auf ihrem Blatt beschäftigt waren, sollte es keinen anderen neben ihnen geben, dem der Blick hätte gelten können.

Abbildung 293 Mädchen 6 J 7 M

Die Abb. **293** bezieht sich aufs „Heiraten"-Spiel. Das zeichnende Mädchen spielt dabei die „Braut", die den „Bräutigam" anblickt. Von ihrem „Bräutigam" fühlt sich die Zeichnerin **direkt aus dem Bild heraus erblickt**. Deshalb wird **kein gegenseitiges** An- und Erblicken **abgebildet**.
Der Blick des Partners ist auf dem Bild nur scheinbar von der „Braut" abgewandt; von ihr, von der Zeichnerin aus gesehen, geht **sein** Blick **zu ihr** – **als Ausdruck der begehrten Gemeinsamkeit** im Zwischen-Spiel von Wirklichkeit und Fantasie auf dem Papier.
Auf dem „Brautbild" wird der erwünschte Gleichklang auch in der Form der Nasen deutlich, die ebenfalls vom Kopf der Mädchenfigur her bestimmt ist. Der Kopf ist zur Seite gewendet und die Nase am Rand platziert, allerdings bleibt sie **innerhalb** des Gesichts; sie ist (noch) Bestandteil des Kopfes, aber noch nicht des Profils. Solche Nasenformen kommen gelegentlich vor, sind also keine Besonderheit **dieses** Mädchens. Die Nase hat **ein** Nasenloch, welches nach **innen** weist (weil es ins Innere führt) und ist damit an leiblichem Erleben orientiert. Genau dieselbe Nasenform einschließlich Nasenloch hat der Bräutigam, der auf diese Weise seiner Spielgefährtin zugeordnet wird. – Die gegenseitige Zuwendung zeigt sich auch in der Haltung der Arme und Beine. Dabei kommen bei der „Braut" mehr die leiblichen Erfahrungen zur Geltung, bei dem Jungen im Ansatz auch visuelle. Bei ihrem „eigenen" Körper lässt die „zeichnende Braut" die beiden Arme aus der Vorderseite des bekleideten Körpers herausstreben, wobei die Blumen-haltenden „Finger" der bereits dargestellten Figur 288 entsprechen.
Der dem Mädchen zugewandte gewinkelte Arm des Jungen überdeckt mit dem Oberarm durch starke Schraffierung deutlich sichtbar den Körper, ebenso wie der Oberschenkel des „zum Schritt erhobenen" Beins **vor** dem Körper verläuft. Der andere Arm und das andere Bein werden vom Körper überschnitten und zählen damit zur „hinteren" Seite.

Das Zeichnen von Figuren, die **nicht zu** ihren Malern und Malerinnen **hinblicken**, ist unübersehbar an **Verzicht** gebunden. Der Verzicht besteht darin, dass sich das Kind aus dem Spiel herausnehmen muss; dadurch wird es aber **vom Mitspieler zum Regisseur** der Szene. Der Gewinn besteht sodann darin: Es kann einer immer größer werdenden Welt begegnen und diese auf seiner Zeichnung herstellen, weil es nicht mehr mit **allen** Figuren als Besitzer verbunden und nicht mehr in allen Szenen als Mitspieler dabei sein muss.

Figur 294

Die **unterschiedliche Erscheinung** von MIKE und DANIEL auf einem einzigen Bild in einer gemeinsamen Situation beruht insofern auf auf einem **einheitlichen Prinzip**, weil beide Personen entsprechend ihrer Wahrnehmungsbedingungen unterschiedlich in der Selbst- und Fremd-Darstellung erscheinen (s. auch Figur 153).

Diese doppelte Darstellungs-Art markiert allerdings eine bedeutende **Übergangsstelle** in der Entwicklung des kindlichen Zeichnens: **von** der noch ich-zentrierten Schaffensweise **zur** Beschreibung von Erfahrungen, die aus der äußeren **visuellen** Welt kommen. Der Darstellungs-Unterschied ist (unbewusstes) Zeugnis der Spannung, die zwischen der anfassbaren Selbst-Erfahrung und der visuellen Welt-Erfahrung besteht. Das Kind hat im Laufe seiner Entwicklung die Aufgabe zu lösen, die Wahrnehmungsweisen seiner Eigenkörper-Gefühle mit den Eindrücken des Sehsinnes, die ihm zunächst **getrennt** gegenüberstehen, zu einer Einheit zu verschmelzen. Was im normalen Lebensvollzug bereits vielfach geleistet wurde, bedarf der Bewusst-Werdung durch die zeichnerische Tätigkeit.

Das zeichnende Kind entsagt dem exklusiven Blick auf sich; es kann seine Geschöpfe blicken lassen

Die neue Auffassung des Menschen**bildes** mit der Hilfe des Zeichnens beginnt, wenn das Kind **seinen Gestalten die „Freiheit" zu gewähren** vermag, bereits bei deren Herstellung auf andere und auf anderes blicken zu „dürfen" als nur seinen Urheber anzusehen. Das Kind wird fähig, sich nicht mehr vorzüglich in allen seinen Geschöpfen gespiegelt erleben zu müssen.
Indem die Kinder den Tonfall des gesprochenen Wortes und die Wörter ihrer Muttersprache immer besser verstehen, können sie sich nun auch jenen Teilen der menschlichen Gestalt **visuell** zuwenden, an denen die **sozialen** Beziehungen **weniger stark** beteiligt sind.

Die Grundlage für die neue Einstellung ist das Vertrauen, mit dem das Kind die Dinge der Welt zu sehen gelernt hat. Es hat den **Sach**verstand gewonnen, nicht mehr **alle** Erscheinungen, die ihm **optisch** gegenüberstehen, auf ihre dinghafte Realität mit seinen Tastberührungen überprüfen zu müssen. Die Erfahrung gibt ihm weitgehend die Sicherheit, dass die gesehenen Gestalten, die es kennt, als **Gegenstände** tatsächlich vorhanden sind.
Die umfassender werdende Erfahrung vom Zusammenhang des Gesehenen mit wirklich Vorhandenem fordert das Kind gerade zu auf, sich dem **Aussehen** der Lebewesen und der Dinge intensiver zuzuwenden. In der Folge beginnt es die **Ergebnisse** auf seinem Zeichenblatt schon beim Zeichnen auf ihr **Aussehen** hin zu **kontrollieren**; es gibt sich nicht wie vorher mit der bloßen Tätigkeit der Erschaffung der Objekte zufrieden.
Beim Übergang zur Herstellung von **Bildern**, die Gegenstände und Sachverhalte vor allem **zeigen** sollen, kommen die verschiedenen Motive und Anlässe, die zu Bildern führen, in ihrer Vielzahl zum Vorschein.

Erblickt werden / Blicken lassen

SITUATION I SITUATION II SITUATION III Figur 295

Die **SITUATIONEN I** bis **III** (Figuren **295**) werden hinsichtlich ihrer grundsätzlichen Möglichkeiten des Blickens erkundet. Mit den Fußbällen als ihrem jeweiligen Mittelpunkt zeigen die drei Situationen nacheinander eine **zunehmende Abwendung des Blickes der Geschöpfe von ihrem Urheber** hin zu **gegenseitigem Anblicken** der gezeichneten Figuren.

Figur 296 SITUATION I

In der **SITUATION I** wird die Gemeinsamkeit der beiden Fußballspieler JAKOB und RENÉ lediglich durch die örtliche Nähe der beiden Personen auf dem Blatt und den dazwischen befindlichen Ball ausgedrückt. Die beiden Figuren schauen nur den Bildautor an und sind durch ihre Blicke nicht aufeinander bezogen. Noch kommt es dem Kind nicht in den Sinn, die gegenseitige Zuwendung den gezeichneten Gestalten zu überlassen; sie sind nur deswegen beieinander, weil das Kind es so bestimmt hat, als hätte es die Aufstellung der Figuren auf dem Blatt „durch den Erlass einer Anordnung an die Fußballspieler" geregelt. Es gibt Tischfußballspiele, wo die starren Fußballerfiguren auf Stangen aufgereiht sind; die Spieler bewegen die Stangen durch Drehen und Schieben und behalten auf diese Weise selbst das Spiel der Figuren „im Griff". Bei dieser kindlichen Einstellung bleibt es selbst die Hauptperson, die hier auf dem Blatt Fußball spielt. Genau genommen **spielt** in SITUATION I **das Kind** sowohl als der JAKOB als auch als der RENÉ **selbst** mit dem **Fußball.**

In der **SITUATION II** darf sich JONAS schon etwas deutlicher dem Freund RENÉ zuwenden. Zwar ist der **Blick** – wie am Anfang – auf den Zeichner gerichtet **geblieben,** aber dann wird die Nase (als die Gesichts-Achse) durch einen „Befehls"- Strich angewiesen, **an die Seite des Kopfes** zu gehen. Der Strich entspricht der Handbewegung, die das Kind machen muss, wenn es z. B. bei einer hölzernen Spielfigur einen drehbaren Kopf durch einen Griff an die Nase seitwärts wendet (s. auch Nasenform NF 224).

Figur 297 SITUATION II

Das **Kind** spielt also **Drehen des Kopfes** durch Umlenken der Nase und zeichnet **weder** das Ergebnis visueller **Ansicht**, noch **macht** es ein (als „Index" zwar lesbares) **Zeichen**. Die Querlinie ist die Spur der Bewegung des Zeichners, die die Drehung bewerkstelligt hat. Für das Kind ist es wichtig, diese befriedigende **Handlung** vollzogen zu haben. Eine nachträgliche Kontrolle auf „visuelle Richtigkeit" findet nicht statt: **getan** ist getan. Die **Gleichsetzung** von JONAS **mit dem Zeichner** (siehe Figur 153) bezeugt wiederum, wie sehr das Kind zunächst sich selbst in die Spielsituation einbringt. Wenn es sich selbst einem anderen zuwendet, dann macht auch seine eigene Nasenspitze denselben Weg wie der Strich auf der Zeichnung. Hier liegen dieselben Einstellung wie bei dem „Brautbild" (Abbildung 293) vor.

Figur 298 SITUATION III

In den Figuren der **SITUATION III** stehen **sich** STEPHAN und SIMON als Spielfreunde **gegenüber**. Ihre **Blicke** gehen nicht mehr zum Zeichner, sondern sind durch Markierungen für **Augen** ersetzt. Ihr Blick auf den Zeichner ist quasi „abgeschaltet". Ihre Nasen sind auf einander zu gerichtet, was die gegenseitige Zuwendung bewirkt, und die Linien für den Mund gehen vom Außenrand auf die Mitte des Kopfes zu, womit klar wird, dass der Weg des Essens durch den Mund **in den Kopf** hineinführt und etwa das Singen oder das Sprechen „mitten aus dem Kopf" herauskommt. Diese Art der Kopfdarstellung, bei der der Kopf zur Seite gedreht wird, ist als „Gestus des Anblickens" noch keine richtige „Profildarstellung", auch wenn man diese Darstellungsform für gewöhnlich so nennt. Dem Profil muss jedoch ein eigenes Kapitel gewidmet werden.

Genau genommen wird **keine Bewegung** von STEPHAN und SIMON thematisiert. Die beiden sind **als zwei einander Zugewandte** dargestellt. Sie wurden **für dauernd** in die „Seinsweise des Einander-Zugewandt-Seins" verwandelt und als solche abgebildet. Das Kind **spielt nicht** mehr mit ihnen – es hat es hat sie „ins Bild entlassen".

Gewiss spielen sich sämtliche der beschriebenen Vorgänge unbewusst ab, was heißt, das Kind wäre unfähig sie auszusprechen – nicht zuletzt deswegen, weil es auch den meisten Erwachsenen auf dermaßen ausgefeilte Erklärungen gar nicht ankommen würde.

Hinwendung als Zuwendung und Abwendung

Die drei Begriffe der Überschrift sind relativ. Die **Zuwendung zu dem einen** bedeutet gleichzeitig die **Abwendung von dem anderen.** Mit den Blick-Erscheinungen der „Fußballspieler"-Figuren **297** sind selbstredend immer Abwendungs- und Zuwendungs-Ereignisse verbunden, welche die **ganze** Gestalt und nicht nur die Augen betreffen.
Bei diesen Figuren beginnen die anfassbare Nase, die Augen, die Arme und die Beine zu **Gliedmaßen** zu werden. Das Kind lässt nun seinen Figuren **Körperteile** zukommen, die die gezeichnete Figur sogar „selbst" bewegt haben kann. Das Kind kann nun abbilden, was die Figur getan hat.

Abbildung 299

In der einfachen Figurengruppe auf Abb. **299** besagen die Gliedmaßen **mehr, als** nur schlechthin **vorhanden** zu sein. Sie stellen auch **mehr als** die bloßen „Richtungsstriche" dar, die sich ganz allgemein „auf Welt beziehen" würden. Der Ort, aus dem bei dem „Schildkrötenführer" der Arm herauskommt, ist der **Schulter**bereich des Körpers, von dessen Zentrum er sich ebenso entschieden in die Welt streckt, wie früher aus mittlerer Höhe des Körpers in die Horizontale. Dies bedeutet die Darstellung einer neuen anatomischen Entdeckung am menschlichen Körper. An Figur 165c wurde geklärt, dass kein „erhobener Arm" vorliegt, sondern ein „aus der Mitte der Person heraus handelnder" und in Schulterhöhe herauswachsender Körperteil. Dieser Arm hier weist in die durch das Blatt Papier vor**liegende** Wanderfläche; und er hält die Schnur, die durch ein kleines Loch im Panzer der Schildkröte befestigt wurde. Bei Figur 166 G wurde schon auf das hochgestellte Rechteck als Bezugnahme auf den Weltboden aufmerksam gemacht, auf das sich auch die Formen an den Bein-Enden ebenso beziehen wie jetzt gleichfalls der Arm. Der andere Arm kommt ebenso aus der Schulterhöhe heraus, bleibt aber **beim Körper** bzw. beim „Ich". So verhalten sich die Richtungen der beiden Arme **wie** die **Horizontale** (für die Richtung in die Welt) und die **Vertikale** (für das Ich) **im fundamentalen Richtungsunterschied aufeinander bezogen**. Weil die Arme **nicht gleich**-behandelt sind, **spielen** sie **eine Rolle** in der Situation.

Bei der Personen-Gruppe auf Abbildung **300** verstehen sich die gegenseitigen Zuwendungen durch die Arme von selbst. Die Person mit dem höher gereckten Arm probiert die Kleider an, denn sie macht die beim Überstreifen der Kleider typische Armbewegung – und zudem befindet sich das Probekleid in ihrer Nähe. Die Helferin zeigt ihren Arm bei „unterstützenden" Bewegungen. Beide Köpfe sind seitlich gewendet – „Nasen" kann man allenfalls in der Kopfumgrenzung **vermuten.**

Abb. 300 „Anprobe" Mädchen 6 J 4 M

Diese Unentschiedenheit weist auf ein besonderes Problem hin. Einerseits ist die Nase ein Körperteil **im** (oder hier **am**) Gesicht; sie müßte somit ihre **eigenen Grenzen** haben, wie alle übrigen gezeichneten Körperteile auch; andererseits ist sie ebenfalls ein **Teil des Gesichts**, der **grenzlos** in die Wangen übergeht. In solchen Fällen unterdrücken Kinder gelegentlich die problematische Einzelheit, bis sie eine befriedigende Lösung dafür gefunden haben, zumal die Nase hier keine tragende Rolle spielt. (Bei den Fußball-spielern der Figur 298 wird die Zuwendung durch die Richtungsstriche der „Nasen" bewirkt, hier geschieht dies durch die Arme.) Zu beachten wäre die Formulierung des herunterhängenden Armes der Helferin, der (absichtsvoll?) **grenzlos** ohne die untätige Hand in den Schulter-Hals-Bereich übergeht.

Bewegungen / Tätigkeiten

Abb. 301 Mädchen 4 J 6 M

Abb. **301** zeigt die **Spuren** der **Bewegungen** der Arme, die das Kind mit seinem Geschöpf vollführt. **Die Zeichnerin** hat die möglichen „runden" Bewegungen der Arme mit dem Stift **selbst gespielt**, **ohne** dass ein außenstehender Betrachter eine **bestimmte Tätigkeit** erkennen könnte. Die Heftigkeit und Dichte der Bewegungen wird von innen nach außen – zu einem möglichen Ziel – immer intensiver.

Der Seeräuber (Abb. **302**) ist mit der **Tätigkeit befasst**, sich als Pirat zu betätigen, erkennbar daran, dass seine Pistole auf ein Ziel gerichtet und der Enterhaken **erhoben** wird. Der Zeichnung liegt ein Plastikfigürchen mit einer gewaltigen Turban-ähnlichen Kopfbedeckung als Vorbild zugrunde, was die seitliche Ausbuchtung des oberen Teils des

„Gesichtes“ als Anpassungsmaßnahme an das monströse Kleidungsstück erklärt; offenbar wurde der Junge durch die Größe des Turbans sehr beeindruckt, der außerdem im Profil der sonst aufrechten Plastikfigur einen charakteristischen Hang zur Seite hat.
In der Literatur zur Kinderzeichnung wird in solchen Fällen häufig das Wort „übergroß“ angewandt, vor allem auch bezogen auf die Proportion des Kopfes zum Körper. Auf dieser Zeichnung – mit einer Gesamthöhe von etwa 12 cm – ist der Kopf (ohne Hut) auf den Millimeter genau so hoch wie das Zwischenstück mit Bauch und Beinen zusammen, was übrigens an vielen Kinderzeichnungen zu beobachten ist.

Abb. 302 Junge 6 J 7 M

Solche Proportionen in exakten Maßen sind eine bei Kindern im Laufe ihrer Entwicklung **normal** auftretende Erscheinung, weshalb diesem Mängel-rügenden Sprachgebrauch von „Übergröße“ nicht gefolgt werden sollte. Denn mit solchen Ausdrücken wird die Zeichnung an der Sehweise Erwachsener gemessen, womit man das Kind beleidigt, d.h. ihm Leid zufügt. Im Schwung der „Arm-Linien“ ist eine **Vorahnung von Bewegungsdarstellung** zu erkennen. Der **doppeläugige** Blick ist auf den Zeichner gerichtet.

Abb. 303 Mädchen 8 J

Ein Kind wässert Blumen aus der Gießkanne (Abb.**303**). Die Arme entsprechen den Überlegungen zum „ausholenden Arm“ entsprechend Abb.267), kombiniert mit der zangenbildenden Handform 280. Die Figur wird bei einer **Tätigkeit**, nicht aber in Bewegung gezeigt. Die „Armbewegungen“ hat das Kind selbst vollzogen, denn die „Arme“ müssten nicht unbedingt zweidimensionale Gliedmaßen sein.

Abb. 304 Junge ca 10 J

Die nebenstehende Abbildung **304** zeigt einen Jungen bei der Tätigkeit, einen Ball zu fangen. Es entsteht ein **Bild** vom Ball-Fangen. Zugleich ist die Figur selbst als eine gezeigt, die **in Bewegung** ist. – Der Zeichner spielt nicht selbst mit dem Ball, sondern er **läßt zu**, dass die gezeichnete Figur ihn fängt. Seine Freude liegt nicht „ich-bezogen" darin, in der Phantasie die Hände zum Fangen des Balles selbst zu bewegen, sondern darin, ein „objektives" **Bild der Szene** zu machen, in der er (gegebenenfalls sich selbst) „von außen" erblicken kann.

Situationen / Stellungen

Bei der Figurengruppe **„Vater und Sohn"** auf Abbildung **305** wurden die beiden Teilnehmer aneinander angepaßt.

Abbildung 305
Junge 5 J 1 M
„Vater u. Sohn"

Sie sind also **nicht** einfach nur beieinander, sondern **in Zuwendungshaltung** gezeichnet, die das sonstige Darstellungs-Schema **verändert**. Die „Beinlinien" des (Schnurrbart-tragenden) Vaters werden durch horizontale Anordnung in eine „Sitzfläche" verwandelt, zu der sich das Söhnchen aufrecht verhalten kann. Die Beinlinien des Kindes sind zum Sitzen geknickt – allerdings ohne sich an die Sitzfläche anzupassen. Weil ein freiheitshemmendes Festhalten und ein Festgehalten-Werden mit Armen und Händen unerwünscht ist, unterbleiben entsprechende Linien-Spuren. Die Schemata sind für die Selbst- und Fremd-Darstellung verschieden.

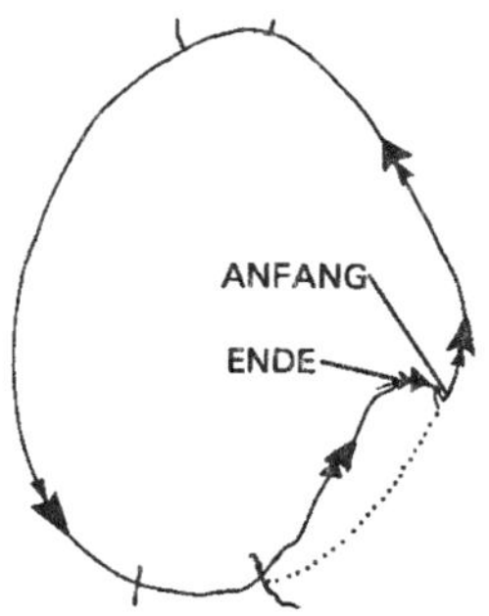

Figur 306

Eindrucksvoll zeigt sich die gegen den Uhrzeigersinn gerichtete Umarmungsgeste, in welcher der Körper des „Vaters" hergestellt wurde (bei Figur 62 wurde das Problem erörtert). Die Hakenform auf der dem Schoßkind zugewandten Seite entsteht durch die Korrektur des Krümmungsverlaufs der Grenzziehung, wo sich die Kurve am Ende nicht mit dem Anfang zusammenschließen will, wie dies die „ideale" gepunktete Linie anzeigt. Die größte Sicherheit der Linienführung liegt in ihrem Anfang (Figur **306**).

Bewegtheit in Dauer / Bewegung im Ablauf

Mit dem Begriff „Anpassung“ ist ein Stichwort gegeben, das für die Darstellung bewegter Gestalten maßgebliche Bedeutung hat. Die **Darstellung** bewegter Gestalten steht unter einem doppelten Zwang: erstens müssen die Formen der Bewegtheit sinnvoll **in das Geschehen** eingepasst werden. Zweitens müssen (wie die Beine bei den Kindern an der Geburtstagstafel Abb. **307**) die Bewegungen **gemäß den Eigenschaften gelenkiger Gliedmaßen** den Stühlen angepasst werden – im Unterschied zur Zeichnung von Vater und Sohn (Abb. 305), wo die Beine des Vaters in eine Sitzfläche „verwandelt“ wurden.

Die beiden Kinder mit ihren Kakao-Tassen in der Hand am Geburtstagstisch sind in Greifende und Sitzende verwandelt worden, um mit ihren Körpern den Sitzmöbeln angepasst zu sein.

Abb. 307 „die Geburtstagstafel“ Mädchen ca 8 J

Die **gezeichnete** Situation findet **in** einem **Bild-Raum** statt, wo die **„stillstehende“ Gleichzeitigkeit** aller Komponenten **auf Dauer gilt**. Vor allem die auf dem Bild hergestellte **Dauerhaftigkeit des szenischen Vorgangs** zeigt an, dass das Kind nicht mehr **sich** als den Spieler zur Verursachung der Bewegungen seiner Figuren versteht – dass es nicht mehr sich selbst in den Ablauf der Handlung einmischen muss. Im Unterschied dazu steht die nachfolgende Szene (auf der Arena des Zeichenblattes), die sich **während** einer **Zeit-Spanne** – mit Anfang und Ende – vollzieht. Auf der Abbildung **308** wird, wie **auf einer Bühne**, eine Szene **gespielt**, aber keine Szene **dargestellt** (s. auch Abb. 108).

Das Kind zeichnet sich selbst und seinen großen Vater. Die Querstriche durch die „Beine“ sind die „Schrittfolgen“, mit denen der Erdboden Streckenabschnitt für Streckenabschnitt begangen wird. **In dem Zeitraum**, in dem das Kind die Querstriche **zeichnet**, **laufen** die beiden. Danach **sind sie gelaufen**, man erkennt es zwar noch an den Spuren – aber nun laufen sie nicht mehr auf dem Bild, weil ja keine **Darstellung** des Laufens beabsichtigt war. Anders gesagt: Es handelt sich **nicht** um die **Darstellung**, sondern um zeichnerische **Vergegenwärtigung der Ortsveränderung** von Menschengestalten; denn die Figuren werden nur zur zeichnerischen Tätigkeit des Kindes „bewegt“.

Abb. 308 Mädchen 3 J 9 M
„Spaziergang mit Vater“

Das Querlinien-zeichnende **Kind ist** der **Beweger** der beiden Gestalten, als ob es Puppen über den Boden hüpfen ließe.

Da die **bewegt-gestaltete Menschenfigur** nur **mit Körperformen** und den **Formen von Körperteilen** dargestellt werden kann, liegt hier statt einer Bewegungs**dar**stellung ein vergegenwärtigender Bewegungsvollzug vor. Die „Beinlinien“ auf diesem Bild sind eben noch **keine** Körperteile, sondern „Geh- und-Komm-Anweisungen“, was an früherer Stelle erläutert wurde. Die „Hände“ an den „Armen“ bilden ein Linienkreuz; Kinder diesen Alters machen in der Regel noch keine Ellbogen, weil „Armlinien“ die tätigen „Hände“ **ohne Umwege** ans Ziel führen. Die „Kreuze“ verkörpern die Hauptrichtungen, in welche die Hände überall hin greifen können. – Außer an der Größe sieht man an den Frisuren, wer der Vater und wer die Tochter ist. Dieses Beispiel zeigt, dass die beiden Spaziergänger nicht durch ihre **bewegte Gestalt** an die Situation **angepasst dargestellt** wurden, sondern (auf dieser Altersstufe absolut angemessen!) „auf den Blatt-Boden **hingestellt“** und dann **vom Kind „bewegt“** worden sind. Mit gleicher Eindringlichkeit bringt sich einen Monat später die kindliche **Eigentätigkeit** in die nachfolgende Zeichnung desselben Mädchens ein (Abb. **309**).

Das Kind vergegenwärtigt auf dem Blatt Papier ein Erlebnis, das es am Tage zuvor mit Nachbars Hund hatte; der hatte nämlich nach ihm geschnappt. Nun steht es selbst „oben“ (= hinten) auf dem Platz des Blattes, erkennbar als Wesen mit zwei Augen und einem Körper, der in „Ober“-und „Unterbauch“ gegliedert ist. **Vor sich,** in der Mitte des Blattes, sieht das Kind den umherspringenden Hund. Dieser hat sowohl eine Schnauze (hier mit einem „körper-nahen Maulstrich“) als auch **das eine** Auge, das man immer an der **Seite** seines Kopfes sehen kann. Die Hundefigur, die dem Kind **von vorn am nächsten** ist, richtet sich mit ihrem Schnauzenstrich direkt gegen das Opfer. Auf dem Blatt ist aber **nur der eine Hund** dargestellt; **die Angst des Mädchens** lässt diesen **einen** jedoch **an vielen Stellen** des Platzes **auftreten**. ‘Mal ist er näher, ‘mal weiter weg, ‘mal seitlich, ‘mal rechts oder links. Man kann als Betrachter nacherleben, wie sich **das Mädchen selbst hin und her**

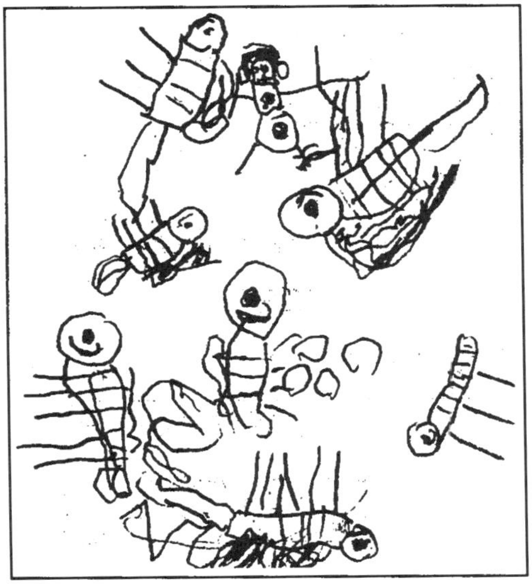

Abbildung 309 Mädchen 3 J 10 M
„vom Hund bedrohtes Mädchen"

wendet, um nicht von hinten angefallen zu werden. Nicht also der Hund ist eigentlich in Bewegung, sondern das Kind mit den Bewegungen seiner Augen und seines Kopfes, die es machen muss, um dem Tier gleichermaßen in's Auge zu sehen und ihm auszuweichen. Selbstbezogen zeichnet es diejenigen Stellen, an denen seine Augen den Hund sichten. Dabei durchlebt das Kind das erschreckende Geschehen noch einmal in seinem **zeitlichen** Ablauf. Solch eine Zeichnung kann eine beruhigende Wirkung haben; man sagt, das Kind würde auf diese Weise seine Probleme oder Ängste „aufarbeiten" können, weil es sich beim Zeichnen als Herr(in) der Szene verstehen kann, aus der es schließlich doch gut – und nicht als Unterlegene – herausgekommen ist.

Ein solches Bild ist deutlich **vergegenwärtigendes Spiel**, im Unterschied zur **dargestellten** Szene mit bewegt-**geformten** Gestalten.

Bewegungs-Anmutung / Bewegungs-Darstellung

Abbildung 310 freie Zeichnung 1. Schuljahr

Abbildung **310** stellt eine Familie dar, die **da ist**, jedoch **ohne Bewegung der Arme in die Höhe**, wie es den Anschein hat. Sie bezeugt die gelebte Erfahrung des Kindes, dass die Arme (und deren mögliche Bewegungen) von der „Antriebs-**Mitte**" der Personen aus **gelenkt** werden, jedoch an der **Schulter** aus dem Körper **heraustreten**. Das Dynamische, das diese Figurengruppe förmlich zu durchwalten scheint, ist eine **Anmutungsqualität**, die zusätzlich aus der Wiederholung gleichartiger Elemente in dieser speziellen Formzusammenstellung kommt (s. Figur 165 c). Beim Vater sieht das Kind die Gürtellinie, die den Bauchteil der Hose abgrenzt – bei der (anzunehmenden) Selbstdarstellung sind die Hosen auf die Beinröhren beschränkt. Die Handform der insgesamt am stärksten differenzierten Vaterfigur entspricht der Figur 282.

Die Abbildung **311** stellt dagegen eine Familie dar, die **geht**. Es ist unübersehbar, dass die Familie gerade beim Spazierengehen ist. Die Beinbewegungen sehen zwar „nach Laufschritten aus"; genau genommen hat das Kind das dem Ziel entgegengestreckte vorgesetzte Bein und das im Kniegelenk gebeugte andere Bein gezeichnet, um den **dauerhaft anhaltenden** Vorgang der Fortbewegung auf dem Bild festzuhalten. Die Handform stimmt mit Figur 283 überein.

Abbildung 311 freie Zeichnung 1. Schuljahr

Auf dem Weg zum Bild – Theorie

Um zu gezeichneten **Bildern** zu gelangen, muss das Kind die **direkte Vergegenwärtigung** seiner frühen weitgehend **körperlichen** Erfahrungen mit der Welt **aufgeben** und dazu übergehen, sich **visuell-orientiert** zu äußern. Das Kind muss nun auf den gelegentlich geradezu genusssüchtigen Egozentrismus verzichten, mit dem es die ihm „untertänigen" **Wesen**, **Sachen** und Situationen auf und aus Papier **hergestellt** hatte.

Die für sichtbare Gestalten typische **Bild**form ist ein Gegenstand, der **zum Anschauen gemacht** wurde. Als **Bild** oder **Abbild** von Sachen, Themen oder Motiven ist das Bild ein Ding, das vor allem dazu dient, das Thema oder das Motiv zu **zeigen**, ohne das Gezeigte zu sein. Der Unterschied von **Schein** und **Sein** wird am Bild offenbar, und genau darin liegt seine Bedeutung für die Bildung von Bewusstsein.

Von der bloßen **Abbildung** der sichtbaren Erscheinung von Gegenständen und Motiven **unterscheidet** sich das **Bild** durch seine **Gestaltung**. Das Sichtbare der meist räumlich oder körperhaft vorkommenden Motive wird unter den speziellen Gestalt-Möglichkeiten, die die **Bild-Fläche** bietet, zur Ansicht gebracht.

Die schon früh geübte Übernahme der Handlungs-Gebärden in Zeichnungs-Gesten (wie bei der Herstellung der „Kopffüßler") begünstigt auch die künftige Bild-Gestalt auf der ebenen Fläche; denn das Problem der „Übersetzung" dreidimensionaler Erscheinungen in zweidimensionale Figuren konnte bereits damals prinzipiell und bildgerecht, wenn auch unbewusst, als bewältigt gelten (s. S. 186 f.).

Das Schließen von Grenzlinien, das Einhalten von Symmetrien, von parallelen und sich unterscheidenden Richtungen usw., konnte auch bei den gebärdenhaften zeichnerischen Äußerungen **nicht gänzlich ohne eigene visuelle Kontrolle** durchgeführt werden. Dennoch verlaufen diese Seh-Leistungen für das Kind selbst beinahe unbemerkt, weil im Vordergrund die unmittelbar auf dem Papier etwas bewirkende **Tätigkeit mit der Hand** seine körperlichen Aktionen leitet und die eigentliche Befriedigung erbringt. Das Sehen-Können ist Kindern – und Menschen überhaupt – ohne Notwendigkeit zur Reflexion ein selbstverständliches Vermögen und wird daher nicht als eine eigene Tätigkeit empfunden. Erst in der **vergleichenden** oder **prüfenden Kontrolle** optisch wahrnehmbarer Erscheinungen kann das Sehen selbst durch seine Thematisierung zum Bewusstsein kommen.
Schon in ihren Wegespielen und bei der Deutung von Umriss-Gestalten haben Kinder gegenständliche Erscheinungsformen zu entdecken gelernt; zusätzlich wurden sie durch das Betrachten von Bilderbüchern bestärkt. Bei diesen Tätigkeiten wird das Sehen-Können unbewusst genutzt; die Freude aber geht vom **Entdecken** und vom Benennen aus.
Beim Gestalten werden die **Erscheinungen** der Gegenstände **in jene Formen verwandelt**, die auf der Fläche möglich sind. Die Fähigkeit, **im bloß Gesehenen** dennoch die **Wirklichkeit** der Dinge vor sich (und **in** sich) zu haben, bildet sich erst mit zunehmender Erfahrung aus. **Aus** dem **Sichtbaren der Erscheinung** muss die tast- und greifbare Körperlichkeit mit Sicherheit erschlossen werden können. Damit wird dann die **Konzentration** auf die **sichtbaren** Erscheinungen der Dinge, die **bisher mit vielen Sinnen** wahrgenommenen wurden, immer verlockender für die Zeichner. Bei diesen Überlegungen wird davon ausgegangen, dass das Kind visuelle Erscheinungen eines Gegenstandes aufgrund seiner Erfahrungen in der Realität mit all den anderen Eigenschaften verbinden kann, die es selbst mit den übrigen Sinnen bereits wahrgenommen hat. In dem neueren Weltverhältnis des Kindes wird nicht mehr alles nur oder hauptsächlich von „seinem Inneren aus“ formuliert. Sofern es aber die Verbindung zur Wirklichkeit in der einen oder anderen Hinsicht nicht herstellen kann, wird man annehmen, dass es sich an seine ältere Malweise halten wird und an jene Handbewegungen, die noch das Gefühl für die Beschaffenheit der Wirklichkeit in sich spüren. Die Zeichnung würde auf diese Weise immer einen **Bezug zur erfahrenen Wirklichkeit** in ihrer greifbaren Dinghaftigkeit **behalten**. So erklären sich die langlebigen einfachen geschlossenen Kurven-Linien für die Grenzen der Gegenstände, und die geraden Linien für die sich bewegenden Bestandteile einer Figur, obwohl schon viele (für die bildnerische Entwicklung eher unbedeutende) Einzelheiten – wie etwa die Formen von Frisuren – an ihrer visuellen Erscheinung orientiert werden.

Anfänglich bleibt die Einheit aus den Hauptelementen von Kopf und Rumpf bei der Darstellung von Bewegung mehr oder weniger unbe-

teiligt, wohingegen die **Gliedmaßen** ihre Lage und Stellung zu der „zentralen Einheit“ **verändern**. In solche Darstellungen gehen visuelle Beobachtungen ein, jedoch können auch Eigenkörpergefühle wie bei Abbildung 312 ihren grundlegenden Einfluss behalten und zu einem eindrucksvollen bildnerischen Ergebnis führen.
Nicht nur die Beziehungen der Menschenwesen in Zuwendungen und Tätigkeiten bestimmen die neueren Gestaltungen, denn es kommt noch das Umfeld hinzu, in dem sich die Szene jeweils abspielt. Im Kapitel über die Raum-Darstellung wird das Thema ausführlich behandelt; hier spielt es nur insoweit eine Rolle, als bestimmte „Requisiten“ wie Tische, Stühle, Schultaschen und ähnliche Gegenstände die Haltung der Menschenfiguren mitbestimmen.
Die „Bewegung im Ablauf“ wurde erkannt als ein **Spiel des Kindes** mit seinen Figuren, in dem es die gezeichneten Gestalten durch seine eigenen Gesten „in Bewegung versetzt“. Die **Spuren** davon sind geblieben.
Im Unterschied dazu wurde die „Bewegtheit in Dauer“ beschrieben als die bleibende Vergegenwärtigung eines bereits abgelaufenen Bewegungsvorgangs durch die Gestaltung der Figuren selbst.
Nach allen diesen Überlegungen wird klar, dass es die **darzustellende** Szene oder Situation selbst ist, die die bewegt-gestaltete Menschen-Figur **erfordert**. Von der Szene gehen die Impulse aus, die das Kind veranlassen, den Körpern oder Körperteilen seiner Gestalten die **Formen** von Bewegung oder von Bewegtheit zu geben.

Es gibt nun zwei Gebiete, auf denen das Problem verfolgt werden muss: Zum einen die **Bewegungsmotive, die die Szene erfordert**, zum andern die **Gestaltungsformen,** mit denen die Kinder Bewegung und Bewegtheit ausdrücken.

Unter dem Begriff **„bewegt-gestaltete Menschen-Figur“**
sollen alle Menschendarstellungen zusammengefasst werden,
deren **Gestalt die Bewegung ausdrückt** weil sie
- entweder **bewegt wurden** (Beispiele Abb. 305 und Abb. 307)
- oder **sich in Bewegung befinden** (Beisp.: Abb. 301 u. 304 u. 311).

Nicht unter den Begriff **„bewegt-gestaltete Menschen-Figur“**
fallen Darstellungen, die nur einfach **wie eine bewegungslose Puppe**
zum Spielgebrauch des Kindes erschaffen wurden
(z.B. Abb. 303 oder Abb. 308).

Es ist nicht immer leicht zu erkennen, ob die Bewegung noch im Gange oder schon abgeschlossen ist oder ob überhaupt eine vorliegt – es handelt sich um Unterscheidungen, die am besten aus dem gezeichneten Zusammenhang erschlossen werden.

Die Bedeutung der bewegt-gestalteten Menschen-Darstellung für die Zeichnung (eines Bildes)

Die Darstellung von bewegten Menschengestalten macht offenkundig, dass das Kind seine Figuren nach und nach immer mehr „autorisiert", sich so zu zeigen, als hätten sie **sich selbst bewegt**. Mit den nur „herbeigeschafften" Figuren kann das Kind wie mit Puppen **fantasie-geleitet** weiterspielen, das heißt, es kann seinen Puppen beim Spiel alle möglichen Verhaltensweisen zumuten, während es die Figuren, die es **als bewegte** gestaltet hat, allenfalls noch in **der** Weise beanspruchen kann, die die Bewegtheitsdarstellung hergibt. (Eine eigens als sitzend gezeichnete Gestalt kann anschließend nicht gut eine laufende spielen.) Die ursprüngliche Veranlassung, die zur Darstellung der bewegt-gestalteten Figuren geführt hat, **ist die Szene**, in der sie auftreten. So gehört die bewegt-gestaltete Figur mehr zum „objektiven" Kontext der Szene (**die ein Bild ist**) als „subjektiv" in die Verfügbarkeit des Kindes.

Damit ergibt sich noch eine andere, **entscheidende** Wirkung für das künftige bildnerische Verhalten des Kindes: Da die bewegt-gestalteten Menschenfiguren ihren Sinn aus der (Bild)Szene beziehen, diese Figuren demnach außerhalb der Szene verhältnismäßig unbrauchbar sind, eignen sie sich auch nicht zu den o.g. **Fantasie-geleiteten** Spielen – die gezeichneten Szenen bleiben **als Bilder stehen**. Aus **Spiel**sachen können „**Seh**-Sachen" werden, die man (immer wieder) **ansehen** kann.

Der Übergang von der Sach-Herstellung zur Bild-Erzeugung in der Bewegungsdarstellung vollzieht sich fast zeitgleich mit dem Auftreten des Vermögens, den Menschen **hinter** seiner Oberfläche bzw. **in** der bedeckenden Kleidung sicher wahrzunehmen. Der Wechsel von der greifend/tastend erfahrenen **Grenz-Linie** zur überdeckenden **sichtbaren Oberfläche** wird vollzogen.

Die Gleichsetzung der jeweils bemalten Papierfläche mit der sichtbaren Oberfläche des gemeinten Gegenstandes erbringt das visuell geprägte Bildverständnis.

Obwohl diese Umstellung einer Revolution gleichkommt, leben sich die Kinder selbstverständlich und ohne darüber nachdenken zu müssen – und ohne dies auch zu können – in die neuen Verhältnisse ein.

Motive und Darstellungsformen bewegt-gestalteter Menschenfiguren

Die eigentliche, am Sichtbaren orientierte Darstellung der bewegt-gestalteten Menschenfigur kommt erst bei Jugendlichen vor. In unserer traditionellen Kultur hat die Wahrnehmung der **sichtbaren** Welt den **Vorrang** vor der Wahrnehmung (eigen-)**körperlicher** Informationen bekommen. Aufgrund dieser geschichtlichen Tradition findet eine gewisse Leibfeindlichkeit ihren Ausdruck in der Bevorzugung von distanzierenden Erfahrungsformen, wie sie in den vermeintlich „edlen Sinnen" vorliegen sollen, also beim Gesicht und beim Gehör.

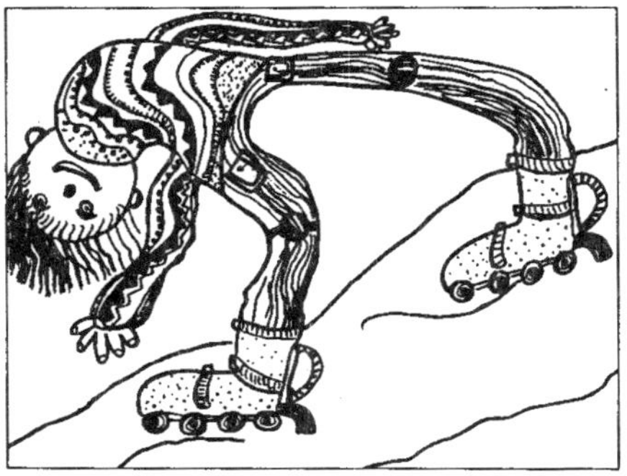

Abbildung 312 Junge 8 J

Der Anblick eines Bildes wie Abbildung **312** verwehrt vielen „kunstfernen" Betrachtern, sich positiv mit der darin zum Ausdruck gebrachten Körperlichkeit zu identifizieren; stattdessen wird die Zeichnung (unterschwellig) von vielen über die von ihr ausgelösten Anmutungen des Gesichtssinnes von vornherein verurteilt – wie z. B. die angeblichen „Deformationen" des menschlichen Körpers auf manchen Bildern Picassos.

Da zeichnet sich ein 8-jähriger Junge mit seinen Inlinern beim Herabsausen auf einer abschüssigen Wegstrecke. Die Eigenkörpergefühle, die ihm **irgend**welche Bewegungen in den Gelenken anzeigen, werden von ihm **nicht** nach den Maßstäben **sichtbarer** Anatomie dargestellt, sondern so, dass sie ins Bildformat – als seiner Spiel-Welt – hineinpassen. Die Knickstellen der Gelenke werden, obwohl durch die Knieschützer markiert, gar nicht beachtet oder „verkehrt herum" eingesetzt.

Die Zahl der regelmäßig auftretenden Typen von Bewegungsgestalten ist begrenzt

Die **spontane** Darstellung bewegter Menschengestalten ist trotz der vielen vorstellbaren Tätigkeiten auf **wenige** hauptsächlich vorkommende Bewegungs-Typen beschränkt. Dennoch ist das Thema der Bewegungsdarstellung eine wichtige Anforderung, die das Kind im Gang seiner Entwicklung zu bewältigen hat. Es geht nämlich um mehr als nur darum, bewegte Gestalten zeichnerisch darstellen zu können. In der Beobachtung und Darstellung von bewegten Gestalten wird (auf eine weitere und besondere Weise) die vorwiegend von den Körpersinnen „garantierte" Richtigkeit der Welt**erfassung** – nach und nach – in die mit dem Augensinn ermöglichte Welt**anschauung** übergeleitet.

Hatte das Kind am Anfang mit seinen Zeichnungen seine Geschöpfe als Sachen hergestellt und damit zugleich bewirkt, dass diese aus *„der Erscheinungen Flucht“* in eine konstante Gestalt überführt wurden, so muss es sich bei der Darstellung von bewegten Figuren auf deren **flüchtige** Erscheinung **in der Bewegung** einstellen, wobei diese Erscheinung spezifisch visuell zur Anschauung kommt.
Die bewegt-geformte Gestalt macht ihre Tätigkeit sichtbar, allerdings um den Preis der Verdeckung sonst sichtbarer Teile des Bestandes. So geht z.B. bei der Wendung des Kopfes zur Seite, um das Wichtigste zu nennen, der typische Blick aus beiden Augen verloren.
Den **Tätigkeiten der Figuren** entsprechen bestimmte **Bewegungsformen**, wobei sich die ganze Gestalt bewegen kann, indem sie sich zur Seite oder mit dem Rücken zum Betrachter wendet. **Erst dann**, wenn das Kind Figuren zeichnet, die sich zur Seite wenden, sind diejenigen, die man **von vorn** sieht, auch **wirklich von vorn gemeint** – dann erst zeigen sie sich in der **Frontal-Ansicht**. Bisher waren solche Figuren, weil sie von **seiten-ansichtigen** Figuren **nicht unterschieden** waren, auch **nicht von vorn** gezeichnet, sondern lediglich **überhaupt** da – in jeder Lage, Stellung und Wendung, die das Kind in seiner Spiel- und Herstellungsfreude gerade gemeint haben konnte. Anders gesagt: Bis zu diesem Zeitpunkt konnte das Kind die im Hinblick auf jegliche Tätigkeit **„neutrale“** Figur einsetzen, ganz so, wie es sie zu seinem Spiel brauchte. Nun aber legt es die gezeichnete Figur auf eine bestimmte Handlung oder Tätigkeit, die sie ausführen soll, fest. Eindeutig wird dies, wenn auf demselben Bild weitere Figuren vorkommen, die sich in andere Richtungen wenden.

Die Probleme der visuell geleiteten Darstellung werden nicht gleichzeitig gelöst – die vordringlich thematisierten Probleme antworten auf individuelle Gegebenheiten

Die nachfolgenden Beispiele zeigen die **Widersprüche** und das **komplizierte Zusammenwirken** der **verschiedenen Faktoren**, die letztlich das Aussehen einer Zeichnung dieser Entwicklungsphase beeinflussen.
Vor allem drei Faktoren sind zu nennen:

Erstens die **bewährten Schemata**, die über die **Eigenkörpergefühle** die unentbehrliche Brücke zur Wirklichkeitserfahrung schlugen und noch immer schlagen. Den neuen Problemen gegenüber, die weitgehend mit visuell bestimmten Verfahren gelöst werden müssen, erweisen sie sich nicht gewachsen und sogar hemmend. Die Hemmung dürfte aber auch ihr Gutes haben; denn sie könnte bewirken, dass das Kind sich erst dann den neuen visuell ausgerichteten Arbeitsweisen hingibt, wenn diese ihm dieselbe innere Gewissheit von Richtigkeit geben wie die bisher angewandten Schaffensgrundlagen.

Zweitens muss das Kind im Laufe der Vervollkommnung der Bewegungsdarstellung davon Abstand nehmen, die Tätigkeiten nicht mehr so zu verstehen, als ob sie unmittelbar aus der „seelischen Mitte“ der Figur kämen. Die **Bewegungen** sind nun **den Möglichkeiten der Gliedmaßen anzupassen**.
Drittens ergeben noch so fein erspürte Eigenkörperwahrnehmungen keine Richtlinien für deren zeichnerischen Ausdruck in einer **abbildlichen** Weise. Das **Aussehen** der bewegt-gestalteten Figuren muss an anderen Personen (oder an Abbildungen von ihnen) **visuell abgelesen** werden. Daraus ergeben sich zwei Problembereiche: Zum einen müssen **Modell-Ansichten** von Formen der Bewegtheit gefunden und im Gedächtnis behalten werden, und zum andern kommt **in der Zeichnung die Bewegung** zu einem **stillstehenden Anblick**, der in der Wirklichkeit meist nicht gegeben ist.
Die Kinder machen sich alle drei Faktoren zu nutze, wenn sie sich jetzt **Bilder** vom Menschen **machen**.

In der Übergangszeit bis zu einer Darstellung, die nicht mehr in das eigentliche Gebiet der Kinderzeichnung fällt, werden die bewegtgeformten Menschengestalten aus den Inhalten und Zutaten aller drei Faktoren-Bereiche **konstruiert**, was aus den nachfolgenden Beispielen ersichtlich wird. Die Kinder entnehmen jedem Bereich jeweils diejenigen Möglichkeiten, in denen sie sich (aus Erfahrung) sicher fühlen.

Bei einer Figur, die sich in der Frontal-Ansicht zeigt, ist unter den Bedingungen bewegter Gestaltung gelegentlich schwer zu entscheiden, ob sie entweder vor dem Betrachter **stehen** oder auf ihn zu**gehen** oder, wie bisher, nur einfach überhaupt **da-sein** soll.

Auf vielen Bildern sind Bewegungsmotive verschiedener Art miteinander verknüpft. Auf Abb. 311 ist eine ganze Familie beim Spaziergang zu sehen, doch wird darüber hinaus angedeutet, wie sich die Mitglieder **an den Händen fassen**. Die Kinder an der Geburtstagstafel (Abb. 307) **sitzen** und sind im Begriff, nach den Kakao-Tassen zu **greifen**

Die bewegt-gestaltete Menschenfigur, die von den Kindern „veröffentlicht“ wird, ist in der Regel bekleidet. Zwar gibt es auch die Darstellung nackter Menschen; Nackte aber werden meistens nur dargestellt, weil deren **Anatomie** interessiert, **nicht** aber, wie diese in der **Bewegung aussieht**. So kommt die bewegte Menschenfigur fast nur **in der Kleidung verborgen** vor.

Die Gliedmaßen bewegen sich – der Körper bleibt

Die gespreizten Beine der Abb. **313** können nur als Gehen verstanden werden. Die Gestalt scheint mit der Hand etwas ergreifen zu wollen, dem sie sich mit dem Kopf zuwendet.

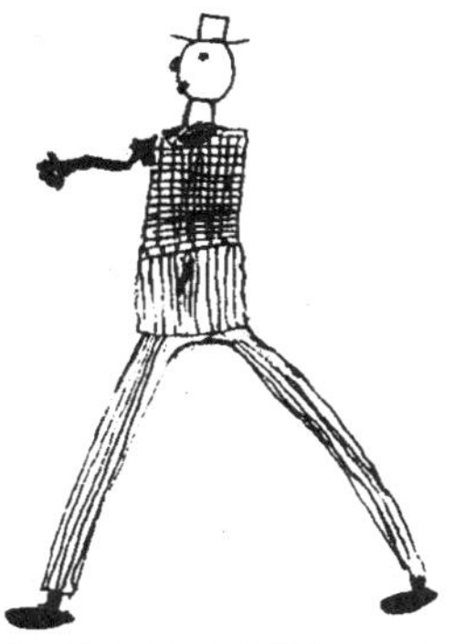

Es wird nur der eine Arm gezeichnet, der an der Handlung beteiligt ist; er kommt betont „weltgerichtet“ aus der Schulter heraus. Die Beine werden gegenüber dem Rumpf als bewegliche Körperteile verstanden. Dem Arm wurde wegen der Gefühle von allseitiger Beweglichkeit sogar ein Handgelenk zugefügt, womit die Hand nicht mehr nur in der Richtung des Arms verstanden wird.

Abb. 313 Junge 10 J 6 M

Die Abbildung **314** zeigt einen kleinen Jungen, der, auf einem Schemel stehend, am Herd seiner Mutter mitkochen darf. Die Köpfe der beiden sind zur Seite gewendet. Man sieht nur noch **ein** Auge. Die Nase bleibt **im** Gesicht (wo sie immer schon war), wird jedoch näher an den Rand gerückt, von dem die Mundlinie ausgeht. Der Mund wird leichter mit einer Grenze in Zusammenhang gebracht, weil er auch anatomisch eine Grenze darstellt. Die Arme treten an derjenigen Seite des Körpers aus, an der sie gebraucht werden. Der Oberkörper der Mutter erinnert stark an das „Zwischenstück“.

Abbildung 314 Junge 2. Schuljahr Abbildung 315

Die Kleidung ist durch ihr Muster deutlich als bedeckende gekennzeichnet. Die dampfenden Kochtöpfe stehen „wörtlich“ **auf** den runden Herdplatten. Auf Abb. **315** befindet sich (stehend oder sitzend?) ein Mädchen auf einem Stuhl vor dem Küchenschrank und wird gleich den elektrischen Mixer in den oben offenen Topf zum Rühren stecken. Zwischen dem Stuhl und dem Tisch sieht man die Schubladen des Küchenschranks. In einem Regal darüber stehen „oben offene“ Tassen mit Henkeln, darunter Becher, und nebenan ein Radio, aus dem die Musik tönt. Der Zeichnung von **bedeckender** Kleidung entspricht konträr der **offene** Übergang **vom** Äußeren **zum Inneren** der Gefäße, der in der dargestellten Weise aber **so nicht** gesehen werden könnte. Im Gesicht befinden sich, im Unterschied zur vorangehenden Zeichnung, zwei Augen, jedoch keine Nase. Das Mädchen ist wahrscheinlich die Schwester des Jungen, von der dieser (bewundernd) angeblickt sein möchte, wohingegen er den Blick der Mutter sucht und erwidert.

Auf der Abb. **316** wurde die Schultergegend **in die Mittelachse der Gestalt** gelegt und so zum Ursprung des aktiven Arms. Damit ist dieser Rumpf **eindeutig** zur Seite gewandt, und zwar deswegen, weil der Arm nicht an dessen gezeichneter **Grenze** entspringt. Da die Schulter auf der „Rückseite“ nicht sichtbar ist, ist der andere Arm durch den Körper verdeckt und kann folglich ohne Darstellung bleiben. Kopf, Hals und Körper haben einen gemeinsamen Umriss. Oberhalb der Gürtellinie erscheint die Gestalt – bis auf das Ärmelbündchen – ohne Hinweis auf Bekleidung. Die breiten Linien geben dem Umriss eine gewisse einheitstiftende Flüssigkeit zurück, die durch die kurzen zögerlichen und suchenden Striche verloren ging. Solche kurzen Striche weisen auf ständige visuelle Überprüfung der werdenden Sachgrenze hin, die vor allem im Hinblick auf richtige Proportionen beurteilt wird. Beim Umreißen des Armes musste der Zeichner die Grenzen des Rumpfes überwinden, die er im Ärmelbereich (mit schwachem Erfolg) auszuradieren versucht. Das Problem des Unsichtbarwerdens der Körpergrenze durch die überdeckende Fläche des Arms wird, wie viele Beispiele zeigen, von jüngeren Kindern noch nicht beachtet. Die „korrekte“ Überdeckung (als „visuelle Erscheinung“) lässt sich, wenn sie als störend empfunden wird, leicht durch Wegradieren des kleinen Striches zwischen den Armgrenzen verwirklichen. Das aber tun jüngere Kinder oft nicht, weil sie ihre Gestalt in dieser Hinsicht nicht überprüfen. Sie haben den „Bauch“ der Figur „gemacht“ und dann den Arm „davor“ bewegt, und ihre „optische Qualitätskontrolle“ würde sich allenfalls darauf beziehen, ob **sie selbst** alles richtig **gemacht** haben — und das setzen sie fraglos voraus.

Abb. 316
Junge 12 J

Der Arm wird nicht unter visuellen Gesichtspunkten bearbeitet, sondern unter dem Aspekt der Tätigkeit eines eigenständigen Körperteils.
Im Unterschied zu Abbildung 318 hat dieser Junge die Haarpartie als eine echte Überdeckung des Schädels gezeichnet.

Abbildung 317
Junge 12 Jahre

Auf der treffenden Karikatur des Zeichenlehrers (Abb. **317**) wird die Kleidung ausdrücklich durch Kragen und Gürtel markiert. Dem Arm wird jedoch kein eigens gezeichneter Ärmel zugewiesen – in dieser Hinsicht bleiben Arm und Hand vorrangig an die Geste des erhobenen Zeigefingers gebunden: diese geht, ohne die Hand von Arm oder Ärmel abzugrenzen, aus dem Innern der Person unmittelbar in die Schulklasse hinein.

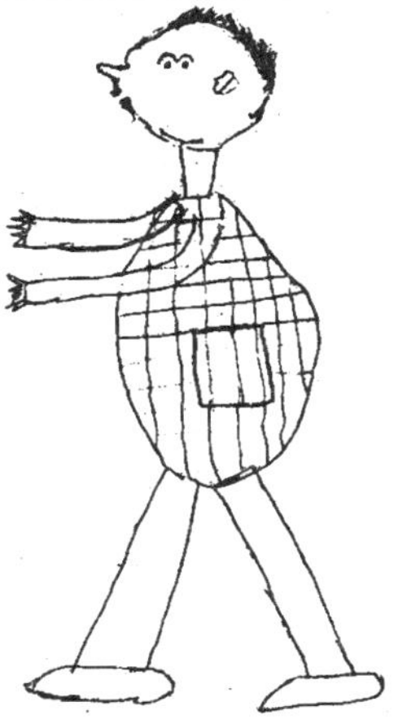

Abbildung 318
Junge 11 J

Abbildung **318** zeigt die Bemühungen eines Schülers der 2.Klasse eines Gymnasiums, sich selbstständig mit jener Vielzahl von Problemen auseinander zu setzen, die beim Übergang von der **Her**stellung zur **Dar**stellung vorkommen. Das Bild ist nur wenig an die altersüblichen Darstellungsgepflogenheiten angepasst. Weil es nur an den „schwierigen“ neuen Stellen zögernde Linien aufweist, ist es als eine aufrichtige Auseinandersetzung ernst zu nehmen.

Für die seitliche Darstellung des Kopfes ist noch kein festgefügtes Schema gefunden worden. Die Haare stehen um den Kopf; die Nase ist eine Ausbuchtung und die Mundöffnung eine Unterbrechung der suchend gezeichneten Kopfumrandung. Die vielen Striche um die Öffnung stellen Schnurr- und Spitzbart-Haare dar. Vom Blick-spendenden Augenpaar wurde eines fast bis zur Unsichtbarkeit wegradiert. In den Umriss des Ohrs sind konkrete Beobachtungen eingegangen – nämlich die Ohr-Ecke, das ist die kleine, von den Wangen her über die Ohröffnung ragende Knorpelscheibe (auf der folgenden vergrößerten Studie zu sehen).

Der rund-umgrenzte Körper ist durch Musterung und Ausstattung als bekleidet ausgewiesen; die aufgenähte Tasche kann als Hinweis dafür gelten, dass der Körper „von der Seite“ gemeint ist; die Hose besteht jedoch nur aus den Beinröhren, welche in ein dem Zeichner **zu-** bzw. **ab**gewandtes Bein unterschieden werden. Das zugewandte Hosenbein zeigt **eigens** seine obere Grenze (parallel zur Körperkontur); außerdem wird mit der Vorderseite dieses Beins die Richtung der „vorderen Bauchwandgrenze“ – etwas versetzt – aufgenommen und so die altgewohnte Gemeinsamkeit der seitlichen Körpergrenze mit den „Beinlinien“ in etwa fortgeführt. Die „Schuhe“ beziehen sich in ihrer Form ganz auf das Hin- und Her-Laufen mit den Füßen.

Wie auf fast allen Kinderzeichnungen wird auch hier der „untere“ Arm, der dem Zeichner auf der liegenden Blattfläche am nächsten ist, zum „vorderen“. Der Junge beginnt aber die Zeichnung mit dem „oberen“ Arm, der erst durch den später gezeichneten der „hintere“ Arm sein wird. Offenbar ist anfangs aufgrund einer einfachen Handlungs-Bestimmung überhaupt nur **ein** (tätiger) Arm vorgesehen, dessen obere Kontur an der Grenze von Hals und Körper ansetzt.

Studie zu Abbildung 318

Verfolgt man den Bogen dieser Kontur über den Ansatz hinaus zurück (gepünktelte Linie auf der Studie), so kommt man etwa in die Mitte des Kopfes, also zu jener Stelle, von der in „Kopffüßler-Zeiten“ die Handlungsimpulse mit eindimensionalen Linien auszugehen pflegten. Die untere Kontur dieses Arms bezieht sich auf die gleiche Stelle des Ursprungs und bildet so den zweidimensionalen Ärmel. Gegen den Körper hin wird der kleinere Arm (wie das vordere Hosenbein) mit einem Strich begrenzt, woraus hervorgeht, dass dieser Arm ursprünglich für sich wie eine Sache rundum begrenzt sein sollte. Zusammen mit den Korrekturen an Augen und Ohr könnte dann der zweite Arm gezeichnet worden sein, der aus der Mitte der nun seitlich interpretierten Schulter grenzlos herauswächst. Wegen des von diesem Arm überdeckten und fast völlig ausradierten Körperumrisses ist **er** nun eindeutig als der **vordere** Arm gemeint.

Die Zusammengehörigkeit des Ärmels mit dem Kleidungsstück wird auch in der Abbildung **319** greifbar, wenn auch auf einfachere Art gelöst. Der kurze Ärmel setzt, wie auf früheren Zeichnungen, seitlich an der Rumpflinie an. Genau so, wie der eine Ärmel an der einen Seite des Rumpfes ansetzt, setzt der (lange) andere an der gegenüberliegenden Seite der Gestalt an und zieht sich über den Rumpf, der auf dieser Zeichnung allerdings nicht deutlich zur Seite gewandt ist wie in den Abbildungen 316/317. Damit ist kein Tadel an dieser Zeichnung verbunden. Man muss sich vorstellen, welchen Schwierigkeiten der Junge gegenübersteht: Die Arme sind, von jenem Körpergefühl her, mit dem er als Kind immer schon gezeichnet hatte, **rechts** und **links** von den **linear** gezeichneten Seiten seines Rumpfes ausgegangen. Wenn sich aber der Rumpf seitlich dreht, dann wird – auf der Zeichnung – die ehemals **linear** gezeichnete **Seite** zum **flächigen Vorn** und die andere zum unsichtbaren **Hinten**. Vom eigenen Körpergefühl des Kindes (und auch eines Erwachsenen) aus ist es nur mit Mühe vorstellbar, den an der **„Mitte der Seite“ austretenden** Arm als **vor** dem Körper aufzufassen.

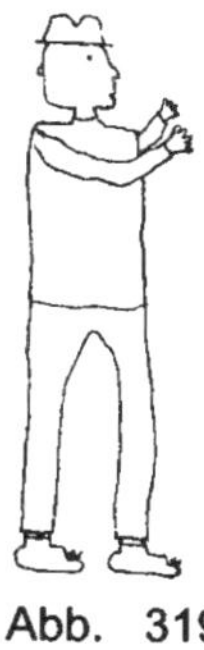

Abb. 319
Junge 11 J

Es entspricht der Lebenserfahrung des Kindes, dass sich die Hände am gewünschten Ziel treffen. Deshalb sind die Hände nahe beieinander, was den Eindruck großer Längenunterschiede der Arme hervorruft. So wird der durch Kleidung (Hut, Hemd, Hose) bezeichnete Körper ohne Markierung einer Wendung gezeichnet. Lediglich die **aktiven** Gliedmaßen – Kopf, Arme und Füße – sind zur Seite (d. h. „in die Welt") gewandt. Die Bewegung ergreift die Gliedmaßen, jedoch noch nicht die ganze Körpergestalt.

Die Bewegung bleibt auf die tätigen Körperteile beschränkt – sie erfasst noch nicht den ganzen Körper

Abbildung 320
Junge 10 Jahre

Beim Zeichnen des „Enten fütternden Knaben" (Abb. **320**) kommt seinem Autor zum Bewusstsein, dass **beide** Arme den Ursprung ihrer äußersten Grenzen „irgendwo am Rücken" haben.
Auf fast keiner der hier zitierten Zeichnungen kommt **die ganze Lösung** für **alle** Probleme **auf einmal** vor. Es sind immer Teile des Gesamtproblems, dem sich das Kind zuwendet – und gerade die Menge der hier angeführten Beispiele zeigt, wie vielfältig die Probleme **und die sinnvollen (Teil)-Antworten** sind, die sich aus der Darstellung der zur Seite gewandten bewegtgeformten Gestalt ergeben.

Abb 321
Junge 11 J

Die Frau auf Abb. **321** versteht sich hinsichtlich des Kopfes und der Schuhe mit denselben Argumenten wie die vorhergehenden Bilder. Sie kennt noch keine die ganze Figur betreffende Seitendarstellung, ersichtlich an der Symmetrie von Oberkörper und Rock. Dafür sind die Arme dem Körper differenziert zugeordnet: der dem Betrachter zugewandte vordere Arm sitzt an der Schultergrenze an und zieht sich unter Vermeidung jeglicher Überschneidung über die Fläche des Oberkörpers, während der andere Arm, zum Teil überdeckt, seine Herkunft aus der anderen Schulter ahnen lässt.

Abb. 322
Junge 10 J

Bei dieser Gestalt (Abb. **322**) wird der über den Körper führende Arm aus Gründen der gewohnten Symmetrie zuerst ein kurzes Stück von der Schulter weggeführt und anschließend durch Schraffur deutlich als überdeckend beurteilt. Die Nase kommt **aus** dem Gesicht und bringt sich als eigene Gestalt in die Grenzlinie des „Profils" ein; ihrer länglichen Gestalt ist die Herkunft aus einem richtungweisenden Gestus immer noch anzusehen. Das **eine** Auge auf der **Mittelachse** der Gesichtsfläche ist eine oft anzutreffende Anordnung. So nimmt das Kind (wie immer schon) Bezug auf das gewohnte Erblickt-Werden und auf die Stellung des Augenpaares in der Beziehung zur Mittelachse des Gesichts (denn der Blick kommt aus der Mitte der Person).

Die Anbahnung der Drehung des Körpers

Bei dem „sich im Unterricht meldenden Mädchen" (Abbildung **323)** ist der erhobene Arm in den Umriss des Pullovers integriert. Ähnlich wie beim „Schildkrötenspazierenführer" (Abbildung 299) sind die Hauptachsen der beiden Arme im Rechten Winkel aufeinander bezogen, wodurch ihnen spezifische unterschiedliche Funktionen zugewiesen werden: Der eine Arm ist weltzugewandt tätig, der andere ist, zur Person gehörig, „vorhanden". Gerade dieser Arm macht dem Jungen Schwierigkeiten, denn er erkennt das Problem, den Hals aus dem Pullover **heraus**kommen zu lassen, zugleich aber den untätigen Arm **in** den Ärmel zu bekommen. Bei dem erhobenen Arm nämlich können Arm und Ärmel miteinander identifiziert werden, weil dabei keine Überdeckungen auftreten.

Abb. 323
Junge 11 J

Der andere Ärmel aber muss in seiner Herkunft vom Rückenteil des Pullovers und in seiner Beziehung zum Halsausschnitt beachtet werden. Endlich findet der Junge in den verstärkt gezeichneten Linien eine Form, die für ihn als Lösung solcher Probleme zu einem Schema werden könnte. Die Zeichnung verdeutlicht, dass dem Schüler die auftretenden Realitätsprobleme so wichtig sind, dass er sie selbst lösen möchte, ehe er (viel)leicht zu einer Bildlösung kommt, die er Vorbildern entnehmen könnte. Die Nase ist dem Kopfkreis als Bogenlinie nach außen zugefügt, der Mund als etwas flachere Bogenlinie, die den Kopfkreis zögernd korrigiert, nach innen. Das Auge wurde nicht mit einer Pupille ausgestattet, weil man diese – so hat der Junge wohl beobachtet – von der Seite her nicht (deutlich) sieht.

Die Gemeinsamkeiten des „laufenden Jünglings“ (Abb. **324**) und des „spazieren gehenden Mannes“ (Abb. **325**) kommen zum Vorschein, wenn man die ausradierten, nur noch schwach sichtbaren Linien bei dem Mann mit dem Spazierstock beachtet; bei ihm nämlich wurde zur grundlegenden Orientierung zunächst der Körper gezeichnet, der danach mit einer Jacke mit Tasche, Kragen und Revers bekleidet wurde. Der stockführende Arm ist, wie beobachtet, gestreckt; der voll sichtbare Arm tritt aus der seitlichen Schulter heraus. Auffällig ist die „gute“ Proportion (7fache Kopflänge), auch auf Abbildung 323.

Eine der bemerkenswertesten Beobachtungen ergibt die Betrachtung der Köpfe, bei denen **viel mehr** von der **Gesichts**fläche als vom Schädel zu sehen ist. Die Dominanz des Gesichts als Ausdrucksträger für sozial relevante Verhältnisse zwischen dem Kind und seiner Umwelt lässt den Schüler bei dem Jüngling keinen proportionierten Hinterkopf zeichnen. Bei der Männerfigur wird über die Bartstoppeln nicht nur die Sehnsucht nach dem Mann-Werden signalisiert, sondern auch die Gesichtsfläche innerhalb des Kopfes weitestmöglich ausgedehnt. Offenbar beziehen sich diese Schüler immer noch mehr auf ihre eigenen Erfahrungen am eigenen Leib, als dass sie in formelhafter Manier Formen für Köpfe machten; denn ihre Art zu zeichnen zeigt, dass sie den Zusammenhang von seitlicher Ansicht und gleichzeitigem tastenden Erfühlen ihres eigenen Hinterkopfs nicht erfahren konnten.

Abb. 324 Junge 11 J 6 M
„laufender Jüngling“

Abb. 325 Junge 11 J
„spazieren gehender Mann“

Die Schuhe bilden einen rechten Winkel zu den Unterschenkeln und sind, bis auf den Schuh in Stock-Nähe, nicht auf eine gezeichnete oder gedachte Bodenlinie bezogen. Aufgrund der sorgfältigen Behandlung der Schnürsenkel dürfte in den Schulklassen, aus denen viele dieser Abbildungen stammen, „Schuh-Stilleben“ Gegenstand des Unterrichts gewesen sein.

Die Abbildungen 195, 304, 313, 316-319, 321, 323-328, 353-359, 371 stammen aus der Zeit um 1960 aus dem Unterricht von Studiendirektor Wolfgang Hackspiel (Düsseldorf) und wurden freundlicherweise aus seiner Sammlung von Schülerarbeiten für die Kunstakademie Düsseldorf zur Verfügung gestellt.

Abbildung 326 Junge 11 J

Bewegung, die nicht nur Überdeckungen zeigen kann und Gliedmaßen verschiebt, wird mit Figur **326** vorgestellt. Ein den ganzen Körper und alle beteiligten Gliedmaßen durchwaltender Bewegungszusammenhang wird für den Betrachter körperlich nachvollziehbar.

Der Kopf ist bemerkenswert, weil er in einer Art „Halbprofil" dargestellt wurde. Das Halbprofil ist eine Darstellungsweise, die nicht wesentlich auf der Tätigkeit der Figur beruht, sondern auf visueller Beobachtung durch den betrachtenden (Ab)-Zeichner. Der Abbildung liegt ziemlich sicher eine Vorlage aus dem Sportteil der Tageszeitung zugrunde.

.............Gepünktelte Linien bedeuten die Blattgrenze ohne eigens gezeichnete Grenzlinie

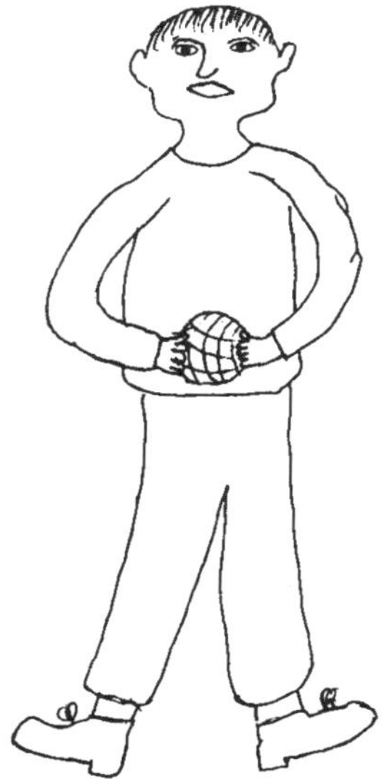

Abb. 327
Junge 11 J

Abb. 328
Junge 11 J

Die Darstellung eines bewegten Menschen, der auf den Betrachter des Bildes zukommt oder sich von ihm entfernt, ist aus mehreren Gründen sehr schwierig. Erstens befindet sich der Betrachter außerhalb der gezeichneten Szene und kann deshalb mit typischen Mitteln der Szenen-Darstellung nicht einbezogen werden. Zweitens ist die vom Schüler und überhaupt bevorzugte Darstellungsweise für szenische Zusammenhänge die Seitenansicht, die er sich gerade wegen dieser Motive erarbeitet hat. Drittens wird in der üblichen szenischen Darstellung in der (breit vorgestellten) Bildebene oder parallel zu ihr gehandelt, während bei der Annäherung oder Entfernung räumliche Tiefe überwunden werden muss.

Der „Ball spielende Junge“ (Abb. **327**) zeigt zwar die Bewegung der Beine, indessen kann damit nicht die Richtung zum Betrachter hin ausgedrückt werden, weil dies, wie auf Abbildung **328** zu sehen, durch raumbezogene Bildmittel zu bewerkstelligen ist. Bei dem „davonlaufenden Mädchen“ wird das Enteilen durch einen näheren und einen ferneren Ort auf dem Boden, auf dem die Füße stehen, ausgedrückt. Hinzu kommt eine leichte Schräge der Gesamtfigur, die einerseits der **Bewegung in die Ferne**, andererseits der **Bewegung in die Breite der Welt** entspricht.

Figur 329a

Zwei Pianisten, von verschiedenen Kindern gezeichnet (Figur **329 a**). Die Rückenfigur ist offensichtlich an der eigenen Körper-Erfahrung orientiert; das Kind baut seine Körperteile auf dem Klavierschemel aufeinander, ganz wie es sich dies in der Vorstellung ausmalen kann. Der seitlich dargestellte Klavierspieler kommt über visuelle Erlebnisse (nach Vorlage) zu seiner Form.

Abb. 329b 3. Schulj.

Die Abbildung **329 b** vergegenwärtigt die Wege der Hände des Korbballspielers, die den Ball in ihr Ziel gelangen lassen sollen. Die Gestalt selbst wird als eine unbewegte Gestalt vorgestellt, von der jedoch die Bewegungen, die der Zeichner mit seinen eigenen Spielerfahrungen identifiziert, ausgehen: erstens die Wendung des Kopfes, mit der sich die Augen auf den Zielort richten, und zweitens die Wege der Hände, welche mit ihrer Umrandung die Arme einerseits als Gliedmaßen begreifen, andererseits aber die bildnerische Äußerung der Bewegung in der Stilform einer früheren Phase gültig vortragen. Die scheinbaren Unklarheiten um den Ball/Korb beruhen wohl auf der typisch kindlichen Wahrnehmung, bei der die Korböffnung von unten auf dem Hintergrund des Korbbrettes gesehen wird.

Abb. 329c 3. Schulj.

Was der Korbballspieler mit den Händen vollbringt, kann der Jongleur auch noch mit seinen Beinen. Er spielt gleichzeitig mit vielen Bällen zwischen seinen Händen und balanciert zwei Ringe zwischen drei Bällen auf seinem Kopf. Auf dem einen Fuß bändigt er vier kleinere Bälle, und mit dem anderen befördert er einen Ring in die Luft. Ein Ring schwebt gerade in der Luft. Bei dieser Pinselzeichnung ist die Nähe zur ein-linearen Bewegungsspur (s. Abbildungen 119-123) noch immer deutlich zu bemerken.

Profil-Darstellung, Profil-Formel und Profil-Erscheinungsform – Sachklärungen

Es gibt einige auf Bildern auftretende Sachverhalte, die gewöhnlich und ohne klare Unterscheidung mit dem Begriff „Profil“ in Verbindung gebracht werden. Ohne Einsicht in die Besonderheit der Profil-Gestalt sind die mit ihr verbundenen bildnerischen Anforderungen aber nur schwer verständlich. Die folgenden Überlegungen behandeln ausschließlich die Erscheinung des Profils auf Zeichnungen. Dort müssen die drei folgenden Erscheinungsarten des „Profils“ unterschieden werden:

Erstens die **Seiten-Darstellung** von Gegenständen

Zweitens die **Profil-Formel**

Drittens die **echte Profil-Form**

Vorbemerkungen zur **Seiten-Darstellung** von Gegenständen

Die Darstellung der **seitlichen Wendung** oder der **seitliche Anblick** eines **Gegenstandes** kann „Profil“ genannt werden. Die Aussage bezieht sich lediglich auf den Gegenstand und nicht auf die Darstellungsform. Diese Art von Profil wird für Bildgegenstände bevorzugt, bei denen sich Vorder- und Seiten-Ansicht stark unterscheiden; dazu gehören insbesondere Menschen, Tiere und Fahrzeuge. Manche Gegenstände zeigen in der Seitenansicht mehr von ihren charakteristischen Merkmalen als von vorn, so die **bewegte** Menschengestalt, die meisten Tiere – Vierbeiner oder Fische – im Gegensatz dazu Schmetterlinge oder Bäume, sowie Fahrzeuge – Schiffe, Autos, Fahrräder. Die Wiedergabe der seitlichen Ansicht kann auf vielerlei Art und Weise verwirklicht werden, z.B. im Bereich einer **sach**bestimmten Darstellung durch die Zusammensetzung von Einzelformen; aber auch in einer von **Bild**vorstellungen geprägten Form.

Vorbemerkungen zur **Profil-Formel**

In den meisten Fällen sind Kinder den Anforderungen einer Seitendarstellung in der **echten Profil-Form nicht gewachsen**; sie wird zwar angestrebt, jedoch wird sie, weil sie als eigenständige Leistung oft misslingt, mittels vorhandener Profildarstellungs**muster nachgemacht**. Typisches Beispiel dafür sind die Tierprofile, hauptsächlich die von Fotos abgezeichneten Pferdeköpfe, die viele Mädchen (für das Reiten begeistert) ihren sonst „kindgemäß“ auf dem Papier gezeichneten Tierkörpern anfügen. Mit dem Abzeichnen oder der Bezugnahme auf flächige Vorlagen wird das Problem umgangen. Die gestalterische Schwäche der **Formel**haftigkeit eingefügter Profildarstellungen wird im Vergleich zu den ursprünglichen kindlichen Darstellungs**formen** auf demselben Bild ganz offensichtlich (s. Abb. 332).

Vorbemerkungen zur **echten Profil-Form**

Das Profil bedeutet schon in der Wirklichkeit die **Form der Grenze** eines Gegenstandes gegenüber seiner Umgebung. Dem entsprechend ist das **Profil auf dem Bild** die **geformte Grenze** einer gemeinten Figur gegenüber ihrem Hintergrund. Die **Profil-Form** geht **über die bloße Abgrenzung** der gemeinten Sache **hinaus** und **charakterisiert** durch ihren linearen Verlauf vor allem die **Form** des gezeichneten Gegenstandes. Der Ausdruck **„echte Profil-Form"** wurde gewählt, weil das Profil – als eigentümliche **bildhafte** Erscheinung – schon **im Anblick** des darzustellenden **Gegenstandes** als typische Profil-**Form erscheinen** muss.

Die nachfolgenden Überlegungen sollen den nicht ganz einfach auseinanderzuhaltenden Sachverhalt weiter klären.

Die **echte Profil-Form** als bildkünstlerische Darstellungsmöglichkeit gehört frühestens in die **End**phase der Kinderzeichnung. Mit ihrem Aufkommen **wird die Kinderzeichnung verlassen** und sogar **überwunden**, falls die mit dieser **Profil-Form** verbundene Problematik **tatsächlich bewältigt** wird. Das landläufig so genannte „Profil", das auf Kinderzeichnungen sowohl als gegenständliche **Darstellung der seitlichen Wendung** eines Gebildes als auch als „Profil-**Formel**" vorkommt, darf nicht mit der **echten Profil-Form verwechselt** werden.

Wenn **jegliche** zur Seite gewandte Figur auf dem Papier als „Profil"-Darstellung bezeichnet wird, so geht das Unterscheidungsvermögen für die besondere Gestalt der „echten Profil-Form" verloren.

In ihrer **Idealform** ist die Profilzeichnung eine bildhafte Ausdrucksweise, die mit **einer** umreißenden Linie die Grenze einer **gesehenen** Gestalt in einer **zeigenden Gebärde** nachvollzieht.

Wenn man den Erkenntnissen des Impressionismus folgt, dann gibt es in der natürlichen **sichtbaren** Umwelt **keine Grenz-Linien**, sondern **nur (Ober-) Flächen** in verschiedenen Farben und Helligkeitsstufen, deren Grenzen an andere Farbflächen oder Farbflecke stoßen. **Beim Sehen** heben sich aber die einzelnen Flächen **an ihren Grenzen** stärker voneinander ab, als es die auf der Netzhaut ankommenden Reizauslöser verursachen, eine Eigentümlichkeit, die in der Gehirnstruktur organisiert wird. (Auch die auf dem Computer hergestellten Bilder werden durch das Programm so gesteuert, dass sich dieser Effekt einstellt.)

Obwohl auf der Figur **330** (Ausschnitt aus Figur 423) ausschließlich hintereinander gestaffelte **Flächen** auf jeweils völlig gleicher Helligkeitsstufe vorkommen, scheinen sich diese in einem Verlauf vom Dunklen zum Hellen (oder umgekehrt) gegeneinander abzuheben. An den Grenzen erscheinen die Helligkeits-Unterschiede besonders groß; es scheint sich dort um die Grenzen eine Art „Hof" zu bilden.

Figur 330

Die dunklen Flächen scheinen zu den Rändern hin dunkler zu werden, und die hellen Flächen werden im Grenzbezirk heller.
Die Helligkeitsunterschiede gehen von den Grenzen **in die Flächen hinein.** Sie **folgen nicht dem umrahmenden Verlauf** der Grenzen, sondern sie „**strahlen**" in die Umgebung. So also kann der durch die nervösen Schaltungen im Gehirn gesteuerte **Seh**vorgang nicht selbst das **Vor**bild für diejenigen Linien sein, die den Flächengrenzen in einer Weise **folgen**, als würden sie die gemeinten Sachen entweder **tastend** umfahren oder ihren Umriss **zeigen**. Die schon früher geübte Übernahme der **Handlungs-**Gesten in Gebärden des **Zeichnens** begünstigt die Erzeugung linearer Figuren auf der Bildfläche, indem nun zunehmend (die alten) **Tast**-Gesten **in** (die neuen) **Zeige**-Gesten überführt und letztere zu **Zeichnungs**handlungen werden. Die **Linie**, die es in der Natur nicht gibt, ist demnach ein spezielles Ergebnis **menschlicher Tätigkeit**, welche nur über die Herstellung Bild-ähnlicher Werke hervorgebracht werden kann. Die **Linie** wird **auf der Bildfläche erzeugt**. – Im Zeigen kommt das Sehen stärker zur Geltung. Im Zeigen liegt auch ein **distanzierendes** Verhalten vor, als wolle oder solle derjenige, der etwas zeigt, dem Gegenstand, den er zeigen will, körperlich nicht näher kommen.
Am Ausschnitt aus einer Federzeichnung von Aubrey Beardsley (Fig. **331**) mit dem Kopf des Apollo wird ersichtlich, wie die Umrisslinie **die Fläche des Gesichtes** nicht nur als Gegenstand umfasst, sondern diese erst zu einem Gesicht **formt**. Beim Zeichnen wiederholt der Stift die Gesten des Zeigens, die die zeigende Hand macht, wenn sie dem von einem Menschen gesehenen **Grenzverlauf** der Gesichts**fläche** gegen die Fläche des Hintergrundes folgt. Gemeint ist: Die **in** den Grenzen **sichtbare** Ober**fläche** des Gesichts. Der „Zeige"finger folgt **nicht**, wie früher, den ego-zentrierten **Tast**gefühlen beim Umfassen der **Körperhaftigkeit** des Gegenstandes. Jetzt protokolliert er, **vom Auge gelenkt**, die **visuelle Erscheinung** des Gegenstandes, die somit als solche **vorausgesetzt** wird und nicht erst erschaffen werden muss.
Diese **visuelle Ansicht** des Gegenstandes sollte sich dem Betrachter und Zeichner **bereits** im **konkreten Sehvorgang** schon so **flächig** darbieten, dass sich seine Aufmerksamkeit auf die **formende Figurgrenze** und dadurch auf den Gegenstand konzentrieren kann.

Figur 331 A. Beardsley „Apollo“ (Ausschnitt)

Die Flächigkeit als **ausdrücklich** gemeintes Stilmittel kommt in der Zeichnung Beardsleys durch die gleichfalls flächige Behandlung der Haarpartie des Apollo zum Vorschein. Die bildkünstlerische Absicht besteht in der **förmlichen,** d.h. **formhaften Gleichsetzung** der **flächig gesehenen Erscheinung** des zu zeichnenden Gegenstandes **mit** der **Flächen-Ebene** des Bildes in der **vom Auge beurteilten** Grenze. Die reduzierende „Abstraktion“ von der **Drei**dimensionalität zur **Zwei**dimensionalität wird also **nicht erst beim und durch das Zeichnen** geleistet, sondern **schon beim Sehen**, und folglich wird das **Ergebnis** des **Sehvorgangs** in den **Gebärden des Zeigens** gezeichnet. Der Wandel liegt nicht so sehr in der (technischen) Befähigung zum Zeichnen, als vor allem in der **neuen Art des Sehens**, in welcher sich der wesentliche Entwicklungsfortschritt zeigt. Es wurde schon darauf hingewiesen, dass **für die eigentlichen** Kinderzeichnungen **keineswegs** das Problem besteht, in einer „Art Abstraktion“ „das Gesamterlebnis des dreidimensionalen Objekts“ in der zweidimensionalen Struktur einer **visuellen** Vorstellung wiederzugeben (s.S. 186 f.). Dieses Problem stellt sich **erst jetzt** im Übergang zu dieser neuen Form der Zeichnung, die nicht mehr spezifisch der Kindheit angehört.

Das jüngere Kind sieht auf das **WAS** der Dinge und nicht auf das **WIE** ihrer visuellen Erscheinung, solange es zum Zeichnen die körperlichen Gefühle des Umgangs mit den Gegenständen braucht.

Die Visualität, die mit der echten Profil-Form verbunden ist, hat überdies eine völlig andere Qualität als die Bedeckung der Oberfläche von Gestalten durch Kleidung (s. Abb. 184 -186). Dort nämlich geht es um die Umwandlung des **unsichtbaren** „Innen“ einer umgrenzten Figur in **deren sichtbare** Oberfläche, **ohne** dass bei dieser Umwandlung die **Grenzen** neu gestaltet werden müssten, wie dies für die echte Profil-Form charakteristisch ist.

Der **Blick, der das Profil sucht**, wird **von Anfang an** von einem Vorstellungvermögen geleitet, das deswegen auf eine bildhafte Darstellung abzielen kann, weil es **von der Vorstellung eines Bildes ausgeht**. Auf dem Bild nämlich soll – wie gesagt – die in Wirklichkeit **körperhafte Gestalt** mit der **ebenen Oberfläche** des Papiers in Übereinstimmung kommen. Der „profil-suchende“ Blick **wandelt bereits im Sehvorgang** die körperliche Gestalt des Gegenstandes in eine Flächenform um, die dann auf dem Papier wiedererscheint. Dieser Vorgang ist auch aus der Erinnerung an ein Seh-Erlebnis abrufbar.

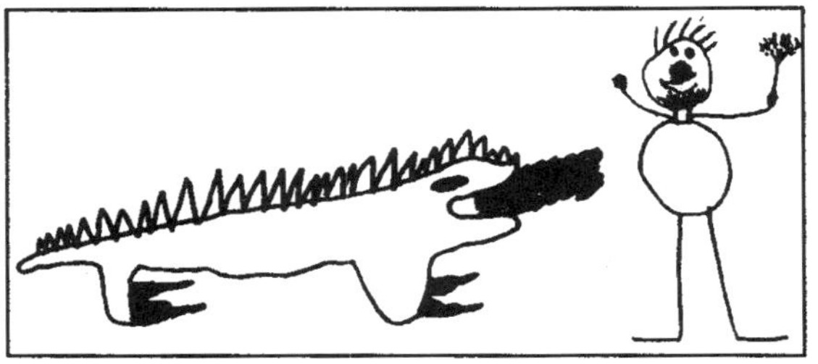

Abbildung 332 Junge 6 J 8 M

Wo der eigene Blick in die Welt diese Unterscheidungsleistung in **form**schaffender Grenzbildung **nicht** zu erbringen vermag, wird sie vom Zeichner durch die Nachbildung von solchen Vorlagen ersetzt, in denen diese Leistung schon erbracht wurde. Er schmückt sich – gebenenfalls in voller Unschuld – mit **fremden** Federn, was leicht am Unterschied zu den sonst von ihm gezeichneten Bildbeständen zu bemerken ist – z. B. bei Abb. **332**. Das Untier mit seinen „perspektivisch gesehenen“ vier Pranken existiert **hinter** seiner **formel**haften **Oberfläche**, während die bärtige Menschengestalt ihr **Innenleben** noch **in** einer um**fassenden** Grenze birgt und dessen „Gliedmaßen“ noch den Charakter ihrer „Gebrauchsanweisungen“ tragen.
Kinder (nicht nur) dieser Altersstufe sind „von Natur aus“ keine Problem-**Löser**, sondern Problem-**Beseitiger**.
Hier speit ein Ungeheuer Feuerflammen aus seinem Rachen.
Und wie solche Ungeheuer aus einer fremden Welt kommen, so kommt auch die Gestalt auf dem Blatt (als auswendig gelernte Profil-**formel**) ebenfalls aus einer kindfernen Vorlage. Das **Problem**, eine Profildarstellung auf dem Bild zu erlangen, ist zwar **beseitigt**, aber nur **scheinbar gelöst**. Das Kind hat „etwas zeichnen gekonnt, was es in dieser Weise gar nicht zeichnen kann“. Für das Kind (und viele Menschen) bedeutet „selbst gemacht“ nichts anderes, als es mit eigenen Händen gemacht zu haben.
Warum verhalten sich (Menschen)Kinder auf diese Weise?
Die profil**gemäße** Darstellung ist schwierig und dennoch so beliebt, weil sie ganz deutlich ihren Bezug zum Bildhaften **zeigt** – sie ist, weil sie aus der **Bild**vorstellung (und **nicht** aus der **Gegenstands**vorstellung) kommt, „echtes Bild“. Die Körperlichkeit des Motivs erscheint in vollendeter Form der Bildfläche angepasst. **„Profil“** ist mehr als die Darstellung eines zur Seite gewandten Objekts, sondern ein **Prinzip, welches die reale Körperhaftigkeit eines Gegenstandes durch die Form von Grenzlinien auf der Bildfläche gestaltet.**

Picassos Zeichnung zeigt den absolut beherrschten Umgang mit profilhafter Darstellungsweise.

Abbildung 333 Picasso 1946 (Prestel)
Frau und Zentaur halten einen kleinen Faun (Bleistift)

Die Linien, durch die die Körper der Gestalten auf dem Blatt erscheinen, unterscheiden weibliche, männliche und kindliche Charaktere, die abgebende und die empfangende Person, die kommende und die am Ort anwesende Gestalt, die seitliche Wendung des Oberkörpers des Zentauren, seine frontal gedrehten Vorderbeine sowie die rückwärtig sichtbaren Hinterbeine, die halbseitige Wendung der Frau und schließlich die bewegten Gesten des in der Luft schaukelnd schwebenden Faunkindes. Die unterschiedlichsten Körper- und Raumbezüge sind in diesen anscheinend so einfachen Linien eingefangen und in die Ebene des Papiers gebracht.

Die in diesem Kapitel vorgetragene Auslegung der Begriffe „Profil“ und „echte Profil-Form“ ist nicht überzogen. Sie wird sprachgeschichtlich durch eine frühe unmittelbare Übernahme des Wortes aus dem Italienischen ins Deutsche gestützt, wo „profilare“ in der Herkunftssprache etwa bedeutet, ein Objekt mit e i n e m Strich, mit e i n e r einzigen Linie im Umriss zu zeichnen, ohne dass speziell die Seitenansicht gemeint ist (Duden, Herkunftswörterbuch).

Abbildung 334 Guercino um 1650 (Dumont)
Studie zu einem Knabenbild (Schwarze Kreide)

An dieser Stelle wäre folgende prinzipielle Bemerkung anzuschließen: Das zur Profildarstellung gehörige Seh-Vermögen garantiert nicht automatisch die Kunst-Qualität eines Bildes, sondern ermöglicht bestimmte Stilformen. Auch außerhalb dieses Vermögens gibt es gültige Stilformen von Kunst.
Über die Profil-geleitete Erscheinungsform hinaus gibt es **die Überwindung** der bewerkstelligten **Flächigkeit**, z. B. durch modellierende Schattierungen, die den dargestellten Gegenständen ihre körperhafte Tiefe verleihen oder zurückgeben sollen. Die Zeichnung eines Knaben von Guercino (Abb. **334**) ist nicht denkbar ohne die angesprochene Fähigkeit, die visuelle Erscheinung der Gestalt mit der Fläche des Papiers innerhalb von formenden Sachgrenzen in Übereinstimmung bringen zu können. Der dabei zwangsläufig entstehende Eindruck von **Bild**-Flächigkeit, in der sich dennoch die Körperhaftigkeit des Gegenstandes zeigt, lag aber nicht in der Absicht des Künstlers; er wollte die Plastizität **ausdrücklich** zeigen. Deshalb machte er die Grenz**linien weich**. Das Auge geht von den inneren helleren Flächen-Flecken auf die weichen dunklen Grenzlinien zu, als würde nach außen eine Wölbung in die Tiefe führen. Auch dies ist eine typische zeichnerische Stilform; von künstlerischen Gesichtspunkten aus betrachtet ist sie jedoch **nicht näher** an der Wirklichkeit als die scharf trennende Linie des Profils; sie ist bloß – und mit gutem Grund – anders.

Veranlasst durch die Hohlform in der Zündholzschachtelhülle, in welche die Nasen beim Weitergeben von einem zum andern ohne Gebrauch der Hände hineingesteckt werden, wurden die beiden Seitenansichten der Gestalten (Abb. **335**) auf ihre Körperlichkeit hin behandelt.
Die Grenzen der Köpfe wurden durch Linien, die vom Rand in die Gesichtsfläche hineinlaufen, „weich“ gemacht und die flächige Gestalt auf diese Weise mit plastischer Wirkung versehen. So entstanden zwei eindrucksvolle Gestalten, die für diese Altersstufe nicht untypisch sind.

Abbildung 335 „Nasenspiele“ Junge 14 Jahre

Allerdings wurde das Problem umgangen, die Körperhaftigkeit exklusiv durch Profil-Konturen auszudrücken (s. Abb. 367,368). Anders auch als Guercino, der die Kleidung und die Hände, genauso wie das Gesicht, **einheitlich** im Hinblick auf ihre körperlich-räumlichen Verhältnisse beurteilt, stattet der 14-jährige Junge die Kleidungsstücke seiner Figuren mit textilen Strukturen aus, die jedoch noch stark an die Bedeckung eines gemeinten „Innen“ durch Oberflächengestaltung gebunden sind. So wird das Profil zuerst an der **gegenstands**-orientierten Seitwärts-Wendung des **Kopfes** erarbeitet und möglicherweise in der weiteren Bearbeitung der Gestalt insgesamt zur **bild**-orientierten Profil-Darstellung gebracht.

Beispiele für die Bemühungen des Kindes um die Seiten-Darstellung von Gegenständen

Die Bemühungen des Kindes um die „Profil“-Darstellung kommen naturgemäß nur in Ausnahmefällen zur „echten Profil-Form“. Der Anlass, eine seitliche Wendung des Kopfes darzustellen, kommt meistens aus dem Zusammenhang der Situation oder der Szene, in der die ganze Menschenfigur steht.
Obwohl die Versuche des Kindes, den Kopf als eine Ganzheit beizubehalten und dennoch seine seitliche Wendung auf dem Blatt zu vollziehen, oftmals groteske Formen anzunehmen scheinen, sind die Anstrengungen des Kindes **ernsthaft** und **wertvoll**, und sie sollten keineswegs als fehlerhaft eingestuft werden.
Das Problem der Wendung wird anfangs noch nicht vom visuellen Anblick her gelöst, sondern wie gewohnt „sachlich“ bewerkstelligt. Das Kind versucht, mit dem zu zeichnenden Gesicht wie mit einer Sache umzugehen, teils, indem es die bekannten Bestände verdreht und wendet, teils, indem es die Bestandteile des Gesichts neu zusammensetzt.
Hinter jeder Zeichnung, und mag sie noch so unwahrscheinlich aussehen, verbirgt sich eine erkennbare und zu respektierende Sinngestalt.

Die nachfolgenden Beispiele wurden nicht durch Unterrichts-Aufgaben speziell zur seitlichen (Profil-) Darstellung provoziert. Daher kommt die große Streubreite in den „Entwicklungs-Stufen“, die oftmals **keine Entwicklungsstufen** sind, sondern Formen der Anpassung an Erwartungen von Erwachsenen, die den Kindern die **Formeln** zur Profildarstellung nahelegen. Die Altersangaben geben keine Normen vor. In unserer Besprechung kommt es darauf an, den **Sinn, den das Kind mit seiner Darstellung verbindet**, herauszustellen und **positiv** zu würdigen.

Abb. 336
2. Schuljahr

Ein König kommt zur Seite gewendet herbei. Der „einäugige Blick-Rest“ wird durch Anordnung auf der Mittelachse der Gesichtsfläche bewahrt. Die Mundlinie zeigt ins Innere von Gesicht (und Person). Bei einem Kopf, dessen **Gesicht** mit der Linie **„umfasst“** wurde, kommt die Nase als Ausbuchtung nicht vor. Das Bild ist ein (unbewusstes) Bekenntnis zu einer Darstellung, die nur zulässt, was die Handbewegung des Kindes mit den Empfindungen des Gesichtssinnes in Übereinstimmung bringen kann. Einäugige Köpfe mit dem Auge auf der Mittelachse haben eine größere Blick-Wirkung als solche, bei denen das Auge dem Rand des Gesichts näher steht.

Diese Einzelheiten aus Abbildung 300 soll zeigen, dass das Weglassen einer ausgesprochenen Nasenfigur keineswegs die Ausnahme ist. Hier könnte freilich der leichte Knick in der Frontlinie etwas deutlicher auf ein Nasenprofil hinweisen als die stärker gerundete Linie in Abbildung 336.

Abbildung 311 Abbildung 312
Mädchen 6 J 4 M

Auf diesem Bild eines begabten und früh geförderten Mädchens wird die seitliche Wendung nicht nur durch die Anordnung des Mundes (mit Ober- und Unterlippe) an der seitlichen Grenze des Gesichts angezeigt, sondern eine Art der Bildung des **Halb**profils angebahnt, weil die Augen nicht symmetrisch im Gesichtsfeld angeordnet sind.

Abbildung 339 Mädchen 6 J 1 M

In der Literatur zur Kinderzeichnung kommt der Begriff „**Misch**profil" (H. Meyers, Stilkunde der naiven Kunst, S. 249) als Bezeichnung einer **Übergangsform** zwischen dem „Gesicht von vorn" und dem „Gesicht von der Seite" vor und meint Erscheinungen, wie sie auf der Abbildung 193 auftreten, wo der Kopf „von der Seite" und dennoch zwei Augen „von vorn" gezeichnet wurden. Der Ausdruck „Mischprofil" hat etwas Tadelndes an sich, weil das Profil nicht „rein" auftritt und er verleitet dazu, die Bemühungen und Leistungen des Kindes gering zu achten, zumal die damit gemeinten Zeichnungen **nicht** die eigentliche „echte Profil-**Form**" betreffen, sondern die **gegenständlich** bestimmte **Seiten-Darstellung**.

Das **Halbprofil** ist naturgemäß auf Kinderzeichnungen nur als Ausnahme zu erwarten. Es entspricht nicht der direkten bzw. vollen Zuwendung zu Personen; allenfalls über die Augendarstellung kann „Blick-Kontakt" ermöglicht werden.

Abbildung 340
Mädchen 8 J

Auf der Abb. **340** wird der Kopf des Busfahrers in seiner Kanzel geschickt durch die Seitenpolster seines Sitzes z. T. überdeckt und so, wenn auch nicht absichtlich, sehr günstig in eine Art Profil-Darstellung gebracht. Es entsteht der Eindruck eines **Halb**profils, welches eine bedeutende Rolle in der Bildniskunst spielt; hier aber liegt **kein** Halbprofil vor.

Figur 341 A. Dürer
Das Selbstbildnis des etwa 14-jährigen Albrecht Dürer ist ein **Halb**profil. Das Halbprofil darf **nicht** mit dem „**Misch**profil" **verwechselt** werden.

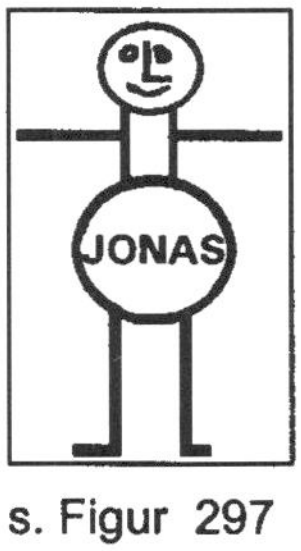

s. Figur 297

Das Halbprofil hat nur wenig mit einer **Aktion** zu tun, dafür um so mehr mit dem **Aus**sehen der Gestalt und mit dem **Hin**schauen des Betrachters.
Der Busfahrer (Abb. **340**), der von einer oberflächlichen visuellen Anmutung her fast den Einduck erweckt, im Halbprofil dargestellt zu sein, ist, was den Kopf betrifft, mit der „in Fahrtrichtung" gebrachten Nase nicht weit von dem Fußballspieler JONAS entfernt.

Abb. 342 4. Schuljahr

Dem reitenden Indianer auf der Abb. **342** wurde die Nase in derselben Weise an die Gesichtsgrenze angefügt wie die Feder an den Kopf. Die Rundheit der Nase spricht dafür, dass sie wie eine für sich einzeln greifbare Sache behandelt oder noch von einer solchen Auffassung her betrachtet wurde. Das erklärt auch die entsprechenden Nasenformen auf den Abbildungen 343, 344 und 349 usw. – In der Hand sieht man die Zügel.

Abb. 343 Junge 10 J

Sei es, dass die Doppellinie der Nase ihre nachträgliche Vergrößerung bedeutet oder ein Nasenloch – in beiden Fällen wäre es eine sinnvolle Maßnahme des Schülers. Eine Art doppelter – oder begleitender – Linienführung ist gleichfalls am Auge zu bemerken und insbesondere bei den Lippen bzw. beim Mund. Die Richtung der Mundlinien weist in die Mitte des Gesichts. Nach außen ist der Mund mit einem kleinen verbindenden Querstrich abgeschlossen, nach innen überschreitet er die Grenze des Gesichts wie bei der Abbildung 345. Der Kopf hat eine (hier seitlich zu gestaltende) Frontseite, die als solche durch Nase und Mund markiert wird; und er hat eine (ebenfalls seitlich zu gestaltende) Nackenseite, die wie „ein weißer Fleck" auf der Landkarte als eine unerforschte Zone ohne Charakterisierung bleibt. Dazwischen hält sich das eine Auge.

Abb. 344
2. Schuljahr

Der nebenstehende „König" eines jüngeren Kindes formuliert deutlich das „Vorn" und das „Hinten" eines seitlich gewendeten Kopfes und ordnet den Ort des Auges der Vorderseite zu. Die Nase wird als nach außen gerichteteter „runder" Gegenstand der Kontur angefügt wie gleichfalls der Mund, dieser allerdings mit Richtung nach innen. Die **Richtungen** von Nase und Mund **ergänzen** die Feststellung, **dass** und **wo** sie **da** sind, **durch** die Erläuterungen ihrer **Funktionen**. Das Problem der Profilbildung wird ersichtlich: Der **Gegenstand** „Kopf überhaupt" muß in das **Bild** eines seitlich gewendeten Kopfes **umgewandelt** werden. Eine der prinzipiellen Lösungsmöglichkeiten wird auf dieser Abbildung **344** gewählt. Die sachhaften und benennbaren Bestandteile des Kopfes werden zunächst mit beherzter Linienführung in ihrer elementarsten Form neu „montiert", als müssten sie vor einem Verlust so weit wie möglich gerettet werden. An der Abbildung 348 kann man ja sehen, wie die Nase als **für sich bestehendes** Gebilde **verschwindet** und nur noch im Umriß des Gesichts als herausragende „Spitzkehre" übrigbleibt. Den Umriss des Hinterkopfs begleitet eine Frisur bis in den Nacken. Wenn der Nacken auch kein bildrelevanter Ausdruck für ein Kind des 2. Schuljahrs sein dürfte, so lässt sich doch aus der bis zur Schulter reichenden Haartracht schließen, dass dieser König von einem Mädchen gezeichnet worden sein dürfte.

Abbildung 345
2. Schuljahr

Abbildung 346
Junge 8 J

Auf den Abbildungen **345** und **346** erscheinen ein entenfütternder Mann mit Hut sowie der Kopf des schwimmenden Knaben (Abb.196). Der Mann mit Hut ist die einzige hier zitierte Gestalt, die über die seitliche Wendung hinaus ihren Kopf nach unten (zu den Enten) **senkt**. Die Striche scheinen bedachtsamer gesetzt zu sein als bei dem Schwimmer; bei beiden hat die Nase eine für diesen Körperteil typische Form, in jeweils verschiedener „Handschrift".

Abb. 347 1.Schuljahr

Ganz formelhaft ohne die geringste Spur von Bezugnahme auf eine bestimmte Gestalt erscheint der nebenstehende Mann. Der Hut als Bekleidung des Kopfes „umhüllt" das Schädeldach.

Abbildung 348
4. Schuljahr

Die seitliche Wendung dieses Indianers kommt nicht durch eine **neue** Anordnung der **„alten"** gegenständlichen Bestandteile des Gesichts zustande, wie bei den Beispielen zuvor. Die Nase geht nun als eine Ausbuchtung in die Umrandung des seitlich gemeinten Gesichts ein. Dabei verliert sie einerseits ihre Eigenständigkeit als Sache, wird andererseits aber in eine höhere Einheit, nämlich in das Gesichtsprofil, aufgenommen. Mit einer solchen Deutung scheint sich das auf der Mittelachse befindliche Auge und der auf dieselbe Achse bezogene Mundstrich überhaupt nicht zu vertragen. Möglicherweise handelt es sich um einen an Vorbildern orientierten mutigen Vorstoß in Richtung der „echten Profil-Form", die schwach schon in der Abbildung 337 zu beobachten war und sich hier verdeutlicht.

Abbildung 349
Junge 10 Jahre

Der Blick des reitenden Indianers ist nach vorn gerichtet. Die Profil-Linie ist in einem fortlaufenden Zug gezeichnet. Sie setzt mit einer kurzen Stirnlinie am Skalp an. Als könne es das Kind nicht abwarten, bis die Nase d'rankommt, wird deren Wölbung hoch angesetzt und mit leichten Schwüngen für Oberlippe, Mundöffnung (für den Kampfruf) und Kinnlinie fortgesetzt.

Was wie eine „Himmelfahrtsnase" aussieht, erklärt sich aus der Nähe von dieser Darstellung zu der Nasenform NF 244, wo die „verdinglichte" Nase ebenfalls auf Augenhöhe liegt, also in Blickrichtung, die hier in Abb. **349** allerdings nach oben zu zeigen scheint. Einer Darstellung wie dieser liegt eine Linienführung zugrunde, die das Kind „im Griff" gehabt haben muss, **bevor** es diese mit den Augen kontrollieren konnte – vielleicht zum ersten Mal in seinem Leben. Solche Nasen findet man selten. – Wenn die Nasenformen an die Kopfgrenze als Einzelgebilde wie bei den Abbildungen 342 bis 347 **angefügt** werden, was nicht so schwer fällt, kann der Ort, an dem die Nase angesiedelt werden soll, **vor** dem Zeichnen ausgesucht werden. So erweist sich **diese** Profil-Darstellung als eine auf zupackender Formsetzung aufbauende Leistung, die der übrigen Gestaltung der Figur mit ihren fransenbesetzten Kleidungsstücken ebenbürtig ist.

Abbildung 350
1. Schuljahr

Die Darstellung der seitlichen Wendung, die nicht durch die Neu-Anordnung der „er**fass**ten" Gegenstände erfolgt, kommt zu einer **zeigenden** Linienführung der gesamten vorderen Grenze des seitlich gewandten Gesichts.

Beim Zeichnen wiederholt der Stift die Gesten des Zeigens, die der Finger macht, wenn er dem **Grenzverlauf** der Gesichts**fläche** gegen die Fläche des Hintergrundes folgt. So wird die **in** ihren Grenzen **sichtbare** Ober**fläche** des Gesichts erzeugt. Bei dem Kopf der Abb. **350** wird die „zeigende Linie" weitgehend von einer visuell bestimmten Vorstellung geleitet, die sich ihrerseits an einer Aufzählung der Wörter für die Körperteile orientiert. Vom unteren Ende der Stirn ausgehend wird die Nase nach außen dirigiert und wieder eingeholt, dann die Oberlippe vorgewölbt, danach die Unterlippe in derselben Weise geformt, welche schließlich, ohne eigens ein Kinn auszubilden, zur Grenze des Halses führt. Die „Geläufigkeit" dieser Linie lässt auf ein geübtes Schema schließen. Ebenso schematisch sind die Augenpartie und die Wange eingefügt, welche die Flächigkeit betont.

Ein Schema wie dieses bringt Sicherheit in die Profil-Darstellung und ist, wenn es nicht auf Dauer zur starren Formel wird, eine gute Voraussetzung zu einer später einsetzenden beobachtenden oder Ausdruck verleihenden Differenzierung.

Abbildung 351
4. Schuljahr

Bei dem Indianer auf der Abb. **351** liegt eher die „Ahnung" von einer ausdrucksstarken Profil-Linie zugrunde als genaue Beobachtung oder eine bereits zum Schema gewordene Weise des Zeichnens. Die Stirn verschmilzt mit der gekrümmten „Adlernase"; der Mundpartie steht ein zusätzlicher Mundstrich bei, der in die Mitte des Kopfes führt. In diese Profil-Fläche einbezogen sind der ganze Oberkörper einschließlich der beiden Arme. Erst die Hände sind abgegrenzt; eine Hand davon hält den Zügel. Die Feder steckt „wörtlich" **im** Haar.

Abbildung 352
4. Schuljahr

Der Versuch, die ganze Gestalt in möglichst einer einzigen Umriss-Linie zu erfassen, ist für diese Altersstufe nicht ungewöhnlich. Der **gezeigte** einheitliche Umriss in seiner Vielgestaltigkeit ist die eingeübte Entsprechung zu der auf früherer Stufe **erfassten mehrgliedrigen** Gesamtgestalt. Picassos „Zentaurenbild" (Abb. 333) ist eine der künstlerisch möglichen Erfüllungen dieser Gestaltungsform.
Im Vergleich zum vorhergehenden Bild kann man bei Abb. **352** erkennen, wie die flächige Wirkung der mit Linien gemusterten Federkrone den Kopf und den Körper des Indianers als Gestalt verstärkt – wie bei dem Apollo von Beardsley (Abb. 331).

Abbildung 353
Junge 11 J

Dieses durch keinerlei Kopfbedeckung verhüllte Haupt zeigt eine weitere Eigentümlichkeit, die mit der kindlichen Profil-Darstellung zusammenhängt: die **Orientierung des Kopfes** am **Gesicht**. Beim Übergang von der eingliedrigen zur zweigliedrigen Gestalt wird aus dem „oberen Kreis", der bis dahin den **ganzen** Menschen bedeutete, nunmehr der Kopf, und von diesem wurde vor allem das Gesicht, **umgeben** von einer Frisur, wahrgenommen. Wo auf den frühen Zeichnungen die **Haare** wie **Strahlen** aus der Grenze des Kopfes herauswachsen, wird die **Frisur** oft so gezeichnet, wie sie das Kind an sich selbst im Spiegel erblickt, nämlich als eine **Umrahmung** des Gesichts.

Der Gehirnschädel mit dem Hinterkopf tritt als visueller Gegenstand gerade am eigenen Anblick so gut wie nicht in Erscheinung. So wird zunächst in vielen Fällen die Seitendarstellung des Kopfes lediglich zu einer Wendung des **Gesichts**, und dies wird wie bisher auf seiner Gegenseite mit einer Frisur umrahmt; der Hinterkopf kommt nicht vor.

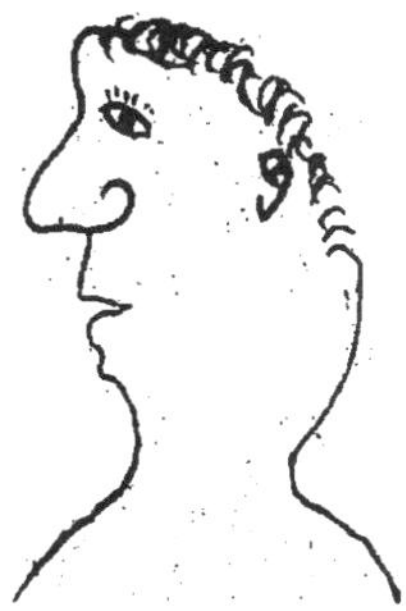

Abbildung 354
Junge 10 J

Figur 355
„Maske“

Die Orientierung am eigenen Anblick wird am Kopf des 10jährigen Jungen noch einmal eindrucksvoll belegt. Das Gesicht wird wie eine Gesichtsmaske mehr oder weniger nur von seiner Haut bestimmt, ohne die Masse der Haare zu berücksichtigen. Der Junge ist noch positiv den Erfahrungen seines eigenen Anblicks verpflichtet und wird erst nach der Lösung aus dieser Gebundenheit über den Blick auf andere Personen zu einer „objektiveren“ Darstellung gelangen. Die neue Einstellung wird ihn dann auch mit dem eigenen Hinterkopf vertraut machen. Er wird sich dann in einer weiteren Hinsicht so sehen können, wie ihn andere sehen. Auch dem Gewinn solcher Erkenntnisse dient die (Vor)Pubertät.

Die Orientierung am Gesicht ist wohl die Ursache für die verhältnismäßig häufige seitliche Darstellung des Kopfes ohne Haare wie bei den bereits zitierten Abbildungen 336, (342), 343, 347.

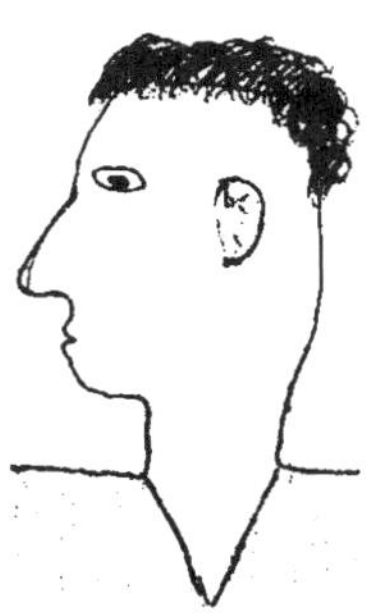

Abb.356 J. 10 J

Der Zeichner hat sich nicht an der „Irokesen-Frisur“ orientiert. Es ist eine eher zögerliche Darstellung im Übergang, bei der bemerkt wird, dass die Haare nicht nur **auf** dem Kopf sind, d. h. an der Umrisslinie wachsen, sondern auch die Haut im Inneren der **Kopf**kontur **bedecken**. Die Profil-Linie wird mit dem Schulter- und Kragenprofil zu einer Einheit verschmolzen. Die Korrektur an der Nase gibt dieser eine deutlichere Spitze, worin sich visuelle Kontrolle positiv bemerkbar macht.

Abbildung 357
Junge 11 J

Auf dieser Abbildung fällt als erstes der lebendige **Blick** der Figur dem Betrachter ins Auge. Bei den bisherigen Darstellungen sind die Köpfe mit Augen ausgestattet, die, wenn sie nicht nur einfache Markierungen sind, einen kreisförmigen Augenpunkt in der Mitte einer Mandelform aufweisen, als wären sie **von vorn** gesehen. Hier fühlt sich der Betrachter angeblickt – nicht zuletzt deswegen, weil auch hier der **Blick-Punkt** auf der Mittelachse der „halben" Gesichtsfläche angeordnet ist. In die Profilform sind die Grenzen des Nasenflügels und der Lippen mit Feingefühl eingearbeitet.

Abbildung 358
Junge 11 J

Die Zeichnung **358** stammt aus dem Jahr 1961, als die Jugendlichen die „Halbstarken" genannt wurden und eine an Elvis Presley orientierte Frisur modern war. Die ehrliche und fleißige Zeichnung des Jungen mit der Haartolle ist im Sinn einer naturalistischen oder visuell geklärten Wiedergabe einer seitlichen Kopfdarstellung gelungen; vor allem tritt der gesamte Haar-Schädel bedeckt auf; trotzdem macht sie den Eindruck einer bemühten, aber trockenen Studie.

Abbildung 359
Junge 12 J

Vielleicht wollte der Junge, der den rauchenden Matrosen zeichnete, ein lustiges Bild machen, was ihm gelungen ist. Nach allem, was zu den übrigen Bildern ausgeführt wurde, wird die Schwierigkeit auch dieser Aufgabe und die Ernsthaftigkeit der Bemühung um die Lösung dem Leser nicht entgehen.

Körper und Raum

Grundlagen

Körper und Räume kommen in der Realität in drei Dimensionen vor.
Die Malfläche ist zweidimensional.
Bei der frühen Her- und Darstellung der **Gegenstände** auf dem Papier ergab sich für Kinder keine besondere Problematik, weil die anfassbare **Körperhaftigkeit der Dinge bereits in den zeichnerischen Gebärden des Kindes enthalten** ist und gespürt wurde. Allerdings kann dann die Körperhaftigkeit **nicht in typisch visueller Weise sichtbar** werden, **weil** die Zeichnung ursprünglich durch umfassende und anfassende Gebärden geleitet wurde.
Um die **Körper**haftigkeit der Dinge **sichtbar** zu machen, muss die **visuelle** Erscheinung der Gegenstände in die Zeichnung eingebracht werden.
Das Einbringen verlässlicher visueller Erscheinungen erfolgt deswegen so „spät", weil sich die Gegenstände in der Realität in immer wechselnder Erscheinung zeigen: durch unterschiedliche Entfernung, in der Bewegung, von vorn oder hinten, beleuchtet oder im Schatten usw. Deshalb versicherte sich das Kind durch Anfassen, d. h. durch **Messen am eigenen Leib**, der tatsächlichen Wirklichkeit der Gegenstände und ihrer bleibenden Ausmaße („Größenkonstanz" genannt). Im Laufe der Zeit macht das Kind die Erfahrung, dass die ihm bekannten visuellen Erscheinungen der Welt vertrauenswürdige Anzeichen für das Vorhandensein der ihm bekannten Sachen sind.
Die Beobachtung, dass auf veröffentlichten Bildern und in Filmen die Welt ebenfalls mit visuellen Mitteln dargestellt wird, regt die Kinder an, auch ihre eigenen diesbezüglichen Erfahrungen in Bilder einzubringen.

Die bisherige Blatt-Nutzung zur „Herstellung von Gegenständen aus Papier und Zeichenstift" fällt nicht in den Bereich der Körper- und Raumdarstellung.
Weil der **Raum** für das Kind selbstverständlich **da ist**, kommt er anfangs als Problem überhaupt nicht vor. Zur Orientierung in der Welt ist vorab **die vereinzelnde Herauslösung der Gegenstände** aus dem Raumchaos vordringlich. Räumliche Gegebenheiten treten lediglich als **gegenständliche Raumgrenzen** wie Boden, Treppen, Wände, Wege usw. auf. Sie sind dann **Gegenstände** wie Tische, Schränke oder Spielzeug-Garagen. Raum muss nicht erst erschaffen werden – er ist immer unumgänglich und unauffällig da.
Das liegende Blatt des Zeichners ist die eingegrenzte Bodenfläche auf demselben Boden (s. Figur 69), auf den sich das Kind selbst begibt und auf dem es sich bewegt – einem Spielteppich ähnlich, auf dem es seine Autos hin und her schiebt oder das Püppchen spazierenführt.

Die Raumprobleme ergeben sich erst später, wenn auch ferne, nicht mehr mit den Händen erreichbare Weltgegenstände dargestellt werden sollen.

Der Raum selbst als das Gebilde, das sich innerhalb seiner Grenzen befindet, ist nicht überall anzufassen, sondern erschließt sich durch das Bewohnen, das Gehen und das Sehen. Am Anfang wird der **Raum** auf dem Papier **nicht gemacht**, wie die körperhaften Dinge gemacht werden, denn dort wird er bereits in der (begrenzten) Gestalt von „Boden“ vorgefunden und genutzt. Weil der Boden als Flächengrenze des Raumes tatsächlich **in der Nähe anfassbar** ist, **die Ferne** jedoch, die auch zum Raum gehört, nicht mehr durch Greifen, sondern nur noch **durch das Sehen zu erreichen** ist, ergeben sich naturgemäß Schwierigkeiten, die nicht anders als in der **Künstlichkeit des Bildes** überwunden werden können.

Um die immer stärker **visuell** geprägten Darstellungsprobleme des Raumes bewältigen zu können, sind die typischen, dem Bild eigenen Möglichkeiten nützlich, was schließlich zu einem vom Auge her bestimmten eigentlichen **Bild** führt. Das Blatt, welches das Kind als „Spiel“-Platz nutzte, wird dann zum Bild, das ein „Schau“-Platz ist.

Die visuell geleitete Raumdarstellung ist ohne die Berücksichtigung Bild-spezifischer Faktoren nicht möglich

Sachklärende Vorbemerkungen zu den Raumbegriffen

Das Wort „Raum“ kann vieles bedeuten: vom Stauraum im Auto bis zum Weltraum, vom Zimmer bis zum Zeitraum, vom Umraum außerhalb von Grenzen zum Innenraum innerhalb von Grenzen usw.

Die Raum-Erscheinungen werden sowohl mit abstrakten Vorstellungen vom Raum begriffen als auch in subjektiven Empfindungen erfahren. Aufgrund eines eher abstrakten Verstehensmodells in unserer Kultur kann der Raum wie das Innere eines Körpers aufgefasst werden, weshalb räumliche und körperhafte Erscheinungen oft nicht genau unterschieden werden, zumal Körper und Räume gleichermaßen in drei Dimensionen beurteilt werden.

Weil man oft von körperhafter und von räumlicher Darstellung spricht, **als wären sie dasselbe**, und nicht selten dabei sogar die Perspektive nennt, müssen die Begriffe geklärt und unterschieden werden. Denn Körper und Räume werden unterschiedlich empfunden: Der Raum umfängt den (Körper des) Menschen, während der Mensch (mit seinem Körper) andere Körper umfangen kann.

Der **Raum** wird durch tatsächliches oder vorgestelltes **Begehen** erfahren, wobei die eigene Fort-Bewegung und der Gleichgewichtssinn wichtige Komponenten des Vorgangs sind. Darin kommt zum Vorschein (wenn man es sich bewusst macht), dass mit dem Raum die schon anfänglich erfahrene Leere verbunden ist, in die der Mensch hineingeboren wurde. Raum ist ein „Gegenstand“, der in **nichts** mit der erfahrenen Körperlichkeit des eigenen menschlichen Leibes übereinstimmt.

In diesem Unterschied spricht sich zwar keine prinzipielle Unverträglichkeit aus – denn Räume können zugleich bergend sein und doch menschlichem Tatendrang ein weites Feld eröffnen.
In der **Weite** des Raumes gibt der **Gesichts**sinn wesentliche Orientierung, indem er die Grenzen des Raumes, wo sie gegeben sind, anzeigt – in der **Nähe** sind **Tast-** und Eigenkörpergefühle mittelbar immer beteiligt. **Körper** werden, auch wenn sie nur gesehen werden, leichter mit der eigenen Leiblichkeit in Beziehung gebracht; sie lassen sich, im Gegensatz zur „Leere" des Raumes, anfassen.
In den Benennungen von „Höhe", „Breite" und „Tiefe" werden beide, Raum und Körper, beschrieben, als wären sie dasselbe. Die drei Begriffe „Höhe", „Breite" und „Tiefe" sind aber eingeschränkt auf die Erfahrungen eines Menschen, der auf der Erdbodenfläche steht. Die „Höhe", die gegebenenfalls unendlich weit nach oben geht, hat in der Regel ihre Grenze am Boden – dieser bildet die untere Grenze. Die „Breite" ist die Ausdehnung, die sich quer **vor** dem Betrachter erstreckt. Die Ferne trägt den für Kinder irreführenden Begriff „Tiefe", der Verwirrung stiftet und das Kind desorientiert, wenn es im Schrank nach der **Tiefe sucht** und diese **weder unten** – **noch hinten** findet.
Höhe und Breite sind Dimensionen, die der Mensch in der Nähe, direkt am eigenen Leibe erfahren kann – allenfalls noch die „Dicke" (als „Korpulenz"). Räumliche Tiefe ist gerade das, was sich von ihm entfernt und nicht mehr greifbar ist.
Die „Tiefe" gibt es sowohl **nach unten** als auch **nach hinten** in das Entfernte. Die Empfindung der jeweils gemeinten Tiefe ist abhängig von der körperlichen Haltung der wahrnehmenden Person. Steht die Person mit nach „vorn" gebeugter Wirbelsäule, liegt die Tiefe unten. Steht die Person aufrecht mit senkrechter Wirbelsäule, reicht die Tiefe in die horizontale Entfernung. Kinder verstehen den Ausdruck „Raumtiefe" häufig deswegen nicht, weil mit „Tiefe" meistens „tief unten" gemeint ist (z.B. in den Märchen mit den tiefen Brunnen); diese Tiefe bleibt aber am Ort auf der Standfläche. Die „Dimension der „Tiefe" ist auch deshalb schwierig, weil sie sie den Verlust der Tastmöglichkeiten bedeutet.

Bevor Kinder den Raum **darstellen**, wird er von ihnen „ohne Bedenken" **genutzt**. Genutzt wird er zunächst in ihrer Lebenswirklichkeit; dann aber, als gäbe es keinen Unterschied: auch auf dem Papier.
Bei der **Nutzung** wird der Raum nur hinsichtlich des benötigten **Platzes** in Anspruch genommen, jedoch nicht unbedingt absichtlich gestaltet. Unter „Platz" kann die Aufnahmefähigkeit einer Boden- oder Wand**fläche** oder auch ein Innen**raum** gemeint sein.
Kinderzeichnungen werden bei der Darstellung von Raumtiefe durch Erwachsene in einem Wörter-System beurteilt, das den Leistungen der Kinder nicht gerecht werden kann.

Die Ordnung des Raumes im Verständnis der abendländischen Kultur

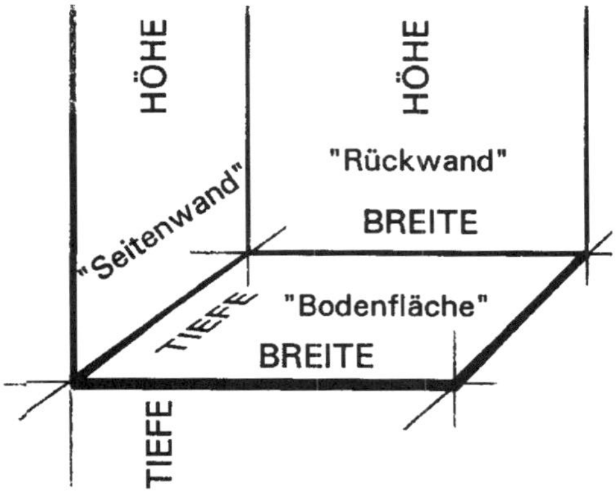

Figur 360

Der **Raumwürfel** bildet das gewöhnliche Modell zur Ordnung der Raumvorstellung. Mit diesem Modell versteht der Mensch in unserer Kultur seine eigene Stellung in der Welt am leichtesten. Am „Raumwürfel" der Fig. **360** wird schon durch die Schriftanordnung ersichtlich, dass die Begriffe HÖHE und BREITE eindeutig immer auf dieselbe Weise verstanden werden können, weil der Mensch diese Dimensionen am eigenen Leibe nachvollziehen hen kann. Das TIEFE ist das, was sich – entfernend – ihm entzieht – einmal **nach unten**, einmal **nach hinten**.

Die meisten Bilder werden, leider auch Kinderzeichnungen, fast immer, auch in der Fachliteratur, so beschrieben, **als wären** die Bilder **an der „Rückwand"** des „Raumwürfels" gezeichnet oder dort aufgehängt worden. Bei dieser Art der Beschreibung ignorieren die Autoren die leicht zu beobachtende Tatsache, dass die Kinder in den allermeisten Fällen die **„Bodenfläche"** benutzen. Indem dies übersehen wird, werden die im „Raumkreuz" der Figur **362** vorkommenden „Regionen" der **Nähe** (**„vorn"**) und der **Ferne** (**„hinten"**), die ganz wesentlich **das Verhältnis des Kindes zum Blatt** bestimmen, nicht bemerkt und in der Beschreibung gedankenlos durch „oben" und „unten" ersetzt.

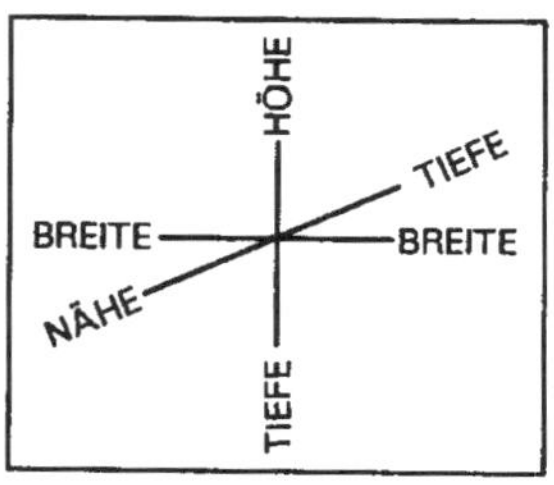

Figur 361
„objektiv"

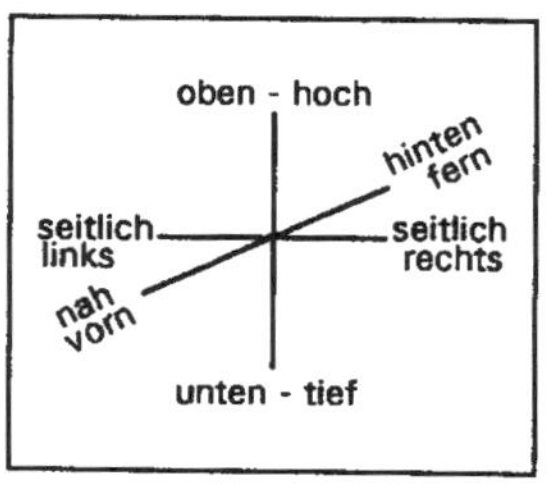

Figur 362
„subjektiv"

RAUMKREUZE

Um die Kinderzeichnung zu begreifen, muss man **sich** mit den Kindern und **mit der eigenen Körperachse** ebenfalls **über das Blatt beugen**. Die distanzierende „dreidimensionale" Kreuzfigur wie **361**, die als „objektive" wissenschaftliche Modellvorstellung dienen könnte, ist in Bezug auf die Beschreibung von Kinderzeichnungen unbrauchbar. Dagegen entspricht das „Raum-Kreuz" der Figur **362** den subjektiven Empfindungen des Menschen (überhaupt), wenn er sein **eigenes Verhältnis zum Raum** in der **Wirklichkeit** – oder den **Ort** von **anderen Dingen** im Raum – **bestimmt**.

Es gibt natürlich auch das „natürliche" Verhältnis des Menschen **im** Raum. Dann ist **vorn**, was **vor** ihm liegt, und dann ist **hinten**, was **hinter** ihm liegt, und **unten**, was sich **unter** ihm befindet, usw. Bezüglich der Kinderzeichnung dürfte das Verhältnis „**im Raum**" für lange Zeit ausschließlich von der Bodenfläche her beurteilt werden. Das Verhältnis zum Boden ist selbst dann angesprochen, wenn Kinder sich als Spielort ein Baumhaus „in der Höhe" wünschen, wenn sie in ihren gemalten Träumen das Märchenmotiv vom „fliegenden Teppich" aufgreifen usw. Die immer spürbare Bezogenheit auf den Boden drückt sich besonders im Verlangen nach „Enthobenheit von Erdenschwere" aus, das auch in dem oft gewählten Motiv vom schwebenden Tauchen unter Wasser vorkommt.

Die Bodenfläche des Raumes als Spielplatz des Kindes

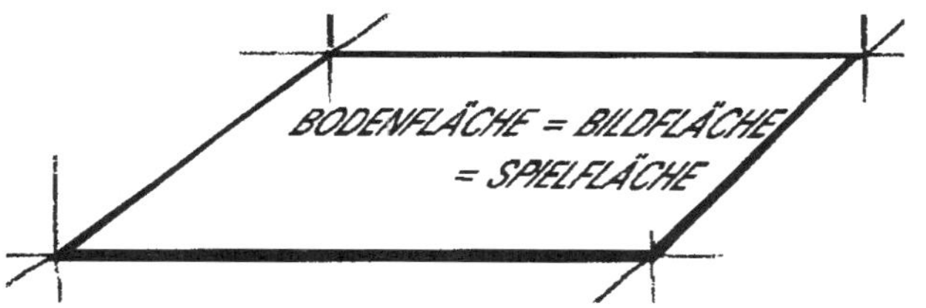

Figur 363

Die Kinderzeichnungen als anfängliche **Sach**-Erschaffungen finden „naturgemäß" erst im Übergang zur **Bild**-Herstellung ihr sozial erwünschtes „**kultur**gemäßes" Ziel.

Die Papierfläche, die zur Bildfläche werden soll, war von Anfang an „raumhaltig"; denn sie **lag**, wie ein aus dem Welt-Boden ausgegrenztes Areal, vor dem Kind zum Zeichnen ausgebreitet und hatte die verfügbare „Leere" des Luftraums über sich..

Schon vor jeder Sach-Erschaffung hatten sich die Kinder die Papierfläche als den vor ihnen liegenden Weltboden mit querverlaufenden gestischen Strichführungen „geordnet" und zum eigenen „Revier" gemacht (s. Abb. 68). Bei der Erschaffung ihrer **Sachen** hatten sie dann die Papierfläche als brauchbare **Materie** – wie einen Ackerboden oder einen Sandkasten – **genutzt**, indem sie durch Fantasie-geleitete Handlungen den vorgefundenen „Rohstoff" in die erwünschten Gegenstände **verwandelten**. Nun aber wird, im Laufe der kindlichen Entwicklung, dieselbe Fläche immer mehr als sichtbare **Bild**fläche verstanden, **auf** welcher die Gegenstände in **zeichen**hafter Weise **zum Anblick** kommen.

Die ursprüngliche Gleichsetzung der Mal-Fläche mit dem Erdboden wird später das Bild mit dem Raum und mit der – dann zu erarbeitenden – Raumtiefe verbinden.

„Körper" und Ding – abstrakt und im Erleben des Kindes

Es scheint für Kinder nicht ganz einfach zu sein, zum abstrakten Begriff des **„Körpers" im „Raum"** zu kommen, weil **Kinder** meistens **Dinge oder Sachen** meinen, mit denen sie selbst handgreiflich umzugehen pflegen.
Das Kind muss zum gegebenen Zeitpunkt lernen (dazu ist die Schule da!), dass die Dinge nicht nur von ihm selbst aus zu betrachten sind, sondern auch in kulturgegebenen systematischen Zusammenhängen stehen, die es zu entdecken gilt.

Auf die Frage „wieviele Seiten hat ein Würfel? " antwortet ein zehnjähriges Kind im schulischen Geometrie-Unterricht: **„acht"**.
Bevor Mutmaßungen hinsichtlich der Ursache dieser Antwort angestellt werden, müsste auf folgendes hingewiesen werden: Das Wort „Seite" ist nicht eindeutig. Nicht nur, dass „Seite" in einem Buch etwas völlig anderes bedeutet als im Wort „Seitensprung", bedeutet das Wort bei einem **Quadrat** eine Grenz**linie**, bei einem **Würfel** dagegen eine Grenz**fläche**.
Vielleicht kommt die unbewusste „Logik" der falschen Antwort zustande, weil der Würfel, von dem nicht alle Flächen gleichzeitig gesehen werden können, unter der oberflächenbildenden Gestalt von Quadraten beurteilt wurde und das Kind deshalb die vier Seiten des **sichtbaren** oberen Quadrats mit den **vier** Seiten des unteren, auf dem der Würfel **stehend** den Kontakt zum Boden hält, zu einer **„Acht"** zusammenzählt.

Durch die nachfolgende Frage, wieviele Seiten denn der Würfel im „Mensch-ärgere-dich-nicht"-Spiel habe, geht dem Kind auf, dass die stereometrische Figur, die gemeint ist, nicht nur **denselben Namen hat**, sondern auch **dasselbe ist** wie jenes Klötzchen mit den Punkten d'rauf, das die dringend benötigte **„Sechs"** nicht auf die Oberseite bringen will. Das Kind betrachtet den Spiel-Würfel offenbar anders als den Würfel im Geometrie-Unterricht, nämlich unter dem Aspekt seines sinnvollen Gebrauchs. Wenn nach der Seiten-Anzahl des Spiel-Würfels gefragt wird, dann können nur die Flächen mit den „Augen" gemeint sein - und das sind sechs Seiten.
In dieser für viele Gelegenheiten charakteristischen Episode kommen erst am Schluss die Welt der Geometrie und die Welt des Umgangs mit Dingen des täglichen Gebrauchs zusammen. Die Welt der Geometrie muss an das Kind von außen herangetragen werden. Schule ist dazu da, kindliche Spielhandlungen mit der Welt der Erwachsenen zu verbinden. In dieser Geschichte fallen der Würfel der Geometrie mit dem Spielwürfel glücklicherweise so zusammen, dass ein erspieltes Erfahrungsfeld das geometrische Ordnungsfeld stützt – wenn es denn aufgerufen wird.

Von der sachhaften Herstellung zur körperhaften Darstellung

Die frühen zeichnerischen Gebilde sind, wenn sie Gegenstände meinen, in **sachhafter** Weise hergestellt. Ihre **Körperlichkeit** ist ihnen **vom Wesen ihrer Herstellung mitgegeben**, ohne daß diese eigens formuliert werden müsste.

Wie schon ausgeführt wurde, wird die **sichtbare Oberfläche** der Dinge **mit** der eingegrenzten **Fläche auf dem Papier** „gleich"-gesetzt. Körperhaftigkeit, die visuell wahrgenommen werden könnte, wird noch nicht thematisiert.

Im zweidimensionalen Gebärden-Vollzug wird **nur** die **Dinghaftigkeit** der Gegenstände erfasst, deren dreidimensionale **Körperhaftigkeit** als **Selbstverständlichkeit** vorausgesetzt wird. Deshalb gehen aus diesen durch die Umfassungs- und Zeige-Gebärden erzeugten Zeichnungen keine auf Körperhaftigkeit bezogenen Darstellungsformen hervor.

Das ungewohnte und unerwartete **Flach**-Sein von Dingen wie etwa bei einem Hampelmann (Abb. 160) wird als Ausnahme gegebenenfalls mit jenen zeichnerischen Gebärden wiederholt, die dem „begreifenden Erlebnis von Dünnem und Flachen" entsprechen.

Der Unterschied zwischen **Ding**haftigkeit und **Körper**haftigkeit ist folgender: **Dinge sind** diejenigen **Gegenstände**, die durch Zeichnen auf das Papier geholt wurden. Die **Körperhaftigkeit** ist eine **Eigenschaft** dieser Sachen, die auf dem Bild nur **gezeigt** werden **kann**. Die Körperhaftigkeit eigens zu thematisieren ist keine notwendige Voraussetzung für jedwede künstlerische Darstellung.

Es gibt mehrere Darstellungsmöglichkeiten für die Körperhaftigkeit von Dingen; die meisten liegen jedoch außerhalb der eigentlichen Kinderzeichnung. Um dies zu zeigen, werden in den nachfolgenden Kapiteln Beispiele angeführt, wovon allerdings manche auf originären Kinderzeichnungen höchst selten auftreten.

Die körperhafte Darstellung von Gegenständen

Darstellungsweisen der Körperhaftigkeit – Die Oberfläche als Körpergrenze – in Hell und Dunkel

Eine gebräuchliche Art Körperhaftigkeit darzustellen, wird meistens „Schattierung" genannt. Licht und Schatten gehören zusammen und sind nur durch das **Sehen** wahrnehmbar. Sie gehören demzufolge **nicht zu den ertastbaren** Eigenschaften des abzubildenden Gegenstandes, sondern zum Vorgang des **Sehens**. Dennoch verhalten sich die Zeichner anfangs so, als ob der Schatten zum Gegenstand gehören würde. Deshalb werden die näheren oder nach vorn kommenden Bereiche des Gegenstandes **heller gehalten**, die sich entfernenden Partien werden dagegen **dunkler gemacht**.

Abbildung 364 Selbstbildnis
Junge 14 J 7 M Bleistiftzeichnung

Das Selbstbildnis eines Jungen, der nicht ganz 15 Jahre alt ist, zeigt eine durch Hell-Dunkel erzeugte Körperhaftigkeit. Die lineare zeichnerische Begrenzung der meisten Teile des Gesichts wird überwunden, indem durch ineinander übergehende Grauwerte die inneren Flächen bis zu den äußeren Flächengrenzen als einheitliches, von **Grenzen freies** und dennoch plastisches Gebilde verstanden werden können. Die plastische Wirkung kommt hier nicht schematisch als „**Abrundung**" der Grenzen wie bei Abbildung 366 zustande, sondern in einer Art „Stilform", welche die prinzipielle Möglichkeit zur Modellierung aufgrund von Lichterscheinungen auf der Oberfläche von Körpern wahrnimmt und ausnutzt. Die jeweils aus ihrem Umfeld herausragenden Teile des Gesichts bleiben heller. Haare und Lippen sind wegen ihrer Farbigkeit dunkler.

Etwa ein Jahr später malt sich derselbe Junge erneut mit dem Pinsel (Abb. **365**). Hier ist unübersehbar, dass die körperhafte Auffassung des Gesichts von vornherein durch die besondere Berücksichtigung der im Moment des Malens beobachteten Lichtwirkungen auf dem Gesicht bestimmt wurde.

Abbildung 365 Selbstbildnis
Junge 15 J 6 M Pinselzeichnung

Insofern kommt in der Gegenüberstellung der beiden Selbstbildnisse beim zweiten Bild die stärkere Orientierung an visuellen Daten zum Vorschein. Während das frühere Bild (Abb. **364**) eine Art „Katalog-Treue" in der Wiedergabe der Gesichtszüge anstrebt, kommen in dem späteren Bild (Abb. **365**) die Bedingungen, unter denen das Gesicht **gesehen** wurde, vor allem auch die Lichtverhältnisse, zur Ansicht. Die Lichtführung ist kein Aspekt einer Inszenierung, sondern sie hilft der Gliederung, indem das Gesicht, statt nach seinen dinglichen Bestandteilen, nach den optischen Erscheinungen der Licht- und Schattenverteilung beurteilt wird. Das Licht vermag auf der Oberfläche des Gesichts mittels des Schattens **Grenzen** zu erzeugen, die mit den Händen nicht als Gegenstandsgrenzen zu ertasten wären.
Die beiden Selbstbildnisse gehören schon nicht mehr in den Bereich der Kinderzeichnung, weil sie überwiegend oder ganz auf visuellen Beobachtungen beruhen und kein kindliches Schema angewandt wird.

Die **Körperhaftigkeit** eines Gegenstandes wird auf keine andere Weise so nachhaltig erzeugt wie durch **Schattierung** oder durch eine Modellierung, die an der Schattenbildung orientiert ist. Sie kommt auf Kinderzeichnungen nur ausnahmsweise vor. Lichterscheinungen auf dem Gegenstand **zu beobachten und darzustellen**, führt zu einer höchst visuell bestimmten Modellierung.

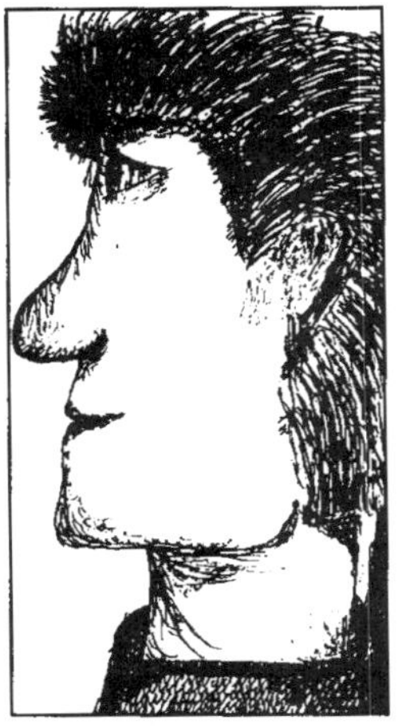

Abbildung 366
(Der Kopf ist ein Ausschnitt aus Abbildung 335 mit ergänzter Nasenspitze).

Um **sichtbare** Körperhaftigkeit zu erzeugen, werden auf der Abb. **366** kurze Linien vom Rand in die Gesichtsfläche hineingezogen, als sollte die Einheit der nicht-sichtbaren Gesichtshälfte mit der sichtbaren hergestellt werden. Dieser Vorgang ist deutlich von Gesten eines tastenden Streichelns bestimmt. Zugleich ist es technisch einfacher, die Linien von den Rändern aus nach innen zu ziehen, als von innen aus die schwungvollen Linien genau an den Grenzen der Profil-Linie enden zu lassen. Was zuerst wie eine Verstärkung der **Kontur** aussieht, ist in Wirklichkeit ein Mittel zu ihrer Überwindung.

Die zu beobachtende Verdunklung des Profils zu seinen Grenzen hin führt von selbst zu einer weiteren Erscheinung, mit welcher Körperhaftigkeit ausgedrückt werden kann: Die **Modellierung** mit Hell-Dunkel-Werten. Diese kann aber **von ihrem Ursprung her** nicht anders als **visuell bestimmt** sein und beurteilt werden. Die tastenden Gesten, die mit dem Stift die entweichenden Partien der körperhaften Gesichts-Oberfläche ausdrücklich nach vorn holen sollen, hinterlassen grafische Spuren, die sich im Ergebnis speziell als visuelle Gebilde erweisen.

Darstellungsweisen der Körperhaftigkeit
Die Überdeckung und die Musterung

Ein begabtes Mädchen kommt zu fast professionellen Ergebnissen, die allerdings ihre Herkunft aus intensiver Beschäftigung mit Sagen-Illustrationen und Modezeichnungen nicht verleugnen können. Die Gestalt ist nicht direkt abgezeichnet; stattdessen wurde das **Schema**, unter dem solche Figuren verbreitet werden, **übernommen** und – für ein 11jähriges (!) Kind – virtuos beherrscht.

Bemerkenswert ist auf der Abb. **368** auch die „auswendig" gezeichnete Hand, deren Daumen in den Gürtel gesteckt ist. Bei geringer Vergrößerung wird die Kraft, die Zügigkeit und die Bestimmtheit der Linien offensichtlich. Das Kind wird nicht von der Vorlage beherrscht, sondern es beherrscht die Thematik der Vorlage.

Diese Hand weist auf weitere, dem Körperhaften verbundene Darstellungsmöglichkeiten hin: Erstens auf die **in der Ansicht** von Gegenständen vorkommende **Verkürzung** und zweitens auf die völlige oder teilweise **Überdeckung** von Einzelteilen. Die **Verkürzung** ist **kein** Thema der Kinderzeichnung. Bei der Verkürzung werden die **körper**haften Gegenstände unter den Gesichtspunkten der visuellen **Raum**wahrnehmung wiedergegeben, deren Besonderheiten in den nachfolgenden Kapiteln zur Sprache kommen.

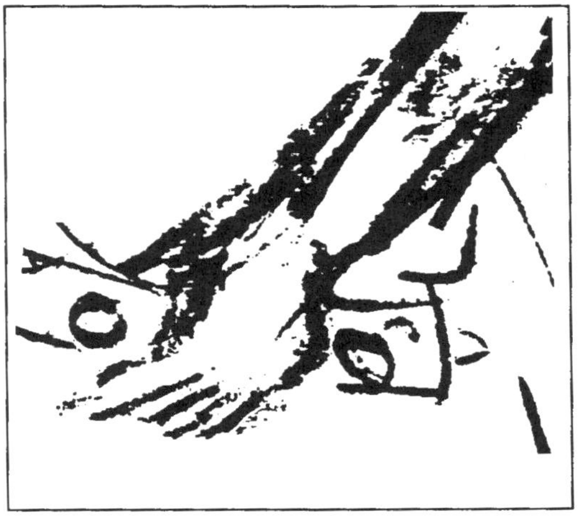

Abbildung 367 „Sagenfigur" Mädchen ca 11 Jahre Abbildung 368

Die **Überdeckung** ist eine Erscheinung, bei der die Dinge, die dargestellt werden sollen, im Hinblick darauf beurteilt werden, wie sie sich vor- oder hintereinander befinden. So befindet sich der Daumen (Abb. **368**) **hinter** dem Gürtel, der Gürtel und die Hand **gemeinsam vor** dem Kleidungsstück. – Die Zeichnung der Hand macht aber auch auf ein **neues Darstellungsproblem** aufmerksam: Ihre **Körperhaftigkeit** und die der Finger kommt durch die **Stellung** ihrer Glieder **zueinander** zur Geltung, und dies ist eine **räumliche** Ordnung. Die **Wölbungen** kommen durch ihre Profil-Formen zur Ansicht. Wie gezeigt wurde, **arbeitet** die „echte Profil-Form" nur **mit Linien**, also mit Bildmitteln, die **in der Wirklichkeit** nicht aufgefunden werden können, sondern erst im Sehvorgang und oft erst als Wiederholung von Zeigegesten auf dem Papier entstehen. Das körperhafte Modellieren mit Licht und Schatten ist die einfachere und deshalb bei Jugendlichen die frühere Darstellungsweise.
Die **Überdeckung** „sortiert" zunächst die **Gegenstände** in ihrem Vor- und Hintereinander – in dieser Hinsicht ist sie eine Art räumlicher Ordnung. Zugleich damit werden den hinten liegenden Dingen Teile ihrer sichtbaren Erscheinung durch die vor ihnen befindlichen **weggenommen**; sie kommen demnach nicht mehr als das Ganze, das sie sonst darstellen, zur Ansicht, sondern wesentlich **als ein Hinweis** darauf.
In der **Verkürzung** werden die Proportionen der jeweiligen Ansichts-Gestalt verändert. – Bei der Hand im Gürtel sind die leicht fächerartig auseinandergehenden Grenzlinien der einzelnen Finger typische Zeichen der **Verkürzung mit Überdeckung**.
Die Art, wie der Zeigefinger (Abb. **368**) den Mittelfinger, dieser den Ring- und der dann den Kleinen Finger überdeckt, ist qualitativ anders als die Art, in der der Unterarm den Körper überdeckt (Abb. **367**). Beim Arm geht ein **ding**hafter Bestandteil der Figur über den Körper, ohne dass sich der Körper oder der Arm in seiner Gestalt verändern würde; lediglich ein Teil des Körpers wird überdeckt. Die Hand jedoch **ändert**

ihren Charakter in ein **greifendes Gebilde**, bei dem sich die Finger – mit Ausnahme des Zeigefingers – im Gürtel einhaken und so die ganze Bewegung des Arms bis in die Schulter anhalten. Die Finger treten nicht mehr als einzelne, zum Teil überdeckte Gestalten auf, sondern als Ausdrucksfiguren der Hand selbst.

Für die Kinderzeichnung ist eine Überdeckung typisch, bei der Gegenstände andere Gegenstände „dinghaft" überdecken, ohne dass damit zugleich die Körperhaftigkeit der Dinge ausgedrückt wird.

Die Reiterin (Abb. **369**) **überdeckt** mit dem Bogen, den die Innenseiten ihrer Beine bilden, den Rücken des Pferdes, **auf** dem ein Sattel liegt. Dieser wird **dünn** wie eine Textil-Decke verstanden und dementsprechend mit dünnen Strichen als „Kleidung des Pferdes" markiert. Der Sattel wird dadurch als eine nicht zu **um**fassende Sache ausgebildet. Die starken Striche in den „Armen", die oben aus dem Körper nach vorn weisen, bewirken das „Zügeln". Die dadurch entstehende grafische Dunkelheit passt vorzüglich zu den vielen Linien des Pferdeschweifs, dessen Linienschwung annähernd symmetrisch nach vorne fortgesetzt wird. Die Überdeckung ist ganz **dinghaft** gemeint. Wenn man in einem solchen Fall „wie die Fachleute" von „Durchsichtigkeit" oder von „Transparenzen" spräche, dann würde man das Kind völlig missverstehen. Die Zeichnerin setzt die Gestalt der Reiterin in ihrer unversehrten Ganzheit – die sie **körperlich in den eigenen Gebärden erfühlt** hatte – auf den gesattelten Pferderücken, wie sie ein Püppchen auf ein Spielzeugpferd setzen würde. Auch das Pferd bleibt „ganz". Das Mädchen **spielt** „reiten lassen" und malt nicht die „Ansicht einer Reiterin".

Abbildung 369 Mädchen 6 J 5 M

Die Zeichnerin der Abb. **370** bringt zuerst ihr Pony aufs Blatt und malt sich dann selbst darauf bzw. darüber. Ihre Gestalt wird durch die Umrisslinien erzeugt, doch dann wird das Kleid mit drei Querstreifen stark farbig über das bereits gefärbte Pferdchen gelegt, um damit die Überdeckung bewusst und deutlich anzuzeigen und das Pferd an dieser Stelle „unsichtbar" zu machen.

Abbildung 370 Mädchen 8 J 1 M

Abb. 371

Auch die Zeichnung eines Jungen von 11 Jahren ist **dingorientiert** und erzeugt trotz der Überdeckung **keine Körperhaftigkeit**. Das ist **keineswegs ein Mangel** dieser Zeichnung (!), sondern Frage einer zu wählenden Stilform, wenn denn der Schüler dies erkennen und bewusst entscheiden kann. – Die unter dem Ärmel wegradierten Linien der Vorzeichnung des Gürtels **verdeutlichen** die Unsichtbarkeit der überdeckten Stellen, womit ein **entwicklungsabhängiger** Fortschritt gegenüber der Reiterin zu Pferde (Abb.369) erreicht sein könnte. Zwar gibt es Kunstrichtungen, in denen die gegenseitige Durchdringung von Formen verschiedener Herkunft charakteristisches Stilmittel ist, doch müsste dann ein entsprechender „Stilwille" die ganze Zeichnung durchwalten.

Die nachstehende Zeichnung von verwelktem Herbstlaub gibt eine Vorstellung, wie ein Muster aus mehr oder weniger parallelen Streifen auf Blättern, die ihrerseits geknittert und gewölbt sind, die Plastizität der Oberflächenbildung erscheinen lässt.

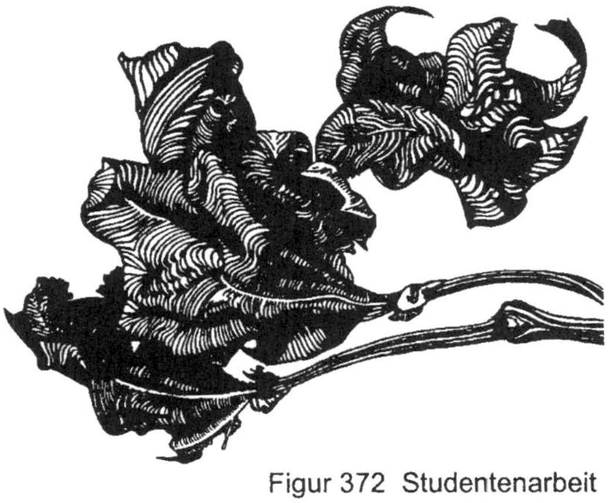
Figur 372 Studentenarbeit

Eine Modellierung dieser Art ist auf Kinderzeichnungen nicht zu erwarten, weil Kinder (wie die mittelalterlichen Maler) das Muster als solches wie auf eine glatte Unterlage auftragen würden. (Beispiele Abb. 186, 314, 335, 343) Der Maler in der Gotik erzeugte die Plastizität gemusterter Gewänder dadurch, dass **über** den flachgelegten gemusterten Stoff das Schattenspiel der Falten gemalt wurde. Anders gesagt: Er stellte zuerst den gemusterten Stoff als bedeckende Bekleidungsfläche sachlich „her" und legte ihn danach durch übermalende Licht- und Schattenspiele „in Falten".

Bemerkungen zur körperhaften Darstellung von Gegenständen

1. Körperhaft **dargestellte** Gegenstände sind jene Figuren auf den Zeichnungen, die das Kind **eigens körperhaft formuliert**. Ansonsten handelt es sich um zeichnerisch dargestellte Gegenstände, Sachen, Dinge.

2. Eine eigens körperhaft **formulierte** Darstellung der menschlichen **Figur** kommt auf **Kinder**zeichnungen so gut wie nicht vor. Da die Darstellung des Menschen die bevorzugte Thematik ist, an der sich die aus-

drückliche Gestaltung der Körperhaftigkeit am ehesten entfalten würde, tritt sie folgerichtig an Tieren, Bäumen, Bauwerken oder Fahrzeugen ebenfalls nur selten auf.

3. Die typischen, durch Hell und Dunkel bewirkten körperhaften Modellierungen sind von **visuellen** Erfahrungen abhängig. Sie können nur bedingt aus gebärdenhaftem Verhalten hervorgehen (Abb. 364 / 365).

Einem Gegenstand kann ebenfalls durch **Musterung** auf der Oberfläche sehr wirkungsvoll der Anschein von Körperlichkeit verliehen werden (s. Abb. 372 oder auch Bilder von Victor Vasarely).

4. Die an der eigenen Bewegung orientierte Gebärde enthält für das Kind die Körperlichkeit der Dinge so selbstverständlich, dass es noch keine Veranlassung hat, diese **ausdrücklich** zu formulieren. Im subjektiven Erleben seiner zeichnerischen Tätigkeit ist die Körperhaftigkeit seiner Geschöpfe „automatisch" mitgegeben. Das Kind erkennt die entstehenden Figuren als vollgültige Gegenstände oder Lebewesen trotz ihrer flächigen Gestalt an; denn sie erscheinen ihm als Bilder, die mit seinen inneren Vorstellungen übereinstimmen, weil sie, über den Ablauf ihrer Herstellung, mit „allen seinen" jemals **beteiligten** Sinneserfahrungen immer noch – und bleibend – verbunden sind.

5. Die flächenhafte Darstellung körperlicher Verhältnisse kann – auch künstlerisch – einen ihrer Höhepunkte in der Profil-Form finden.

Gegenstände als „Leer-Körper"

Es gibt Gegenstände, die ihrem Wesen nach Raum-Charakter haben; es sind offene Hohlkörper, meistens Gefäße. **Ihr Inneres** ist innerhalb der Grenzen nicht eingekapselt, sondern vom Wesen her **„in den Raum offen"**. Gefäße sind – im Gegensatz zu anderen Sachen – nicht mit ihrem Inhalt identisch, denn als Hülle sind sie zunächst leer; ihr **spezifischer** Inhalt ist ungreifbares **„Nichts"** bzw. die **Leere** oder der **Raum**.

Es wurden Untersuchungen an Kindern durchgeführt, wie diese den Flüssigkeitsspiegel in durchsichtigen Gefäßen zeichnen, wenn die Gefäße senkrecht oder in verschiedenen Neigungen gezeigt werden.

Jean Piaget / Bärbel Inhelder, Die Entwicklung des räumliche Denkens bei Kindern.

Bekanntlich bleibt ein Wasserspiegel auch in einer schräg gehaltenen Flasche immer in der Waagerechten, **„horizontal" wie der Erdboden**. Jüngere Kinder neigen jedoch dazu, selbst wenn sie diese Tatsache zuvor beobachten konnten, den Flüssigkeitsspiegel dennoch **parallel zur Bodenlinie** der (schräg gehaltenen) **Flasche** zu zeichnen.

Sie zeichnen demnach nicht den **beobachteten** Vorgang, sondern sie besorgen **selbst** das Einfüllen in die (gezeichnete) Flasche; sie selbst „machen die Flasche voll" (oder halbvoll, je nach der Flüssigkeitsmenge, die beim Versuch verwendet wurde). So zeigt sich der Füllspiegel nach der **von ihnen selbst vollführten Tätigkeit** auf dem **Blatt** und **nicht** nach der **Beobachtung.** Meistens **liegt** ja die Zeichenfläche vor dem Kind, auf dem die gezeichnete Flasche – aufrecht oder schräg – gehalten wird. Diese (noch) ich-bezogene Darstellungsweise ist der logische Hintergrund für solch eine scheinbare „Missachtung" des Augenscheins; denn das Kind **soll** eigentlich „nach dem Willen der Versucher" (in diesem bekannten Experiment zur Ermittlung von kognitiven Fähigkeiten) möglichst das **Beobachtete abbilden**, wohingegen **es selbst** den **Vorgang** auf dem Papier **her- oder nachstellt**.

Wenn das Kind reif dafür geworden ist, das **Beobachten** selbst als **Tätigkeit** zu begreifen, wird es dazu kommen, die Erscheinungsweise des Flüssigkeitsspiegels „objektiv" abzubilden. Dieser – erst durch den psychologischen Test – zum Problem erhobene Sachverhalt wird in freien Kinderzeichnungen nicht auffällig. Bildthemen mit solchen Problemen werden meistens erst durch Unterrichtsaufgaben heraufbeschworen.

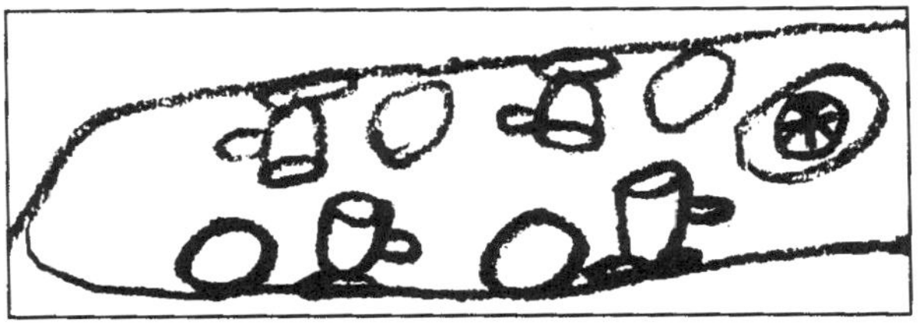

Abbildung 373 a Mädchen 6 J 8 M
Ausschnitt aus dem Bild einer gedeckten Kaffeetafel

Auf der Abbildg. **373 a** sind Teller und Tassen zeichnerisch angeordnet – freilich **nicht**, wie sie den **Anblick** eines gedeckten Tisches bieten, sondern wie man sie **im Herumgehen** um die Tafel **hinstellen** würde. Das Kind verhält sich wie beim Tischdecken. Die nahezu „perspektivische" Darstellung der Tassen dürfte die Wiedergabe einer erlernten Formel sein; es käme jedoch einer Überforderung des nicht ganz siebenjährigen Mädchens gleich, wenn es die Perspektive schon so richtig verstanden hätte, dass es diesie auf die **ganze** Kaffee-Tafel hätte übertragen können. Landläufig würde das Bild folgendermaßen beschrieben werden: *„Die **unteren** Geschirrteile stehen **auf** dem Tischrand, die **oberen stehen auf dem Kopf** und berühren dort den **oberen** Tischrand".* Für das Kind gibt es jedoch kein Oben und kein Unten bei diesem Bild, sondern ein Hinten und ein Vorn, und ein Rundherum um die **waagerechte** Tischplatte. Das Kind **klärt die Sachlage** – es reproduziert kein Abbild.

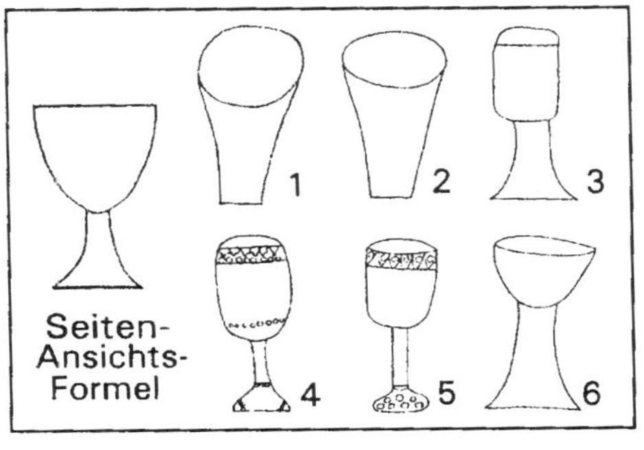

Figurentafel 373 b 5. Schuljahr
Darstellungen von „Pokalen" (1998)
im Rahmen einer Illustrations-Aufgabe

Die Figurentafel **373 b** gibt sechs Typen der körperhaften Darstellung von Pokalen und Bechern wieder, die im Unterricht (ohne jede Test-Absicht) aus der Fantasie entworfen wurden. Die Mehrzahl der Schülerinnen bediente sich der „Seiten-Ansichts-

Formel", die an Kommunions- und Konfirmations-Dekor erinnert. Damit entzog sich dieser Teil der Klasse der visuellen Auseinandersetzung mit dem Problem körperhafter Darstellung. – Die Reihe von **1** bis **6** stellt die von der „Seiten-Ansichts-Formel" **abweichenden** Typen dar. Sie darf jedoch **nicht als Entwicklungsreihe** betrachtet werden.

Die **bildhafte Darstellung** der einzelnen Gefäße folgt in gewisser Weise ihrer **sprachlichen Ding-Beschreibung** mit folgenden Wortlaut:

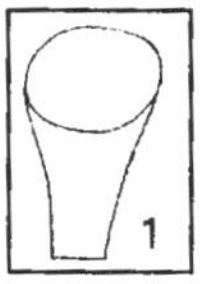

„Der Becher hat oben eine kreisrunde Öffnung, durch die man sein Inneres füllen oder leeren kann. Seine Wand ist gerade, aber sie verläuft schräg. Der Becherboden ist ebenfalls gerade, aber waagerecht, damit er auf dem ebenen Boden stehen kann."

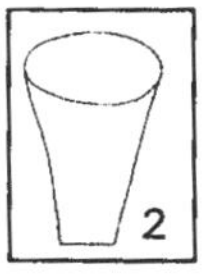

„Der Becher **hat** oben eine runde Öffnung, aber man **sieht** diese nur **genau von oben** „kreisrund". Von der Seite sieht die Öffnung quer und flach-rund aus, wie sonst auf Bildern. Die Becherwand ist gerade, verläuft aber schräg. Der Boden ist ebenfalls gerade, jedoch waagerecht, damit das Trinkgefäß nicht umfällt."

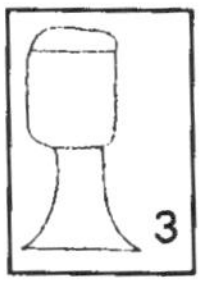

„Der Pokal besteht aus zwei Teilen, aus dem Gefäßteil und dem Fuß. Die Seiten der Trinkschale verlaufen senkrecht wie der Mantel eines Zylinders. Ihr oberer Rand schließt so gerade ab wie der Fuß an der Unterseite. Über den oberen waagerechten Rand hinweg kann man in die Schale hineinschauen." Kritik gälte allenfalls der zu wenig beachteten Symmetrie des Pokals.

„Der Pokal besteht aus drei Teilen, aus dem Gefäßteil, dem Stiel und dem Fuß. Die Trinkschale ist oben rund und unten rund und an den Seiten flachrund wie bei einem Fass. Außer der runden Öffnung ist der obere Rand gerade und waagerecht, so wie der Fuß, damit dieser stehen kann. Am unteren Rand läuft der Fuß auch irgendwie rund aus – deshalb ist er dort mit kleinen Bögen abgerundet. Weil es ein kostbarer Kelch sein soll, wurden der Trinkrand und das untere Ende der Wandung verziert.

„Der Pokal besteht aus drei Teilen, aus der Trinkschale, dem Stiel und dem Fuß. Er hat oben eine runde Öffnung, aber man sieht sie nur genau von oben kreisrund. Etwas mehr von der Seite sieht die Öffnung quer und flach-rund aus, so wie auf Abbildungen. So ähnlich ist es auch mit dem Fuß; er steht nicht nur gerade auf dem Boden, sondern ist ebenfalls rund und hat keine spitzen Ecken. Weil es ein kostbarer Kelch sein soll, sind der Lippenrand und der Fuß verziert."

Die Verzierung des Randes und des Fußes können auch Hinweise auf die besondere Bedeutung dieser Stellen für die Schülerin sein, denn gerade sie betonen die Errungenschaften ansichtsmäßiger Körperhaftigkeit des Gegenstandes. In den **Ecken** der Kelch-Öffnung kommt die

Herkunft von der „Seiten-Ansichts-Formel" zum Vorschein. Die Krümmung des vorderen Randbogens gegenüber dem hinteren ist um vieles leichter zu beobachten und für die körperhafte Darstellung bedeutsamer als der **rundliche Übergang** der beiden Bögen beim Zusammentreffen an den Seiten (wie bei Nr.2).

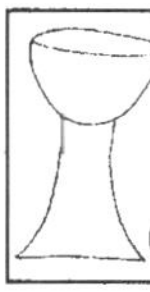

6

„Der Pokal hat oben eine runde Öffnung, aber man sieht sie nur genau von oben kreisrund. Von der Seite sieht die Öffnung quer und flach-rund aus. Die Trinkschale sitzt auf großem Fuß." In den Ecken der Kelch-Öffnung erscheint wie bei Pokal **5** die Herkunft von der „Seiten-Ansichts-Formel". Die symmetrische Gleichartigkeit der einander **gegenüberliegenden** Randbögen ist leichter zu bemerken als der rundliche Übergang der beiden Bögen **an den Seiten** zu beobachten ist.
Bei den weniger formelhaften Darstellungen 1 bis 5 ist folgendes bemerkenswert: Die obere Grenze der Trinkschale wird bei der Bearbeitung eindeutig bevorzugt, weil sie einerseits als „Tor ins Innere" und andererseits als Kontaktstelle der Lippen mit dem Gefäß intensiver wahrgenommen wird als der Fuß, an dessen Beziehung zur Stellfläche ein Schüler weder durch Eigentätigkeit noch sonst körperlich beteiligt ist.

Gegenstände als Körper „im Doppelpack"

Die folgende Erörterung bildet insofern einen Anschluß an das vorige Kapitel, als die Kombination von **zwei** hintereinander stehenden Dingen (z.B. zwei Trinkgläsern) auch als **eine** Gesamtgestalt aufgefasst werden kann, die sich in zwei Untergestalten gliedert.

Die mit diesen Versuchen verbundene künstlich herbeigeführte Problematik zur Ermittlung kognitiver Reife-Stufen würde Kinder spontan nicht interessieren. Beim Experiment wurden zwei Tassen hintereinander auf eine Ebene gestellt, so dass die vordere die hintere zum Teil verdeckt, wenn die Gefäße nahe beim Betrachter und nur wenig unter Augenhöhe stehen.
Ohne Frage soll hier ermittelt werden, in welcher Weise die Kinder auf die Verdeckung reagieren – ob sie die Tassen einzeln für sich oder die eine, durch die andere verdeckt, nur teilweise zeichnen; ob sie sich somit am momentanen Seh-Eindruck orientieren oder ob sie eine Ordnung auf der Bildfläche herstellen, als würden sie die Tassen in der Wirklichkeit arrangieren.
Natürlich überdeckt die eine Tasse **nicht** (wie mit einem Mantel) die andere Tasse, vielmehr stehen beide Tassen **beieinander**, und je nach Blickrichtung des Betrachters **hinter**einander oder **neben**einander. Die **Überdeckung** gilt demnach **nur für den Anblick** von einer bestimmten Stelle im Raum aus, nicht jedoch für die **Anordnung** der Tassen.

Die jüngeren Kinder stellen bei solchen psychologischen Tests tatsächlich die Tassen auf ihrer **(liegenden)** Zeichenfläche manchmal nebeneinander, manchmal hintereinander dar, als würden sie diese auf dem Papier genau so anordnen wie in der Wirklichkeit. Bringt man das Blatt in die Senkrechte, so sehen die **hinter**einander gezeichneten Tassen wie **über**einandergestellte aus, was freilich mit der kindlichen Absicht nichts zu tun hat.
Mit zunehmendem Alter können Kinder **die gesehene Überdeckung** abbilden.
Die zeichnerischen Ergebnisse solcher Versuche bestätigen für die jüngeren Kinder (analog zum Umgang mit wirklichen Gegenständen) den **Vorrang der ordnenden Eigentätigkeit auf dem Papier** gegenüber einer abbildenden Wiedergabe von momentan zu **erblickenden** Tassen-Arrangements.

das Haus als raumhaltig dargestellter Körper
das Haus als körperhaft dargestelltes Raumgebilde

Abbildung 374
Mädchen ca 7 J
„Wohnraum"

Abbildung 375
Junge 6 J 3 M
„Baukörper"

.........gepünktelte Linien bedeuten hier die interessierende Blattgrenze ohne eigens gezeichnete Grenzlinie

Die Abbildung **374** stellt das Haus, welches sich das Mädchen mit einem Aufzug (rechts unten neben der Tür) wünscht, als (Innen)-**raumhaften Gegenstand** dar, wohingegen der Junge auf Abb. **375** das Haus als **körperhaftes Ding** in dessen Umgebung auffasst, worauf die Pflanzen, die neben dem Haus wachsen, hinweisen. Häuser und Gegenstände überhaupt können sowohl als körperhafte Dinge mit ihren Grenzen nach außen als auch als raumhafte Dinge mit ihren Grenzen für das Innen dargestellt werden, je nachdem, welches Ziel vom Kind verfolgt wird, oder auf welcher Erlebnisgrundlage die Darstellung erfolgt.
Das Haus des Mädchens wurde von Anfang an als Innenraum begriffen, worauf die zuerst gezeichnete runde Abgrenzung nach oben hinweist. Erst später wurde das spitze Dach aufgesetzt, als das Kind das gezeichnete Haus „von außen" betrachtet und es daraufhin „wie gewöhnlich" vollendet.

Gegenstände, die nicht als Körper begriffen werden: Möbel

Möbel sind schwieriger zu begreifen, weil sie nie umarmt worden sind. Die Bestimmung der meisten Möbel besteht darin, anderen körperlichen Dingen Platz zu gewähren – so der Tisch, das Bett, der Stuhl, das Regal und der Schrank. Ein Herd beispielsweise wird zum Ort für Kochtöpfe, die Badewanne zum Behältnis für Wasser und Personen.
Möbel sind einerseits Gegenstände im Raum und andererseits selber platzgebend bzw. raumhaltig. Kinder bewerten die Möbel nach ihrer Nützlichkeit – wozu sie geeignet oder ihrer Aufgabe nach bestimmt sind.

Die normale **Bestimmung** eines **Tisches** ist, eine ebene und dauerhafte Fläche in zweckmäßiger Höhe als Unterlage für Gegenstände oder Handlungen zu bilden. (Für Kinder kann ein Tisch auch als Örtlichkeit zum Wohlbefinden **geeignet** sein, weil man sich **unter** dessen Platte wie unter einem Dach geborgen fühlen kann.)
Charakteristisch für einen Tisch sind demnach einmal die Höhe, die seine Platte durch die Beine über dem Boden hat, und zum andern seine Nutzfläche. Jedes einzelne Merkmal kann für sich allein oder mit allen anderen gemeinsam vorkommen und schließlich auch noch auf den Raum, in dem der Tisch steht, bezogen sein.
Der Stuhl ist ein besonderes Möbel, weil er der **sitzenden menschlichen Gestalt** ebenso angepasst ist, wie sich die sitzenden Menschen der **Form des Stuhls** anpassen, worauf schon bei Abbildung 307 hingewiesen wurde. Sitzhöhe, Rückenlehne und Beine können in geraden, zueinander „senkrechten" Strichen wie von einer Formel geleitet gezeichnet werden, weil sie Tastgebärden entsprechen, die dem Kind „in Fleisch und Blut" übergegangen sind. – Im Unterschied zu sonstigen Möbeln, die ortsgebunden sind, wird der Stuhl umfasst und zu jenem Ort bewegt, an dem das Kind selbst oder eine Person sitzen will.

Der Titel des Bildes „Mamis Geburtstagstisch" (Abb. **376**) führt den Blick sogleich in die Mitte der Szene. Der Tisch ist ein geschlossener Klavier-Flügel, der auf vier (statt auf drei) Rollbeinen steht – „weil ein Tisch vier Beine hat". Die Beine sind hier keine „Komm-Linien", denn ihre Richtung geht „formal" vom Mittelpunkt der Tisch-Fläche aus. Gegenständlich „gehen" die Beinlinien von den Ecken „weg" zum Boden hin, der sich rings um den Flügel befindet. Rund um das Musikinstrument stehen vier Stühle, die nach der einfachen „Tast-Formel" (s. o.) gezeichnet sind; ihre Sitzflächen werden in dieser Szene nicht beansprucht und folglich nicht wiedergegeben.
Bei der „Tischplatte" könnte die breite schwarze Linie der Umrandung ein Hinweis auf die körperhafte Dicke (Zarge) dieses „Möbels" sein. Auf dieser bzw. innerhalb deren Flächengrenze, die der Form des Flügels angenähert ist, liegen die Geschenke für die Mutter, die groß von rechts herbeikommt, worauf die „Schrittlinien" (s. Figur 88 und Abb. 308) hin-

deuten. Ihre Beine **stecken**, wie bei ihrer Tochter, in Pantoffeln, die hinten offen sind und vor den Beinen hergeschoben werden.
Das Kind ist mit vielen Schritten auf die Mutter zugegangen und spreizt nun seine Beine um eines der Flügelbeine.

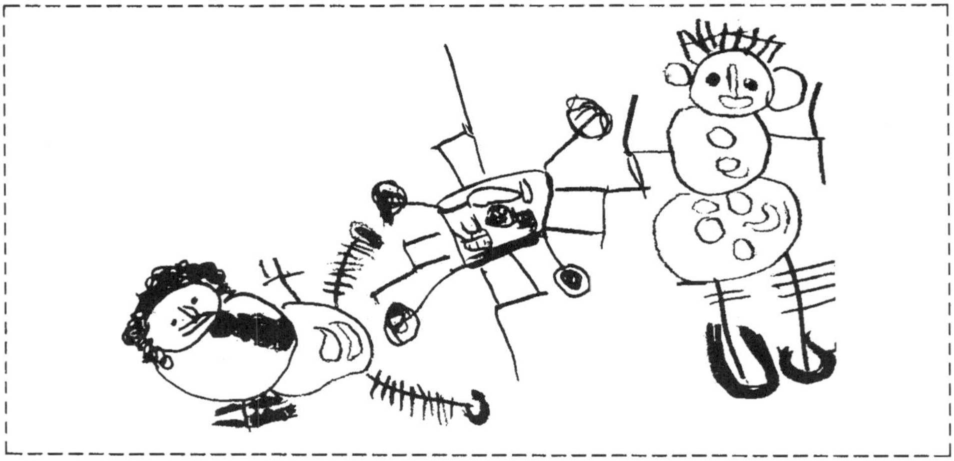

Abbildung 376 „Mamis Geburtstagstisch" Mädchen 3 J 10 M

Die Bewegung im Raum (zur Mutter hin) spricht sich in der Körperachse des Kindes aus. – Die Figuren innerhalb der Körpergrenzen des Kindes können nicht sicher gedeutet werden; es könnten Schürzentaschen sein — für jede Hand eine – nebeneinander gezeichnet, als könne das **zeichnende** Kind (nicht das gezeichnete) von **seinem** Sitzplatz aus wie in der Wirklichkeit beidhändig direkt hineingreifen. Die Ordnung der Szene im Raum wird in den folgenden Kapiteln genauer erläutert. Leicht ersichtlich ist die **bodenorientierte** Anlage der Situation, welche sich vor allem in der Zuwendungsrichtung des laufenden Kindes zur Mutter ausdrückt. Auf dem Blatt-**Boden** führt das Kind das „Entgegenlaufen zur Mutter" aus

Die folgende Abbildung **377** zeugt von einer anderen Spielabsicht des Kindes und kommt deshalb zu einer anderen Raumform. Bei ihr ist der Tisch nicht von der **Belegung** seiner **Platte** mit Sachen her bestimmt, sondern von der Seite her aufgebaut, wobei die Sachen **auf** ihn **gestellt** werden. Das Mädchen zeichnete *„eine **Blume** in einer **Vase auf** einem **Tischdeckchen auf** einem **Tisch mit vier Beinen** und **mit zwei Schubladen**"*. Die Tischplatte wird gezeichnet nach der einfachen „Tast-Formel", die auch für die Sitzfläche von Stühlen gelten kann; sie entspricht der Gebärde, mit der das Kind „linear" über die Tischfläche streicht. Es ist dieselbe Gebärde, mit denen schon die kleinen Kinder beim Vorübergehen mit ihren Händen an den Tischkanten entlangfahren. Das Tischdeckchen wird auf die Platte aufgelegt. Für diese Tätigkeit ist kennzeichnend, dass das Deckchen mit beiden Händen in entgegengesetzter Richtung zum querstehenden Tisch über diesem geschwenkt wird, bis es sich im Fall glatt auf die Tischplatte legt.

Abb. 377 Mädchen 7J 1 M

Die eingezeichneten Schraffuren stellen das (Glatt-)**Liegen** des Deckchens und das **Stehen** der Vase her. Unter der Tischplatte befinden sich vier Beine und zwischen den Beinen die Schubladen. Die „inneren Beine“ werden von Erwachsenen als die „hinteren“ bzw. „entfernteren“ angesehen, welche Ansicht aber nur dann mit den Schubladen zu vereinbaren ist, wenn diese „zufällig“ die Breite des Abstands der hinteren Beine hätten. Gegen diesen Zufall sprechen die von der oberen Tischplattenlinie ausgehenden Beinlinien.

Die beiden letzten Bilder wurden nicht im Sinne eines Weges von einer Entwicklungsstufe zur nächsten hintereinandergestellt. Es geht um die zwar verschiedenen, jedoch in ihrer Art völlig richtigen Verhaltensweisen von Kindern, die gewünschten Szenen oder Tätigkeiten auf dem Papier nachzu**spielen** und dabei nicht an irgendwelche Zuschauer zu denken.
Im Sinne einer abbildhaften Deutung würde man davon sprechen, die Kinder hätten verschiedene Ansichten in widersprüchlicher Weise miteinander vermischt. In solchen Urteilen würden jedoch gerade die speziellen kindlichen Leistungen abgewertet, nämlich ihr eigenes Erleben mit den Gestalten auf dem Bild zusammenzubringen.

Schränke sind Gegenstände, **hinter** deren Türen Sachen aller Art gelagert werden können. Das Verbergen hinter undurchsichtigen Flächen ist ebenso wichtig wie die Ordnung im Schrank, die man an den Feldern der Türen und Schubladenfronten erkennt. Die Türen sind mit Griffen versehen. **Regale** sind Schränke ohne Türen; sie eignen sich, um Sachen zu zeigen.

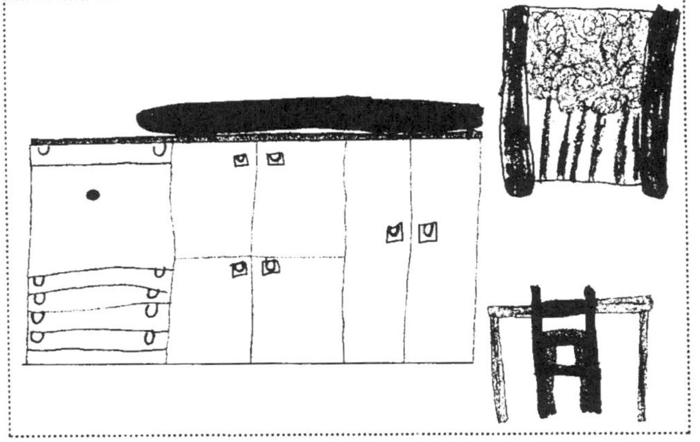

Abbildung 378
Mädchen 11 Jahre

Auf Abb. **378** zeichnet das Mädchen den wesentlichen Teil seines eigenen Zimmers. Dort steht ein Wohnschrank, auf dessen Oberseite als Bett eine Matratze liegt. Die Fläche, **an** oder **vor** der das Kombi-Möbel steht, wird durch ein Fenster als Wand gekennzeichnet, dessen aufgezogene Vorhänge den Blick in die Bäume des gegenüberliegenden Parks freigeben. Eine Grenzlinie, welche die Wand vom Boden trennen würde, ist nicht gezeichnet. **Nahe** der Blattkante, welche der Zeichnerin zugewandt ist und ihr damit näher liegt als die Unterkante des Schrankes, ist ein Tisch angeordnet, **unter** dem bzw. **vor** dem ein Stuhl steht. Die Lehne des Stuhls **überdeckt** den waagerechten Streifen, der die Tischplatte sein soll

Die Beine des Stuhls enden, (bei liegender Bildfläche) ein bischen weiter als die Tischbeine hinten und deuten damit an, **unter** dem Tisch zu stehen. Der Stuhl selber ist in zwei verschiedenen Farbtönen gehalten; die helleren senkrechten Streifen bedeuten die entfernteren (vorderen) Beine des Stuhls, so wie der waagerechte Streifen die Sitzfläche in etwa verkürzt zeigt.

Die Gegenstände des Zimmers sind mit größter Einfachheit bei zugleich größtmöglichem Informationsgehalt gezeichnet. Der Stuhl, der ohne die Tiefenwirkung durch die helleren Partien den Anblick einer kurzen dreisprossigen Leiter bieten würde, wird mit aufwendigeren Mitteln zur Klärung räumlicher Verhältnisse dargestellt.

Das Kinderzimmer wurde indirekt dargestellt, nämlich durch Gegenstände: die Möblierung. Auch die Wand wurde nicht „an sich", sondern durch das Fenster gekennzeichnet. Der Stuhl hingegen, der ein Gegenstand von der Art anfassbarer Möbel ist, wurde mit Bildmitteln dargestellt, die räumliche Wirkung erzeugen sollen.

Der Raum in der Kinderzeichnung

Die Darstellung von Räumen ist nicht dasselbe wie die räumliche Darstellung.

Räume (Raumgebilde) können Gegenstände auf Bildern sein.

Räumliche Darstellung ist ein Komplex bildnerischer Verfahren zur Herstellung räumlicher Orientierung durch das Bild.

Die Überführung des „Raumes der Welt" in die Malfläche kann auf dreierlei Weise geschehen:

– durch **Nutzung** oder **Verwandlung**
– und durch **Darstellung**.

Bloße Raum-**Nutzung** ist identisch mit **Boden**- oder **Blatt**-Nutzung und liegt vor, wenn die Malfläche durch keinerlei Grenzziehung an einer ihrer Seiten von der umgebenden Tisch- oder Bodenfläche getrennt wird, also nach außen offen bleibt.

Die **Verwandlung** der Blattfläche in einen **gemeinten** Raum entsteht beiläufig dadurch, dass gezeichnete Gegenstände oder Bezeichnungen auf einen bestimmten Ort (Innen- oder Außenraum) hinweisen und ihn so erzeugen.

Raum-**Darstellung** liegt dann vor, wenn mindestens eine der den **Raum begrenzenden Flächen** (z. B. Boden oder Wand gemäß Figur 360) gegenüber den anderen gezeichneten Gegenständen **eigens** dargestellt wird – oder, wenn die gezeichneten Gegenstände als Raumgebilde (z. B. Häuser von innen, Zimmer, s. Abbildungen 374 und 397) **in ihren Grenzen** gezeichnet wurden.

Der Raum selbst wird notwendigerweise mit der Entwicklung des Kindes zum Gegenstand von Zeichnungen. Dann stellt sich der Außenraum als Gegend, als Ortschaft mit und ohne Wegenetz, als Garten, Stadt, Landschaft, Spielplatz, Freibad, Tierpark, Meer usw. dar.

Der Innenraum kommt als das Innere von Gehäusen vor: als Zimmer, Küche, Treppenhaus, Werkstatt, Schulraum, Zirkus, Höhle, Stall usw.

Der für das Spiel mit den Stiften benötigte Raum-(Boden) bleibt oft völlig undefiniert und gibt einfach Platz für die Unternehmungen des Kindes.

Die Raum-Nutzung

Der genutzte „Platz" – die genutzte „Gegend"

Der Ausdruck „**Raum-Nutzung**" bezieht sich auf die Blattfläche, auf die gezeichnet wird. So gesehen liegt bei jeder Zeichnung die Nutzung der Blattfläche vor. Deshalb meint „Raum-Nutzung" hier speziell, dass die Bildfläche genutzt wird, **ohne den Raum ausdrücklich zu artikulieren**. Die Bildfläche wird als Platz vorausgesetzt und hingenommen, sogar respektiert, so wie sie ist.

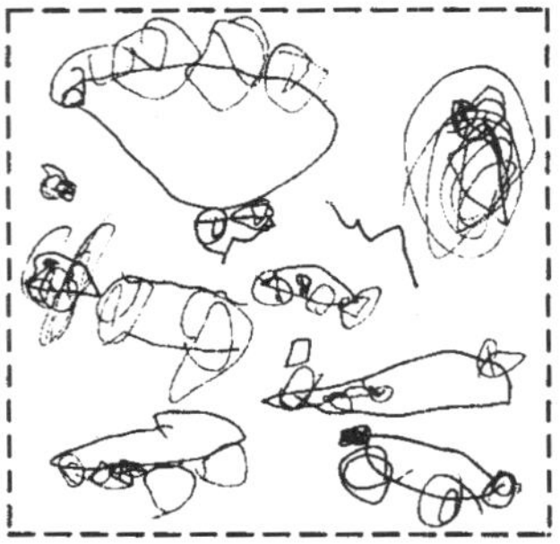

Die hier zitierte Zeichnung (s. Abbildung 380) zeigt eine als selbstverständlich vorausgesetzte und in Anspruch genommene Fläche, um einige Fahrzeuge dar**aus** zu schaffen und einige dar**auf** fahren zu lassen. Das ist Raum, den die „Welt“ zur Verfügung stellt, ohne ein bestimmter Ort zu sein.

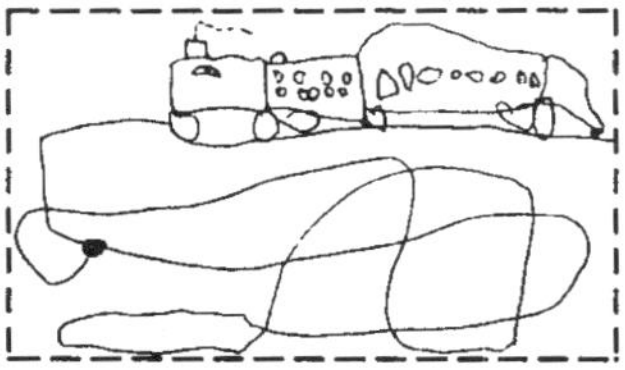

Solch ein ortloser Raumboden wird unbefangen für das Fahren-Spielen mit einer Eisenbahn (Abb. 386) beansprucht – als „Gegend“, die allenfalls „Außenraum“ bedeutet.

Die Verwandlung des Blattes in einen Ort (Innenraum)

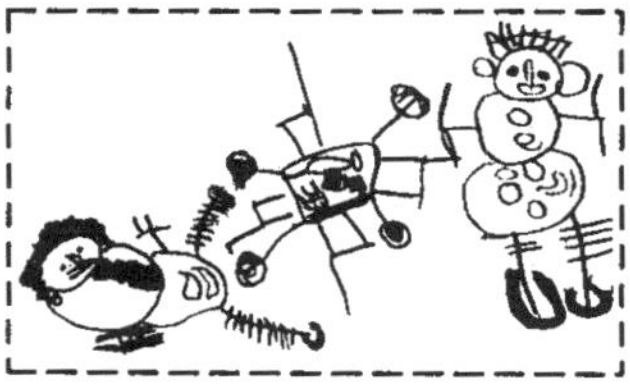

Obwohl bei „Mamis Geburtstagstisch“ (Abb. 376) der Raumboden ohne Kennzeichnung bleibt, wird er durch den als Gabentisch benutzten Flügel **indirekt** in den Boden eines Wohnraums mit Musikzimmer-Eigenschaften ver**wandelt**. Doch ist hier, wie bei der nächsten Zeichnung auch zu beachten, der **Innenraum** gemeint und mit dem Blatt eigentlich **nicht** nur dessen Boden in Anspruch genommen; sonst läge nämlich nur Raumnutzung vor.

Noch deutlicher wird ein Blatt in das eigene Kinderzimmer verwandelt (Abb. 378) Die Möbel weisen auf der Bildfläche auf den Boden hin, das Fenster mit Ausblick und Vorhang auf die Außenwand, wobei die Darstellung von **definierbaren** Raum**grenzen** unterbleibt, das Zimmer somit vorausgesetzt wird.

Die Verwandlung des Blattes in einen Ort (Gelände)

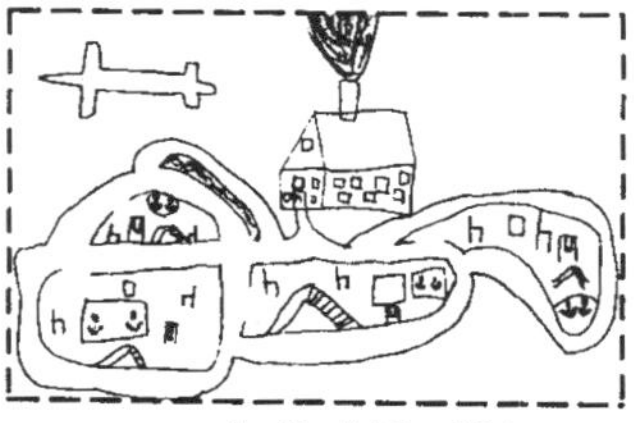

Die **absichtsvolle Verwandlung** von Teilen der Bildfläche **innerhalb der Raum-Nutzung** kommt in manchen Einzelheiten der Abb. 387 zur Geltung. Teile des zunächst unbestimmten Bodens werden ausdrücklich durch das Ziehen von Grenzen in Wege und Spielplätze **verwandelt**. Wo Wege und Plätze geschaffen werden, bleibt der Boden trotz besonderer Bestimmung **als boden-verpflichtete Raumgestalt**

erhalten und wird dort keinesfalls in körperhafte Gegenstände verwandelt, die als aufgerichtet empfunden werden. Sie verkörpern „verplanten Boden". Auch bei dieser Art der Verwandlung überwiegt die **Inanspruchnahme** der Raumgestalt „Boden" und noch nicht deren Darstellung. Der Flieger weist – wie der Rauch aus dem Kamin – auf einen Luftraum hin, der freilich zur Erde hin nicht abgegrenzt, sondern „über" ihr ist.

In der gegenständlichen Unterscheidung von Bodenraum und Luftraum bahnen sich die Grundlagen einer eigentlichen Raumdarstellung an, die natürlich auch in Übergangsformen vollzogen wird. Damit wird an eine früher schon erwähnte Erfahrung des Raumes durch Kinder angeknüpft: Der Boden als stets gefühlte tragende und undurchdringbare Raumgrenze, und der Luftraum darüber als die verfügbare „Leere" zum Aufenthalt und zur Bewegung.

Die Bodenfläche selbst ist gemeint

Die **Raum-Darstellung** kommt erst mit der **Thematisierung des Raumes** auf. **Das Räumliche des Raumes** muss **Gegenstand** des kindlichen Interesses sein. Wie aus der Studie zur Abb. 391 hervorgeht, ist die Bildfläche auf dem **liegenden** Blatt **hinter** dem aufgerichteteten Zaun als **Grundstück** gemeint, das aus dem sonst vorausgesetzten Erdboden ausgegrenzt ist und damit für Unbefugte ein nicht betretbares „Hoheitsgebiet" bedeuten soll. Die mit der „unteren" Blattkante oft fälschlich gleichgesetzte „Standlinie" lässt das Bild oberflächlich zwar als reines „Streifen-" oder „Standlinienbild" (Hans Meyers; Stilkunde der naiven Kunst) erscheinen; jedoch ist hier das Haus **zum Zeichner hin ohne** ausdrückliche Grenze. Der unterschiedliche Zugang zu den sich (ins Haus) öffnenden oder (zum Grundstück hin) verschließenden Raumformen zeigt bereits **thematisierte Raum-Gestalten** an. Näheres: Abb. 391 u. Studie 392.

Die gezeichneten Dinge auf der Bildfläche

Die gezeichneten **Dinge** können als **„gemeinte Gegenstände"** raumhaft oder körperhaft sein. Wenn sie auf die Fläche des Zeichenblattes kommen, werden sie, wie gezeigt werden konnte, problemlos und **für das Kind offenbar verlustlos**, in ihrer ausgeführten Form zu **flächigen** Gebilden. Diese subjektive Verlustlosigkeit beruht aber nicht auf einer problem-lösenden Leistung einer bewusst oder unbewusst durchgeführten **Übersetzung** der Dreidimensionalität in die Zweidimensionalität, **sondern auf der weitgehenden Gleichheit der Gebärden** im Umgang mit den Dingen in der Wirklichkeit und den Tätigkeiten auf dem Papier, welche die Dinge dort als gezeichnete Sachen hervorbringen.

Von den drei Ebenen, welche die rechtwinklig zu einander **gedachten** Flächen des „Raumwürfels“ bilden, wird anfänglich von den meisten Kindern nur eine einzige für die Zeichnung beansprucht, jene, die sich auf horizontaler Ebene in die Breite und in die Tiefe (d. h. von der Nähe zur Ferne hin) erstreckt: der „Boden“.

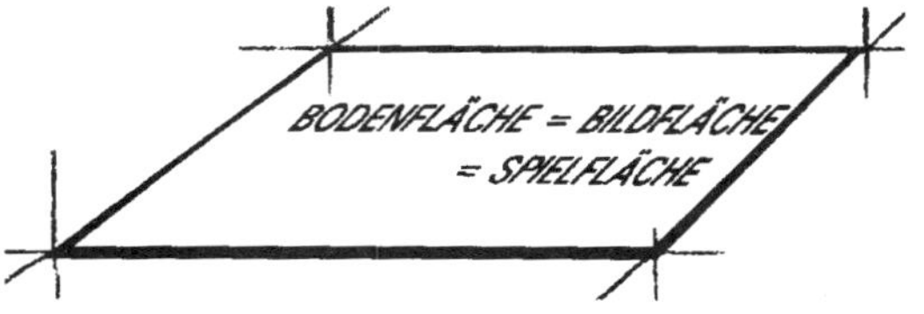

Figur 379

Auf dem Papier konnte das Kind mit dem Stift genau so herumfahren, als würde es sein Spielzeugauto über den Boden des Kinderzimmers sausen lassen. Die Linien sind Spuren der Tätigkeiten von Armen und Händen, die sich auf die **Ebene** des Bildfeldes beziehen und dessen Grenzen weitgehend berücksichtigen. Diese Weg-Linien gehören der vom Kind angenommenen Bildebene an und haben somit **nichts** mit der Darstellung von (körper- oder raumhaften) **Dingen** zu tun.

Mit dem Erscheinen der begrenzenden „Kreis“form auf der Kinderzeichnung gibt es auf dem Papier fortan **zwei Sorten** von Flächen, die jeweils durch und durch verschiedenen Charakter haben:

Erstens diejenigen Stellen der Bildfläche, die von Eingrenzungen **nicht betroffen** sind; sie **bleiben unverändert** der **Platz auf dem Blatt**, der zur Verwandlung in gemeinte Dinge bereitsteht. Wo der Platz nicht „verwandelt“ wurde, ist er auch weiterhin „**begehbar**“.

Zweitens: Bei den Teilflächen, die durch die **Eingrenzung** entstanden, wird das **Papier selbst** in den gemeinten Gegenstand **verwandelt**; an diesen Stellen ist das Papier nicht mehr der Grund oder der Boden, auf den etwas gemalt werden kann, sondern dort befindet sich der gemeinte Gegenstand. Deshalb sind für das Kind Überdeckungen oder Überschneidungen nur schwer möglich, weil an dem Platz, der schon verwandelt wurde, kein anderes Ding mehr aus dem Bildgrund **hervorgehen** kann.
Das Problem der Überdeckung ist ein visuelles, bei dem für die überdeckte Gestalt der Verzicht auf ihre Ganzheit geleistet werden muss. Daraus geht hervor, dass der mit Gegenständen ausgestattete Boden als **ansehnliches** und **sichtbares** Objekt ignoriert wird. Der Boden ist so sehr **da**, dass er als etwas **erst noch zu Sehendes** vernachlässigt werden kann. Anders gesagt: Der Boden muss hingenommen werden, ohne dass er selbst Gestalt hätte. Selbst Berge und Hügel sind keine Bodengestalten, sondern Gestalten **auf** dem Boden.

Weiterhin gibt es offensichtliche **Eingrenzungen**, die an einer Stelle zur Blattfläche hin **offen gelassen** sind, z.B. die Tassen auf Abb. 315. Solche Figuren meinen raumhaltige Gebilde, **in** die man – ohne eine Grenze überwinden zu müssen – von der undefinierten „Platzfläche“ aus hineinkommen kann, was auch für viele Hausdarstellungen (ohne begrenzende „Grund“- oder „Stand“-Linie) gilt, die vom „**Welt**boden“ aus das Eintreten gestatten. Man braucht Kinder nur zu beobachten, wie sie mit Lego-Steinen spielen, um ihr Verhalten auf der Bildfläche verstehen zu können.

Die Bildfläche eine „Materialgrube“ – kein „Streu-Bild“

Auf der nachstehenden Abbildung **380** hat sich der Junge an den verschiedensten Stellen des Blattes viele Fahrzeuge verschafft; sicherlich sind Autos gemeint. Dabei wurde das Blatt öfter gedreht, weil der Grund seiner Tätigkeit **für ihn** die **Herstellung der Autos** war und keine Absicht bestand, Bilder – oder gar ein einziges Bild – mit vielen Autos zu machen. Zeichnungen dieser Art gehören ohne jeden Zweifel noch **nicht** in den Bereich von Raum-Darstellungen; sie fallen unter den Gesichtspunkt einer Nutzung der Bodenfläche.

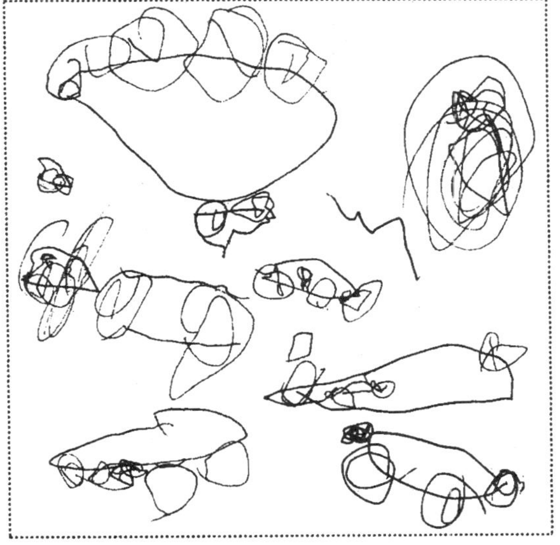

Abbildung 380 Junge 3 J 2 M

In Bezug auf **Autos** wie auf Abbildung **380** besteht die kindliche Erfahrung darin, ein **Gehäuse** vorzufinden, welches fährt, indem es von kreisenden Rädern angetrieben wird. Demzufolge zeichnet der Junge die Autos als raumhafte **Dinge**, deren „Räder“ durch die Spuren ihres Bewegt-Werdens entstehen. Steuerräder im Innern der Fahrzeuge und querverlaufende Sitzbänke könnten ebenfalls mit manchen Linien gemeint sein. Kinder zeichnen die Gegenstände **einzeln**, jeden für sich. Sie zeichnen die einzelnen Dinge darüber hinaus jeweils auf sich selbst bezogen; jedes **Ding** hat **sein eigenes** „Oben“ und „Unten“, was mit der Bildfläche nicht übereinzustimmen braucht, sondern davon abhängt, in welcher Richtung das Blatt lag, als sich das Kind zeichnend darüber beugte.

Bevor das Kind zu seinem Bild (Abbildung **360**) **zusammenfassend** sagen würde: „das sind **viele** Autos“, würde es vielleicht auf jedes **einzelne** Auto mit dem Finger deuten und sagen: „**Auto**“– „**Auto**“– „**Auto**“– usw., ähnlich, wie es nicht von seinen „Eltern“ spricht, sondern von „Papa und Mama“. In der Sprache benennt es jeden einzelnen Gegenstand für sich, so wie es auf seiner Zeichnung jeden einzelnen Gegenstand für

sich betrachtet. Einzeln, wie die Autos von ihm gemacht wurden, betrachtet es diese. Eine **„Machart"**, welche die Dinge **als einzelne** erzeugt, vermag von sich aus **keine** Ordnung des Blatt-Formats zu schaffen. Auf der Wiedergabe sieht man „oben rechts" (wie meistens formuliert wird) eine Linienspirale, die das Kind vermutlich **vorn** rechts, ganz nahe bei sich, querliegend gezeichnet hat, und zur Mitte hin ist eine Zick-Zack-Linie gezogen. Diese Liniengebilde können Spuren des Fahren-Spielens mit einem Auto sein, ähnlich den bereits erwähnten Wegespielen. An diesen Stellen **bleibt** die Blatt-Ebene die von vornherein gegebene Spiel-Ebene zur Benutzung. Ihre bloße Inanspruchnahme hat sie schon in eine „Welt-Gegend" verwandelt.
Bilder, auf denen die gezeichneten Gestalten scheinbar ungeordnet vorkommen, werden in der Literatur „Streubilder" (H.Meyers; Stilkunde der naiven Kunst) genannt, als ob das Kind seine Figuren auf das Blatt gestreut hätte. Umgekehrt aber ist es genauer: Das Kind **streut** seine Figuren **nicht auf** das Blatt, sondern es erhält seine Figuren erst durch die verwandelnde Eingrenzung **aus dem Papier**. Das Kind spielt mit dem Material „Papier" nicht viel anders als im Sandkasten, aus dessen Material die Gestalten geformt werden. Weil es dem Kind fast nur auf **seine eigene Tätigkeit** bei der Herstellung der Gestalten ankommt, ergibt sich die Verwandlung des Papiers in das gewollte Ding ebenso wie sich der Sand durch seine Tätigkeit in eine Burg oder in einen Kuchen verwandelt. Die Gegenstände müssen immer zuerst noch an jenen Stellen **erzeugt** werden, bevor sie auf das Blatt hätten „gestreut" werden können, auch wenn es – oberflächlich interpretiert – nach „Streuung" aussieht.
Bei der vorfindbaren Verteilung der gezeichneten Sachen kann keine Rede von Ordnung **oder Un**ordnung auf dem Papier sein, denn das Kind bezieht sich nicht auf das Format der Blattfläche, sondern vollbringt die Erzeugung der Gegenstände je an ihrem Platz.

Aufrecht stehen die Gestalten

Die mit Hilfe der Bildfläche hergestellten „Autos" sind nun keineswegs in die Fläche hinein**gelegt**, sondern stehen und fahren in der Phantasie des Kindes **„aufrecht"** auf dem Platz des Blattes, so wie die Menschenfigur, die es gezeichnet hat, nicht im Papier „begraben" liegt, sondern aufrecht steht. – Wenn das Kind, wie es die nachfolgende Figur **381 A** zeigt, sich beim Zeichnen, wie üblich, meist tief über das Blatt beugt, dann befindet sich der **wesentliche** Teil seiner eigenen Körperachse parallel zur Ebene der zu bemalenden Bildfläche. Die durch die Eingrenzung in „Sachen" **verwandelten** Stellen auf dem Papier setzt das Kind **zu sich selbst** in Bezug. Jede **nicht** betroffene Stelle **bleibt** hingegen die liegende **Ebene**, die sie von Anfang an gewesen ist.

Figur 381 A

Figur 381 B

Wenn sich das Kind dann selbst aufrichtet und seine Körperachse in die Senkrechte bringt, scheint ihm die **gemalte** Figur als sein Gegenüber **zu folgen**. Fig. **381 B** soll den Vorgang veranschaulichen, der dafür verantwortlich ist. Aufgrund von Erkenntnissen und Erfahrungen mit dem Gegenstand, die zwar nicht in seiner Zeichnung zum Vorschein kommen, aber **durch die Zeichnung** in seinem **Bewusstsein aktiviert** werden, steht dem Kind „gefühlsmäßig" der Gegenstand „leibhaftig" vor Augen, wodurch **mehr** als nur das, was von der Figur **gezeichnet** wurde, sein Bewusstsein füllt. So entsteht das Symbolische im Kopf.
Im Kopf bzw. in der Fantasie des Kindes kommt der **ganze** Gegenstand mit jener Fülle zustande, die in seiner Erfahrung schon vorhanden ist und welche für die gegenwärtige Spielsituation gebraucht wird.
An der Figur **381 B** wäre noch folgende Beobachtung zu machen: Während die **liegende Spielfläche** ihr „Hinten" behält, bekommt die mit dem Zeichner zusammen aufgerichtete **Gestalt** ein „Oben", wobei deren „Unten" dort beginnt, wo sie vorher, als in der Blattfläche „liegende" Linienfigur, ihr „Vorn" (vom Zeichner aus gesehen) hatte.

Gezeichnete Gegenstände auf der „eingerichteten" Bildfläche

Abgesehen von gelegentlichen Zeichnungen, die eine „Hauptperson" darstellen sollen, legen die Kinder in der Regel, so bald sie zwischen **Quer**- und **Hoch**format überhaupt unterscheiden, das Blatt zum Zeichnen **quer** vor sich hin. Damit wird der **sichtbare Ausschnitt der Welt** (wie auch auf der Theaterbühne und dem Fernsehschirm), dem Augen**paar** entsprechend – zunächst unbewusst – **in seiner Breite** auf das Blattformat **übertragen** und so von der Erlebnisweise des Kindes mitbestimmt. Diesen Vorgang kann das Kind sogar auch als **ausdrückliche Einrichtung der Bildfläche** aufgreifen.

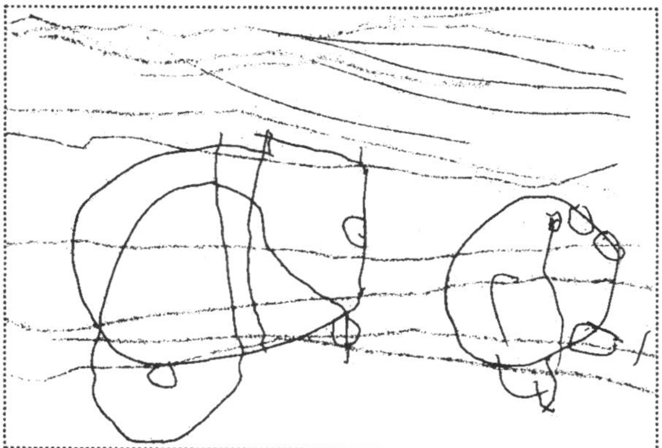

Abbildung 382 Junge 3 J 8 M

Das ist der Grund dafür, dass von diesem Zeitpunkt an „regelmäßig“ Figuren beobachtet werden können, deren eigene Haupt-Achsen **senkrecht** zur langen, querliegenden Bildkante gezeichnet wurden. Sie beziehen sich damit in erster Linie **auf die Körperachse des zeichnenden Kindes,** woraus sich dann **als Folge** ihre „senkrechte“ Stellung zur Blattkante – parallel zur Welt-Horizontalen – von selbst ergibt. Das Kind verhält sich zum Zeichenblatt wie zur Welt, welche in seinem Gleichgewichtssinn ununterbrochen wirksam ist.

Auf der Abbildung **382** sieht man von einer Seite zur andern querverlaufende Linien, die auf der Originalzeichnung mit einem verhältnismäßig schwachfarbigen Blau ausgeführt wurden. Darüber hat der Junge mit Linien in kräftigem Rot zwei „Autos“ gezeichnet.

Weil das Kind die quer vor ihm liegende Blattfläche offenbar als eine quer vor ihm liegende deutlich wahrgenommen hat, „behandelt“ es diese Blattfläche mit querverlaufenden Linien als eine ausdrückliche, von seiner Hand bestätigte Anerkennung. Zugleich spielen diese Linien die Bewegungen der Fahrzeuge nach – oder **vor** – , wenn diese durch die Gegend sausen. Bei Abbildung 68 wurde auf die besondere Bedeutung dieser zeichnerischen Gesten bereits hingewiesen: Das Blatt wird durch diese „Behandlung“, deren Spuren als Linien zu sehen sind, als ein in die **liegende** „Weltfläche“ verwandeltes Spielfeld **eingerichtet**, zu dem die gezeichneten Sachen (wie in der Wirklichkeit) in aufrechtem Gegensatz **stehen**.

Beide Autos sind **als einzelne** auf das Kind bezogen – jedoch dreht der Junge das Blatt nicht mehr, weil er dieses **zuvor schon** in eine **bedeutungshafte Position** gebracht hatte.– Die Autos sind gehäuseartige Gebilde, welche innen Schalthebel und Steuerräder und außen Räder und Lampen haben können.

So kommt die Anordnung der Gegenstände auf dem Blatt dadurch zustande, dass **das Blatt zuvor selbst** in eine gegenständlich gemeinte Bezugsordnung zum Zeichner und zur „Szene“ gebracht wurde. Das Kind **verfügt vorab über das Blatt** durch das Setzen von Richtungslinien, bezieht aber dennoch die gezeichneten Gegenstände **auf sich**, wodurch die Figuren **senkrecht** auf die „untere“ – dem Kind nächst**liegende** – Blattkante bezogen erscheinen.

In der Fachliteratur zur Kinderzeichnung wird diese Art der Raumnutzung „orthogonale (rechtwinklig orientierte) Raumdarstellung" genannt, weil die Achsen der gegenständlichen Gestalten senkrecht zur unteren Bildkante stehen. Damit wird diese Darstellungsform freilich nur von ihrer **äußeren Erscheinung** her beschrieben.

Nach und nach stellt sich eine einheitliche Ausrichtung aller Gegenstände senkrecht zu den querliegenden – und parallel zu den seitlichen – Blattkanten ein. Das Kind braucht **nicht** mehr unbedingt seine Bildfläche **eigens mit Querlinien einzurichten** – es nimmt sie durch das absichtsvolle Quer**legen des Blattes** als richtig wahr und kann dann die Figuren weiterhin seiner eigenen Körperachse zuordnen.

Somit bezieht es die Richtung seiner Gestalten vorerst **nicht** – oder **nicht vorrangig** – auf das **Format**, sondern **weiterhin auf ein im Bewusstsein waltendes Weltgefühl – und auf sich selbst.**,

Ist der auf das Kind bezogene Gegenstand gegliedert, so beziehen sich dessen Elemente natürlicherweise auf **dessen** Hauptachse. Einen Baum etwa richtet das Kind gemäß seiner eigenen Körper-Achse aus; die Äste hingegen werden auf den Stamm, und die Zweige auf die Äste bezogen usw.

Da das Kind an den **Dingen** interessiert ist, bezieht es die Dinge – jedenfalls ursprünglich – auf sich selbst und **nicht auf formale** Vorgaben wie eine durch das Blattformat gegebene „**Standlinie**". Schon das Blatt selbst ist keine bloß formale Vorgabe mehr, wenn es vom Kind als seine **Weltbühne** verstanden wird.

Die hier immer wieder vorgetragene Unterscheidung der Form-Bezogenheit einerseits und der kindlichen Verhaltensweise andererseits hat einen gewichtigen Hintergrund: Die **formale** Betrachtung der Kinderzeichnung bezieht sich auf kulturelle Bedeutungs-Systeme, wohingegen das Kind nicht anders kann, als sich – wenn es die Bedeutungen der Systeme verstehen will – auf die **Wirklichkeit selbst zu beziehen**, so, wie sie sich **ihm** eröffnet.

Das Problem des Mensch-Seins ist diese Differenz zwischen dem existentiell erspürten Wirklichkeitsverständnis und den zu internalisierenden kulturellen System-Ansprüchen.

Der Bildraum wird egozentrisch geordnet

Es sollte zu denken geben, dass die perspektivische Darstellung das Verfahren einer zum **Stillstand** gekommenen egozentrischen Sichtweise auf die Räumlichkeit der Welt ist, wohingegen die naive sowie die kindliche Sichtweise **der Natur des Blickens entsprechend** zwar **auch** egozentrisch ist, jedoch **schweifend** und gerade nicht stillstehend.

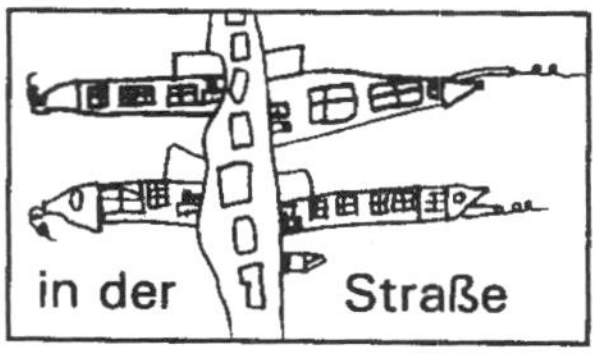

Wie bei Abbildung 389 zu erkennen ist, bezieht das Kind die Straße, **in** der es wohnt, beim Zeichnen auf seine eigene Körperachse. Dann „geht es mit dem Stift in die Straße hinein“, und, indem es sich nach rechts und nach links den dort stehenden Häusern zuwendet, bezieht es diese wiederum auf sich selbst. Die Straße **erscheint** so als „Standlinie“ für die Häuser. Aber gerade das Protokoll der langen Bewegung des Kopfes, welche die Häuser bei gleichbleibender Breite zu hohen und schmalen Gebilden werden lässt, wenn das Mädchen von der Haustür bis zum rauchenden Schornstein auf dem Dach blickt, zeigt, wie sehr das Kind diese Bildgestalten auf sein eigenes Erleben bezieht.

Die Abbildung 407 lässt die Bäume rund um die Insel so **erscheinen, als ob** diese jeweils senkrecht zur Umrandung gezeichnet worden wären. Der Befund ist zwar objektiv richtig, doch sollte nicht übersehen werden, dass sich das zeichnende Kind selbst im Mittelpunkt des Bildes und der Insel ver„steht“ und von dort aus rundum in die Welt blickt – die Basis seiner **Körper**form (im „Schritt“) bildet den geometrischen Mittelpunkt der Zeichnung. Bei diesem subjektiv erlebten Vorgang wird dann aber jeder Baum mehr auf das Mädchen bezogen als „senkrecht“ auf den Rand des Ufers als einer „gekrümmt-geschlossenen Standlinie“.

Bildformate können Raum-bewirkend genutzt werden

Hinsichtlich der beiden nachstehenden Abbildungen ist leicht zu erkennen, dass die Aufreihung der Figuren an dem langgezogenen Querformat des Bildes orientiert ist. Damit ist aber keine ausdrückliche **„Einrichtung** der Bildfläche“ durch die Zeichner gegeben. Betrachtet man die beiden Zeichnungen unter dem Aspekt der Figuren 381 A und B, so würden diese Gestalten **auf dem Blatt als aufrechte Personen gemeint sein**, welche den **Boden** des Blattes bevölkern. Dass sich die gezeichneten Figuren **formal** „senkrecht“ zu jener **beim Zeichnen** dem Kind nächstliegenden **liegenden** Blattkante verhalten, ergibt sich absichtslos. Diese im **Visuellen auf der Zeichnung bestehende Einheitlichkeit** wird als Darstellungsform gewohnheitsmäßig höher eingeschätzt, als wenn die Figuren nur einfach irgendwie beieinander wären. Die Einheitlichkeit der Ausrichtung bemerken die Kinder wohl auch als Übereinstimmung ihrer Darstellungweise mit der Gestaltungsweise in den Medien. Dabei betrachten sie selbst die Bilder oft aus schrägen Blickwinkeln, und es drängt sich ihnen geradezu die Beständigkeit auf,

Abb. 383 freie Zeichnungen 1.Schj. Abb. 384

mit der die Achsen der Figuren parallel zu den seitlichen Bildkanten stehen. So wird ihr zeichnerisches Verhalten als kulturkonform bestätigt.

Über diese Gemeinsamkeiten hinaus unterscheiden sich die beiden folgenden Bilder in ihrer inhaltlichen Aussage.

Inhaltliche Absicht – dargestellt in „räumlicher" Zuordnung von Gestalten

Der Ort, an dem sich auf Abb. **383** die Personen befinden, ist durch nichts angedeutet, weil sich das Kind mit Hilfe des Zeichnens nur (s)eine Familie bei einem Spaziergang vergegenwärtigen mochte, bei der – was naheliegt – das Gemeinschaftsgefühl die Beachtung der „Gegend" überwiegt. Dass das Kind die Familienmitglieder in einer Reihe **hintereinander** und **nicht** nebeneinander gemeint hat, lässt sich an einigen Beobachtungen leicht klären.

Abbildung 383 freie Zeichnung 1. Schuljahr

Bemerkenswert ist nämlich die „Fußform" des „Vaters", die mit der der übrigen Familienmitglieder übereinstimmt, aber zusätzlich von je einem Kreis begleitet wird, wie bei Abbildung 308. Die darin eingebrachten Zickzacklinien, in Geh-Richtung der „Füße", weisen auf den Rundgang der Familie hin, den der Anführer bestimmt. Für Kinder ist jeder Spaziergang ein Rundgang, der von der Wohnung ausgeht und zu ihr zurückführt. Dieselbe Grundfigur findet sich beim „Schildkrötenführer" (Figur 166 G u. Abb. 299), nur dass sich dort das Rechteck auf das Grundstück – und nicht auf den Weg – bezieht.

Abbildung 384 freie Zeichnung 1. Schuljahr

Auf Abb. **384** begegnet wieder eine Familie, und auch hier sind Vater und Mutter unverwechselbar gekennzeichnet. Eine waagerechte Strichfolge verläuft hinter den Bein-Linien der Kinder. Wenn diese Linie als Grenze einen Sinn hat, bedeuten die nach vorn weisenden **Fuß**-Linien, auf dem Blatt betretbaren Boden vom Unbetretbaren (vom Luftraum?) zu unterscheiden. Die Unterbrechung dieser Striche gibt die Schutz-Zonen unter den Eltern frei. Denn zwischen den Beinen der **Eltern** laden diese Öffnungen des Raumbodens nachgerade dazu ein, dort Schutz und Zuwendung zu finden. Es entsteht ein „Ort", der **von den „Seiten"** her geschlossen ist, **von oben** her wie ein Innenraum bestimmt wird und sich **„von unten"** her als „begehbarer Umraum" eignet. Diese Raumverhältnisse lieben Kinder sehr, wenn sie sich dorthin begeben. Bezeichnenderweise finden sich unter den **Kinder**figuren keine solchen Raumzustände. So wird dieses Bild an entscheidender Stelle zu einer Raumfantasie, die sich auf die Eltern als Schutz- und Raumgewährende Verbündete bezieht. Ein „Standlinien-Aspekt" ist hier eher auszuschließen; zwischen den Beinen der Eltern aber hat das Kind noch Boden unter den Füßen.

Die Verwandlung des Blattes in einen Ort (Außenraum)

„Raum" auf Kinderzeichnungen wird oftmals und indirekt durch das zeichnerische „Machen von Sachen" und deren Anordnungen erzeugt.

Abbildung 385 Mädchen 6 J 2 M

Abbildung **385** meint nicht nur irgendeinen Platz, auf dem sich ein Elternpaar, dessen beide Kinder und eine Katze tummeln. Das große Fenster im Dachgeschoss gehört zum Kinderzimmer der Zeichnerin, und somit ist (durch diese Charakterisierung des Elternhauses) aus einem unbestimmten Gelände ein definierter Ort geworden: Der Garten um's eigene Haus. – Während die Kinder als kleine Gestalten im Verhältnis zu den großen Eltern und der (ersehnten) Katze gezeichnet werden, ist die Größe der Eltern etwa mit der **„von diesen** genutzten Höhe des Hauses" gleich, gemessen vom Boden bis zur Dachtraufe. Die Gegenstände erscheinen nach dem Muster der Abb. 381 B auf dem „liegengebliebenen Boden" aufgerichtet. Hier und im Folgenden werden Häuser insoweit betrachtet, als sie „im Raum", also im Gelände oder in einer Gegend stehen, und, soweit sie selbst Raum gewähren.

Spielen auf dem Raumboden/Bodenraum

Das Blatt wird zum Gelände, auf dem die Eisenbahn ihren Weg nach den Anweisungen der Zeichnerin zu nehmen hat. Die Spur endet an einem Punkt, wo die Linie auf die Anfangsstrecke stößt. Das Blatt liegt

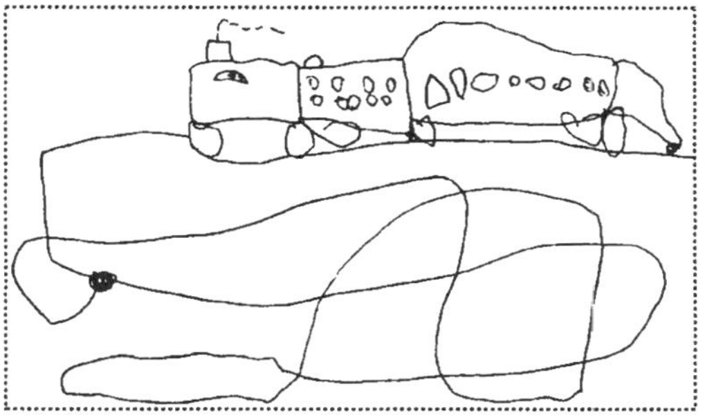

Abbildung 386 Mädchen 5 J 4 M

quer vor der Zeichnerin – der Zug, mit seinen senkrechten Grenzen auf **sie** ausgerichtet, kommt „aus der Ferne" auf sie zu und nutzt ziemlich gleichmäßig das Terrain. Der Zusammenhang des Spielzeugs mit der Spieltätigkeit wird deutlich. Die Fläche des Blattes wird als „Gelände" genutzt, ohne einen Hinweis auf einen bestimmten Ort. Das Kind hatte mit seinen Geschwistern oft größere Holzeisenbahn-Anlagen (bestehend aus Schienen, Brücken und Weichen) gebaut, über die dann die Züge von Hand gezogen wurden.

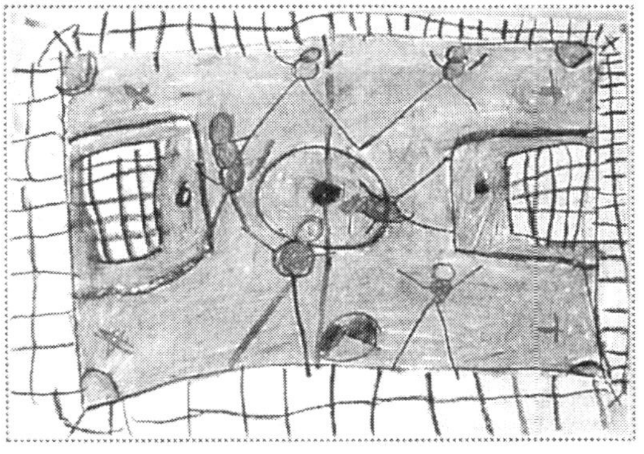

Abbildung 386 a Junge 1. Schuljahr

Auf der nebenstehenden Abbildung **386 a** vergegenwärtigt sich der Junge sein Fußballspiel auf dem Spiefeld, indem er die Spieler ihre Wege über den Rasen laufen lässt. Die langen Linien verkörpern die zurückzulegenden Strecken zugleich als die langdauernden Laufgefühle in den Beinen. Durch die Einfassung mit einem Zaun wird die Blattfläche insgesamt in ein Fußballfeld umgewandelt.

Die Herstellung von Bodengestalten

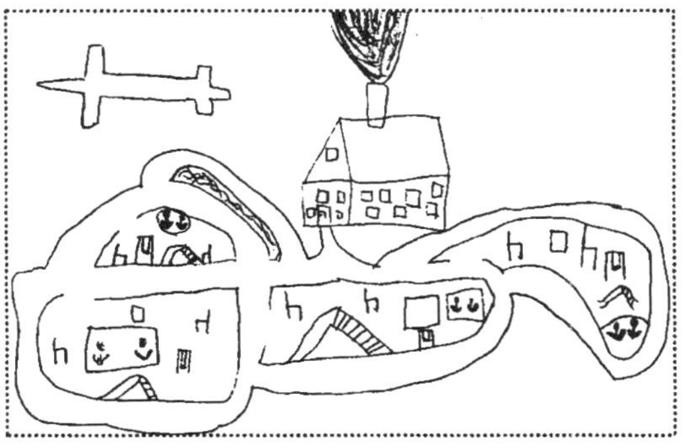

Abbildung 387 Mädchen 7 J 3 M

Im Unterschied zur vorausgehenden Zeichnung, wo die Spuren nur die **Nutzung der Bodenfläche** anzeigen, wird auf Abb. **387** der Boden an manchen Stellen selbst in **Bodengestalten verwandelt**. Innerhalb der Grenzen, die das Kind für die Wege und die von ihnen eingerahmten Spielplätze zeichnet, werden aus dem verfügbaren **unbestimmten** Raum nun **bennenbare „Grundstücke"** mit Bestimmungen, über die nicht mehr frei verfügt werden kann. Sie sollen und müssen typisch im Sinn ihrer Funktionen als Wege, Sandkasten oder Blumenbeet verwendet werden. Gegenüber dem vorausgehenden Bild drückt sich hier eine neue Einstellung aus, die darin besteht, dass das Kind die Wege nicht ausschließlich als Spuren der von ihm selbst geschaffenen und bewegten Geschöpfe erzeugt. Die neue Haltung ist deswegen fortschrittlicher, weil auf dem Bild eine Weltordnung geschaffen wird, die prinzipiell auch für andere betretbar ist. Zwar ist „diese Welt“ **von diesem Kind** „erschaffen“, jedoch nicht durch eine Vorgehensweise, in dem es selbst als egozentrischer „All-Erschaffer“ und „All-Erhalter“ auftritt; vielmehr ist diese Welt mit anderen teilbar. Sie ist Ergebnis willkürlicher Vollzüge unter Vermeidung unwillkürlicher Einflüsse und erscheint, in einer weltorientierten Sicht, im Ergebnis als **offensichtlich geplant**. In der ganzen Zeichnung drückt sich wesentlich mehr aus als nur der „formale“ Fortschritt von **ein**dimensionalen Linienzügen zu dingbezeichnenden **zwei**dimensionalen Arealgrenzen. Die nicht in der Ebene der Bodenoberfläche liegenden Gegenstände sind nach dem Prinzip der Abbildung 381 B aufgerichtet. Das Flugzeug in der oberen Hälfte **verwandelt den Bildraum** oberhalb der als Erdboden genutzten Fläche **in Luft**. (Der Rauch aus dem Schornstein gehört als Kennzeichen des Hauses nicht zur Luft.) Es handelt sich um denselben Vorgang wie bei Abb. 378, wo durch Möbel eine Bildfläche indirekt in ein Zimmer, und ein Teil der Bildfläche durch ein Fenster in eine Wand verwandelt wurden, ohne dass die Raumgrenzen eigens gezeichnet wurden.

Ein Ort – in Zonen auf dem Boden geordnet

Abbildung 388 Mädchen 6 J 4 M

Dieses Bild ist nicht durch Willkür oder Fantasie bestimmt, sondern die Wiedergabe einer realen Situation. Die Zeichnerin stellt die Gegend dar, in der sie wohnt (im Haus mit dem spitzen Dach). Als würde sie das Gelände auf dem Boden eines Spielfeldes aufbauen, zeichnet sie ganz nahe bei sich die fahrenden Autos, die durch ihre Bewegung und Geräusche besonders aufregend und eindrucksvoll sind. Dann folgt ein Bächlein, das die Straße von den schmalen Hausgärten abriegelt, und schließlich stehen da die Häuser, aus deren Kaminen der Rauch von der Zeichnerin selbst durch kringelnde Linienzüge hinausbewegt wird. Es entspricht kindlichen Gewohnheiten, das **eigene Haus zuerst** zu zeichnen und sodann mit den unmittelbaren Nachbarhäusern fortzufahren. Danach zeichnet das Kind die linke senkrechte Kante des viertürigen Mietshauses und setzt an dieser unten an, um, parallel zur Bachgrenze, die Boden-Begrenzung des Miethauses zu ziehen. Nach einer kurzen Strecke (vielleicht identisch mit der Grundlinie der Giebelwand) fällt dem Kind ein oder auf, dass dieses große Haus mit seiner anderen senkrechten Hauskante näher an seinem Elternhaus steht (mit seiner Front **im Winkel** zu den Fronten der kleinen Häuser). Deshalb ändert es **auf dem Boden** (dem Blatt) die Richtung auf die anderen Häuser zu. – Am „Himmel“ gibt es keine Orientierung wie am Boden, weshalb dort First und Traufe konsequent waagerecht gezeichnet werden. Was den Eindruck von perspektivischer „**Sicht**“ machen könnte, ist im Grunde nur die Organisation **über Wege** am Boden, die das Kind, wie im sonstigen Leben, hier mit dem Stift geht. So sehr man durch den Anblick des Bildes über die Lage der Grundstücke orientiert wird, liegt doch keine eigentliche Raum-Darstellung vor, sondern eine „analoge“ Platzierung der Fahrzeuge, des Bächleins und der Immobilien auf der zur Verfügung stehenden Fläche, die – sehr gut – **genutzt** wurde.

Vielleicht hätte sich mancher Betrachter **bei den Fahrzeugen** aus ästhetischen Gründen gleichmäßigere Abstände zu den Seitenrändern gewünscht; doch für solche Kritiker wurde das Bild gar nicht gemalt.

In der Straße – auf der Straße

Abbildung 389 Mädchen 7 Jahre

Wenn jemand **in** einer Straße lebt, hat er dort eine Wohnung. Wenn jemand **auf** der Straße lebt, hat er keine Wohnung. Diesen Unterschied zwischen dem, was **auf** der Straße geschieht und was es bedeutet, **in** einer Straße zu Hause zu sein, zeigt Abbildung **389**.

Auf ihrem Schulweg erlebt die Zeichnerin an der Straßenmündung den Auto-Unfall. Die beiden Personenwagen stehen im wörtlichen Sinn **auf** der Straße, denn die Straßenfläche, genauer: die Fahrbahndecke mit ihren Markierungen, bildet die **Grenze** des Bodens zum Luftraum. Der **gezeichnete Boden** befindet sich **unter** den Autos und **vor** dem Kind. Und an der **vor dem Kind liegenden Blattkante** geht die **reale** Welt des Kindes, **in** der sich ja auch die **Malunterlage** befindet, **grenzlos** in den gezeichneten Straßenboden über, auf dem ein Wohnhaus steht.

Die „Studie zur erlebten Szene“ zeigt die Weltbühne, die die Geschehnisse – wie meistens – quer zur Zeichnerin ablaufen lässt; sie wird, weil sie das aufregendste Ereignis ist, zuerst gemalt.

Die Straße in der „Studie zum Wohn-Umfeld“ liegt in der Richtung der Körperachse des zeichnenden Kindes „auf dem Boden“. Wenn das Mädchen in **seiner** Straße geht, dann erblickt es rechts und links von sich die Einfamilienhäuser mit angebauten Garagen in den Gärten, von denen sie umgeben sind.

Studie Gesamtbild

Studie zur erlebten Szene

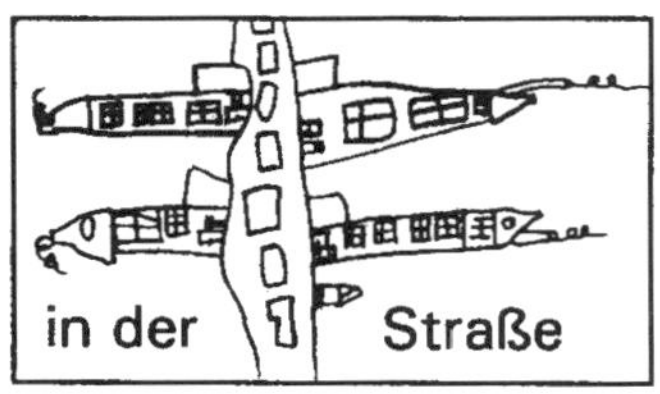

Studie zum Wohn-Umfeld

Die lange Bewegung des Kopfes, die das (kleine) Mädchen protokolliert, wenn es sich zum Haus wendet und dieses von unten nach oben, von der Haustür bis zum rauchenden Schornstein auf dem Dach mit seinen Augen in den Blick nimmt, lässt die Häuser bei gleichbleibender Breite zu hohen und schmalen Gebilden werden (die Mutter hielt sie bis zur Aufklärung durch den Verfasser für „Raketen“). Die unregelmäßigen Flecken in dieser Wohnstraße sind Reparaturspuren der Fahrbahndecke, die wegen mehrerer Wasserrohrbrüche an vielen Stellen geöffnet werden musste.

Bilder einer solchen „natürlichen Naivität“ sind unter dem Einfluss der Medien selten geworden, was kein Wunder ist. Denn diese geben andere, leicht nachzuahmende Vorbilder für Raumdarstellungen und verhindern dadurch, Erfahrungen mit der Welt erlebnisgetreu zu vergegenwärtigen, womit die Naivität nicht um des Erhalts „einer erfreulichen Stilform“ willen gepflegt werden soll. Der Realitätsbezug solcher Zeichnungen macht sie „schön“ – nicht die Erfüllung einer von außen bestimmten ideologischen Vorstellung von „Kinderzeichnung“.

Wie noch verdeutlicht werden wird, ist die Darstellung der **Bodengrenze** (durch die Fahrbahn unter den Autos) einer der **Anfänge räumlicher Darstellung**, weil **eine** der drei Dimensionen des Raumes, hier der Boden, eigens artikuliert und nicht nur vorausgesetzt wird. Die Darstellung der Straße, **in** der das Kind wohnt, **nutzt** den Raum des Papiers durch Herstellung von Bodengestalten. Die gemalte Fahrbahn, **auf** der sich der Unfall abspielt, ist aber nicht mehr nur die Fortsetzung des offenen Weltbodens in das Bild hinein, sondern zugleich eine Grenz-Ziehung gegen den über der Straße befindlichen Luftraum.
So wird die Unfall-Szene zum Ausgangspunkt räumlicher Darstellung.

Der Raum-Bezug gezeichneter Sachen zum realen „Weltboden“

Der Übergang von der Raum-**Nutzung** zur Raum-**Darstellung** ist daran gebunden, dass „der Raum der Welt“ selbst auf dem Bild gemeint ist und nicht nur die Gegenstände auf ihm. An den Figuren 381 A und B konnte gezeigt werden, wie sich die gezeichneten Gestalten auf dem „liegenbleibenden“ Papier mit dem sich aufrichtenden Zeichner erheben. Aufgrund der Lebenserfahrung gehören die gezeichneten Figuren zu den stehenden Gestalten, während der Boden „von Natur aus“ eine **liegende** Gegebenheit ist. Raum-**Darstellung** kommt erst zustande, wenn der Boden keine Spielfläche mehr ist, sondern sich zu einem **Bild des Bodens wandelt**.

Figur 390 „Autos warten an der Ampel“ (Abschnitt aus längerem Streifen) Junge 6 J

Eine Zeichnung wie Figur **390** wird in der Literatur in den meisten Fällen als „Standlinienbild“ bezeichnet. Die Zeichnung zeigt einen Abschnitt (etwa ein Drittel) aus einer Fahrzeugschlange vor einer Verkehrsampel, gezeichnet auf einen langen Papierstreifen. Das Kind setzt die Räder der Fahrzeuge auf die untere (ihm selbst nächstliegende) Kante des Papierstreifens, also **nicht auf eine Linie**, sondern auf die **Grenze** seines Bildfeldes zu jenem **Boden**, der die Mal-Unterlage bildet. Die in der Figur 381 B **gemeinte** Aufgerichtetheit der gezeichneten Gegenstände wird in Figur **390** durch die Art der Abbildung dadurch ausgedrückt, dass das Blatt **hier stehend** auf der Mal-Unterlage **abgebildet** ist, auf der es zuvor beim Zeichnen **gelegen** hatte.

Dann aber wird erkennbar, wie die lang zur Papiergrenze hin gezogenen Räder keine Stand**linie** brauchen, sondern **grenzüberschreitenden Kontakt mit dem realen flächenhaften Boden** selbst **suchen,** mit genau jenem Boden, den sie **in der Wirklichkeit** mit dem Kind gemeinsam haben bzw. hätten.

Somit wird hier der Raum **nicht innerhalb** des Blattes **formuliert**, sondern **außerhalb gefordert** und **gesucht**. Es liegt demnach kein Hinweis auf Raum**darstellung** vor, wohl aber die Einführung eines gezeichneten, sachhaft gemeinten Spielzeugs in die reale Welt des Kindes.

Um aber eine Raum-Darstellung zu erzeugen oder anzudeuten, müssen **auf der Mal-Fläche selbst bildhafte Hinweise auf gemeinten Raum** gegeben werden.

Von der Aufrichtung einzelner Gegenstände zur Aufrichtung der ganzen Bildfläche

Bevor das ganze Blatt **aufgerichtet erscheinen** soll, kann durch die Aufrichtung einzelner Bild-Teile schon eine raum-darstellende Wirkung erzeugt werden, wie es das folgende Beispiel zeigt.

............gepünktelte Linien bedeuten die Blattgrenze ohne eigens gezeichnete Grenzlinie

Abbildung 391 Mädchen 6 J 10 M

Auf der Abbildg. **391** bahnt sich mit der **gegenständlichen** Darstellung eines Zaunes eine Grenze zwischen der Mal-Unterlage und der Bildkante an. Der **Zaun** soll eine **Grenze** bewirken und begründet damit einen **Unterschied** zwischen der **Blattfläche** und der frei zugänglichen **Mal-Unterlage** aus der Lebenswelt des Kindes. Zweifellos gelten Haus und Zaun als aufrecht gemeinte Gegenstände, die in der Vorstellung des Kindes auf dem Boden **stehen** (wie bei Figur 390).

Als „Standlinienbild“ würde die „leere Fläche“ über Haus und Zaun den **Luftraum** zwischen Erde und Himmel bedeuten, was hier nicht der Fall ist, nicht zuletzt deswegen, weil kein Zeichen für den Himmel, etwa die Sonne, darauf hinweist. Der Rauch aus dem Kamin ist wie die Antenne **Zubehör** des Hauses und **kein** „Luftzeichen“.

Die nachfolgende „perspektivisch“ gezeichnete Studie veranschaulicht die Vorstellungen des Kindes, wenn es in dieser Art zeichnet; man sieht, wie sich **die Gegenstände** um die vordere Kante des liegenden Blattes wie um eine Achse gedreht aus der „Bodenfläche“ erheben.

Auf vielen Zeichnungen lassen Kinder die Grenzlinien des Hauses an der ihnen nächstliegenden Blattkante weg. **Hier** endet das **auf dem Boden stehende Haus**, wohingegen das Blatt selbst **liegen** bleibt. Das

Haus **scheint** durch die Blattkante eine natürliche Grenze zu bekommen, weshalb sie (angeblich) nicht gezeichnet zu werden braucht.

Die Verlegung der Hausgrenze an die Blattgrenze ist nicht notwendig Ausdruck einer speziellen Entwicklungsstufe, weil Kinder viele verschiedene Arten eines unteren Hausabschlusses kennen und zu gleicher Zeit nebeneinander verwenden, wie die Beispiele in den folgenden Kapiteln zeigen. Bei vielen Hausdarstellungen ohne gezeichnete untere Hausgrenze lassen Kinder auch die Haustür weg, wohingegen allseitig begrenzte Häuser selten eine Tür vermissen lassen.

Fasst man die **nicht gezeichnete Grenzlinie** als **absichtsvolle** Spielhandlung des Kindes auf, kann daraus der Schluss gezogen werden, dass es für das Kind einen durch Grenzen nicht verstellten Zutritt von außen – und sogar von außerhalb der Bildfläche – in **sein** Haus hinein gibt und geben soll.

Studie 392

Die „offene Seite des Hauses“ ist ja beim Zeichnen dem Kind zugewandt. Der neben dem Haus stehende Zaun stellt **gegenständlich** eine Grenze dar, die im kindlichen Spiel das Betreten des **dahinterliegenden** „Grundstücks“ oder „Hoheitsgebiets“ (d.h. die liegende Blattfläche) für Unbefugte oder Fremde verwehrt, während dem Kind selbst der Raum des Hauses offensteht. Es kann sich jederzeit in sein Haus hineinbegeben. In der Vergitterung des Fensters wird das Motiv schützender Abwehr, das sich im Zaun schon zeigte, wiederholt.

Bei weiterer Betrachtung des Bildes als **Spielzeug** erkennt man, wie das Kind – in seiner Fantasie – von außerhalb des Bildes in das Innere seines Hauses „hineinlaufen“ kann. Damit wird die von den Grenzen des Hauses eingerahmte **Geräumigkeit** auch **als Boden** in Anspruch genommen. Der Boden innerhalb des Hauses ist geradezu die **Fortsetzung des Bodens der Wirklichkeit**, auf dem sich beide, Blatt und Kind, befinden, und somit wird er nicht eigens thematisiert.

Daraus wiederum folgt, dass die Gestalten von Tür und Fenstern nur dem **Anschein** nach **an Mauern** angebracht sind. In Wirklichkeit sind sie **keine Gegenstände** des Hauses, die **auf** der Fassade **abgebildet** wären, sondern **Kennzeichen** des Hauses selbst, so wie die „Augen“ im „Gesicht des Kopffüßlers“ zum Erkennungszeichen für ein „beseeltes blickendes Wesen“ wurden. Sie sind also keine Innereien und auch keine Muster auf den Wandflächen, welche das Innere bedecken und damit unsichtbar machen, wie dies im Zusammenhang mit bedeckender Bekleidung geklärt wurde. Es handelt sich um Auszeichnungen dieses „Hausareals" analog zu den Knöpfspuren auf den Abbildungen 112 und 113. Mit den Zeichen für Fenster und Tür wird **hier kein Haus abgebildet**, sondern die eingegrenzte **Fläche als die Geräumigkeit des Hauses bestimmt**. Als **Kennzeichen** für ein Haus (ohne sonstige Spielfunktion) erhält die gezeichnete Tür nunmehr einen nachvollziehbaren Sinn.

Für eine psychologische Diagnose kann es bedeutsam sein, in welchem Lebenszusammenhang ein Kind dieses Spiel spielt.

Durch den Zaun wird das ganze hinter ihm liegende Blatt bis zur „oberen" (hinteren) Blattkante zur **Darstellung einer Bodenfläche**, die aus dem Boden der Mal-Unterlage **ausgegrenzt** ist und von dort aus nicht betretbar sein soll. Es handelt sich um eine Raum-Darstellung, welche die Bodenfläche ausdrücklich als eigenen Gegenstand, nämlich als ein **Grundstück**, thematisiert. Der Zaun ist deswegen „nötig", weil die Blatt**kanten zwar wichtige Grenzen zwischen Bild und Umgebung darstellen, jedoch keine unüberwindbaren Grenzen zwischen der Spielfläche und der Mal-Unterlage in der Wirklichkeit** bedeuten.

Die Aufrichtung der Bildfläche

Eine frühe Gestaltungsform im unmittelbaren Vorfeld der Raum-Darstellung besteht darin, dass das (zunächst liegend bezeichnete) **Blatt** – zumindest in der Vorstellung – in eine senkrechte Lage gebracht wird, wodurch die gezeichneten Figuren tatsächlich **mit dem ganzen Blatt zusammen** aufgerichtet werden.

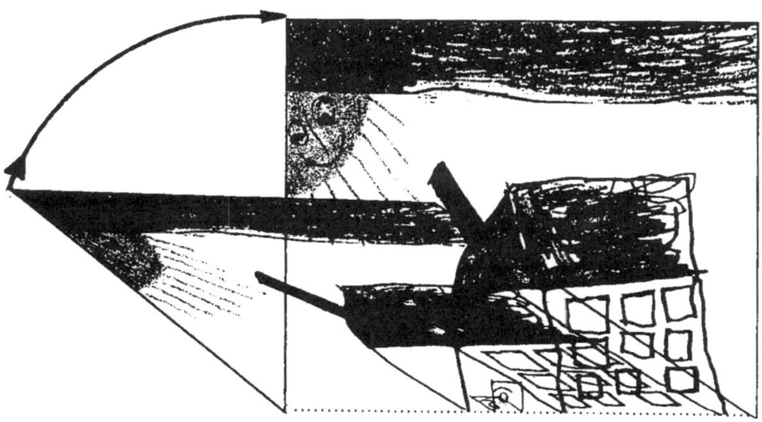

Studie 393

Die **„Sonne"** oder das „Himmelsblau" sind, an den **hinteren** Bildrand des **liegenden** Blattes gezeichnet, deutliche Hinweise auf die **Aufrichtung** des **gesamten** Bildes. Denn nur durch die Aufrichtung des Blattes kommt die Sonne von **hinten** nach **oben** (Studie 393).

Figur 394

Die Malunterlage (z. B. der Tisch, auf dem das Kind zeichnet) **wird zum Boden des stehenden Bildes**. Das Umfeld, in welches das Bild hineingehört, ist damit nicht eine Wand, an der es hängen würde, sondern der konkrete Boden der Welt, der bei der Aufrichtung des Blattes zur Vollendung des Bildes gehört.

Abbildung 395 Mädchen 5 J 3 M

Indem das Blatt um seine untere Kante gedreht wird, behält sie zunächst den Kontakt zu jener Bodenebene, aus der sich das Blatt erhoben hat. In dieser „Aufstellung" **spielt der Boden der Welt mit**, d.h. auf dem Bild muß der Boden vorerst auch nicht eigens mit einer Markierung angegeben werden, weil er ohnehin schon real da ist.

Anders gesagt: In diesem Spiel-Zusammenhang **fehlt keine gezeichnete Boden- oder Stand-Linie**, denn der Boden kann hier **in der Realität** vorausgesetzt werden.

Die eigens formulierte Boden-Linie wird bei Abbildung 404 erörtert.

Im Unterschied zum vorigen Bild (Abb. 391) werden hier **nicht nur die Gegenstände** auf dem Blatt **aufgerichtet**. Vielmehr wird **das ganze Bild** selbst um die Achse der vorderen Blattkante gedreht und somit aus der waagerechten Lage **in die Senkrechte gebracht**. **Blieb** auf dem vorigen Bild in der Vorstellung des Kindes der Garten hinter dem Zaun **liegen** und erstreckte sich dieser weiterhin **auf liegender** Ebene **von vorn nach hinten** bis zur dortigen Blattgrenze, so wird hier **aus dem** (kindnahen) **„Vorn" ein „Unten"** und **aus dem fernen „Hinten" ein „Oben"**. Bezeichnend für Bilder dieser Art ist ihre Ausstattung mit **„Oben-Zeichen"**.

„Oben-Zeichen" sind vor allem die Sonne sowie Wolken oder ein (meist blauer) Himmelsstreifen. Mit diesen Zeichen legt das Kind fest, dass das auf der **liegenden** Bildfläche **ferne Gebiet verwandelt** wird in die **Region über** den aufgerichteten Gegenständen. Insbesondere das Sonnenzeichen soll diese Verwandlung bewirken.

Mit der Aufrichtung der Bildfläche aus der Horizontalen in die Vertikale beginnt das Kind ein neues Verhältnis zu dem bisher **bespielten liegenden** Zeichenblatt einzugehen. Es vollzieht nach und nach die Wende

von der Nutzung eines bodenhaften **Spiel**feldes zu einer **bild-**haften Darstellung der Welt, die an die **Sichtweise** einer aufgerichteten Person (mit eigenem Horizont) gebunden ist. Die Orientierung erfolgt nicht mehr ausschließlich (hantierend) am Boden und auch nicht mehr nur an der Aufrichtung der Gegenstände, sondern sie erfolgt nun an der **Bildfläche** selbst, die durch das Sonnenzeichen davon befreit wird, zur Gänze mit dem Boden identisch zu sein.
Mit der Aufrichtung der Malfläche verliert diese den Charakter des Spiel**platzes**, auf dem sich das Kind selbst mit seinen Geschöpfen tummeln konnte. Die neue Bildfläche ist zum Bespielen als liegende Bodenfläche nicht mehr wie früher verfügbar.

Die Blattfläche ist nicht mehr von allen Seiten von der Mal-Unterlage aus betretbar. Die Welt, die das Kind auf dem Bild erstellte, steht ihm insgesamt so gegenüber, wie sich das Kind dem Bild **gegenüber stehend** erfährt. **Das Eindringen in den Raum und seine Tiefe ist nur noch durch den Blick möglich,** es sei denn, das Kind artikuliere auf seinem Bild **eigens betretbare** Räume.

Die in der **aufrechten Sicht** des Bildes gegenstehende Welt führt außer zur **„Horizont-orientierten“ Darstellungs**weise zu einer Horizont-orientierten **Sicht**weise der Welt; es wird lange dauern, bis der junge Mensch die dadurch entstehenden Irritationen gemeistert hat.

In der ersten Jahren orientiert sich das Kind überwiegend auf und am Boden, weil der Boden die „Lauf-Ebene“ für seine Ortsveränderungen ist, die zu den jeweiligen Zielen führen. Das Kind merkt sich **Wege** und **Orts**-Situationen, die ihm als eine Reihe von aufeinanderfolgenden **Stationen** im Gedächtnis sind. In der Sprache des Kindes drückt sich diese Weltsicht in der Aufeinanderfolge von Sätzen aus, die jeweils mit „und dann“ beginnen: „und dann...“ „und dann...“ usw. Die Wege sind Abschnitt für Abschnitt „erlaufen“ – eine Gesamtüber**sicht** über die räumlichen Verhältnisse erwirbt das Kind erst später, nicht zuletzt aufgrund seiner früheren Weltordnungsspiele.
Das Kind befindet sich mit den Problemen des Raumes **im Übergang** von der **tätigen Her**stellung von Sachen und Gegenstands-Anordnungen zu einer **visuell geprägten Dar**stellung, die sich in ähnlicher Weise zur selben Zeit auch bei der Darstellung von Personen und Gegenständen zeigt. Beide Formen, die ältere und die neuere, werden noch längere Zeit nebeneinander weiterbestehen, miteinander konkurrieren und sich gegenseitig ergänzen.

Die Sonne als „Oben-Zeichen“ gehört zum Bild

Die Abbildung **396** zeigt Niederntudorf, wo die Sonne hinter dem Berg untergeht, zu dessen Fuß die dortige Kirche steht. Die Sonne ist zweimal auf dem Bild – aber die beiden Sonnen sind nicht dieselbigen – sie gehören zwei verschiedenen Systemen an. Die Sonne oben rechts in der Ecke ist das **„Oben-Zeichen“**, welches das „Hinten“ des liegenden

Blattes in das „Oben“ eines stehenden Bildes verwandelt. Die andere Sonne **hinter dem Berg** ist die, **die „untergehen tut“.** Die „Oben-Zeichen-Sonne“ gehört zur **Aufrichtung des Bildes** (wie ein Teil der grammatischen Struktur eines Satzes); die untergehende Sonne gehört zum **Inhalt des Bildes** (der dargestellt wird).

Abbildung 396 Mädchen ca 6 J

Wie in der Frage nach der Schreibweise der Wortfolge „Berg-und-Talbahn“ (*kommt zwischen Berg* ***und*** *und* ***und*** *und* ***und*** *Tal ein Bindestrich?*) das Wort „und“ fünfmal hintereinander vorkommt, aber doch auf mindestens zweierlei Weise, so kommen die Sonnen auf diesem Bild ebenfalls in völlig verschiedener Weise vor.

Die Berge werden als hohe Hintergrund-artige Gebilde erlebt und dementsprechend gezeichnet. So entsteht eine Staffelung von drei Gegenständen hintereinander: die Kirche überdeckt einen Teil des Berges und dieser überdeckt einen Teil der Sonne. Wahrscheinlich wurde dieses eindrucksvolle Überdeckungserlebnis mit der dunklen Bergsilhouette zum Anlass für die Zeichnung. Die Sonnen sind mit Gesichtern versehen, weil Kinder es lieben, erblickt zu werden, ein Verhalten, das sich über lange Zeit hinzieht und – natürlich – auch von Bilderbuchillustrationen gestützt wird.

Die Sonne als „Obenzeichen“ im Wohnzimmer

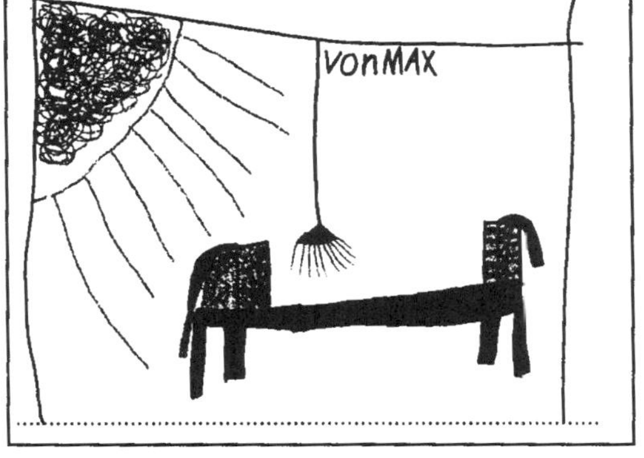

Abbildung 397 Junge 7 J 11 M

Auf der Abb. **397** hat Max seiner Großmutter einen Geschenktisch mit bunt verpackten und verschnürten Paketen aufgebaut. Der Tisch steht in einem Innenraum, von dessen Decke – **typisch für Innenraumdarstellungen** – eine strahlende Lampe hängt. In der linken „oberen"

Ecke ordnet eine „Oben-Zeichen-Sonne“ die Bildverhältnisse; sie strahlt ebenfalls, allerdings ohne Blick, denn dieses Bild ist **nicht** für den Zeichner selbst bestimmt. Diese Sonne gehört zwar **nicht** zur dargestellten **Szene**, aber dennoch **zum Bild**, weil die (zu) niedrig hängende Lampe zur näheren Beleuchtung der Geschenke die Aufrichtung des Bildes offenbar nicht sicher bewirken kann. In der unterschiedlichen Länge der Tischbeine bahnt sich eine Ordnung an, die vorperspektivische Aspekte enthält; die Fußpunkte der hinteren Beine des Tisches sind auf dem liegenden Blatt weiter vom zeichnenden Max entfernt. Das Zimmer ist ausdrücklich seitlich mit Wänden und oben mit einer Decke begrenzt, doch **von vorn her ist der Boden offen**,

Die Lampe als „Obenzeichen“ im Innenraum

Die Abbildung **398** zeigt die Küche in der Ferienwohnung, die durch Dachschräge und Kleinheit dem Kind das Gefühl von Geborgenheit gibt, die sich als Rundung über dem Kind wölbt. Die Uhr ist ein „Wandzeichen“ wie das Fenster auf Abbildung 378.

Abbildung 398 Mädchen 5 J 1 M

Von der Decke hängt eine Lampe als ein übliches „Obenzeichen“ für Innenräume. Der Kamin wird als Gegenstand **auf** dem Dach, d.h. auf dessen charakteristischer Schräge komplett angebracht, wodurch er im Verhältnis zum Erdboden nicht senkrecht steht. Dagegen ist es die Bestimmung des am Schornstein angebrachten Blitzableiters sowie des Rauches, möglichst deutlich nach oben zu steigen. Wo das Kind die Wand mit der Hand berührt, spürt es, dass diese im Sockelbereich senkrecht ist. Darauf deutet der vom Berührungspunkt ausgehende Strich nach unten hin. Die unter der Wanduhr stehende Anlage ist eine Art Camping-Gasherd, ein Gestell mit einem Rost und einem darauf stehenden Kochtopf, gesehen aus den von unten nach oben schweifenden Perspektiven des Kindes, wobei er ähnlich hochgezogen erscheint wie die Häuser auf den Abbildungen 375 und 389. Unter dem Herd befindet sich die Gasflasche mit dem Drehgriff zur Steuerung der Gaszufuhr.

Wettergestalten als „Oben-Zeichen“

Abbildung 399 Mädchen 5 J 5 M

Es müssen nicht immer Lichtgestalten sein, die der Blattfläche ein Oben des Himmels bescheren – ebenso können es Wolken sein, die, wie auf Abb. **399**, über dem Stall von Bethlehem ihre Bahn ziehen.
Der zum zeichnenden Kind hin offene **Boden** des solchermaßen von außen leicht betretbaren Raumes ist – **hinter** den Hauptgestalten des Geschehens – von vorn bis hinten mit Schafen gefüllt.

„Luft-Erzeugung“ zwischen Boden und Himmel

Das Kind lernt die Welt kennen und sich darin zurecht zu finden nur, indem es sich selbst ein Bild macht – und dies vollbringt es dadurch, dass es die Welt mit seinen Möglichkeiten „im Spiel“ selbst hervorbringt.

Himmel und Boden sind die Grenzen des Raumes nach oben und unten, wobei der Himmel in der Höhe die Ausdehnung unerreichbarer Tiefe (Ferne) annimmt, während der Boden das feste Land unter den Füßen ist. **Dazwischen ist Luft**. Bei der vom Kind eingeplanten Aufrichtung des liegenden Blattes wird dessen „Bodenqualität“, die bis dahin die Bildfläche bestimmen konnte, in einen Bereich verwandelt, in dem zwischen dem Himmel „oben“ und dem Boden „unten“ die Luft das „Zwischenreich“ bildet. (Der Ausdruck „Boden“ wird gegenüber dem Wort „Erde“ bevorzugt, weil mit „Boden“ die tragende und spürbar erlebte Grenzfläche der betretbaren Erde ausgesprochen wird.)

Fragt man ein Kind, wie der Wind entsteht, so wird es vielleicht sagen, *„weil sich die Bäume bewegen“*. **Bewegung erzeugt Wind** und dieser **macht Luft** zu einer auf der Haut spürbaren **Sache**. Wie bei Abb. 106 schon angedeutet, vollzieht das Kind mit seinem Stift jene Flügelschläge, **welche die Luft erzeugen**, durch die das zu Weihnachten vom Himmel herabkommende Christkind auf die Erde herniederschwebt.

Abbildung 400 Mädchen 9 J 1 M und Mädchen 6 J 2 M

Die auf und ab schlagenden Wellen-Striche **verwandeln** somit bestimmte **Orte** auf dem Zeichenblatt **in das Medium,** in dem die gezeichnete Gestalt ihren Weg nehmen soll – hier **in die Region der Luft**.

Diese Analyse wirft ein Licht auf die Deutung jener „scheußlichen Vögel", mit denen die Kinder oft den Luftraum auf ihren Bildern füllen – oder „verunstalten". Dabei handelt es sich um Gestalten, die, wenn sie sorgfältig (wie von Künstlern) ausgeführt werden, für die **in ihren Grenzen** befindllichen **Silhouetten** fliegender Vögel stehen können. Die Kinder übernehmen von den Erwachsenen zwar die Redeweise von den „Vögeln", dennoch meinen sie etwas grundlegend anderes, nämlich **keine sachhaften** Vögel, was man vor allem daran erkennt, dass ihre zeichnerischen Spuren **keine greifbaren Grenzen** bilden.
In der kindlichen Spielaktion handelt es sich nämlich **überhaupt nicht um Vögel,** sondern das Kind **erzeugt** an diesen Stellen **selbst** durch **eigenhändige „Flügelschlag-Bewegung"** jene Luft, die sich – **dinghaft** – zwischen Himmel und Erde befindet. Auf dem Bild kommen auch „echte" **dinghafte** Vögel in gezeichneten Sachgrenzen vor, nämlich ein Kirchturmshahn und ein Vögelchen, ausgestattet mit der gesamten ihm zustehenden Anatomie: **es tut zu seinem Nest fliegen**, das im Dachstuhl der Kirche ist. Dieses Vögelchen gehört zur bildhaft formulierten **Erzählung** des Bildes. Mit den so genannten „Vögeln" verhält es sich wie mit dem „Obenzeichen" Sonne auf der Abbildung 396 – sie dienen dem Bild in völlig verschiedenen Funktionen.

Vielleicht lässt diese Erkenntnis gegenüber solchen Gebilden die Erzieher **milder gestimmt sein** – meistens sind diese „Krakel" ästhetisch so unbefriedigend wie ein lebensvolles, gleichwohl unaufgeräumtes Kinderzimmer, jedoch haben sie einen **Sinn** bei der Herstellung der Welt auf jenem **Spielfeld**, das die Erwachsenen mit einem „Bild" oder gar mit „Kunst" gleichsetzen, wohingegen das Kind die Kategorien erarbeitet, um sich in der Realität zurechtzufinden. Diese „Vögel" **müssen aus ihren sinnvollen Ursprüngen** heraus verstanden werden – sonst tut man den Kindern Unrecht.

„Luft-anzeigende Gestalten"

Betrachtet man die „Luft-erzeugenden" Spuren von Flügelschlägen als Vögel, so handelt es sich lediglich um (schlecht gezeichnete) „Luft-Zeichen", ebenso wie sonstige Darstellungen von Gegenständen, die **Hinweise auf Orte** geben, beispielsweise **Gras** auf eine Wiese oder **Karussells** auf eine Kirmes. Dass der Vorgang eigentlich bedeutender ist, geht leider verloren, weil man annehmen muss, das sich die Kinder doch nach Bilderbuch-Vorlagen richten, wo ähnliche Gestalten die Lufträume bevölkern. Die Heftigkeit der impulsiven Gebärden legt dennoch nahe, an den Ursprung von Lufterzeugung zu denken. Vor allem, wenn man beobachtet, wie sorgfältig dagegen sonstige der Luft zuzuordnende Gestalten von den Kindern als Luftzeichen gezeichnet werden. Diese bestehen bei Mädchen meistens aus Vögeln, Schmetterlingen, Käfern und auch Luftballons, bei Jungen obendrein aus Flugzeugen, Raketen, Ufos, Fallschirmspringern oder Drachen usw.
Durch solche „Luft"-Zeichen wird Luft nicht erzeugt, sondern angezeigt, ähnlich hinweisend, wie eine durchsichtige Glasscheibe mit Greifvogel-Silhouetten für Singvögel als Gefahrenzone erkennbar wird.

Abbildung 401 Junge 6 J 5 M

Außer dem Tagesgestirn kann nachts, neben dem Mond, der Luftraum mit Sternen übersät sein; gleichfalls können Wetter-Erscheinungen wie Hagel und Schneeflocken der Aufrichtung der Blattfläche und der Erscheinung von Luft dienen oder – wie auf Abbildung **401,** kann auch Regen diesen Dienst versehen.

Die „teilgenutzte" Bodenfläche

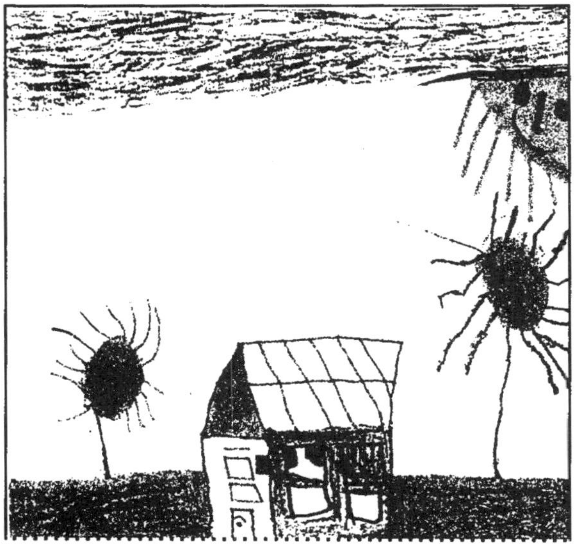

Abbildung 402 Mädchen 5 J 3 M

Auf Abbildung **402** wird die Blattfläche insgesamt aufgerichtet, dennoch wird sie im vorderen (unteren) Teil deutlich zu einem **Boden gemacht**. Während sich das Haus an der vorderen Kante des liegenden Blattes in der Vorstellung gleichzeitig mit der sich aufrichtenden Zeichnerin erhebt, bleibt das Wiesenstück um das Haus liegen.

Wie bei Abb. 391 erörtert, kann die **nicht eigens gezogene Grenzlinie** an der vorderen Blattkante den **freien Zutritt** zu den Räumen auf der Blattfläche bedeuten.

Bei Abbildung **402** wird das Betreten des Gartens durch keinen Zaun verwehrt. Innen- und Außenräume sind gleichermaßen zugänglich und sollen wohl auch offenstehen. Der „**Welt**boden" führt in dieser – von der Vorstellung des Kindes geprägten – Darstellungsweise direkt in den „**Bild**boden" hinein und endet an der **hinteren** Grenze der Wiese als **oberer** Grenze des Bodens, **auf** der zwei Bäume stehen (Studie **403**).

Studie 403

Die Bäume bestehen aus Stamm, Baumkrone und Ästen. Die Blattfläche wird nun in eine „**liegenbleibende** Bodenfläche" und in eine sich darüber **erhebende** „Luftzone" unterteilt. Das Kind kann sowohl in der waagerechten **Lage** wie in der senkrechten **Stellung** des **Blattes** die räumlichen Situationen von Bodenfläche und Luftraum richtig abschätzen. Diese Art zu zeichnen erscheint sehr „natürlich". Deshalb wohl ist nirgends in der Literatur zur Kinderzeichnung zu lesen, dass entweder der **Boden** aus der vertikalen Bildfläche „**nach vorn** geklappt" oder die **Luftzone** aus der horizontalen Bildfläche „**nach oben** geklappt" sei. Anders verhält es sich, wenn die vermeintlichen „Klappungen" zur Seite gerichtet sind, wie die Häuser „in der Straße" auf Abb.389; das fällt auf.

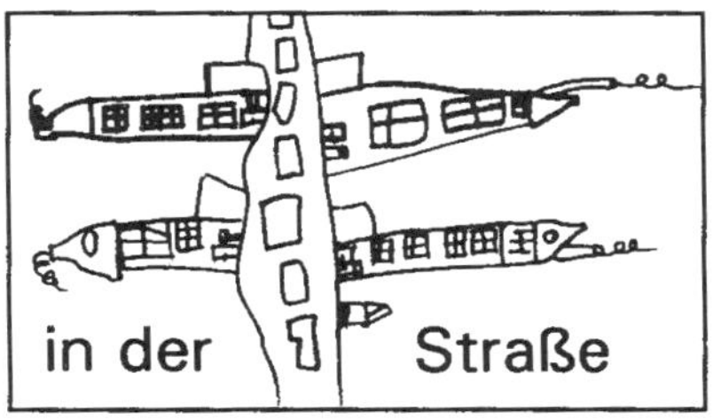

Wie gesehen werden konnte, ist diese Art der Zuordnung von Häusern zur Straße ein Vorgang, der mit Umklappung gar nichts zu tun hat, weil er, als Wiederholung eines Erlebnisses, in einem „**wahrhaftigen Weltverständnis**" die Fassaden mit dem Blick **aufrichtet** und diese nicht in den Boden klappt. Von „Umklappung" wird in der Literatur (die **Ab**bilder sucht) immer nur dann gesprochen, wenn deren Richtung nicht identisch ist mit der Blickrichtung des **Bild**-Betrachters, der von seinem Standort aus nach vorn blickt. Es sind also die **bild-schwachen** Seh-Gewohnheiten der Kritiker, die „Umklappungen" bemäkelnd konstatieren. Denn der Standort, von dem aus das Kind gesehen und vergegenwärtigend die Häuser gezeichnet hat, ist auf der Straße, in der es wohnt.

Durch die Aufrichtung des Blattes (Abb. **402**) erhält die Grenze der Wiese zum Luftraum die Eigenart, auf der **Bild**fläche **weiter oben zu sein** und bezüglich der **Boden**fläche **weiter hinten zu scheinen**.

Im Erkennen dieser Differenz von Sein und Schein wird nach und nach ein eigentliches räumliches Bildverständnis gewonnen.

In Bezug auf die Bäume erhält diese Grenze eine **Doppelfunktion**: Sie ist einerseits eine Trenn**linie** für den Bereich des Luftraumes gegenüber der Bodenfläche, andererseits steht sie für die Grenze der **Oberfläche** der Wiese, **unter** der sich die Erde (zur Einwurzelung der Bäume) befindet.

Die Bodenlinie – Stand-, Grenz- oder Anschluss- Linie – der Bodenstreifen

Eine besondere Art der „Grenz"bildung, welche die gewöhnlichste zu sein scheint, wird in der **Bodenlinie** gefunden.

Die in den letzten Kapiteln angeführten Bilder haben eine bisher noch nicht ausdrücklich gewürdigte Gemeinsamkeit: Wo Häuser mit ihrem Innenraum bis an die vordere – kindnahe – Blattkante reichen, haben

die Kinder oft keine Grenzen für den unteren Abschluss des Hauses gezeichnet. Diese Beobachtung macht man indessen nicht nur an den hier zitierten Beispielen, sondern sie gilt für auffallend viele Bilder dieser Art. Selbst Max (Abb. 397) lässt den Weg zum Gabentisch für seine Oma offen! Es wäre falsch, darin ein Versäumnis der Kinder oder Faulheit oder – positiv – „ökonomisches Verhalten" zu vermuten. Durch die Vermeidung einer Grenzen-bildenden Linie behalten sich die Kinder einen ungehinderten **Übergang** aus ihrer Lebenswelt in die Spielwelt auf dem Blatt vor. Die vordere (untere) Blattkante als solche ist demnach in der Regel nur Grenzlinie im Hinblick auf ein Bildfläche, jedoch für das Kind kein Hindernis, den Wechsel von der Realwelt ins Spielfeld hin und her zu vollziehen.
Von den vier Seiten der Bildfläche ist im Prinzip nur die vordere Kante interessant. In der hier vorliegenden Abhandlung wird sie bei den Abbildungen immer dann gepünktelt oder offengelassen, wenn keine ausdrückliche Grenzlinie **gezeichnet** wurde. Zu den Seiten hin können die Kinder die Zeichnungen aus objektiven Erwägungen in der Regel offen lassen oder schließen, ohne dass eine **ich**-bezogene Motivation betroffen ist. Nach oben wird das Bild durch meteorologische Gestalten „am Himmel" entweder abgeschlossen, oder es wird eine nicht „fass"bare Grenze mit „natürlicher Unüberschreitbarkeit" vorausgesetzt. Nur für die jeweils „vordere" Blattkante hat die gezogene oder weggelassene Grenzlinie eine sinnhafte Bedeutung.
Die Aufreihung von stehenden Figuren von einer Seite zur andern in etwa gleichem Abstand senkrecht zur Blattunterkante oder „Standlinie" führt zu Bezeichnungen wie „Streifenbild"; auch dieser Ausdruck spricht nur eine Anmutung aus, ohne zu erklären, was die Kinder **tun.**
Wie die nachfolgenden Bilder zeigen, werden die Figuren noch lange auf die eigene Person des Kindes bezogen bleiben, weshalb **darin** die Hauptursache für die geordnete (und auch schöne) Erscheinung der „orthogonalen Fügung" der Gestalten auf der Bildfläche zu sehen ist.
Weil diese Ordnung jedoch nur eine **formale Eigenschaft** der Bild-Erscheinung **beschreibt**, wird von uns die Bezeichnung „Grund"- oder „Standlinie" möglichst vermieden und die genauere Benennung **„Boden-Streifen"**, wenn ein solcher gezeichnet wurde, bevorzugt. Der **Bodenstreifen**, wie er verstanden werden soll, ist kein formales Gebilde – er ist ein durch seine Gestalt sichtbar **gezeichneter Gegenstand**.
Der Bodenstreifen ist keine **Grenz**linie wie jede andere, welche etwa die Zeichnung von Menschen, Häusern oder Fahrzeugen begrenzt, denn er **umschließt** keinen Gegenstand, den man umfassen oder um den man herumgehen könnte. Am Boden ist der Weltraum für den Menschen zu Ende. Jeglicher Raum ist immer über der Oberfläche des Bodens – man könnte graben, so tief man wollte.

Als gezeichnete Gleichsetzung und Fortsetzung des Weltbodens in die Bildfläche **trennt** der Bodenstreifen auch **kein** Inneres vom Äußeren; **er verbindet Betretbares mit Betretbarem** und **trennt das Betretbare vom Unbetretbaren**. Der Bodenstreifen **ist** keine Grenze, vielmehr **hat** er **eine** Grenze. Er hat nur **eine** Grenze, nämlich zu dem, was auf ihm ruht – zum Luftraum oder zu den Gegenständen, die auf ihm gehen und stehen.

Der gezeichnete Bodenstreifen zeigt den grenzlosen Anschluss an den Boden außerhalb der Blattfläche an

Es gibt scheinbare Ausnahmen. Kinder zeichnen gelegentlich Dinge, die sich unter der Erde befinden: Kaninchen im Bau oder Wurzeln von Bäumen. Damit verhält es sich teils wie mit den „Innereien", die nicht in den Bereich der Raumdarstellung fallen, und teils um Innenraum-Darstellungen. Ähnlich verhält es sich mit Wasser- und Unterwasser-Darstellungen von Schwimmern und Fischen.

Das Haus der Abbildung **404** ist in Richtung des zeichnenden Kindes offen. Rechts und links des Hauses bedeutet eine schmale bandförmige Region grüner, hin- und herschwingender Linien entlang der Blattkante eine grasbewachsene Bodendecke. Auf der Sonnenseite steht der Zeichner zwischen zwei Pflanzen.
Die Grenzen von Sachen und Gegenständen werden gewöhnlich als umfassende und einrahmende Linien einfach und zügig gezeichnet.

Abbildung 404 Junge 6 J 7 M

Für die Mehrzahl von Bodenstreifen sind jedoch hin- und herwischende Striche geradezu typisch, weil es sich nicht um einfache Grenzziehungen handelt, sondern vielmehr um wiederbelebte Erinnerungen an jene querverlaufenden Linien, mit denen die Kinder Jahre zuvor die Blattfläche „in ihre Welt verwandelt" hatten. Das durch solche Linienzüge entstehende schmale Band meint den Boden als **Oberfläche**, als „Welt"-boden, auf dem Häuser stehen, Menschen gehen und Bäume wachsen können. Wenn das Kind das Blatt aufrichtet, worauf die Sonne als eingeführtes „Obenzeichen" hinweist, dann wird das Blatt nicht nur um die untere Kante gedreht.

Studie 405

Diese Striche, die den Bodenstreifen erzeugen, stehen für den gesamten Boden rund um das gezeichnete Haus. In der Fantasie **verbinden** diese Striche das Bild konkret **mit dem Boden, auf den das Blatt gestellt wird:** das ist die Mal-Unterlage als „Boden aus der Wirklichkeit". Der Bodenstrich steht demnach weder für einen „Querschnitt durch die Oberflächenhaut des Bodens" noch für die Grenze des Grundstücks. **Der Bodenstreifen bildet den Anschluß des Bodens auf dem Bild an den Boden der Malunterlage** und kann schon deswegen nicht Grundstücksgrenze sein, weil sich ein Kind selbst natürlich **mitten** auf die Wiese stellt. Das Kind verwirklicht alles, was unter der Stilform einer solchen Zeichnung möglich ist. Dementsprechend ist die Studie **405** zu betrachten.

Bemerkenswerterweise steht das **Haus** weder auf einer „Standlinie" noch auf dem Bodenstreifen, weil es zum Zeichner hin offen ist. Hier ist der Übergang so selbstverständlich gegeben, dass er nicht eigens hergestellt werden muss. Die von den Konturen des Hauses eingeschlossene Bildfläche hat die Qualität von **umhüllender Geräumigkeit** (Höhe, Breite, Tiefe), während die Bildfläche um das Haus herum die Qualität von **offenem Raum über dem Boden** hat. Bei aufrecht gestelltem Blatt ist der gezeichnete Raum über dem Bodenstreifen „identisch" mit dem Raum auf der Mal-Unterlage; insofern stellt er die Verbindung vom spürbaren Boden-Erlebnis des Kindes auf der Malunterlage zum Raum über dem Boden auf dem Bild her.

Der Bodenstreifen hat eine Grenzfunktion zum Luftraum **über** ihm, während er auf der dem Zeichner zugewandten Seite an der Blattkante aufhört und dort in den Boden der Mal-Unterlage übergehen soll – das gilt für das liegende wie für das aufgestellte Blatt.

Der Bodenstreifen ist aus allen diesen Gründen wesentlich mehr als ein formales Element für die Ordnung auf Bildern – auch wenn Kinder keine Sprache für diesen Sachverhalt haben und ihn deshalb unausgesprochen und weitgehend sogar „unbewusst" vollziehen.

Abbildung 406 Mädchen 10 Jahre

Wenn man das Bild **406** lediglich von seiner technischen Herstellung her beschreibt, so hat das Kind das Blatt gedreht und jeweils auf der ihm zugewandten Blattkante die flächige Mal-Unterlage in einen nach oben grenzbildenden Bodenstreifen überführt und dann die Reiter daraufgezeichnet. Auf dem Bild mit den Reitern im Reitstall bekommt der Bodenstreifen ganz deutlich den sachhaften Charakter der Grenze von Betretbarem (von der Mal-Unterlage aus) zu Unbetretbarem – zur Geräumigkeit des Luftraums **über** dem Boden, in dem sich die Reiter befinden. So überführt der Bodenstreifen den Bild-Raum in den Real-Raum – und umgekehrt.

Abbildung 407 Mädchen 10 Jahre

Auf dem Bild **407** führt von der vorderen Blattkante aus ein Steg auf eine Insel, die rundum von Bäumen und Büschen wie ein „Paradiesgärtlein" umgeben ist. Ein besonders gewaltiger Baumstamm wurzelt auf der rechten Seite, und offenbar sollen die herabgefallenen Früchte eingesammelt und mit dem kleinen Karren abgefahren werden.

Der einzige betretbare Boden, der nur über den Steg mit dem Boden um die Bildfläche herum verbunden ist, ist die Insel. Und dann sieht man, wie wenig betretbar die unmittelbare Umgebung der Insel ist; denn am rechten Rand der Insel muss ein ins Wasser gefallenes Kind – irgendwie – von einer größeren Person gerettet werden. Schon eilt aus der Mitte der Insel eine weitere Person herbei, die mit einem großen Tuch die nassen Gefährten abtrocknen wird. Auf derselben Seite, auf der sich das dramatische Geschehen ereignet, wird das Wasser intensiver dargestellt, während sonst die Insel, von ihrer Mitte (der Zeichnerin) aus betrachtet, vom Luftraum, in dem zwei Vögel segeln, umgeben zu sein scheint.

Hier befindet sich der „Luftraum" außen um die **nach innen** abgrenzende Bodenlinie herum, im Unterschied zur Reiter-Arena (Abb. 406), wo die Bodenfläche **nach außen** weitergeführt sein könnte. In beiden Fällen wird das Blatt gedreht und von der Zeichnerin aus subjektiv beurteilt, einmal von der Mitte aus, das andere Mal vom Rand aus.

Darstellung des Raumes und der Raum-Tiefe

Außenraum

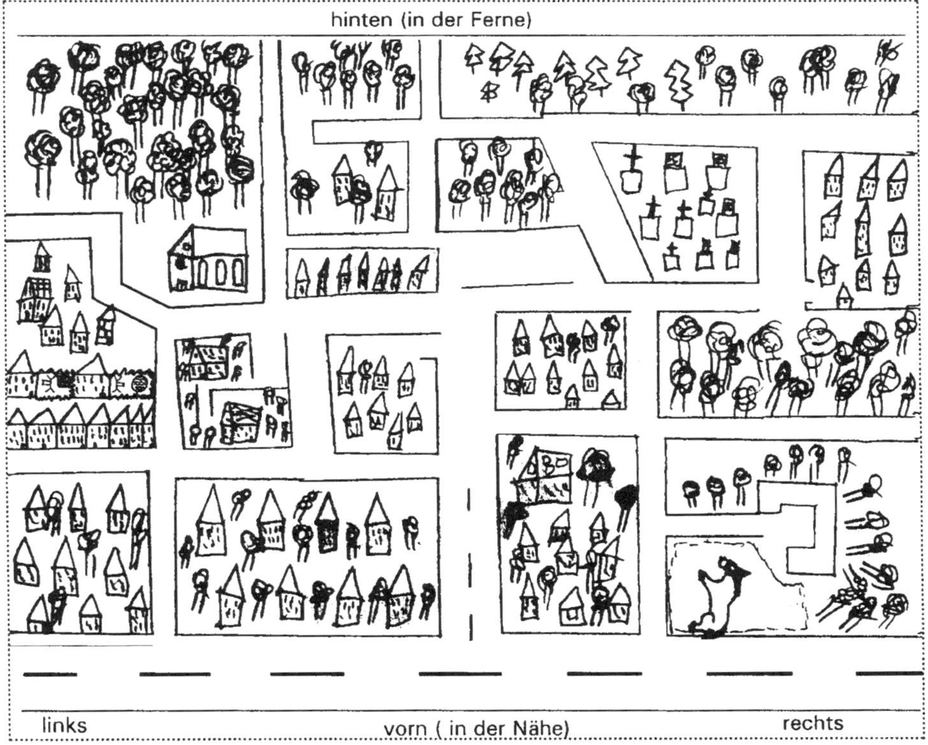

Abbildung 408 Mädchen 12 J 4 M

Die Abbildung **408** stellt ein Stadt-nahes Dorf dar, dessen Struktur ganz offensichtlich durch Siedlungsgebiete mit Einfamilienhäusern „im Grünen" bestimmt ist. Die Zeichnung ist auf die Bitte hin: „male mir ein Bild von einem Dorf!" entstanden.
Von der Landstraße (mit Fahrbahn-Markierung) führen drei Straßen ins Dorf, davon ist eine die Hauptstraße. Durch Straßenzüge werden die Siedlungseinheiten, Grünflächen und ein Friedhof voneinander abgegrenzt und zugleich geordnet. Die dem Kind zugänglichen oder vertrauten Gebiete sind zu den Straßen hin offen. Die darin sich äußernde **subjektive** Bezogenheit auf bestimmte Ortsteile findet ihren Höhepunkt vorn rechts, wo sich die Zeichnerin in das Gebiet hinein begibt, wo das Pony, auf dem sie zu reiten pflegt, auf der Koppel weidet. Dort ist ihr auch die Architektur wichtig, die nicht durch zeichenhafte „Formel-Häuser" repräsentiert wird, sondern eine bergende, Hof-umrahmende Funktion im **Grundriss** zeigt. Der Reiterhof wird in der Form eines betretbaren Grundstücks dargestellt. Und drumherum erscheinen das Pferd

mit seinem Blick und die Bäume mit ihren Stämmen **auf sie selbst ausgerichtet**, die in ihrer Fantasie zur Stallung ihres Ponys geht – die Situation entspricht in direkter Analogie dem „Inselbild“ 407.

Ausschnitt 409

Bemerkenswert ist der Bezirk in der mittleren Zone am linken Bildrand. In der näheren Reihe steht Haus an Haus auf der eigens gezeichneten Grenze des Areals, die **zugleich** die Grenze der Straße ist.
Die Häuser stehen damit **an** der Straße, jedoch **nicht auf** der Straße, womit der Ausdruck „Standlinie“ in diesem Fall entfallen muss. In der zweiten Reihe stehen zwei Häuser, die an ihrer Seite Spielplätze haben, jeder mit einer Schaukel versehen, der eine mit einem Sandkasten dazu, der andere mit einem Wasserbecken. Auch hier ist der Ausdruck „Standlinie“ unpassend, da insbesondere die Spielplätze nicht „stehen“.

Das große, mit Giebel- und Traufseite gezeichnete weiter hinten stehende Haus weicht mit der Hauskante vor dem zuvor gezeichneten kleineren Haus zurück, um eine Überdeckung, wie überall auf dem Bild, tunlichst zu vermeiden. Das Kind ordnet die inzwischen routinemäßig zu zeichenhaften Gebilden reduzierten Häuser und Bäume auf seinem Bild **ohne Überdeckungen** an. Bevor Zeichen andere Zeichen überdecken, muss das Kind Gründe haben, die in der Wirklichkeit visuell gemachten Überdeckungserfahrungen auf ein Bild zu übertragen. Dafür scheint hier kein Motiv vorzuliegen.

Dennoch kann dem Bild (und vor allem dem Ausschnitt daraus) der Anflug einer gewissen räumlichen Tiefenwirkung nicht abgesprochen werden, was aber nur aus den Bezügen der Gegenstände (Häuser, Bäume usw.) zu ihren **Standorten auf der Bildfläche** hervorgeht.

Raumdarstellung – boden-orientiert Innenraum

Raum-Darstellung kommt nicht nur im Außenraum vor. Auf Abbildung **410** sieht man in einen Konzertsaal, der wiederum vom Boden her räumlich organisiert ist. Genau genommen sind zwei Böden gezeichnet, einer für den Zuhörersaal und einer, über wenige Stufen zu erreichen, für das Schul-Orchester.

Abbildung 410 Junge 6. Schuljahr

Die Bühnenrampe trennt mit durchgehenden Grenzlinien von Seite zu Seite die beiden Böden, welche sich auf unterschiedlicher Höhe befinden. Alle Musiker, die vorderen und die hinteren, halten sich auf gleicher Höhe auf dem Bühnenboden auf, auch wenn es den Anschein hat, als wären die Schlagzeuger weiter oben angeordnet. Die Überdeckung der Zuhörer durch die Sitzbänke sind körperhaft gemeint und gehören deswegen nicht in den Bereich einer „tiefenräumlichen Darstellung"; sie sind nach einem ähnlichen Verfahren geordnet wie die in einer Vase steckenden Stängel eines Blumenstraußes.

– boden-orientiert – horizont-orientiert – einführende Kriterien

Um „**Boden-orientierte**" Zeichnungen von „**Horizont-orientierten**" zu unterscheiden, muss für die Abbildungen **411** und **412** geklärt werden, aus welchen Gründen keine Horizont-Orientierung vorliegt.
Als Horizont wird zwar meistens die Grenze zwischen der Erde und dem Luftraum festgestellt, was vollgültig aber nur auf Sonderfälle zutrifft, nämlich dann, wenn sich für einen schauenden Menschen die Grenze in weiter Ferne über einer ebenen Fläche abzeichnet, beispielsweise über dem Meer.

Der Horizont ist nicht – wie der Boden – ein Gegenstand, der dem Menschen als Objekt entgegensteht.

Der Horizont ist ein **Vermögen der Wahrnehmung** und einer daraus resultierenden **Sichtweise.**

Nicht jede erkennbare Grenze von Erde und Himmel, wie auf den Abbildungen **411** und **412**, ist schon der Horizont.

Zwar wird auf Abbildung **411** ein Trennstrich zwischen Himmel und Erde gezogen, jedoch dient dieser Strich im Verständnis des Kindes vorrangig der Konkretisierung einer direkt gemeinten Bodenfläche, über der sich der Luftraum befindet. Der Boden vor dem Haus kann an den Seiten und zur Zeichnerin hin grenzlos in die Fläche der Malunterlage übergehen (gemäß Studie 403). Die Grenze zwischen Erde und Luftraum wird scharf gezogen, wohingegen die nicht begehbare oder tastbare Grenze der Luft zum Himmel in „weichen" Übergängen oder gar nicht gestaltet ist.

Abbildung 411 Mädchen 6 J 9 M

Abbildung 412 Mädchen 7 J 3 M

Abbildung **412** zeigt zusätzlich einen **hinter** dem Haus befindlichen Gemüsegarten, wobei das Haus **schräg von vorn nach hinten** gezeichnet ist und so auf räumliche Tiefe hinweist. Die nach hinten gerichteten Grenzlinien des Hauses sind am Boden orientiert, an einem imaginären Hausgrundriss, der (wie auch der Weg) eine Grundstücksfläche bildet, auf deren sichtbaren Grenzen Mauern errichtet wurden. In der Richtung des Weges geht ein Mensch zum Haus. Die Bodenfläche, über die der Weg führt, ist horizontal gemeint; es liegt keine Hügelbildung oder etwas ähnliches vor.
Bei beiden Bildern geht die Bild-Gestaltung von einer Orientierung am Boden aus, immer noch aus der Erinnerung heraus, wie modellhafte Spielzeug-Häuser auf dem Boden arrangiert werden.

Wie bei den Figuren 33 - 36 dargelegt wurde, ist der **persönliche Horizont** für jeden Menschen eine **in ihm selbst** liegende Erfahrungsquelle zur Orientierung im Raum. Im persönlichen Horizont werden die **visuellen** Sinnes-Daten der Augen mit der **greif-** und **begehbaren** Welt in Übereinstimmung gebracht. Was in den Augen ein **Schein** ist, wird in existentieller Weise mit dem körperlichen **Sein** der Dinge konfrontiert und muss sich dort bewähren.
Wenn sich in den frühen Kinderzeichnungen die Tatsache niederschlägt, dass die Kinder auf ihrem Bildfeld wie mit handhabbaren Sachen spielen, dann müsste sich auf späteren Bildern die neue Haltung zeigen, die wesentlich von Seh-Erfahrungen ausgeht. In der neuen Haltung zum Bild müsste dann auch der persönliche Horizont zum Vorschein kommen, wie er auf Abb. **412** höchstens zu ahnen ist.

„Tiefenräumliche“ Wirkung durch dynamische Blickführung

Die drei folgenden Abbildungen aus der Zeit um 1962 zeigen die Leute, die am Welt-Spar-Tag den Inhalt der Sparstrümpfe auf ihr Spar-Konto bringen. Auf der Abb. **413** haben die entgegenkommenden Gestalten ihr Werk vollbracht, während die Rückenfiguren zur Kasse drängen. Auf dem Platz steht ein Brunnen (nach der Art der Abbildung 373 b, Pokal 2). Links fallen einer Frau die Münzen aus dem Sparstrumpf in den Abflussschacht. Das breite Band der vielen kleinen Figuren leitet den Blick wie eine Wegführung zum Ziel. Im Verfolgen dieser Blickbahn wiederholt der Betrachter mit der Augen- oder Kopfbewegung denselben körperlichen Gestus, den er auch in der Wirklichkeit auf diesem Platz vollzöge, und so ergibt sich (auch ohne jede Überdeckung) ein gültiges Gefühl von – oder für – Raumtiefe.

Das Verfahren, Bilder mit der Thematik eines bevölkerten Marktplatzes zu zeichnen, besteht darin, **zuerst** den **Platz** durch die Definition seiner Grenzen zu schaffen. Der Platz bleibt vom Betrachter her offen und wird deshalb auf Abb. **413** nur in der Ferne begrenzt, nämlich durch eine **Reihe**

Abbildung 413 4. Schuljahr (um 1962)

von Häusern. Die Blattfläche davor nehmen die dort wandelnden Gestalten als Marktplatz in Anspruch. Ein solches Vorgehen setzt Planung voraus, und dieser könnte – vielleicht mit den Kindern im Gespräch „erarbeitet“ – die Anregung einer Lehrperson zugrundeliegen : „Am besten fangt ihr mit dem Platz an!“

Auf Abb. **414** wird der Platz durch einen **Rahmen** von Häusern rund um die Blattkanten erzeugt, bevor sich die Menschen auf ihm tummeln. Das Blatt zeigt einen größeren Reichtum architektonischer Formen, ist aber in Bezug auf die Haupthandlung – der zur Kasse drängenden Menschen – weniger dynamisch.

Abbildung 414 4. Schuljahr

Studie 415 zur nebenstehenden Abbildung

Auf beiden Bildern ist und bleibt der **Marktplatz identisch mit dem liegenden Zeichenblatt**, auf dem sich sowohl die Häuser als auch die Menschen als aufgerichtete Gestalten erheben und sich dabei von der Bodenfläche abheben. Bei den Abbildungen **413** und **414** kann man sich vorstellen, dass das Kind an diejenigen Stellen auf seinem Blatt, wo es Häuser oder Menschen hinge**zeichnet** hat, auch Haus- oder Menschenfigürchen aus der Spielzeugkiste hätte hin**stellen** können.
Von dieser Auffassung, welche das Bild als **gezeichnetes Gegenstands-Arrangement** auf einem Papierformat herstellt, wird sich die nachfolgende Zeichnung grundlegend unterscheiden.

Raumdarstellung durch Fassaden-Staffelung

Die Abbildung **416** entstammt derselben Aufgabenstellung in derselben Schulklasse wie die vorigen Zeichnungen. An ihr fallen sofort die Überdeckungen auf, mit denen **vordere** Häuser die **hinteren** durch Verdeckung **teilweise unsichtbar** machen (abgesehen von einer – später aufzuklärenden – scheinbar nicht passenden Anwendung).
Um zu einer solchen Darstellungsform zu kommen und **ihre Eigentümlichkeit einzusehen**, muß das Kind zunächst einmal dasselbe leisten wie bei der „bedeckenden Bekleidung" (s. Abb. 184-186), die noch keine lange Zeit der Entwicklung hinter sich hat: Jedes Haus befindet sich **hinter seiner Fassade**, so wie sich die Menschengestalt **hinter** ihrer Kleidungsoberfläche befindet. Das Haus (in seinen äußeren Grenzen) besteht nicht mehr hauptsächlich, wie in **allen** bisher besprochenen Bildern, von seinem **Inhalt** her in seiner direkt nutzbaren Geräumigkeit. **Für die Darstellung auf einem Bild** wird das Haus nun zu einem **neuartigen Darstellungs-**Gegenstand, der nur **in bestimmten Ansichten sichtbar** ist und der zudem eine **undurchsichtige** Oberfläche hat.
Es entsteht ein **flächig gemeintes Bild** des Hauses.

Abbildung 416 4. Schuljahr (um 1962)

Das Kind gibt mit der Darstellung der Fassade die Inanspruchnahme der Geräumigkeit des Hauses auf und gewinnt so **aus einer spielzeughaften Sache** ein **zum Sehen bestimmtes Bild.** Weil für das Kind das Hausareal auf dem Blatt nun kein offen zu lassender Spielort mehr ist, braucht es das Haus (auch in dessen formelhafter Ausführung) nicht mehr – wie bisher – als eine „vollständige“ Sache aufzufassen.

Die Hausdarstellungen, die **früher** ein „totales Haus“ mit seinem Innen und Außen repräsentierten, sehen auf der Abbildung **416** wie flache Kulissen aus, ein Eindruck, den die Häuser auf Abbildung 414 nicht so leicht aufkommen lassen. Die neuartigen Häuser sind auf die sichtbare Oberflächlichkeit ihrer Erscheinung spezialisiert, und damit sind sie zugleich der Flächigkeit des Bildes angepasst. Wo das Kind früher durch **Grenz**ziehung die **eingeschlossene** Bildfläche **in den gewünschten Gegenstand verwandelte**, erzeugt es nun die **Identität der Visualität der Oberflächen** der gezeichneten Häuser **mit der Oberfläche des Blattes**, was zunächst wohl nicht mit deutlich bewusster oder gar aussprechbarer Absicht erfolgt. Die Identifizierung der Bildfläche mit den Hausfassaden ist deswegen möglich, weil das Bild als senkrecht stehende Fläche gemeint ist, worauf hier schwirrende „Luftzeichen“ hinweisen. Im Unterschied zu den beiden vorigen Bildern ist hier die durch die Zeichnung erzeugte **Bodenfläche auf dem Bild** nicht die Fortsetzung des liegenden Bodens der Malunterlage in das Bild hinein: **Das Bild des Bodens und die Malfläche liegen nicht mehr in derselben Ebene**.

Zugunsten einer neuen Darstellungsweise musste das Kind, dem die Abbildung **416** zu verdanken ist, frühere Verfahren aufgeben oder korrigieren. Wahrscheinlich hat es, wie die Klassenkameraden, ebenfalls mit einem Haus am hinteren Platzrand zu zeichnen begonnen. Das würde erklären, wieso dieses Haus im Endeffekt vor der Fassade eines anderen Hauses „schwebt“.

Dann aber muss dem Kind **von innen aufgegangen** oder **von außen eingegeben** worden sein, die Häuser nicht von hinten nach vorn, sondern umgekehrt von vorn nach hinten zu zeichnen. Es **überwindet** das bisher geübte und nahegelegte machtausübende Verhalten und **verfügt nicht vorab** über die Bildfläche, sondern stellt sich selbst vor den noch leeren Platz und durchwandert ihn **mit seinen Blicken** von vorn nach hinten und lässt die Häuser nacheinander und hintereinander entstehen.
Bei dieser Anordnungs-Technik ergeben sich von selbst die zu beobachtenden Überdeckungen, wenn sie das Kind nicht absichtlich vermeiden will. Das Resultat ähnelt üblichen Illustrationen in allbekannten Kinderbüchern.
Mit dem ersten Haus, das hinter einem anderen „hervorlugt", ist der Bann gebrochen; von da an muss nicht mehr jede Hausgestalt freistehend in der Gänze ihrer Front gezeichnet werden – es genügt, nur den **noch sichtbaren** Teil darzustellen. Das Kind hat offenbar Freude daran gefunden, immer noch einen weiteren Giebel hinter den anderen zu zeichnen, und dadurch kommt es fast automatisch zu einer Verkleinerung der Häuser in der Ferne, was den tiefenräumlichen Eindruck sehr verstärkt.
Bei der Abbildung **416** kann man sich nicht vorstellen, dass an diejenigen Stellen, an denen Häuser zu **sehen** sind, auch Haus**figürchen** aus der Spielzeugkiste wie auf einen Boden hingestellt werden könnten. Die neue Darstellungsweise ist nicht an das Setzen der Figuren mit der Hand, sondern an das Blicken mit den Augen gebunden.
Der relativ fortgeschrittenen Raumdarstellung entsprechen die sehr einfachen Hausformeln nicht. Von den Häusern wird jeweils nur die Giebelseite gezeichnet, wobei das Giebeldreieck zu einer mit Ziegeln bedeckten Dachfläche wird. Es ist jedoch häufig zu beobachten, dass in Situationen, in denen das **Ordnungsgefüge** auf einer neuen und vielleicht höheren Stufe erprobt wird, vergleichsweise einfache **Elemente** verwendet werden, um die Einführung der neueren Errungenschaft nicht mit konkurrierenden Bemühungen zu erschweren.

Bemerkenswert ist die vom unteren Bildrand überschnittene Gestalt. Sie besiegelt die neue Sichtweise des senkrecht stehenden Bildes als eine **Ausschnitt-Bildung aus dem Gesichtsfeld des Zeichners** und des Betrachters. Die untere Grenze des Blattes findet keine Fortsetzung im Boden der Unterlage, weil sonst die dort stehende Gestalt in eine liegende Ebene abgeknickt werden müsste.

Nunmehr ist die (bisher) **vordere**, dem Zeichner **nahe** Blattkante zur **unteren** Kante des Bildes geworden. Nun ist das „Untere des Bildes" zur „Nähe des gemeinten Raumes" geworden. **Das Bild ist nicht mehr die liegende, direkt bespielbare Spielfläche; es ist die Abbildung der Ansicht der Dinge in der Welt, die dem aufgerichteten und nach vorn blickenden Menschen gegenüber steht.**
Weil diese neue Darstellungsart **beim Zeichnen entwickelt** wurde, geht sie aus der Ausübung des Zeichnens selbst hervor und steht damit in

der kulturgebundenen Tradition der Erzeugung von Bildern. Ohne Bilder aus dieser Tradition zu kennen und verstehen zu können, dürfte die Leistung der Abbildung **416** nicht entstanden sein.
Eine Zeichnung wie diese ist nicht mehr hauptsächlich „boden-orientiertes" Anordnen von Gegenständen, sondern sie gehört bereits zur horizont-orientierten Darstellungsweise, bei der der subjektive Blick des Zeichners auf dem Bild gestaltet wird.

Abbildung 417 Mädchen 12 J 4 M

Die Stadt-Silhouette der Abbildung **417** aus lauter Fassaden ist eine Aufgabe aus dem Kunstunterricht um 1972 (6. Schj.). Das Vor- und Hintereinander der Häuser geht lediglich aus der schematischen Anwendung der Überdeckung hervor. Die Aufgabe steht im Dienst des „Malens mit gedeckten Farben aus einer Farbfamilie" und geht offensichtlich an den Problemen eigentlicher Raumdarstellung vorbei.

Der Raum der Landschaft

Bei der Darstellung von Ortschaften, die von Menschenhand geschaffen wurden, ist deren „Nachbau" oder „Nachstellung auf dem Bild" aus naheliegenden Gründen verhältnismäßig einfach. Genau so, wie in der Welt Siedlungen und Wege durch menschliche **Verfügung** über vorhandene Landschaftsgebiete geordnet werden, so **verfügt** das Kind, gemäß den von ihm erkannten Strukturen, ebenfalls über die Ordnung auf seinem Bild. – Landschaften sind nicht in derselben Weise machbar und somit schwieriger zu überschauen. Sie beeindrucken nicht durch Ordnungen, sondern durch auffällige Einzelheiten auf dem „gewöhnlichen" Boden.
Von Kindern und Laien „**auswendig**" gemalte Landschaftsbilder (ohne Bezug zu einer konkret erlebten oder gemeinten Gegend) enthalten wie nach einer Liste „typische Landschaftsmerkmale", meistens in der Einzahl : **Ein** Berg, **eine** Wolke, **eine** Wiese, **ein** Bach, **ein** Baum, **ein** Busch, **ein** Zaun, **ein** Weg, **ein** Haus, **ein** Teich, **ein** Fisch usw. Sie charakterisieren das Bild durch solche „Symptome" als Landschaft, so wie das „Augenpaar" mit seinem Blick eine Gestalt beseelt oder eine Hauskontur mit Formen für Fenster und Tür als die nutzbare Geräumigkeit eines Hauses gekennzeichnet wird (s. Abbildung 391).

Abbildung 418 „Indianerwelt“ freie Zeichnung Mädchen ca 6 J

Wenn sich mit einer Landschaft ein greifbares Erlebnis oder Thema verbindet, dann wird die aufzählende Darstellung der Landschafts-Versatzstücke so aussagefähig wie auf Abbildung **418**. Dort sind es Indianer, die im Vordergrund auf schmalen Pfaden die Prärie durchstreifen und in der Ferne über steile Stege Berggipfel erklimmen (dunkle Konturen); auf Hängestegen aus geflochtenen Lianen (hellere Linien) überschreiten sie die Abgründe. Die Wege in der Ebene sind an einem Saum aus Gras zu erkennen. Der „Schleichweg“, auf dem die vordersten Indianer hinten um das Gebirge herumgehen, ist eine durch Hin- und Herbewegungen des Stiftes deutlich ausgeprägte Bodenlinie, die, nicht überall konsequent, auf den Boden der vordergründigen Ebene verweist. Die Studie zum Bild zeigt eine Struktur, die bei genauerem Hinsehen ihre Verwandtschaft mit Abbildung 387 nicht verleugnen kann. Zwar ist das Indianerbild reicher, dennoch wird auf beiden Bildern der Boden der Malunterlage in die vordere Hälfte des liegenden Blattes weitergeführt, und dahinter werden das senkrecht stehende Haus bzw. die aus dem Boden ragenden Berge angeordnet. Der Hauptunterschied zwischen beiden liegt in der dargestellten Gegenständlichkeit.
Die Ebene geht, anders als beim Haus, ohne Grenzen in die Berge über, womit die Landschaft betretbar bleibt. Hinter der ersten Bergkette erhebt sich eine zweite über ihr – oder kommt sie aus dem Bodengrund empor?

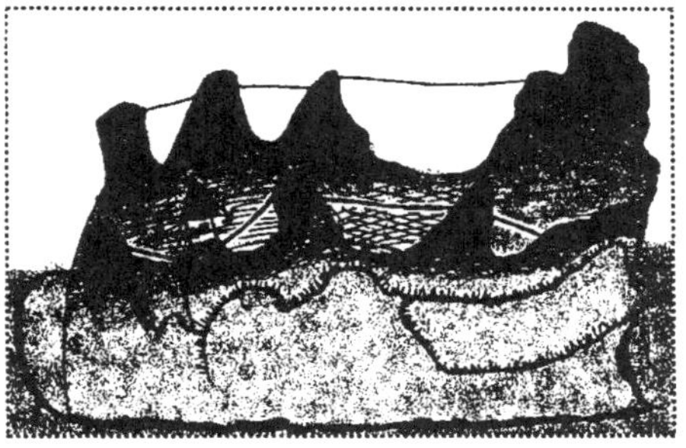

Studie 397 zu Abbildung 396

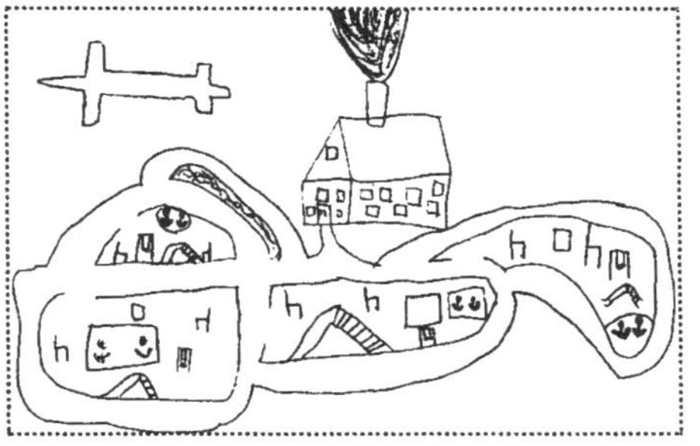

Abbildung 398 (wie 367)

Zwischen angedeutetem Pflanzengrün befinden sich Zelte, und Indianer ziehen auf grasbewachsenen Pfaden in der vordergründigen Ebene daher. Je weiter die Berge entfernt sind, desto höher müssen sie sein. In der obersten Region sind vier Gipfel durch drei Hängestege miteinander verbunden, ähnlich wie bei der niedrigeren Bergkette.

Trotz „unterschiedlicher Entfernung" ist die Größe der gezeichneten Indianer überall gleich. In der Welt des Kindes findet aber gerade diese Erscheinung ihre reale Entsprechung, etwa auf den Spielfeldern, wo man mit kleinen Figuren entsprechend einer erwürfelten Augenzahl auf einem Wegespiel dem Ziel Schritt für Schritt näher kommt, sei eine Auto- oder Pferderennstrecke abgebildet. Auch dort steht die abgebildete Landschaft in keinem Verhältnis zu den Spielfiguren – und dennoch wird sie verstanden. So kann sich das Indianer-Bild auf Vorlagen verlassen, die den Kindern von ihren Eltern und Erziehern an die Hand gegeben werden.

Das Sehen des Kindes wird immer stärker von Bildern in Büchern, Katalogen und sonstigen Medien geprägt, je größer seine Welt wird und je weniger von ihr körperlich erfasst und durchlaufen werden kann. Die **Abbildungen** der Wirklichkeit bringen den Anblick der Welt – vor allem den der Ferne – in einen Zustand der Ruhe und des bleibenden Verharrens, der subjektiv im dauernden Wechselspiel der visuellen Eindrücke in der Welt nicht gegeben ist. Der bisher **von allen** Sinnen **gesicherte** Erwerb von Welterfahrung geht überall dort, wo er in der Fülle nicht mehr möglich ist, auf visuelle Weise vonstatten.

Man darf in diesem Indianerbild den Einfluss von Darstellungen sehen, in denen sich das Mädchen auskannte und aus denen Landschaftsgestalten übernommen werden konnten, die die eigene Erfahrung so noch nicht hätte formulieren können.

Im nachfolgenden Kapitel wird ein weiteres Verfahren gezeigt, wie Kinder sich eigene Erfahrungen über bestimmte Aspekte der Raumtiefen-Darstellung verschaffen.

Raumtiefe – ermittelt an Baukörpern

Abbildung 421 Mädchen 7 J 6 M

Anders, als dass das Mädchen die Darstellung des Hauses mit der Giebelwand zu zeichnen begonnen hat, ist die Entstehung des Bildes nicht zu denken. Am Boden orientiert, geht es mit dem Stift um das Haus herum, dessen Grundfläche sich **nach hinten** auf dem Boden des Blattes erstreckt. Am Ende der Traufseite angekommen, erhebt sich die Seitengrenze der Wand **senkrecht** sowohl zur gezeichneten Grenzlinie am Boden, als auch **in der Körperachse** des Kindes, wenn man dessen Zuwendung zu dieser Stelle des Bildes so ansieht, als ob es in der Wirklichkeit vor dem Haus stünde – daher die „schräge" Linie.

Traufe und Dachfirst bilden Parallelen zur Bodengrenze und werden dementsprechend ausgerichtet. Dach und Wände werden übermalt, um Bedeckung und gerade nicht, wie früher, Geräumigkeit des Hauses anzubieten. Nun sind die **Fenster** die vermittelnden Öffnungen zwischen dem Innnern des Hauses und der Außenwelt. Die **Undurchsichtigkeit** der Mauern wird artikuliert. Wo früher in der Fantasie **Gehäuse** erschaffen wurden, wird nun auf das **Sichtbare** geachtet und dieses als solches gekennzeichnet. Anders gesagt: Wo das Kind früher Sachen zum Spielen schuf, beginnt es nun, die Gegenstände als Abbildungen ihrer sichtbaren Erscheinungen zu formulieren. Damit kommt das Kind immer näher zu einem Bild, das vorzugsweise durch visuell vermittelte Erlebnisse geprägt ist.

Etwas über ein Jahr später zeichnet dasselbe Mädchen ein Haus, das fast nach demselben Schema gezeichnet ist (Abbildung **422**).

Inzwischen hat sich ein Wandel vollzogen. Das Mädchen behält die frühere Orientierung zunächst bei; es lässt die sichtbare Traufseite wiederum an der Giebelseite ansetzen und zieht die Grenzlinie am Boden nach hinten in die Tiefe des Raumes. Die in der Ecke ansetzende Hauskante nach oben wird nun anders gezeichnet und es fragt sich, woran sie ausgerichtet ist. Wird sie ausgerichtet: erstens an den seitlichen **Blatt**kanten, oder wird sie zweitens parallel zu den senkrechten Kanten der **Giebel**seite geführt oder drittens auf die Körperachse des Mädchens bezogen, welches von einem Standpunkt außerhalb des Bildes einen einheitlichen Blick auf die Zeichnung wirft?

Abbildung 422 Mädchen 8 J 3 M

Da die Ausrichtung an den Blattkanten und die Parallelität der Hauskanten bereits beim Giebel auf der Abbildung **421** vorliegen, dürfte, wenn man eine Entwicklung von einem Bild zum andern annimmt, ein **Wandel** in der Bildauffassung der Zeichnerin eingetreten sein. War sie **auf dem** früheren **Bild** sozusagen **selbst** noch mit dem Stift ums Haus herum gegangen, so bezieht sie nun das **ganze vor ihr stehende Bild** auf sich. Aus dieser **neuen Einstellung zum Bild** gibt sie der Hauskante zwar dieselbe ich-bezogene Vertikalität, die sie ihr schon früher angedeihen ließ, allerdings von einem Standpunkt aus, der **auf das Bild blickt** und nicht „in ihm herumläuft".
Die Ich-Bezogenheit bleibt und wird gegebenenfalls zur Grundlage einer persönlichen Sichtweise auf die Welt, von der die Perspektive eine Sonderform ist.
Die sorgfältig schmückende Ausführung des Bildes deutet unmissverständlich darauf hin, dass es als ein Ereignis für die Augen gesehen werden will.

Die Horizont-orientierte Sicht und Darstellungsweise

Die Landschaft **423** zeigt besonders deutlich die Eigentümlichkeit einer Horizont-orientierten Bild-Auffassung. Wie flache Kulissen sind die Silhouetten der nahen Bergwiese, des dahinterstehenden Waldes und schließlich der ferner und ferner in den Himmel ragenden Berge auf dem Bild gestaffelt angeordnet. Die Orientierung erfolgt in derselben Weise an den **Umrissen**, wie sie der „echten Profil-Form" eigen war.

Figur 423 Studentenarbeit

Die Landschaft wird nicht vom Boden her konstruiert.
Der Blick geht, ohne ausdrücklich über den Boden zu schweifen, in die Landschaft hinein, als erschiene diese bereits in einem imaginären Rahmen, so dass nur noch den Grenzen der hintereinander gestaffelten Bergsilhouetten **zeigend** gefolgt zu werden braucht.
Die Orientierung in der Landschaft und auf dem Bild erfolgt durch den subjektiven Blick des Zeichners und bringt so dessen eigenen Horizont als charakteristische Eigenschaft der **vom Gesichtssinn** gelenkten Weltwahrnehmung zur Geltung. Dieser Blick ist ein **festhaltender Blick**, der nicht umherschweift, weil die dem Blick gegenüberstehende **Ansicht** auf dem Bild festgehalten werden soll.

Figur 424 Studienarbeit

Von Horizont-orientierter Einstellung ist auch das Bild **424** geprägt. Trotz einer dargestellten Bodenfläche erfolgt die wesentliche Orientierung an der einheitlichen **Ansicht** der Szene, welche den subjektiven Eindruck der Beengung durch die immer höher werdenden Mauern in der Nähe des Zeichners erleben lässt.
Einer solchen Wahrnehmung geht die Gewöhnung an den Anblick überall verbreiteter perspektivischer Darstellungen voraus.
Jugendliche können, bei genügendem Interesse und evtl. durch Anleitung und aufgrund der Struktur unserer Medienwelt, zu Horizont-orientierten Darstellungen finden.

Auf Abbildung **425** steht im **Vordergrund** ein größerer Junge mit einem aufsteigenden Drachen. Den **Mittelgrund** bildet eine ebene oder sanft ansteigende Wiese, an deren vorderem rechten Rand – wie von einem erhöhten Standpunkt aus gesehen – ein Gehöft mit einfahrendem Traktor steht. Im **Hintergrund** ragt eine steile Felswand empor, deren schroffe Strukturen mit zunehmender Entfernung „zarter" werden. Aus der durch eine Diagonale getrennten linken Bildhälfte bringt mit düsteren Wolken ein Gewitter strähnige Regenschauer über die Landschaft und lässt in einem freigebliebenen Luftspalt den mit einem Adler gemusterten Drachen schweben und den Hut davonfliegen.

Abbildung 425 Junge 14 J 3 M

Der Zeichner verhält sich zu seinem **Bild**, als **stünde** es ihm gegenüber, auch wenn das **Blatt** beim Zeichnen vor ihm liegt; denn er betrachtet es nicht mehr wie früher als Spielfläche. Sein Blick hält die Bodenfläche des Vordergrundes fest, lässt dahinter die Wiese des Mittelgrundes aufsteigen, türmt dann die mehr oder weniger senkrechte Felswand darauf, wobei dieser Anblick weit über seine eigene Augenhöhe, also über seinen Horizont, hinausgeht. Umgekehrt bewegt sich der Blick mit den Regenschauern aus den Wolken von oben nach unten und überquert dabei wiederum seinen Horizont. – Der Zeichner hatte zur Entstehungszeit des Bildes immer wieder Wolken unter ästhetischen Gesichtspunkten beobachtet und fotografiert. Dadurch konnte er sich solche Wetterbildungen gut vorstellen und zeichnen. Die Distanz des Kamera-Objektivs zu den Motiven drückt sich in den Fotografien aus und wirkt zurück auf den Betrachter, der die aufgenommenen Wetterszenen mit seinen Erinnerungen vergleicht. Die „Sichtweise" der Kamera „wird vorbildlich".

Interessant und typisch zugleich für Architektur-Darstellungen aus der **Vorstellung** ist deren **Konstruktion von ihrem Grundriss aus**. Dann erscheinen die Gebäude fast wie aus der „Vogel-Perspektive". Solche „**von oben konstruierten** verkehrten Perspektiven" beobachtet man oft auf Bildern von Laien, sogar wenn es sich um Berghütten hoch oben auf der Alm handelt, die **von unten gesehen** wurden. Auf der Abbildg. **425** führt der mit Steinplatten bedeckte Weg **in der Ebene** zu dem Gehöft, weshalb die **Aufsicht** auf den Hof nicht zur übrigen Sichtweise stimmt. Freilich ist diese Erscheinung leicht zu erklären. Weil sich der Zeichner den Gebäudekomplex selbst klar machen muss, **konstruiert** er diesen zunächst (übrigens „unbewusst") **boden-orientiert** als Grundriss und baut auf diesem dann die Vorstellung der **Ansicht** des Gehöfts auf, ähnlich wie das Mädchen der Abbildung 422, wenngleich hier die architektonische Anlage komplizierter ist.

Raumtiefe – auf dem Boden und an Bildern ermittelt

Abbildung **426** lotst uns in eine futuristische Welt. Auf einer mit Nieten befestigten Stahlplatten-Autobahn kommt uns ein rasanter Wagen aus einem Tunnel entgegen, der am anderen Ende zu einer Space-Shuttle-Station führt. Die Dynamik der Verjüngung der Gegenstände und deren Verkleinerung in der Entfernung ist beeindruckend und wird durch die Staffelung der Baumkronen noch verstärkt, obwohl bei diesen keine Verkleinerung nach hinten erfolgt (wohl deswegen, weil diese nur Beiwerk sind). Wenn man bedenkt, dass eine Raumdarstellung mit einer derartigen Tiefendynamik bei keinem noch so bedeutenden Künstler vor dem 13. Jahrhundert vorzufinden ist, dann kann die Abbildung **426 keine Fortsetzung** der Entwicklung der Kinderzeichnung sein, die sich in derselben Weise **selbstverständlich** und **natürlich** ergibt wie die bislang besprochenen Möglichkeiten. Bilder von dieser Art beruhen nicht, wie bisher, hauptsächlich auf den Lebenserfahrungen der Kinder mit der Wirklichkeit der Welt, sondern beziehen **Bilder, die andere Menschen von der Welt gewonnen** haben, in ihre Sicht- und Darstellungsweisen ein. Dies ist der „natürliche" Übergang von der Kinderzeichnung zu „erwachsenen Bildern", die allerdings nur durch Stil-**Bildung** ihre künstlerische Erfüllung finden.

Abbildung 426 Junge 10 J 5 M

ANMERKUNG

Ein Blick in die Kunstgeschichte lehrt, dass die Perspektive verhältnismäßig spät – im 15.Jh.n.Chr. – auftritt. Grob gesagt, konnten sich selbst die besten Künstler **erst nach der Erfindung der perspektivischen Konstruktion** die perspektivische Sehweise aneignen und vermochten erst danach entsprechend zu zeichnen. Von da ab herrschte im Abendland – bis zur Modernen Kunst – eine von der perspektivischen Konstruktion abgeleitete Darstellungsweise in allen anerkannten bildhaften Äußerungen bis hin zur Fotografie, wodurch diese Sehweise **zur Norm** wurde. Sie wurde dem Menschen sozusagen zur „zweiten Natur". Die Seh- und Gestaltungsweisen der Kunst-Epochen, die **vor** der späteren Gotik liegen, konnten, bei ihren Ähnlichkeiten mit manchen Erscheinungen auf Kinderzeichnungen, (ohne Abwertung) als „primitiv" (in Frankreich üblich im Sinn von „ursprünglich")) bezeichnet werden. Am Ende der Gotik – im Übergang zur Renaissance, zählt man zu den großen Errungenschaften der neuzeitlichen Malerei die Raum-Darstellung, die – so glaubte man – in der Perspektive gipfeln sollte. Es geht – was zu beachten ist – um das Problem der **Darstellung betretbarer Räume**. Die Frage, wieso die perspektiv-nahe Raumdarstellung so spät in der abendländischen Kunst auftritt, führt zu sehr interessanten Beobachtungen, die ein besonderes Licht auf das Verständnis von Kinderzeichnungen werfen: In beiden Fällen handelt es sich um erstmalige Lösungen eines Bildproblems. – Die der neuzeitlichen Kunst vorangehende mittelalterliche Malkunst zeigt sich bekanntlich entweder in großen Formaten als Wandmalerei oder kleinformatig in den Miniaturen der Buchmalerei. Das Mittelalter ist an einer **illusionären** Raumdarstellung aus philosophisch-theologischen Gründen ebenso wenig interessiert wie anfangs die Kinder, die darauf angewiesen sind, ihr Weltbild „handfest" realistisch aufzubauen.

Natürlich mußten in den illuminierten Handschriften die **Örtlichkeiten** dargestellt werden, wenn sie denn in der Heiligen Schrift wörtlich genannt waren. So die Felder, auf denen die Hirten ihre Schafe weiden, wenn der Engel kommt und den „Frieden" verkündet – oder die Wüste, durch die die Flucht nach Ägypten führt – oder die Ortschaft Emmaus, wohin der Auferstandene die beiden Jünger begleitet. Die Darstellung von Orten ist aber nicht unbedingt schon eine Darstellung des Raumes oder gar der räumlichen Tiefe. Auch für den mittelalterlichen Maler bedeutet **Raum**tiefe nicht die Richtung nach unten; auch für ihn entfaltet sie sich in der Horizontalen. Die Raumtiefe, die stehend und gehend wahrgenommen wird, leitet die Schritte und die Blicke weit nach hinten in die Ferne.

Bei der **Wandmalerei** ist die Erfindung der Raum-Tiefe deshalb so schwierig, weil sie sich nach hinten erstrecken soll, obwohl die Wand selbst jegliches Eindringen in den Raum verhindert. Dieses Dilemma kann nur durch (spätere) Verfahren visueller Illusions-Erzeugung überwunden werden. Leichter hat es der **Buchmaler** mit dem Problem der Raum-Darstellung. Vor ihm **liegt**, allenfalls mäßig geneigt, die Mal-Ebene in der Horizontalen, wie der betretbare Erdboden, wenn ein Mensch auf ihm steht und geht, und wie ihn die Kinder meistens vor sich haben. Die Identifikation der Raumtiefe mit der **liegenden Bildfläche** ist leichter, weil keine senkrecht stehende Wand das Schreiten in die Tiefe verhindert. Der Stift des Malers geht von vorn nach hinten und zurück über die Bildfläche wie ein Mensch über ein platzartiges Gelände.

Auf der boden-artigen Bildfläche gibt es für den Buchmaler kein Oben und kein Unten. Es gibt nur rechts und links, vorn oder hinten, wobei das Nahe **vorn** und das Ferne **hinten** ist.

Buchmaler und Kind können in dieser Situation – analog zur Wirklichkeit – ihr Feld be-„stellen". **Sie** bestimmen die Stellen, an denen die Figuren (die auf das Bild gemalt werden) mit ihren Füßen auf dem Boden stehen sollen. Die Figuren, die ihnen nahe sein sollen, kommen nach vorn, die entfernteren nach hinten auf das Blatt. Eine solche Darstellung des betretbaren Raumes nenne ich **„boden-orientiert"**, wobei die Nähe und die Ferne vom Maler (bzw. vom Betrachter) aus bestimmt wird. Dieser subjektive Aspekt ist wesentlich – und er findet sich ganz selbstverständlich in Kinderzeichnungen vor.

Die zitierten Figuren 381 A und B veranschaulichen den Vorgang, wie sich in der Vorstellung die Figuren auf dem Boden aufrichten. – Die beiden Sichtweisen, die **eine auf den Boden** und die **andere auf die Figuren**, sind – jeweils für sich gesehen – **verschieden**. Trotzdem erscheinen sie dem Zeichner in dem Moment, in dem er seine jeweilige Tätigkeit ausführt, als völlig richtig, so daß sich kein Verdacht auf Unvereinbarkeit einstellt. Gegebenenfalls kommt ein solches, liegend gemaltes Bild anschließend an die Wand. Damit kommt das, was beim liegenden Bild vorher vorn bzw. nahe war, nach unten, und das, was hinten war, kommt nach oben. Durch diese Drehung der Bodenebene in die Senkrechte kommt die Illusion räumlicher Tiefe auf der Wand zustande, wenngleich diese noch nicht in jeder Hinsicht perspektivisch ist. – Es verwundert nun nicht, daß die Raumtiefe – zwecks Darstellung von betretbaren Räumen – kunstgeschichtlich zuerst in der Buchmalerei und in der **klein**formatigen Tafelmalerei erarbeitet wurde und erst danach in der Wandmalerei auftritt. Die Entsprechungen auch zur frühen Entwicklung menschlichen Darstellungsvermögens liegen auf der Hand.

„Verstandene wirklichkeitsgetreue Raumdarstellung"

Schon an früherer Stelle wurde betont, dass es eigentlich die **Kinder** sind, die sich entwickeln, und **nicht** deren Zeichnungen. Die Unterscheidung ist bedeutsam. Denn die unbedachte Redensart von der „Entwicklung der Kinderzeichnung" führt gerade im Bereich der Raumdarstellung zu einem Leitmodell, dessen höchste Erfüllung die „wirklichkeitsgetreue" Wiedergabe ist. Wie bei einer Leiter wird eine ansteigende „Stufenfolge" von anfänglich „hinstreuender Ordnungslosigkeit" bis zur endlich erreichten perspektivischen „Vollkommenheit" ermittelt. Anschließend wird an dieser Skala die Leistung der Kinder gemessen, ob sie zum richtigen Zeitpunkt in der richtigen Reihenfolge den angeblichen Anforderungen der nächsten „Stufe" entsprechen oder (noch) nicht.

In den meisten Untersuchungen über die Raumdarstellung von Kindern werden die Ergebnisse ihrer Bilder nach angenommenen Stufenfolgen auf dem Weg zur Perspektive systematisiert und bewertet. Die Stadien der Entwicklung werden oft mit Wörtern beschrieben, die mit den wahren Absichten und den wirklichen Tätigkeiten der Kinder wenig oder nichts gemein haben. Bezeichnungen wie „Aufsichts- oder Seitenansichts-Darstellungen" und „gemischte Ansichten" beziehen sich auf den **Eindruck**, den die Zeichnungen **auf Erwachsene** machen, hingegen sind sie nicht sinnvoll in Bezug darauf, dass Kinder einer bestimmten Altersstufe überhaupt noch **keine Ansichten** darstellen. In allen Fällen wird die Leistung des Kindes ignoriert, was zu Missverständnissen führt. Solange Kinder Menschenfiguren **machen** und diese nicht abbilden, kann es auch keine „Frontal-**Ansicht**" geben.

Für die Raumdarstellung werden Ausdrücke wie „Querschnittform" und „Grundrissform" gebraucht, die dem Leser einreden, Kinder würden beispielsweise durch ein Haus einen „Querschnitt legen" oder sie würden eine Art „Röntgenbild" machen.

Für die Praxis von Erzieherinnen und Erziehern ist es wichtiger zu wissen, welche positiven Leistungen das Kind erbringt und wie man es darin fördert, als in „Labor-Experimenten" ermittelte idealtypische Entwicklungsphasen erkennen und benennen zu können.
Wir folgten deshalb einem anderen Weg, auf dem typische Bilder vorkommender Raum-Darstellungen in Bezug auf ihre **Sinnhaftigkeit** für das jeweilige Kind vorgestellt und befragt werden.

Insofern bedeuten die hier vorgestellten Möglichkeiten der Raumdarstellung keine sich ergebende Folge von Entwicklungsschritten und vor allem keinen Maßstab für die Intensität der Auseinandersetzung mit dem Raum sowie für die künstlerische Qualität des Bildes.

Die „richtige räumliche Darstellung" wird jedoch so sehr mit der Perspektive gleichgesetzt, dass die meisten Erwachsenen immer dann, wenn sie **„räumliche Darstellung" meinen**, von **„Perspektive" reden**. Solange perspektivische Richtigkeit nicht wenigstens annähernd erreicht ist, gelten bei den meisten Menschen die Resultate der Kinder zwar als „entwicklungsbedingt richtig", jedoch als „objektiv falsch" und als vorläufig. (Das hindert nicht, dass die Erwachsenen an typischen Kinderzeichnungen auch ihren Spaß bzw. echte Freude haben können.)

Die Perspektive ist unter **vielen** Möglichkeiten, Raum darzustellen und über räumliche Verhältnisse zu informieren, nur **eine**, nämlich eine konstruierende Art, Raumvorstellungen zu erzeugen.
In der Perspektive kommt sozusagen nur der „**stehengebliebene Blick**" zur Geltung, während das lebendige und erlebende Sehen des Menschen **schweifend** ist, **in einem zusammengehörenden Vorgang Nähe und Ferne im Zeitraum des Schauen verbindet** und sich (aufgrund der Leistungen des Kurzzeitgedächtnisses) ein umfassendes „Bild" der jeweiligen räumlichen Gesamtsituation verschafft.

Das perspektivische Sehen muss über das **Konstruieren der perspektivischen Illusion eigens erlernt** werden, weil es mit dem natürlichen Sehen nicht übereinstimmt.

Geht man von dem möglichen Ziel einer „wirklichkeitsgetreuen" perspektivischen Darstellung aus, so kommt **kein** Kind, **kein** Jugendlicher und **kein** Erwachsener **ohne Anleitung** zur perspektivischen Konstruktion und zu einer von ihr abgeleiteten Sicht- und Darstellungsweise.

Die Perspektive kommt **nicht** aus der komplexen sinnlichen und erlebten **Erfahrung** des Menschen im Umgang mit der Wirklichkeit, sondern aus der Bewältigung eines Problems, das dem **Medium des Bildes** eigentümlich ist. Insofern ist die Perspektive nicht der Endpunkt einer natürlichen Entwicklung, sondern ein durch Anwendung von Konstruktionsformeln zu erlernendes künstliches Darstellungssystem, bei dem die boden-orientierte und die horizont-orientierte Sehweise **in einem Punkt** miteinander verknüpft werden. Daraus resultiert ein spezifisches „Bild-Sehen".

Abbildung 427 Junge 13 J

Laut rufend preist der Zeitungsmann dem jungen Mann die Zeitung an.
Der Wirt, der dieses Rufen hört, fühlt sich in seiner Ruh' gestört.

Die Zeichnung **427** beschäftigt sich mit verschiedenen Seiten des Kommunikationswesens. Sie vereinigt und löst mehrere Problemstellungen der bildnerischen Gestaltung dieser Altersstufe :

- die Darstellung eines Raum-Ausschnittes,
- die Darstellung bewegter Menschengestalten
- die Behandlung der sichtbaren Oberflächen nach Strukturen und Lichtwerten.

Das Zusammenspiel unterschiedlicher Werkverfahren, der Tintenlinien aus Fasermalern und der Bleistiftstriche, ist hier eindrucksvoll gelöst.

Auch diese Szene ist aus Gründen leichterer Darstellung von etwas erhöhtem Standpunkt aus gestaltet.
Der Zeichner aber spielt nicht **auf** dem Boden, sondern er entwickelt (beachtlich – doch noch nicht ganz fehlerfrei) **vom Boden her**, wie sich aus den Grundrissen Straßenflächen und Hauswände erheben. Er trachtete, von ein- und demselben Standpunkt aus, ohne den Blick zu wenden, wie eine Kamera-Optik, die Gesamt-Szene zu erfassen. Er ist geübt und hat wohl etliche Stunden im Kunstunterricht mit dieser Zeichnung zubringen dürfen, so dass nach und nach der hier anschaulich werdende Reichtum ausgebildet werden konnte.
Es handelt sich nicht um eine geometrisch konstruierte perspektivische Darstellung, doch konnte die Zeichnung nur deswegen entstehen, weil der Schüler viele Bilder, die die Welt in perspektivischer Weise abbilden, gesehen, genau betrachtet und gelegentlich „auswendig" Studien danach betrieben hat.
So beeinflusst die Bildwelt unserer Kultur die Sicht auf die Welt, was sich in der Zeichnung dieses Schülers bemerkbar macht. Die meisten Fotografien z. B. bilden ihre Motive (dem natürlichen „schweifenden" Sehen entgegen) von **einer** bestimmten Stelle aus ab, was die Sichtweise der Betrachter auf genau diese Sichtweise festlegt und diese damit auf eine allgemein verständliche wirkungsvolle räumliche Darstellung „verpflichtet", die freilich noch keine Kunst sein muss.

Das Bild des 13-jährigen Schülers freilich ist eine ansprechende bildnerische Leistung.

Die Zeichnung Abbildung **428** ist ein Illustrationsentwurf zu einer Erzählung für Jugendliche von demselben Mädchen, von dem schon ein Bildausschnitt (Abb.367) zur körperhaften Darstellung angeführt wurde. Die Zeichnung ist ohne Vorzeichnung mit der Feder skizzenhaft schnell hingeworfen und gibt Einblick in die hier waltende räumliche Vorstellungskraft, die an einer unglaublich großen Menge von gern gezeichneten Bildern in jahrelanger lustvoller Betätigung gewonnen wurde.
Vermutlich gehen alle Einzelheiten auf Vorbilder in den verschiedensten Veröffentlichungen zurück und werden hier in einer neuen und erstaunlich stimmigen Weise zusammengebracht. Das Mädchen zeichnet hier kein fremdes Bild ab, sondern benutzt höchst sinnvoll die irgendwann einmal gesehenen und immer wieder gezeichneten und geübten Gestalten, wie Menschen sonst die Sprache verwenden, welche ihnen ja auch die Wörter und die Grammatik vorgibt.
An einem Ufer stehen zwei in den Proportionen gut wahrgenommene Kinder, von denen das kleinere und als dunkelhäutig gekennzeichnete entweder von einem Floß herunter rettend an Land gezogen oder am Ablegen gehindert werden soll. Im Vordergrund drei Katzen mit „beseeltem" Ausdruck, der so flüssig gezeichnet ist, dass er als „gekonnte Chiffre" zitiert werden kann. Wie ein Pianist die Komposition eines anderen Musikers aufführt, so erscheinen hier die Katzenköpfe als auswendig „gespielte" Aufführungen ihrer Vorlage. Die Körper der Katzen sind dagegen skizzenhaft, weil sie der Szene jeweils unterschiedlich angepasst werden sollen.
Bemerkenswert ist die Darstellung der Körperhaftigkeit der Geräte, die zu dem angelegten Floß aus zusammengebundenen Rundhölzern gehören. Die frei mit der Feder gezeichneten Überschneidungen und Überdeckungen verlangen eine voraussehende Konzeptionsfähigkeit, die wohl nur in Übungen erworben wird.
Im Mittelgrund des Bildes lässt ein Kind einen Hund über eine Hürde springen, und auf gleicher Höhe sehen wir ein Pferd – ein edles Ross – schräg von hinten, schräg von oben, in Bewegung. Am auffälligsten ist, wenn man es bemerkt, die Schattenbildung unter dem Pferd, die auf Eindrücke aus Trickfilmen zurückgehen dürfte, weil durch solche Schatten die Dynamik der Bewegungen auf dem Bild durch Verdoppelung intensiviert werden kann.
Die mit ihrer Körperhaftigkeit angedeuteten Bäume, welche das Ufer säumen, werden nach hinten kontinuierlich kleiner. Auf einer am „oberen" Bildrand befindlichen Uferpartie stehen zwei Häuser, von denen eines – „typisch" und gegen die Perspektive – boden-orientiert gezeichnet ist.
Es ist nicht nötig und nicht einmal wünschenswert, dass sich alle Kinder in dieser Intensität auf das Zeichnen spezialisieren. Insofern ist diese bemerkenswerte Zeichnung untypisch für diese Altersstufe –

sie hat den Bereich der Kinderzeichnung überschritten.

Abbildung 428 Mädchen ca 12 J

Aissen-Crewett, Meike, Kinderzeichnungen verstehen; von der Kritzelphase bis zum Grundschulalter, München, 1988

Arnold, W. / Eysenck, H.J, / Meili, R., Lexikon der Psychologie, Freiburg-Basel-Wien, 1972, 1980

Arnheim, Rudolf, Anschauliches Denken, Köln, 5. Aufl., 1985

Arnheim, Rudolf, Kunst und Sehen, Berlin/New York, 1978

Ayres, A. Jean, Bausteine der kindlichen Entwicklung, Berlin-Heidelberg-NewYork-Tokyo, 1984

Bachmann, Helen I., Malen als Lebensspur, Stuttgart, 1985

Bareis, Alfred, Vom Kritzeln zum Zeichnen und Malen, Donauwörth, 1977 u. 1989

Baumgart, Ursula, Kinderzeichnungen – Spiegel der Seele, Zürich, 1991

Beisl, Horst, Semiotik und Kinderzeichnung, in: Brög, H. (Hrsg.), Probleme der Semiotik unter schulischem Aspekt, Ravensburg, 1977

Bering, Kunibert, Kunstvermittlung im kulturellen Kontext, in: Kunst + Unterricht, Heft 253, 2001, S. 43 ff

Betz, Wilhelm, Psychologie des Denkens, Leipzig, 1918

Betzler, E., Neue Kunsterziehung, Frankfurt a.M., 1956

Blecks, Günter H., Kunstpädagogische Literatur der siebziger Jahre, in Zeitschrift für Ästhetik und allgemeine Kunstwissenschaft, hrsg. von Heinrich Lützeler, Bonn, 1981

Britsch, Gustaf, Schriften – Fragmente zu Kunsttheorie des frühen 20. Jahrhunderts, hg. Menning / Türr, Berlin, 1981

Britsch, Gustaf, Theorie der Bildenden Kunst, Ratingen, 1952

Brög, Hans, (Hrsg.), Kunstpädagogik heute, Bd 1, Düsseldorf, 1980

Bruner / Olver / Greenfield, Studien zur kognitiven Entwicklung, Stuttgart, 1988

Bund Deutscher Kunsterzieher, Kind und Kunst – Eine Ausstellung zur Geschichte des Zeichen- und Kunstunterrichts, Berlin, 1976

Cherry, Clare, Erstes Malen und Gestalten mit Kindern von 2-6 Jahren, Ravensburg, 1979

Crotti, Evi / Magni, Alberto, Die geheime Sprache der Kinder - Kinderzeichnungen richtig deuten, München, 1999

Daucher, Hans, Künstlerisches und rationalisiertes Sehen; Gesetze des Wahrnehmens und Gestaltens, München, 1967

Daucher, Hans, Hrsg., Kinder denken in Bildern, München-Zürich, 1990

Deneke, Gerhard, Kunst als Bezugsfeld der Kunstpädagogik, Hrsg. Günter. H. Blecks, Kastellaun, 1977

Diesing, Brigitte, Psychoanalytische und entwicklungspsychologische Aspekte von Sprache und Denken, Dissertation, Zürich, 1978

DiLeo, Joseph H., Die Deutung von Kinderzeichnungen, Karlsruhe, 1989

Ebert, Wilhelm, Kunstdidaktik zwischen Kunst und Wissenschaft, Weinheim-Berlin-Basel, 1970

Ebert, Wilhelm, Zum Bildnerischen Verhalten des Kindes im Vor- und Grundschulalter, Ratingen, 1967

Egen, Horst, Kinderzeichnungen und Umwelt, Bonn, 1977

Egger, Bettina, Bilder verstehen; Wahrnehmung und Entwicklung der bildnerischen Sprache, Bern, 1984

Eid, K. / Langer, M. / Ruprecht, H., Kinderkunst, München, 1983

Flusser, Vilém, Gesten, Frankfurt a.M., 1994

Fleck-Bangert, Rose, Kinder setzen Zeichen, München, 1994

Gibson, James J., Die Wahrnehmung der visuellen Welt, Weinheim-Basel, 1973

Glasersfeld, Ernst von, Radikaler Konstruktivismus, Frankfurt a.M., Tb. 1997

Gmelin, Otto F., Mama ist ein Elefant; Die Symbolwelt der Kinderzeichnungen, Frankfurt a.M., 1980

Grözinger, Wolfgang, Kinder kritzeln zeichnen malen, München, 1952

Hartwig, Helmut, Jugendkultur; Ästhetische Praxis in der Pubertät, Reinbek bei Hamburg, 1980

Heinig, Peter, Kunstunterricht, Bad Heilbrunn / Obb., 1976

Iten, Andreas, Die Sonne in der Kinderzeichnung und ihre psychologische Bedeutung, Zug, 1974

John-Winde, Helga, Kriterien zur Bewertung der Kinderzeichnung, Bonn, 1981

John-Winde, Helga / Roth-Bojadzhiev, Gertrud, Kinder Jugendliche Erwachsene zeichnen, Baltmannsweiler, 1993

Kaufhold, Trudlinde, Bildnerisches Gestalten zur Förderung des entwicklungsgestörten und des behinderten Kindes, Ravensburg, 1979

Kaufmann, Inge, „Familienzeichnungen", Paderborn, 1988

Kellogg, Rhoda, Children's Drawings – Children's Minds, New York, 1979

Kerschensteiner, Georg, Die Entwicklung der zeichnerischen Begabung, München, 1903

Kienzle, Richard, Die Schülerzeichnung als Ausdruck des Charakters, Eßlingen, 1951

Kläger, Max, Das Bild und die Welt des Kindes, München, 1974

Kläger, Max, Phänomen Kinderzeichnung, Baltmannsweiler, 1989

Kläger, Max, Verständnis für Kinderkunst, Baltmannsweiler, 1997

Koppitz, Elisabeth M., Die Menschendarstellung in Kinderzeichnungen und ihre psychologische Auswertung, Stuttgart, 1972

Kornmann, Egon, Grundprinzipien bildnerischer Gestaltung, Ratingen

Kornmann, Egon, Über die Gesetzmäßigkeiten und den Wert der Kinderzeichnung, Ratingen, 1966

Kowalski, Klaus, Grundriss einer Didaktik des Unterrichtsfaches Kunst und Kommunikation, Stuttgart, 1978

Kraft, Hartmut, Die Kopffüßler; eine transkulturelle Studie..., Stuttgart, 1982

Krötzsch, Walther, Rhythmus und Form in der freien Kinderzeichnung, Leipzig, 1917

Landeshauptstadt Düsseldorf, Stadtmuseum (Hrsg.), Verjagt, ermordet – Zeichnungen jüdischer Schüler 1936-1941, Düsseldorf, 1988

Levinstein, Siegfried, Das Kind als Künstler – Kinderzeichnungen bis zum 14. Lebensjahr, Leipzig, 1905

Lowenfeld, Viktor, Die Kunst des Kindes, Frankfurt a.M., 1957

Lowenfeld, Viktor, Vom Wesen schöpferischen Gestaltens, Frankfurt a.M., 1960

Maturana, Humberto R./Varela, Francisco J., Der Baum der Erkenntnis, Bern und München, Tb. 1987

Mehrgardt, Otto, Die Werkaufgabe, Arbeitsbögen 1 - 120, Wolfenbüttel, 1958-1967

Meili-Dworetzki, Gertrud, Das Bild des Menschen in der Darstellung und Vorstellung des Kleinkindes, Bern-Stuttgart, 1957

Meili-Dworetzki, Gertrud, Spielarten des Menschenbildes, Bern-Stuttgart-Wien, 1982

Meili-Schneebeli, Erika, Wenn Kinder zeichnen, Zürich, 1993

Menzer, Fritz, Hrsg., Forum Kunstpädagogik – Festschrift für Herbert Klettke, Baltmannsweiler, 1985

Meyers, Hans, Stilkunde der naiven Kunst, Frankfurt a.M., 1962

Michaelis,H. / Müller-Guntrum, H. / Staudte, A., / Treeß, U., Ästhetische Erziehung, Musik und Bewegung, Weinheim und Basel, 1975

Mohr, Günther, Kinder zeichnen so, Schenkenberg 1968

Mosimann, Walter, Kinder zeichnen, Bern-Stuttgart, 1979

Mühle, Günther, Entwicklungspsychologie des zeichnerischen Gestaltens, München, 1967

Müller, Ruth, und Autorenkollektiv, Kunsterziehung im Kindergarten, Berlin (O), 1984

Münz, Ludwig / Löwenfeld, Viktor, Plastische Arbeiten Blinder, Brünn, 1934

Museum Halle/Westfalen, Kindheits- und Jugendwerke des Felix Klee, Halle/Westf., 1988

Oerter, Rolf, Moderne Entwicklungspsychologie, Donauwörth, 1972

Ott, Richard, Urbild der Seele, Bergen II / Obb., 1949

Ozinga, Clasca, Die schöpferische Belebung des Kindes durch bildende Kunst, Kreiensen, 1971

Piaget, Jean / Inhelder, Bärbel, Die Entwicklung des räumlichen Denkens beim Kinde, Stuttgart, 1975

Piaget, Jean, Das Erwachen der Intelligenz beim Kinde, Stuttgart, 1975

Piaget, Jean, Der Aufbau der Wirklichkeit beim Kinde, Stuttgart, 1975

Piaget, Jean, Nachahmung, Spiel und Traum, Stuttgart, 1975

Praehauser, Ludwig, Erfassen und Gestalten, Salzburg, 1950

Read, Herbert, Erziehung durch Kunst, München-Zürich, 1962

Reiß, Wolfgang, Kinderzeichnungen – Wege zum Kind durch seine Zeichnung, Neuwied-Kriftel-Berlin, 1996

Richter, Hans Günther, Anfang und Entwicklung der zeichnerischen Symbolik, Kastellaun, 1976

Richter, Hans Günther, Die Kinderzeichnung, Düsseldorf, 1987

Ronge, Hans, Hg., Kunst und Erziehung, Köln, 1966

Röttger, Ernst / Klante, Dieter, Punkt und Linie, Das Spiel mit den Bildelementen, Ravensburg, 1963

Schoenmackers, Heidi, Die Menschzeichnung dreijähriger Kinder, Frankfurt a.M.-Berlin-Bern-New York-Paris-Wien, 1996

Schoppe, Andreas, Kinderzeichnung und Lebenswelt, Herne, 1991

Schrader, Walter, Produktion; und Kreation, dargestellt an Bild und Kunst, in: Technokratie und Bildung, hg. v. H.Janssen, Trier 1971

Schrader, Walter, Die Grundlagen der Kunst in der Bildhaftigkeit der gemachten Dinge – Die Kinderzeichnung als Quelle anthropologischer Erkenntnisse, in: Kunst in einer Welt der Technik, hg. W. Becker, Universität-GH Paderborn, Abt Soest, 1997

Schrader, Walter, Die sinnerfüllte Kinderzeichnung – von innen begriffen –, Baltmannsweiler, 2000

Schütz, Helmut G., Didaktische Ästhetik, München, 1975

Schütz, Helmut G., Kunstpädagogische Theorie, München, 1975

Schütz, H. G. / Schiementz, W., Hrsg., Kunstpädagogische Einsichten, Baltmannsweiler, 1987

Schütz, Norbert, Die Raumdarstellung in der Kinderzeichnung, Essen, 1990

Schuhmacher, Doris, Sprechen und Sehen, Köln, 1988

Schuster, Martin / Beisl, Horst, Kunstpsychologie, Köln, 1978

Schuster, Martin, Die Psychologie der Kinderzeichnung, Berlin-Heidelberg 1990

Schuster, Martin, Kinderzeichnungen – wie sie entstehen / was sie bedeuten, Berlin-Heidelberg, 1994

Schuster, Martin , Wodurch Bilder wirken – Psychologie der Kunst, Köln, 1992

Schwerdtfeger, Kurt, Bildende Kunst und Schule, Hannover, 1957

Seitz, Rudolf, Zeichnen und Malen mit Kindern, Ravensburg 1976, München 1980

Spitzer, K . / Lange, M.(Hrsg.), Tasten und Gestalten, Waldkirch, 1982

Staguhn, Kurt, Didaktik der Kunsterziehung, Frankfurt a.M.-Berlin-Bonn-München, 1967

Stahel, Nelly, Das Erkennen seelischer Störungen aus der Zeichnung, Erlenbach-Zürich, 1977

Staudte, Adelheid, Ästhetische Erziehung 1-4, München-Wien-Baltimore, 1980

Steinhage, Rosemarie, Sexuelle Gewalt – Kinderzeichnungen als Signal, Reinbek bei Hamburg, 1992

Ude, Anneliese, Betty – Protokoll einer Kinderpsychotherapie, Stuttgart, 1983

Ullrich, H. u. E., Zeichnen Malen Werken – Ästhetische Erziehung im Vor und Grundschulalter, Ravensburg 1979

Ul(l)rich, Heinz, Das Bildnerische Verhalten des Kindes im Vorschulalter, Hrsg. Staedler, Nürnberg, o.J.

Urner, Erika, Häuser erzählen Geschichten – Die Bedeutung des Hauses in der Kinderzeichnung, Zürich, 1993

Ursprung, Michael-Rene, „Der anschauliche Rhythmus“ – Der „Rhythmus“ in der Kinderzeichnung als Problem in der deutschen kunstpädagogischen Literatur, Frankfurt a.M., 1994

Verlag für fremdsprachige Literatur (Hrsg.), Die Welt eines Kindes – Bilder Wang Yanis, Beijing (China), 1984

Weber, Gert, Kunsterziehung gestern heute morgen auch, Ravensburg 1964

Werckmeister, O.K., Klees „kindliche“ Kunst, in: Versuche über Paul Klee, Frankfurt a.M., 1981

Whorf, Benjamin Lee, Sprache – Denken – Wirklichkeit, Reinbek bei Hamburg, 1988

Wygotsky, Lew Semjonowitsch, Denken und Sprechen, Frankfurt a.M., 1993

Zarncke, Lilly, Plastische Bildgestaltungen als Ausdruck der Situation und der Charakterentwicklung junger Menschen, Freiburg/ Brsg., 1954